2024
최신판

합격의
마법서

청소년상담사

2급 필기 기출문제편

이우경 · 이미옥 편저

학지사

머리말

안녕하세요, 청소년상담사 2급 자격증을 준비하는 수험생들에게 격려의 인사말을 전합니다.

이 책은 청소년상담사 2급 필기시험을 준비하는 분들을 위한 최적의 가이드입니다. 수험생들의 욕구와 필요에 부응하기 위해 최선을 다해 본 수험서를 집필하였습니다. 이 책은 편저자들의 풍부한 임상 및 상담 경험과 전문성을 바탕으로 구성되었습니다.

청소년들의 심리적 문제를 오랫동안 연구하고 강의하고 있는 임상심리전문가와 청소년상담사 1급 자격을 보유하고 현장에서 실제 상담을 통해 풍부한 경험을 쌓은 상담심리전문가의 협업을 통해 수험생들에게 최상의 도움을 드릴 것을 자부합니다.

이 책은 과거 5년간의 기출문제를 철저히 분석하여 작성되었습니다. 또한 여러분의 궁금한 점과 질문에 적극적으로 답변하기 위해 Q&A 게시판을 운영할 예정입니다. 여러분의 의견과 질문을 듣고 공유하면서 더 나은 학습 환경을 조성하고자 합니다.

이 책을 통해 여러분은 청소년상담사로서의 역량을 더욱 향상시키고, 미래의 청소년들에게 더 나은 도움을 줄 수 있을 것입니다. 이 책으로 시험공부를 시작하여 더 나은 결과를 얻어 내기를 바랍니다. 함께 노력하고 준비하여 성공을 이루는 여정을 함께해 봅시다.

감사합니다.

2024년 7월

편저자 일동

이 책의 구성과 특징

청소년상담사 2급 자격증 대비 기출문제집은 학습자들이 합격을 위해 스스로 준비할 수 있도록 혁신적인 특징을 갖추고 있습니다.

청소년상담사로의 여정

이 기출문제편은 단순히 시험공부에 그치는 것이 아니라, 합격을 통해 청소년 상담사로서의 여정이 시작됨을 강조합니다. 합격은 단순히 자격증 획득이 아니라, 청소년들에게 도움을 줄 수 있는 미래의 시작이라는 것을 상기시킵니다.

나만의 학습 여정

자기 주도적인 학습을 강조하여, 각자의 학습 방식과 속도에 맞춰서 자유롭게 학습할 수 있도록 독려합니다. 이로써 자신만의 공부법을 발견하고, 진정한 학습자로 성장하는 과정을 경험하게 될 것입니다.

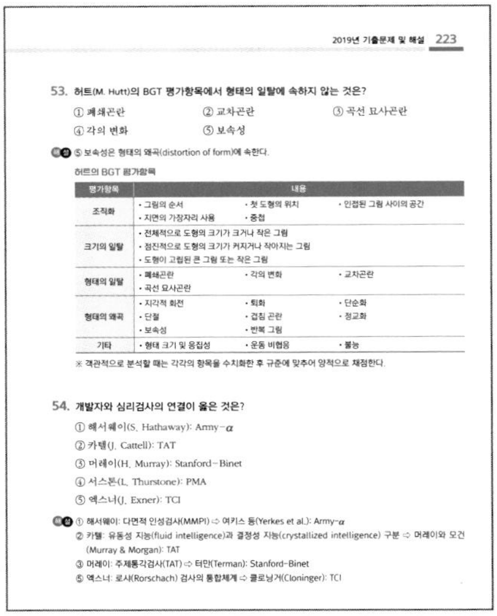

2019년 기출문제 및 해설 223

53. 허트(M. Hutt)의 BGT 평가항목에서 형태의 일탈에 속하지 않는 것은?

① 폐쇄곤란 ② 교차곤란 ③ 곡선 묘사곤란
④ 각의 변화 ⑤ 보속성

해설 ⑤ 보속성은 형태의 왜곡(distortion of form)에 속한다.

허트의 BGT 평가항목

평가항목	내용
조직화	• 그림의 순서 • 첫 도형의 위치 • 인접된 그림 사이의 공간 • 지면의 가장자리 사용 • 중첩
크기의 일탈	• 전체적으로 도형의 크기가 크거나 작은 그림 • 점진적으로 도형의 크기가 커지거나 작아지는 그림 • 도형이 고립된 큰 그림 또는 작은 그림
형태의 일탈	• 폐쇄곤란 • 각의 변화 • 교차곤란 • 곡선 묘사곤란
형태의 왜곡	• 지각적 회전 • 퇴화 • 단순화 • 단절 • 겹침 곤란 • 정교화 • 보속성 • 반복 그림
기타	• 형태 크기 및 응집성 • 운동 비협응 • 불능

※ 객관적으로 분석할 때는 각각의 항목을 수치화한 후 규준에 맞추어 양적으로 채점한다.

54. 개발자와 심리검사의 연결이 옳은 것은?

① 해서웨이(S. Hathaway): Army-α
② 카텔(J. Cattell): TAT
③ 머레이(H. Murray): Stanford-Binet
④ 서스톤(L. Thurstone): PMA
⑤ 엑스너(J. Exner): TCI

해설 ① 해서웨이: 다면적 인성검사(MMPI) ⇨ 여키스 등(Yerkes et al.): Army-α
② 카텔: 유동성 지능(fluid intelligence)과 결정성 지능(crystallized intelligence) 구분 ⇨ 머레이와 모건(Murray & Morgan): TAT
③ 머레이: 주제통각검사(TAT) ⇨ 터만(Terman): Stanford-Binet
⑤ 엑스너: 로샤(Rorschach) 검사의 통합체계 ⇨ 클로닝거(Cloninger): TCI

오답을 기회로

이 기출문제편은 오답을 부끄러워하지 않고 반갑게 여기는 것을 권유합니다. 오답은 학습의 시작이며, 그 과정에서 더 나은 이해와 기억을 얻을 수 있는 보물이라고 강조합니다.

기출문제, 합격의 열쇠

최근 기출문제를 반영하여 실전과 유사한 시험 경험을 제공합니다. 기출문제를 풀어 보면서 합격에 필요한 실력을 키워 나갈 수 있습니다.

합격은 내 손 안에

자신의 노력과 능력에 의해 합격이 결정된다는 확신을 심어 줍니다. 시험공부는 혼자서도 충분히 가능하며, 이 기출문제집이 그 도움을 줄 것입니다.

시험안내

청소년상담사 자격시험 기본정보

1. 개요

청소년상담사란 「청소년기본법」(제22조 제1항)에 따라 실시되는 '청소년 상담'과 관련된 국내 유일의 국가자격증으로, 청소년상담사 자격시험에 합격하고 청소년상담사 연수기관에서 실시하는 100시간 이상의 연수 과정을 마친 사람에게 여성가족부 장관이 부여하는 국가자격증이다.

2. 수행직무

청소년상담기관인 한국청소년상담복지개발원, 시 · 도 청소년종합상담센터, 시 · 군 · 구 청소년상담센터를 비롯하여 청소년수련관, 청소년문화관, 사회복지관, 청소년쉼터, 청소년 관련 복지시설 및 청소년업무 지원 부서 등에서 청소년의 보호선도 및 건전생활의 지도, 수련활동의 여건 조성 장려 및 지원, 청소년단체의 육성 및 활동 지원, 청소년을 위한 지역사회의 유익한 환경의 조성 및 유해 환경의 정화활동 등의 직무를 수행한다.

3. 소관부처명

여성가족부(청소년자립지원과)

4. 실시기관

- 필기시험 시행, 응시자격서류 심사, 면접시험 시행: 한국산업인력공단
- 자격시험 연수, 자격증 교부: 한국청소년상담복지개발원

※ 한국청소년상담복지개발원 홈페이지(http://www.youthcounselor.or.kr/)

청소년상담사 자격시험 일정 안내

1. 자격시험 진행 과정

필기시험 → 필기시험 합격예정자 → 면접시험 → 면접시험 합격예정자 → 응시자격 서류심사 → 최종합격자 발표

2. 필기시험 및 면접시험 일정

(※ 원서접수 시간은 원서접수 첫날 09:00부터 마지막 날 18:00까지임)

구분	2024년 23회 필기	2024년 23회 면접
접수 기간	2024. 08. 12. ~ 2024. 08. 16. 빈자리 추가접수 기간 2024. 09. 26. ~ 2024. 09. 27.	2024. 11. 18. ~ 2024. 11. 22.
서류 제출 기간	-	-
시험 일정	2024. 10. 05.	2024. 12. 09. ~ 2024. 12. 14.
의견 제시 기간	-	-
최종정답 발표 기간	2024. 11. 06. 오전 09:00 ~ 2024. 01. 04. 오후 11:59	-
합격예정자 발표 기간	2024. 11. 06. 오전 09:00 ~ 2025. 01. 04. 오후 11:59	2024. 12. 31. 오전 09:00 ~ 2025. 02. 28. 오후 11:59

청소년상담사 응시자격

가. 응시자격

구분	자격요건	비고
1급	1. 대학원에서 청소년(지도)학 · 교육학 · 심리학 · 사회사업(복지)학 · 정신의학 · 아동(복지)학 · 상담학 분야 또는 그 밖에 여성가족부령으로 정하는 상담 관련 분야(이하 "상담관련분야"라 한다)의 박사학위를 취득한 사람 2. 대학원에서 상담관련분야의 석사학위를 취득한 후 상담 실무경력이 4년 이상인 사람 3. 2급 청소년상담사로서 상담 실무 경력이 3년 이상인 사람 4. 제1호 및 제2호에 규정된 사람과 같은 수준 이상의 자격이 있다고 여성가족부령으로 정하는 사람	1. 상담 분야 박사 2. 상담 분야 석사+4년 3. 2급 자격증+3년
2급	1. 대학원에서 청소년(지도)학 · 교육학 · 심리학 · 사회사업(복지)학 · 정신의학 · 아동(복지)학 · 상담학 분야 또는 그 밖에 여성가족부령으로 정하는 상담 관련 분야(이하 "상담관련분야"라 한다)의 석사학위를 취득한 사람 2. 대학 또는 다른 법령에 따라 이와 동등한 학력을 인정받는 기관에서 상담관련분야 학사학위를 취득한 후 상담 실무 경력이 3년 이상인 사람 3. 3급 청소년상담사로서 상담 실무 경력이 2년 이상인 사람 4. 제1호부터 제3호까지에 규정된 사람과 같은 수준 이상의 자격이 있다고 여성가족부령으로 정하는 사람	1. 상담 분야 석사 2. 상담 분야 학사+3년 3. 3급 자격증+2년
3급	1. 대학 및 「평생교육법」에 따른 학력이 인정되는 평생교육시설의 청소년(지도)학 · 교육학 · 심리학 · 사회사업(복지)학 · 정신의학 · 아동(복지)학 · 상담학 분야 또는 그 밖에 여성가족부령으로 정하는 상담 관련 분야(이하 "상담관련분야"라 한다)의 학사학위를 취득한 사람 2. 전문대학 또는 다른 법령에 따라 이와 동등한 학력을 인정받는 기관에서 상담 관련 분야 전문학사를 취득한 사람으로서 상담 실무 경력이 2년 이상인 사람 3. 대학 또는 다른 법령에 따라 이와 동등한 학력을 인정받는 기관에서 학사학위를 취득한 후 상담 실무 경력이 2년 이상인 사람 4. 전문대학 또는 다른 법령에 따라 이와 동등한 학력을 인정받는 기관에서 전문 학사학위를 취득한 후 상담 실무 경력이 4년 이상인 사람 5. 고등학교를 졸업하고 상담 실무 경력이 5년 이상인 사람 6. 제1호부터 제4호까지에 규정된 사람과 같은 수준 이상의 자격이 있다고 여성가족부령으로 정하는 사람	1. 상담 분야 4년제 학사 2. 상담 분야 2년제+2년 3. 타 분야 4년제+2년 4. 타 분야 2년제+4년 5. 고졸+5년

※ 상담 관련 학과 인정 시 법령에 나열되어 있는 10개 '상담관련분야'(청소년학, 청소년지도학, 교육학, 심리학, 사회사업학, 사회복지학, 정신의학, 아동학, 아동복지학, 상담학)와 이에 포함된 10개 학과명의 조합일 경우 인정하고 조합된 학과명에 10개 학과명 이외의 추가적인 문구 있을 때에는 인정 불가

- 인정 예시: 청소년+상담학, 심리+상담학, 교육+심리학 등
- 상담관련분야 학과명 중에 '학'자는 빠져 있더라도 인정됨

※ 상담 관련 학과 인정 시 '학위'명이 아닌 '학과'명 또는 '전공'명으로 판단

- 대학의 경우: 학부명, 학과명, 전공명 중 어느 한 곳에 상담관련분야가 명시되어 있으면 인정
- 대학원의 경우: 학과명, 전공명 중 어느 한 곳에 상담관련분야가 명시되어 있으면 인정 (단, 교육학과의 경우에는 학과명만으로는 인정 불가하며 여성가족부령이 정하는 상담관련분야에 해당할 경우 인정)

※ 국외에서 취득한 학위증명서, 졸업증명서 등은 원본 서류에 대해 대사관 확인(아포스티유 협약 가입 국가는 아포스티유 증명서로 대체 가능) 후 한국어로 번역 · 공증하여 서류심사 기간 내에 공단 서류심사 기관에 제출하여야 함

나. 여성가족부령으로 정하는 그 밖의 '상담관련분야'

① 상담의 이론과 실제(상담원리, 상담기법)	② 면접원리
③ 발달이론	④ 집단상담
⑤ 심리측정 및 평가	⑥ 이상심리
⑦ 성격심리	⑧ 사회복지실천(기술)론
⑨ 상담교육	⑩ 진로상담
⑪ 가족상담	⑫ 학업상담
⑬ 비행상담	⑭ 성상담
⑮ 청소년상담 또는 이와 내용이 동일하거나 유사한 과목 중 4과목 이상을 교과과목으로 채택하고 있는 학문 분야(「청소년기본법 시행규칙」 제7조)	
※ 큐넷 청소년상담사 홈페이지–공지사항(동일 · 유사교과목) 참조	

※ 응시자격 참고사항

- 복수전공으로 상담관련분야를 선택한 경우 인정(학위 취득자)

- 연계전공 혹은 부전공으로 상담관련분야를 선택했을 경우에는 상담 관련 과목을 전공으로 4과목 이상을 이수한 경우에만 인정
  - 일반선택과목, 교양과목, 교직과목, 계절학기과목을 이수한 경우 인정되지 않음

※ 동일(유사)교과목 인정 여부 판단할 때 기존에 인정된 동일(유사)과목명(현재까지 인정된 과목은 공단 청소년상담사 홈페이지 공지사항 "동일유사교과목"에 첨부되어 있음)과 핵심 키워드가 일치하면 과목명에 "~론" "~학" "~연구" "~과정" "~세미나" "~이론" 등이 포함된 경우나 "의" "및" "과" "Ⅰ, Ⅱ" "1, 2" 등과 같이 조사나 숫자가 다른 경우에 동일(유사)과목으로 인정 가능[위의 문구 이외의 추가적인 문구가 있을 경우 동일(유사)교과목 심사 필요]

※ 동일(유사)교과목으로 등록 신청 시 해당 "학과장 직인"의 확인 서류를 공문으로 제출

다. 응시등급별 상담 실무경력 인정기준(1년간 기준)

응시등급	상담유형	실시 경력	비고
1급 및 2급	개인상담	대면상담 50회 이상 실시	관련 서류가 증빙될 경우에만 인정
	집단상담	24시간 이상 실시	
	심리검사	10사례 이상 실시 및 해석	
3급	개인상담	대면상담 20회 이상 실시	
	집단상담	6시간 이상 실시 또는 참가	
	심리검사	3사례 이상 실시 및 해석	

※ 내담자는 청소년, 학부모, 지도자, 일반인 등을 비롯한 모든 사람이 대상임

※ 개인상담, 집단상담, 심리검사 경력을 모두 만족할 경우 1년 경력으로 인정

- 개인상담: 대면 개인상담 경력(전화 상담, 인터넷 상담 해당 없음)
- 집단상담(집단원 5명 이상)
  - 1, 2급: 비구조화 집단상담, 구조화 집단상담을 지도자(리더, 코리더)로서 실시한 경력
  - 3급: 비구조화 집단상담, 구조화 집단상담, 집단상담 관련 워크숍에 실시(리더, 코리더) 및 참가(실시도 포함)한 경력
- 심리검사
  - 1, 2, 3급: 전국 표준화 검사와 투사검사

라. 상담 실무경력 인정기관

다음 표에 제시된 기관에서(정규직, 임시직, 파트타임 등으로) 개인상담, 집단상담, 심리검사를 실시한 경력임(단, 3급의 경우 집단상담 참가 경력도 인정)

- 청소년단체(「청소년기본법」 제3조 제8호)
- 청소년상담복지센터(「청소년복지 지원법」 제29조)
- 청소년복지시설: 청소년쉼터, 청소년자립지원관, 청소년치료재활센터(「청소년복지 지원법」 제31조)
- 학교 밖 청소년 지원센터(「학교 밖 청소년 지원에 관한 법률」 제12조)
- 각급 "학교"(「초중등교육법」 제2조) / 각종 "대학"(「고등교육법」 제2조)
- 청소년상담사 자격검정위원회에서 인정하는 기관(정부기관/공공상담기관/법인체상담기관 및 민간상담기관): 예시내용 참조

※ 정부기관·공공상담기관·법인체상담기관

예시) 법무부(보호관찰소, 소년원), 고용노동부(진로상담센터), 보건복지부[아동학대예방센터, 종합사회복지관(상담업무)], 국방부(군상담 부대 및 기관), 여성가족부(성폭력상담센터), Wee프로젝트(Wee스쿨, 클래스, 센터) 등

※ 민간상담기관

상담기관으로서 관할관청에 신고 또는 등록을 필한 후 상담활동(개인상담, 집단상담, 심리검사, 상담교육 등)의 실적을 제시할 수 있는 상담기관으로(비영리 법인: 고유번호증, 민간상담기관: 사업자등록증명원) 사업자등록증명원의 단체명, 업태, 종목에 '상담, 심리, 치료, 정신의학'이 명시된 기관은 인정

→ 인정 여부 결정을 위해 기관 실사 및 자격검정위원회에 회부를 할 수 있음

청소년상담사 시험과목 및 배점

구분	시험과목		시험방법	
	구분	과목	필기	면접
1급 (5과목)	필수 (3과목)	• 상담사 교육 및 사례지도 • 청소년 관련법과 행정 • 상담연구방법론의 실제	필기시험 과목당 25문항	면접
	선택 (2과목)	• 비행상담, 성상담, 약물상담, 위기상담 중 2과목		
2급 (6과목)	필수 (4과목)	• 청소년 상담의 이론과 실제 • 상담연구방법론의 기초 • 심리측정 평가의 활용 • 이상심리	필기시험 과목당 25문항	면접
	선택 (2과목)	• 진로상담, 집단상담, 가족상담, 학업상담 중 2과목		
3급 (6과목)	필수 (5과목)	• 발달심리 • 집단상담의 기초 • 심리측정 및 평가 • 상담이론 • 학습이론	필기시험 과목당 25문항	면접
	선택 (1과목)	• 청소년이해론, 청소년수련활동론 중 1과목		

※ 비고: "청소년 관련법"이란 「청소년기본법」「청소년복지지원법」「청소년보호법」「아동 · 청소년의 성보호에 관한 법률」「청소년활동진흥법」「학교폭력예방 및 대책에 관한 법률」「소년법」을 말하며, 그 밖의 법령을 포함하는 경우 여성가족부 장관이 고시한다.

※ 시험과목 중 법령 관련 출제 기준일은 시험 시행일 기준임

청소년상담사 2급 시험 합격 기준

구분	합격 결정 기준
필기시험	매 과목 100점을 만점으로 하여 매 과목 40점 이상, 전 과목 평균 60점 이상 득점한 자
면접시험	면접위원(3인)의 평정점수 합계가 모두 15점(25점 만점) 이상인 사람 ※ 다만 면접위원의 과반수가 어느 하나의 평가사항에 대하여 1점으로 평정한 때에는 평정점수 합계와 관계없이 불합격으로 한다.

※ 필기시험 합격예정자는 응시자격 서류를 제출하여야 하며, 정해진 기간 내 응시서류를 제출하지 않거나 심사 결과 부적격자일 경우 필기시험을 불합격 처리함

□ 응시자격서류심사 및 면접시행

- 2014년도부터 서류심사 및 면접시험 시행을 공단에서 시행
- 응시자격 심사 기준일: 응시자격 서류심사 마감일

청소년상담사 자격시험 최근 5년간 합격률(2019~2023년)

1차 필기시험

구분			2019년 18회	2020년 19회	2021년 20회	2022년 21회	2023년 22회
1차 (필기)	1급	대상	560	671	910	920	976
		응시	390	470	677	646	734
		응시율(%)	69.64	70.04	74.40	70.22	75.20
		합격	206	85	350	471	389
		합격률(%)	52.82	18.09	51.70	72.91	52.99
	2급	대상	5,291	5,933	6,015	5,447	5,459
		응시	4,128	4,468	4,485	4,047	4,189
		응시율(%)	78.01	75.31	74.56	74.30	76.73
		합격	1,769	2,050	2,802	1,854	2,253
		합격률(%)	42.85	45.88	62.47	45.81	53.78

	3급	대상	7,086	7,545	7,344	7,417	6,436
		응시	5,667	5,822	5,608	5,526	4,581
		응시율(%)	79.97	77.16	76.36	74.50	75.37
		합격	1,549	3,056	1,469	2,859	2,446
		합격률(%)	27.33	52.49	26.19	51.74	50.42

2차 면접시험

구분			2019년 18회	2020년 19회	2021년 20회	2022년 21회	2023년 22회
2차 (면접)	1급	대상	238	134	357	561	531
		응시	233	130	351	544	523
		응시율(%)	97.90	97.01	98.32	96.94	98.49
		합격	173	91	239	354	361
		합격률(%)	74.25	70.00	68.09	65.07	69.02
	2급	대상	2,076	2,277	3,160	2,239	2,474
		응시	2,024	2,191	3,052	2,136	2,375
		응시율(%)	97.50	96.22	96.58	95.40	96.08
		합격	1,709	1,714	2,568	1,736	1,959
		합격률(%)	84.44	78.23	84.14	81.27	82.48
	3급	대상	1,675	3,200	1,782	2,914	2,758
		응시	1,626	3,061	1,710	2,794	2,599
		응시율(%)	97.07	95.66	95.96	95.88	94.23
		합격	1,382	2,629	1,508	2,342	2,232
		합격률(%)	84.99	85.89	88.19	83.82	85.87

청소년상담사 2급 필기 출제 영역

제1교시 필수과목

제1과목 청소년 상담의 이론과 실제

주요 항목	세부 항목
청소년 내담자의 이해	• 청소년 내담자의 특성 • 청소년 문제의 이해 • 발달과제와 문제
청소년 상담이론	• 정신분석 • 개인심리학 • 행동주의 상담 • 실존주의 상담 • 인간중심 상담 • 게슈탈트 상담 • 합리정서행동 상담 • 인지치료 • 현실치료/해결중심 상담 • 교류분석 • 여성주의 상담 • 다문화 상담 • 통합적 접근
청소년 상담의 기초	• 청소년 상담의 의의 • 청소년 상담의 목표 • 청소년 상담의 특성 • 청소년상담자의 자질 • 청소년상담자의 태도 • 청소년상담자 윤리
청소년 상담의 실제	• 상담의 시작 • 상담의 작업 • 상담의 종결 • 상담기술과 기법 • 상담의 유형(단회, 단기, 장기, 매체 등) • 청소년 사례 통합관리 • 지역사회안전망 운영
기타	기타 청소년 상담의 이론과 실제에 관한 사항

제2과목 상담연구방법론의 기초

주요 항목	세부 항목
상담연구의 기초	• 상담 연구의 과학적 접근 • 상담 연구의 패러다임 • 전문적 글쓰기
연구의 절차	• 연구 문제 및 가설 설정 • 연구구인의 조작적 정의 • 연구주제 선정 • 변인결정 및 측정도구의 선정 • 연구대상자 선정과 표집 • 자료수집과 분석방법
연구의 타당도	• 내적 타당도 • 외적 타당도 • 통계적 결론 타당도 • 검사도구의 타당도 • 검사도구의 신뢰도

실험설계	• 실험연구의 개관 • 상담성과 및 효과 연구 • 통계분석 절차 및 방법 • 집단 간 설계 • 집단 내 설계 • 혼합설계 • 준실험 설계 • 단일사례연구설계 • 모의상담연구 • 상관연구
질적연구	• 현상학적 접근 • 근거이론 • 사례연구 • 합의적 질적연구(CQR) • 질적연구의 신뢰도와 타당도
상담연구 윤리	–
기타	기타 상담연구방법론의 기초에 관한 사항

제3과목 심리측정 평가의 활용

주요 항목	세부 항목
심리검사 개론	• 심리검사 및 평가의 개념과 역사 · 총론 • 면접법과 행동평가법 • 심리검사의 분류 · 선택 · 시행 • 심리검사의 제작과 기본통계
심리검사 각론	• 지능검사 • 객관적 성격검사 • 투사적 검사
기타	기타 심리측정 평가의 활용에 관한 사항

제4과목 이상심리

주요 항목
• 이상심리학의 이론적 입장 • 이상심리의 분류 및 평가 • 신경발달장애 • 조현병 스펙트럼 및 기타 정신병적 장애 • 양극성 및 관련 장애/우울장애 • 불안장애 • 강박 및 관련 장애/외상 및 스트레스 관련 장애 • 해리장애/신체증상 및 관련 장애 • 급식 및 섭식 장애/배설장애/수면-각성장애 • 성 관련 장애(성기능 부전/성별 불쾌감/변태성욕장애) • 파괴적, 충동조절 및 품행 장애/물질 관련 및 중독 장애 • 신경인지장애 • 성격장애 • 기타(임상적 주의의 초점이 될 수 있는 기타의 상태 등) • 기타 이상심리에 관한 사항

제2교시 선택과목

제1과목 진로상담

주요 항목	세부 항목
청소년 진로상담의 이론적 기초	• 진로상담의 개관 • 진로선택이론 • 진로발달이론 • 진로의사결정이론 • 직업적응 및 진로전환이론 • 진로상담이론의 최근 경향 • 특수영역 진로상담 이론(진학, 직업 능력, 다문화 등)
청소년 진로상담의 실제	• 진로상담의 과정 • 진로상담의 기법 • 진로심리검사 • 진로정보의 활용 • 개인/집단 진로상담과 프로그램의 실제 • 특수영역 진로상담 실제(진학, 직업 능력, 다문화 등)
기타	기타 진로상담에 관한 사항

제2과목 집단상담

주요 항목	세부 항목
청소년 집단상담의 이론	• 집단상담의 기초 –정의 –목표 –치료적 요인 • 집단역동의 이해 및 집단상담의 과정 –초기단계 –중기단계 –종결단계 • 집단상담의 제이론 –정신분석 접근 –개인심리학 접근 –행동주의 접근 –실존주의 접근 –인간중심 접근 –게슈탈트 접근 –합리정서행동 접근 –인지치료 접근 –현실치료/해결중심 접근 –교류분석 접근 –예술적 접근 등 기타 접근(심리극, 미술, 음악 등)
청소년 집단상담의 실제	• 집단상담자의 기술 및 문제상황 다루기 • 청소년 집단상담의 계획 및 평가 • 청소년 집단상담의 특징 –윤리와 규범 –참여자의 권리와 책임 –기타 특징
기타	기타 집단상담에 관한 사항

제3과목 가족상담

주요 항목	세부 항목
가족상담의 기초	• 가족상담을 위한 체계적 조망 • 가족상담의 기본 개념 • 가족상담 과정 • 가족상담 기술 • 가족상담 윤리
가족상담의 이론과 실제	• 가족상담의 이론적 기초 • 가족상담 이론 –보웬의 체계적 가족치료 –구조적 가족치료 –경험적 가족치료 –전략적 가족치료 –해결중심 단기 가족치료 –이야기치료 • 가족생활주기와 가족상담 • 가족상담 사정과 평가 • 가족상담 실제
청소년 가족–부모 상담	• 청소년 가족 이해와 변화를 위한 개입전략 • 청소년 문제 유형별 가족상담(폭력, 중독, 자살 등) • 청소년 가족–부모상담 사례
기타	기타 가족상담에 관한 사항

제4과목 학업상담

주요 항목	세부 항목
학업문제의 이해	• 학업문제의 특성 • 학습부진의 정의 및 특성
학업 관련 요인	• 인지적 영역 • 정의적 영역 • 환경적 영역
학업 관련 문제 및 평가	• 호소문제 유형 • 학업/학습 관련 장애 • 학업 관련 검사에 대한 이해 • 진단 및 평가절차
학습전략에 대한 이해 및 실제	• 학습전략의 종류 및 분류 • 인지 및 초인지전략 • 상황별 학습전략(수업, 시험, 노트 작성 등) • 학습전략 프로그램의 실제
학업문제 상담 및 개입전략	• 학업상담의 특징 및 절차 • 학습동기 부족 • 주의 집중력 문제 • 학습부진 영재아 • 시험불안 • 학습에서의 일반적인 부작용
기타	기타 학업상담에 관한 사항

시험에 대비하는 지혜로운 학습 전략

1 목표 설정과 계획 수립

성공적인 시험 대비를 위해 명확한 목표를 설정하고 그에 맞는 계획을 세웁니다. 각 과목의 시험 일정과 시간 분배를 고려하여 계획을 세우면 효율적으로 공부할 수 있습니다.

2 전략적인 자료 수집과 활용

다양한 학습 자료를 수집하고 활용하여 지식을 쌓습니다. 교재뿐만 아니라 인터넷 강의, 모의고사, 기출문제 등을 활용하여 다양한 시각에서 지식을 이해하고 기억할 수 있습니다.

3 핵심 개념의 완벽한 이해

합격을 위해 중요한 것은 단순히 공부하는 것이 아닙니다. 핵심 개념을 완벽하게 이해하고 자신의 것으로 만드는 것이 중요합니다. 개념을 완벽하게 이해하면 시험에서도 자신감을 가질 수 있습니다.

4 효과적인 문제 해결 능력 향상

시험에서의 성공은 문제 해결 능력에 달려 있습니다. 따라서 다양한 유형의 문제를 풀어 보고 해결하는 능력을 향상시키는 것이 중요합니다. 모의고사나 기출문제를 풀면서 실전 감각을 키워 보세요.

5 긍정적인 마음가짐과 꾸준한 노력

마지막으로 중요한 것은 긍정적인 마음가짐과 꾸준한 노력입니다. 어려움을 만날 때마다 포기하지 않고 계속 노력하며, 학습 과정에서 자신을 격려하고 응원해 주세요. 자신을 믿고 계속해서 노력한다면 합격에 한 발짝 더 가까워질 것입니다. 파이팅하세요!

차례

제1교시_필수과목

제1과목 필수 청소년 상담의 이론과 실제

제2과목 필수 상담연구방법론의 기초

제3과목 필수 심리측정 평가의 활용

제4과목 필수 이상심리

제2교시_선택과목

제1과목 선택 진로상담

제2과목 선택 집단상담

제3과목 선택 가족상담

제4과목 선택 학업상담

제1교시

필수과목

제1과목 필수 청소년 상담의 이론과 실제

제2과목 필수 상담연구방법론의 기초

제3과목 필수 심리측정 평가의 활용

제4과목 필수 이상심리

제1과목(필수)

청소년 상담의 이론과 실제

2023년 기출문제 및 해설

2022년 기출문제 및 해설

2021년 기출문제 및 해설

2020년 기출문제 및 해설

2019년 기출문제 및 해설

◆ 청소년 상담의 이론과 실제

제1과목 필수 2023년 기출문제 및 해설

1. 다음 사례에서 내담자가 사용하는 방어기제는?

> 면접 보았던 회사에서 떨어졌어요. 실망이 크고 부모님 뵐 면목이 없었는데 차라리 잘 되었다는 생각이 들어요. 그 회사가 임금은 높지만 일을 엄청 많이 시키고, 알고 보니 회사의 복지도 좋지 않대요. 저는 제 시간을 가지고 수준이 맞는 데 가고 싶어요. 그 회사를 안 가서 더 좋아요.

① 합리화 ② 억압 ③ 퇴행
④ 치환 ⑤ 승화

해설 방어기제는 원초아, 자아, 초자아 사이의 갈등 시 생기는 불안으로부터 자아를 보호하도록 돕는 생각이나 행동을 말한다. 보기에 나온 사례는 회사에 떨어져서 실망이 크고 부모님 뵐 면목이 없지만 자신에게 유리한 해석, 즉 '회사에서 일을 많이 시키고 복지도 좋지 않다'는 식으로 어떤 일의 결과를 정당화시키고자 작동하는 합리화 기제라고 볼 수 있다.

방어기제	
합리화 rationalization	타당하지 않은 유리한 해석으로 자신의 행동을 정당화 예 신포도형 합리화와 단레몬형 합리화
억압 repression	받아들이기 어려운 욕구, 충동, 생각 등으로 인한 심리적 고통을 무의식적으로 억눌러 버리는 것
퇴행 regression	책임감이 적었던 이전의 낮은 발달단계로의 후퇴 예 초등생이 그보다 더 어린아이 같은 행동을 하는 것
전치(치환) displacement	어떤 대상에 대한 감정을 덜 위협적인 다른 대상에게 표출 예 종로에서 뺨 맞고 한강에서 눈 흘긴다.
승화 sublimation	본능적 욕망이나 충동을 사회적, 문화적으로 수용되는 방향으로 전환하는 것 예 분노와 공격성을 격투기, 권투 등으로 전환하여 표현

정답 1.①

2. 다음 상담사례에 나타난 청상이의 부적응 문제 분류로 옳은 것은?

○ 어머니: 청상이가 전학 간 학교에 약물중독인 학생이 있고 학교폭력도 심해요. 그러다 보니 청상이가 불안해하면서 우울감도 든다고 하고, 반에서 1등을 했는데도 적응하기 힘들어하며 심지어는 섭식장애까지 생기는 거예요.
○ 상담자: 청상이가 지금 힘들겠군요. 부적응의 표현이 과잉통제되어 소극적이고 억압적으로 나타나고 있어서 우선 청상이가 직접 상담실에 와서 힘든 점을 이야기하고 상담을 받아 보았으면 좋겠습니다.

① 통제적 문제
② 내재화 문제
③ 외현화 문제
④ 수동적 문제
⑤ 공격적 문제

해설 불안, 우울, 섭식 문제는 내재화(internalization) 문제에 해당된다. 아헨바흐와 레스콜라(Achenbach & Rescorla, 2001)는 내재화 문제는 과잉통제 혹은 불안, 우울, 위축 및 신체적 증상으로 나타나고, 외현화(externalization) 문제는 과소통제 혹은 공격성 및 파괴적 행동을 그 특징으로 한다고 제시하였다.

3. 인간중심 상담이론에서 '충분히 기능하는 사람'에 대한 특징으로 옳은 것을 모두 고른 것은?

ㄱ. 창의성
ㄴ. 자신에 대한 신뢰
ㄷ. 경험에 대한 개방성
ㄹ. 실존적인 삶에 대한 가치부여

① ㄱ, ㄴ, ㄷ
② ㄱ, ㄴ, ㄹ
③ ㄱ, ㄷ, ㄹ
④ ㄴ, ㄷ, ㄹ
⑤ ㄱ, ㄴ, ㄷ, ㄹ

해설 네 가지 모두 충분히 기능하는 사람에 대한 특징이다.

충분히 기능하는 사람(the fully functioning person)의 특징

- 경험에 대한 개방성(an openness to experience): 다양한 경험을 편견 없이 수용하며, 감정과 생각을 왜곡하지 않는다.
- 자신에 대한 신뢰(a trust in one's own organism): 자신의 판단과 직관을 신뢰하고, 내면의 신호를 따른다.
- 자유로움(a sense of freedom): 자신의 선택에 책임을 지고, 제약 없이 자유롭게 행동한다.
- 창의성(creativity): 문제 해결과 아이디어 창출에 있어 독창적이고 유연한 사고를 한다.
- 실존적인 삶(existential living): 현재 순간에 몰입하며, 과거와 미래에 집착하지 않고 현재를 충실히 살아간다.

정답 2.② 3.⑤

4. 교류분석 상담 과정을 순서대로 연결한 것으로 옳은 것은?

ㄱ. 계약	ㄴ. 교류분석	ㄷ. 각본분석
ㄹ. 재결단	ㅁ. 게임분석	ㅂ. 구조분석

① ㄱ → ㄴ → ㄷ → ㄹ → ㅁ → ㅂ

② ㄱ → ㄷ → ㄴ → ㅁ → ㅂ → ㄹ

③ ㄱ → ㅁ → ㄷ → ㅂ → ㄴ → ㄹ

④ ㄱ → ㅂ → ㄴ → ㅁ → ㄷ → ㄹ

⑤ ㄱ → ㅂ → ㄷ → ㄴ → ㅁ → ㄹ

해설 교류분석 상담은 '계약 → 구조분석 → 교류분석 → 게임분석 → 각본분석 → 재결단'의 순서로 진행된다.

학습 plus

교류분석 상담의 순서

1) 계약: 상담의 목표 및 과정에 대해 상담자와 내담자가 합의한다.
2) 구조분석: 세 가지 자아 상태(P-A-C)를 분석한다.
3) 교류분석: 구조적 분석을 기초로 타인과의 관계에서 일어나고 있는 상호교류 혹은 의사소통의 일상과 특성을 파악하는 분석 방법이다.
4) 게임분석: 예측 가능한 일련의 반복적이고 연속적인 교류의 결과로 파국적 결말, 즉 두 사람 모두 나쁜 감정으로 끝나는 상보적인 이면교류인 게임을 분석한다.
5) 각본분석: 각본분석을 통해 자신의 성격 형성 과정을 알고, 생애 초기에 형성된 기본적인 인생태도를 파악할 수 있다.
6) 재결단: 내담자가 자율적이고 책임감 있는 진실한 인간으로 살아가기를 선택할 수 있도록 잘못된 초기 결단을 재경험하고 새롭고 건전한 결단을 하도록 돕는다.

5. 얄롬(I. Yalom)이 제안한 실존적 조건의 궁극적 관심사로 옳지 않은 것은?

① 고독(소외)
② 자유
③ 의지
④ 죽음
⑤ 무의미

해설 얄롬이 제안한 궁극적 관심사는 고독(소외), 자유, 죽음, 무의미 4가지이다.

정답 4.④ 5.③

6. 다음 사례에서 내담자가 보이는 접촉경계혼란은?

> ○ 내담자: 엄마가 저 때문에 사신다며 집착이 심해 너무 힘들어요. 5년간 만나다 결혼하려는 남자친구도 마음에 안 드신다며 결혼을 반대하시는 거예요. 저는 엄마의 강요가 정말 싫고 심지어는 죽어 버리고 싶더라고요. 얼마 전에는 자살시도도 했어요.
> ○ 상담자: 엄마 때문에 생겨난 분노가 자신에게로 향하고 있네요.

① 내사 ② 반전 ③ 융합 ④ 투사 ⑤ 편향

해설 내담자는 엄마에 대한 갈등을 직접 표현하지 못하고 자신에게로 돌린 결과, 자살시도 증상을 보이고 있다. 이는 '환경과 타인에 대해 하고 싶은 행동을 자신에게로 돌려 하거나, 타인이 자신에게 해 주었으면 하는 행동을 스스로 자신에게 하는 것'인 반전에 해당된다.

접촉경계혼란(접촉경계장애)을 유발하는 주요한 심리적 원인

내사(introjection)	권위자 등 타인의 신념과 가치관을 무비판적으로 받아들임으로써 자기 것과 구별하지 못하고 행동이나 사고방식에 악영향을 미치게 하는 것이다.
반전(retroflection)	개체가 타인이나 환경에 대하여 하고 싶은 행동을 자기 자신에게 하는 것 혹은 타인이 자기에게 해 주기를 바라는 행동을 스스로 자기 자신에게 하는 것이다. 예 분노의 반전-죄책감
융합(confluence)	밀접한 관계에 있는 두 사람이 서로 간에 차이점이 없다고 느끼도록 함의함으로써 발생하는 접촉경계혼란이다. 예 의존관계, 밀착
투사(projection)	자신이 접촉하기 싫은 자신의 생각, 욕구. 감정을 타인의 것으로 왜곡하여 지각하는 것이다.
편향(deflection)	환경과의 접촉이 자신이 감당하기 힘든 내적 갈등이나 외부 환경자극에 노출될 때, 압도당하지 않기 위해 환경과의 접촉을 회피하거나, 자신의 감각을 둔화시킨다. 예 장황하게 말하기, 시선 피하고 웃어버리기
자의식(egotism)	개체가 자신에 대해 지나치게 의식하고 관찰하는 현상으로 자신의 행동에 대한 타인의 반응을 지나치게 의식하기 때문에 생긴다. 예 대인공포

7. 행동주의 상담이론에 관한 설명으로 옳지 않은 것은?

① 행동은 강화와 모방을 통해 학습된다고 본다.
② 인간의 행동은 환경과의 상호작용에 의해 이루어진다고 본다.
③ 실험적 연구에서 밝혀진 학습원리를 심리치료에 응용한 것이다.
④ 환경론을 강조하고 비합리적 충동적 욕구도 후천적인 조건화의 결과로 본다.
⑤ 이상행동이나 문제행동은 학습경험의 잘못이라고 생각하기보다 정상에서 이탈된 질환으로 보려고 한다.

해설 ⑤ 행동주의 상담이론에서는 경험을 통해 행동이 학습되고 형성되는 방식을 강조하며, 이상행동이나 문제행동은 학습경험의 잘못에서 기인한다고 본다. 따라서 비정상적이거나 문제적인 행동은 정상 상태에서 벗어나는 질병으로 엄격하게 분류되기보다는 시간이 지남에 따라 강화되거나 조건화된 학습된 패턴의 결과로 간주되는 경우가 많다.

정답 6.② 7.⑤

8. **현실치료의 특성으로 옳지 않은 것은?**

① 책임을 강조한다.
② 내담자의 변명을 수용한다.
③ 정신질환을 인정하지 않는다.
④ 내담자의 가치판단을 강조한다.
⑤ 처벌이나 비난은 비효과적이라고 본다.

해설 ② 현실치료에서는 내담자의 변명을 수용하지 않고 삶에 대한 책임, 가치판단을 강조한다.

9. **여성주의 상담에서 길리건(C. Gilligan)의 주장에 관한 설명으로 옳지 않은 것은?**

① 콜버그(L. Kohlberg)의 모형을 '책임의 도덕성'이라 한 반면, 자신의 모형은 '정의의 도덕성'이라고 본다.
② 가설적 상황보다는 실제 상황을 적용하여 여성이 직면하는 도덕적 딜레마를 제시하고자 하였다.
③ 정체성 형성에 있어, 전통적인 심리학에서 바라보는 여성들의 관계에 대한 관점을 비평하였다.
④ 여성의 착한 면으로 여겨지는 동정심과 돌봄과 같은 특성은 여성의 도덕성 발달에 있어서 불리한 조건으로 작용한다고 보았다.
⑤ 여성의 도덕성이 일반적으로 3단계에 도달하는 반면, 남성의 도덕성이 4단계에 도달한다는 결과는 여성의 결함이 아니라 콜버그 이론의 결함이라고 주장한다.

해설 ① 콜버그의 모형이 '정의의 도덕성'이고, 길리건의 모형은 '배려의 도덕성' '책임의 도덕성'이다.

학습 plus

길리건의 도덕성 발달단계

1) [수준1] 자기 지향: 여성이 자기의 이익과 생존에 자기중심적으로 몰두하는 단계이다.
2) [전환기1] 이기심에서 책임감으로: 애착과 다른 사람과의 관계 형성이 중요해지고 책임감과 배려를 도덕적 판단기준으로 통합해 간다.
3) [수준2] 자기희생으로서의 선: 사회적 조망의 발달과 자기욕구보다 타인욕구에 응하려 노력, 타인에 대한 배려, 책임감, 자기희생을 지향한다.
4) [전환기2] 선에서 진실로: '왜 타인을 위해 나를 희생해야 하는가?'에 의문을 가지며 자아개념과 관련되는 시기로, 도덕적 판단기준이 보다 넓은 범위의 타인의 욕구와 통합되어 발전되어 간다.
5) [수준3] 비폭력 도덕성: 대인 간 도덕적 추론의 마지막 단계로, 개인의 권리주장과 타인에 대한 책임이 조화를 이룬다. 비폭력, 평화, 박애 등이 도덕성의 주요 지표이다.

정답 8.② 9.①

10. 다음 사례에서 나타난 청소년기 사고의 특징을 나타내는 개념은?

> 저는 무대에 등장하는 주인공처럼 엘리베이터에서도 사람들이 저만 쳐다보는 것 같고, 전철을 타도 연예인처럼 저를 주목하는 것 같아 외모와 행동에 신경이 쓰여요. 제가 타인의 집중적인 관심의 대상이 되는 것 같아요.

① 개인적 우화
② 상상적 청중
③ 구체적 사고
④ 절대적 사고
⑤ 과업지향적 사고

해설 ② 자신을 무대 주인공처럼 여기며 타인이 자신에게 주목하는 것 같다는 생각은 청소년의 자기 중심적 사고 중에서 상상적 청중(imaginary audience)에 해당된다.
① 개인적 우화(personal fable) ⇨ 자신의 감정과 사고는 독특하고 특별해서 타인이 결코 이해할 수 없다고 믿는 것이다.
③ 구체적 사고는 피아제의 구체적 조작기에 해당된다.
④ 절대적 사고는 유아기의 사고에 해당된다.
⑤ 과업지향적 사고는 피아제의 형식적 조작기에 해당된다.

11. (　)에 들어갈 학자가 순서대로 연결된 것으로 옳은 것은?

> 인지치료 상담이론에서 상담자는 상담 초기에 내담자의 부적응적인 신념을 반박하지 않고 내담자가 자신의 신념이 어떤 기능을 하는가에 대한 탐색의 기회를 제공한다. 이어서 상담자는 (ㄱ)식 교육자로서 내담자의 신념체계에서 옳고 그른 것을 (ㄴ)의 문답식으로 평가한다. 그 후 면밀한 평가를 거쳐 새로운 자료가 들어오면 인지치료자와 내담자는 한 팀이 되어 새로운 전략을 마련한다.

① ㄱ: 흄, ㄴ: 칸트
② ㄱ: 지라르, ㄴ: 가다머
③ ㄱ: 레비나스, ㄴ: 플라톤
④ ㄱ: 소크라테스, ㄴ: 소크라테스
⑤ ㄱ: 아르키메데스, ㄴ: 아리스토텔레스

해설 인지치료에서는 소크라테스의 논법에 따라 논리적 논박, 경험적 논박, 실용적 논박, 철학적 논박, 대안적 논박 등을 통해 내담자의 신념체계의 옳고 그른 것을 탐색한다.

정답 10.② 11.④

12. 엘리스(A. Ellis)의 합리정서행동상담에 관한 설명으로 옳지 않은 것은?

① 스토아 학파에서 근원을 찾을 수 있다.
② 고대 로마의 에픽테토스(Epictetus) 사상의 영향을 받았다.
③ 인간의 삶에 혼란을 가져올 수 있는 비합리적 신념에 주목한다.
④ 내담자 문제는 억압된 미해결 과제가 해소되지 못할 때 발생한다고 본다.
⑤ 철학적 토대에는 '책임을 동반한 쾌락주의' '인본주의' '합리성'의 개념이 포함되어 있다.

해설 ④ 엘리스는 인간의 문제가 외부적 사건에 의해 만들어지는 것이 아니라 인간 스스로 만들어 낸 잘못된 신념이나 비합리적 신념에 의해 발생한다고 본다. 미해결 과제에 주목한 접근은 게슈탈트 이론 외 여러 치료에서 다루고 있다.

학습 plus

미해결 과제

- 게슈탈트 치료법에서는 미해결 과제의 중요성을 강조하며, 이러한 해결되지 않은 측면에 대한 인식을 가져오고, 이를 현재의 경험으로 통합하여 성장과 치유를 촉진하는 것이 중요함을 강조한다.
- 정신역동적 치료, 실존적 치료, 인지-행동적 치료 등의 다른 상담이론과 접근법도 미해결 갈등, 미충족 요구, 미해결 과제가 개인의 안녕에 미치는 영향을 인식한다.
  - 정신역동적 접근은 종종 유아기 경험에 뿌리를 둔 과거의 해결되지 않은 갈등이 현재의 행동과 정서적 어려움에서 어떻게 나타날 수 있는지를 탐구한다.
  - 실존적 치료는 의미, 자유, 고립, 죽음에 대한 질문과 같은 해결되지 않은 실존적 문제를 내적 갈등과 고통의 근원으로 간주한다.
  - 즉, 개인의 심리상태에 영향을 미치는 해결되지 않은 문제에 대한 인식은 상담이론마다 용어와 구체적인 방법이 다를 수 있지만, 게슈탈트 치료에만 국한된 것이 아니라 다양한 치료적 접근방식 간에 공통된 이해이다.

13. 상담의 종결단계에 관한 설명으로 옳지 않은 것은?

① 종결에 관련된 내담자의 감정을 다룬다.
② 상담을 통해 변화된 행동이 지속되는지 점검한다.
③ 종결 이후 진행되는 상담을 추수(추후) 상담이라고 한다.
④ 초기에 설정한 목표가 달성되면 새로운 목표를 설정한다.
⑤ 추수(추후) 상담의 진행시기, 횟수 등은 종결 전에 정한다.

해설 종결단계에서는 미해결 과제를 점검하고 대응 방법을 논의할 수 있지만 새로운 목표를 세우는 것은 부적절하다. 새로운 목표를 설정하는 것은 주로 상담 초기에 내담자와 합의하에 이루어지며, 상담 중기에는 이러한 목표 달성을 위한 개입을 주로 하게 된다.

종결단계	• 상담 성과 평가 • 종결에 대한 저항 다루기	• 미해결 과제 점검 • 종결에 대한 감정 다루기	• 종결 후 계획

정답 12.④ 13.④

14. 청소년 상담의 목표에 관한 설명으로 옳지 않은 것은?

① 청소년을 둘러싼 적절하지 못한 환경을 개선한다.
② 청소년의 잠재 가능성을 찾아 실현할 수 있도록 지원한다.
③ 위기 청소년들에게는 직접 개입보다 가족역동을 이해할 수 있도록 심리치료를 우선적으로 한다.
④ 청소년들이 일상생활에서 직면하는 문제의 해결을 조력한다.
⑤ 경제적, 사회적, 심리적으로 위기에 처한 청소년의 안정적 생활을 지원한다.

해설 ③ 위기 청소년을 대상으로 하는 상담은 즉각적인 위기를 해결하고, 청소년 개인이 직면한 급성 문제를 관리하고 완화하는 데 도움이 되는 개입을 제공하는 것을 목표로 한다. 위기 개입 기법에는 안전 문제 해결, 정서적 지원 제공, 대처 기술 교육, 위기를 효과적으로 관리하기 위한 즉각적인 전략 제공 등이 포함될 수 있다.

15. 청소년상담사의 전문적 자질에 해당하는 것을 모두 고른 것은?

ㄱ. 상담이론 및 개입기술에 대한 지식
ㄴ. 청소년의 발달 특성을 이해
ㄷ. 관련법과 윤리에 관한 지식
ㄹ. 위기나 돌발 상황에 대한 대처능력
ㅁ. 행정절차 숙지, 프로그램 실행 및 추진 능력

① ㄱ, ㄴ
② ㄷ, ㄹ
③ ㄴ, ㄹ, ㅁ
④ ㄱ, ㄴ, ㄷ, ㄹ
⑤ ㄱ, ㄴ, ㄷ, ㄹ, ㅁ

해설 모두 해당된다.

청소년상담사의 전문적 자질

- 청소년상담이론에 대한 이해, 실습 및 기술훈련
- 청소년의 독특한 발달적 특성과 과업에 대한 이해
- 청소년 관련법과 윤리에 대한 지식
- 청소년 문제에 대한 이해와 위기개입 및 대처능력
- 상담 이외의 능력과 자질, 행정절차 숙지, 프로그램 실행 및 추진 능력

정답 14.③ 15.⑤

16. 심리검사 실시와 해석에 관한 윤리적 행동으로 옳은 것은?

① 11세 아동에게 본인 동의를 받아 바로 검사를 실시하였다.
② 다문화 배경을 가진 내담자를 위한 검사 선택 시 내담자의 사회문화적 맥락을 신중히 고려하였다.
③ 아는 대학원생의 논문을 위해 6개월 전의 검사결과들을 연구에 제공하였다.
④ 내담자에게 적절하지 않지만 상담자가 관심 있는 검사를 사용하였다.
⑤ 상담자가 모르는 검사지만 보호자의 요청으로 실시하고 해석하였다.

해설 ② 다문화 내담자의 특성을 이해하기 위해 내담자의 사회문화적 맥락을 고려하고, 내담자의 문제 상황에 적합한 도구를 선택하고 활용하여 해석하여야 한다.
① 14세 이하인 경우 보호자의 동의가 필요하다.
③ 내담자로부터 심리검사의 연구 활용 동의서를 얻어야 한다.
④ 내담자에게 적절한 검사를 전문적 판단하에 실시하여야 한다.
⑤ 상담자가 잘 모르는 검사일 경우 더 잘 알고 있는 전문가에게 의뢰하여야 한다.

17. 청소년상담사 윤리강령에 따른 상담의 기록과 보관에 관한 설명으로 옳은 것을 모두 고른 것은?

ㄱ. 상담내용을 기록하고 보관해야 함
ㄴ. 기록 및 녹음에 관해 내담자의 사전 동의를 구함
ㄷ. 청소년 내담자의 보호자가 상담기록의 삭제를 요청할 경우 예외 없이 삭제해야 함
ㄹ. 기록의 보관은 공공기관이나 교육기관 등은 각 기관에서 정한 기록보관 연한을 따르고 이에 해당하지 아니한 경우에는 3년 이내 보관을 원칙으로 함

① ㄱ
② ㄱ, ㄴ
③ ㄷ, ㄹ
④ ㄱ, ㄴ, ㄹ
⑤ ㄱ, ㄴ, ㄷ, ㄹ

해설 ㄷ. 보호자가 상담 기록 삭제를 요청할 경우, 법적 · 윤리적 문제가 없는 한 삭제해야 하지만 상담 기록을 삭제하지 못할 경우가 발생하면 타당한 이유를 보호자에게 설명해 주어야 한다(청소년상담사 윤리강령).

학습 plus

기록 및 보관(출처: 청소년상담사 윤리강령)

가) 청소년상담사는 내담자에게 전문적인 서비스를 제공하기 위해 상담 내용을 기록하고 보관한다.
나) 기록의 보관 시 공공기관이나 교육기관 등은 각 기관에서 정한 기록 보관 연한을 따르고, 이에 해당하지 아니한 경우에는 3년 이내 보관을 원칙으로 한다.
다) 청소년상담사는 기록 및 녹음에 관해 내담자의 사전 동의를 구한다.

정답 16.② 17.④

라) 청소년상담사는 면접기록, 심리검사자료, 편지, 녹음 및 동영상 파일, 기타 기록 등 상담과 관련된 기록을 보관하고 처리하는 데 있어서 비밀을 준수해야 한다.
마) 청소년상담사는 원칙적으로 내담자 및 보호자(만 14세 미만 내담 청소년의 경우)의 동의 없이 상담의 기록을 제3자나 기관에 공개하지 않는다.
바) 청소년상담사는 내담자와 보호자가 상담 기록의 삭제를 요청할 경우, 법적 · 윤리적 문제가 없는 한 삭제하여야 한다. 상담 기록을 삭제하지 못할 경우, 타당한 이유를 내담자와 보호자에게 설명해 주어야 한다.
사) 청소년상담사는 퇴직 · 이직 등의 이유로 상담을 중단하게 될 경우, 기록과 자료를 적절한 절차에 따라 기관이나 전문가에게 양도한다.
아) 전자기기 및 매체를 활용하여 상담 관련 정보를 기록하고 관리하는 경우, 기록의 유출 또는 분실 가능성에 대해 경각심과 주의 의무를 가져야 하며, 내담자의 정보보호를 위해 적극적인 노력을 해야 한다.
자) 내담자의 기록이 전산 시스템으로 관리되는 경우, 접근 권한을 명확히 설정하여 내담자의 신상이 공개되지 않도록 조치를 취한다.

18. **대면 접수면접에서 다루는 내용에 해당하지 않는 것은?**

① 기본정보 파악　② 호소문제 탐색　③ 가족정보 파악
④ 태도와 행동 관찰　⑤ 통찰 촉진을 위한 직면

해설 ⑤ 접수면접에서는 통찰을 촉진하기 위한 직면을 하지 않는다. 직면은 내담자의 언어, 사고, 감정, 행동에 불일치되고 모순되는 부분을 상담자의 말로 직시하도록 돕는 기법으로, 주로 상담 중기 과정에서 다양한 기법과 함께 사용된다.

19. **상담시간에 계속 지각하는 고2 내담자 A에게 상담자가 사용한 상담기술에 관한 설명으로 옳지 않은 것은?**

○ 내담자: 저는 상담이 너무 좋은데, 이상하게 자꾸 늦어요(시계를 자꾸 쳐다보며 심드렁하게 앉아 있다).
○ 상담자: 음… 오늘까지 3주 연속 늦고, 상담 중에도 계속 시계를 보고 있군요. 저는 A가 여기서 얼른 나가고 싶은 것처럼 느껴져서 좀 당황스러워요.

① 내담자로 하여금 다른 관점으로 문제를 볼 수 있도록 행동, 사고, 감정에 새로운 의미를 제공한다.
② 내담자의 경험, 행동, 사고에 대한 상담자의 경험 또는 감정을 구두로 전달하는 것이다.
③ 내담자의 자기탐색을 촉진하고 내담자 또는 관계에 초점을 유지하기 위해 사용한다.
④ 상담회기 중 특정 사건, 내담자에 대한 상담자 반응에 초점을 맞출 수 있다.
⑤ 상담자들은 종종 이 반응이 내담자를 화나게 만들지 않을까 걱정하기도 한다.

정답 18.⑤ 19.①

해설 이 사례에서 상담자는 자기공개, 초점 유지, 즉시성, 직면의 기술을 사용하고 있다. ①은 재구성(reframing)에 대한 설명이다.
② 자기공개(self-disclosure): 자신의 감정(당황스러움)을 표현
③ 초점 유지(focusing): 내담자가 3주 연속 늦고 시계를 보는 행동에 대해 언급
④ 즉시성(immediacy): 현재 상황에 대한 자신의 반응을 즉각적으로 표현
⑤ 직면(confrontation): 내담자의 행동이 상담과 모순된 태도로 보일 수 있음을 지적

20. 다음에서 사용된 상담기술은 무엇인가?

○ 상담자: 어른에게 예의 바르게 행동해야 한다고 말하면서도 아버지에 대해서는 '그 인간'이라고 부르며 욕을 하고 있네요.

① 재진술
② 해석
③ 직면
④ 자기개방
⑤ 정보제공

해설 어른에게 예의 바르게 행동해야 한다고 표현하면서도 아버지에 대해 '그 인간'이라고 표현하는 것은 내담자의 언어, 사고, 행동에 불일치나 모순되는 부분을 의미하며 상담자는 이를 직시하도록 돕는 직면 기법을 사용하고 있다.
① 재진술: 내담자의 표현 중 핵심적인 내용을 동일한 의미의 상담자의 언어로 바꿔주는 기술
② 해석: 내담자가 명확하게 인식하지 못하는 특정 행동 또는 사건의 의미를 설명해 주는 기술
④ 자기개방: 상담자가 자신의 사적인 일부를 드러내거나 자신에 관한 정보를 드러내는 기법
⑤ 정보제공: 특정한 주제에 대해 객관적 자료나 사실적 정보에 입각하여 구두로 설명해 주는 상담기술

21. 또래와의 갈등으로 삶이 불행하다고 호소하는 17세 내담자에게 상담자는 '유쾌하거나 불쾌했던 상황을 상상해 보도록 하고, 그 이미지에 동반되는 감정들을 살펴보게 한 후, 어떤 감정을 선택할 것인지를 자신이 결정할 수 있음'을 알게 했다. 상담자가 사용한 기법은?

① 즉시성
② 수렁 피하기
③ 단추 누르기
④ 수프에 침 뱉기
⑤ 마치 ~인 것처럼 행동하기

해설 모두 아들러(Adler)의 개인심리학에서 나오는 상담 기법이다. 단추 누르기는 유쾌한 경험과 불쾌한 경험을 떠올리게 한 다음, 이 경험들에 수반되는 감정에 주의를 기울이는 것으로, 내담자가 자신의 감정을 통제할 수 있음을 인식하도록 돕는 기법이다.
① 즉시성: 내담자가 지금 이 순간 무엇이 일어나고 있는지 지각하도록 돕는 기법으로, 상담과정에서 나타나는 문제를 개방적이고 직접적으로 다룬다.
② 수렁 피하기: 사람들이 흔히 빠지는 함정과 난처한 사항을 피하도록 돕는 기법이다.

정답 20.③ 21.③

④ 수프에 침 뱉기: 내담자가 보이는 반복적인 자기패배적 행동의 부적절한 의도를 확인하고 드러내어 밝힘으로써 내담자가 상상한 이익을 제거하는 것이다. 부적응적인 행동을 유발하는 내면적 동기에 침을 뱉어 혐오스러운 것으로 변화시킴으로써 그러한 행동의 반복을 억제하는 것이다.

∷ 기출문제뿐만 아니라 기존 교재들에서 '스프에 침 뱉기'와 '수프에 침 뱉기'가 혼용되고 있으나 이 교재에서는 사전적 해석에 따라 '수프에 침 뱉기'로 표기하였다.

⑤ 마치 ~인 것처럼 행동하기: 스스로 할 수 없다고 생각하는 것을 성취할 수 있는 것처럼 역할놀이를 해 보도록 하는 개입방법이다. 내담자의 신념과 문제의식을 변화시키고 통찰을 얻게 할 수 있으며, 자존감과 자신감을 향상시킨다.

22. 사이버상담에 관한 설명으로 옳지 않은 것은?

① 익명성이 있다.

② 매체상담의 하나이다.

③ 상담자가 적극적으로 자기를 개방하게 된다.

④ 스마트기기 및 인터넷 환경의 발달로 더욱 활발해졌다.

⑤ 내담자가 자신의 정보를 제공하지 않고도 상담이 가능하다.

해설 사이버상담은 온라인이나 모바일을 통해 채팅 상담, 게시판 상담, 이메일 상담, 화상 상담 형태로 이루어지기 때문에 익명성이 보장되어 내담자의 자기개방이 용이하다. 상담자의 자기 노출과 개방이 적극적으로 이루어지는 것은 어렵다.

23. 지역사회청소년통합지원체계(CYS-Net)에 관한 설명으로 옳지 않은 것은?

① 이 체계는 「청소년 보호법」 제4장에 규정되어 있다.

② 필수연계기관에 지방고용노동청 및 지청이 포함되어 있다.

③ 지역사회기반으로 통합서비스를 제공하기 위한 시스템이다.

④ 위기청소년을 지원하기 위한 자발적인 지역주민모임이 있다.

⑤ '위기청소년 발견' '상담개입' '통합서비스 제공'이라는 세 가지 운영 모듈을 가지고 있다.

해설 지역사회청소년통합지원체계(CYS-Net)는 「청소년 보호법」이 아니라 「청소년복지 지원법」 제4장에 규정되어 있다. CYS-Net은 지역사회에서 활용 가능한 청소년 관련 자원들을 모두 연계하여 청소년을 돕기 위한 청소년 지원 네트워크이다. 2019년 청소년안전망으로 사업명칭을 변경했다. 만 9~24세 청소년과 그 가족이 지원대상이다.

정답 22.③ 23.①

24. 청소년 내담자 A와의 대화에서 상담자가 공통적으로 사용한 상담기술은?

> ○ 내담자: 2학년으로 올라오고 벌써 한 학기가 지났는데, 짝꿍이랑 거의 말을 안 해 본 것 같아요. 학교 가는 게 핵노잼이에요.
> ○ 상담자: 핵노잼이라는 의미는 짝꿍이랑 놀지 못해서 재미가 없다는 의미일까요?
> ○ 내담자: 네, 맞아요. 근데 아무래도 저를 무시하는 것 같아요.
> ○ 상담자: A를 무시하는 것 같다고 느낀 때가 구체적으로 어떤 상황이었나요?

① 반영
② 명료화
③ 요약
④ 공감
⑤ 앵무새 말하기

해설 ② 내담자가 짝꿍이 자신을 무시한다는 모호한 진술을 한 것에 대해 '구체적으로 어떤 상황이었는지' 질문을 통해 내담자의 경험, 사고, 느낌 등을 명확하게 기술하도록 명료화 기법을 사용하고 있다.
① 반영: 내담자가 표현한 언어, 느낌, 감정, 태도 등을 상담자의 말로 되돌려 준다.
③ 요약: 재진술과 반영이 확대된 기술로, 내담자가 표현한 중요한 주제를 상담자의 말로 정리해 주는 것이다.
④ 공감: 내담자가 경험한 감정을 상담자도 같이 경험하는 것으로, 내담자의 입장에서 함께 느끼는 것이다.
⑤ 앵무새 말하기(재진술): 앵무새처럼 따라 말하는 것인데, 상대방이 말한 것을 잘 듣고 있다는 메시지를 전달하는 데 효과적이다.

25. 다음에서 상담자가 사용한 기법은?

> ○ 내담자: 학교에 가면 너무 좌절스럽고 제가 할 수 있는 게 아무것도 없는 것 같아 화만 나요. 나 자신한테 실망스럽지만 이렇게 생각해 봐야 뭔 소용이 있을까…. 그냥 다니는 거죠(무표정한 얼굴로 이야기한다).
> ○ 상담자: 지금 어떤 감정이 떠오르나요? 잠깐 생각을 멈추고 지금 느끼는 감정에 집중해서 그 상태에 머물러 보세요.

① 꿈 작업
② 언어 자각
③ 빈 의자 기법
④ 역할 연기하기
⑤ 현재 감정 및 신체의 자각

해설 ⑤ '잠깐 생각을 멈추고 지금 느끼는 감정에 집중해서 그 상태에 머물러 보라'는 지시는 게슈탈트 상담의 지금-여기의 체험에 초점을 맞추기 위한 방법으로, 감정과 신체 자각에 해당된다. 현재 자신의 신체감각에 대해 자각하게 함으로써 자신의 감정이나 욕구 또는 무의식적인 생각을 알아차리고 경험할 수 있게 하는 방법이다.
① 꿈 작업은 꿈을 분석하는 것이 아니라 일상 속의 꿈을 가지고 와서 그것이 마치 일어난 것인 양 꿈에 등장하는 인물이나 사물이 되어 보게 하여 꿈의 실존적 메시지에 접근하도록 돕는 게슈탈트 기법이다.

정답 24.② 25.⑤

② 언어 자각은 게슈탈트 상담 기법으로 지금-여기의 체험에 초점을 맞추고 무심코 내뱉는 언어 방식을 자각하고 책임지는 문장으로 바꾸어 말하게 하여 자신의 언어 행위에 대한 책임의식을 고취시키기 위한 방법이다.
③ 빈 의자 기법은 게슈탈트 치료와 사이코드라마에서 많이 사용하는 기법이다. 내담자에게 중요한 역동을 일으키는 사람이 빈 의자에 앉아 있다고 생각하고 억압된 부분과 마주하게 하는 기법이다. 대상에 대한 감정을 명료화시킬 수 있다.
④ 역할 연기는 행동주의(인지행동)에서 많이 사용하는 기법으로, 미리 역할 시연을 통해서 문제해결 능력을 연습하게 한다.

◆ 청소년 상담의 이론과 실제

제1과목 필수 2022년 기출문제 및 해설

1. **비자발적인 청소년 내담자에 대한 상담 개입으로 옳지 않은 것은?**

① 내담자가 인지하고 있는 상담 신청 경위를 탐색한다.

② 원치 않음에도 상담에 오게 된 내담자의 마음을 수용하고 공감한다.

③ 상담자 역할에 대해 알려 주고, 상담과정과 비밀 보장 등에 대해 설명한다.

④ 내담자가 하는 말의 진위 여부를 확인하는 데 초점을 맞춘다.

⑤ 상담이 내담자의 심리적 어려움을 해소할 수 있도록 돕는 것임을 전달한다.

해설 ④ 비자발적인 청소년 내담자의 경우, 내담자가 하는 말의 진위를 확인하게 되면 상담자를 믿지 못하게 되어 라포 형성에 방해가 될 수 있다. 특히 비자발적인 청소년은 상담 초기단계에서 저항이 심하게 발생할 수 있다. 따라서 상담자는 청소년이 하는 말을 비판단적으로 잘 경청하고 존중하고 수용해 주는 것이 신뢰 관계 및 라포 형성에 도움이 된다. 그와 함께 문제를 지각할 수 있는 기회를 제공하여 자발성을 이끌어 내는 것이 바람직하다.

2. **상담의 초기단계에 이루어지는 내용으로 옳은 것을 모두 고른 것은?**

> ㄱ. 내담자와 상담목표를 설정한다.
> ㄴ. 안전하고 신뢰할 수 있는 관계를 형성한다.
> ㄷ. 내담자의 위기영역 및 수준을 평가한다.
> ㄹ. 내담자 문제에 대한 심층적인 해석을 한다.

① ㄱ, ㄴ　　② ㄱ, ㄷ

③ ㄱ, ㄴ, ㄷ　　④ ㄴ, ㄷ, ㄹ

⑤ ㄱ, ㄴ, ㄷ, ㄹ

해설 ㄹ. 내담자 문제에 대한 심층적인 해석은 상담의 중기단계에서 하는 것이 일반적이다.

청소년상담의 단계

- 상담의 초기단계: 상담의 구조화, 상담관계 형성 및 동기화, 사례개념화, 상담의 목표 확인하기
- 상담의 중기단계: 목표달성을 위한 개입, 내담자의 자기탐색과 분석, 인식 변화(저항과 통찰 다루기)
- 상담의 종결단계: 상담성과 평가, 미해결 과제 점검, 종결 후 계획, 종결에 대한 저항과 감정 다루기

정답 1.④ 2.③

3. 상담이론과 기법의 연결이 옳은 것은?

① 현실치료－직면, 해석, 역할연기
② 인지치료－ABC 기법, 생활양식분석
③ 교류분석－유머 사용하기, 역설적 기법
④ 개인심리학－단추 누르기, 마치～처럼 행동하기
⑤ 게슈탈트 상담－문제를 외현화하기, 과제부여

해설 개인심리학의 상담기법에는 단추 누르기, 마치～처럼 행동하기, 생활양식 분석, 수렁 피하기, 수프에 침 뱉기, 직면, 역설적 의도 등이 있다.

① 현실치료: 유머 사용하기, 역설적 기법, 직면하기, 동사로 표현하기, 질문하기, 은유적 표현 사용하기 등
② 인지치료: 소크라테스식 질문, 역기능적 사고기록지, 하향 화살표 기법, 행동실험, 대처카드 사용 등
③ 교류분석: 상담분위기 형성기법(허용, 보호, 잠재력), 치료적 조작기법(질의, 명료화, 직면, 설명, 예증, 확인, 해석, 결정화)
⑤ 게슈탈트 상담: 신체자각, 환경자각, 언어자각, 반전기법, 빈 의자 기법, 두 의자 기법, 부분들과의 대화, 뜨거운 자리, 창조적으로 투사하기, 과장하기 등

4. 분석심리학에 관한 설명으로 옳지 않은 것은?

① 단어연상검사, 꿈 분석, 증상 분석 등의 기법을 사용한다.
② 고백단계에서 내담자의 무의식적 의미를 해석하고 통찰을 촉진한다.
③ 외향적 사고와 내향적 사고는 대립되는 것이 아니라 상보적이다.
④ 억압된 기억이나 사고, 감정은 개인 무의식에 저장된다.
⑤ 중년기 이후에는 자기의 방향이 내부로 향하여 자아는 다시 자기에 통합되면서 성격 발달이 이루어진다.

해설 고백단계에서는 억압된 감정과 비밀을 털어놓는다. 내담자의 무의식적 의미를 해석하고 통찰을 촉진하는 단계는 해석단계이다.

학습 plus

분석심리학의 상담과정 4단계

[1단계] 고백(confession): 내담자의 억제해 온 감정이나 비밀 등을 상담자에게 털어놓고 공유하는 과정이다. 치료적 동맹이 형성된다.
[2단계] 해석(elucidation): 꿈, 환상, 전이, 억압된 소망 등의 무의식적 소망을 해석해 무의식에 대한 이해를 확장하고 심화한다.
[3단계] 교육(education): 정신분석의 훈습 단계와 같이 무의식적 통찰을 현실에 구체적으로 적용하도록 돕는다. 사회적 적응 및 정상화를 돕는다.
[4단계] 변환(transformation): 상담자와 내담자의 깊은 인격적 교류를 통해 내담자의 변화가 생성되는 과정으로 자기실현이 일어난다.

정답 3.④ 4.②

5. 다음에서 설명하는 상담이론은?

> • 성격 발달에 대한 생물사회 이론(biosocial theory)에 기초하고 있다.
> • 자살의도를 가진 내담자를 치료하기 위해 개발되었으나 이후에 경계선 성격장애와 같은 문제를 보이는 내담자들에게 적용하는 이론으로 발전하였다.

① 중다양식치료
② 구성주의치료
③ 대상관계치료
④ 수용전념치료
⑤ 변증법적 행동치료

해설 변증법적 행동치료(Dialectical Behavior Therapy: DBT)

- 리네한(Linehan, 1993)이 개발. 원래는 유사 자살행동에 대한 개입을 위해 개발했으나, 이후 경계선 성격장애 치료에 주로 활용되었고 현재는 청소년 자해, 불안 등의 문제를 가진 집단에도 사용되고 있다.
- DBT의 목표: 혐오스러운 감정, 과거사, 현 상황을 있는 그대로 수용하도록 격려하면서 더 나은 삶을 위해 행동과 환경들을 변화시켜 나가도록 돕는 것이다.
- DBT의 기술: 정서 조절, 고통 감내, 마음챙김, 의미 창출, 전략적 행동 기술 등이 있다.

학습 plus

중다양식치료(Multimodal Therapy: MMT)

- 남아프리카공화국의 아놀드 라자루스(Arnold Lazarus)가 개발. 내담자의 문제를 해결하기 위해 포괄적이고 종합적인 이해와 평가, 효율적인 상담전략 선택에 중점을 둔 치료적 접근으로 기술적 절충주의를 적용했다.

> 라자루스(Lazarus, 1992)의 BASIC ID 모델
> – B(Behavior) 행동: 싸움, 방해, 훔치기, 떠들기, 미루는 버릇 등
> – A(Affect) 정서: 분노의 표현, 불안, 공포, 우울 등
> – S(Sensation/School) 감각/학교: 두통, 요통과 복통, 학교에서의 부적응 등
> – I(Image) 심상: 악몽, 낮은 자아개념, 거부에 대한 공포, 지나친 공상 등
> – C(Cognition) 인지: 비합리적 사고, 의사결정 및 문제해결에 대한 어려움
> – I(Interpersonal relationship) 대인관계: 타인 앞에서의 위축 및 갈등 등
> – D(Drug/Diet) 약물/체중조절: 담배, 술 그 외의 약물 사용, 체중조절 등

구성주의치료(Constructivism Therapy)

- 구성주의 심리치료는 각 개인이 삶의 과정에서 구성하는 의미에 초점을 두고, 이러한 의미가 내담자의 삶을 어떻게 형성하는지 또는 힘들게 하는지에 주목한다.
- 상담자는 내담자의 신념을 키운 문화적 뿌리를 이해하고, 언어적 상호작용을 통해서 내담자가 자신의 문제를 새롭고 유용한 방향으로 구성할 수 있도록 돕는다.

정답 5.⑤

6. 청소년 문제에 관한 설명으로 옳지 않은 것은?

① 생물학적 변화로 인해 발달심리적 위기를 겪는다.
② 외현화 문제에는 일탈, 약물남용, 섭식장애, 자살 등이 있다.
③ 우울감이 높은 청소년은 인터넷이나 스마트폰에 중독될 가능성이 높다.
④ 학교폭력에는 사이버 따돌림과 음란 정보에 의해 정신적 피해를 주는 경우도 해당된다.
⑤ 청소년 비행은 폭력이나 절도와 같은 심각한 범죄뿐만 아니라 음주, 흡연 등과 같은 일탈행동도 포함한다.

해설 ② 섭식장애는 내재화 문제이다.

아동 및 청소년의 행동 문제(Achenbach & Edelbrock, 1983)

- 내재화 문제: 과잉통제 혹은 불안, 우울, 위축 및 신체적 증상이 포함된다(우울, 불안, 섭식장애 등 정서적 · 인지적 부적응 증상).
- 외현화 문제: 과소통제 혹은 공격성 및 파괴적 행동, 즉 감정이나 행동의 적절한 억제가 결여되어 표출되는 문제로 공격성, 충동성, 비행 등의 문제행동이 포함된다(약물중독, 비행, 학교폭력과 집단 괴롭힘, 위험 행동, 중독 등의 문제행동).
- 청소년의 반항, 비행, 자학적 행동, 학교생활문제, 불안, 자살, 공격성 등의 문제는 기전의 우울감이 표출된 형태이며, 정신적인 문제이다. 청소년이 보이는 외현화 문제행동 중 상당수가 내재화 문제와 관련되어 있고, 문제행동에는 정서적 문제가 선행하고 있다.

7. 아들러(A. Adler)의 개인심리학에 관한 설명으로 옳지 않은 것은?

① 일차적 열등감은 목표와 성취를 위한 기초가 된다.
② 가상적 목표는 바이힝거(H. Vaihinger)의 영향을 받은 것이다.
③ 인간은 완전함을 향해 나아가는 전체론적인 존재이다.
④ 생활양식은 개인의 일관된 성격구조로 생애 초기에 형성된다.
⑤ 개인은 사회적 관심과 활동수준에 따라 지배형, 기생형, 분리형, 사회적 유용형으로 나뉜다.

해설 ⑤ 개인은 사회적 관심과 활동수준에 따라 지배형, 기생형, 회피형, 사회적 유용형으로 나뉜다.

학습 plus

사회적 관심과 활동수준에 따른 개인의 생활양식의 분류

생활양식 유형과 특징		
지배형	사회적 관심↓, 활동수준↑	타인을 대할 때 지배적인 태도를 지닌다.
기생형(의존형)	사회적 관심↓, 활동수준↓	타인에게 많은 것을 의존한다.
회피형	사회적 관심↑, 활동수준↓	타인과의 갈등이나 문제를 회피하려 한다.
사회적 유용형	사회적 관심↑, 활동수준↑	타인에게 도움이 되는 방식으로 문제를 해결하려 하며 타인과 협력한다.

정답 6.② 7.⑤

8. 상담 종결단계에서 이루어지는 내용으로 옳은 것을 모두 고른 것은?

ㄱ. 상담목표 달성 여부	ㄴ. 상담목표에 부합하는 전략 수립
ㄷ. 정서 및 행동 패턴 파악	ㄹ. 추수 상담에 대한 논의
ㅁ. 내담자의 변화 확인	

① ㄱ, ㄴ
② ㄱ, ㄴ, ㄹ
③ ㄱ, ㄹ, ㅁ
④ ㄴ, ㄷ, ㅁ
⑤ ㄱ, ㄴ, ㄹ, ㅁ

해설 ㄴ. 상담목표와 전략수립은 상담의 초기에 이루어지는 내용에 포함된다. 상담의 초기단계는 상담의 기틀을 형성하는 단계로 상담의 구조화가 이루어진다.
ㄷ. 정서 및 행동 패턴 파악은 상담 중기에 이루어지는 내용이다. 상담의 중기에서는 내담자에 대한 심층적 탐색과 내담자의 자각이 이루어지는 시기이다.

상담의 종결단계에서 이루어지는 내용

- 상담의 종결시기에 대한 논의
- 미해결 과제 점검
- 종결 후 계획 및 추수 상담에 대한 논의
- 상담성과에 대한 평가
- 종결에 대한 저항과 이별의 감정 다루기
- 조기 종결의 문제 다루기

9. 행동주의 상담 기법에 관한 설명으로 옳지 않은 것은?

① 이완훈련은 불안이나 스트레스를 겪고 있는 내담자에게 적용한다.
② 토큰강화는 프리맥(Premack)의 원리를 적용한 기법이다.
③ 체계적 둔감화는 상호억제 기제를 사용하여 불안이나 공포를 감소시키는 데 사용한다.
④ 노출 및 반응방지법은 내담자가 두려워하는 자극에 노출시키되 강박행동을 하지 못하게 하는 기법이다.
⑤ 행동조형(shaping)은 목표행동에 접근하는 반응을 강화하여 새로운 행동을 단계적으로 습득하게 한다.

해설 ② 토큰강화는 바람직한 행동을 강화한다면 프리맥의 원리는 특정 행동(덜 선호하는 행동)을 강화하기 위한 기법이다.

토큰 강화	바람직한 행동을 할 때마다 강화물로 토큰이 제공되는 기법으로 조작적 조건형성 이론에 근거한다.
프리맥의 원리	선호하는 행동을 강화물로 사용, 특정 행동(덜 선호하는 행동)을 강화하는 방법이다. 게임을 좋아하는 아이에게 숙제를 끝내면 게임을 할 수 있게 해 준다.

10. 자살사고가 있으나 부모에게 이 사실을 알리는 것을 꺼려 하는 청소년에 대한 상담자의 개입으로 옳지 않은 것은?

① 비밀유지 예외상황에 대해 고지한다.
② 부모에게 알리고 싶지 않은 이유를 탐색한다.
③ 죽음을 생각할 만큼 힘든 내담자의 마음을 공감한다.
④ 자살을 생각하게 된 어려움이 무엇인지 구체적으로 살펴본다.
⑤ 부모에게 자살사고 사실을 알려야 한다고 내담자를 밀어붙이거나 설득한다.

해설 청소년이 부모에게 자살사고를 알리는 것을 꺼려 하는 경우, 부모에게 알리고 싶지 않은 이유를 잘 탐색하고, 청소년이 표현하는 감정에 귀를 기울이면서 그 마음을 존중하는 태도를 보여야 한다. 이 과정에서 명확한 자살사고 및 자살시도 등의 행동이 확인된다면 우선적으로 보호자에게 알려야 하고, 위기 평정 후 신속한 개입이 필요하다.

자살위험이 높은 청소년에 대한 즉각적인 개입

- 비밀보장 규칙 어기기: 내담자에게 자살사고나 자살시도를 보고해야 할 의무가 있음을 알린다.
- 부모에게 알리기: 부모 혹은 법적 보호자에게 알리는 것은 필수적이다.
- 자살 수단에 접근하지 못하도록 하기: '자살로부터 안전하게' 하는 것이 필수적이다.
- 자살하지 않겠다고 계약하기: 자살시도나 자해행동을 하지 않겠다는 계약을 언어적으로나 서면으로 해야 한다.

11. 다음 사례에 해당하는 상담기법에 관한 설명으로 옳은 것은?

> ○ 내담자 A: 상담을 해도 나아지는 게 없고 힘들어요.
> ○ 상담자: 상담을 해도 힘든 게 나아지지 않는 것 같다는 말을 들으니, '내가 A를 충분히 이해하지 못하고 있나.' 하는 생각이 들어서 안타까워요.

① 상담 주제나 초점을 이동하고자 할 때 사용한다.
② 현재형으로 진술하여 지금-여기의 경험을 드러낸다.
③ 내담자가 모호한 진술을 정리하고 지각할 수 있게 해 준다.
④ 단정적으로 표현하기보다는 잠정적 가설의 형태로 제시한다.
⑤ 문제해결을 위한 대안을 발굴하고 평가하는 기회를 제공한다.

해설 ② 상담자는 상담 중 지금 이 순간 무엇이 일어나고 있는지 지각하여 상담과정에서 나타나는 문제를 개방적이고 직접적으로 다루고 있다.

'지금-여기'의 즉시성

- 현재 이 순간에 무엇이 일어나고 있는지 자각하도록 하는 기법으로 내담자가 치료자와의 상호작용이 곧 자신의 일상생활의 표본임을 깨닫게 한다.
- 과거보다는 상호작용에서 발생하는 '지금-여기'에서의 경험을 다루는 것이 중요
- "지금 어떤 느낌이 드세요?" "당신 말을 들으니 …한 감정이 느껴지네요." 등

정답 10.⑤ 11.②

12. 상담기법에 관한 설명으로 옳지 않은 것은?

① 명료화는 내담자의 사고, 감정, 행동에 있는 불일치나 모순을 드러내는 것이다.
② 자기개방은 상담자의 개인적 생각이나 경험을 내담자와 나누는 것이다.
③ 반영은 내담자의 메시지 이면에 있는 감정을 표면적으로 드러내는 것이다.
④ 은유는 비유나 동화 형태로 제시하며, 내담자의 자기인식을 돕고 문제를 재구성하도록 한다.
⑤ 재진술은 내담자의 메시지에 표현된 핵심내용을 상담자의 언어로 바꾸어 말하는 것이다.

해설 ① 내담자의 사고, 감정, 행동에 있는 불일치나 모순을 드러내는 것은 '직면'이다.

학습 plus

명료화(clarification)
- 내담자의 모호한 진술에서 누락, 왜곡, 일반화된 부분을 탐색하거나 도전하는 질문 형식의 상담기술이다.
- "~라는 것은 ~라는 뜻인가요?" "~라는 것은 ~라는 말인가요?" 등의 질문을 통해 내담자의 사고, 감정, 행동, 경험을 명확하게 기술하도록 하는 효과가 있다.

명료화(clarification)의 몇 가지 방법 – 아동 · 청소년 임상면담
- 정보를 직접적으로 요구한다. "뭐가 ~하게 되었다는 말이지?"
- 이해가 안 되는 부분은 다시 질문한다. "아직 이해가 안 가는데……."
- 이해를 확인시키기 위해 짧게 요약한다. "네 말은 ~이구나." "그래서 ~하게 느꼈구나."

13. 다음 해결중심상담의 질문기법으로 옳은 것은?

- 지난 일주일 동안 문제가 일어나지 않은 때는 언제였나요?
- 문제가 발생하지 않았다는 것을 어떻게 알 수 있나요?
- 힘든 시기에도 좋은 기분을 느낄 수 있었던 때가 있었나요?

① 대처　② 예외　③ 변화　④ 기적　⑤ 관계

해설 ② 해결중심상담의 질문기법 중 예외질문의 예이다.

해결중심상담의 질문기법
1) 상담 전 변화에 대한 질문: 상담을 예약하고 오기까지 어떤 변화가 있는지 확인한다.
2) 예외질문: 현재의 문제가 문제되지 않았던 경우를 탐색, 해결을 향한 노력의 가능성을 높인다.
3) 기적질문: 문제가 해결된 미래의 상태를 상상해 보게 하여 원하는 것을 명료화한다.
4) 척도질문: 내담자의 문제와 관련된 상황들을 0~10의 척도로 평정해 보도록 하여 문제상황을 구체적으로 파악하고 해결된 상태를 예상한다.
5) 가설적 태도: 내담자를 전문가로 여기고 어려움을 겪는 이유에 대해 가정 또는 해석하는 자세를 취한다.
6) 기타 질문기법: 관계성 질문, 대처질문, 악몽질문, 목표선택질문, 평가질문 등이 있다.

정답 12.① 13.②

14. 청소년상담자의 자질이 아닌 것은?

① 상담이론에 대한 이해
② 인간에 대한 깊은 관심
③ 자신과 타인의 감정 이해
④ 전문적인 상담용어 사용
⑤ 상담 윤리강령의 숙지

해설 ④ 청소년 내담자와 면담 시 전문적인 상담용어 사용을 피하고 청소년 내담자가 이해할 수 있는 용어를 사용한다. 면담 시 사용하는 어휘의 복잡성 수준은 내담자의 발달 및 인지적 수준에 맞춰야 한다.

청소년상담자의 자질

1) 인간적인 자질: 인간에 대한 사랑과 관심, 온정적이고 수용적인 태도, 공감과 이해심 등
2) 전문가적 자질: 청소년 관련 기본지식, 상담 관련 기술, 상담 이외의 행정기술, 사업추진능력, 자기계발, 연구 관련 능력 등

15. 매체상담에 관한 설명으로 옳지 않은 것은?

① 대면상담과 마찬가지로 사이버상담에서도 관계형성 및 구조화는 중요하다.
② 사이버상담 유형 중 채팅상담은 내담자와 동시적인 상호작용이 가능하다.
③ 화상상담은 정신병리 문제나 자살 및 자해 등 고위기 내담자에게 적합하다.
④ 전화상담은 문제해결 중심으로 진행되며 대면상담으로 연계하는 역할을 한다.
⑤ 전화상담은 위기 상황에 처한 청소년에게 즉각적인 도움을 제공할 수 있다.

해설 ③ 화상상담은 사이버상담에 속한다. 사이버상담은 긴급상황에 적극적으로 대처하기 어려우므로 정신병리 문제나 자살, 자해 등 고위기 내담자에게는 적합하지 않다.

매체상담

1) 전화상담: 상담자와 내담자가 전화로 대화를 나누면서 상담하는 것으로, 내담자의 적극성과 동기가 요구된다. 자살, 가출, 폭력 등의 위기개입, 진로, 성, 학업 등에 대한 각종 정보제공 등 문제해결 중심으로 진행되며, 대면상담으로 연계하는 역할을 한다.
   - 장점: 접근성이 높고, 즉각적인 도움을 줄 수 있으며, 익명성이 보장된다.
   - 단점: 내담자의 음성에 의존, 익명성에 따른 거짓 정보 습득의 한계, 전화침묵의 한계, 일방적 종결로 인한 상담의 미완결, 상담관계의 불완전성 등이 초래된다.
2) 사이버상담: 컴퓨터를 매개로 한 상담자와 내담자의 의사소통이다. 온라인이나 모바일을 통해 채팅상담, 게시판상담, 이메일상담, 데이터베이스상담, 화상상담 등의 형태로 이루어진다.
   - 장점: 접근의 용이성, 시간적 · 공간적 제약을 극복, 익명성의 보장, 내담자의 자발적 참여, 풍부하고 용이한 정보 획득, 다양한 상담유형, 감정정화 기능, 신속한 상담관계가 가능하다.
   - 단점: 직설적 표현과 욕설, 거짓 정보, 의도적 왜곡, 문자를 통한 의사소통의 한계, 상담의 연속성 문제, 신뢰문제가 있다.

정답 14.④ 15.③

16. 다음 설명에 해당하는 인간중심상담의 기법은?

- 상담자 자신의 내면에서 일어나는 다양한 경험에 대해 개방적이다.
- 상담자 자신의 수치스럽거나 혼란스러운 감정도 부정하지 않고 수용한다.

① 진솔성　② 공감적 이해
③ 알아차리기　④ 탈숙고하기
⑤ 무조건적 긍정적 존중

해설 ① 진솔성: 내담자를 대함에 있어 상담자가 무엇을 경험하는가에 대해 그대로 느끼고 경험하고 인정하고 표현한다(인간중심상담 기법).
② 공감적 이해: 지금-여기에서 나타나는 내담자의 감정과 경험을 민감하고 정확하게 이해하는 것이며, 내담자 감정에 동참하되 거기에 함몰되지 않는 것이다(인간중심상담 기법).
③ 알아차리기: 개체가 자신의 욕구나 감정을 지각한 다음 게슈탈트로 형성하여 전경으로 떠올리는 행위로, 미해결 과제의 알아차림과 지금-여기에서 새로 형성되는 게슈탈트에 대한 알아차림이 있다(게슈탈트 상담 기법).
④ 탈숙고하기: 프랭클이 제안. 지나친 숙고, 주의, 자기관찰이 문제가 되므로 지나친 숙고를 하지 않도록 자신 외에 다른 관심사에 초점을 맞추는 것이다. 예 불면증 환자의 관심을 음악듣기나 다른 흥미 있는 일에 쏟음으로써 불면증이 완화되는 것(실존주의상담 기법)
⑤ 무조건적 긍정적 존중: 내담자를 평가 · 판단하지 않고 아무런 전제나 조건 없이 내담자를 긍정적인 존재로 존중하는 태도를 유지한다(인간중심상담 기법).

17. 청소년 상담자의 태도로 옳은 것은?

① 상담자가 선호하는 상담 이론에 내담자를 맞춰서 상담을 진행하였다.
② 내담자는 원하지 않았으나 내담자를 이해하기 위해 첫 회 상담 후 그림검사를 실시하였다.
③ 활용하고자 하는 특정 기법에 대한 내담자의 전형적인 반응을 감지하고 대응하고자 하였다.
④ 내담자의 연령과 발달수준을 고려하여 매 회기 대부분의 시간을 게임에 할애하였다.
⑤ 모든 청소년 내담자의 부모를 상담에 초대하여 부모상담을 진행하였다.

해설 ③ 상담자 자신이 활용하고자 하는 특정 기법에 대한 내담자의 전형적인 반응을 알아차리고 대응해야 한다.
① 상담자가 선호하는 이론에 내담자를 맞추지 않도록 노력하여야 한다. 내담자의 문제를 고려해서 이론적 개입을 해야 한다.
② 심리검사실시 전, 내담자 및 보호자(만 14세 미만 청소년 내담자의 경우)의 사전 동의를 구해야 한다.
④ 매 회기 게임을 사용하는 것은 적합하지 않다. 내담자의 연령과 발달수준을 고려하여 필요시 다양한 심리치료 기법을 활용해야 한다. 상담자가 숙지하고 있고, 경험이 있으며, 내담자에게 효과적으로 적용할 수 있는 개입 도구들을 사용해야 한다.
⑤ 부모상담이 필요한 경우에 부모를 상담에 초대하여 부모상담을 진행한다. 부모상담 병행 시 누가 내담자가 될 것인지 명확히 해야 한다.

정답 16.① 17.③

18. 다음 각 내담자에 해당하는 접촉경계장애의 유형을 옳게 나열한 것은?

> ○ 내담자 A: 엄마가 잘못을 지적하면서 야단치고 화를 내면 엄마가 밉기도 하지만 제 자신이 너무 한심하고 바보 같아요. (주먹으로 머리를 때리며) 저한테 화가 나서 미치겠어요.
> ○ 내담자 B: (허공을 바라보며 남 이야기하듯) 글쎄요. 잘 모르겠어요. 기분 나쁜 걸 말해봤자 엄마랑 더 불편해지니까 그냥 생각을 안 하려고 해요. 그러면 아무렇지도 않아요.

① A: 반전, B: 편향
② A: 융합, B: 반전
③ A: 내사, B: 편향
④ A: 반전, B: 내사
⑤ A: 내사, B: 융합

해설 내담자 A는 엄마에게 화가 났는데 자신을 비난하고 있으므로 '반전' 접촉경계장애 상태이다. 내담자 B는 감당하기 힘든 경험을 상대를 쳐다보지 않고 말을 하고 있으므로 '편향' 접촉경계장애 상태이다.

접촉경계장애를 유발하는 주요한 심리적 원인(알아차림을 방해)	
내사 (introjection)	권위자 등 타인의 신념과 가치관을 무비판적으로 받아들임으로써 자기 것과 구별하지 못하고 행동이나 사고방식에 악영향을 미치게 하는 것이다. 예 부모의 의견 그대로 받아들이기
투사 (projection)	자신이 접촉하기 싫은 자신의 생각, 욕구, 감정을 타인의 것으로 왜곡하여 지각하는 것이다. 예 성적이 잘 안 나온 것은 선생님이 잘못 가르친 탓이다.
융합 (confluence)	밀접한 관계에 있는 두 사람이 서로 간에 차이점이 없다고 느끼도록 함의함으로써 발생하는 접촉경계장애이다. 예 의존관계, 밀착
반전 (retroflection)	타인이나 환경에 대하여 하고 싶은 행동을 자기 자신에게 하는 것 혹은 타인이 자기에게 해주기를 바라는 행동을 스스로 자기 자신에게 하는 것이다. 예 분노의 반전-죄책감
자의식 (egotism)	자신에 대해 지나치게 의식하고 관찰하는 현상으로, 자신의 행동에 대한 타인의 반응을 지나치게 의식하기 때문에 생긴다. 예 대인공포
편향 (deflection)	환경과의 접촉이 자신이 감당하기 힘든 내적갈등이나 외부 환경자극에 노출될 때, 압도당하지 않기 위해 환경과의 접촉을 회피하거나 자신의 감각을 둔화시킨다. 예 장황하게 말하기, 시선 피하고 웃어버리기

19. 청소년상담사 윤리강령에 명시된 '전문가로서의 책임'에 해당하는 것은?

① 검증되지 않고 훈련받지 않은 상담기법의 오남용을 하지 않는다.
② 법적 · 도덕적 한계를 벗어난 다중관계를 맺지 않는다.
③ 청소년 내담자에게 무력이나 정신적 압력 등을 사용하지 않는다.
④ 내담자의 복지를 증진하고 존엄성을 존중하는 것에 최우선 가치를 둔다.
⑤ 상담과정을 사례지도에 활용할 경우 내담자가 거부할 권리가 있음을 알린다.

정답 18.① 19.①

해설 ① 청소년상담사로서의 전문적 자세 중에서 '전문가로서의 책임'에 해당한다.
② 상담관계 중 다중관계에 대한 설명이다.
③, ④ 내담자의 복지 중 내담자의 권리와 보호에 관련한 설명이다.
⑤ 내담자의 복지 중 사전 동의에 해당한다.

청소년상담사로서의 전문적 자세

1. 전문가로서의 책임
   1) 청소년상담사는 「청소년 기본법」에 따라 청소년의 권리와 책임을 다할 수 있게 지원해야 한다.
   2) 청소년상담사는 자기의 능력 및 기법의 한계를 인식하고, 전문적 기준에 위배되는 활동을 하지 않도록 한다.
   3) 청소년상담사는 검증되지 않고 훈련받지 않은 상담기법의 오남용을 하지 않도록 유의한다.
   4) 청소년상담사는 청소년과 관련된 정책, 규칙, 법규에 대해 정통해야 하고 청소년 내담자를 보호하며 청소년 내담자가 최선의 발달을 이루도록 노력해야 한다.

20. 지역사회청소년통합지원체계(CYS-Net) 필수연계 기관으로 옳은 것을 모두 고른 것은?

ㄱ. 청소년비행예방센터	ㄴ. 지방고용노동청
ㄷ. 학교밖청소년지원센터	ㄹ. 공공보건의료기관

① ㄱ, ㄴ
② ㄱ, ㄷ
③ ㄷ, ㄹ
④ ㄱ, ㄷ, ㄹ
⑤ ㄱ, ㄴ, ㄷ, ㄹ

해설 ⑤ 모두 지역사회청소년통합지원체계(CYS-Net) 필수 연계 기관에 속한다.

지역사회청소년통합지원체계(CYS-Net) 필수 연계 기관(청소년복지 지원법 시행령 제4조 제1항)

청소년상담복지센터 및 청소년복지시설, 청소년 지원시설, 청소년단체, 지방자치단체, 특별시 · 광역시 · 특별자치시 · 도 및 특별자치도(시 · 도) 교육청 및 교육지원청, 학교, 시 · 도 경찰청 및 경찰서, 공공보건의료기관, 보건소(보건의료원 포함), 청소년 비행예방센터, 지방고용노동청 및 지청, 학교 밖 청소년 지원센터, 보호관찰소(보호관찰지소 포함)

학습 plus

청소년복지 지원법 시행령

[시행 2023. 4. 18.] [대통령령 제33422호, 2023. 4. 18, 일부개정]

제3장 지역사회 청소년통합지원체계 등

제4조(지역사회 청소년통합지원체계 구성 등)

① 법 제9조제1항에 따른 지역사회 청소년통합지원체계(이하 "통합지원체계"라 한다)는 다음 각 호의 기관 또는 단체(이하 "필수연계기관"이라 한다)를 반드시 포함하여 구성하여야 한다.

1. 법 제29조에 따른 청소년상담복지센터 및 법 제31조에 따른 청소년복지시설
2. 「성매매방지 및 피해자보호 등에 관한 법률」 제9조 제1항 제2호에 따른 청소년 지원시설
3. 「청소년기본법」 제3조 제8호에 따른 청소년단체

정답 20.⑤

4. 「지방자치법」 제2조에 따른 지방자치단체
5. 「지방교육자치에 관한 법률」에 따른 특별시 · 광역시 · 특별자치시 · 도 및 특별자치도(이하 "시 · 도"라 한다) 교육청 및 교육지원청
6. 「초 · 중등교육법」 제2조에 따른 학교
7. 「국가경찰과 자치경찰의 조직 및 운영에 관한 법률」 제13조에 따른 시 · 도 경찰청 및 경찰서
8. 「공공보건의료에 관한 법률」 제2조 제3호에 따른 공공보건의료기관
9. 「지역보건법」 제10조에 따른 보건소(보건의료원을 포함한다. 이하 이 조에서 같다)
10. 「법무부와 그 소속기관 직제」 제39조의2에 따른 청소년 비행예방센터
11. 「고용노동부와 그 소속기관 직제」 제19조 및 제23조에 따른 지방고용노동청 및 지청
12. 「학교 밖 청소년 지원에 관한 법률」 제12조 제1항에 따른 학교 밖 청소년 지원센터
13. 「보호관찰 등에 관한 법률」 제14조에 따른 보호관찰소(보호관찰지소를 포함한다. 이하 이 조에서 같다)

② 통합지원체계는 다음 각 호의 사업을 수행한다.

1. 법 제11조에 따른 지역주민단체의 위기청소년 발견 · 보호 및 지원을 위한 활동 지원
2. 법 제12조 제2항에 따른 상담전화(이하 "상담전화"라 한다) 등의 설치 · 운영
3. 청소년에 대한 상담, 긴급구조, 보호, 의료지원, 학업지원 및 자활지원 등의 서비스 제공

③ 필수연계기관은 담당 업무와 관련되어 위기청소년에 대한 지원 의뢰가 있는 경우에 최우선적으로 필요한 지원을 할 수 있도록 상호 협력하여야 한다.

④ 필수연계기관의 협력의무 등에 관한 구체적인 사항은 다음 각 호와 같다. 〈개정 2013. 12. 4., 2014. 6. 11., 2015. 7. 24., 2018. 10. 30., 2021. 9. 24.〉

1. 지방자치단체: 통합지원체계의 활성화를 위하여 필수연계기관의 활동을 상호 연계하거나 협력을 촉진하기 위한 조치의 추진
2. 시 · 도 교육청 및 교육지원청: 관할지역 안의 학교폭력, 학업중단 등 위기상황에 처한 학생에 대한 상담 지원 의뢰 및 학교 내 상담 활성화를 위한 협조
3. 각급 학교: 해당 학교의 학생이 학교폭력 등 위기상황, 학교부적응 등의 사유로 결석하거나 자퇴를 희망하는 경우 또는 그 밖에 전문적인 상담서비스의 제공이 필요하다고 판단되는 경우 상담지원 의뢰
4. 청소년비행예방센터: 위기청소년에 대한 비행예방교육 및 상담활동 협조
5. 경찰관서: 가정 밖 청소년 등 위기상황에 처한 청소년을 발견한 경우 보호 의뢰 및 긴급구조를 필요로 하는 위기청소년에 대한 구조 협조
6. 지방고용노동관서: 위기청소년에 대하여 직업훈련 또는 취업지원을 요청하는 경우 이에 대한 협조
7. 공공보건의료기관 및 보건소: 위기청소년에 대하여 진료 또는 치료지원을 요청하는 경우 이에 대한 협조
8. 청소년복지시설 및 청소년지원시설: 청소년에 대한 일시 · 단기 또는 중장기적 보호 협조
9. 학교 밖 청소년 지원센터: 위기청소년에 대하여 「학교 밖 청소년 지원에 관한 법률」 제12조 제2항에 따른 업무에 관한 지원을 요청하는 경우 이에 대한 협조
10. 보호관찰소: 보호관찰 대상 청소년에 대하여 전문적인 상담 · 복지서비스의 제공이 필요하다고 판단되는 경우 상담 · 복지지원 등의 의뢰

21. 합리정서행동상담의 인지적 기법으로 옳지 않은 것은?

① 언어 변화시키기
② 인지적 과제 수행하기
③ 비합리적 신념 논박하기
④ 자조서(self-help book) 읽기
⑤ 자기표현 훈련하기

해설 자기표현 훈련하기는 행동주의 상담 기법이다. 자기표현을 통해 다른 사람과 상호작용하는 방법을 습득하도록 하는 행동치료 기법은 자기표현 능력을 향상시키고 대인관계에서 비롯되는 불안요인을 제거하기 위한 것이다.

합리정서행동상담의 인지적 기법

- 비합리적 신념 논박하기: 자기자신의 신념에 대한 타당성과 유용성을 평가하도록 하는 것으로, 사건이나 상황이 아닌 자신이 가지고 있는 비합리적 신념이 문제가 됨을 알게 한다. 소크라테스식 논박법, 풍자적 논박법, 대리적 모델링, 설명식 논박법이 있다.
- 인지적 과제 수행하기: 내담자가 치료 시간 외에 스스로 비합리적인 신념을 찾아 목록을 만들고 논박하고 합리적 신념을 찾아보는 과제를 내준다.
- 내담자의 언어 변화시키기: 언어가 왜곡된 사고를 일으키는 원인 중의 하나라고 보고, "만약 ~한다면 그것은 정말 끔찍한 것이다"라는 말 대신, "만약 ~한다면 그것은 좀 불편할 것이다"라고 말할 수 있도록 한다.
- 기타: 자조서(self-help book) 읽기, 모델링, 독서요법, 재구성, 멈추고 살피기, 참조하기 등

22. 다음 사례에 해당하는 인지 왜곡은?

> ○ 내담자: 여자 친구가 요즘 들어 연락을 자주 하지 않는 걸 보니, 저를 멀리하는 것 같아요. 그래서 저와 헤어지려고 하는 건 아닌가 하는 생각이 들어서 불안해요.

① 개인화
② 흑백논리
③ 극대화
④ 임의적 추론
⑤ 과잉일반화

해설 ④ 지지하는 증거가 없음에도 불구하고 헤어지려고 한다는 결론을 내렸으므로 '임의적 추론'의 인지왜곡을 나타내고 있다. 사건이나 상황을 단정 지을 때 명확한 근거나 증거의 뒷받침 없이 주관적으로 추측하여 생각하는 것이다.

인지적 오류(왜곡)의 종류	
흑백논리(이분법적 사고)	사건의 의미를 이분법적 범주 중 하나로 해석한다. 예 성공 아니면 실패
과잉일반화	한두 번의 특수한 경험에서 일반적인 결론을 내려 그와 무관한 상황에도 그 결론을 적용한다. 예 '노력에 상관없이' '언제나' '항상'
임의적 추론	어떤 일이나 상황에 대해 판단할 때, 명확한 근거나 증거가 없음에도 불구하고 주관적으로 추측하여 결론을 내리는 것이다.

정답 21.⑤ 22.④

정신적 여과, 선택적 추상화	특정 사건과 관련된 일부 정보만 선택적 수용, 전체적 의미로 해석한다. 예 발표 시 제일 앞사람이 딴짓한 걸 보니 이번 발표는 실패야.
의미확대와 의미축소	어떤 사건의 의미나 중요성을 실제보다 과대평가하거나 과소평가한다.
개인화	자신과 무관한 외부 사건을 자신과 관련시켜 잘못 해석한다.
잘못된 명명	사람의 특성, 행위를 기술할 때 과장되거나 부적절한 이름을 붙여 기술한다. 예 나는 쓰레기야.
독심술의 오류	충분한 근거 없이 타인의 마음을 마음대로 추측, 단정 짓는다.
예언자의 오류	미래에 일어날 일을 예언하듯이 단정하고 확신한다.
감정적 추리	현실적 근거 없이 막연한 감정을 근거하여 결론 내린다.

23. 해결중심상담에 관한 설명으로 옳은 것을 모두 고른 것은?

ㄱ. 내담자의 강점이나 자원을 발견하고 활용한다.
ㄴ. 상담자-내담자 관계 유형에 따라 상담목표와 개입을 달리한다.
ㄷ. 그동안 효과가 있었던 해결책을 찾게 함으로써 문제해결의 가능성을 높인다.
ㄹ. 기적질문을 사용함으로써 문제의 원인을 구체적으로 파악한다.
ㅁ. 내담자가 작은 목표를 성취하도록 함으로써 성공경험을 높이고 문제해결에 대한 희망을 갖게 한다.

① ㄱ, ㄴ
② ㄱ, ㄴ, ㄷ
③ ㄷ, ㄹ, ㅁ
④ ㄱ, ㄴ, ㄷ, ㅁ
⑤ ㄴ, ㄷ, ㄹ, ㅁ

해설 ㄹ. 기적질문은 내담자에게 문제가 해결된 미래의 상태를 상상해 보게 하여 원하는 것을 좀 더 구체화하고 명료화시키기 위한 기법이다. 해결중심상담은 상담의 초점을 문제의 원인이 아니라 내담자가 바라는 변화, 문제해결, 새로운 행동유형에 둔다.

학습 plus

상담에서 기적질문을 사용하는 이유

- 치료의 목표를 설정할 수 있다.
- 가상적으로 기적을 체험하는 기회를 준다.
- 예외에 대한 준비를 할 수 있다.
- 개선된 이야기를 창조할 수 있다.

정답 23.④

24. 다음의 상담자 질문에 해당하는 현실치료의 상담과정으로 옳은 것은?

> "당신이 원하는 것이 현실적이고 실현 가능한 것입니까?"
> "지금 하고 있는 것이 당신이 원하는 것을 얻는 데 도움이 됩니까?"
> "상담의 진행과 당신의 변화에 대해 어떻게 약속하시겠습니까?"

① 현재의 행동 파악하기
② 바람, 욕구, 지각 탐색하기
③ 바람, 행동, 계획, 평가하기
④ 행동 계획과 실천하기
⑤ 선택과 책임감 갖기

해설 ③ 현실치료에서는 현재 원하는 것이 무엇이며 실현 가능한지, 현재 행동이 자기 욕구와 소망을 충족하는 데 도움이 되는지 살펴보고, 소망과 욕구를 충족시킬 수 있는 새로운 행동 변화를 계획하고 평가하게 한다.

현실치료의 상담과정(WDEP)

- W(Want): 내담자가 원하는 것이 무엇인지 소망과 욕구를 살펴본다.
- D(Doing): 현재 무슨 행동을 하는지, 무엇을 추구하고 있는지 살펴본다.
- E(Evaluation): 현재 행동이 자신의 소망과 욕구를 충족시키는 데 효과적인지 평가한다.
- P(Plan): 소망과 욕구를 충족시킬 수 있는 새로운 행동을 계획하고 실천하도록 돕는다.

25. 교류분석에 관한 설명으로 옳지 않은 것은?

① 상담목표는 내담자의 인생각본에 대한 인식과 재결단을 돕는 것이다.
② 교차적 교류는 상대방의 자아 상태와는 다른 자아 상태로 교류하는 것이다.
③ 상담은 교류분석－구조분석－게임분석－각본분석의 단계를 거친다.
④ 자기부정 · 타인긍정(I'm not OK, You're OK)의 생활자세를 지닌 사람은 열등감과 우울감, 무력감을 경험한다.
⑤ 성인 자아 상태는 현실에 근거하여 문제를 해결하며, 부모 자아 상태와 어린이 자아 상태를 중재한다.

해설 ③ 교류분석 상담의 단계는
계약 → 구조분석 → 교류분석 → 게임분석 → 각본분석 → 재결단의 단계를 거친다.

정답 24.③ 25.③

학습 plus

교류분석이론에서의 세 가지 자아 상태 PAC

교류분석이론은 인간의 성격 구조를 세 가지 자아 상태, 즉 부모 자아, 성인 자아, 어린이 자아로 설명하고 있다. 각각의 자아 상태는 독특한 기능과 특성을 가지며, 개인의 행동과 대인관계에 영향을 미친다.

1) 부모 자아(Parent ego state): 부모 자아는 주로 부모나 권위 있는 인물로부터 배운 규칙, 가치, 태도 등을 내면화한 상태로 프로이트의 초자아(Superego)와 유사하다.
   - 양육적 부모(Nurturing Parent): 보살피고 도와주는 행동을 보여 줌
   - 비판적 부모(Critical Parent): 비판, 통제, 처벌 등의 행동을 보여 줌

   예 "너는 항상 정리를 잘해야 해."와 같은 지시나 규칙
2) 성인 자아(Adult ego state): 성인 자아는 현실을 객관적으로 평가하고 이성적으로 판단하는 자아 상태로 프로이트의 자아(Ego)에 해당한다.

   예 "이 문제를 해결하기 위해선 어떤 정보가 필요할까?"와 같이 객관적인 정보를 바탕으로 하는 의사결정
3) 어린이 자아(Child ego state): 어린이 자아는 출생부터 초기 어린 시절까지의 경험과 감정이 내면화된 상태로 프로이트의 원초아(Id)와 유사하다.
   - 적응적 어린이(Adaptive Child): 권위 있는 인물의 요구에 순응하는 행동을 보임
   - 자유로운 어린이(Free Child): 충동적이고 자유분방한 행동을 보임

   예 "와! 정말 재밌겠다!"와 같이 순수한 감정이나 충동적인 반응

◆ 청소년 상담의 이론과 실제

제1과목 필수 2021년 기출문제 및 해설

1. 지역사회 기반 청소년상담의 특성으로 옳은 것을 모두 고른 것은?

ㄱ. 한 가지 방법보다는 다양하고 복합적인 도움이 효과적이다. ㄴ. 예방이 치료보다 효과적이다. ㄷ. 환경은 개인의 성장과 발달을 촉진시키기도 하고 제한하기도 한다. ㄹ. 공동체 상담모형은 청소년상담복지센터에만 적용할 수 있다. ㅁ. 상담의 목표는 개인과 공동체를 건강하게 만드는 것이다.

① ㄱ, ㄴ, ㅁ ② ㄴ, ㄷ, ㄹ
③ ㄷ, ㄹ, ㅁ ④ ㄱ, ㄴ, ㄷ, ㅁ
⑤ ㄱ, ㄴ, ㄷ, ㄹ, ㅁ

해설 ㄹ. 공동체 상담모형에서는 청소년상담복지센터를 비롯한 지역사회의 청소년 관련 기관들이 체계적 네트워크를 형성하고 있다. 청소년 내담자는 one-stop으로 지역사회의 지원기관들로부터 다양한 지원 프로그램과 복합적인 서비스를 제공받을 수 있다.

지역사회 기반 청소년상담(공동체 상담모형)

- 공동체 상담모형에서는 청소년상담복지센터를 비롯한 지역사회의 청소년 관련 기관들이 체계적 네트워크를 형성하고 있다. 청소년 내담자는 one-stop으로 지역사회의 지원기관들로부터 다양한 지원 프로그램과 복합적인 서비스를 제공받을 수 있다.
- 청소년 상담은 문제해결뿐 아니라 교육적 · 예방적 성격을 갖는다.
- 공동체 상담모형은 기본적으로 생태체계적 접근이다. 즉, 인간은 외부체계들과의 상호작용 속에서 이해되어야 하는 존재이고, 환경은 개인의 성장과 발달을 촉진시키기도 한다는 것이다.
- 따라서 공동체 상담모형의 상담목표는 개인의 치료, 성장뿐만 아니라 개인을 둘러싼 환경의 건강성을 회복하는 것까지 아우른다.

2. 인터넷게임에 과몰입된 청소년 A는 게임하지 말라고 잔소리하는 부모님과 다투고, 밤늦도록 게임을 하느라 학교 지각이 잦아졌다. 이러한 현상을 무엇이라고 하는가?

① 금단현상 ② 내성
③ 일상생활의 장애 ④ 현실과 가상 세계의 혼란
⑤ 신체적 증상

정답 1.④ 2.③

해설 ③ 일상생활의 장애: 지나친 인터넷 사용으로 인해 학교 지각, 학업 성적 하락, 가족과의 마찰 등을 일으킨다.

① 금단현상: 게임이 제지되거나 인터넷을 못 하게 될 경우 초조, 불안, 무기력 등을 느끼며, 게임장면이 계속 떠오르는 등의 증상이 나타날 수 있다. 신체적 증상은 없다.

② 내성: 시간이 갈수록 게임을 더 자주, 더 오래 하고 싶어 한다.

④ 현실과 가상 세계의 혼란: 인터넷게임이나 게임 속 캐릭터에 지나치게 몰입하여 현실과 게임을 구별하지 못하는 경우를 말한다.

⑤ 신체적 증상: 게임 때문에 식생활이나 수면생활의 균형이 무너지고 허리 통증을 호소하거나 영양불균형으로 인한 신체적 증상을 나타낼 수 있다.

인터넷게임 장애의 증상(DSM-5 '추가 연구가 필요한 진단적 상태')	
집착	게임하지 않을 때도 게임 생각과 게임 계획으로 시간을 보냄
금단증상	게임이 제지될 경우 금단증상(과민, 슬픔 등이 나타남. 신체적 증상 없음)
내성	더 오래 게임하려는 욕구
제어 실패	제어해 보려고 하지만 실패
흥미 감소	다른 취미와 오락활동에 대한 흥미 감소
과도한 지속	심리사회적 문제를 인지하면서도 과도하게 게임을 지속함
기만	가족, 타인에게 게임 지속시간을 속임
부정적 기분해소	무력감, 죄책감, 불안 등을 줄이거나 벗어나기 위해 게임에 몰두
관계/기회의 상실	중요한 대인관계, 직업, 학업, 진로기회를 위협하거나 상실함

3. 아동의 부적응 행동을 변화시키기 위해 사용하는 타임아웃에 관한 설명으로 옳지 않은 것은?

① 처벌 중 하나이다.

② 타임아웃을 끝냈을 때 규칙 준수를 칭찬한다.

③ 타임아웃 할 장소를 미리 알려 줄 필요는 없다.

④ 어떤 행동을 했을 때 타임아웃을 하는지 사전에 명확히 알려 준다.

⑤ 문제행동을 중단하지 않으면 타임아웃이 임박했음을 경고한다.

해설 ③ 타임아웃 실시 전에 대상이 되는 문제행동과 격리장소를 알려 주어야 한다.

타임아웃

- 바람직하지 않은 행동을 소거시키기 위해 모든 정적 강화를 차단하는 행동치료 기법으로, 처벌의 일종이다.
- 문제행동 발생 시 몇 분간 일정 장소에 격리시키는 방법으로 격리장소에는 강화자극이 없어야 한다.
- 타임아웃의 과도한 사용은 부정적 정서를 유발할 수 있으므로 적절하게 사용해야 하며, 문제행동 반복 시 타임아웃이 임박했음을 미리 경고한다.
- 처벌 시행 후에는 규칙준수에 대해 칭찬하는 것이 효과적이다.

정답 3.③

4. 체계적 둔감화 기법에서 불안과 공포를 통제하는 기제는?

① 부적 강화 ② 상호 억제 ③ 모델링
④ 부분 강화 ⑤ 조성

해설 체계적 둔감화 기법

- 고전적 조건화 기법 중의 하나로 역조건화에 기반한다.
- 볼피(Wolpe)의 상호 억제 원리를 활용한 행동수정기법으로, 공포나 불안을 단계적으로 서서히 해소시킨다.
- 상호 억제는 양립할 수 없는 두 가지 요소, 즉 불안자극과 이완상태가 결합하게 되면 상호방해가 일어나는 원리이다.

체계적 둔감화 기법 실시단계

- 1단계: 근육이완훈련
- 2단계: 불안 또는 혐오자극에 대한 위계목록 작성
- 3단계: 자극노출과 이완훈련을 연합시켜 불안을 감소 또는 소거시킴
- 4단계: 자극의 단계를 서서히 높여 감

학습 plus

'상호 억제(reciprocal inhibition)' 원리

- 행동주의 심리학자 조셉 볼피(Joseph Wolpe)에 의해 발견된 개념으로, 사람의 생각, 감정, 신체 반응이 두 가지 상태로 공존할 때, 일관성을 유지하기 위해 한 상태가 다른 상태에 맞춰 변화하는 현상을 설명한다.
- 예를 들면, 마음이 불안할 때 근육이 긴장되고 호흡이 빨라지는 상황에서, 근육을 의도적으로 이완시키거나 호흡을 느리게 하면, 마음이 불안한 상태에서 편안한 상태로 변화하게 된다.
- 우울증 치료 장면에서 행동 활성화(behavioral activation) 기법을 통해 운동 등을 하여 의욕을 되살리는 것과 불안장애 치료 장면에서 이완훈련(relaxation training)을 통해 근육을 이완시키거나 호흡을 느리게 하여 마음을 편안하게 하는 것도 상호 억제의 원리에 해당한다.

5. 개인심리학적 입장의 상담자가 관심을 갖는 개념으로 옳은 것을 모두 고른 것은?

ㄱ. 전체론	ㄴ. 열등감과 우월감	ㄷ. 출생순위
ㄹ. 공동체의식	ㅁ. 삼각화	

① ㄹ, ㅁ ② ㄱ, ㄴ, ㄷ ③ ㄴ, ㄹ, ㅁ
④ ㄱ, ㄴ, ㄷ, ㄹ ⑤ ㄱ, ㄴ, ㄷ, ㄹ, ㅁ

해설 ㅁ. 삼각화: 보웬(Bowen)의 가족체계이론의 주요 개념 중 하나이다. 가족 내 두 사람 간의 갈등이 있을 경우 제3자를 끌어들여 해결하려는 과정에서 삼각관계가 형성된다고 본다. 이러한 삼각화의 가장 큰 원인은 불안에 있다. 가족체계이론에서는 대부분의 가족문제가 삼각화의 성격을 띠고 있다고 보며 자아분화 수준을 증가시켜 불안과 증상을 완화시켜 탈삼각화를 이루는 것을 상담목표로 두고 있다.

정답 4.② 5.④

개인심리학의 주요 개념

- 전체성: 아들러(Adler)의 심리학은 개인(individual)심리학으로 명명된다. 개인심리학에서 전체성은 인간의 분리불가능성(indivisibility)을 의미하는 것으로, 분리된 요소들의 합이 아니라 하나로 통합된 존재로서의 인간을 강조한다.
- 열등감과 우월감: 열등감은 정신병리의 원인이 될 수도 있지만 성장의 원동력이 될 수도 있다. 열등감을 보상하려는 욕구에서 우월성 추구를 위한 노력이 나타난다.
- 출생순위와 가족구조: 아들러는 가족형태와 출생순위가 성격형성에 중요한 영향을 미친다고 보았다.
- 사회적 관심(공동체 의식): 아들러는 인간에 대해 생물학적 본능이 아닌 사회적 관계 속에서 자신이 선택한 목표와 가치를 추구하는 존재로 바라보았다. 이에 따라 사회적 관심(공동체 의식)을 정신건강의 중요한 지표로 제시하였다.
- 가상적인 최종목표: 아들러는 인간의 삶을 목적론적 관점으로 보았고, 모든 인간은 인생에서 실현하고자 하는 궁극적인 목표를 가진다고 이해했다.
- 생활양식: 개인이 지닌 독특한 신념과 삶의 방식을 말한다. 열등감을 극복하고 최종 목표에 도달하기 위해 추구하는 고유한 방식으로서 생활양식은 개인의 행동이 조화롭게 일관성을 가지도록 만들어 준다.

학습 plus

아들러 개인심리학의 생활양식 네 가지 유형

지배형	권력을 남용하고 타인을 착취하는 경향이 있는 사람
기생형	더 큰 힘을 가진 타인에게 의존하는 경향이 있는 사람
회피형	타인과의 관계나 사회적 상황을 두려워하고 회피하려는 경향이 있는 사람. 자신감 부족, 매사에 소극적이며 부정적인 태도
사회적 유용형	자신의 우월성을 추구함과 동시에 타인과 사회에 기여하는 삶을 살아가는 경향이 있는 사람. 높은 활동수준과 사회적 관심. 긍정적 에너지 발산

6. 인간중심 상담에서 위기 상황 시 우선할 수 있는 개입은?

① 즉각적으로 문제해결 개입을 한다.
② 위기 수준에 상관없이 지시를 한다.
③ 행동과 태도의 부조화를 다룬다.
④ 고통을 충분히 표현할 수 있도록 경청한다.
⑤ 신속하고 정확한 심리평가를 한다.

해설 ④ 인간중심상담에서 위기상황 시 상담자는 내담자가 충분히 고통을 표현할 수 있도록 경청하고 수용하여야 한다.

인간중심상담

- 인간중심상담의 기본 가정은 '모든 인간은 유능하고 강하며 성장, 문제 극복, 자기치유를 위한 충분한 잠재력을 지닌 존재'라는 것이다.
- 상담자의 역할은 힘든 상황에 갇혀 제대로 기능하지 못하는 내담자에게 무조건적 존중, 고통과 정서표현에 대한 적극적 경청, 있는 그대로의 모습에 대한 수용, 신뢰, 지지하는 환경을 제공하는 것이다.
- 이러한 조건이 제공되면 내담자는 자신의 잠재력을 맘껏 발현시키고 스스로 성장하여 '충분히 기능하는 인간'으로서 주체적이고 창조적인 삶을 영위할 수 있게 된다.

정답 6.④

7. 다음은 게슈탈트 상담의 주요 개념에 관한 내용이다. (   )에 들어갈 용어로 옳은 것은?

> (ㄱ)은/는 다른 사람들이 내담자에게 그렇게 하기를 원할 때 일어나고, (ㄴ)은/는 내담자가 다른 사람들에게 그렇게 해 주기를 요구할 때 일어난다.

① (ㄱ) 내사, (ㄴ) 투사
② (ㄱ) 투사, (ㄴ) 내사
③ (ㄱ) 융합, (ㄴ) 탈감각
④ (ㄱ) 탈감각, (ㄴ) 융합
⑤ (ㄱ) 융합, (ㄴ) 저항

해설 ㄱ. 내사: 외부로부터 무비판적으로 수용한 가치관이나 행동양식이 제대로 자기화되지 못한 채 남아서 개체에게 악영향을 미치는 현상이다.
ㄴ. 투사: 자신의 욕구, 감정, 생각을 타인의 것으로 지각하거나, 그 책임을 타인에게 전가하는 것으로서 내담자가 타인들이 그렇게 해 주기를 원할 때 일어난다.

게슈탈트 상담의 접촉-경계 혼란

- 게슈탈트 상담에서는 건강한 유기체는 환경과 상호작용 속에서 '알아차림-접촉 주기', 즉 게슈탈트를 형성하고 해소되는 과정을 반복한다고 본다.
- 인간은 이러한 과정을 통해 환경과 교류하며 적응적으로 성장해 나가는데, 만일 접촉-경계의 혼란이 발생하여 '알아차림-접촉' 주기가 단절되면 인간 개체에게는 미해결 과제가 쌓이게 되고 심리장애의 원인이 된다고 본다.
- 접촉-경계의 혼란이 발생하면 내사, 투사, 융합, 반전, 자의식, 편향 등의 현상이 생겨난다.

8. 내담자가 상담에서 자신의 신경증적 문제를 드러낸다고 가정하는 상담이론은?

① 정신분석
② 인간중심
③ 행동주의
④ 인지행동
⑤ 현실치료

해설 정신분석에서는 원초아, 자아, 초자아의 갈등에서 발생한 불안이 부적응, 신경증, 정신병리의 원인이 된다고 본다.

정신분석에서의 불안유형

- 신경증적 불안: 원초아와 자아와의 갈등에서 비롯된 불안. 원초아의 추동에 자아가 압도될 때 나타난다. 원초아의 쾌락탐닉으로 인해 처벌받을지 모른다는 두려움에서 출발한다.
- 도덕적 불안: 초자아와 자아 간의 갈등. 양심의 두려움으로 인해 나타난다. 수치심과 죄의식이 수반될 수 있다. 원초아의 충동을 외부로 표출했을 때 도덕원칙에 위배된다는 두려움이다.
- 현실적 불안: 외부세계 현실을 지각할 때 느끼는 불안으로 실제적 위협에 대한 두려움이다. 기본적으로 공포와 유사하며 실제적 위협으로부터 개인을 보호하는 역할을 한다.

정답 7.① 8.①

9. '명문 대학에 가지 못하면 난 실패한 것이다.'라는 사고는 어떤 인지적 왜곡에 해당하는가?

① 당위적 사고
② 선택적 추상화
③ 개인화
④ 이분법적 사고
⑤ 과잉일반화

해설 ④ 이분법적 사고: 사건을 흑백논리로 사고하고, 해석하여, 경험을 극단적으로 범주화하는 것을 말한다.
① 당위적 사고: 당연히 ~해야(하지 말아야) 한다는 식의 사고를 말한다.
② 선택적 추상화: 중요한 요소들을 무시하고 부정적 세부사항 한두 가지로 전체를 이해하는 것이다.
③ 개인화: 자신과 무관한 외부사건을 근거 없이 자신과 관련시키는 오류이다.
⑤ 과잉일반화: 한두 가지 사건을 가지고 세상 전반 또는 모든 사람에게 적용시키는 것이다.

10. 여자청소년 내담자 P는 "저는 예쁘지 않아서 결혼하기 힘들고 결혼하지 못하면 여성으로서 가치가 없어요."라고 말하면서 의기소침하고, 무력한 모습을 보인다. 이 호소에 대한 여성주의 상담자의 역할로 옳지 않은 것은?

① 자신의 생활에 미치는 사회적 요인을 평가하도록 돕는다.
② 사회적 신념이 자신에게 어떻게 부정적으로 영향을 주는지 이해하도록 돕는다.
③ 결혼하지 않고 살 수 있도록 돕는다.
④ 내면화된 여성 역할 메시지를 확인하도록 돕는다.
⑤ 개인적 능력감과 사회적 능력감을 기르도록 돕는다.

해설 ③ 여성주의 상담에서 결혼은 개인의 취향이며, 선택의 영역이라고 본다.

여성주의 상담의 특징

- 여성주의 관점에서 여성 문제의 주요 원인은 전통적 성역할과 성역할 고정관념의 억압에 있다.
- 문제의 근원을 개인에게 두는 전통적 상담에서 벗어나 거시적인 관점의 사회문화적 접근에 초점을 맞춘다.
- 이분법적 남녀 구분을 뛰어넘는 다양성 원리에 기반하므로 인종이나 계층 문제에도 확대하여 적용될 수 있다.
- 사회적 쟁점, 즉 차별, 불평등 문제, 사회변화와 소수자옹호에 높은 관심을 보인다.
- 성역할에 대한 사회적 기대가 개인의 정체성 형성에 큰 영향을 미치는 것으로 가정한다.

여성주의 상담의 목표

- 내담자로 하여금 남성중심사회의 억압이 여성 자신에게 부정적 영향을 주었음과 사회화에 의해 성역할 메시지가 자신에게 내면화되었음을 확인하게 한다.
- 성역할 고정관념을 탈피하고 평등한 존재로서의 존엄을 회복하여,
- 환경을 변화시키는 능력을 함양하고,
- 스스로 결정하는 권리를 지닌 존재로서,
- 사회 속에서 행동 영역을 확장할 수 있도록 돕는 것이다.

정답 9.④ 10.③

11. 행동분석 A-B-C에서 A가 의미하는 것은?

① 태도(Attitude)
② 활성화 사건(Activating event)
③ 감정(Affection)
④ 통각(Apperception)
⑤ 선행사건(Antecedent)

해설 행동분석 A-B-C 모형에서 A는 선행 조건(Antecedents), B는 행동(Behavior), C는 결과(Consequence)를 의미한다. 선행사건과 예상되는 결과가 결합하여, 개인이나 집단의 행동 선택에 영향을 미친다고 가정한다. 특정 행동이 발생하는 조건과 그 결과를 분석하는 모델로 행동의 발생 원인과 그 행동이 가져오는 결과를 명확히 이해함으로써, 원하는 행동 변화를 유도하는 데 사용된다.

행동분석 A-B-C 모형

Antecedents(선행사건, 전제조건)	어떤 행동이나 반응을 유도하거나 가능하게 하는 사건이나 상황
Behavior(행동)	관찰이 가능한 행동
Consequences(결과)	행동 직후 즉시 나타나는 결과로 행동을 강화하거나 약화할 수 있음

학습 plus

합리정서행동치료(REBT)의 ABCDEF 모델

- 선행사건(A) → 신념(B) → 결과(C) → 논박(D) → 효과(E) → 감정(F)
- 선행사건(activating events): 실제 일어난 어떤 사건, 촉발사건
- 신념(belief system): 개인의 신념체계
- 결과(consequence): 그에 따른 정서적 반응이나 행동적 결과
- 논박(dispute): 합리적 신념에 의한 논리적이고 실용적 반박
- 효과(effects): 논박의 결과로 새로운 철학이나 새로운 인지체계를 가져오는 효과
- 감정(feeling): 그로 인해 느끼게 되는 감정

12. 다음이 설명하는 내용은 어떤 이론에 관한 것인가?

- 협력적 경험주의 원칙에 기초한다.
- 소크라테스식 대화를 한다.
- 내담자에게 신념이 타당한지 스스로 검토해 볼 수 있도록 행동 실험을 요구한다.

① 인지치료
② 합리적 정서행동치료
③ 행동치료
④ 현실치료
⑤ 경험치료

해설 문제의 키워드는 '협력적 경험주의, 소크라테스식 대화, 신념을 스스로 검토'이다. 이는 인지치료 이론의 개념이다.

인지치료

- 1960년대에 정신과의사 벡(Beck)이 우울증 치료를 위해 개발한 치료법
- 우울증 환자에게 부정적 사고가 많음을 발견하고 이러한 특성에 초점을 맞춰 인지적으로 접근함

정답 11.⑤ 12.①

- 소크라테스식 대화법을 사용하여 내담자가 자신의 부정적이고 자동적인 사고, 역기능적 신념, 인지적 오류, 비합리적 사고체계를 찾아낼 수 있도록 도와줌
- 소크라테스식 질문법: 질문자가 미리 답을 정해 놓는 것이 아니라 여러 방향의 질문을 계속 던져서 내담자 스스로 생각하고 답을 찾게 하는 기법
- 인지치료에서는 내담자를 능동적 주체로 보고 내담자의 주관적 경험의 실체를 파악하기 위해 상담자와의 협동작업을 수행하게 하는데 이를 협동적 경험주의라고 함

13. 해결중심상담에서 "어떻게 지난주보다 더 나빠지지 않았나요?"는 무슨 질문에 해당하는가?

① 예외 ② 대처 ③ 기적 ④ 척도 ⑤ 관계

해설 ② 내담자의 노력을 인정하고 강화하는 질문으로, 대처질문에 대한 예시이다.

① 예외: 문제가 일어나지 않았던 상황이나 행동에 대해 질문함으로써 변화의 단초를 마련한다.
③ 기적: "만약 기적이 일어난다면" 등의 가정하에 문제가 해결된 상태를 상상하도록 하여 문제와의 분리를 꾀한다.
④ 척도: 내담자의 다양한 문제, 정서, 노력, 치료에 대한 기대 등을 숫자, 척도로 표현하게 함으로써 상담자의 내담자 이해와 내담자의 자기탐색을 돕는다.
⑤ 관계: 중요한 타인의 시각에서 문제를 조망함으로써 문제해결의 새로운 가능성을 탐색하도록 돕는 중요한 질문이다.

학습 plus

해결중심 상담의 질문들

- 해결중심은 문제에 초점을 두지 않고 내담자의 긍정적 특성과 자원에 초점을 맞추어 원하는 삶을 위한 해결책을 찾는 데 집중하는 단기치료 상담이다.
- 문제해결(problem solution)보다는 해결구축(solution building)에 방점을 둔다.
- 내담자로 하여금 원하는 미래를 구체적으로 그리게 하고, 강점과 자원을 찾아내고, 해결의 단서가 될만한 예외상황을 탐색하도록 하기 위해 다음의 질문을 사용한다.

해결중심상담 질문기법	
기적질문	"만약 기적이 일어난다면" 등의 가정하에 문제가 해결된 상태를 상상하도록 하여 문제와의 분리를 꾀함
예외질문	문제가 일어나지 않았던 상황이나, 행동에 대해 질문함으로써 변화의 단초를 마련
상담 전 변화질문	상담예약 ~ 방문까지의 변화를 질문함으로써 내담자가 자신의 잠재력을 확인하도록 돕고 해결방안의 단서를 찾음
대처질문	문제해결의 실마리를 찾지 못하는 경우 유용한 기법으로 "지금까지 어떻게 견딜 수 있었나요?" "어떻게 지난주보다 더 나빠지지 않았나요?" 등의 질문을 통해 내담자는 자기내면에 견디는 힘과 문제해결능력이 잠재한다는 것을 통찰할 수 있음
관계질문	중요한 타인의 시각에서 문제를 조망함으로써 문제해결의 새로운 가능성을 탐색하도록 돕는 중요한 질문
척도(평가) 질문	내담자의 다양한 문제, 정서, 노력, 치료에 대한 기대 등을 숫자척도로 표현하게 함으로써 상담자의 내담자 이해와 내담자의 자기탐색을 도움

정답 13.②

14. 청소년상담에 관한 설명으로 옳지 않은 것은?

① 청소년의 바람직한 발달을 추구하는 활동이다.
② 발달단계를 고려하여 프로그램을 개발하고 실행한다.
③ 성인을 대상으로 하는 상담적 접근을 그대로 적용한다.
④ 청소년의 잠재가능성을 발현할 수 있도록 조력하는 전문적 활동이다.
⑤ 대표적인 지역사회 기반의 청소년상담기관으로 청소년상담복지센터가 있다.

해설 청소년기 발달과업에 맞는 상담이 진행되어야 한다.

청소년상담의 특징

- 청소년기는 발달과업이 분명한 시기이고, 호소문제 역시 성인과 다르므로 상담목표와 개입은 성인상담과 구별된다.
- 청소년상담에서는 문제해결과 상담적 접근 외에 예방적 접근, 심리 교육, 위기 청소년에 대한 직접개입과 자립 지원 등이 요구된다.

15. 청소년상담자에게 요구되는 자질로 옳지 않은 것은?

① 윤리규정 숙지
② 상담이론에 대한 이해
③ 문화적 차이에 대한 이해
④ 자신의 태도와 가치관에 대한 이해
⑤ 내담자의 결정을 이끄는 구원자 역할

해설 ⑤ 상담은 직접적인 해결책을 제시하거나 내담자의 선택과 결정에 지침을 내려 주는 작업이 아니다. 상담자의 역할은 내담자의 지지자, 협력자, 안내자로서 청소년 내담자 스스로 해결책을 발견하도록 돕는 조력자 역할을 해야 한다.

청소년상담자의 자질

- 인간적 자질: 청소년에 대한 사랑과 관심, 호기심과 탐구심, 경청능력, 대화능력, 공감과 이해심, 정서적 통찰력, 건전한 가치관, 심리적 안정감과 융통성 등
- 전문적 자질: 청소년 관련 기본 지식, 청소년상담 관련 기술, 윤리규정 숙지, 문화적 차이에 대한 이해, 심리검사 및 진단에 대한 이해 등

16. 청소년상담자의 태도로 옳지 않은 것은?

① 공감적 이해
② 즉각적인 직면
③ 솔직하고 따뜻한 태도
④ 언어적 행동과 비언어적 행동의 일치
⑤ 내담자 자체의 가치를 순수하고 깊게 수용

정답 14.③ 15.⑤ 16.②

해설 ② 상담 장면에서 직면은 내담자의 일관성 없는 태도, 말, 행동을 다루는 기법이지만, 즉각적인 직면은 위험할 수 있으며, 상담자와 내담자 사이에 충분한 우호적 관계가 형성된 후 하는 것이 바람직하다. 즉각적인 안전위험과 관련된 상황이나 반복적인 파괴적 패턴이 있는 경우 등 안전문제와 치료적 강도를 고려하여 직면의 시기를 결정하는 것이 중요하다.

청소년상담자에게 요구되는 바람직한 태도

- 공감적 이해: 내담자가 지각하고 경험하는 세계에 대한 정확한 이해와 공감
- 존중과 수용: 있는 그대로의 모습을 수용하고 가치 있는 존재로 존중하는 자세
- 내담자에 대한 관심과 애착: 청소년에 대한 관심과 애착을 표현함으로써 신뢰 형성
- 신중하고 조심스러운 직면: 라포가 형성되고 내담자가 준비된 상황에서만 직면을 사용
- 언어적 행동과 비언어적 행동의 일치: 내담자와의 신뢰 형성에 중요한 요소임

17. 청소년상담사 윤리강령에 관한 설명으로 옳은 것은?

① 청소년상담사는 「청소년보호법」에 따라 청소년의 권리와 책임을 다 할 수 있게 지원해야 한다.

② 청소년상담사는 어떠한 경우라도 현행법을 윤리강령보다 우선적으로 준수해야 한다.

③ 내담자에게 상담을 거부하거나 개입방식의 변경을 거부할 권리를 보장해 주어야 한다.

④ 5년 이상의 청소년상담사는 법적으로 정해진 보수교육을 받지 않아도 된다.

⑤ 사이버상담의 특성상, 한 명의 내담자가 여러 명의 사이버상담자를 만나게 되는 경우 상담자들 간에 정보를 공유할 수 있음을 알려서는 안 된다.

해설 ③ 청소년상담사는 내담자가 상담 계획에 참여할 권리, 상담을 거부하거나 개입방식의 변경을 거부할 권리, 상담 거부에 따른 결과를 고지받을 권리, 자신의 상담 관련 자료를 복사 또는 열람할 수 있는 권리 등을 보장해 주어야 한다(청소년상담사 윤리강령 중 내담자의 복지).

① 청소년상담사는 「청소년기본법」에 따르도록 규정되어 있다.

② 현행법을 우선적으로 준수하되, 윤리강령에 더 엄격한 기준이 설정되어 있을 시에는 윤리강령을 따른다.

④ 「청소년기본법 시행규칙」 제10조의3에 따라 해당 기관 또는 단체에 종사하는 청소년상담사는 매년 8시간 이상 보수교육을 받아야 한다.

⑤ 사이버상담 시 동일 내담자가 다수의 상담자를 만나게 되는 경우 사이버상담자 간에 정보가 공유될 수 있음을 내담자에게 고지한다.

정답 17.③

18. 다음 상담자의 언어반응은 어떤 상담기술에 해당하는가?

> ○ 내담자: 선생님! 벌써 5번째 상담인데 전혀 도움이 되지 않는 것 같아요. 저에게 어떤 조언도 주지 않으시네요. 제가 상담을 왜 계속해야 하는지 모르겠어요. 시간낭비 같아요.
> ○ 상담자: 우리 상담이 아무런 진전이 없다고 나를 비난하는 것 같아 마음이 서운하네.

① 해석
② 즉시성
③ 직면
④ 정보제공
⑤ 요약

해설 즉시성은 '지금-여기'에서 일어나고 있는 상담자-내담자 관계의 상호반응을 말한다. 예시에서 내담자가 상담에 진전이 없어서 시간낭비 같다고 표현하자 그런 내담자의 반응에 대해 상담자가 지금 여기에서 느끼고 있는 감정과 생각을 즉각적으로 표현하고 있다.

① 해석: 내담자의 경험과 행동의 의미를 설명함으로써 내담자의 통찰을 돕는 기법이다.
③ 직면: 내담자의 언어, 행동에 모순이 있을 때 이를 지적함으로써 내담자의 자각을 돕는다.
④ 정보제공: 필요시 내담자에게 새로운 정보를 제공한다.
⑤ 요약: 새로운 회기를 시작할 때, 상담이 제자리에서 맴돌 때, 내담자 진술이 장황할 때, 회기를 종결할 때 요약을 통해 상담의 연속성과 방향성을 찾을 수 있다.

19. 청소년상담의 과정에 관한 설명으로 옳지 않은 것은?

① 상담중기에 내담자의 자기탐색과 상담개입에 대한 저항 등을 다룬다.
② 상담자가 잘 알고 있고 이전에 사용했던 경험이 있으며 내담자에게 효과적으로 적용할 수 있는 상담개입 전략을 사용한다.
③ 특정 개입 전략을 사용하기에 전문성이 부족해도 상담자의 이미지를 훼손하지 않기 위해 임의로 사용한다.
④ 새로운 개입 전략의 기법과 기술을 사용하기 위해서는 슈퍼바이저의 조언을 구하는 것이 필요하다.
⑤ 상담자가 선호하는 이론에 내담자를 맞추지 않도록 노력한다.

해설 ③ 특정 개입 전략에 대한 전문성이 부족할 경우 상담에 활용하지 말아야 하며 해당 기법에 대한 충분한 숙지와 슈퍼비전을 통해 전문성을 확보하고 난 뒤에 적용하는 것이 좋다.

청소년상담사 윤리강령 내용 일부

- 청소년상담사는 자기의 능력 및 기법의 한계를 인식하고, 전문적 기준에 위배되는 활동을 하지 않도록 한다.
- 청소년상담사는 검증되지 않고 훈련받지 않은 상담기법의 오남용을 하지 않도록 유의한다.

정답 18.② 19.③

20. 청소년 매체상담에 관한 설명으로 옳지 않은 것은?

① 긴급전화, 상담전화, 정보제공 등의 기능을 수행하는 청소년상담 전용전화는 1366이다.
② 전화상담의 특징은 익명성과 편의성 보장이다.
③ 전화상담은 긴급한 위기상황에서 도움을 요청하는 수단이 될 수 있다.
④ 스마트폰 및 인터넷 환경의 발달로 채팅상담과 화상상담 등이 활발해졌다.
⑤ 사이버상담 시 위기개입 등의 상황에 대비하기 위해 내담자의 신분을 확인할 방법이 있어야 한다.

해설
- 1366은 여성긴급전화로 폭력피해여성, 피해자의 가족, 친지, 이웃, 미혼모, 가출소녀 등 도움이 필요한 여성들을 위한 상담전화이다.
- 1388이 청소년 상담 전용전화이며 일상 속 고민 상담부터 가출, 학업, 인터넷 중독 등 청소년이 겪는 모든 고민의 상담을 받을 수 있도록 서비스를 제공한다.

21. 다음 내담자의 말에 이어지는 상담자의 반응 중 유형이 다른 하나는?

[내담자] 지난주 1교시 수업시간 직전에 아버지가 교통사고를 당하셨다는 전화를 받고 조퇴를 했어요. 그 전날 아버지가 술을 많이 드셨어요. 아침 일찍 운전하러 나가시는 게 불안해서 그러지 마시라고(목소리 커짐), 소리도 지르고 술병도 뺏었는데 결국 사고가 났어요(눈물).

① 아버지한테 화가 난 것처럼 보여요.
② 사고 소식을 듣고 정말 많이 놀랐겠네요.
③ 아버지한테 안 좋은 일이 일어나서 슬퍼하는 것 같아요.
④ 저도 저의 아버지가 술을 드실 때마다 걱정되고 화가 났었어요.
⑤ 아버지를 걱정하는 마음을 알아 주지 않아서 섭섭했을 것 같아요.

해설 ④ 내담자가 술을 지나치게 마시는 아버지로 인한 고통을 이야기할 때, 상담자가 자신도 아버지의 술로 인해 느꼈던 감정을 드러내고 있는 부분으로 '자기개방'에 해당한다. ①, ②, ③, ⑤는 '반영'에 해당된다.
- 자기개방: 상담자가 상담과정 중에 자신의 사적인 부분, 즉 자신의 생각, 감정, 경험, 생활 철학 등을 드러내거나 자신에 관한 정보를 드러내는 것으로, 내담자가 상담자를 인간적으로 느끼면서 상담관계가 강화될 수 있다. 또한 내담자에게 모델링의 기회를 제공하여 내담자의 더 깊은 수준의 자기개방을 촉진할 수 있다.
- 반영: 내담자가 표현한 언어, 느낌, 감정, 태도 등을 상담자의 말로 되돌려 주는 것으로, 내담자를 수용하면서 내담자의 언어적 · 비언어적 메시지의 핵심을 거울처럼 비추어 그대로 되돌려 주려고 하는 것을 말한다.

정답 20.① 21.④

22. 청소년상담의 실제에 관한 설명으로 옳은 것은?

① 상담비용은 내담자의 재정 상태 등을 고려하여 합리적으로 책정한다.
② 내담자가 만 14세 미만의 청소년인 경우, 보호자 또는 법정대리인의 상담활동에 대한 사전동의가 필요하지 않다.
③ 사이버상담이 청소년 내담자에게 부적절하다고 간주되는 경우라도 내담자가 원하면 진행해야 한다.
④ 상담을 시작한 청소년 내담자가 다른 정신건강전문가에게 상담을 받고 있음을 알았을 때, 즉시 상담을 종료한다.
⑤ 청소년상담사 윤리강령에는 내담자가 상담계획에 참여할 권리 보장에 대해 언급하고 있지 않다.

해설 ① 청소년상담자 윤리에 '상담비용을 책정할 때 내담자의 재정상태와 지역성을 고려하여야 한다.'라는 내용이 있다.
② 내담자가 만 14세 미만의 청소년인 경우, 보호자 또는 법정대리인의 상담활동에 대한 사전동의가 필요하다.
③ 사이버상담이 적합하지 않은 내담자에 대해서는 대면상담이나 적합한 서비스를 연계해야 하며, 사이버상담 제한 등의 조치를 취할 수도 있다.
④ 상담을 시작한 청소년 내담자가 다른 정신건강전문가에게 상담을 받고 있음을 알았을 때도 병행 상담을 지속할 수 있다.
⑤ 청소년상담사 윤리강령에는 내담자가 상담계획에 참여할 권리 보장에 대해 언급하고 있다.

23. 상담의 종결 시 다루어야 할 내용으로 옳은 것을 모두 고른 것은?

ㄱ. 상담목표의 달성 정도 파악	ㄴ. 내담자의 문제행동 파악
ㄷ. 행동변화 요인에 대한 평가	ㄹ. 향후 계획에 대한 논의
ㅁ. 추수 상담 논의	

① ㄱ, ㄴ ② ㄴ, ㄹ ③ ㄷ, ㅁ ④ ㄱ, ㄷ, ㄹ, ㅁ ⑤ ㄱ, ㄴ, ㄷ, ㄹ, ㅁ

해설 ㄴ. 문제행동은 상담의 초기단계에 파악해야 하며, 이 외에도 초기 단계에서는 내담자의 주호소 문제 및 기능수준, 문제의 원인, 현재 문제를 지속시키거나 촉진 또는 강화하는 요인 등을 파악한다.

상담의 단계별 과업

초기단계	중기단계	종결단계
• 상담의 구조화 • 상담관계 형성 및 동기화 • 사례개념화(주호소 문제 및 문제행동 파악 등) • 상담의 목표 합의하기	• 목표달성을 위한 개입 • 내담자의 자기탐색과 분석 • 인식의 변화	• 평가(목표달성, 행동변화) • 미해결과제 점검 • 종결 후 계획 • 종결에 대한 저항 다루기 • 종결 감정 처리 • 추수 상담 논의

정답 22.① 23.④

24. CYS-Net(Community Youth Safety-net)에 관한 설명으로 옳지 않은 것은?

① 위기청소년을 지원하기 위해 참여하는 자발적인 지역주민들의 모임이 있다.
② 청소년에게 지역사회를 기반으로 통합서비스를 제공하기 위한 시스템이다.
③ '위기청소년 발견' '개입' '통합서비스 제공'의 세 가지 체계의 운영모듈이 있다.
④ 개입체계는 긴급구조, 일시보호, 진단, 상담개입을 위한 것이다.
⑤ 이 체계는 「청소년보호법」 제4장에 규정되어 있다.

해설 ⑤ 「청소년복지지원법」 제4장 제9조에 CYS-Net에 대한 규정이 있다.

청소년안전망 시스템 개념도

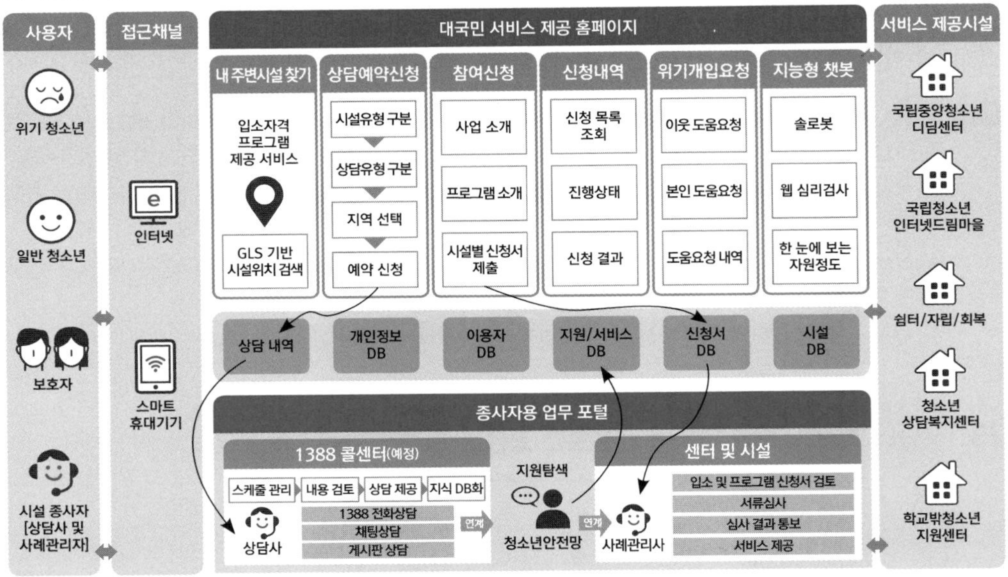

출처: 한국청소년상담복지개발원(https://www.kyci.or.kr/userSite/sub02_14.aspCYS-net).

25. 위기대응을 위한 지역사회 공동체의 사전 준비로 옳은 것을 모두 고른 것은?

ㄱ. 조례 제정 및 예산 준비
ㄴ. 긴급상황에 투입할 전문인력 준비
ㄷ. 지역사회청소년상담지원체계 사전 구축
ㄹ. 지역사회청소년상담지원체계 협력에 대한 사전협의

① ㄱ, ㄴ ② ㄴ, ㄷ ③ ㄷ, ㄹ
④ ㄴ, ㄷ, ㄹ ⑤ ㄱ, ㄴ, ㄷ, ㄹ

정답 24.⑤ 25.⑤

해설 모두 옳은 내용이다.

지역사회 공동체의 위기대응을 위한 사전 준비(출처: 「청소년복지 지원법」)

- 청소년 통합지원체계 전담기구의 사무 범위, 조직 및 운영, 전담공무원의 임용 등에 필요한 사항은 해당 지방자치단체의 조례로 정한다(제9조의2 제4항).
- 통합지원체계 전담기구에는 전담공무원 및 민간 전문인력을 배치할 수 있다(제9조의2 제2항).
- 지방자치단체의 장은 관할구역의 위기청소년을 조기에 발견하여 보호하고, 청소년복지 및 청소년보호를 효율적으로 수행하기 위하여 지방자치단체, 공공기관, 청소년단체 등이 협력하여 업무를 수행하는 지역사회청소년통합지원체계를 구축·운영하여야 한다. 국가는 통합지원체계의 구축·운영을 지원하여야 한다(제9조 제1, 2항).
- 관계 중앙행정기관 등은 통합정보시스템이 보유하는 자료·정보의 활용이 필요한 경우 사전에 여성가족부장관과 협의하여야 한다(제12조의2 제5항).

◆ 청소년 상담의 이론과 실제

제1과목 필수 2020년 기출문제 및 해설

1. 청소년 내담자의 특성으로 옳지 않은 것은?

① 신체나 외모에 관심이 많으며 자의식이 크다.
② 사회적 관계에서 자아중심적인 특성이 강하다.
③ 구체적 조작 단계에 있으므로 인지능력이 우수하다.
④ 상담에 대한 자발적 동기가 낮은 경우가 많다.
⑤ 감각적 흥미와 재미를 추구하는 경향이 있다.

해설 ③ 청소년기는 형식적 조작기로 이행되는 시기로, 인지능력이 급격히 발달하지만 전두엽 발달의 미성숙 등 고차적 인지능력이 아직 부족하다.

청소년 내담자의 일반적 특징

- 상담동기 부족: 자발적인 의사가 아닌 비자발적으로 의뢰되는 경우가 많다.
- 피아제 발달단계상 청소년은 구체적 조작기에서 형식적 조작기로 이행하는 시기지만 자아중심성이 강한 시기이다. 인지능력이 향상되는 발달선상에 있지만 성인에 비해서 아직 부족하다.
- 감각적 흥미와 재미를 추구하는 시기이며 지구력 및 집중력의 한계로 한 가지 관심사를 유지하기보다 동시다발적 관심사를 가지는 경향이 있다. 이러한 성향으로 상담에 꾸준하게 참여하는 것에 어려움을 보인다.
- 신체적 · 생리적 발달과 정서적 발달에 불균형이 나타날 수 있다.

2. 상담이론에 관한 설명으로 옳은 것을 모두 고른 것은?

ㄱ. 여성주의 상담이론은 여성과 남성의 차이점 또는 유사점을 지나치게 과장한다.
ㄴ. 여성주의 상담이론은 내담자의 문제를 사회 · 정치적 맥락보다는 개인적인 것으로 이해한다.
ㄷ. 통합적 상담이론은 다양한 이론적 접근과 기법을 필요에 따라 선별적으로 적용함으로써 상담의 효과성을 높이기 위한 접근법이다.
ㄹ. 통합적 상담이론은 서로 다른 이론에서 나온 요소들을 통합하여 상담자 자신만의 개입전략을 개발할 때 사용된다.

① ㄱ, ㄴ　② ㄷ, ㄹ　③ ㄱ, ㄴ, ㄷ
④ ㄴ, ㄷ, ㄹ　⑤ ㄱ, ㄴ, ㄷ, ㄹ

정답 1.③ 2.②

해설 ㄱ. 여성주의 상담이론은 여성과 남성을 이분법적으로 구분하지 않고 다양성을 인정하고 수용하도록 한다.
ㄴ. 여성주의 상담이론은 내담자의 문제를 개인적인 것이 아니라 사회·정치적 맥락에서 이해한다.

여성주의 상담이론의 특징

- 남녀를 이분법적으로 구분하는 것에서 벗어나 다양성을 인정하고 수용하도록 한다.
- 개인적 수준을 넘어 사회·정치적, 문화적인 맥락에서 바라보는 것을 지향한다.
- 여성과 남성의 차이점 또는 유사점을 지나치게 과장하는 것을 경계하기 위해 알파편향과 베타편향 개념을 사용한다.
  - 알파 편향(alpha bias): 여성과 남성의 차이점을 과장하는 경향을 말한다.
  - 베타 편향(beta bias): 여성과 남성의 차이점을 축소하는 경향을 말한다.
- 전통적인 성역할과 남녀에 대한 성역할 고정관념이 여성 문제의 중요한 원인이다.
- 심리적 어려움의 발생을 여성 자신의 개인 내적 요소뿐만 아니라 사회 구조적인 것에서 비롯된 것으로 본다.
- 상담자는 촉진자로서 뿐만 아니라 옹호자의 역할을 한다.

3. 게슈탈트 상담의 접촉경계장애와 예시를 옳게 연결한 것을 모두 고른 것은?

ㄱ. 내사 – 두 사람이 감정과 생각이 서로 같다고 지각한다.
ㄴ. 반전 – 다른 사람이 도와주기를 바라면서도 '나 혼자 할 수 있어'라고 말한다.
ㄷ. 융합 – 부모의 견해를 의견이 아니라 하나의 사실로 받아들인다.
ㄹ. 편향 – 문제에 대해 추상적으로 말하거나 마치 다른 사람의 문제인 것처럼 말한다.

① ㄱ, ㄴ ② ㄱ, ㄷ ③ ㄴ, ㄹ ④ ㄷ, ㄹ ⑤ ㄱ, ㄴ, ㄷ

해설 ㄱ. 두 사람이 감정과 생각이 서로 같다고 지각한다. → 융합에 해당된다.
ㄷ. 부모의 견해를 의견이 아니라 하나의 사실로 받아들인다. → 내사에 해당된다.
(2022년 18번 문항 해설 참조)

4. 해결중심상담의 질문기법과 그 적용 예가 옳은 것을 모두 고른 것은?

ㄱ. 기적질문 – 당신이 잠든 사이에 문제들이 모두 사라진다면 어떤 일이 일어날지 생각해 보실까요?
ㄴ. 예외질문 – 고통스럽지 않은 상황이 있었다면 언제였나요?
ㄷ. 상담 전 변화질문 – 예약 후 오늘 오기까지 혹시 어떤 변화가 있었나요?
ㄹ. 대처질문 – 그 어려운 상황 속에서 어떻게 견딜 수 있었나요?
ㅁ. 관계성 질문 – 어떤 점이 변화되면 담임선생님께서 학교생활이 나아졌다고 말씀하실까요?

① ㄱ, ㄴ ② ㄴ, ㄷ ③ ㄱ, ㄷ, ㄹ
④ ㄴ, ㄷ, ㄹ, ㅁ ⑤ ㄱ, ㄴ, ㄷ, ㄹ, ㅁ

정답 3.③ 4.⑤

해설 ㄱ. 기적질문: "만약 기적이 일어난다면"이라는 가정하에 문제가 해결된 상태를 상상한다.
ㄴ. 예외질문: 문제가 일어나지 않았던 상황이나 행동을 통해 변화의 단초를 마련한다.
ㄷ. 상담 전 변화질문: 상담예약 후의 변화를 통해 해결방안의 단서를 탐색한다.
ㄹ. 대처질문: "지금까지 어떻게 견딜 수 있었나요?" 등의 질문을 통해 내담자 내부에 문제해결 능력과 고통을 감내하는 힘이 존재함을 통찰한다.
ㅁ. 관계성 질문: 중요한 타인의 시각으로 새로운 각도에서 문제를 조망하게 한다.

5. 매체상담에 관한 설명으로 옳지 않은 것은?

① 전화상담의 경우 단회로 진행되는 경우가 많으며, 신속하게 도움을 요청할 수 있다.
② 전화상담의 경우 익명성으로 인해 성문제 등 드러내기 어려운 주제로 상담하는 경우가 많다.
③ 미술치료의 경우 미술이 지닌 상징성이 내담자의 감정을 안전하게 표현할 수 있게 한다.
④ 사이버상담의 '즉시성과 현시' 기법은 상담자가 내담자의 글에 대한 자신의 심정과 모습을 생생하게 시각화하여 표현하는 것이다.
⑤ 사이버상담의 '정서적 표현에 괄호 치기' 기법은 침묵하는 것을 나타내거나 눈으로 글을 읽고 있음을 나타낼 때 사용한다.

해설 ⑤ '정서적 표현에 괄호 치기' 기법은 상담자가 내담자의 글 속에 숨은 정서에 주목하고 있음을 내담자에게 돌려줌으로써 내담자 스스로 자신의 정서를 알아차리고 머무를 수 있도록 도와주며 상담자의 공감과 이해를 전달하는 도구로도 사용된다. 침묵하는 것을 나타내거나 눈으로 글을 읽고 있음을 알려 줄 때는 주로 사용하는 것은 "말줄임표"이다.

사이버상담의 기법

- 즉시성과 현시 기법: 내담자의 글에 대한 상담자의 심정과 모습을 생생하게 시각화하여 표현하는 것
- 정서적 표현에 괄호 치기: 글 속에 숨어 있는 정서적 내용을 보여주며 사실에 대한 대화를 하면서 정서적 표현을 전달하는 것
- 말줄임표 사용: 침묵하는 것이나 눈으로 글을 읽고 있음을 나타낼 때 사용
- 비유적 언어 사용: 문제나 상황에 대한 의미를 전달하고 싶거나 심화시키기 위해 비유적 언어를 사용
- 글씨체 사용: 강조하고 싶을 때 큰 글씨를 사용하거나 내담자가 보내온 같은 글씨체나 크기를 사용하여 내담자와 내적 세계를 공유

정답 5.⑤

6. 아들러(A. Adler)의 개인심리학에 관한 설명으로 옳은 것은?

① 인간은 성적 충동에 의해 일차적으로 동기화되는 존재이다.
② 생활양식은 개인이 지니는 독특한 삶의 방식으로 가족경험에 의해 영향을 받지 않는다.
③ 출생순위는 성격형성 과정에 중요한 요인이지만, 가족 내 역할과 심리적 출생순위가 더 중요하다.
④ 열등감은 신경증의 원천으로 잠재 능력을 저하시키는 부정적 요인이다.
⑤ 인간은 미래를 향한 목적론적인 존재로서 과거에 의해 영향을 받지 않는다.

해설 ③ 아들러는 어린 시절의 가족경험과 출생순위가 성격형성에 중대한 영향을 미친다고 바라보았다.
① 인간은 사회적 맥락 속에서 인생목표를 추구하는 창조적인 존재로, 성적 동기보다는 사회적 충동에 의해 동기화되는 존재이다. 성적 충동에 의해 일차적으로 동기화되는 존재는 정신분석적 입장이다.
② 생활양식은 개인이 지니는 독특한 삶의 방식으로 가족경험에 의해 지대한 영향을 받는다.
④ 열등감은 신경증의 원천이나 잠재 능력을 저하시키는 부정적 요인이 아니라 열등감을 극복하고 보상하려는 노력을 통해 성장과 발전의 원동력이 될 수 있다.
⑤ 아들러는 인간이 목표지향적이며 목적론적인 존재라고 보았고, 과거의 경험, 특히 출생순위와 생활양식이 개인의 성격 형성에 중요한 역할을 한다고 주장하였다.

7. 교류분석에 관한 설명으로 옳지 않은 것은?

① 부모 자아가 성인 자아를 침범하는 혼합현상으로 망상이 발생한다.
② 배타는 자아상태의 경계가 지나치게 경직되어 심적 에너지의 이동이 거의 불가능한 상태이다.
③ 이면교류에서는 사회적 메시지와 심리적 메시지가 나타나며 심리적 메시지가 더 중요하다.
④ 게임은 겉으로 친밀한 것처럼 보이지만 결과적으로는 라켓 감정을 유발한다.
⑤ 자기긍정-타인긍정의 자세를 지닌 사람은 자신이 유능하며 인생은 살아갈 만하다고 생각한다.

해설 ① 부모 자아가 성인 자아를 침범하는 혼합현상은 망상이 아니라 편견이다. 망상은 어린이 자아가 성인 자아를 침범할 때 일어난다.

교류분석의 자아 구성요소

교류분석에서는 모든 인간에게 부모 자아, 성인 자아, 어린이 자아 등 3가지 자아상태가 내재되어 있으며 상황에 따라 특정 자아가 개인행동을 지배한다고 본다.

부모 자아(P: Parent)	비판적 부모 자아(CP) / 양육적 부모 자아(NP)
성인 자아(A: Adult)	프로이트의 자아(ego)와 비슷하며 현실지향적으로 사고하고 합리적으로 행동하며 중재자 역할을 한다.
어린이 자아(C: Child)	자유로운 어린이 자아(FC) / 순응적 어린이 자아(AC)

정답 6.③ 7.①

교류분석의 자아상태 병리

- 혼합(오염, contamination): 성인 자아가 부모 자아나 어린이 자아로부터 영향받는 상태

망상	어린이 자아가 성인 자아를 침범할 때 발생한다(유아적 공포증 등).
편견	부모 자아가 성인 자아를 침범할 때 발생한다(지나친 과신, 엘리트 의식 등).
이중혼합	부모 자아와 어린이 자아가 이중으로 혼합된 상태이다(언행불일치, 급격한 태도변화 등).

- 배타(배제, 봉쇄, exclusion): 자아경계가 경직되어 심적 에너지의 이동이 거의 없는 상태

8. 실존주의 상담에 관한 설명으로 옳은 것을 모두 고른 것은?

ㄱ. 인간은 계속해서 되어 가는 존재이다.
ㄴ. 개인은 그가 처한 객관적 상황 속에서 이해되어야 한다.
ㄷ. 상담의 주요한 기법으로 역설적 의도와 탈숙고가 있다.
ㄹ. 인간의 주된 궁극적 관심사는 죽음, 고독, 무의미, 자유와 책임이다.

① ㄱ, ㄷ ② ㄴ, ㄹ ③ ㄷ, ㄹ
④ ㄱ, ㄷ, ㄹ ⑤ ㄱ, ㄴ, ㄷ, ㄹ

해설 ㄴ. 실존주의 상담에서 인간은 개인이 경험하는 주관적 세계 속에서 '계속 되어 가고 있는' 존재라고 본다.

실존주의 상담의 특징
• 실존주의 상담은 정신분석과 행동주의에 대한 반발로 생겨난 흐름으로서 인본주의 심리학에 기초한다. • 인간 존재의 궁극적 속성인 실존에 기반하며, 죽음, 자유, 고독, 무의미, 존재의 유한성 등 궁극적 질문을 다룬다. • 인간은 개인이 경험하는 주관적 세계 속에서 '계속 되어 가고 있는' 존재이다. • 실존주의 상담의 기법에는 직면, 역설적 의도, 탈숙고 기법 등이 있다.

9. 상담자가 갖추어야 할 자질 및 태도에 관한 설명으로 옳지 않은 것은?

① 인간에 대한 깊은 관심과 호기심을 가지며 경험에 개방적이고 수용적이다.
② 자기성찰적 태도를 지니고 있으나 원숙한 적응상태까지는 추구하지 않는다.
③ 지역사회 자원, 상담 연계 기관의 특성 및 사회 환경에 대한 이해가 있다.
④ 다른 문화권의 내담자를 상담할 때 자신의 가치관이 방해가 될 수 있음을 안다.
⑤ 상담자가 내담자의 어려움과 비슷한 해결되지 않은 문제를 갖고 있을 경우 역전이 문제를 인식하려고 노력한다.

해설 ② 상담자에게는 인간적 자질과 전문가적 자질이 요구된다. 인간적 자질 중의 하나로, 상담자에게는 자기성찰적 태도와 원숙한 적응상태가 요구된다.

정답 8.④ 9.②

10. 청소년 내담자에게 충고나 조언을 할 때 상담자의 개입방법으로 옳은 것을 모두 고른 것은?

ㄱ. 내담자가 충고나 조언을 들을 준비가 되었는지 확인하고 제공한다.
ㄴ. 한 번에 많은 변화보다는 작고 구체적인 변화를 꾀하도록 제공한다.
ㄷ. 충고나 조언을 한 후 내담자가 이를 제대로 이행했는지 확인한다.
ㄹ. 충고나 조언한 내용에 대해 즉각적인 피드백과 실행 후의 피드백을 받는다

① ㄱ, ㄴ ② ㄴ, ㄷ ③ ㄷ, ㄹ
④ ㄴ, ㄷ, ㄹ ⑤ ㄱ, ㄴ, ㄷ, ㄹ

해설 모두 옳은 내용이다.

청소년상담자의 충고, 조언 시 개입방법

- 상담자는 내담자를 돕기 위해 충고나 조언을 할 수 있다.
- 충고나 조언은 반발과 저항을 초래할 수 있으므로 내담자가 준비된 상태인지, 내담자가 원하는지를 사전에 확인해야 한다.
- 충고나 조언을 한 후에는 내담자가 이해했는지를 확인하고, 즉각적인 피드백을 받아야 하며, 실행 후에도 피드백을 받도록 한다.
- 한 번에 많은 변화보다는 작고 구체적인 변화를 꾀하도록 대안 제시가 이뤄지는 것이 좋으며, 자주 사용하는 것은 삼가야 한다.

11. 청소년상담사의 윤리로 옳은 것은?

① 내담자와의 다중관계는 항상 해롭기 때문에 맺어서는 안 된다.
② 성폭력으로 인한 임신 사실을 알았지만 내담자가 부모 등 누구에게도 알리기를 원치 않아 아무런 조치를 취하지 않았다.
③ 상담 중 가정폭력 사실을 알게 되었으나 어머니가 가정의 문제가 크게 확대되는 것을 원치 않아 내담자의 상처받은 마음만 달래 주었다.
④ 가정법원으로부터 상담내용 공개를 요청받아 내담자에게 그 사실을 알리고 필요한 최소한의 정보를 제공하였다.
⑤ 상담을 전공한 A 교수는 자기 지도학생에게 상담료를 받으며 주 1회 상담을 정규적으로 진행하였다.

해설 ④ 상담자는 가정폭력, 성폭력 등 신고의무자이므로 가정법원의 명령이 있는 경우 필요한 정보를 제공해야 한다.
① 내담자와의 다중관계는 항상 해롭기 때문에 맺어서는 안 된다. → 내담자와 다중관계는 상담자의 전문적 판단과 상담효과를 훼손시킬 수 있기 때문에 원칙적으로 맺어서는 안된다(미국 상담학회, ACA 1995). 그러나 미국 상담학회(2005년 개정)에서는 상호작용이 잠재적으로 유익할 때는 예외적으로 그러한 관계를 허용하고 있다.

정답 10.⑤ 11.④

② 성폭력으로 인한 임신 사실을 알았지만 내담자가 부모 등 누구에게도 알리기를 원치 않아 아무런 조치를 취하지 않았다. → 내담자의 생명과 안전에 관련된 문제인 경우에는 비밀보장의 예외가 된다.

③ 상담 중 가정폭력 사실을 알게 되었으나 어머니가 가정의 문제가 크게 확대되는 것을 원치 않아 내담자의 상처받은 마음만 달래 주었다. → 가정폭력의 경우에 상담자는 법적인 신고의무자이기 때문에 비밀보장의 예외에 해당된다.

⑤ 상담을 전공한 A 교수는 자기 지도 학생에게 상담료를 받으며 주 1회 상담을 정규적으로 진행하였다. → 지도교수와 학생의 이중관계의 경우 상담을 진행하는 것은 학생 내담자의 복리에 저해되기 때문에 지양해야 한다.

12. 다음 사례에서 상담자가 사용한 상담 기술을 활용할 때 유의해야 할 점으로 옳지 않은 것은?

> ○ 내담자: 고등학생이 되니까 엄마는 맨날 공부만 하라고 해요. 난 엄마가 공부하라는 소리가 세상에서 제일 듣기 싫어요. 엄마는 내가 친구들과 잠깐 어울리는 것도 안 좋아해요. 내가 잠시 쉬려고 하면 막 공부하라고 소리 지르세요. 그전에는 음악에 관심이 없었는데, 요새는 이어폰 끼고 음악 듣는 것이 좋아졌어요.
>
> ○ 상담자: 이어폰으로 음악 듣는 것을 좋아하게 된 것은 어쩌면 엄마의 잔소리를 피하기 위한 수단으로 보이는구나!

① 가능한 한 전문적인 용어를 사용함으로써 내담자의 통찰능력을 증진시킨다.

② 내담자가 받아들일 준비가 되어 있을 때 하는 것이 효과적이다.

③ 상담과정에서 수집하고 확인한 구체적이고 실제적인 정보를 근거로 제공한다.

④ 내담자의 현재 욕구를 존중하고 내담자의 인지적 · 성격적 특성을 고려해서 이루어져야 한다.

⑤ 신뢰로운 상담관계가 형성된 이후 가설적이고 잠정적인 표현을 사용한다.

해설 ① 내담자 행동의 원인을 분석해 주고 있으므로 이는 해석기법에 해당되며, 해석을 제공할 때는 내담자의 욕구, 내담자의 인지적 · 성격적 특성을 고려하여 내담자가 이해할 수 있는 쉬운 언어로 제공되어야 한다.

해석기법의 활용

- 해석은 상담자의 적극적 개입에 해당하므로 신중하게 사용되어야 한다.
- 성급한 해석은 방어와 저항을 불러올 수 있으므로 내담자가 준비되었는지 점검하고 적절한 시기에 실시해야 한다.
- 자의적 해석은 금물이며, 상담과정에서 수집하고 확인한 구체적 · 실질적 정보에 근거하여 제공해야 한다.
- 내담자의 욕구, 내담자의 인지적 · 성격적 특성을 고려하여 내담자가 이해할 수 있는 쉬운 언어로 제공되어야 한다.
- 상담자와 내담자 간에 신뢰관계가 형성된 후, 가설적이고 잠정적인 표현을 사용하여 내담자를 배려하면서 제공하여야 한다.

정답 12.①

13. 보기에서 설명하고 있는 현상으로 옳은 것은?

> <보기>
> ○ 내담자가 상담과정에서 보이는 비협조적인 행동으로서 내담자의 습관화된 사고, 감정, 행동패턴을 변화시키고자 할 때 주로 나타난다.
> ○ 내담자가 상담에 자주 지각하거나, 중요한 얘기를 하지 않거나, 상담을 일찍 그만두고 싶어 하는 등의 행동으로 나타난다.

① 저항 ② 억압
③ 침묵 ④ 부인
⑤ 전이

해설 저항에 관한 설명이다.

상담에서의 저항
- 저항은 치료과정과 내담자의 자기표현을 방해하는 내담자의 비협조적 태도와 행동을 통칭한다.
- 준비되지 않은 내담자를 변화시키고자 할 때, 상담자가 일방적 태도를 취하거나 너무 앞서나갈 때 나타날 수 있다.
- 저항은 내담자가 자신에 대한 통찰을 두려워할 때도 나타날 수 있다.
- 저항은 지각, 침묵, 상담 취소, 조기 종결, 무례한 태도, 상담자 비난, 말 돌리기, 딴짓, 일방적 대화 등의 양상으로 나타난다.

14. 사례에서 나타나는 인지적 오류로 옳은 것은?

> A는 지난번 시험에서 감기가 들어 시험을 잘 못 보았다. 기말고사를 앞두고 A는 이번 시험에서 열심히 공부해도 시험을 망칠 것이라고 생각하고 있다.

① 이분법적 사고 ② 과잉일반화
③ 개인화 ④ 의미축소
⑤ 독심술

해설 ② A는 시험을 망친 한 번의 경험을 일반화하여 미래의 시험 결과를 예측하는 오류를 범하고 있다.
① 이분법적 사고: 경험하게 되는 현실세계를 소수의 범주로 나눠 해석하고 흑백논리로 판단한다.
③ 개인화: 외부사건을 근거 없이 자신과 관련시켜 자신의 책임으로 돌리는 경향을 말한다.
④ 의미축소: 실제의 중요성과 관련 없이 한 측면을 과대평가 또는 과소평가한다.
⑤ 독심술: 타인의 행동과 비언어적 표현을 통해서 상대방의 생각을 자의적으로(대개는 부정적 방향) 추측, 확신한다.

정답 13.① 14.②

15. 행동주의 상담에 관한 설명으로 옳지 않은 것은?

① 내담자의 성격변화와 인격적 성장을 상담목표로 한다.
② 부적응 행동이 습득되고 유지되는 과정을 학습이론에 근거하여 설명한다.
③ 내담자의 문제행동에 대한 분석이 이루어지면 내담자와 함께 구체적인 상담목표를 설정한다.
④ 체계적 둔감법은 공포증과 같은 불안장애의 치료에 효과적이다.
⑤ 강화와 소거 등의 원리를 사용하여 내담자의 행동을 수정한다.

해설 ① 행동주의 상담은 바람직한 행동의 학습과 바람직하지 못한 행동의 소거 또는 수정을 목표로 한다.

행동주의 상담의 치료원리와 치료 기법들	
소거	문제행동의 반복을 강화하는 요인을 제거 예 관심끄기
혐오적 조건형성	문제행동과 불쾌경험을 짝지음 예 음주 시 구토를 유발하는 약
노출법	두려워하는 자극상황에 반복적인 노출을 통해 둔감화 유도 예 노출 및 반응방지법
체계적 둔감법	공포자극에 대한 반응과 공존할 수 없는 신체적 이완을 연합시켜 부적응적 반응을 점차로 완화시킴 예 이완훈련
행동조성법	부적응적 행동 시 강화물 제거, 적응적 행동 시 긍정적 강화 제공
모델링	모델의 적응적 행동을 관찰, 모방
활동계획 세우기	활동에 대한 구체적인 계획을 세우고 실천하도록 돕는 방법
생활기술훈련	적응적 생활을 위한 다양한 기술 교육 예 발표, 긴장이완, 의사결정
자기지시훈련	self-talk를 통해 스스로 적응적 행동을 연습하고 실천하도록 함
환표이용법	토큰(token)을 강화로 사용하여 바람직한 행동을 유도

16. 사례에서 A가 사용하는 방어기제로 옳은 것은?

> 대소변을 잘 가렸던 A는 동생이 태어나면서 부모의 관심이 동생에게 집중되자 대소변을 잘 가리지 못하고 실수를 하게 되었다.

① 억압 ② 부인 ③ 투사
④ 퇴행 ⑤ 승화

해설 ④ 퇴행이란 심리적 갈등으로 인해 이전 발달단계의 행동을 하는 것을 말하며, 이 사례에서 A는 동생이 태어나면서 부모의 관심이 동생에게 이동하면서 심리적 갈등이 발생, 대소변을 가리지 못하는 이전 발달단계로 퇴행하였다.
① 억압: 받아들이기 어려운 욕구, 충동, 생각 등으로 인한 심리적 고통을 무의식적으로 억눌러 버리는 것을 말한다.
② 부인: 용납할 수 없는 생각이나 행동을 없었던 것처럼 무시, 부정하는 것을 말한다.
③ 투사: 자신이 용납하기 어려운 충동이나 욕망을 타인이나 외부환경 탓으로 돌리는 것을 말한다.
⑤ 승화: 본능적 욕망이나 충동을 사회적, 문화적으로 수용되는 방향으로 전환하는 것이다.

정답 15.① 16.④

방어기제의 종류	
억압 (repression)	받아들이기 어려운 욕구, 충동, 생각 등으로 인한 심리적 고통을 무의식적으로 억눌러 버리는 것
부인 (denial)	외부현실이나 사실을 감당할 수 없어 회피, 왜곡, 부인하는 것 예 악성종양을 가진 사람이 자신은 암이 아니라고 하는 것
투사 (projection)	자신이 용납하기 어려운 충동이나 욕망을 타인이나 외부환경의 탓으로 돌리는 것 예 자신이 화난 걸 상대가 화를 낸다고 여기는 것
동일시 (identification)	영향력 있는 주변 인물의 태도나 행동을 닮아 가는 것
퇴행 (regression)	책임감이 적었던 이전의 낮은 발달단계로의 후퇴 예 초등생이 그보다 더 어린 아이 같은 행동을 하는 것
반동형성 (reaction formation)	사회적으로 허용되지 않는 욕망이나 충동이 표출되는 것을 피하려 반대되는 태도나 행동을 취함으로써 불안을 감소 예 싫어하는 사람에게 친절하고 예의 바르게 행동하는 것
대치 (substitution)	수용되기 힘든 욕구를 대체물에게 전환시켜 긴장을 해소 예 꿩 대신 닭
합리화 (rationalization)	타당하지 않은 유리한 해석으로 자신의 행동을 정당화 예 신포도형 합리화와 단레몬형 합리화
승화 (sublimation)	본능적 욕망이나 충동을 사회적, 문화적으로 수용되는 방향으로 전환하는 것 예 분노와 공격성을 격투기, 권투 등으로 전환하여 표현
수동공격 (passive aggression)	갈등 상황에서 상대방에게 직접 화를 내지 못하고 간접적 표현을 통해 화나는 감정을 해소하는 것
신체화 (somatization)	심리적 갈등이 신체증상으로 나타나는 것 예 등교할 때마다 배가 아픈 아이
취소 (undoing)	자신의 욕구와 행동이 타인에게 피해를 주었다고 무의식적으로 느낄 때, 그 행동을 철회하고 원상 복귀하려는 것 예 전날 아내를 때린 남편이 퇴근길에 아내에게 꽃을 사다 주는 것
역전이 (countertransference)	상담자가 내담자에게 전이현상을 일으키는 것
격리 (isolation)	과거의 고통스러운 기억과 관련된 감정을 의식에서 떼어 내는 과정, 사실은 기억하지만 감정을 느끼지 못하는 상태
주지화 (intellectualization)	• 불안을 유발하는 감정을 회피, 인지적 · 추상적인 측면에만 몰두 • 보통 청소년들은 자신의 공격적인 충동을 직면하지 않기 위해 사회적 화젯거리에 대해 매우 장황하게 이야기함
보상 (compensation)	열등한 특성으로 인한 욕구좌절을 보완하기 위해 다른 장점이나 특성을 강조 · 발전시켜 이에서 벗어나려는 기제
해리 (dissociation)	어떤 상황에 대해 기억하거나 의식하지 못함으로써 그로부터 일시적으로 벗어나려고 함

17. 청소년기에 경험하는 주요 문제와 발달과제에 관한 설명으로 옳지 않은 것은?

① 학업과 진로문제는 청소년기의 주요한 고민에 해당한다.
② 자아정체감의 형성은 청소년기의 중요한 발달과제이다.
③ 내분비선의 변화로 인해 신체적 · 성적 발달에 영향을 받으며 이와 관련된 고민이 증가한다.
④ 가족관계에서의 발달과제는 부모와의 애착형성이다.
⑤ 대인관계의 범위가 확대되면서 친구관계에서 여러 가지 어려움을 겪기도 한다.

해설 ④ 부모와의 애착 형성은 영유아기의 과업에 해당된다. 청소년기 가족관계에서의 발달과제는 가족과 부모에 대한 의존에서 벗어나 책임감과 자율성을 획득하는 것이다. 이 시기에는 독립과 의존 사이에서 갈등을 겪으며, 대인관계가 확장되어 또래집단에 몰두하게 된다. 자아정체감 형성이 중요 발달과제이며, 학업과 진로문제, 급격한 신체적 · 생리적 변화에서 기인한 성문제가 큰 고민으로 대두될 수 있다.

18. 우볼딩(R. Wubbolding)이 제시한 행동계획을 수립할 때 고려해야 할 사항으로 옳지 않은 것은?

① 단순하고 이해하기 쉬워야 한다.
② 성취여부를 측정할 수 있도록 설정되어야 한다.
③ 내담자가 통제할 수 있어야 한다.
④ 즉각적으로 실행할 수 없더라도 미래를 위한 것이어야 한다.
⑤ 실현가능한 것이어야 한다.

해설 ④ 미래를 위한 것이 아니라 즉각적으로 실행할 수 있는 것이어야 한다.

현실치료

- 윌리엄 글래서(William Glasser)는 선택이론에 기반하여 현실치료를 창시하였다.
- 기본원리: “자신의 행동에 책임을 지면서 자기 기본욕구를 인식하고 타인에게 해를 끼치지 않는 방식으로 욕구를 충족하는 사람이 행복하고 자기실현적인 삶을 영위한다.”
- 현실치료 상담은 우볼딩이 제시한 WDEP 치료모델을 사용한다.
  - Want-Doing-Evaluation-Planning: 바람탐색 → 행동관찰 → 평가 → 행동계획
- WDEP의 마지막 단계인 행동계획(Planning)은 행동을 계획하고 실행하는 단계로서 현실치료의 성공 여부를 결정하는 중요한 과정이다.

정답 17.④ 18.④

우볼딩(R. Wubbolding)의 행동계획: SAMI2C3

우볼딩은 행동계획 단계가 성공적으로 실행되기 위한 8가지 조건을 제시하였는데, 이를 SAMI2C3라고 부른다.

1) Simple(쉬운): 단순하고 이해하기 쉬워야 한다.
2) Attainable(달성가능한): 실현가능한 것이어야 한다.
3) Measurable(측정가능한): 성취여부를 측정할 수 있도록 구체적으로 설정되어야 한다.
4) Immediate(즉시): 미래를 위한 것이 아니라 즉각적으로 실행할 수 있는 것이어야 한다.
5) Involving(참여하는): 내담자가 관심을 가지고 참여할 수 있는 것이어야 한다.
6) Controllable(통제가능한): 내담자가 통제할 수 있어야 한다.
7) Continuously(지속가능한): 일관성이 있어야 한다.
8) Committed(약속된): 반드시 실천하겠다는 확고한 결심이 수반되어야 하며, 이를 위해 상담자와 내담자가 서로 약속할 수 있어야 한다.

19. 인간중심 상담이론에 관한 설명으로 옳은 것을 모두 고른 것은?

ㄱ. 자기개념과 유기체적 경험의 불일치가 클 때 심리적 부적응이 발생한다.
ㄴ. 인간은 긍정적인 변화를 향한 내면적 동기와 잠재능력을 지니고 있는 존재이다.
ㄷ. 개인의 객관적인 경험과 인식을 중시하는 현상학적인 입장에 근거한다.
ㄹ. 상담목표는 내담자가 충분히 기능하는 사람이 되도록 돕는 것이다.

① ㄱ, ㄴ　② ㄱ, ㄴ, ㄹ　③ ㄱ, ㄷ, ㄹ　④ ㄴ, ㄷ, ㄹ　⑤ ㄱ, ㄴ, ㄷ, ㄹ

해설 ㄷ. 인간중심 상담은 개인의 주관적인 경험과 인식을 중시하는 현상학적 입장에 근거한다. 개인이 주관적으로 지각한 세계를 현상학적 장(phenomenal field)이라고 하며, 동일한 현상이라도 모든 유기체는 각자 다르게 경험하고 인식한다고 본다.

20. 합리정서행동치료(REBT)에 관한 설명으로 옳은 것은?

① 심리적 부적응은 미해결 과제가 해소되지 못할 때 발생한다.
② 구체적인 상담 기법보다 내담자에 대한 상담자의 태도를 더 중요시한다.
③ 상담목표는 내담자의 억압된 충동을 자각하게 하는 것이다.
④ 인간은 실존적 불안을 지니며 삶의 의미와 목적을 추구한다.
⑤ 내담자의 비합리적 신념을 논박하기 위하여 소크라테스식 문답법 등이 사용된다.

해설 ⑤ 소크라테스식 문답법: REBT에서 주로 비합리적 신념을 논박할 때 사용
① "미해결과제가 심리적 부적응을 가져온다" → 게슈탈트 상담
② "구체적 상담기법보다 상담자의 태도가 더 중요한 상담의 도구다" → 인간중심상담
③ "내담자의 억압된 충동을 자각하는 것이 상담의 목표다" → 정신분석 상담
④ "인간은 실존적 불안 속에서 삶의 의미와 목적을 추구하는 존재다" → 실존주의 상담

정답 19.② 20.⑤

21. 청소년상담의 특징으로 옳은 것은?

① 상담의 대상은 청소년과 부모에 한정된다.
② 청소년의 발달특징은 상담개입에서 중요하게 고려되지 않는다.
③ 개인상담뿐만 아니라 집단교육과 매체를 이용하는 등 다양한 방법을 활용한다.
④ 청소년이 당면한 문제의 해결보다는 문제의 예방을 우선시한다.
⑤ 상담의 대상, 목표와 개입방법은 성인상담과 동일하다.

해설 ③ 일대일 대면상담뿐만 아니라 집단교육과 집단활동, 훈련이 실시되며 전화, 컴퓨터, 미술, 독서 등의 매체를 활용한 다양한 접근이 이뤄진다.
① 청소년 상담의 대상에는 청소년 본인과 부모뿐만 아니라 교사, 학교 등 관련 기관이 포함된다.
② 청소년상담에서는 발달적 특징을 무엇보다 고려해야 한다.
④ 청소년 상담은 당면문제 해결과 문제예방 모두에 중점을 둔다. 건강한 발달과 성장을 돕기 위한 예방적 · 교육적 개입, 위기 청소년에 대한 직접 개입 및 자립 지원 등 성인상담과 차별화된 접근이 이루어진다.
⑤ 청소년기는 발달과업이 분명한 시기이고 호소문제 역시 성인과 다르므로 상담의 목표와 개입방법은 성인상담과 구별되어야 한다.

22. 상담기법과 상담자 반응이 옳게 연결된 것을 모두 고른 것은?

ㄱ. 감정반영 – 네 말은 학교에 다니는 것이 귀찮고 마음에 드는 친구도 없다는 거구나.
ㄴ. 해석 – 담임선생님에게 화가 나기 때문에 공부를 안 하려고 하는 것처럼 보이네.
ㄷ. 재진술 – 원하는 대로 잘 안 되어서 속상하구나.
ㄹ. 자기개방 – 엄마가 동생 편만 든다고 생각할 때 기분이 어떤지 궁금하구나.

① ㄱ
② ㄴ
③ ㄱ, ㄷ
④ ㄴ, ㄷ
⑤ ㄷ, ㄹ

해설 ㄴ. '해석'은 내담자의 말이나 행동 뒤에 숨겨진 의미를 설명하여, 내담자가 자신의 문제를 깊이 이해하고 새로운 시각을 얻도록 돕는 상담기법이다. ㄴ에서는 공부를 안 하는 내담자의 행동 뒤에 담임선생님에 대한 화가 있음을 설명해 줌으로써 내담자가 자신의 문제를 새로운 시각으로 보도록 돕고 있다.
ㄱ. "네 말은 학교에 다니는 것이 귀찮고 마음에 드는 친구도 없다는 거구나." – 재진술
ㄷ. "원하는 대로 잘 안 되어서 속상하구나." – 감정 반영
ㄹ. "엄마가 동생 편만 든다고 생각할 때 기분이 어떤지 궁금하구나." – 개방적 질문

정답 21.③ 22.②

23. 상담의 초기단계에 관한 설명으로 옳지 않은 것은?

① 내담자와 합의하여 상담목표를 수립한다.
② 상담여건, 상담관계, 비밀보장 등에 대해 구조화한다.
③ 내담자와 신뢰로운 상담관계를 형성한다.
④ 내담자의 문제를 이해하고 평가한다.
⑤ 과정목표를 설정하고 달성한다.

해설 ⑤ 과정목표를 설정하고 달성하는 것은 중기단계이다.

상담의 단계

- 초기단계: 내담자와 신뢰로운 상담관계(라포) 형성 / 호소문제 파악과 사례개념화 / 내담자의 문제를 이해하고 평가, 상담구조화(상담여건, 상담관계, 비밀보장 등) / 상담목표 탐색 및 명료화
- 중기단계: 저항 다루기 / 탐색과 직면 / 과정목표 설정과 달성 / 변화의 시도
- 종결단계: 변화의 유지 / 미해결과제 점검 / 이별감정 다루기 / 상담성과 평가 / 추수 상담 계획 / 향후 증상 재발 시의 대처계획

24. 상담의 종결단계에서 다루는 내용으로 옳은 것을 모두 고른 것은?

ㄱ. 미해결 문제의 점검	ㄴ. 호소문제의 탐색	ㄷ. 사례개념화
ㄹ. 상담성과의 평가	ㅁ. 향후 증상재발에 대한 준비	

① ㄱ, ㄴ　　② ㄹ, ㅁ　　③ ㄱ, ㄷ, ㅁ
④ ㄱ, ㄹ, ㅁ　　⑤ ㄱ, ㄴ, ㄷ, ㄹ

해설 ㄴ. 호소문제의 탐색: 초기단계
ㄷ. 사례개념화: 초기단계

25. 사례에서 상담자가 사용한 기법으로 옳은 것은?

> ○ 내담자: (기운 없는 목소리와 무표정한 얼굴로) 저는 진짜 아주 행복하거든요. 생각해 보면 모든 게 잘되어 가고 있는데 굳이 여기에 올 필요도 없는 것 같아요.
> ○ 상담자: 말로는 행복하다고 하는데, 표정과 말투는 그렇게 보이지 않네요.

① 재진술　　② 직면　　③ 공감　　④ 해석　　⑤ 즉시성

해설 ② 내담자는 자신에게 문제가 없고 아주 행복하다고 진술하면서 목소리와 표정을 통해 반대되는 정서를 표출하고 있다. 상담자는 이러한 모순(불일치)을 지적하는 직면기법을 사용하고 있다. 직면기법은 내담자의 자각을 일깨우고 자기탐색을 통해 통찰로 나아갈 수 있도록 돕는 역할을 한다.

정답 23.⑤ 24.④ 25.②

◆ 청소년 상담의 이론과 실제

제1과목 필수 2019년 기출문제 및 해설

1. 개인심리학의 인간관에 해당하지 않는 것은?

① 전체적 존재 ② 사회적 존재 ③ 객관적 존재
④ 창조적 존재 ⑤ 목표지향적 존재

해설 ③ 아들러(Adler)는 현실에 대한 주관적 인식을 강조하였고 인간을 주관적 존재로 보았다.

① 전체적 존재: 통합적으로 움직이는 존재. 인간은 분리할 수 없는(indivisible) 전체적이고, 목표를 향해 일관성 있게 나아가는 통합된 존재다.

② 사회적 존재: 인간은 타인과 유대감을 맺으려는 소속욕구와 자신의 가치를 사회 속에서 실현하려는 욕구를 지녔다. 또한 사회와의 연결감 속에서 타인의 행복에 기여하는 존재다.

④, ⑤ 목표지향적 존재: 인간의 모든 행동에는 목적이 있고, 인간은 미래의 가상의 목표를 향해 자신의 삶을 창조적으로 개척해 나가는 목표지향적이고 창조적인 존재다.

- 우월성 추구의 존재: 인간은 열등감을 보상하기 위해 우월성, 완전성 그리고 유능감을 추구한다.
- 주관적 존재: 객관적 현실보다 현실에 대한 주관적 인식을 강조하고, 이를 창조적으로 해석하려는 의식의 힘을 중시한다.

2. 정신분석에서 주장하는 신경증적 불안에 관한 설명으로 옳은 것은?

① 양심에 대한 두려움이다.
② 외부로부터의 위협에서 비롯된다.
③ 초자아와 자아 간의 갈등에서 비롯된다.
④ 실제적인 위협으로부터 개인을 보호하는 데 기여한다.
⑤ 원초아의 추동이 자아를 압도할 때 나타나는 현상이다.

해설 ⑤ 신경증적 불안은 원초아와 자아의 갈등에서 비롯되며 자아가 원초아의 추동에 압도될 때 나타난다.

신경증적 불안에 대한 정신분석적 설명

- 정신분석적 관점에서 인간의 내면세계는 원초아, 자아, 초자아가 무의식 속에서 경합하는 역동적인 세계다.
- 심리적으로 건강한 사람은 자아가 잘 발달되어 원초아와 초자아와의 요구 사이에서 주도권을 가지고 적절하게 조절하면서 현실에 적응
- 자아의 조절기능이 제대로 작동하지 않게 될 때, 무의식적 갈등이 심해지고 심리적 불안이 초래
- 신경증적 불안: 원초아와 자아와의 갈등에서 비롯된 불안이며, 원초아의 추동에 자아가 압도될 때 나타난다. 원초아의 쾌락탐닉으로 인해 처벌받을지도 모른다는 불안감에서 비롯

정답 1.③ 2.⑤

- 도덕적 불안: 초자아와 자아 간의 갈등, 양심의 두려움으로 인해 나타난다. 원초아의 충동을 외부로 표출했을 때 도덕원칙에 위배된다는 불안과 노출에 대한 거부감을 느끼며, 수치심과 죄의식이 수반될 수 있음
- 현실적 불안(객관적 불안): 외부세계 현실을 지각할 때 느끼는 불안으로 실제적 위협에 대한 두려움이다. 기본적으로 공포와 유사하다. 실제적 위협으로부터 개인을 보호하는 역할을 함

3. 다음 ( )에 들어갈 학자는?

( )은/는 콜버그의 도덕성 발달이론이 주로 남성적 특성을 다룬다고 비판했다. 또한 여성성이 깃든 가치를 적극적으로 주장하며 여성의 도덕성을 이해할 수 있는 새로운 기준을 제시했다. 그리고 여성들은 인간관계 속에서 타인의 욕구에 민감하게 반응한다고 보았으며, 여성이 강한 대인 간 배려지향성을 가지며 배려와 돌봄, 책임감, 동정심 등이 많다고 주장하였다.

① 벰(S. Bem)
② 밀러(J. Miller)
③ 브라운(D. Brown)
④ 길리건(C. Gilligan)
⑤ 코미어(W. Cormier)

해설 ④ 길리건은 콜버그의 도덕성 발달 이론이 성차별적이란 비판을 가했으며, 여성의 도덕성 발달단계를 제시하였다. 아울러 남성의 도덕성이 정의지향적인데 반해, 여성의 도덕성은 대인 간 배려지향적이라고 주장하였다.

4. 얄롬(I. Yalom)이 제시한 인간의 궁극적 관심에 해당하는 것을 모두 고른 것은?

ㄱ. 죽음	ㄴ. 자유	ㄷ. 질병
ㄹ. 무의미	ㅁ. 고독(isolation)	ㅂ. 의지

① ㄱ, ㄴ, ㄷ, ㄹ
② ㄱ, ㄴ, ㄹ, ㅁ
③ ㄴ, ㄷ, ㅁ, ㅂ
④ ㄴ, ㄹ, ㅁ, ㅂ
⑤ ㄷ, ㄹ, ㅁ, ㅂ

해설 ② 얄롬은 죽음, 자유, 고립(고독), 무의미성을 인간의 네 가지 궁극적인 관심사로 보았다.

얄롬이 제시한 인간 실존의 궁극적 관심사 네 가지: 실존적 갈등
- 죽음(death): 실존주의적 관점에서 불안의 가장 근본적인 원천이다.
- 자유(freedom): 인간의 자유는 책임과 불가분의 관계를 가진다.
- 고독(isolation): 고독에는 관계적 고독, 내적 고독, 실존적 고독이 있으며, 세계로부터의 분리를 의미하는 실존적 고독이 근원에 자리한다.
- 무의미(meaninglessness): 무의미한 세계에 던져진 존재로서 삶 속에서 의미를 발견해 나가는 것이 인간의 중요한 과제라고 보았다.

정답 3.④ 4.②

5. 인간중심상담에서 가치의 조건화에 관한 설명으로 옳지 않은 것은?

① 실현경향성 성취를 방해한다.
② 중요한 타인의 가치를 내면화한 결과이다.
③ 충분히 기능하는 인간으로의 발달을 저해한다.
④ 이상적 자기와 현실적 자기의 거리를 가까워지게 한다.
⑤ 주관적으로 경험하는 사실을 왜곡하고 부정하게 만든다.

해설 ④ 가치의 조건화는 이상적 자기와 현실적 자기의 거리를 멀어지게 해 '충분히 기능하는 인간'으로서의 발달을 저해한다.

인간중심상담에서의 가치의 조건화

- 인간은 성장과정에서 부모 등 중요한 타인과의 상호작용을 통해 특정 행동을 할 때 인정받는 경험을 하게 된다. 이때 '가치의 조건'이 내면화된다.
- 타인의 긍정적 존중은 개인의 자기존중감과 자기가치감에 직접적 영향을 미치게 된다.
- 타인평가에 의해 긍정적 자기존중을 느끼게 되므로 주관적으로 경험하는 경험을 왜곡하고 부정하게 된다.
- 가치의 조건화는 타고난 본연의 잠재력과 가능성을 실현하고자 하는 '실현경향성'의 성취를 방해함으로써 '충분히 기능하는 인간'으로서의 발달을 저해한다.

6. 분석심리학 이론에서 원형에 해당하는 것을 모두 고른 것은?

ㄱ. 자아(ego)	ㄴ. 자기(self)	ㄷ. 그림자(shadow)
ㄹ. 페르소나(persona)	ㅁ. 아니마(anima)	

① ㄱ, ㄷ, ㅁ
② ㄴ, ㄹ, ㅁ
③ ㄱ, ㄴ, ㄷ, ㄹ
④ ㄱ, ㄷ, ㄹ, ㅁ
⑤ ㄴ, ㄷ, ㄹ, ㅁ

해설 ㄱ. 자아(ego): 의식의 중심으로서 원형에 속하지 않는다.

분석심리학에서의 원형 5가지

※ 분석심리학에서 무의식은 크게 집단무의식(원형)과 개인무의식(콤플렉스)로 나눌 수 있다.
※ 원형(archetypes): 인간이 타고나는 심리적 행동 유형. 원형은 보편적이고 모든 인간이 유전적으로 물려받는 보편적이고 공통적인 심상

- 페르소나(persona): 개인이 타인에게 자신을 드러내는 방식, 타인에게 보여 주는 가짜 자기, 사회적 기준을 따르는 공개 자아, 외적 인격, 성격 가면
- 아니마(anima): 남성 무의식 속의 여성적 요소
- 아니무스(animus): 여성 무의식 속의 남성적 요소
- 그림자(shadow): 개인이 자신의 성격이라고 의식적으로 인식하는 것과 반대되는 특성, 의식되지 않는 자아의 분신, 프로이트의 원초아와 유사, 잠재적으로 가장 위험하고 강력한 콤플렉스
- 자기(self): 의식과 무의식을 포함한 성격 전체의 중심. 성격 전체의 중심인 동시에 역설적으로 성격 전체를 포함함

정답 5.④ 6.⑤

7. 현실치료에 관한 설명으로 옳지 않은 것은?

① 인간을 자율적이고 책임감 있는 존재로 본다.
② 핵심개념으로 책임, 현실, 옳고 그름의 3R이 있다.
③ 바람파악, 계획하기, 행하기, 평가의 순으로 상담을 진행한다.
④ 전 행동은 행하기, 생각하기, 느끼기, 생리적 반응의 4가지 요소로 구성된다.
⑤ 인간의 기본 욕구에는 생존, 사랑과 소속, 힘과 성취, 자유, 즐거움이 있다고 본다.

해설 ③ 바람파악(Want) → 행하기(Doing) → 평가(Evaluation) → 계획하기(Planning) 순으로 진행된다.

학습 plus

현실치료의 개요

- 윌리엄 글래서(William Glasser)가 창시하였으며 행동의 선택이론에 바탕을 두고 있다.
- 선택이론: "개인의 모든 행동은 기본적 욕구충족을 위한 자신의 선택에서 비롯된다."
- 다섯 가지 기본 욕구: 생존, 사랑, 성취, 자유, 재미
- 인간을 자율적으로 선택하고 선택을 책임지는 존재로 바라본다.
- 핵심개념: 책임, 현실, 옳고 그름이며 이를 3R로 표현한다.
- 기본원리: "자신의 행동에 책임을 지면서 자기 기본욕구를 인식하고 타인에게 해를 끼치지 않는 방식으로 욕구를 충족하는 사람이 행복하고 자기실현적인 삶을 영위한다."
- 상담진행: WDEP(Want-Doing-Evaluation-Planning)
  바람탐색 → 행동관찰 → 평가 → 계획
- 전 행동(total behavior, 전체행동): 행동을 넓게 정의하여 생각하기, 느끼기, 행위하기, 생리적으로 반응하기를 총칭하는 용어로 사용한다.

8. 다음 내용에 해당하는 상담이론은?

- 삶에서 영성이 중요함을 강조한다.
- 인간은 자신의 삶을 스스로 결정할 수 있는 존재라고 본다.
- 인간의 유한성을 인식하고, 상담 기법의 사용을 최소화한다.
- 삶에서 가치, 의미, 목적을 찾도록 돕는 것을 상담 목표로 한다.

① 정신분석 ② 개인심리학 ③ 인간중심 상담
④ 실존주의 상담 ⑤ 게슈탈트 상담

해설 영성의 중요함, 자유롭게 선택하고 결정하는 존재, 인간의 유한성, 의미 추구 등은 실존주의 상담의 핵심개념이다.

실존주의 상담

- 실존주의 상담은 정신분석과 행동주의에 대한 반발로 생겨난 흐름으로 인본주의 심리학에 기초한다.
- 인간 존재의 궁극적 속성인 실존을 탐색의 기본으로 하며, 죽음, 자유, 고독, 무의미, 존재의 유한성 등 궁극적

정답 7.③ 8.④

인 질문을 다룬다.
- 삶을 주체적으로 선택하고 의미를 발견하여 진실하고 실천적인 삶을 구현하도록 돕는 것을 목표로 삼는다.
- 인간은 의미를 창조함으로써 자기 삶에 가치를 부여하는 존재이며, 영성의 중요성을 강조한다.

9. 합리정서행동상담에서 인지적 기법에 해당하지 않는 것은?

① 독서요법 ② 역할 연기 ③ 인지적 과제
④ 내담자 언어 변화시키기 ⑤ 비합리적 신념 논박하기

해설 역할 연기는 정서적 · 체험적 기법에 해당된다.

합리정서행동상담(REBT)의 상담기법		
인지적 기법	정서적 · 체험적 기법	행동적 기법
• ABCDE(비합리적 신념 포착하기) • 비합리적 신념 논박하기(소크라테스식 문답법, 설명식 논박법, 풍자적 방법, 대리적 모델링) • 독서와 심리교육적 활동 • 내담자 언어 변화시키기 • 치료시간 녹음 들려주기 • 인지적 과제	• 정서 심상법 • 역할극 • 대처진술 숙달시키기 • 유머 • 내담자 격려 • 치료자의 무조건적 수용 • 참만남 집단참여	• 강화와 벌칙 기법 • 수치심 깨뜨리기 연습 • 기술훈련 • 역설적 과제 • 되고 싶은 모습으로 행동하기 • 힘든 상황에 머물러 버팀으로써 정서고통에 대한 둔감화 이루기 • 문제상황에 대한 대처행동 연습

10. 교류분석에서 상담자의 역할로서 옳지 않은 것은?

① 상담자와 내담자는 상담과정에서 계약을 맺어야 한다.
② 교류분석 상담에서는 변화에 초점을 맞추지 않고, 통찰을 중요시한다.
③ 교류분석 상담에서는 특수한 계약을 강조하고 책임을 분담하도록 한다.
④ 내담자가 비효율적인 결정을 했던 과거의 불리한 조건들을 탐색하도록 돕는다.
⑤ 교류분석에서 상담자의 역할은 주로 교훈적이고, 교육자의 역할을 하며 용기를 준다.

해설 교류분석 상담에서는 변화에 초점을 두고 자율성의 성취를 목표로 한다.

교류분석(의사거래 분석)
- 교류분석 상담은 자율성의 성취를 목표로 한다.
- 상담자는 내담자를 자신의 생활양식을 적절하게 재선택하고 결정할 수 있는 자율적 존재로 바라보며, 성장하고 변화할 수 있도록 용기를 주는 교육자의 역할을 하게 된다.
- 상담자는 내담자와 '상담계약'을 체결함으로써 계약의 특수성을 강조하고 내담자와 책임을 분담한다.
- 내담자가 과거의 비효율적인 결정과 불리한 조건들을 탐색하도록 돕는다.

∷ 교류분석의 키워드: 인생각본, 부모의 각본메시지, 게임, 라켓, 부모 자아, 성인 자아, 어린이 자아, 자아상태, 스트로크, 상담계약, 생활자세, 상호교류분석

정답 9.② 10.②

11. 다음 사례에서 내담자의 호소와 상담자 반응을 통해 드러난 접촉경계혼란은?

> ○ 내담자: 우리 엄마는 늘 공부하라고 잔소리하고, 성적이 조금만 떨어져도 불같이 화를 내세요. 시험에서 조금만 실수해도 소리 지르면서 혼내요. 엄마를 보기만 해도 싫고 미워요. 공부가 인생의 전부는 아니잖아요. 저는 화가 나니까 막 자해를 하게 되더라고요.
> ○ 상담자: 엄마한테 화가 나지만, 본인의 잘못으로 돌리고 있는 것 같구나.

① 반전
② 투사
③ 융합
④ 내사
⑤ 자의식

해설 ① 내담자는 엄마에 대한 분노와 미움을 당사자에게 표현하지 못하고 자신에게로 돌린 결과, 자해증상을 보이고 있다. 이는 '환경과 타인에 대해 하고 싶은 행동을 자신에게로 돌려 하거나, 타인이 자신에게 해 주었으면 하는 행동을 스스로 자신에게 하는 것'인 반전에 해당된다.

12. 다음 사례에서 내담자의 호소와 상담자 반응에 드러난 인지치료에서의 인지왜곡은?

> ○ 내담자: 수업 시간에 발표를 했는데 학생들이 큰 박수를 치고 선생님께서도 아주 잘했다고 칭찬을 하셨어요. 그런데 어떤 한 명이 제 발표가 지루했다고 불평을 하는 거예요. 그래서 저는 그 발표 수업을 잘하지 못했다고 생각해요.
> ○ 상담자: 다수보다는 소수의 반응에만 주의를 기울여 발표를 잘 못한 것으로 단정하고 있구나.

① 파국화
② 마음읽기
③ 선택적 추론
④ 과잉일반화
⑤ 이분법적 사고

해설 ③ 내담자는 학생들의 큰 박수와 선생님의 칭찬을 무시한 채 한 명의 불평, 즉 사소한 부분에 초점을 맞춰 전체를 판단하는 선택적 추론의 인지왜곡을 하고 있다.

① 파국화(재앙화): 특정 사건과 상황에 대한 불안을 극대화하여 항상 최악을 상정한다.
② 마음읽기(독심술): 타인의 행동과 비언어적 표현을 통해서 상대방의 생각을 자의적으로(대개는 부정적 방향) 추측, 확신한다.
④ 과잉일반화: 일부 측면에 근거해서 일반화된 결론을 도출하여 관계없는 상황에 적용한다.
⑤ 이분법적 사고: 경험하게 되는 현실세계를 소수의 범주로 나눠 해석하고 흑백논리로 판단한다.

정답 11.① 12.③

13. 상담의 초기단계에서 내담자에게 흔히 나타나는 현상으로 옳지 않은 것은?

① 상담관계 유지를 위해 새로운 증상을 호소한다.

② 비자발적인 내담자의 경우 상담에 대한 저항이 일어난다.

③ 자신의 문제를 즉시 해결해 주기를 원한다.

④ 자신의 문제가 무엇인지 정확히 알고 싶어 한다.

⑤ 자기성찰보다는 주변 사람 및 환경을 문제의 원인으로 돌린다.

해설 ① 상담관계 유지를 위해 새로운 증상을 호소하는 것은 주로 상담의 종결단계에서 나타는 저항으로 내담자는 상담을 지속하기를 원한다.

상담 초기단계 내담자의 특성

- 초기단계의 내담자는 상담에 대한 기대와 동시에 불안을 가지고 상담에 임하게 된다.
- 비자발적 내담자의 경우 초기단계에서 저항이 발생할 수 있는데 상담자가 이를 수용해 주는 것이 신뢰와 라포 형성에 도움이 된다. 아울러 문제를 자각할 수 있는 기회를 제공하여 자발성을 끌어내는 것이 바람직하다.
- 초기단계에서 내담자는 호소문제와 축적되어 온 부정적 감정을 다양하게 표출하게 되면 문제의 원인을 주로 타인과 환경에게 돌리는 양상을 보인다.
- 상담에 대한 구조화가 미진한 내담자들은 초기단계에서 흔히 상담자가 문제의 원인과 해결방법을 직접적으로 알려 줄 것으로 기대할 수 있다.

14. 상담기법 중 해석에 관한 설명으로 옳은 것을 모두 고른 것은?

ㄱ. 가설적이고 잠정적인 표현을 사용한다.
ㄴ. 내담자의 행동 실행을 촉진하는 것이 주된 목적이다.
ㄷ. 내담자가 받아들일 준비가 되어 있을 때 하는 것이 효과적이다.
ㄹ. 일반적으로 자기이해를 촉진하므로 자주 사용하는 것이 좋다.

① ㄱ, ㄴ　② ㄱ, ㄷ　③ ㄷ, ㄹ

④ ㄱ, ㄴ, ㄷ　⑤ ㄱ, ㄴ, ㄷ, ㄹ

해설 ㄴ. 내담자의 행동 실행 촉진이 아니라 내담자 스스로 내면을 통찰할 수 있도록 촉진하는 것이 주된 목적이다.
ㄹ. 내담자에게 위협적일 수 있고 저항이 따라올 수 있으므로 내담자가 준비되었을 때, 신중하게 접근해야 한다.

해석기법의 활용

- 해석기법은 내담자가 자기문제를 새로운 각도에서 조망할 수 있도록 감정, 행동의 원인과 의미를 상담자가 설명하는 적극적 기법이다.
- 내담자가 스스로 내면을 통찰할 수 있도록 촉진하는 것이 주된 목적이다.
- 내담자에게 위협적일 수 있으므로 신중하게 접근해야 한다. 라포가 잘 형성된 상태, 내담자가 이를 수용할 만한 준비가 되고 자아강도가 충분해졌을 때 이뤄져야 효과적이다.
- 단정적이지 않도록 잠정적 · 가설적 표현으로 제시되어야 내담자가 수용할 수 있으며 스스로 내용을 조절, 통

정답 13.① 14.②

제할 수 있다.
- 해석에는 저항이 따라올 수 있으므로 상담자가 이에 대해 준비되어 있어야 한다.

※ 상담기법의 접근 강도: 반영 → 명료화 → 직면 → 해석

15. 장기간 연락 없이 상담에 오지 않는 청소년 내담자에 대한 상담자의 조치로 적절한 것은?

① 내담자에게 아무런 조치 없이 계속 기다린다.

② 원인을 자신의 무능으로 돌리고 내담자에게 사과한다.

③ 내담자의 선택을 존중하고, 향후 상담이 필요할 시 다시 찾아올 수 있음을 알려 준다.

④ 내담자의 문제를 해결하기 위해 상담에 올 것을 계속 강요한다.

⑤ 내담자에게 연락하지 않고 임의로 종결처리한다.

해설 ③ 내담자의 일방적 조기종결의 형태로 보이나 그 이유와 원인을 알아보는 과정이 필요하며 조기종결이 결정되면 내담자의 선택을 존중하고 필요시 상담에 다시 올 수 있음을 알려 준다.

내담자가 장기간 연락 없이 상담에 오지 않는 경우
- 내담자에게 병, 사고, 신변변화 등의 불가피한 상황이 발생했는지 확인과정이 필요하다.
- 상담상황, 상담자, 상담강요에 대한 저항일 수 있다.
- 내담자의 선택은 존중될 것이라는 점과 향후 필요를 느낄 때 다시 찾아올 수 있음을 고지한다.
- 내담자 의향을 묻는 작업을 선행한 후 조기종결을 결정하는 것이 적절하다.

16. 상담에서 감정을 중요하게 여기는 이유로 옳지 않은 것은?

① 감정표현이 호소문제의 즉각적인 해결로 이어지기 때문이다.

② 수용되지 않은 감정은 파괴적인 방법으로 표출되기 쉽기 때문이다.

③ 자신의 감정과 접촉하는 것이 자기이해를 도울 수 있기 때문이다.

④ 자신의 감정을 수용하게 되면 새로운 감정과 경험에 개방적이 될 수 있기 때문이다.

⑤ 상담자의 정서적 민감성이 내담자를 이해하는 데 도움이 되기 때문이다.

해설 ① 감정표현이 호소문제의 즉각적인 해결로 이어지기는 어렵더라도 감정표현 자체가 증상완화로 이어질 수 있다.

상담에서 감정이 중요한 이유
- 감정은 타인이 관찰 가능하게끔 정서가 외부로 드러나는 것을 말한다.
- 자신과 타인에게 수용되지 않은 감정은 파괴적, 공격적으로 표출되기 쉽다.
- 언어적, 비언어적으로 표현된 감정을 탐색함으로써 상담자는 내담자를 이해하고 내담자의 상황대처를 알 수 있으며 이를 통해 대안적 적응방법을 구축하는 토대가 될 수 있다.
- 감정표현이 호소문제의 즉각적인 해결로 이어지기는 어렵지만 감정표현 자체가 증상완화에 효과적일 수 있다.
- 자신의 감정을 접촉하고 수용하는 것은 자기수용과 자기이해, 새로운 감정과 경험에 개방적인 태도를 갖는 데 도움이 된다.

정답 15.③ 16.①

17. 상담자의 자기개방의 종류와 예시가 바르게 연결된 것을 모두 고른 것은?

ㄱ. 전략에 대한 개방 – 저는 우울할 때 산책을 한답니다.
ㄴ. 감정에 대한 개방 – 제가 당신이라면 많이 서러웠을 것 같아요.
ㄷ. 해석에 대한 개방 – 다른 사람과 가까워지는 것이 두려워 화를 내시는 것 같군요.
ㄹ. 사고에 대한 개방 – 제 부모님이 이혼하셨을 때, 부모님이 저를 버렸다고 생각했어요.
ㅁ. 통찰에 대한 개방 – 저도 윗사람을 어려워하는데, 그 이유가 아버지에 대한 두려움 때문이라는 걸 알았어요.

① ㄱ, ㄹ, ㅁ
② ㄴ, ㄷ, ㄹ
③ ㄴ, ㄷ, ㅁ
④ ㄱ, ㄴ, ㄹ, ㅁ
⑤ ㄱ, ㄴ, ㄷ, ㄹ, ㅁ

해설 ㄷ. '다른 사람과 가까워지는 것이 두려워 화를 내시는 것 같군요.'라고 말하는 것은 해석에 대한 개방이 아니라 내담자 말 속의 의미를 해석해 주고 있는 모습이다.

- 상담자는 내담자의 진술내용과 관련된 자신의 생각, 가치, 느낌, 태도, 경험을 내담자에게 드러낼 수 있다. 적절한 자기개방은 상담-내담 관계에서 상호이해와 공감의 폭을 넓혀 주는 동시에 내담자의 더 깊은 개방을 촉진하는 작용을 하며, 내담자로 하여금 이해받고 있다는 느낌을 가지게 할 수 있다.
- 내담자 스스로 명확하게 인식하지 못하는 감정과 행동의 숨은 원인과 의미를 가설적으로 설명해 주는 적극적 상담기법이다.

상담자의 자기개방의 분류	
전략에 대한 개방	상담자 자신이 지닌 상황대처 전략을 개방하여 내담자에게 안내가 될 수 있도록 한다. 예 저는 우울할 때 산책을 한답니다.
감정에 대한 개방	내담자의 진술내용에 대한 상담자의 진솔한 생각과 감정을 드러낸다. 예 제가 당신이라면 많이 서러웠을 것 같아요.
사고에 대한 개방	내담자 경험과 유사한 상담자의 경험에서 느낀 진솔한 생각을 드러낸다. 예 제 부모님이 이혼하셨을 때, 부모님이 저를 버렸다고 생각했어요.
통찰에 대한 개방	상담자 자신이 통찰을 획득하게 된 경험과 과정을 드러낸다. 예 저도 윗사람을 어려워하는데, 그 이유가 아버지에 대한 두려움 때문이라는 걸 알았어요.

18. 상담이론의 기능에 관한 설명으로 옳지 않은 것은?

① 상담과정과 기법 선택에 도움을 준다.
② 상담성과를 평가하는 근거를 제공한다.
③ 상담목표 설정의 방향을 제시해 준다.
④ 후속 이론 연구를 위한 토대를 제공한다.
⑤ 내담자의 심리상태를 정확하게 측정하게 해 준다.

정답 17.④ 18.⑤

해설 ⑤ 내담자의 심리상태를 표준화된 측정도구로 비교적 정확하게 측정하게 해 주는 것은 심리검사이다.

- 상담이론은 부적응 문제와 이상행동의 원인을 설명하고 이를 치료하기 위한 상담방향과 과정, 기법을 제시하고 상담성과를 평가하는 근거를 제공하는 연구체계이며 후속 연구의 토대가 된다.
- 심리검사는 표준화된 측정도구를 통해 내담자의 심리문제를 진단, 평가하는 과정이다.

19. 다음 내담자의 진술에 대해 상담자가 사용한 기법과 그 예시가 옳게 연결된 것은?

> 선생님, 전 특별히 잘하는 게 하나도 없어요. 공부도 못하죠, 달리기도 못하죠, 게임도 잘 못해요. 그래서 그런지 우리 반 친구들이 저랑 같이 안 놀려고 해요. 그리고 제 머리가 커서 이상하다면서 저를 '외계인'이라고 놀려요.

① 개방적 질문 – 네 마음을 표현할 친구는 있니?

② 직면 – 친구들이 '외계인'이라고 놀릴 때 너는 어떻게 하니?

③ 재진술 – 친구들과 놀고 싶은데 안 놀아 주고 놀리기까지 해서 속상하구나.

④ 즉시성 – 잘하는 게 없다고 했는데, 지금은 자기생각과 감정을 잘 표현한다고 느껴지는데.

⑤ 감정반영 – 잘하는 게 없어서 친구들이 안 놀아 주고, 외모 때문에 놀림을 받는다는 말이지.

해설 ④ 상담자가 내담자에 대한 '지금'의 감정을 표현하여 내담자의 통찰을 돕는 즉시성 기법에 해당한다.

① 네 마음을 표현할 친구는 있니? ⇨ 폐쇄형 질문에 해당된다.

② 친구들이 '외계인' 이라고 놀릴 때 너는 어떻게 하니? ⇨ 탐색질문에 해당된다.

③ 친구들과 놀고 싶은데 안 놀아 주고 놀리기까지 해서 속상하구나. ⇨ 반영기법에 해당된다.

⑤ 잘하는 게 없어서 친구들이 안 놀아 주고, 외모 때문에 놀림을 받는다는 말이지. ⇨ 재진술질문에 해당된다.

20. 다음 상황에서 공통적으로 적용할 수 있는 상담기법으로 옳은 것은?

> [내담자 A] 내담자는 친구에게 다가가고 싶은데, 다가가는데 힘들어 망설이고 있는 중이다. 대인관계 상황을 다루는 데 필요한 기술을 갖고 있지 않아 적절한 기술의 학습이 필요하다.
>
> [내담자 B] 발표불안이 있는 내담자가 시험 과제를 발표해야 하는데, 호흡법을 알고 있지만 잘되지 않고 있다.

① 행동시연

② 체계적 둔감법

③ 행동조성

④ 의사결정 돕기

⑤ 내담자의 감정표현 돕기

정답 19.④ 20.①

해설 A와 B는 각각 대인관계 기술 부족과 발표불안을 호소하고 있다. 이들에게는 공통적으로 사회적 상황에서의 자기주장, 자기표현능력을 습득하기 위한 행동시연 훈련이 필요해 보인다. 행동시연은 상황에 어떻게 대처하고 행동할지를 학습시키거나 시범을 보인 후, 반복적으로 연습하게 함으로써 행동을 습득하게 하고 실제상황에 적용할 수 있도록 한다.

21. 청소년상담에 관한 설명으로 옳은 것은?

① 청소년의 당면한 문제해결에만 초점을 둔다.
② 다양한 매체를 활용한 상담을 하기보다 대면상담에 주력한다.
③ 문제의 예방은 교육적 차원이므로 상담목표에 포함되지 않는다.
④ 청소년상담과 성인상담은 목표나 방법 등에 있어서 차이가 없다.
⑤ 청소년뿐만 아니라 청소년 관련인과 청소년 관련 기관도 대상에 포함된다.

해설 ① 청소년의 당면 문제해결과 아울러 청소년 내담자의 발달과 성장을 도울 수 있는 교육적이고 예방적인 접근이 이루어져야 한다.
② 매체상담은 접근성과 익명성을 높여 주고, 개방성을 높이는 측면에서 다양하게 활용될 수 있다.
③ 청소년을 대상으로 하는 상담에서는 문제의 예방과 교육적 차원, 위기 청소년에 대한 즉각적인 개입과 지원, 자립도 중요한 상담목표가 될 수 있다.
④ 청소년의 발달특성을 고려한 차별화된 상담목표와 상담기법이 필요하다.

22. 상담의 비밀보장에 관한 원칙으로 옳지 않은 것은?

① 녹음 및 녹화에 관해 내담자의 동의를 구해야 한다.
② 집단상담을 시작할 때 비밀보장의 중요성과 한계를 명확히 설명한다.
③ 상담기록을 전자정보의 형태로 보관할 경우 외부자의 접근을 철저히 차단한다.
④ 교육이나 출판 시 익명성이 보장된다면 내담자의 동의 없이 상담내용을 사용할 수 있다.
⑤ 전염성이 강한 치명적인 질병이 있는 내담자가 치료를 거부할 경우 비밀을 보장할 수 없다.

해설 ④ 교육이나 출판 시 내담자 및 보호자의 동의가 필요하다.

청소년상담사 윤리강령 중 비밀보장의 내용 중 상담 외 목적을 위한 내담자 정보의 사용

1) 청소년상담사는 자신의 사례에 대해 보다 나은 전문적 상담을 위해 내담자 및 보호자(만 14세 미만 내담 청소년의 경우)의 동의를 구한 후 내담자에 대해 사실적이고 객관적인 정보만을 사용하여 동료나 슈퍼바이저에게 자문을 받을 수 있다.
2) 청소년 상담사는 교육이나 연구 또는 출판을 목적으로 상담 관련 자료를 사용할 때는 내담자 및 보호자(만 14세 미만 내담 청소년의 경우)의 동의를 구해야 하며, 신상 정보 삭제와 같은 적절한 조치를 취하여 피해를 주지 않도록 한다.

정답 21.⑤ 22.④

상담의 비밀보장에 관한 원칙

- 상담자는 내담자의 사생활 보호와 정보유출 방지를 위한 조치를 강구해야 한다.
- 교육이나 출판 시 (익명성이 보장되더라도) 상담내용 공개에는 내담자의 동의가 있어야 한다.
- 비밀보장 관련 사항(원칙과 예외)을 내담자에게 고지해야 한다. 자신과 타인을 위험하게 할 수 있는 경우(자살 위험, 범죄 관련)와 전염성 강한 치명적 질병 등의 경우에는 비밀보장 원칙에서 예외가 될 수 있다.
- 녹음 및 녹화에 관해서는 내담자의 동의를 구해야 한다.
- 특히 집단상담에서는 집단원에게 비밀보장의 중요성을 강조하고 서약서 등으로 이를 확인할 필요가 있다. 비밀보장의 한계에 대해서도 설명하여 집단원 스스로 노출 정도를 결정할 수 있도록 한다.
- 전자기기 및 매체를 활용하여 상담 관련 정보를 기록 · 관리하는 경우, 기록의 유출 또는 분실 가능성에 대해 경각심과 주의 의무를 가져야 하며 내담자의 정보보호를 위해 적극적인 노력을 해야 한다.

23. 전화상담에 관한 설명으로 옳지 않은 것은?

① 단회로 진행되는 경우가 많다.

② 신속하게 도움을 요청하는 것이 가능하다.

③ 익명성으로 인해 성문제 등 드러내기 어려운 주제로 상담하는 경우가 많다.

④ 상습적 음란전화나 언어폭력이 있을 경우, 강력한 대처가 필요하다.

⑤ 대면상담에 비해 내담자에 대한 종합적인 이해를 할 수 있다.

해설 ⑤ 시각적 · 비언어적 정보습득에 제한이 있는 등 내담자에 대한 종합적 이해가 어렵다.

전화상담의 장점	전화상담의 단점
• 익명성 보장 • 위기상황에 대한 신속한 대응 가능 • 대면상담에서 다루기 힘든 주제에 대한 개방성	• 음성에만 의존해야 하므로 시각적 · 비언어적 정보습득에 제한이 있음 • 내담자에 대한 종합적 이해가 어려움 • 대면상담에 비해 침묵을 다루기가 쉽지 않음 • 상담사가 상습적 음란전화, 장난전화, 언어폭력에 노출될 수 있으므로 대처능력 필요

24. 다음 상황에서 상담자가 역전이를 치료적으로 활용하는 방법으로 옳지 않은 것은?

> 상담자는 사소한 것까지 중언부언 설명하는 내담자를 보며 지루하기도 하고 답답하고 때로는 화가 난다.

① 답답하고 화나는 자신의 감정의 원인을 살펴본다.

② 다른 사람과의 관계에서 내담자가 주로 어떤 피드백을 받아 왔는지를 탐색한다.

③ 내담자에 대한 상담자의 마음을 진솔하게 표현한다.

④ 내담자가 상담자에게 주는 영향을 인식하고, 내담자를 이해하는 도구로 활용한다.

⑤ 내담자와의 상담을 중단하고, 슈퍼비전을 받는 것이 필요하다.

정답 23.⑤ 24.⑤

해설 ⑤ 상담자는 내담자에게서 느껴지는 답답함, 지루함, 화 등의 감정에 대해 잘 탐색해 볼 필요가 있다. 상담 초심자라면 자신의 역전이 반응이 상담 과정에 미칠 수 있는 부정적인 영향을 다루기 위해 슈퍼비전 등을 통해 탐색하는 작업을 병행해야 한다. 내담자와 상담을 중단하는 것은 내담자에게 상처와 위협이 될 수 있으므로 신중해야 한다.

25. 다음 사례에 나타난 상담자의 개입 활동은?

> ○ 상담자: 학생은 상담이 무엇이라고 생각하십니까?
> ○ 학생: 상담에 와서 힘든 것을 이야기하면, 상담자가 제가 힘들어하는 문제를 다 해결해 주는 것 아닌가요?
> ○ 상담자: 상담에서 힘들어하는 것을 빨리 해결하고 싶군요. 잘 알겠어요. 그런데 상담이란 학생이 어려워하는 문제를 해결하기 위해 학생과 내가 함께 노력하는 과정입니다. 저도 학생이 사람들 앞에 나서기 힘들어하는 문제를 해결하기 위해 노력하고, 학생도 상담에 와서 솔직하게 마음을 털어놓고 자신의 문제를 해결하기 위해 적극적으로 노력해 주시기 바랍니다.

① 사례개념화
② 상담목표의 설정
③ 비밀보장의 구조화
④ 상담여건의 구조화
⑤ 상담관계에 대한 구조화

해설 상담관계에 대한 구조화를 설명하고 있다.

- 상담구조화는 '상담의 특성, 조건, 절차 등에 대해 내담자와 상담자 간의 합의된 이해'라고 정의된다. 상담 구조화는 상담관계를 명료화하고 방향성을 설정하는 데 도움을 준다. 또한 상담자와 내담자의 권리, 역할 책무 등을 보호하도록 해 주며, 궁극적으로 상담의 성공을 돕는다.
- 내담자가 비현실적 기대를 가지고 상담에 들어올 경우 구조화의 중요성이 특히 명백해진다.

학습 plus

상담구조화의 내용 세 가지

상담여건의 구조화	예상 횟수, 비용, 장소, 상담 결석 시의 처리와 연락방법 등
상담관계의 구조화	심리적 조력관계의 의미, 상담 진행과정, 상담자와 내담자의 역할 등
비밀보장의 구조화	원칙적으로 내담자의 비밀은 보장된다는 것과 예외가 존재함을 확실하게 말해야 함(범죄 관련, 감염병, 자신과 타인을 위험하게 할 수 있는 내용)

정답 25.⑤

제2과목(필수)

상담연구방법론의 기초

2023년 기출문제 및 해설

2022년 기출문제 및 해설

2021년 기출문제 및 해설

2020년 기출문제 및 해설

2019년 기출문제 및 해설

제2과목 필수 2023년 기출문제 및 해설

26. '동일한 여건 하에서 다른 연구자가 동일한 연구방법으로 연구를 수행하면 동일한 결론을 얻을 수 있어야 한다'는 진술이 나타내는 과학적 연구의 특징은?

① 결정론적(deterministic)이다.
② 논리적(logical)이다.
③ 간결성(parsimony)이 있어야 한다.
④ 일반화(generalization)를 목적으로 해야 한다.
⑤ 간주관성(inter-subjectivity)이 있어야 한다.

해설 ⑤ 과학적 연구의 특징은 논리성, 인과성, 일반화, 간결성, 구체성, 경험적 검증 가능성, 상호주관성, 수정 가능성, 효용성이 있는데 그중 상호주관성(간주관성)에 관한 설명이다. 즉, 과학적 방법은 경험을 통해서 검증되어야 할 뿐만 아니라 동시에 객관적 수준에서도 인정받아야 한다.

27. 연구보고서에서 연구 대상, 자료 수집, 측정을 상세히 기술하는 부분은?

① 서론 ② 이론적 배경 ③ 연구방법
④ 연구결과 ⑤ 결론 및 논의

해설 연구대상, 표집방법, 연구절차, 실험 · 측정도구, 연구가설 등을 상세히 기술하는 부분은 연구방법 부분이다.

학습 plus

연구보고서의 구성

① 서론: 논문의 도입 부분으로, 특정 사회현상에 대한 설명, 그에 따른 문제점과 의문점, 연구의 필요성과 연구의 목적 등을 기록한다.
② 이론적 배경: 연구에 기초가 되는 이론을 전개하는 부분으로 참고서적이나 문헌의 내용을 체계적으로 전개하는 부분이다.
③ 연구방법: 연구를 진행하는 절차를 기록하는 부분으로 연구대상, 표집방법, 연구절차, 실험 · 측정도구, 연구가설 등을 포함한다.
④ 연구결과: 연구결과 부분은 연구방법에 따라 얻은 연구의 결과를 기록하는 부분이다.
⑤ 결론 및 논의: 연구에서 얻은 결과에 기초하여 결론을 내리고, 연구결과를 다른 연구들과 비교하여 논의하며, 연구의 문제점 및 연구를 진행하는 과정에서 발생한 문제점, 그로 인한 연구의 제한점 등을 기록한다.

정답 26.⑤ 27.③

28. 과학으로서의 상담학 연구에 관한 설명으로 옳은 것을 모두 고른 것은?

ㄱ. 증거 자료를 확보하여 결론을 도출해야 한다. ㄴ. 자료는 합리적이고 체계적으로 수집해야 한다. ㄷ. 기존에 확립된 이론은 수정하지 않아야 한다.

① ㄱ
② ㄷ
③ ㄱ, ㄴ
④ ㄴ, ㄷ
⑤ ㄱ, ㄴ, ㄷ

해설 ㄷ. 수정 가능성(open to modification): 과학적 지식은 언제든지 새로운 이론으로 수정될 수 있다. 잘 확립된 이론이라도 조건과 환경의 변화로 반증될 가능성이 있다.

과학으로서 상담학 연구의 특징

- 반복검증의 필요성: 연구대상인 인간은 매순간 역동적으로 변화하는 모습을 보일 수 있다. 비록 합리적 체계적 분석을 통해 연구결과를 얻었다고 하더라도 반복해서 검증해야 한다.
- 경험적 검증 가능성을 강조: 합리적 · 체계적 방법으로 조사, 실험 관찰 등을 통해 과학적 증거를 수집하고 분석한다.
- 인과관계 규명: 적절한 실험 설계 전략에 따라 변인의 통제가 가능하므로 인과관계를 규명할 수 있다.
- 객관성 확보의 노력: 실험자의 임의적 판단을 지양하고 객관적 판단을 위해 노력해야 한다.
- 수정 가능성: 잘 확립된 이론이라 하더라도 언제든 새로운 이론으로 수정될 수 있다.
- 간주관성(inter-subjectivity): 상호주관적이어야 한다. 즉, 연구자마다 서로 다른 주관적 판단과 지식을 바탕으로 연구를 계획하고 수행해도 모두 같은 결과가 나올 수 있어야 한다.

29. 조작적 정의에 관한 설명으로 옳은 것은?

① 행위자가 행위에 부여한 의미를 정의하는 과정이다.
② 연구자의 주관성이 강하게 개입하는 과정이다.
③ 개념을 구성하는 하위요인을 이론적으로 밝히는 과정이다.
④ 구체적인 관찰의 대상을 연역적으로 추상화하는 과정이다.
⑤ 다양한 속성의 측정을 위해 복수지표가 활용될 수 있다.

해설 ⑤ 조작적 정의는 다양한 속성의 측정을 위해 복수지표가 활용될 수 있다.
① 추상적인 개념들을 측정 가능한 형태로 명명하는 것이다.
② 사물이나 현상에 대해 객관적이고 실험적으로 기술하기 위한 정의이다.
③ 조작적 정의들은 실험 조작할 수 있어야 한다.
④ 구체적인 관찰의 대상을 연역적으로 구체화, 수치화하는 것이다.

정답 28.③ 29.⑤

학습 plus

조작적 정의(操作的 定義, operational definition)

- 사물이나 현상에 대해 객관적이고 실험적으로 기술하기 위한 정의로, 대개는 절차적 과정순서와 수량화할 수 있는 형태로 기술된다.
- 하나의 개념 또는 변인을 측정하거나 조작하는 데 필요한 행위들을 구체적으로 명시함으로써 그 개념에 의미를 부여하는 방법이다.

조작적 정의의 조건 6가지(Bachrach, 1965)

- 조작적 정의(operational definition)는 논리적이고 일관성을 가지고 있어야 한다.
- 한계가 명확해야 하며, 통계적으로 측정이 가능한 양적인 것이어야 한다.
- 실증적인 바탕을 가져야 하며, 관찰이 가능한 것들과 연관되어야 한다.
- 통계분석 및 기술적으로 작성이 가능하고, 실제로 조작할 수 있어야 한다.
- 근거나 이유가 있어야 하며, 다른 연구자에 의해 지속적으로 반복 검증되어야 한다.
- 이론을 형성할 수 있는 개념의 창조를 목적으로 하여야 한다.

30. 가설 및 가설검정에 관한 설명으로 옳은 것을 모두 고른 것은?

ㄱ. 가설은 이론의 검증을 위해 수립된 잠정적 진술이다.
ㄴ. 가설의 도출은 기존의 이론 또는 새로운 현상의 관찰로부터 이루어진다.
ㄷ. 대립가설은 상호 대립하는 요소를 지닌 모순적 진술이다.
ㄹ. 통계적 가설 검정 시, 검정통계량 계산 후 유의수준을 선택한다.

① ㄱ
② ㄷ
③ ㄱ, ㄴ
④ ㄴ, ㄷ
⑤ ㄱ, ㄴ, ㄷ

해설 ㄷ. 대립가설은 연구자가 주장하고자 하는 가설, 즉 연구자가 증명되기를 기대하는 가설로 연구가설과 같은 말이다. 영가설(귀무가설)에 대립되는 가설로서 영가설이 거짓일 때 채택하기 위해 설정하는 가설이다. 즉, 영가설이 기각되는 경우 대립가설이 채택되는 반면, 영가설이 채택되는 경우 대립가설이 기각된다. 보통 '~의 관계가 있을 것이다.' '~의 차이가 있을 것이다.'라고 기술되는 명제이다.

ㄹ. 통계적 가설검정 시 유의수준은 주어진 값을 이용한다. 즉, 귀무가설을 기각하거나 채택할 유의수준을 사전에 설정한 후 검정통계량 값을 구하고 비교하여 기각 또는 채택을 결정한다.

정답 30.③

31. 다음에 나타난 표본추출기법은?

> 연구자 A는 B시 청소년들의 게임중독 실태를 파악하기 위하여, 전년도 자료를 통해 알려진 B시 청소년들의 성별, 연령별, 학교급별 분포 자료를 바탕으로 범주별 구성 비율을 적용한 후 총 1,000명 규모의 표본을 추출하여 분석에 활용하였다.

① 할당표본추출법
② 집락표본추출법
③ 단순무작위표본추출법
④ 누적표본추출법
⑤ 편의표본추출법

해설 ① B시 청소년들의 성별, 연령별, 학교급별 분포 자료를 바탕으로 범주별 구성 비율을 적용한 후 총 1,000명 규모의 표본을 추출하여 분석에 활용하였으므로 할당표본추출법(quota sampling)에 해당한다. 할당표본 추출법은 할당표집이라고도 하며, 모집단이 갖는 특성의 비율에 맞추어 표본을 추출하는 방법으로 성별, 교육수준과 같은 변인에 기초하여 적절한 표본을 할당하므로 모집단의 특성을 정확히 알아야 한다는 특성이 있다.

② 집락표본추출법(cluster sampling): 군집표집이라고도 한다. 모집단에서 집단을 일차적으로 표집한 후, 선정된 각 집단에서 일부 또는 전체를 조사하는 다단계 표집방법이다.

③ 단순무작위표본추출법(simple random sampling): 모집단의 각각의 구성원들이 동등한 확률로 뽑히게 될 가능성을 가지는 확률적 표본추출에 포함되는 추출법이다.

④ 누적표본추출법(snowball sampling): 눈덩이표집이라고도 하며, 최초의 작은 표본을 선택하고, 그 이후 소개의 소개를 받는 과정을 되풀이하며 표본을 확장, 누적해 나가는 방법이다.

⑤ 편의표본추출법(convenience sampling): 임의표집이라고도 하며 조사자가 쉽게 이용 가능한 대상만을 선택하여 표집하는 방법이다.

할당표본추출법(quota sampling)

- 비확률적 표집 중에서 가장 정교한 표집으로 선택하고자 하는 표본의 집단별 분포를 미리 알아서 그에 맞추어 각 집단 내에서 할당된 수만큼 표본을 추출하는 방법이다.
- 절차는 다음과 같다.
  - 첫째, 연구주제와 관련된 통제변수의 특성에 따라 모집단을 몇 개의 하위집단으로 나눈다.
  - 둘째, 각 하위집단에 대한 표본의 수를 나타내는 할당량을 연구자의 판단하에 결정한다.
  - 셋째, 결정된 만큼의 할당량을 채우되, 각 하위집단에 대한 표집방법은 자유롭게 선택한다.

32. 척도에 관한 설명으로 옳은 것은?

① 측정하고자 하는 속성에 절대영점이 존재할 경우 비율척도 활용은 불가능하다.
② 비율척도를 이용하여 평균과 표준편차를 구할 수 있다.
③ 서열척도에서 측정값들 간의 간격은 동일하다.
④ 연구대상의 거주지역 변수에 임의로 수치를 부여하는 것은 서열척도에 해당한다.
⑤ 하나의 속성에는 하나의 척도만이 가능하다.

정답 31.① 32.②

해설 ② 비율척도는 절대기준 '0'이 존재하고 가감승제(+, -, ×, ÷)가 모두 가능하므로 평균과 표준편차의 계산이 가능하다.

① 측정하고자 하는 속성에 절대영점이 있는 경우 비율척도의 활용이 가능하다.

③ 서열척도에서 측정값들 간의 간격은 동일하지 않다. 예 키 순서, 성적
등간척도에서 측정값들의 간격은 동일하다.

④ 연구대상의 거주지역 변수에 임의로 수치를 부여하는 것은 명명척도에 해당된다.

⑤ 하나의 속성에 다수의 척도가 사용될 수 있다.

척도에 따른 주요 특성

척도	명명척도	서열척도	등간척도	비율척도	절대척도
특징	대상의 특성을 구분	대상의 특성에 대한 상대적 위치를 판단	• 임의 영점 • 임의 단위 • 가감만 가능	• 절대영점 • 임의 단위 • 가감승제 가능	• 절대영점 • 절대단위 • 가감승제 가능
예	• 성별 • 거주지 • 종교	• 석차 • 최종학력	• 온도 • 지능지수	• 체중 • 신장	• 사람 수 • 결석일 수
주요 통계량	• 빈도 • 비율 • 최빈값	• 명명척도 통계량 • 백분위 • 사분위 • 중앙값	• 서열척도 통계량 • 평균 • 표준편차	모든 통계량	모든 통계량
분석방법	χ^2	• 명명척도 분석방법 • 순위상관	대부분의 방법 적용	모든 통계방법	모든 통계방법

33. 양적연구에 관한 일반적 설명으로 옳은 것은?

① 분석결과의 일반화 가능성을 중시한다.

② 심층적 기술을 바탕으로 특정 사례에 대한 이해를 시도한다.

③ 문헌 속 내용이 갖는 시공간적 의미에 대한 해석을 중시한다.

④ 연구대상의 행위가 발생한 독특한 맥락에 주목한다.

⑤ 개별 사례가 갖는 독자성과 주관적 의미를 강조한다.

해설 ① 양적연구는 일반화할 수 있는 결과 산출이 가능해야 한다. 양적연구는 연구대상과 속성을 숫자로 바꿔서 측정하고 연구하는 방법이다. ②, ③, ④, ⑤는 질적연구에 관한 설명이다.

정답 33.①

양적연구방법	질적연구방법
• 사회현상의 사실이나 원인탐구, 논리추구, 실증주의적 입장	• 인간의 형태를 이해하는 현상학적인 입장
• 어떤 현상은 안정적이다.	• 어떤 현상은 항상 변화한다.
• 통제된 측정을 실시한다.	• 비통제적 관찰을 한다.
• 연역적 연구방법의 특징을 가진다.	• 귀납적 연구방법의 특징을 가진다.
• 객관적이며 일반화가 가능하다.	• 주관적이며 일반화시킬 수 없다.
• 대규모 표본을 추출하여 분석을 시행한다.	• 소규모 표본으로 분석을 시행한다.
• 현상에 대한 원리와 결과를 추구한다.	• 현상에 대한 이해는 추구하나 인과관계는 명확하지 않다.
• 설문지 조사연구, 실험설계 연구 등이 있다.	• 관찰법, 면접법을 활용한 사례연구나 문화기술지 연구 등이 있다.

34. 다음 연구에 관한 설명으로 옳은 것은?

> 연구자 A는 부모의 사회경제적 지위가 자녀의 학업성취에 영향을 미친다는 가설을 세운 후, 고등학교 2학년 집단 1,000명 표본 추출 및 자기기입식 설문조사를 통해 부모의 사회경제적 지위 측정을 상/중/하로, 자녀의 학업성취를 전년도 전교등수로 측정하였다. 다중회귀분석 모형에 투입된 변수는 응답자 성별, 부모의 사회경제적 지위, 전년도 사교육비 지출 금액 그리고 자녀의 학업성취수준이다.

① 자녀의 학업성취는 독립변수이다.
② 응답자 성별은 종속변수이다.
③ 가설에서 독립변수는 등간척도로 측정되었다.
④ 가설에서 종속변수는 서열척도로 측정되었다.
⑤ 전년도 사교육비 지출 금액은 매개변수이다.

해설 ④ 자녀의 학업성취를 전년도 전교등수로 측정하였다고 했으므로 서열척도로 측정한 것이다.
① 자녀의 학업성취는 서열변수이다.
② 응답자 성별은 명목변수이다.
③ 가설에서 독립변수는 부모의 경제적 지위로 상/중/하로 측정하였으므로 서열척도로 측정되었다.
⑤ 전년도 사교육비 지출 금액은 부모의 경제적 지위와 관련된 독립변수이다.

정답 34.④

35. 준거 관련 타당도(criterion-related validity)에 해당하는 것들로만 옳게 묶인 것은?

① 공존(concurrent)타당도, 예측(predictive)타당도

② 예측(predictive)타당도, 내용(content)타당도

③ 내용(content)타당도, 수렴(convergent)타당도

④ 수렴(convergent)타당도, 판별(discriminant)타당도

⑤ 판별(discriminant)타당도, 공존(concurrent)타당도

해설 ① 준거 관련 타당도에는 공존타당도(공인타당도)와 예측타당도가 있다. 표면 타당도(surface validity)에는 내용타당도와 안면타당도가 있으며, 구성타당도(construct validity)에는 이해타당도, 수렴타당도, 판별타당도가 있다.

36. 내적 일관성(internal consistency)을 판단하는 신뢰도 측정방법을 모두 고른 것은?

ㄱ. 검사-재검사 신뢰도	ㄴ. KR-20
ㄷ. 크론바흐 알파	ㄹ. 동형검사 신뢰도

① ㄱ, ㄴ
② ㄱ, ㄷ
③ ㄱ, ㄹ
④ ㄴ, ㄷ
⑤ ㄷ, ㄹ

해설 ㄴ, ㄷ. 내적 일관성 신뢰도에는 반분검사 신뢰도, KR-20(Kuder-Richardson 20), KR-21(Kuder-Richardson 21), 호이트(Hoyt) 신뢰도, 크론바흐 알파(Cronbach's α) 등이 있으며, 검사를 구성하고 있는 문항 간의 일관성을 측정하며, 검사도구가 측정하고자 하는 속성을 일관성 있게 측정하는 정도를 말한다.

ㄱ. 검사-재검사 신뢰도는 안정성 계수를 통해 신뢰도를 측정한다.

ㄹ. 동형검사 신뢰도는 동등성 계수를 통해 신뢰도를 측정한다.

37. 외적 타당도에 관한 설명으로 옳지 않은 것은?

① 연구결과를 일반화시킬 수 있는 정도를 의미한다.

② 확률표집보다 비확률표집을 사용할 때 외적 타당도가 높다.

③ 표본 특성이 모집단과 유사하면 외적 타당도가 높다.

④ 표본의 크기가 클수록 외적 타당도가 높다.

⑤ 연구 환경이 현실과 유사할수록 외적 타당도가 높다.

해설 ② 외적 타당도를 높이는 방법 중에 표본의 대표성을 높이는 방법이 있다. 이를 위해서 확률표집 또는 무작위표집 방법을 사용한다.

정답 35.① 36.④ 37.②

학습 plus

외적 타당도

- 개념: 한 연구결과로 기술된 인과관계가 해당 연구조건을 넘어서 일반적인 상황에 적용 가능한가, 즉 일반화가 가능한가의 정도를 말한다.
- 외적 타당도의 저해요인은 연구표본의 대표성 여부, 실험조사에 대한 반응성, 연구환경과 절차 등이 있다.
- 외적 타당도를 높이는 방법: 표본의 대표성을 높이는 방법인 무작위표집, 계획적 표집, 대표적 사례를 표본으로 선정하는 것이 있다.

38. 측정의 신뢰도와 타당도에 관한 설명으로 옳지 않은 것은?

① 신뢰도란 측정하고자 하는 현상이나 대상을 일관성 있게 측정하는 정도를 의미한다.
② 타당도란 측정하고자 하는 개념을 정확하게 측정하는 정도를 의미한다.
③ 요인분석을 통해 타당도를 평가할 수 있다.
④ 판별분석을 통해 신뢰도를 평가할 수 있다.
⑤ 문항들의 내용이 유사할수록 신뢰도가 증가한다.

해설 ④ 판별분석은 타당도의 종류 중에서 개념타당도를 측정하는 하나의 방법이다.

타당도

- 개념: 측정하고자 하는 개념을 얼마나 충실히 제대로 측정하였는가를 의미한다.
- 방법: 내용 타당도, 준거 관련 타당도(공인타당도, 예측타당도), 구인 관련 타당도(이해타당도, 수렴타당도, 판별타당도)가 있다.

학습 plus

신뢰도

- 개념: 측정하고자 하는 현상이나 대상을 안정적으로 일관성 있게 측정하는 정도를 말한다.
- 방법: 재검사 신뢰도, 동형검사 신뢰도, 반분검사신뢰도, KR-20(Kuder-Richardson 20), KR-21(Kuder-Richardson 21), 크론바흐 알파(Cronbach's α), 호이트(Hoyt) 신뢰도가 있다.

정답 38.④

39. 통계적 가설검정에 관한 설명으로 옳은 것을 모두 고른 것은?

ㄱ. 유의수준은 1종 오류의 허용범위이다.
ㄴ. 유의확률에 대한 해석은 유의수준과는 무관하다.
ㄷ. 표본의 크기는 1종 및 2종 오류 확률에 모두 영향을 미친다.
ㄹ. 2종 오류는 영가설이 틀렸음에도 불구하고 영가설을 채택할 확률이다.

① ㄱ, ㄴ ② ㄴ, ㄷ ③ ㄱ, ㄴ, ㄹ
④ ㄱ, ㄷ, ㄹ ⑤ ㄱ, ㄴ, ㄷ, ㄹ

해설 ㄴ. 유의확률(significance probability)은 귀무가설이 옳다고 가정했을 때, 통계치가 관측될 확률로, p-value 또는 피-값(P-값)이라고 한다. 유의수준과 유의확률을 비교하여 귀무가설을 채택하거나 기각하고 대립가설을 채택할 수 있다.
ㄱ. 유의수준(level of significance)은 1종 오류가 일어날 최대 확률, 즉 1종 오류의 허용범위로 α(알파)라고 부르며 0.05의 값으로 주로 사용한다.
ㄷ. 표본의 크기가 작아지면 표본 평균의 표준편차가 커지게 되고 2종 오류가 늘어난다. 즉, 표본의 크기와 2종 오류는 반비례 관계이다.

40. 다음 분산분석(ANOVA) 결과에 관한 설명으로 옳지 않은 것은?

변동요인	제곱 합	자유도	평균제곱	F	유의 확률
집단 간	210	2	105	(A)	.000
집단 내	180	12	15		
합계	390	14			

① 영가설은 '모든 집단의 평균은 같다'이다.
② 분석에 투입된 집단의 수는 3개이다.
③ 분석결과, 유의수준 .05에서 영가설을 기각할 수 있다.
④ 분석에 투입된 총사례 수는 14이다.
⑤ A는 7이다.

해설 ④ 분석에 투입된 총사례 수는 15이다.
- 집단 내 자유도 = 총사례 수 - 집단의 수
- 집단 간 자유도 = 집단의 수 - 1

이 문제에서 집단 간 자유도가 2라는 것은 집단의 수가 3이라는 것이다. 그리고 집단 내 자유도는 12이므로 분석에 투입된 총사례 수는 15이다.

41. 다음 사례에 나타난 실험설계의 내적타당도를 저해하는 변인은?

> 연구자 A는 폭력적 게임이 공격적 행동에 미치는 영향을 알아보기 위하여 한 집단에는 남자 청소년 100명을, 다른 집단에는 여자 청소년 100명을 배치하였다. 이어 두 집단의 공격적 행동 수준을 1차 측정한 후, 한 집단에는 하루 두 시간씩 폭력적 게임을 하게 하고, 다른 집단에는 폭력적 게임을 차단하였다. 한 달 후, 두 집단을 대상으로 공격적 행동 수준을 2차 측정하였다. 처치 이외의 모든 조건은 두 집단에서 동일하였다.

① 표본선택의 오류(selection bias)
② 실험대상의 탈락(mortality)
③ 성숙(maturation)
④ 통계적 회귀(statistical regression)
⑤ 우연적 사건(history)

해설 표본선택의 오류(selection bias)는 선택편향이라고도 하며, 표본을 잘못 선택함으로써 통계분석이 왜곡되는 것을 말한다. 이 사례에서 폭력적 게임이 공격적 행동에 미치는 영향을 알아보기 위해 남자 청소년 집단과 여자 청소년 집단으로 나누어 실험한 것은 표본선택의 오류를 나타낼 수 있다. 우선, 성별은 폭력적인 게임에 대한 노출과 공격적인 행동 모두에 잠재적으로 영향을 미칠 수 있다. 또한 표본의 크기가 충분히 대표적이지 않을 수 있으며, 특정 연령대의 청소년으로 연구를 제한하면 다른 연령대의 행동 변화를 간과할 수 있다.

42. 사전-사후 측정 통제집단 설계에 관한 설명으로 옳은 것을 모두 고른 것은?

> ㄱ. 두 집단에 실험대상자를 무선 배치한다.
> ㄴ. 사전검사 결과를 공변수(Covariate)로 분석에 투입할 수 있다.
> ㄷ. 사후 측정은 통제집단에만 실시한다.
> ㄹ. 독립변인의 순수 효과 검증에 효과적인 설계이다.

① ㄱ, ㄴ　② ㄴ, ㄷ　③ ㄱ, ㄴ, ㄹ　④ ㄱ, ㄷ, ㄹ　⑤ ㄱ, ㄴ, ㄷ, ㄹ

해설 ③ 사후 측정은 사전-사후 측정 통제집단 설계에서 일반적으로 처치(실험) 집단과 통제집단 모두에 대해 실시한다. 이 설계는 중재 또는 처치 전후의 두 가지 다른 시점에서 두 집단을 모두 측정하는 것을 포함한다.

학습 plus

사전-사후 측정 통제집단 설계

- 기준선 비교: 연구대상을 실험집단과 통제집단에 무작위로 배정하고 사전 검사를 통해 기준선을 설정한다.
- 중재와 통제: 실험집단에는 실험처치(독립변수 투입)를 하고 통제집단에는 아무런 조치도 취하지 않음으로써 중재와 중재의 부재 사이를 비교할 수 있다.
- 중재 후 측정: 중재 후 두 집단 모두를 다시 측정(사후측정)하여 중재 효과를 추정할 수 있다.
- 공변량 사용: 사전검사 측정값을 공변량으로 분석에 포함시킴으로써 치료효과 비교의 정밀도를 향상시킨다.
- 장점: 그룹 간 내적 타당도를 저해하는 요인에 대한 통제가 가능하기 때문에 내적 타당도가 높다.
- 단점: 사전검사가 실험대상자에게 영향을 미치는 효과를 제거하기 어렵기 때문에 일반화의 한계가 있다.

정답 41.① 42.③

43. 변수 X와 Y 간 피어슨(Pearson) 적률상관계수에 관한 설명으로 옳은 것을 모두 고른 것은?

ㄱ. 피어슨 적률상관계수의 범위는 0에서 양의 무한대이다.
ㄴ. 각 변수에 양의 상수를 곱할 경우, 피어슨 적률상관계수는 커지게 된다.
ㄷ. X와 Y의 공분산이 커질수록 피어슨 적률상관계수는 커진다.

① ㄴ
② ㄷ
③ ㄱ, ㄴ
④ ㄱ, ㄷ
⑤ ㄱ, ㄴ, ㄷ

해설 ㄱ. 피어슨 적률상관계수의 범위는 −1에서 1이다.
ㄴ. 각 변수에 양의 상수를 곱한다고 해서 변수들 간의 관계가 바뀌지는 않는다. 공분산과 표준편차는 변하지만 상관계수인 그들의 비율은 일정하게 유지된다.

학습 plus

피어슨의 적률상관계수

- 피어슨의 적률상관계수는 선형 척도로 한 변수의 변화가 다른 변수의 변화와 연관되는 정도를 나타낸다.
- 종종 'r'로 표시되며, 범위는 −1에서 1이다.
- 값이 1이면 완벽한 양의 선형 관계를 나타내고, X가 증가할수록 Y도 비례적으로 증가한다.
- 값이 −1이면 완전한 음의 선형 관계를 나타내고, X가 증가하면 Y는 비례적으로 감소한다.
- 값이 0이면 변수들 사이에 선형 관계가 없음을 나타낸다.
- 피어슨의 적률상관계수 공식에는 두 변수의 공분산 및 표준편차가 포함된다.
- X와 Y의 공분산을 표준편차의 곱으로 나누어 상관계수를 계산하기 때문에, X와 Y의 표준편차가 일정하게 유지된다고 가정할 때, X와 Y의 공분산이 증가할수록 피어슨의 적률상관계수가 더 커진다.
- 각 변수에 양의 상수를 곱한다고 해서 변수 간의 선형 관계가 변경되지 않으므로 피어슨 적률상관계수는 변하지 않는다.

44. 단순회귀 모형 $Y_i = b_0 + b_1X_i + \varepsilon_i$와 결정계수 R^2에 관한 설명으로 옳지 않은 것은?

① R^2 값은 X에 의해 설명되는 Y분산의 비율을 의미한다.
② b_1은 독립변수 X가 한 단위 변화할 때 Y가 변화하는 양이다.
③ ε의 기댓값은 0이다.
④ 1에 가까운 R^2 값은 X와 Y 간 인과관계의 충분조건이 된다.
⑤ b_0는 X가 0일 때 Y의 값이다.

해설 ④ 결정계수 R^2의 값은 0과 1 사이이며 1에 가까운 R^2 값은 X와 Y 간 인과관계의 필요조건이 된다. 상관관계는 인과관계의 필요조건이나 충분조건은 아니다.

정답 43.② 44.④

결정계수 R^2

- 결정계수 R^2의 값은 X에 의해 설명되는 Y분산의 비율을 의미한다.
- 결정계수 R^2의 값의 범위는 0과 1 사이이다.
- 0에 가까울수록 설명변수 X와 반응변수 Y는 선형 상관관계가 적으며, 1에 가까울수록 선형 상관관계가 크다고 할 수 있다.
- 그러나 이러한 상관관계로 인해 X와 Y 사이의 인과관계가 성립하는 것은 아니다.

45. 다음 표는 중학생과 고등학생들이 선호하는 상담기법의 차이를 보여 준다. B 상담기법을 선호하는 중학생과 고등학생의 기대빈도의 합은?

	중학생	고등학생	합계
A 상담기법	50명	20명	70명
B 상담기법	50명	30명	80명
C 상담기법	50명	100명	150명
합계	150명	150명	300명

① 70 ② 75 ③ 80 ④ 110 ⑤ 150

해설 기대빈도란 카이제곱검정에서 각 범주에 기대되는 빈도를 말하며, 기댓값 공식과 그 공식에 대입해 답을 풀이한 과정은 다음과 같다.

- 기댓값=(해당 행 전체 합×해당 열 전체 합)/전체 데이터 수
- B 상담기법을 선호하는 중학생의 기대빈도=(150×80)/300=12,000/300=40
- B 상담기법을 선호하는 고등학생의 기대빈도=(150×80)/300=12,000/300=40
- B 상담기법을 선호하는 중학생과 고등학생의 기대빈도의 합=40+40=80

46. 다음에 나타난 연구패러다임에 관한 설명으로 옳지 않은 것은?

> ○ 연구대상의 행위를 연구함에 있어 그들이 어떻게 상황을 정의하고 또 그들의 행위에 어떤 의미를 스스로 부여했는지를 이해하고자 한다.
> ○ 인간의 행위를 수치화하여 일반적인 경향이나 관계를 파악하고자 하는 시도가 갖는 한계에 주목한다.

① 탐구과정에서 연구자의 가치개입을 허락한다.
② 실재의 객관성을 중시한다.
③ 참여관찰이나 인터뷰기법이 주로 활용된다.
④ 연구자와 연구대상 간의 상호작용을 중시한다.
⑤ 연구대상 간의 비공식적 언어에 주목한다.

정답 45.③ 46.②

해설 보기는 질적연구패러다임을 설명하고 있으며 질적연구에서는 연구자와 참여자의 주관성을 인정한다. 그러므로 실재의 객관성을 중시한다는 설명(②)은 옳지 않다.

질적연구의 특징

- 상황에 대한 강조: 행동과 의미는 종종 사회적 · 문화적 · 상황적 요인에 영향을 받는다.
- 비수치화 데이터의 사용: 질적연구는 종종 인터뷰, 관찰 또는 텍스트 분석과 같은 비수치화 데이터를 수집, 사용한다.
- 해석적 · 귀납적 접근 방식: 행동 뒤에 숨겨진 의미를 이해하려는 해석적 입장을 취한다.
- 주관성을 인정: 연구자와 참여자의 주관성을 인정한다. 연구자는 해석이 자신의 배경과 경험에 의해 영향을 받음을 이해하고 자신의 편향을 성찰한다.
- 탐색적, 유연함: 질적연구는 탐색적이며 새로운 발견에 의해 진화할 수 있다.

47. 합의적 질적연구법에서 사용되는 분석 절차에 해당하지 않는 것은?

① 영역 코딩
② 중심개념 코딩
③ 교차 분석(cross check)
④ 연계 분석(sequential analysis)
⑤ 감사(audit)

해설 합의적 질적연구법의 자료분석은 세 개의 주요 단계, 즉 영역 코딩, 중심개념 코딩, 교차 분석으로 구성되어 있으며, 감사 과정(auditing)이 중요하다. 영역과 중심개념 코딩에는 내부 혹은 외부 감사 모두 적합하지만 교차 분석에는 적어도 한 명의 외부 감사가 포함되는 것이 바람직하다.
연계 분석(sequential analysis)이란 시간(time), 순서(sequence)에 따른 사건의 분석에 주안점을 두는 분석이다. 데이터들은 '특정한 순서를 가진 데이터'로, 그 순서가 변경될 경우 고유의 특성을 잃어버리게 된다.

48. 근거이론 방법론을 활용한 연구에서 사용하는 일반적인 코딩의 순서는?

① 축코딩－개방코딩－선택코딩
② 축코딩－선택코딩－개방코딩
③ 선택코딩－개방코딩－축코딩
④ 개방코딩－선택코딩－축코딩
⑤ 개방코딩－축코딩－선택코딩

해설 일반적으로 근거이론 방법론에서 올바른 순서는 '개방코딩 → 축코딩 → 선택코딩'의 순서이다. 근거이론 방법론의 기본적인 분석과정은 개방코딩, 축코딩, 선택코딩의 세 가지 체계화 과정을 거친다. 개방코딩에서는 정보의 범주를 만들어 낸다. 축코딩에서는 범주들을 서로 연결시킨다. 선택코딩에서는 범주들을 연결하는 이야기를 구성한다.

정답 47.④ 48.⑤

49. 이미 출판된 자신의 저작물의 전부 또는 일부를 정확한 출처 및 인용 표시 없이 새로운 자신의 저작물로 출판하는 것은?

① 위조 ② 변조 ③ 부당한 저자 표기
④ 기만 ⑤ 중복게재(중복출판)

해설 ⑤ '중복게재'에 대한 설명으로, 출처표시를 하지 않거나 일부에만 출처표시를 하는 경우, 정확하지 않게 출처를 표시한 경우, 출처를 표시해도 그 인용의 양과 질이 정당한 범위를 벗어난 경우 등이 포함된다.
① 위조: 없는 자료 또는 증거를 만들어 내는 경우를 말한다.
② 변조: 연구자료, 연구과정 또는 연구결과 등을 의도적으로 조작하는 것을 말한다.
③ 부당한 저자 표기: 친분이 있는 연구자끼리 서로 이름을 넣어 준다거나 하는 방식으로 저작물 작성에 정당하게 기여하지 않은 사람에게 저자 자격을 부여하는 것을 말한다. 또한 실제 연구에 기여한 연구자를 제외시키는 경우도 포함된다.
④ 기만: 이외에도 타인의 생각, 연구과정, 연구결과 또는 문장을 적절한 표시 없이 활용하는 표절도 있다.

50. 인간 대상 연구의 윤리적 원칙을 다룬 벨몬트 보고서(The Belmont Report)에서 제시한 3가지 윤리적 원칙을 모두 고른 것은?

ㄱ. 인간존중(respect for person)	ㄴ. 비밀성(confidentiality)
ㄷ. 익명성(anonymity)	ㄹ. 정의(justice)
ㅁ. 선행(beneficence)	

① ㄱ, ㄴ, ㄷ ② ㄱ, ㄷ, ㄹ
③ ㄱ, ㄹ, ㅁ ④ ㄴ, ㄷ, ㅁ
⑤ ㄴ, ㄹ, ㅁ

해설 벨몬트 보고서(The Belmont Report)에서 제시한 3가지 윤리적 원칙은 인간존중의 원칙, 정의의 원칙 그리고 선행의 원칙으로 인간 피험자의 보호를 위한 지침이다.

학습 plus

벨몬트 보고서의 3가지 윤리 원칙

- 인간존중(respect for person): 인간은 자율적 존재로 다루어져야 하며, 자율 능력이 부족한 인간은 보호를 받을 권리가 있다.
- 정의(justice): '분배의 공정성' '합당한 대가'라는 의미에서 정의의 문제이다. 각자에게 똑같은 몫을, 각자의 개별적인 필요에 따라, 각 개인의 노력에 따라, 각자의 사회적 기여도에 따라, 각자의 공적에 따라 분배할 것을 의미한다.
- 선행(beneficence): 사람들의 결정을 존중하고 위험으로부터 보호하는 것과 그들의 복지를 보장하려고 노력하는 것을 포함한다. 또한 그들에게 해를 입히지 말 것과 이익을 극대화하고 해악을 극소화할 것을 강조한다.

정답 49.⑤ 50.③

◆ 상담연구방법론의 기초

제2과목 필수 2022년 기출문제 및 해설

26. 다음에서 설명하고 있는 것은?

표본을 사용하여 모수를 추정할 경우 모집단의 실제분포와 상관없이 표본의 수가 많다면 표본 평균의 표본분포는 정규분포(normal distribution)에 근접한다.

① 베이즈 정리(Bayes' theorem)
② 중심극한 정리(central limit theorem)
③ 베르누이 시행(Bernoulli trial)
④ 구간추정(interval estimation)
⑤ 유의수준(level of significance) 결정

해설 ② 중심극한 정리(central limit theorem)란 모평균이 μ, 모표준편차가 σ인 전집에서 표본의 크기 n의 독립적인 무선표집으로부터 얻은 표본평균($\overline{X}$)들의 분포는 표본의 크기 n이 증가함에 따라서 정규분포를 따른다는 것이다.

① 베이즈 정리(Bayes' theorem)는 두 확률 변수의 사전확률과 사후확률 사이의 관계를 나타내는 정리다. 베이즈 확률론 해석에 따르면 베이즈 정리는 사전확률로부터 사후확률을 구할 수 있다.

③ 베르누이 시행(Bernoulli trial)은 확률론과 통계학에서 임의의 결과가 '성공' 또는 '실패'의 두 가지 중 하나인 실험을 뜻한다. 다시 말해 '예' 또는 '아니요' 중 하나의 결과를 낳는 실험을 말한다.

④ 구간추정(interval estimation)은 예상되는 구간을 정해 놓고, 그 구간에 실제 모수가 있을 것으로 예상되는 확률을 구하는 것이다.

⑤ 유의수준(level of significance)이란 검정에서 제1종 오류가 발생할 최대 확률, 즉 1종 오류의 허용범위로 α(알파)라고 부르며 0.05의 값으로 주로 사용한다. 일반적으로 제2종 오류를 범할 확률은 β로 표시한다. 통계적 가설검정에서 필요한 기각역은 유의수준 α에 의해 결정된다.

27. 척도에 관한 설명으로 옳지 않은 것은?

① 명목척도로 측정된 표본은 한 집단에 속하면 다른 집단에 속하지 않는 상호배타적(mutually exclusive) 특성을 가지고 있다.
② 명목척도로 측정된 점수를 토대로 이항분포 검증과 같은 통계분석이 가능하다.
③ 서열척도로 측정된 점수를 토대로 변동계수 계산과 같은 통계분석이 가능하다.
④ 등간척도로 측정된 점수를 토대로 표준편차 계산과 같은 통계분석이 가능하다.
⑤ 비율척도에서는 0의 의미를 자의적으로 해석할 수 없다.

정답 26.② 27.③

해설 ③ 서열척도는 순서는 존재하지만 간격은 동일하지 않아서 평균을 활용하는 통계분석에서는 사용할 수 없다. 변동계수는 표준편차를 평균으로 나눈 값으로 비율척도에서 계산이 가능하다.

구분	통계량	통계분석
명목척도	전체백분위, 최빈값 등	이항분포 검정, χ^2 검정
서열척도	명목척도의 통계량, 중앙값, 사분위수, 백분위수	분산분석
등간척도	서열척도의 통계량, 평균값, 산술평균값, 표준편차 등	분산분석(ANOVA), 상관분석, 회귀분석, 요인분석
비율척도	등간척도의 통계량, 기하평균, 조화평균, 모든 통계량	가능한 모든 통계분석

학습 plus

변동계수(Coefficient of Variation, CV)

- 두 그룹의 데이터에서 흩어진 정도를 비교하기 위해 사용한다.
- 표준편차를 평균으로 나눈 것이다.

$$\text{변동계수(CV)} = \frac{\text{표준편차(S)}}{\text{평균}(\overline{X})}$$

- 변동계수의 값이 클수록 상대적인 차이가 크다는 것을 의미하며, 상대 표준편차(Relative Standard Deviation: RSD)라고도 한다.
- 측정 단위가 다른 자료일 경우에도 비교 가능하다.

28. 양적연구에 관한 내용으로 옳은 것을 모두 고른 것은?

ㄱ. 연구자의 가치중립적 입장 유지
ㄴ. 객관적 실재가 존재함을 가정
ㄷ. 연구자와 연구대상 사이의 상호작용 중시
ㄹ. 연구결과의 일반화 시도

① ㄱ, ㄴ　② ㄷ, ㄹ　③ ㄱ, ㄴ, ㄹ
④ ㄱ, ㄷ, ㄹ　⑤ ㄴ, ㄷ, ㄹ

해설 ㄷ. 연구자와 연구대상 사이의 상호작용을 중시하는 것은 질적연구에 대한 내용이다.

양적연구와 질적연구

1) 양적연구
- 실증주의를 바탕으로 하며, 사회현상이 자연현상과 같은 방식으로 객관적으로 존재한다고 보고 어떤 법칙을 찾고자 한다.
- 사회현상을 객관적이며 공정하게 바라보는 연구자의 가치중립적 입장을 유지한다.
- 연역적 연구방법의 특징이 있으며 연구결과의 객관화와 일반화가 가능하다.
- 측정에 기반한 데이터, 즉 수치로 표현된 데이터를 통계적으로 분석하는 방법을 사용하는 연구이다.

정답 28.③

2) 질적연구

- 연구자의 개인적인 준거틀을 사용, 가치개입적으로 현상을 이해하고 해석하므로 비교적 주관적인 연구이다.
- 귀납적 연구방법의 특징이 있으며 연구결과는 주관적이고 일반화할 수 없다.
- 현상학적 인식론을 바탕으로 연구자와 대상자 간의 상호작용을 중시한다.
- 자연스러운 상황, 현장, 자료수집의 도구로서의 연구자, 과정으로서의 결과물, 귀납적 분석방법, 참여자들의 관점과 의리를 중요시하는 연구이다.

29. 다음 중 비확률표집이 아닌 것은?

① 군집표집(cluster sampling)
② 할당표집(quota sampling)
③ 편의표집(convenience sampling)
④ 눈덩이표집(snowball sampling)
⑤ 판단표집(judgement sampling)

해설 군집표집은 확률표집이다. 확률표집에는 군집(집락)표집, 단순무작위표집, 유층표집, 층화표집, 체계적 표집으로 나뉜다. 둘 이상의 표집법을 쓰는 경우 다단계표집이라고 한다. 비확률표집에는 눈덩이(누적)표집, 판단(의도적)표집, 편의(우연적)표집, 할당표집이 있다.

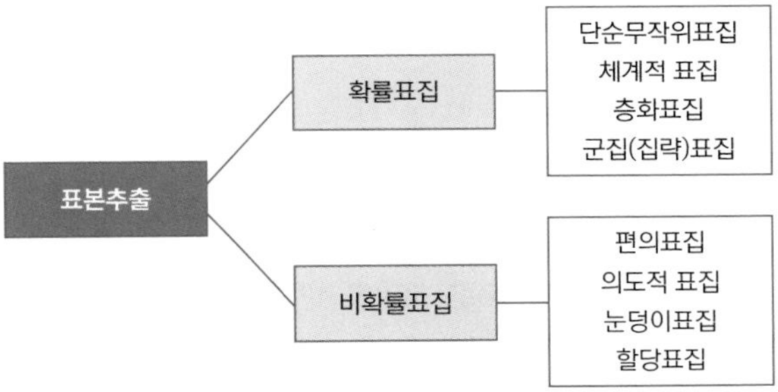

30. 경험적으로 관찰된 개별 사례나 현상에 근거하여 일반적인 사실을 추론하고 이를 토대로 이론을 구성하는 방법은?

① 귀납법
② 연역법
③ 실험법
④ 기술적 연구법
⑤ 탐색적 연구법

해설 귀납법에 대한 설명이다. 귀납법은 사실 또는 현상을 관찰하고 수집하여 분석함으로써 어떤 일반적 법칙을 이끌어 내고자 한다.

과학적 연구방법: 연역법과 귀납법

연역법	• 일반적 지식으로부터 구체적 특성을 이끌어 내는 방법이다. • '모든 사람은 죽는다. 소크라테스는 사람이다. 그러므로 소크라테스는 죽는다.'가 예시이다.
귀납법	• 사실 또는 현상을 관찰, 수집하고 분석함으로써 어떤 일반적 법칙을 이끌어 내고자 하는 방법이다.

정답 29.① 30.①

31. 모집단으로부터 표본추출 시 표본의 크기(수)를 결정하는 데 영향을 미치는 요인을 모두 고른 것은?

ㄱ. 모집단 표준편차	ㄴ. 신뢰수준	ㄷ. 최대허용오차

① ㄱ ② ㄴ ③ ㄱ, ㄷ
④ ㄴ, ㄷ ⑤ ㄱ, ㄴ, ㄷ

해설 표본크기는 표본의 사례 수를 말하며, 모집단의 분산을 알고 있을 경우 표본의 결정공식은 다음과 같다.
표본의 크기(n)=[신뢰수준에 대응하는 Z값×모표준편차(σ)/최대허용오차(e)]^2

ㄱ. 모집단 표준편차: 모집단의 분산이나 표준편차가 클수록 신뢰구간을 일정한 범위 내로 설정하려면 더 큰 표본이 필요하다.
ㄴ. 신뢰수준(신뢰도): 신뢰수준을 높일수록 표본의 크기를 크게 해야 한다.
ㄷ. 최대허용오차: 추정된 값이 실제 값에서 벗어날 수 있는 최대범위를 나타내며, 표본 크기가 커질수록 최대허용오차는 작아진다.

32. 근거이론에 관한 설명으로 옳지 않은 것은?

① 상징적 상호작용이론에 기초하고 있다.
② 개인이나 집단의 행동, 신념 등의 현상을 탐색하는 데 관심을 둔다.
③ 자료 수집은 포화(saturation)된 수준에 이를 때까지 진행된다.
④ 지속적 비교 방법(constant comparative method)이 주된 분석방법이다.
⑤ 주로 기존의 이론적 체계나 선행연구에 근거해서 수행된다.

해설 연구문제의 결론을 내리는 데 가장 타당한 근거를 선행연구나 기존의 이론을 통해 추리하는 과정은 '문헌고찰'이다. 근거이론은 현장에서의 자료수집을 중시한다.

근거이론(Grounded Theory)

- 현장 자료수집: 현장에서 자료를 모으는 것을 중시한다.
- 상징적 상호작용: 상징적 상호작용론에 철학적 근거를 두고, 사건의 상징적 의미가 언어적·비언어적 행동으로 나타나기 때문에 관찰의 초점을 상호작용에 둔다. 면담이 주된 자료수집 방식이다.
- 귀납적 연구방법: 경험적 자료로부터 이론을 도출해 내기 위해 고안된 일련의 체계적인 과정이며, 어떤 현상에 대한 귀납적 연구방법이다.
- 포화된 수준의 표본: 자료 수집은 데이터에서 관찰되는 더 이상의 새로운 정보가 발견되지 않는 지점인 포화된 수준에 이를 때까지 계속된다.
- 지속적 비교방법: 자료를 수집하고 분석해 나가는 과정에서 출현한 개념들을 이전에 나온 개념들과 비교하는 것이다.
- 세 가지 분석과정: 개방코팅, 축코딩, 선택코딩의 세 가지 체계적 과정을 거친다.
- 이론 형성: '이론 개발하기'는 해석과 분석을 통해 나온 연구결과를 실제 분야에서 적용성을 확보하는 과정이다. 이론을 개발하기 위해 이론적 표집과 비교하기, 메모의 사용, 질문하기 등의 방법을 사용한다.

정답 31.⑤ 32.⑤

33. 추상적 개념을 실증적으로 검증하기 위해 변수를 측정 가능한 형태로 계량화하는 것은?

① 개념적 정의 ② 조작적 정의 ③ 의존성 정의
④ 전이가능성 정의 ⑤ 확증가능성 정의

해설 조작적 정의에 대한 설명이다. 조작적 정의는 추상적 개념을 관찰 가능한 측정지표의 형태로 변환하는 것을 말한다. 상대적 개념으로 개념적 정의가 있다. 개념적 정의는 측정대상이 갖는 속성에 대한 추상적 표현이다. 예를 들면, 지능은 일상수행 및 인지활동에 관한 개인의 총체적 능력이다.

개념적 정의와 조작적 정의

개념(사전)적 정의 (conceptual definition)	• 개념적 정의는 이미 알고 있는 다른 용어를 사용하여 설명하는 것을 말하며, 그 의미가 보편타당하게 정의되어야 한다. • "자존감"에 대한 개념적 정의는 '자신의 가치 그리고 자기 존중에 대한 개인의 전반적인 평가를 나타내는 심리적 구성물'이라고 말할 수 있다.
조작적 정의 (operational definition)	• 조작적 정의는 추상적인 개념적 정의를 관찰 가능하고 측정 가능한 지표로 나타내는 것이다. • "자존감"의 조작적 정의는 '참가자들이 일련의 진술로 구성된 로젠버그(Rosenberg) 자아존중감 척도와 같은 검증된 설문지를 사용하여 자아존중감이 측정될 것이다'라고 기술할 수 있다.

34. 좋은 가설에 관한 설명으로 옳지 않은 것은?

① 경험적으로 검증 가능할 수 있어야 한다. ② 논리적으로 명료해야 한다.
③ 간결하게 표현되어야 한다. ④ 개념이 동의반복적(tautological)이어야 한다.
⑤ 자명한 관계에 대한 가설 설정을 지양한다.

해설 ④ 가설에서 개념이 동의반복적(tautological)이면 안 된다. 예를 들어 '자존감이 높은 사람은 자존감이 더 높다.'라는 가설은 동의반복적인 가설이다. 이 경우 가설은 자존감과 관련된 다양한 요인 간의 구체적이고 측정 가능한 관계를 제시하지 않는다.

학습 plus

가설(hypothesis)

- 명료성: 가설은 논리적이고 명료해야 하며 간결하게 표현되어야 한다.
- 가치중립성: 가설은 가치중립성이 있어야 하며 연구자의 주관적 견해, 가치, 편견이 없어야 한다.
- 한정성: 좋은 가설은 구체적이고 특정한 면에 초점을 맞춘다. 한 번에 너무 많은 것을 포괄하려고 하면 안 된다.
- 변수의 상관관계: 여러 변수가 관련된 가설을 세울 때는 변수들 간의 관계의 특성을 예측하는 것이 중요하다. 일반적으로 변수들이 정적 상관관계를 갖는지, 부적 상관관계를 갖는지 또는 상관관계가 전혀 없는지에 초점을 맞춘다.
- 검증 가능성: 가설은 구체적이며 경험적으로 검증 가능해야 한다. 검증을 필요로 하는 예비 이론에 대한 가설이어야 하며 자명한 관계에 대한 가설 설정은 지양한다.
- 동의반복 배제: 가설에서 개념은 동의반복적(tautological)이면 안 된다.
- 설명 및 예측 가능성: 가설은 현재 알려진 '사실'뿐만 아니라, 미래를 '예측'할 수 있어야 한다.

정답 33.② 34.④

35. 다음에서 설명하는 현상학적 개념은?

- 연구자는 탐구하고자 하는 현상에 대한 선입견, 고정관념 및 학습된 감정 등을 보류해야 한다.
- 연구자는 현상에 대한 선지식이나 선경험을 배제함으로써 현상 자체가 의미하는 바가 무엇인지 잘 성찰할 수 있다.

① 수평화(horizonalization) ② 의식의 지향성(intentionality of consciousness)
③ 상상적 변형(imaginative variation) ④ 괄호치기(bracketing)
⑤ 의미군(cluster of meaning)

해설 ④ 연구자가 탐구하고자 하는 현상에 대한 선입견, 고정관념 및 학습된 감정 등을 보류하는 것은 괄호치기(bracketing)이다.

현상학이란?
- 인간이 어떻게 경험을 지각하고 그 경험을 의식으로 전환하는지 탐색하는 방법이다.
- 후설(Husserl)은 현상학 연구가 가설이나 선입견을 배제한 관점에서 시작되는 질문과 그 질문에 대해 설명이 아니라 기술하는 것에 가까운 답으로 구성된다고 하였다.
- 연구자가 자신의 선입견을 제고하고 현상을 그 자체의 내적 체제가 지니는 의미로 설명하고자 노력하는 과정이 괄호치기(bracketing 혹은 epoche) 과정이다.

36. 다음 연구에 관한 설명으로 옳지 않은 것은?

- 연구주제는 '상담프로그램 유형이 학교폭력 피해 청소년의 회복탄력성에 미치는 영향'이다.
- 상담프로그램 유형이 회복탄력성에 미치는 영향은 자아개념을 통해 중개된다.
- 상담프로그램 유형과 회복탄력성과의 관계에서 상담프로그램 유형은 사회적 지지와 상호작용이 있다.
- 내담자의 성별 특성에 따른 차이는 배제된다.

① 상담프로그램 유형은 독립변인이다. ② 회복탄력성은 종속변인이다.
③ 자아개념은 잠재변인이다. ④ 사회적 지지는 조절변인이다.
⑤ 성별 특성은 통제변인이다.

해설 ③ 자아개념은 매개변인(mediator variable)으로 독립변인(상담 프로그램 유형)이 종속변인(회복 탄력성)에 영향을 미치는 과정이나 기제를 설명하는 데 도움을 준다.
잠재변수(latent variable)는 직접적으로 관찰되거나 측정이 되지 않는 변수를 의미한다.

변인의 종류
- 독립변인(independent variable): 다른 것에 영향을 주는 변수이다. 실험에서는 연구자에 의해 조작되는 변수로 예언변수, 설명변수, 원인변수라고도 한다.

정답 35.④ 36.③

- 종속변인(dependent variable): '결과변수' '기준변수'라고도 하며, 독립변수에 의해 영향을 받는 변수이다.
- 매개변인(mediator variable): '중재변수'라고도 하며 독립변수와 종속변수 간의 인과관계를 연결해 주는 변수이다.
- 잠재변수(latent variable): 직접 관찰하거나 측정할 수 없어 다른 변수를 통해서 간접적으로만 측정할 수 있는 변인을 말한다. 지능은 잠재변수이고 이를 측정 가능한 언어능력, 수리능력, 공간능력 등의 관찰변수로 측정하게 된다.
- 조절변인(moderator variable): 독립변수와 종속변수 간의 관계에서 강도와 방향을 조절하는 변수이다.
- 통제변인(control variable): 독립변수와 종속변수의 관계에 영향을 미칠 수 있는 제3의 변수 중 조사자가 통제하고자 하는 변수이다.

37. 영가설(H_0)이 참이 아닐 경우 이를 기각함으로써 올바른 결정을 내릴 가능성을 나타내는 통계적 검정력은?

① α ② β ③ $1-\alpha$ ④ $1-\beta$ ⑤ $\alpha-\beta$

해설 **제1종 오류와 제2종 오류**

구분	실제 영가설이 참일 때	실제 영가설이 거짓일 때
영가설 채택	정확한 결론($1-\alpha$)	제2종 오류(β)
영가설 기각	제1종 오류(α: 유의수준)	정확한 결론($1-\beta$)

38. 내적 타당도가 저해될 수 있는 상황을 모두 고른 것은?

ㄱ. 연구가 진행되는 동안 측정에 사용되는 측정도구의 변화가 있었다.
ㄴ. 연구기간 동안 예상치 못한 특정 사건이 발생했다.
ㄷ. 시간경과에 따른 연구대상 집단의 신체적·심리적 특성 변화가 있었다.

① ㄱ ② ㄱ, ㄴ ③ ㄱ, ㄷ ④ ㄴ, ㄷ ⑤ ㄱ, ㄴ, ㄷ

해설 모두 맞다.

ㄱ. 검사도구효과(instrument variation effect): 사전과 사후 검사를 서로 다른 검사도구로 실시하였을 때 발생하는 문제이다. 시험효과를 줄이기 위해 사전과 사후 검사를 다른 종류로 선택할 경우, 사전과 사후 결과에 차이가 나타났을 때 그것이 검사 도구의 차이 때문인지 아니면 프로그램의 효과 때문인지를 구분하기 쉽지 않다.

ㄴ. 역사적 사건; 특정 사건의 영향(history effect): 연구기간 동안 천재지변이나 예상치 않았던 통제 불가능한 사건이 일어나는 경우, 환경이 바뀌고 이에 따라 연구결과가 다르게 나타나는 경우를 말한다.

ㄷ. 성숙효과(maturation effect): 시간이 경과함에 따라 연구대상집단의 신체적·심리적 변화나 자연적인 성숙이 실험의 결과에 영향을 미치는 경우를 말한다. 시간의 경과나 자연적인 성숙효과 등이 연구 설계에서 적절하게 통제될 때 연구에서 의도하는 변수들 간의 인과관계가 설명될 수 있다.

정답 37.④ 38.⑤

39. 타당도와 신뢰도에 관한 설명으로 옳지 않은 것은?

① 타당도는 연구의 방법 또는 절차의 결과가 실제로 의도한 목적과 일치하는 정도이다.
② 신뢰도는 연구의 방법 또는 절차의 결과가 각각의 측정에서 일치하는 정도이다.
③ 타당도와 신뢰도는 연구계획, 측정, 측정도구 사용에 있어서 상호연관성이 있을 수 있다.
④ 무작위 오차는 신뢰도와 관련이 있고, 체계적 오차는 타당도와 관련이 있다.
⑤ 측정도구 선택에 있어서 타당도보다는 신뢰도가 중요하다.

해설 ⑤ 타당도와 신뢰도는 다양한 상황에서 중요도의 수준이 다르다. 측정도구 선택 시 진단목적뿐 아니라 미래의 행동, 점수, 성공, 이행을 예견하려고 할 때는 타당도가 일반적으로 더 중요하다. 그러나 척도의 일관성과 안전성을 판단하려는 목적일 경우에는 신뢰도가 더 중요하다.

학습 plus

무작위 오차와 체계적 오차

- 무작위 오차(random error): 우연오차 또는 비체계적 오차라고도 한다. 응답자의 부주의나 채점 오류, 측정시간이나 장소의 분위기의 영향과 같이 순전히 우연의 결과로 발생한 불규칙적이고 일시적인 오차를 말한다. 이러한 무작위 오차가 최소화될 때 일관된 점수가 나올 것으로 예상되므로 측정의 신뢰도와 관련이 있다.
- 체계적 오차(systematic error): 계통오차 또는 편향(bias)이라고도 한다. 의도적 측정이나 측정도구 자체의 문제로 인해 측정대상에 체계적이고 일정한 방향으로 영향을 미치는 오차로 측정의 타당성과 관련이 있다. 예 사회적 바람직성 문항이 포함된 경우 모두 같은 답변을 하려고 하기 때문에 신뢰도는 동일하나 타당도는 저해된다.

40. 등간척도이지만 비율척도가 아닌 측정치는?

① 온도: 36.5℃
② 학급석차: 5위
③ 성별: 여성
④ 나이: 35세
⑤ 체중: 55kg

해설 비율척도는 등간이기도 하며 절대영점을 가지고 있으며, 사칙연산이 가능하다. 그러나 온도는 절대영점이 없으므로 등간척도이지만 비율척도는 아니다.

구분	예	주요 특징	수학연산
명목척도	성별, 인종, 혼인 여부, 종교, 직업, 전화번호, 우편번호 등	분류	없음
서열척도	중요 순위 순서, 학급석차, 빌보드 차트 순위 등	분류, 등급	순위
등간척도	온도, IQ, 학점 등	분류, 등급, 등간격	더하기, 빼기
비율척도	나이, 몸무게, 연봉, 키, 출생률 등	분류, 등급, 등간격, 절대영점	더하기, 빼기, 곱하기, 나누기

정답 39.⑤ 40.①

41. 신뢰도의 추정을 위한 측정방법이 아닌 것은?

① 재검사(test-retest)
② 동형검사(parallel-form)
③ 반분(split-half)
④ 이중맹검(double-blind)
⑤ 내적 일관성(internal-consistency)

해설 신뢰도 추정방법으로는 검사-재검사 신뢰도, 동형검사 신뢰도, 반분 신뢰도, 내적 일관성 신뢰도가 있다. 이중맹검법은 실험의 객관성을 지키기 위해 편향의 작용을 방지하기 위한 방법 중 하나이다.

맹검법(盲檢法, blinded experiment)

- 맹검법은 실험을 수행할 때, 실험자나 피실험자가 자신이 이미 알고 있는 지식의 영향으로 결과에 주는 편향의 작용을 막기 위해 실험이 끝날 때까지 실험자 또는 피실험자에게 특정한 정보를 공개하지 않는 것이다.
- 단일맹검법(single-blind): 피실험자에게 실험의 목적이 무엇인지, 실험집단에 속해 있는지 통제집단에 속해 있는지 특정 정보를 알려주지 않는 경우를 말한다.
- 이중맹검법(double-blind): 실험자와 피실험자에게 모두 이러한 맹검이 적용되었을 경우를 말한다.

신뢰도의 추정을 위한 측정방법

검사-재검사 신뢰도 (test-retest)	동일한 측정도구를 가지고 동일한 대상에게 시간적 간격을 두고 반복 측정하여 신뢰도를 평가하는 방법이다.
동형검사 신뢰도 (parallel-form)	유사한 형태의 둘 이상의 측정도구를 사용하여 동일한 표본에 적용한 결과를 서로 비교하여 신뢰도를 측정하는 방법이다.
반분 신뢰도 (split-half)	측정도구를 임의대로 반으로 나누고 그 각각을 독립된 척도로 간주하여 이들의 측정결과를 서로 비교하는 방법이다.
내적 일관성 신뢰도 (internal-consistency)	단일의 신뢰도 계수를 계산할 수 없는 반분법의 단점을 고려하여 가능한 모든 반분 신뢰도를 구한 다음, 그 평균값을 신뢰도로 추정하는 방법이다.

42. 외적 타당도에 관한 설명으로 옳지 않은 것은?

① 연구결과를 일반화시킬 수 있는 정도이다.
② 무선표집은 외적 타당도의 저해요인이다.
③ 외적 타당도를 높이기 위해서는 표본의 대표성을 높여야 한다.
④ 연구결과의 이용을 위해 내적 타당도와 함께 고려해야 할 요소이다.
⑤ 연구결과의 적용 대상, 시점, 환경의 확장과 관련이 있다.

해설 ② 무선표집(random sampling)은 모집단을 대표하는 표본을 추출할 때 모집단의 모든 피험자가 각기 표본으로 추출될 확률이 동일한 표집방법으로 연구결과를 일반화할 가능성이 높으므로 외적 타당도가 높아지는 데 영향을 준다. 외적 타당도를 확보하기 위한 가장 보편적인 방법이 무선표집이다. 무선표집이 외적 타당도의 확보와 관련된다면 무선할당은 내적 타당도의 확보와 관련이 있다.

정답 41.④ 42.②

43. 연구재료, 장비, 과정 등을 인위적으로 조작하거나 연구자료를 임의로 변형, 삭제함으로써 연구 내용 또는 결과를 왜곡하는 연구부정행위는?

① 위조　② 변조　③ 표절
④ 부당한 저자 표시　⑤ 이중게재

해설 ② 연구자료, 연구과정 또는 연구결과 등을 의도적으로 조작하는 것을 '변조'라고 한다.
① 위조: 없는 자료 또는 증거를 만들어 내는 경우를 말한다.
③ 표절: 타인의 저작물의 일부 또는 전부를 정당한 승인 없이 활용하는 경우를 말한다.
④ 부당한 저자 표시: 공동집필 저자를 모두 기재하지 않거나, 연구에 기여하지 않은 사람에게 논문저자 자격을 부여하는 경우를 말한다.
⑤ 이중게재: 동일한 저자가 이미 게재한 논문의 내용을 다른 논문에 자기인용표시 없이 사용하거나 원저자의 승인 없이 복제하여 발간하는 것을 말한다.

44. 설문문항이 6개이고, 각 문항 측정치들 사이의 상관계수들의 평균이 0.8일 때, 크론바흐 알파(Cronbach's alpha) 값은?

① 0.02　② 0.04　③ 0.8　④ 0.96　⑤ 0.98

해설 상관계수를 알 경우, 문항 수와 상관계수 평균을 이용하여 계산한다.
- 상관계수를 알 경우 크론바흐 알파 계산

$$\text{크론바흐 } \alpha = \frac{\text{설문문항 수} \times \text{상관계수들의 평균}}{1+\{(\text{설문문항 수}-1)\times\text{상관계수들의 평균}\}} = \frac{6\times0.8}{1+(5\times0.8)} = \frac{4.8}{5} = 0.96$$

- 크론바흐 알파(Cronbach's α) 값의 범위는 0~1이다. 1에 가까운 값일수록 문항 간 내적 일관성이 높다는 것을 의미하며, 이는 문항들이 동일한 개념을 신뢰성 있게 측정하고 있음을 시사한다.

45. 모집단으로부터 표본을 25개씩 복원, 반복 추출하여 얻은 평균의 표준오차(standard error of the mean)가 2일 때, 이 표준오차를 1로 줄이기 위한 표집의 크기는?

① 10　② 40　③ 100　④ 400　⑤ 1,000

해설 1) SEM = 평균의 표준오차, σ = 모집단의 표준편차, n = 표집의 크기로 나타낼 때, 평균의 표준오차를 구하는 공식은 다음과 같다.

$$\text{SEM} = \frac{\sigma}{\sqrt{n}}$$

2) 문제에서 주어진 정보는 SEM = 2, n = 25이다. 여기서 모집단의 표준편차(σ)를 먼저 구하면

$$2 = \frac{\sigma}{\sqrt{25}}, \text{ 그러므로 } \sigma = 10$$

3) 문제에서 요구하는 평균의 SEM이 1이 되기 위한 n을 구하면 $\text{SEM} = \frac{\sigma}{\sqrt{n}}$, $1 = \frac{10}{\sqrt{n}}$, $n = 100$

4) 따라서 SEM을 2에서 1로 줄이려면 표집의 크기를 25개에서 100개로 늘려야 한다.

정답 43.② 44.④ 45.③

46. 혼합연구방법에 관한 설명으로 옳지 않은 것은?

① 질적연구방법과 양적연구방법을 결합한 연구방법이다.

② 미숙련 연구자에게 적합한 연구방법이다.

③ 현상에 대한 이해를 넓히고 깊이 있는 연구가 가능하다.

④ 내재된 편향이나 결함을 피하고, 타당도를 높일 수 있다.

⑤ 다양한 형태의 자료를 수집하고 분석하는 데 유연하다.

해설 ② 혼합연구방법은 질적연구 또는 양적연구에서 사용되는 방법들을 하나의 연구에 혼합하거나 결합하는 연구로 연구방법에 대한 전문적 지식을 가진 숙련된 연구자에게 적합한 연구이다.

혼합연구방법론의 특징

- 양적방법론과 질적방법론의 장점을 극대화한다.
- 단일 연구방법론의 적용으로 인한 제한점 및 단점을 보완할 수 있다.
- 사회과학 분야의 변화양상을 고려한 접근법이다.
- 연구자가 지닌 연구문제에 대해 확인적 질문과 탐색적 질문을 동시에 다룰 수 있어 연구결과의 타당성을 높임과 동시에 깊이 있는 이해를 도출할 수 있다.
- 질적방법론의 단점인 주관적 편향을 피할 수 있다.

47. 다음 설명에 모두 해당하는 연구방법은?

• 실험과정에서 발생할 수도 있는 윤리적 문제를 회피할 수 있다. • 독립변수의 수준을 조작함으로써 실험 상황을 통제할 수 있다. • 상담과정 단순화를 통해 연구결과의 해석이 용이해진다. • 대리 내담자의 활용을 통해 재정적 부담을 완화할 수 있다.

① 단일사례연구　　② 상관연구

③ 모의상담연구　　④ 메타분석연구

⑤ 횡단연구

해설 모의상담연구(analogue research)의 특징

- 실험조건의 통제가 용이하다. 즉, 연구자가 계획한 대로 독립변수의 조작이 용이하다.
- 내적 타당도를 높일 수 있다.
- 상담연구에서 발생하는 윤리적 문제의 가능성을 줄일 수 있다.
- 연구문제와 관련 없는 변인을 무작위하거나 통제, 가외변수의 영향을 통제할 수 있다.
- 실험조건을 통제함으로써 외적 타당도가 저하될 수 있다.
- 실제 상황보다 지나치게 단순화된 모의상담연구 과정으로 인해 결과의 일반화가 어렵다.

정답 46.② 47.③

48. 상담연구에서 단일사례연구설계(단일피험자설계, single-case research design)에 관한 설명으로 옳지 않은 것은?

① 임상적 유의미성보다는 통계적 검증을 중시한다.

② 한 개인 또는 집단을 상대로 연구대상 내 차이를 분석하여 처치효과를 추정한다.

③ 연구를 진행하면서 연구설계나 연구절차도 융통성 있게 수정할 수 있다.

④ ABAB설계(reversal design)와 다중기저선설계(multiple-baseline design) 등이 있다.

⑤ 연구결과의 일반화 가능성에 제약이 있다.

해설 ① 단일사례연구설계를 통한 효과 검증방법은 그래프를 이용한 시각적 검증, 통계적 검증, 개입분야 전문가의 임상적 검증이 있다. 통계적 검증은 관찰된 변화의 신뢰성을 입증하는 데 도움이 되지만, 임상적 의미는 관찰된 변화가 개인의 삶과 의미 있고 관련이 있다는 것을 보장한다. 따라서 단일사례연구설계 개입의 효과를 이해하는 데 두 가지 측면이 모두 기여하기 때문에 임상적 유의미성보다 통계적 검증을 중시하는 것은 정확하지 않다.

49. 명목변인을 대상으로 하는 연구에 적합한 집중경향(central tendency) 측정치는?

① 산술평균값

② 조화평균값

③ 기하평균값

④ 중앙값

⑤ 최빈값

해설 집중경향(central tendency) 측정치에는 평균값, 중앙값, 최빈값 등이 있는데 명목변인을 대상으로 하는 연구에 적합한 것은 최빈값이다.

평균값은 등간변인, 중앙값은 서열변인을 대상으로 하는 연구에 적합하다.

변인 유형에 적합한 집중경향치	
명목변인	최빈값
서열변인	최빈값, 중앙값
등간변인	최빈값, 중앙값, 산술평균, 표준편차 등
비율변인	모든 통계치

50. 비교집단과 무선할당을 모두 사용하는 실험설계는?

① 원시실험설계(pre-experimental design)

② 비동일통제집단설계(nonequivalent control group design)

③ 진실험설계(true experimental design)

④ 다중시계열설계(multiple time-series design)

⑤ 준실험설계(quasi-experimental design)

정답 48.① 49.⑤ 50.③

해설 실험설계에는 진실험설계와 준실험설계가 있는데 연구대상을 실험집단과 비교집단(통제집단)으로 무선할당하는 것은 진실험설계이다. 진실험설계는 순수실험설계라고도 하며, 대상의 무작위화, 독립변수의 조작, 외생변수의 통제, 측정시기 및 대상 통제가 가능하다.

실험과정의 통제수준정도에 따른 실험설계의 구분

- 원시실험설계(전실험설계): 단일집단 사후검사, 단일집단 사전-사후검사, 이질집단 사후검사 설계
- 진실험설계(순수실험설계): 통제집단 사후검사, 통제집단 사전-사후검사, 솔로몬 4집단 설계, 요인설계
- 준실험설계(유사실험설계): 비동일 통제집단 설계(이질 통제집단 설계), 시계열설계, 다중시계열설계(복수시계열설계)

실험과정의 통제수준

구분기준	원시실험설계	진실험설계	준실험설계
대상의 무작위화(무선할당)	×	○	×
독립변수의 조작	×	○	일부 ○
외생변수의 통제	×	○	일부 ○
측정시기 및 대상 통제	×	○	○

◆ 상담연구방법론의 기초

제2과목 필수 2021년 기출문제 및 해설

26. 다음 ( )에 들어갈 내용으로 옳게 짝지어진 것은?

> ㄱ. (A)은/는 연구재료, 장비, 과정 등을 인위적으로 조작하거나 연구 자료를 임의로 변형, 삭제함으로써 연구 내용 또는 결과를 왜곡하는 행위
> ㄴ. (B)은/는 타인의 아이디어, 연구내용, 결과 등을 정당한 승인 또는 인용 없이 도용하는 행위
> ㄷ. (C)은/는 존재하지 않는 연구자료, 연구결과 등을 허위로 만들거나 기록 또는 보고하는 행위

① A: 표절, B: 위조, C: 변조
② A: 위조, B: 표절, C: 변조
③ A: 위조, B: 변조, C: 표절
④ A: 변조, B: 표절, C: 위조
⑤ A: 변조, B: 위조, C: 표절

해설 (A)는 변조(falsification), (B)는 표절(plagiarism), (C)는 위조(fabrication)에 대한 설명이다.

학습 plus

연구윤리 확보를 위한 지침 [교육부훈령 제449호, 2023개정] 중 일부

제11조(연구부정행위의 범위)

1) "위조"는 존재하지 않는 연구 원자료 또는 연구자료, 연구결과 등을 허위로 만들거나 기록 또는 보고하는 행위
2) "변조"는 연구 재료 · 장비 · 과정 등을 인위적으로 조작하거나 연구 원자료 또는 연구자료를 임의로 변형 · 삭제함으로써 연구 내용 또는 결과를 왜곡하는 행위
3) "표절"은 다음 각 목과 같이 일반적 지식이 아닌 타인의 독창적인 아이디어 또는 창작물을 적절한 출처표시 없이 활용함으로써, 제3자에게 자신의 창작물인 것처럼 인식하게 하는 행위
   가. 타인의 연구내용 전부 또는 일부를 출처를 표시하지 않고 그대로 활용하는 경우
   나. 타인의 저작물의 단어 · 문장구조를 일부 변형하여 사용하면서 출처표시를 하지 않는 경우
   다. 타인의 독창적인 생각 등을 활용하면서 출처를 표시하지 않은 경우
   라. 타인의 저작물을 번역하여 활용하면서 출처를 표시하지 않은 경우
4) "부당한 저자 표시"는 다음 각 목과 같이 연구내용 또는 결과에 대하여 공헌 또는 기여를 한 사람에게 정당한 이유 없이 저자 자격을 부여하지 않거나, 공헌 또는 기여를 하지 않은 사람에게 감사의 표시 또는 예우 등을 이유로 저자 자격을 부여하는 행위
   가. 연구내용 또는 결과에 대한 공헌 또는 기여가 없음에도 저자 자격을 부여하는 경우
   나. 연구내용 또는 결과에 대한 공헌 또는 기여가 있음에도 저자 자격을 부여하지 않는 경우

정답 26.④

다. 지도학생의 학위논문을 학술지 등에 지도교수의 단독 명의로 게재 · 발표하는 경우
5) "부당한 중복게재"는 연구자가 자신의 이전 연구결과와 동일 또는 실질적으로 유사한 저작물을 출처표시 없이 게재한 후, 연구비를 수령하거나 별도의 연구업적으로 인정받는 경우 등 부당한 이익을 얻는 행위
6) "연구부정행위에 대한 조사 방해 행위"는 본인 또는 타인의 부정행위에 대한 조사를 고의로 방해하거나 제보자에게 위해를 가하는 행위
7) 그 밖에 각 학문 분야에서 통상적으로 용인되는 범위를 심각하게 벗어나는 행위

27. 판별분석에 관한 설명으로 옳지 않은 것은?

① 독립변수와 종속변수 모두 연속변수여야 한다.
② 독립변수는 종속변수와 선형적인 관계가 있어야 한다.
③ 독립변수들의 분산은 서로 동일해야 한다.
④ 각 독립변수는 정규분포를 따라야 한다.
⑤ 판별분석으로 도출된 판별함수는 개별 관측치들이 어느 집단에 속하는지를 예측하는 데에 사용된다.

해설 ① 판별분석에서 독립변수는 등간척도나 비율척도로 측정된 연속변수여야 한다. 그러나 종속변수는 명목척도 또는 서열척도로 측정된 질적변수이거나 범주변수이다.

학습 plus

판별분석(discriminant analysis)

- 종속변수가 두 개 또는 그 이상의 집단으로 구성되어 있을 때 여러 개의 독립변수 중 영향력이 가장 큰 변수를 밝히고자 할 때 사용되는 방법이다.
- 등간척도나 비율척도로 측정된 독립변수를 이용해 명목척도 또는 서열척도로 측정된 종속변수를 분류하는 데 사용된다.
- 판별분석을 위해서는 각 집단의 분산이 동일(등분산성)해야 하고, 독립변수가 정규분포(정규성)를 이루어야 한다.
- 또한 독립 변수들이 상호독립적이어야 하며, 이상점 혹은 국외자(outlier)가 없어야 한다.

28. 자료분석 과정이 개방코딩, 축코딩, 선택코딩으로 진행되는 연구방법은?

① 근거이론연구　② 코호트연구　③ 사례사연구
④ 패널연구　⑤ 동향연구

해설 자료분석 과정이 개방코딩, 축코딩, 선택코딩의 세 가지 체계적 과정으로 진행되는 연구방법은 근거이론(grounded theory)연구이다. 근거이론연구는 수집한 경험적 자료를 체계적으로 수집, 분석하는 과정을 통해 어떤 현상에 대해 귀납적으로 이론을 발전시키는 연구방법이다.

정답 27.① 28.①

학습 plus

코딩(coding)의 기본적인 세 가지 유형(Corbin & Strauss, 1990)

1차	개방코딩(open coding)	데이터를 세밀하게 분석하여 개념을 정의하고, 범주화하는 초기단계
2차	축코딩(axial coding)	개방코딩을 통해 식별된 범주들 사이의 관계를 파악, 자료의 응집성을 높이고 상호 연결되는 핵심 범주를 찾는 과정
3차	선택코딩(selective coding)	축코딩을 통해 찾아진 연구의 핵심 범주를 기반으로 하여, 전체 이론을 통합하는 단계

29. 다음 중 진실험설계(true experimental design)를 모두 고른 것은?

ㄱ. 시계열 설계(time series design)
ㄴ. 솔로몬 4집단 설계(Solomon four-group design)
ㄷ. 통제집단 사전-사후 설계(pretest-posttest control group design)
ㄹ. 통제집단 사후 설계(posttest-only control group design)

① ㄱ, ㄴ ② ㄱ, ㄷ ③ ㄴ, ㄷ ④ ㄷ, ㄹ ⑤ ㄴ, ㄷ, ㄹ

해설 ㄴ, ㄷ, ㄹ이 진실험설계에 속하고 ㄱ은 준실험설계(유사실험설계)에 해당한다. 진실험설계와 준실험설계는 피험자 배정이 무선배치인지 아닌지에 따라 나뉜다.

진실험설계 (순수실험설계)	• 피험자 배정을 무선적으로 하고 실험 집단과 통제집단을 최대한 동일하게 하는 설계로 인과관계 추론이 가능하나 연구결과를 실제 생활에 적용하는 데 문제가 따른다. • 통제집단 전후 비교설계, 통제집단 후 비교설계, 솔로몬 4집단 설계, 독립변인이 2개 이상일 경우 사용하는 요인설계 등이 있다.
준실험설계 (유사실험설계)	• 무선적으로 피험자를 배치하지 못해 각 집단이 동일하지 않은 실험 설계로 인과관계 추론이 어렵고 내적 타당도가 낮으나 실제상황에 적용이 용이하다. • 단일집단 사후 검사설계, 단일집단 전후 검사설계, 이질집단 사후검사 설계, 시계열 실험설계, 반복 실험설계 등이 있다.

30. 구조방정식 모형의 상대적합도 지수(relative fit index)만으로 묶인 것은?

ㄱ. CFI(comparative fit index)
ㄴ. GFI(goodness of fit index)
ㄷ. NFI(normed fit index)
ㄹ. RMSEA(root mean square error of approximation)
ㅁ. TLI(Turker-Lewis index)

① ㄱ, ㄴ, ㄹ ② ㄱ, ㄴ, ㅁ ③ ㄱ, ㄷ, ㅁ
④ ㄴ, ㄷ, ㄹ ⑤ ㄷ, ㄹ, ㅁ

정답 29.⑤ 30.③

해설 ㄴ, ㄹ은 절대적합도 지수이다.

학습 plus

구조방정식 모형에서의 적합도 지수

- 상대적합도 지수: NFI(Normal Fit Index), TLI(Tucker-Lewis Index), CFI(Comparative Fit Index)
- 절대적합도 지수: GFI(Goodness of Fit Index), AGFI(Adjusted Goodness of Fit Index), RMSEA (Root Mean Square Error of Approximation)

31. 양적연구 논문의 작성에 관한 설명으로 옳은 것은?

① 선행연구 결과를 인용할 때 출처는 편의에 따라 생략한다.

② 연구의 완결성을 위해 연구의 제한점은 기술하지 않는다.

③ 연구가설과 연구모형은 반드시 함께 제시되어야 한다.

④ 연구가설의 지지여부는 실증분석 결과를 통해 제시된다.

⑤ 결론에는 연구방법을 상세히 기술해야 한다.

해설 ④ 연구가설의 지지여부는 경험분석, 실증분석을 통해 지지여부를 검증해야 한다.
① 선행연구 결과를 인용할 때, 출처를 반드시 밝혀야 한다.
② 연구의 제한점을 기술하고 후속연구에 대한 제언을 한다.
③ 연구가설은 반드시 제시되어야 하지만 연구모형이 반드시 함께 제시될 필요는 없다.
⑤ 결론에는 연구결과를 간략히 요약하고 제한점이나 후속연구를 위한 제언을 기술함으로써 연구의 제한점을 기술하고 후속 연구의 방향성을 제안하는 것이 포함된다.

32. 유사실험설계(quasi-experimental design)에 관한 설명으로 옳지 않은 것은?

① 피험자를 무선할당한다.

② 진실험설계(true experimental design)에 비해 외생변수의 효과를 통제하기 어렵다.

③ 실험실 상황이 아닌 실제 상황에서 독립변수를 조작해 연구하는 설계이다.

④ 진실험설계에 비해 내적 타당도 확보가 어렵다.

⑤ 비동질통제집단설계(nonequivalent control group design)가 유사실험설계에 속한다.

해설 ① 피험자를 무선할당하는 것은 진실험설계이다. 유사실험설계는 피험자의 무선할당이 없고 외생변수 등 실험 조건을 충분히 통제하지 못한 설계이다. 자연상태에서 처치를 가해 얻은 결과이므로 내적 타당도 확보가 어려우나, 실제상황에 적용이 쉽다는 장점이 있다. 비동질통제집단설계, 회귀-불연속 설계, 단절적 시계열설계, 통제-시계열설계 등이 있다.

정답 31.④ 32.①

33. 연구자가 연구참여자에 대하여 지켜야 할 연구윤리로 옳지 않은 것은?

① 연구기간 중 획득한 정보를 비밀로 유지한다.

② 미성년자인 고등학생을 대상으로 연구할 때 보호자의 동의로 본인 동의를 대신한다.

③ 연구기간 중 연구참여를 철회할 권리가 있음을 알린다.

④ 연구의 목적, 예상되는 기간 및 절차를 알린다.

⑤ 연구참여에 따른 잠재적 위험에 대해 알린다.

해설 ② 미성년자를 대상으로 연구할 때는 반드시 보호자의 동의와 본인의 동의를 모두 받아야 한다.

34. 다음 실험설계 중 집단 내 설계만으로 묶인 것은?

① 솔로몬 4집단 설계, 교차설계

② 요인설계, 라틴정방형(Latin square) 설계

③ 교차설계, 요인설계

④ 교차설계, 라틴정방형(Latin square) 설계

⑤ 요인설계, 솔로몬 4집단 설계

해설 집단 내 설계는 반복측정설계 또는 피험자 내 설계(within-subjects design)라고도 하며, 동일한 피험자들이 모든 실험조건에 반복적으로 반응하는 설계이다. 일요인 반복측정설계, 라틴정방형 설계, 교차설계(이요인 반복측정설계)가 있다.

이에 반해 집단 간 설계는 피험자 간 설계(between-subjects design)라고도 하며 각 피험자들이 실험조건에 무선적으로 할당되고 한 가지 실험조건에만 반응하는 설계이다. 사후-단일 통제집단설계, 사전-사후 통제집단설계, 솔로몬 4집단 설계가 있다.

35. F-분포에 관한 설명으로 옳지 않은 것은?

① F-분포를 따르는 확률변수는 항상 양(+)의 값을 갖는다.

② 분포의 모양이 자유도에 따라 달라진다.

③ 분포의 모양이 항상 좌우대칭이다.

④ 자유도가 커지면 정규분포에 근접한다.

⑤ 두 개 표본분산이 사용되기 때문에 두 개 표본의 자유도가 있다.

해설 ③ F-분포의 모양은 주로 비대칭이며 자유도가 커지면 좌우대칭에 가까워진다. 두 표본의 분산의 차이를 비교할 때 주로 사용하는 분포로 양(+)의 값만 존재한다.

정답 33.② 34.④ 35.③

학습 plus

자유도(degree of freedom)

- 일반적으로 '독립적인 행위 차원의 수'를 말하며, 통계에서의 자유도는 주어진 조건하에서 '자유롭게 변할 수 있는 점수나 변수의 수' '편차의 합이 0이면서 어떤 값이라도 가질 수 있는 사례의 수'를 말한다.
- F-검정에서의 자유도는 두 개 이상의 그룹 간의 분산 차이를 비교하는 데 사용되는 통계적 방법이다. 이때 자유도는 해당 통계량의 분모와 분자에서 각각 사용되는 샘플의 수를 나타낸다.
- 자유도가 높을수록 통계적 추정이나 검정이 더 정확해질 수 있다.

36. 다음 내용이 모두 해당되는 연구방법은?

- 한 개인이 삶에서 경험한 것을 과거, 현재, 미래라는 시간적 흐름에 따라 전개한다.
- 주요 자료는 연대기적 형식의 일련의 사건(또는 행동)에 대한 음성 또는 문서 텍스트이다.
- 물리적 공간인 장소가 연구 전체 과정에서 지속적으로 고려되어야 할 요소이다.

① 코호트연구
② 패널연구
③ 내러티브연구
④ 근거이론연구
⑤ 구조방정식모형

해설 내러티브연구에 해당하는 내용이다.

학습 plus

내러티브연구

- 클랜디닌과 코넬리(Clandinin & Connelly, 1990)가 발전시킨 질적연구의 한 방법으로, 음성, 문서 텍스트, 사진, 작품 등의 연구자료를 통해 인간의 총체적 경험을 해석하고 의미를 부여한다. 3차원 공간, 즉 시간성, 공간성, 사회성 안에서 경험에 대한 탐구와 해석을 강조한다.
  - 시간성(temporality): 과거, 현재, 미래의 경험에 대한 연관성을 말한다. 시간이 지남에 따라 사건이 어떻게 전개되는지, 그리고 사건이 개인이나 집단에 미치는 영향을 탐구하는 것을 포함할 수 있다.
  - 공간성(place): 사건이 발생하는 물리적 환경, 경험을 형성하는 설정, 내러티브 내에서 의미를 갖는 상징적 또는 은유적 공간을 포괄한다. 인간의 경험에 영향을 미치는 물리적 공간으로 상황과 환경으로 해석할 수 있다.
  - 사회성(sociality): 사회성은 개인이 사회적 맥락 내에서 자신을 어떻게 위치시키며, 타인과의 관계에서 수행하는 역할, 사회적 요인이 자신의 경험과 내러티브를 형성하는 방식을 분석한다. 즉, 사회적 맥락 속의 상호작용 경험을 의미한다.

정답 36.③

37. 다음 중 연구의 패러다임이 다른 것은?

① 연구결과를 일반화시키지 않음
② 비구조화된 질적 자료의 수집
③ 현상학(phenomenology)적 인식론
④ 특정 현상에 대한 해석이나 의미의 차이 이해
⑤ 대표성을 갖는 크기가 큰 표본의 활용

해설 대표성을 갖는 크기가 큰 표본의 활용(⑤)은 양적연구의 특징이며 ①, ②, ③, ④는 질적연구의 특징이다.

양적연구 vs 질적연구

양적연구방법	질적연구방법
• 사회현상의 사실이나 원인탐구, 논리추구, 실증주의적 입장	• 인간의 형태를 이해하는 현상학적인 입장
• 어떤 현상은 안정적이다.	• 어떤 현상은 항상 변화한다.
• 통제된 측정을 실시한다.	• 비통제적 관찰을 한다.
• 연역적 연구방법의 특징을 가진다.	• 귀납적 연구방법의 특징을 가진다.
• 객관적이며 일반화가 가능하다.	• 주관적이며 일반화시킬 수 없다.
• 대규모 표본을 추출, 분석을 시행한다.	• 소규모 표본으로 분석을 시행한다.
• 현상에 대한 원리와 결과를 추구한다.	• 현상에 대한 이해는 추구하나 인과관계는 명확하지 않다.
• 설문지 조사연구, 실험설계 연구 등이 있다.	• 관찰법, 면접법을 활용한 사례연구나 문화기술지 연구 등이 있다.

38. 척도에 관한 설명으로 옳지 않은 것은?

① 섭씨온도는 등간(interval)척도의 예이다.
② 20℃는 10℃보다 두 배 뜨겁다고 할 수 있다.
③ 비율(ratio)척도는 절대영점을 가지고 있다.
④ 하나의 특성을 여러 가지 척도로 측정할 수 있다.
⑤ 등간(interval)척도와 비율(ratio)척도로 측정된 변수들은 모두 회귀분석의 종속변수로 사용할 수 있다.

해설 ② 섭씨온도는 등간척도로 절대영점이 없다. 절대영점이 없다는 것은 절대적 기준점이 없다는 것으로 20℃는 10℃보다 두 배 뜨겁다고 할 수 없다.
척도에는 명목척도, 서열척도, 등간척도, 비율척도가 있으며 등간척도와 비율척도는 양적변수이다. 회귀분석의 조건과 가정에서 종속변수는 양적변수여야 하며, 정규분포 가정을 충족하여야 한다.

정답 37.⑤ 38.②

39. 가설에 관한 설명으로 옳은 것을 모두 고른 것은?

ㄱ. 가설은 변수 간의 관계에 대한 잠정적인 진술이다.
ㄴ. 연구가설은 연구자가 주장하려는 가설이다.
ㄷ. 대립가설은 상호 대립하는 요소를 지닌 모순적 진술이다.
ㄹ. 영가설은 통계적 검정의 대상이 되는 가설이다.

① ㄱ, ㄷ ② ㄴ, ㄹ ③ ㄱ, ㄴ, ㄹ
④ ㄱ, ㄷ, ㄹ ⑤ ㄴ, ㄷ, ㄹ

해설 ㄱ, ㄴ, ㄹ은 옳은 설명이다.
ㄷ. 대립가설(alternative hypothesis): 연구가설이라고도 하며, 연구자가 새롭게 주장하려는 가설이다. 통계량 간의 차이나 관계가 표집오차에 의한 우연적인 것이 아니라 모수 간의 유의미한 차이나 관계에 의한 것이라고 주장하는 가설이다.

40. 표집방법과 그 방법이 속한 유형이 바르게 연결된 것은?

① 할당(quota)표집－확률표집 ② 군집(cluster)표집－비확률표집
③ 편의(convenience)표집－확률표집 ④ 판단(judgement)표집－비확률표집
⑤ 층화(stratified)표집－비확률표집

해설 ④ 판단표집은 의도적 표집, 유의표집이라고도 하며 비확률표집에 해당한다.
① 할당(quota)표집 – 비확률표집
② 군집(cluster)표집 – 확률표집
③ 편의(convenience)표집 – 비확률표집
⑤ 층화(stratified)표집 – 확률표집
표집방법에는 확률표집과 비확률표집이 있다.
- 확률표집: 군집표집, 층화표집, 계통표집, 단계적 표집, 단순무선표집, 체계적 표집
- 비확률표집: 눈덩이표집, 의도적(판단) 표집, 편의표집, 할당표집

41. 사후비교검정 방법으로 바르게 묶인 것은?

① Tukey 검정, Kolmogorov 검정 ② Scheffé 검정, Box의 M 검정
③ Tukey 검정, Scheffé 검정 ④ Kolmogorov 검정, Scheffé 검정
⑤ Box의 M 검정, Duncan 검정

해설 사후비교검정 방법에는 Fisher 검정, Duncan 검정, Student-Newman-Keuhls(S-N-K) 검정, Tukey 검정, Scheffé 검정, Bonferroni 검정이 있다.

정답 39.③ 40.④ 41.③

학습 plus

사후비교(post-hoc comparison)

분산분석을 통하여 N(N≥3)개 집단의 평균이 통계적으로 유의미한 차이가 있음을 확인한 후, 구체적으로 어떤 두 집단 간의 차이가 통계적으로 유의미한 차이가 있는지 상호 비교하는 것을 '사후비교(post-hoc comparison)'라고 한다.

42. 다음 분산분석(ANOVA) 결과에 관한 설명으로 옳지 않은 것은?

변동요인	제곱 합	자유도	평균제곱	F	유의 확률
집단 간	60	3	20	(A)	0.000
집단 내	27	27	1		
합계	87	30			

① A는 20이다.

② 영가설은 $H_0 : \mu_1 = \mu_2 = \mu_3$이다.

③ 분석에 사용된 사례의 수는 31개이다.

④ 분석에 사용된 집단의 수는 4개이다.

⑤ 분석결과, 유의수준 0.05에서 영가설은 기각한다.

해설 ② 4개의 집단(자유도=3)이 분석에 사용되었으므로 $H_0 : \mu_1 = \mu_2 = \mu_3 = \mu_4$이다.

① F=집단 간 변량/집단 내변량=20/1=20, 그러므로 A는 20이다.

③ 집단 내 자유도=전체사례(표본)의 수-집단의 수=27, x-4=27, x=31. 분석에 사용된 전체 사례 수는 31개다.

④ 집단 간 자유도=집단의 수-1. 여기서 집단 간 자유도는 3, 그러므로 분석에 사용된 집단의 수는 4개다.

⑤ 유의확률이 0.000으로 유의수준 0.05보다 작으므로 통계적으로 유의하다. 분석결과, 유의수준 0.05에서 영가설은 기각한다.

유의확률(p값)<유의수준(α): H_0 기각
유의확률(p값)≥유의수준(α): H_0 채택

43. 과학적 연구의 특성으로 옳지 않은 것은?

① 객관성을 추구하여야 한다.

② 타당한 근거를 통해 결론에 대한 증거자료를 확보해야 한다.

③ 조건과 과정이 같으면 동일한 결론을 얻어야 한다.

④ 기존에 확립된 이론은 수정되지 않아야 한다.

⑤ 자료는 합리적이고 체계적인 방법을 통해 수집한 것이어야 한다.

정답 42.② 43.④

해설 과학적 연구는 기존에 확립된 이론이 잘못된 경우, 언제든지 비판하고 수정할 수 있는 수정 가능성의 특성을 가진다. 과학적 연구의 특성에는 객관성, 체계성, 일반화 가능성, 검정 가능성, 수정 가능성, 체계성, 경험성, 간주관성(상호주관성) 등이 있다.

44. 다음 값들 중에서 모집단의 평균을 추정하기 위한 표본의 크기를 계산할 때 필요한 값을 모두 고른 것은?

ㄱ. 모집단의 표준편차(또는 추정치)	ㄴ. 신뢰수준에 따른 Z통계값
ㄷ. 허용오차	

① ㄱ
② ㄱ, ㄴ
③ ㄱ, ㄷ
④ ㄴ, ㄷ
⑤ ㄱ, ㄴ, ㄷ

해설 **표본크기의 결정공식**

$$n = \left(\frac{Z \times \sigma}{e}\right)^2 = \left(\frac{(\text{정규분포의 Z값}) \times (\text{모집단의 표준편차})}{\text{허용오차}}\right)^2$$

(n: 표본의 크기, Z: 정규분포의 Z값, σ: 모표준편차, e: 허용오차)

45. 단순선형회귀분석에서 선형관계로 설명되지 않는 변동(SSE: sum of squares error)이 총 변동(SST: sum of squares total)에서 차지하는 비중이 $\frac{1}{4}$이라면 결정계수 R^2의 값은?

① $\frac{1}{16}$
② $\frac{1}{4}$
③ $\frac{7}{16}$
④ $\frac{9}{16}$
⑤ $\frac{3}{4}$

해설 결정계수 $R^2 = 1 - \frac{SSE}{SST} = 1 - \frac{1}{4} = \frac{3}{4}$

정답 44.⑤ 45.⑤

46. 가설검정에 관한 설명으로 옳지 않은 것은?

① 1종 오류는 영가설이 참임에도 불구하고 이를 기각하는 오류이다.
② 2종 오류는 영가설이 거짓임에도 불구하고 이를 채택하는 오류이다.
③ 일반적으로 1종 오류보다 2종 오류를 더 심각한 오류로 간주한다.
④ 영가설이 참이 아닐 때 이를 기각함으로써 올바른 결정을 내릴 가능성의 정도를 통계적 검정력이라고 한다.
⑤ 일반적으로 1종 오류의 확률이 작아질수록 2종 오류의 확률은 커지고 통계적 검정력은 작아진다.

해설 ③ 일반적으로 2종 오류보다 1종 오류를 더 심각한 오류로 간주한다.

가설검정의 오류

- 1종 오류: 알파오류(α error)라고도 하며, 영가설이 참인데 영가설이 틀렸다고 기각하는 오류로 2종 오류보다 더 심각한 오류이다.
- 2종 오류: 베타 오류(β error)라고도 하며, 영가설이 거짓인데 옳다고 채택하는 오류이다.
  - H_0를 기각하는 그릇된 결정을 할 확률: α(유의수준)
  - H_0를 채택하는 옳은 결정을 할 확률: $1-\alpha$
  - H_0를 채택하는 그릇된 결정을 할 확률: β
  - H_0를 기각하는 옳은 결정을 할 확률(통계적 검정력): $1-\beta$

학습 plus

1종 오류와 2종 오류의 예시

한 제약회사가 혈압을 낮추기 위해 고안된 신약을 시험하고 있다고 상상해 보자.
귀무가설(H_0)은 '약이 혈압에 영향을 미치지 않는다'이다.
반대가설(H_1)은 '약이 효과가 있다'는 것이다.

- 제1종 오류: 실제로는 그렇지 않은데 연구자들이 이 약이 혈압을 상당히 낮춘다고 결론을 내린다면, 이것은 제1종 오류이다. 의사들은 이 결론을 바탕으로 광범위하게 약을 처방하기 시작할 수 있으며, 이는 환자들에게 불필요한 약을 투여하게 되고, 실제 이득 없이 부작용이나 비용에 노출될 가능성이 있다.
- 제2종 오류: 그 약이 실제로 혈압을 낮추는데, 실제로 그 약이 혈압을 낮추는 것을 연구자들이 감지하지 못한다면 발생한다. 이것은 그 약이 효과적일 수도 있다는 것을 의미하지만, 그 연구는 그것의 효과를 보여주는 데 실패한다. 결과적으로 그 약으로부터 이익을 얻을 수 있는 환자들은 그것을 받지 못할 수도 있고, 잠재적으로 도움이 되는 치료법을 놓치게 된다.

이 경우 두 오류 모두가 의미를 갖지만, 1종 오류(약물이 효과가 없을 때 효과가 있다고 주장함)는 예상되는 이점을 제공하지 않는 약물의 광범위한 사용으로 이어질 수 있으며, 잠재적으로 위해 및 불필요한 비용을 유발할 수 있으며, 이러한 맥락에서 더욱 심각한 문제를 야기할 수 있다.

정답 46.③

47. **구성개념(construct) 타당도에 해당하는 것들로 바르게 묶인 것은?**

① 내용(content) 타당도, 예측(predictive) 타당도
② 수렴(convergent) 타당도, 동시(concurrent) 타당도
③ 예측(predictive) 타당도, 판별(discriminant) 타당도
④ 동시(concurrent) 타당도, 내용(content) 타당도
⑤ 수렴(convergent) 타당도, 판별(discriminant) 타당도

해설 구성개념 타당도(또는 구인 타당도)에는 이해 타당도, 판별 타당도, 수렴 타당도가 있다. 예측 타당도와 동시 타당도는 준거 타당도에 해당한다.

- 구성개념 타당도: 연구자가 측정하고자 하는 조작적 정의로 규명한 심리적 구인을 실제 측정도구에 의해 제대로 측정하였는지의 정도를 말한다.
- 준거 관련 타당도: 검사점수가 얼마나 정확하게 준거 수행을 예측하는가의 정도를 말한다.

48. **Cronbach의 α계수는 다음 중 어떤 종류의 신뢰도를 평가하는 것인가?**

① 문항 내적 일관성(internal consistency) 신뢰도
② 재검사(test-retest) 신뢰도
③ 동형 검사(parallel form) 신뢰도
④ 반분(split-half) 신뢰도
⑤ 유사 검사(alternate form) 신뢰도

해설 크론바흐 알파(Cronbach's α)로는 문항 내적 일관성(internal consistency) 신뢰도를 평가한다. Cronbach's α의 값이 1.0에 가까운 경우 측정의 신뢰도가 충분히 높다고 주장한다.
문항 내적 일관성 신뢰도에는 KR-20(Kuder-Richardson 20), KR-21(Kuder-Richardson 21), 호이트(Hoyt) 신뢰도, 크론바흐 알파(Cronbach's α) 계수가 있다.

49. **실험 설계에서 내적 타당도를 저해하는 요인에 해당하지 않는 것은?**

① 역사적 사건(history)
② 성숙효과(maturation)
③ 주 효과(main effect)
④ 선발 편향(selection bias)
⑤ 통계적 회귀(statistical regression)

해설 주 효과(main effect)는 각각의 독립변수가 종속변수에 미치는 영향을 말하며, 이는 내적 타당도를 저해하는 요인에 해당하지 않는다.
내적 타당도 저해요인은 역사요인(외부사건), 성숙효과(성장요인), 선발요인, 검사요인, 도구요인(측정도구의 변화), 통계적 회귀(평균으로의 수렴), 상실요인(실험대상의 탈락), 처치의 확산(모방효과), 인과적 시간과 순서요인 등이 있다.

정답 47.⑤ 48.① 49.③

50. 관찰 시점이 관찰 대상의 행동이 일어나는 시점과 일치하는지 여부를 기준으로 관찰법을 분류한 것은?

① 자연적(natural setting) 관찰과 인위적(contrived setting) 관찰

② 공개적(undisguised) 관찰과 비공개적(disguised) 관찰

③ 체계적(structured) 관찰과 비체계적(unstructured) 관찰

④ 직접(direct) 관찰과 간접(indirect) 관찰

⑤ 인적(human) 관찰과 기계적(mechanical) 관찰

해설 ④ 관찰 시점과 관찰 대상의 행동발생 시점의 일치 여부에 따라 직접관찰과 간접관찰로 나뉜다. 직접관찰은 두 시기가 일치하는 것으로 일방경을 통해 관찰하는 것을 예로 들 수 있다. 간접관찰은 두 시기가 불일치하는 것으로 비디오 분석이 그 예이다.

① 자연적 관찰과 인위적 관찰은 관찰 상황의 인위적 조작 여부에 따른 분류이다.

② 공개적 관찰과 비공개적 관찰은 관찰대상이나 환경의 공개 여부에 따른 분류이다.

③ 체계적 관찰과 비체계적 관찰은 관찰조건의 표준화 여부에 따른 분류이다.

⑤ 인적 관찰과 기계적 관찰은 사람이 직접 관찰하는가, 기계를 사용하는가에 따른 분류이다.

학습 plus

관찰연구의 종류

- 연구 참여 여부: 연구자가 관찰 상황에 참여하는지 여부에 따라 참여관찰과 비참여 관찰로 나뉜다.
- 관찰의 통제 여부: 관찰의 통제 여부에 따라 통제관찰, 비통제관찰로 나뉜다.
- 관찰 상황의 인위적 조작 여부: 관찰이 일어나는 상황에 따라 자연적 관찰, 인위적 관찰로 나뉜다.
- 관찰 시기와 행동발생 시기의 일치 여부: 직접관찰은 두 시기가 일치하는 것으로 일방경을 통해 관찰하는 것을 예로 들 수 있다. 간접관찰은 두 시기가 불일치하는 것으로 비디오 분석이 그 예이다.
- 관찰 대상이나 환경의 공개 여부: 관찰하고 있다는 것을 관찰 대상이 알고 있는 것은 공개적 관찰, 모르고 있는 것은 비공개적 관찰이다.

정답 50.④

◆ 상담연구방법론의 기초

제2과목 필수 2020년 기출문제 및 해설

26. 양적연구에 관한 설명으로 옳지 않은 것은?

① 인과관계와 관련하여 원인과 결과를 분석하는 것이 가능하다.
② 내부자적 관점을 중시하며, 현상학적 전통을 따른다.
③ 자료를 수집하기 전에 구체적인 연구가설을 설정한다.
④ 일반적 법칙 발견과 연구결과의 일반화를 시도한다.
⑤ 많은 수의 표본을 필요로 하며 확률적 표집방법을 사용한다.

해설 ② 내부자적 관점을 중시하며, 현상학적 전통을 따르는 것은 질적연구에 대한 설명이다.

27. 표집방법 중 확률표집에 해당하는 것은?

① 층화표집(stratified sampling)
② 편의표집(convenience sampling)
③ 할당표집(quota sampling)
④ 유의표집(purposive sampling)
⑤ 눈덩이표집(snowball sampling)

해설

확률표집	비확률표집
• 단순무작위표집 • 층화표집(유층표집) • 집락표집 • 행렬표집 • 계통적 표집(체계적 표집, 계층적 표집)	• 눈덩이(누적)표집 • 유의(판단)표집 • 편의(임의)표집 • 할당표집

28. 타당도를 높일 수 있는 방법에 관한 설명으로 옳은 것을 모두 고른 것은?

ㄱ. 측정대상(구성개념/변수)에 대한 명료한 정의
ㄴ. 측정대상의 배경이 되는 현상에 대한 충분한 이해
ㄷ. 기존 관련 연구에서 사용되어 타당성을 인정받은 측정도구(방법)의 사용
ㄹ. 측정대상과 이를 측정하는 문항들 간의 상호 상관관계가 낮은 문항 제거

① ㄱ, ㄴ　② ㄴ, ㄷ　③ ㄱ, ㄷ, ㄹ　④ ㄴ, ㄷ, ㄹ　⑤ ㄱ, ㄴ, ㄷ, ㄹ

정답 26.② 27.① 28.⑤

해설 모두 옳은 내용이다.

	저해요인	높이는 방법
내적 타당도	성숙, 역사요인, 선발요인, 피험자상실요인, 통계적 회귀요인, 검사요인, 도구요인(측정도구의 변동 등), 모방, 인과관계 방향의 모호성, 선발의 편향성 등	통제집단 설정[무작위 할당, 짝짓기(matching) 등], 통계적 통제(통제대상 변수를 독립변수로 간주해 설계에 포함)
외적 타당도	연구표본의 대표성, 실험에 대한 반응성(호손효과, 플라시보효과 등), 실험환경과 절차의 영향 등	조사 대상자가 대표성을 갖도록 하고, 개입을 명료화, 절차를 동일하게 진행

29. **사전-사후 검사 통제집단 설계에 관한 설명으로 옳지 않은 것은?**

① 사전검사를 활용하여 연구 참여 지원자의 참여 여부를 결정할 수 있다.

② 두 집단에 피험자를 무선 할당한다.

③ 두 집단 모두 사전-사후 검사를 받는다.

④ 두 집단 모두 처치를 받는다.

⑤ 사전검사를 공변량으로 사용함으로써 개인 간의 오차 변량을 조정할 수 있다.

해설 ④ 실험집단에만 처치를 한다. 사전-사후 검사 통제집단 설계는 연구대상을 실험집단과 통제집단에 무작위로 배치하고 양 집단에 사전검사를 실시한다. 그 다음 실험집단에 실험처치를 한 후, 다시 양 집단에 사후검사를 실시하고 사전, 사후검사의 결과의 차이를 비교한다.

학습 plus

사전-사후 검사 통제집단 설계(pretest-posttest control group design)

R O_1 X O_2 (실험집단)

R O_3 O_4 (통제집단)

$E=(O_2-O_1)-(O_4-O_3)$

- R(random): 통제집단과 실험집단 설정
- O(observation): 사후검사의 관찰, 종속변수 측정
- X(experiment): 실험 대상에 대한 처치가 부여된 것을 의미, 개입, 독립변수
- E(effect): 실험조치의 효과

30. **실험실 실험연구에 관한 설명으로 옳지 않은 것은?**

① 가외변인에는 표본의 편중, 시험효과, 모방효과 등이 있다.

② 상담학연구의 실험실 실험연구에는 모의상담이 해당된다.

③ 종속변인에 영향을 미치는 처치변인 외에 가외변인에 대한 통제가 중요하다.

④ 처치 · 자극 · 환경 조건을 인위적으로 조작(통제)하여 종속변인이 어떤 변화를 보이는지를 분석한다.

⑤ 현장 실험연구에 비해 외적 타당도가 높은 편이다.

정답 29.④ 30.⑤

해설 ⑤ 실험실 실험연구는 현장 실험연구에 비해 외적 타당도가 낮은 편이다.

겔소(Gelso)의 연구설계 타당도

실험실 실험연구	내적 타당도↑, 외적 타당도↓
현장 기술(상관)연구	내적 타당도↓, 외적 타당도↑
현장 실험연구	내적 타당도↑, 외적 타당도↑
실험실 기술(상관)연구	내적 타당도↓, 외적 타당도↓

31. 실험연구의 타당도에 관한 설명으로 옳은 것을 모두 고른 것은?

ㄱ. 외적 타당도는 실험 결과를 다른 대상이나 상황에 적용할 수 있는 정도를 말한다.
ㄴ. 실험기간 동안 우연히 발생한 외부적 사건이 실험결과에 영향을 주는 역사적 요인은 외적 타당도 저해요인이다.
ㄷ. 내적 타당도를 높이기 위해 무선 할당한다.
ㄹ. 측정도구의 변동은 내적 타당도 저해요인이다.

① ㄱ, ㄷ　② ㄴ, ㄹ　③ ㄱ, ㄴ, ㄷ
④ ㄱ, ㄷ, ㄹ　⑤ ㄱ, ㄴ, ㄷ, ㄹ

해설 ㄴ. 실험기간 동안 우연히 발생한 외부적 사건이 실험결과에 영향을 주는 역사적 요인은 내적 타당도의 저해요인 중 하나이다.

32. 조사연구의 진행 순서를 바르게 나열한 것은?

① 문제제기-조사설계-자료수집-자료분석-결과해석 및 보고
② 문제제기-자료수집-조사설계-자료분석-결과해석 및 보고
③ 자료수집-조사설계-문제제기-자료분석-결과해석 및 보고
④ 자료수집-조사설계-자료분석-문제제기-결과해석 및 보고
⑤ 조사설계-자료수집-자료분석-문제제기-결과해석 및 보고

해설 조사연구의 단계별 과정은 '문제제기(연구주제 선정, 가설의 구성 및 조직화) ⇨ 조사설계 ⇨ 자료수집 ⇨ 자료분석 ⇨ 결과해석 및 보고서 작성'의 순서로 진행된다.

33. 구조방정식 모형의 절대적합도 지수(absolute fit index)만으로 묶인 것은?

① TLI, RMSEA　② TLI, CFI　③ GFI, CFI
④ GFI, TLI　⑤ GFI, RMSEA

정답 31.④ 32.① 33.⑤

해설 구조방정식 모형의 주요 모델적합도 지수에는 절대적합도 지수, 증분적합도 지수, 간명적합도 지수가 있다. 절대적합도 지수는 모형의 전반적인 적합도를 평가하는 지수로 χ^2, GFI, RMR, RMSEA 등이 있다.

학습 plus

구조방정식 모델적합도 평가지수의 종류

- 절대적합지수(absolute fit index): χ^2, GFI, RMR, RMSEA
- 증분적합지수(incremental fit index): NFI, TLI, CFI
- 간명적합지수(parsimonious fit index): PGFI, PNFI, AIC

34. 표본크기에 관한 설명으로 옳지 않은 것은?

① 모집단 구성원 특성이 다양할수록 표본의 수는 커져야 한다.
② 추정치 정확도의 정도, 시간과 비용의 제한 등을 고려해야 한다.
③ 표본 수가 줄어들수록 모집단에 대한 추정의 정확성이 높아지게 된다.
④ 신뢰구간 접근법은 모집단의 분산이 알려져 있을 경우 표본크기 산정에 사용할 수 있다.
⑤ 모집단의 분산이 알려져 있지 않은 경우 가설검증 방법을 사용하여 모집단의 표준편차를 추정해 표본의 크기를 결정할 수 있다.

해설 ③ 표본 수가 적으면 모집단에 대한 추정의 정확성이 낮아진다. 즉, 표본 수가 커질수록 모집단에 대한 추정의 정확성이 높아지게 된다.

35. 조사연구(survey research)의 일반적 특징으로 옳은 것을 모두 고른 것은?

ㄱ. 응답표본의 대표성이 보장될 경우 연구결과의 일반화 가능성이 높다.
ㄴ. 특수한 개별 사례를 여러 측면에서 심층적으로 연구할 수 있다.
ㄷ. 질문지조사의 경우 구조화된 설문지를 사용하여 자료수집이 용이하다.
ㄹ. 모집단을 대표할 수 있는 일부 대상을 뽑아서 표본조사를 많이 한다.
ㅁ. 대인면접조사의 경우 조사자/응답자 간 상호작용이 응답에 영향을 미칠 수 있다.

① ㄱ, ㄷ
② ㄱ, ㄷ, ㄹ
③ ㄴ, ㄹ, ㅁ
④ ㄱ, ㄷ, ㄹ, ㅁ
⑤ ㄱ, ㄴ, ㄷ, ㄹ, ㅁ

해설 ㄴ. 특수한 개별사례를 여러 측면에서 심측적으로 연구하기 위해서는 질적연구가 활용된다. 조사연구는 양적연구의 하나로 모집단에서 표본을 뽑아 질문지나 면접 등을 통해 자료를 수집하고 통계적 분석을 통해 결과를 도출한다. 조사연구는 대규모 모집단의 특성을 효율적으로 파악할 수 있는 강점이 있다.

정답 34.③ 35.④

학습 plus

조사연구(survey research)의 분류

- 연구 목적에 따른 분류: 사실발견을 위한 조사, 가설검증을 위한 조사, 규준작성을 위한 조사 등
- 수집방법에 따른 분류: 질문지조사(설문지조사), 면접조사, 전화조사, 우편조사, 인터넷조사, 이메일조사 등
- 내용에 따른 분류: 사회조사, 여론조사, 학교조사 등

36. 다음 ( )에 들어갈 단어들로 바르게 나열한 것은?

(㉠)오차는 모집단에서 추출한 표본의 특성이 모집단의 특성과 일치하지 않아서 통계치와 모수 간에 생기는 것으로 일반적으로 (㉠)오차는 표본의 크기가 (㉡), 또한 모집단이 (㉢) 일수록 줄어든다.

① ㉠ 표집, ㉡ 작을수록, ㉢ 동질적
② ㉠ 표집, ㉡ 클수록, ㉢ 이질적
③ ㉠ 표집, ㉡ 클수록, ㉢ 동질적
④ ㉠ 비표집, ㉡ 클수록, ㉢ 동질적
⑤ ㉠ 비표집, ㉡ 작을수록, ㉢ 이질적

해설 표집오차(sampling error=표본오차)는 표집 과정에서 발생하는 오차로 모집단의 특성의 실제값과 모집단에서 추출한 표본으로부터 추정된 값의 차이를 말한다. 표집오차에 영향을 주는 요인은 표본의 크기, 신뢰구간, 모집단의 동질성 등이다. 표집오차는 표본의 크기가 클수록 또는 모집단이 동질적일수록 줄어든다.

37. Scheffé 검정에 관한 설명으로 옳은 것을 모두 고른 것은?

ㄱ. 처치집단의 사례가 다를 경우에도 사용할 수 있다.
ㄴ. 사후비교 방법 중 하나로 가장 융통성 있고, 제1종 오류에도 강한 검증법이다.
ㄷ. 정규성과 등분산성을 충족하지 않더라도 큰 영향을 받지 않는다.
ㄹ. 단순쌍별 비교(pairwise comparison)에는 사용할 수 있지만 복합쌍별 비교(compound comparison)에는 사용할 수 없다.

① ㄱ
② ㄴ, ㄹ
③ ㄱ, ㄴ, ㄷ
④ ㄴ, ㄷ, ㄹ
⑤ ㄱ, ㄴ, ㄷ, ㄹ

해설 ㄹ. Scheffé 검정은 단순쌍별 비교와 복합쌍별 비교에 모두 사용할 수 있다.

학습 plus

Scheffé 검정법

- 분산분석의 사후검정에서 등분산이 가정되었을 때 Scheffé, Tukey, Duncan을 사용한다. 변인의 수가 비슷할 때는 Duncan과 Tukey를 사용하고 변인의 수가 일정하지 않을 때 Scheffé를 사용한다.
- Scheffé 검정은 단순쌍별 비교와 복합쌍별 비교 모두 가능하고, 검증력이 가장 엄격하여 1종 오류가 일어날 확률은 낮지만, 2종 오류가 일어날 확률이 높다.

정답 36.③ 37.③

38. 척도에 관한 설명으로 옳지 않은 것은?

① 명목척도에는 성별, 전화번호 등이 있다.
② 서열척도는 순위에 대한 정보를 포함하고 있다.
③ 등간척도를 이용하여 평균값, 표준편차, 상관계수를 구할 수 있다.
④ 서스톤 척도는 척도들 간의 간격이 동일하다 하여 등간격척도라고도 한다.
⑤ 거트만 척도는 인종적 편견의 강도를 측정하기 위해 고안한 것으로 사회적 거리척도라고도 한다.

해설 ⑤ 인종적 편견의 강도를 측정하기 위해 고안한 것은 보가더스(Bogardus)의 사회적 거리척도이다. 거트만 척도는 척도도식법 또는 누적척도법이라고도 하는데, 태도를 측정하기 위해 고안되었으며, 문항들은 단일 차원성을 만족해야 하고, 강도에 따라 서열화된다.

39. 상담연구 주제 탐구에 해당하는 질문으로 옳은 것을 모두 고른 것은?

ㄱ. 상담기법 A, B, C 중 어느 것이 상담과정에 영향을 미치는 변인인가?
ㄴ. 두 가지 상담기법 간에 우울 감소 효과의 차이가 있는가?
ㄷ. 우울을 설명하는 이론적 모형에 근거한 가설이 무엇인가?
ㄹ. 우울을 설명하는 변인 중에 매개변인은 무엇인가?

① ㄱ, ㄴ ② ㄴ, ㄷ ③ ㄱ, ㄹ
④ ㄴ, ㄷ, ㄹ ⑤ ㄱ, ㄴ, ㄷ, ㄹ

해설 모두 옳은 내용이다. 상담연구 주제는 상담의 과정, 상담의 효과성, 상담 내용 분석, 매개 또는 조절변인 등 다양한 내용이 포함될 수 있다.

40. 양적연구 패러다임에 속한 것을 모두 고른 것은?

ㄱ. 담화분석(conversation analysis)
ㄴ. 판별분석(discriminant analysis)
ㄷ. 메타분석(mata-analysis)
ㄹ. 준실험설계(quasi-experimental design)
ㅁ. 단일대상연구(single-subject design)

① ㄱ, ㅁ ② ㄴ, ㄷ, ㄹ ③ ㄱ, ㄴ, ㄷ, ㄹ
④ ㄴ, ㄷ, ㄹ, ㅁ ⑤ ㄱ, ㄴ, ㄷ, ㄹ, ㅁ

해설 ㄱ. 담화분석(conversation analysis)은 질적연구 패러다임에 해당하며 대화를 분석함으로써 화자의 숨은 의도를 드러내는 기법이다.

정답 38.⑤ 39.⑤ 40.④

41. 과학으로서의 상담학에 관한 설명으로 옳은 것을 모두 고른 것은?

ㄱ. 경험적 검증 가능성을 강조한다.
ㄴ. 조사, 실험, 관찰 등을 통해 과학적 증거를 수집한다.
ㄷ. 합리적, 체계적 분석을 통해 얻게 된 연구결과는 반복 검증하지 않는다.
ㄹ. 연구과정에서 과학적 증거를 수집할 때 합리적, 체계적 방법을 사용한다.
ㅁ. 연구과정에서 수집한 다양한 자료를 과학적 방법을 적용해서 분석한다.

① ㄱ, ㄹ
② ㄴ, ㄷ, ㅁ
③ ㄱ, ㄴ, ㄹ, ㅁ
④ ㄴ, ㄷ, ㄹ, ㅁ
⑤ ㄱ, ㄴ, ㄷ, ㄹ, ㅁ

해설 ㄷ. 합리적, 체계적 분석을 통해 얻게 된 연구결과도 반복검증을 해야 한다. 연구 결과의 타당성을 확인하기 위해 다른 연구자들이나 독립적인 연구 조건에서 실험을 반복하고, 결과를 확인하는 과정이 필요하다.

과학적 연구의 특징

- 경험성(실증성): 현실세계에 대한 직접적이거나 간접적인 방법을 통해 관찰되고 수집된 자료를 사용한다. 실험, 조사, 관찰 또는 인터뷰 등을 통해 자료를 수집하는 것을 포함한다.
- 재생 가능성: 표준화된 방법을 사용했을 때 누구나 같은 결과를 얻을 수 있는 가능성을 말한다. 절차에 관한 가능성을 입증 가능성 또는 타당성이라고 하며, 산출 가능성 또는 신뢰성이라고 한다.
- 간주관성(상호주관성): 서로 다른 동기를 가지고 연구하더라도 동일한 방법과 동일한 과정을 통해 검증한다면 동일한 결론에 도달할 수 있어야 한다. 연구과정과 결과가 다른 연구자들에게도 이해되어야 한다.
- 수정 가능성(변화 가능성): 기존의 이론, 신념, 연구결과는 새로운 검증을 통해 언제든지 비판, 수정 가능하다.
- 객관성: 표준화된 도구와 절차 등을 통해 증거에 기초한 결과를 나타내야 한다.
- 체계성: 연구내용의 전개과정이나 조사과정이 잘 정의된 계획이나 연구설계를 따라 체계적 방식으로 진행되어야 한다.
- 논리성: 사건 간의 연결이 객관적 사실에 근거해야 하며, 논리성을 유지하는 방법에는 연역적 추론과 귀납적 추론이 있다.
- 통제설: 실험 연구에서 독립변수가 종속변수에 미치는 영향에 왜곡을 일으키는 변수를 제거해야 한다.
- 일반화: 과학 연구는 특정 연구 표본 또는 맥락을 넘어 더 많은 인구에 적용되거나 여러 현상을 설명할 수 있는 일반적 원리를 추구해야 한다.
- 구체성: 연구개념을 구체적으로 정의해야 한다. 개념의 조작화를 의미한다.
- 간결성: 최소한의 설명변수만을 사용하여 가능한 최대의 설명력을 얻어 내야 한다. 다만 간결성이 높아지면 설명력이 낮아지고, 설명력이 높아지면 간결성이 떨어진다.

정답 41.③

42. 연구논문 작성에 관한 설명 중 일반적으로 옳은 것을 모두 고른 것은?

ㄱ. "연구방법"에는 연구대상, 자료 수집방법, 도구, 분석법을 서술한다.
ㄴ. "초록"에는 연구목적과 연구결과만 요약해서 제시한다.
ㄷ. 기존 연구의 분석결과표를 "연구결과"에 제시한다.
ㄹ. 질적연구의 결과를 표, 그림으로 제시할 수 있다.

① ㄱ, ㄴ ② ㄱ, ㄹ ③ ㄴ, ㄹ
④ ㄱ, ㄷ, ㄹ ⑤ ㄱ, ㄴ, ㄷ, ㄹ

해설 ㄴ. 초록은 논문 전체를 한번에 훑어 볼 수 있는 요약이며 논문의 핵심을 짧은 시간에 효과적으로 전달할 수 있어야 한다. 일반적으로 논문의 배경, 목적, 방법론, 결과, 결론이 포함되어야 한다.
ㄷ. 기존 연구의 분석결과표는 '선행연구 및 이론적 배경' 부분에 제시한다.

43. 상담연구에서 연구주제 탐색 및 선정 방법으로 옳지 않은 것은?

① 기존 연구에서 이미 분석한 자료를 다시 사용하는 것은 모두 표절이므로 독창적 연구가 될 수 없다.
② 기존 연구의 연구설계에 대해 의문점을 갖고 해당 주제를 다른 연구설계로 탐구한다.
③ 유사한 연구들이 각각의 연구결과를 제시하는데, 이를 통합해서 결과를 도출할 수 있다.
④ 이론적 모형을 검정하기 위해 실증적 자료를 수집해서 분석한다.
⑤ 상담 실무에서 같은 상담기법이지만 내담자 특성에 따라 효과가 다름을 인식하고 연구를 시도한다.

해설 ① 기존 연구에서 이미 분석한 자료를 다시 사용할 때, 출처를 밝히지 않거나 인용 표시를 제대로 하지 않으면 '표절'이 된다.

44. 상담성과 연구에 관한 설명으로 옳지 않은 것은?

① 무처치집단을 설정하고 연구할 때는 윤리적 문제를 고려해야 한다.
② 실험연구는 상담의 성과를 확인할 수 있지만, 조사연구는 확인할 수 없다.
③ 공통요인을 검증하기 위해 다수의 상담자와 그들의 내담자를 표집한다.
④ 작업동맹은 상담성과를 예측하는 변인 중의 하나이다.
⑤ 처치의 결과를 반복측정하고자 할 때 일정 기간을 두고 시점별 동일한 측정도구를 사용한다.

해설 ② 실험연구와 조사연구 모두에서 상담의 성과를 확인할 수 있다.

정답 42.② 43.① 44.②

45. **분산분석(ANOVA)에 관한 가정과 특징으로 옳지 않은 것은?**

① 각 집단의 모집단 분산이 같아야 한다.
② 각 모집단의 분포가 정규분포여야 한다.
③ 분산분석에서의 종속변수는 양적변수여야 한다.
④ 세 집단 이상의 집단 간 차이를 비교할 때 실시한다.
⑤ 종속변수의 수에 따라 일원분산분석, 이원분산분석, 삼원분산분석으로 구분할 수 있다.

해설 ⑤ 종속변수가 아니라 독립변수의 수에 따라 일원분산분석, 이원분산분석, 삼원분산분석으로 구분할 수 있다.

46. **다음은 또래관계 유형에 따른 심리적 특성의 차이를 확인하기 위해 다변량분산분석을 실시한 결과이다. 옳지 않은 것은?**

독립변수	종속변수	Wilks' λ	단계적 F	자유도	유의확률	η^2
또래관계 유형	불안	.23 $p=.000$	55.98	4/298	.000	.43
	우울		18.47	4/297	.000	.40
	외로움		58.30	4/296	.000	.63
	수줍음		5.09	4/295	.001	.42
	충동성		2.82	4/294	.025	.36

① Wilks' λ 값을 보면 또래관계 유형 간 심리적 특성의 차이가 있다.
② 단계적 F 값은 종속변수 간 공변량 효과 검증 전에 값으로 교정을 위한 추가분석이 필요하다.
③ η^2 값이 클수록 각 종속변수에 대한 독립변수의 설명력이 증가한다.
④ 독립변수가 외로움의 총 변화량 63%를 설명한다.
⑤ 또래관계 유형에 따라 불안, 우울, 외로움, 수줍음, 충동성은 통계적으로 유의한 차이($p<.05$)가 있다.

해설 ② 공변량 효과 검정이 포함된 분석에서는 공변량의 효과를 통제한 후 주요 독립 변수의 효과를 평가하는 것이 일반적이므로, 단계적 F 값은 공변량 효과 검정 이후의 값으로 해석될 수 있다.
- 교정과 추가 분석은 공변량의 효과를 통제한 후 종속변수 간의 순수한 차이를 평가하는 것을 의미한다. 즉, 공변량 효과를 통제한 후, 종속변수 간 차이를 검증하기 위해 추가 분석이 필요하다.

정답 45.⑤ 46.②

47. 다음 연구사례에 해당하는 분석방법은?

> 전국 초등학교 4학년 학생 2000명을 표집하여, 6년에 걸쳐 매년 같은 학생을 대상으로 학교폭력 경험 및 관련 변인을 조사하여 개인과 집단의 변화추이와 관련 요인의 영향을 분석하고자 한다.

① 경로분석
② 횡단적 경향분석
③ 중다회귀분석
④ 잠재성장모형
⑤ 계층적 군집분석

해설 잠재성장모형은 어떤 변수의 변화를 시간이 지남에 따라 반복 측정하는 종단적 연구방법을 말한다. 이 사례에서 초등학교 4학년 학생 2000명이라는 동일한 대상을 6년에 걸쳐 매년 학교폭력 경험 및 관련 변인을 반복측정하여 종단연구자료를 분석하고자 하였기에 잠재성장모형에 해당한다.

48. 다음 연구방법과 자료분석 방법의 연결 중 옳은 것을 모두 고른 것은?

> ㄱ. 문화기술지 – 연계분석
> ㄴ. 근거이론 – 인과적 조건 분석
> ㄷ. 현상학적 접근 – 현상의 본질 분석 및 기술
> ㄹ. 합의적 질적 연구 – 영역코딩 및 중심 개념코딩
> ㅁ. 내러티브 연구 – 경험에 대한 이야기 중심 분석

① ㄱ, ㄷ, ㅁ
② ㄴ, ㄹ, ㅁ
③ ㄱ, ㄴ, ㄷ, ㄹ
④ ㄴ, ㄷ, ㄹ, ㅁ
⑤ ㄱ, ㄴ, ㄷ, ㄹ, ㅁ

해설 ㄱ. 문화기술지는 특정한 문화를 공유하고 있는 집단이나 그 집단의 구성원을 연구대상으로 하며, 연구대상의 지식, 행동, 삶의 방식, 신념, 가치 등을 내부자 및 외부자 관점에서 탐색하고 연구하는 대표적인 질적연구방법이다. 수개월의 현장참여로 오랜 연구기간이 소요되며 자료분석 시간도 오래 걸린다. 문화기술지에서의 자료분석은 연계분석이 아니라 문화적 주제발견에 초점을 두고 참여관찰, 면접기법, 순환적 자료분석 절차를 거쳐 심층적 정보를 제공한다.

학습 plus

문화기술지의 절차(발달적 연구 12단계, Spradley, 1980)

① 사회적 상황선정	② 참여관찰	③ 문화기술적인 기록
④ 기술적 관찰	⑤ 영역분석	⑥ 집중관찰
⑦ 분류분석	⑧ 선별관찰	⑨ 성분분석
⑩ 문화적 주제의 발견	⑪ 목록의 작성	⑫ 문화기술지 작성

정답 47.④ 48.④

49. 질적연구의 타당성에 관한 설명으로 옳지 않은 것은?

① 연구자의 자기성찰(self-reflection)은 주관성을 배제할 수 없어서 타당성을 저해한다.

② 다원화(triangulation)의 기법으로 타당성을 확보한다.

③ 외부 감사(audit)는 외부의 전문가, 감수자들이 연구의 과정과 결과를 평가하는 방법이다.

④ 참여자 확인(member check)을 통해 분석의 정확성을 검토하고 연구결과 및 해석의 타당성을 확보한다.

⑤ 윤리적 타당성을 확보하기 위해 연구주제가 윤리적 측면과 다양한 목소리를 균형 있게 반영했는지 검토한다.

해설 ① 질적연구에서 연구자는 자기성찰(self-reflection)을 통해서 자신의 신념이나 편견의 영향을 인식하고, 수집된 자료에 대한 더 깊은 이해를 촉진함으로써 타당성을 확보할 수 있다.

50. 연구윤리에 관한 설명 중 옳은 것은?

① 무기명으로 자료를 수집할 때 연구참여 동의서를 생략한다.

② 사전에 연구대상과 보호자에게 연구참여 기간 동안 중도철회할 권리가 있음을 알린다.

③ 자료수집 기간을 알리고 실험처치에서 기만(deception) 방법이 필요한 경우, 피험자에게 사후에 설명하지 않는다.

④ 연구참여로 인해 무처치집단에 배정된 참여자의 의사와 상관없이 연구종료와 동시에 처치상황을 종료한다.

⑤ 미성년자인 만 16세의 비장애 고등학생을 대상으로 조사할 때 보호자의 동의로 본인 동의를 대신한다.

해설 ② 연구참여자는 연구에 참여하거나 참여 중간에 그만둘 권리가 있다는 내용이 연구참여 동의서에 포함되어 있다.

① 무기명으로 자료를 수집할 때 연구참여 동의서를 반드시 받아야 한다.

③ 자료수집 기간을 알리고 실험처치에서 기만(deception) 방법이 필요한 경우, 사후에라도 피험자에게 반드시 내용을 설명하고 자신의 연구자료를 철회할 수 있음을 고지해야 한다.

④ 연구참여로 인해 무처치집단에 배정된 참여자에게 모든 상황에 대해 고지해야 하며, 연구종료 후 그에 대한 보상을 제공하여야 한다.

⑤ 미성년자를 대상으로 조사할 때 본인과 보호자 모두의 동의를 받아야 한다.

정답 49.① 50.②

연구자의 윤리

1) 사전동의를 구하는 문제: 연구의 목적 및 특징, 위험성이나 이로운 점, 자발적 참여, 중도탈락의 권리 등에 대한 충분한 정보를 제공하고 자발적인 동의를 얻어야 한다.
2) 연구대상의 선정과 제외의 문제: 연구대상의 성별, 연령, 지적능력, 심리적 특성, 건강상태, 문화적 배경 등의 요인을 고려하여 연구에 참여시켜야 한다.
3) 지원자의 활용과 관련된 문제: 지원자들이 사회적 약자인 경우, 연구대상이 의무감을 느끼는 경우, 자신에게 도움이 될 것이라는 기대로 연구에 참여하는 경우, 연구대상들을 특정 개체나 결핍요인을 가진 대상으로 간주하는 경우 등 윤리적 문제가 발생할 수 있다.
4) 연구대상자를 속이는 문제: 불가피하게 연구의 목적이나 방법을 숨기는 경우 연구가 끝난 이후에라도 그 이유나 정보를 충분히 설명해야 한다.
5) 비밀보장 및 사생활 보호의 권리: 개인의 신상이나 사생활을 보호하는 것은 연구자의 기본적인 의무이다.
6) 중도탈락의 권리: 연구대상이 원한다면 연구참여를 언제든지 중단할 수 있는 권리가 존중되어야 한다.
7) 연구에 따른 손실의 혜택과 고려: 연구참여자가 겪는 어떤 손실이나 위험보다 더 많은 혜택이 돌아가도록 해야 한다.
8) 연구대상의 시간소모에 대한 고려: 연구와 직접적으로 관계가 없거나 의미를 도출하지 못하는 질문을 하는 등 연구대상자의 시간을 낭비하지 않도록 한다.
9) 문화적 차이의 고려: 연구참여자들의 문화적 차이를 이해하고 연구자의 문화, 특정 가치나 이념을 강요하지 않도록 주의한다.

◆ 상담연구방법론의 기초

제2과목 필수 2019년 기출문제 및 해설

26. 다음에 나타난 연구패러다임에 관한 설명으로 옳은 것은?

> 인간의 행위를 연구함에 있어 관찰자의 해석으로부터 독립된 객관적인 관찰은 존재하지 않는다. 개별적인 관찰로부터 일반화된 결론을 도출해 내는 과정은 한계를 가진다.

① 행위자가 자신의 경험에 부여하는 의미의 파악을 중시한다.
② 방법론적 일원주의를 주장한다.
③ 연구현상의 계량화를 강조한다.
④ 탐구과정에서 가치중립성을 전제한다.
⑤ 관찰에 근거하지 않은 지식의 공허함을 주장한다.

해설 질적연구방법에 대한 내용으로, 질적연구는 관찰자의 주관이 배제된 엄밀한 객관적 관찰이 어렵고 일반화에도 한계가 있다. ②, ③, ④, ⑤는 양적연구의 특징이다.

	양적연구방법	질적연구방법
기본가정	사회현상은 자연현상과 같은 방식으로 객관적으로 존재함	자연현상과 달리 사회현상에는 주관성이 내재되어 있음
연구의 목적	연구결과의 일반화	현상이해와 해석, 의미구성 등
연구의 대상	대표성을 가지는 많은 표본	적은 수의 표본
가치의 개입	가치중립적 연구	가치개입적 연구
철학적 사조	실증주의	해석주의, 비판이론 등
자료수집방법	설문지, 구조화된 면접, 실험, 조사, 수치로 측정, 통계를 이용한 양적분석	심층면접, 참여관찰, 문서연구 등을 통해 해석, 글로 기록, 서술적 분석
인과관계	시간적으로 선행 또는 동시 발생의 원인이 존재함	원인과 결과의 구분이 불가능

정답 26.①

27. 통계적 가설검정에 관한 설명으로 옳지 않은 것은?

① 1종 오류 확률은 영가설이 참인데도 영가설을 기각하는 확률이다.
② 통계적 검정력은 표본크기와 무관하다.
③ 1종 오류의 허용범위는 유의수준이다.
④ 2종 오류 확률은 영가설이 거짓인데도 영가설을 채택하는 확률이다.
⑤ 설정한 유의수준은 2종 오류의 크기에 영향을 미친다.

해설 ② 통계적 검정력과 표본크기가 클수록 커진다. 즉, 표본크기가 크면 오차확률이 줄어들고 검정력이 커진다.

학습 plus

통계적 가설검정의 기본개념

- 가설검정이란 대립가설과 영가설이라는 두 가지 상반되는 가설을 세우고, 어느 가설이 옳은지 수집된 자료에 근거하여 확률적으로 판단하는 과정이다.
- 대립가설은 '연구가설'이라고도 하며, 연구자가 새롭게 주장하려는 가설로, 통계량 간의 차이 또는 관계가 표집오차에 의한 우연적인 것이 아니라 모수 간의 유의미한 차이 또는 관계에 의한 것이라고 주장하는 가설이다.
- 영가설(원가설, 귀무가설, 통계적 가설)은 대립가설에 대응하는 것으로서 '평균 간에 차이가 없다' 또는 '변수 간에 상관이 없다'와 같이 주로 '변함이 없다' '이전과 같다'라는 식으로 진술된다. 영가설은 통계량 간의 차이 또는 관계가 표집오차에 의한 우연적 결과라고 주장하는 가설이다.
- 제1종 오류란 영가설이 참인데 이를 기각하고 대립가설을 선택하는 오류를 말한다.
- 제2종 오류란 영가설이 참이 아닌데 영가설을 채택하는 오류이다.
- 유의수준(significance level, 유의도 수준)은 영가설이 옳음에도 이를 잘못 기각하는 확률, 즉 1종 오류의 최대 허용 확률로서 '기각역의 넓이'와 일치한다. 사회과학에서 유의수준은 주로 .05 또는 .01 또는 .001을 활용한다.
- 통계적 검정력(statistical power)이란 영가설이 참이 아닐 때 이를 기각하고 대립가설을 선택함으로써 올바른 결정을 내릴 가능성의 정도를 말한다. 통계적 검정력을 높이려면 표집의 크기를 크게 하기, 측정의 신뢰도를 높여 오차변량을 줄이기, 일방향 검증을 사용하기, 1종 오류의 한계(알파 수준)를 높여서 2종 오류(베타 수준)를 낮추기 등의 방법이 있다.
- 일반적으로 사례 수나 측정의 신뢰도 등이 변하지 않는다면, 1종 오류(α)가 작아질수록 2종 오류(β)는 커지고 통계적 검정력($1-\beta$)은 작아진다.
- 1종 오류와 2종 오류를 동시에 줄이면서 통계적 검정력을 높일 수 있는 방법은 사례 수를 늘리는 것이다.

28. 단순회귀 모형 $Y_i = b_0 + b_1 X_i + \varepsilon_i$과 결정계수 R^2에 관한 설명으로 옳은 것을 모두 고른 것은?

> ㄱ. b_0는 X가 $\overline{X}$일 때 Y의 값이다.
> ㄴ. 모든 측정값이 추정된 회귀선상에 있는 경우 R^2은 1이다.
> ㄷ. R^2은 -1에서 1까지의 값을 갖는다.
> ㄹ. b_1은 독립변수 X가 한 단위 변화할 때 Y가 변화하는 양이다.

① ㄱ, ㄴ ② ㄱ, ㄷ ③ ㄴ, ㄹ ④ ㄱ, ㄷ, ㄹ ⑤ ㄴ, ㄷ, ㄹ

정답 27.② 28.③

해설 ㄱ. b_0는 X가 0일 때 Y의 값이다.
ㄷ. 결정계수 R^2의 값은 0부터 1 사이이다.

학습 plus

결정계수 R^2

- 결정계수 R^2의 값은 X에 의해 설명되는 Y분산의 비율을 의미한다.
- 결정계수 R^2의 값의 범위는 0부터 1 사이이다.
- 0에 가까울수록 설명변수 X와 반응변수 Y는 선형 상관관계가 적으며, 1에 가까울수록 선형 상관관계가 크다고 할 수 있다.
- 그러나 이러한 상관관계로 인해 X와 Y 사이의 인과관계가 성립하는 것은 아니다.

모형에 대한 기본가정

- 독립변수와 종속변수 사이에서는 독립변수가 종속변수를 설명할 수 있는 관계가 존재한다.
- 독립변수와 종속변수의 관계의 형태는 선형이다.

29. 상담윤리의 일반적 원칙 중 다음에서 강조하고 있는 원칙은?

> 상담서비스가 필요한 사람일 경우, 상담자는 가능한 유용하게 그 사람을 도울 의무를 가진다. 상담자는 자신의 유능성을 발전시키고 내담자들을 위한 이익을 극대화할 수 있는 연구를 수행할 것을 요구받는다.

① 자율성(autonomy) 원칙
② 무피해(nonmaleficence) 원칙
③ 정의(justice) 원칙
④ 진실성(veracity) 원칙
⑤ 선행(beneficence) 원칙

해설 ⑤ 선행(beneficence) 원칙: 상담자는 내담자의 위험을 최소화하고 최대의 이익을 제공해야 한다. 이를 위해 자신의 유능성을 개발하는 것이 중요하다.

① 자율성(autonomy) 원칙: 타인에게 해가 되지 않는 한도 내에서 내담자가 자신이 원하는 것을 자율적으로 선택하고 결정할 수 있는 권리를 인정한다.
② 무피해(nonmaleficence) 원칙: 상담자는 내담자에게 고통을 주거나 해를 끼칠 위험한 중재나 행동을 하지 않을 것을 요구받는다.
③ 정의(justice) 원칙: 상담자는 내담자의 인종, 성별, 연령, 종교, 경제적 수준, 문화적 배경 등에 따라 차별하지 않고, 동등하고 공정한 서비스를 제공해야 한다.
④ 진실성(veracity) 원칙: 주로 의사소통에 관한 것으로, 내담자에게 정확한 정보를 제공하고 속이거나 오해를 불러일으키는 행위를 자제하고 진실을 말하는 것을 말한다.

- 성실성(fidelity): 상담자는 신뢰와 비밀유지 등 내담자와 함께 약속한 것을 지키기 위해 책임을 다하고 헌신해야 한다.

정답 29.⑤

30. 문화기술지 연구(ethnographic research)에 관한 설명으로 옳지 않은 것은?

① 수와 양으로 표현할 수 있는 자료에 주목한다.
② 일반적이지 않은 특성을 상세하고 심층적으로 이해하고자 할 때 활용된다.
③ 연구자가 오랜 시간 현장 참여를 통하여 자료를 수집한다.
④ 특정 현상에 대한 의미의 차이 파악을 중시한다.
⑤ 연구상황을 인위적으로 조작하지 않는다.

해설 문화기술지 연구는 특정한 문화를 공유하고 있는 집단이나 그 집단의 구성원을 연구대상으로 하며, 연구대상의 지식, 행동, 삶의 방식, 신념, 가치 등을 내부자 및 외부자 관점에서 탐색하고 연구하는 대표적인 질적연구방법이다. 질적연구에서는 수나 양으로 표현하는 것이 아니라 '왜' '어떻게'로 이루어진 질문을 던지고 탐색하여 답(①)을 하고자 한다.

31. 다음과 같은 특성을 모두 나타내는 연구유형은?

- 자료의 분석은 경험 당시의 상황과 경험이 발생하는 과정에 대한 기술(description)에서 시작한다.
- 연구자는 오염되지 않은 관점을 갖기 위해 기존의 관점이나 가정을 끊임없이 점검해야 한다.
- 연구참여자 선발은 연구주제와 관련된 직접 경험과 경험의 표현능력을 기준으로 이루어진다.

① 조사 연구 ② 메타 연구 ③ 실험 연구
④ 문헌 연구 ⑤ 현상학적 연구

해설 현상학적 연구는 특정 현상이나 상황에 대한 개인의 살아 있는 경험을 이해하고 기술하고자 하는 질적연구방법으로 개인이 특정 현상이나 사건에 귀속하는 주관적인 경험, 인식, 의미를 탐구한다. 연구자들은 참여자들의 경험에 대한 풍부하고 상세한 설명을 수집하기 위해 심층 인터뷰, 관찰 또는 기타 질적인 기술을 사용한다. 인간의 경험의 본질을 포착하여 개인이 살아 있는 현실을 어떻게 해석하고 이해하는지 밝히는 것을 목표로 한다.

학습 plus

현상학적 연구의 특징

- 판단중지(epoche, 에포케): 평범하고 일상적인 방식으로 사물을 판단하는 것을 삼간다는 뜻의 그리스어로 실제를 파악하기 전까지 연구자의 모든 가정과 선입견, 판단을 배제한다. 즉, 연구자를 괄호치기(bracketing)한다.
- 현상학적 환원(phenomenological reduction): 판단중지를 통해 나타난 체험의 모습에서 본질적 의미의 구성요소를 찾는 것이다. 연구자는 현상학적 환원을 통해 현상, 경험을 질감을 살려 기술한다. 즉, 참여자의 생각, 감정, 아이디어, 상황 등을 모두 포함하는 경험을 완전하게 기술한다.
- 현상학적 환원 후에 상상적 변형(imaginative description): 상상적 변형이란 다양한 각도와 관점에서 현상을 바라보며 구조적으로 기술하는 것이다. 경험, 지각, 기억뿐 아니라 자유로운 공상적 변형을 이용할 수도 있다.

정답 30.① 31.⑤

32. Cronbach's α에 관한 설명으로 옳은 것을 모두 고른 것은?

ㄱ. 개별 문항들의 분산을 활용하여 구할 수 있다.
ㄴ. 이분문항에는 사용할 수 없다.
ㄷ. 문항 수의 증가는 Cronbach's α 값의 증가를 가져오는 경향이 있다.

① ㄱ ② ㄴ ③ ㄱ, ㄷ
④ ㄴ, ㄷ ⑤ ㄱ, ㄴ, ㄷ

해설 ㄴ. Cronbach's α 계수는 이분문항과 연속적으로 점수가 부여되는 문항 모두에 사용할 수 있다. 그러나 이분문항에는 KR-20을 사용하는 것이 더 좋다.
ㄱ. Cronbach's α 계수는 상관계수를 알 때는 문항 개수와 상관계수 평균을 이용하여 계산할 수 있고 상관계수를 모를 때는 문항 개별 분산과 문항 총점 분산을 이용하여 계산한다.
ㄷ. 전체 문항 간 상관계수들의 평균값이 클수록, 문항 수가 증가할수록 Cronbach's α 값이 증가하는 경향이 있다.

학습 plus

크론바흐 알파(Cronbach's α) 공식

- $\alpha = \frac{K}{K-1}\left(1 - \frac{\Sigma\sigma_i^2}{\sigma_t^2}\right)$
- K = 도구의 문항 수
- $\Sigma\sigma_i^2$ = 개별 문항의 분산

33. 다음 내용에서 (ㄱ)과 (ㄴ)이 옳게 연결된 것은?

(ㄱ) 타당도를 평가할 때 가장 기본적인 질문은 검사를 구성하는 문항들이 관심의 대상인 영역의 대표적인 요소들로 구성되어 있느냐 하는 것이며 해당 영역의 전문가들에 의해 검증받게 된다. 반면 (ㄴ) 타당도의 결과는 이론적으로 타당한 것으로 밝혀진 외부적 기준과의 통계적 상관에 의해 수치화된다.

① ㄱ: 내용, ㄴ: 행동 ② ㄱ: 공인, ㄴ: 행동
③ ㄱ: 행동, ㄴ: 내용 ④ ㄱ: 내용, ㄴ: 준거 관련
⑤ ㄱ: 구인, ㄴ: 준거 관련

해설
- 내용타당도(논리타당도): 내용 타당도란 검사문항의 내용이 측정하고자 하는 영역의 내용에 관한 적절한 표본인지를 전문가가 판단하고 평가하는 것이다. 관련이 있는 개념은 안면 타당도(face validity)로 검사 이용자, 즉 수검자(일반인)에 의해 판단이 내려진다.
- 준거 관련 타당도(기준타당도): 이론적으로 이미 타당도가 입증된 외부적 기준이 되는 측정도구의 측정값과 통계적 상관(관련된 정도)에 의해 수치화된다.

정답 32.③ 33.④

34. 3가지 상담기법의 효과 차이를 검증하기 위하여 각 집단에 100명씩 총 300명을 무선 배치하였다. 분석 결과가 다음과 같을 때 옳지 않은 것은? (단, 단순변량분석의 모든 가정은 충족된 것으로 간주한다.)

SV(변량원)	SS(제곱합)	F	유의확률
집단 간	100	(A)	.047
집단 내	1485		

① 집단 간 제곱합의 자유도는 2이다.

② 집단 내 제곱합의 자유도는 297이다.

③ A값은 10이다.

④ 분석 결과, 유의수준 0.05에서 영가설은 기각된다.

⑤ 분석 결과, 3가지 상담기법의 효과는 각각 다른 것으로 결론 내릴 수 있다.

해설 ⑤ 분석 결과, 3가지 상담기법의 효과 차이를 검증하기 위한 영가설이 기각되었으므로 3가지 상담기법 중 적어도 한 가지는 효과가 다른 것으로 결론 내릴 수 있다. 그렇다고 해서 3가지 상담기법의 효과가 각각 다른 것으로 결론 내릴 수는 없으며 상담기법 간 차이를 보기 위해서는 사후검증을 해야 한다.

① 각 집단에 100명씩 총 300명이므로 집단은 3개다. 자유도는 '집단 수-1'이므로 3-1=2이다.

② 전체인원은 300명, 집단의 수는 3, 집단 내 제곱합의 자유도는 '전체 인원-집단의 수'이므로 300-3=297이다.

③ 집단 간 평균제곱=집단 간 제곱합÷집단 간 자유도=100÷2=50
집단 내 평균제곱=집단 내 제곱합÷집단 내 자유도=1,485÷297=5
A값은 F(분산비)를 나타내므로 F=집단 간 평균제곱÷집단 내 평균제곱=50÷5=10이다.

④ 분석 결과, 유의수준 0.05에서 유의확률이 .047이므로 영가설은 기각, 연구가설이 채택된다.

35. 모의상담연구에 관한 설명으로 옳지 않은 것은?

① 독립변수의 수준 조작을 통해 실험 상황을 통제할 수 있다.

② 상담과정 단순화를 통해 연구결과 해석이 용이해진다.

③ 연구결과의 일반화 가능성이 높다.

④ 대리(surrogate) 내담자의 활용을 통해 실제 상담연구의 한계를 약화시킬 수 있다.

⑤ 실험 과정에서 발생할 수 있는 윤리적 딜레마를 피할 수 있다.

해설 ③ 모의상담연구는 독립변수의 수준 조작을 통해 실험 상황을 통제할 수 있는 등 실제 상황보다 지나치게 단순화됨으로써 연구결과를 일반화시키기 어렵다. 따라서 외적 타당도가 낮아진다.

정답 34.⑤ 35.③

모의상담 연구(analogue research)의 장단점

장점	단점
• 실험통제 용이, 독립변인 조작 용이 • 관련 없는 변인 무작위화 또는 통제 • 결과해석 용이 • 윤리적 문제 감소	• 실험조건 통제로 외적 타당도 저하, 일반화의 어려움 • 실제 상황보다 지나치게 단순화된 연구상황

36. 다음 사례에 나타난 연구설계의 일반적인 특징에 관한 설명으로 옳은 것은?

> 연구자 A는 청소년기 자전거 운동이 체중 감소에 미치는 효과를 알아보고자 동일연령 청소년 200명을 각각 100명씩 두 집단으로 무선배치하고 1차 체중 측정을 수행한 후, 한 집단에는 하루 한 시간의 자전거 타기 운동을, 다른 집단에는 아무런 조치도 취하지 않았다. 한 달 후 두 집단을 대상으로 2차 체중 측정을 수행한 후 평균값 차이의 통계적 유의성에 대한 검정을 수행하였다.

① 실험결과의 내적 타당도가 낮다.

② 실제 상황에 적용하기 용이하다.

③ 독립변인의 수를 늘릴 수 있다.

④ 성숙(maturation)으로 인한 문제는 통제된다.

⑤ 일반적으로 경로분석을 통해 처치의 효과를 검정한다.

해설 ④ 사례는 '통제집단 사전사후 비교설계'로 실험대상을 동일연령 청소년으로 제한하고 실험기간이 비교적 짧은 기간(한 달)으로 설정하여, 성숙으로 인한 문제를 통제하였다고 볼 수 있다.

① 실험설계는 일반적으로 실험결과의 내적 타당도가 높다.

② 실험연구는 실제 상황에 적용하기 어렵다. 실험조건을 통제할수록 일반화가 어려워지므로 외적 타당도가 낮아진다.

③ 독립변인은 자전거 운동인데, 독립변인의 수를 늘리면 자전거 운동 외의 변인이 체중감소에 영향을 미치게 되어 실험의 목적을 달성하기 어렵다.

⑤ 경로분석은 변인의 수가 여러 개일 때 인과관계를 파악하기 위해 사용한다. 사례에서는 변수가 하나인 경우로 경로분석을 통해 검정하지 않는다. 일반적으로 통제집단 사전사후 비교설계는 t검정 또는 분산분석을 통해 개입그룹과 통제그룹 간의 결과의 평균변화 비교를 통해 처치 효과를 검정한다.

정답 36.④

37. 측정과 척도에 관한 설명으로 옳지 않은 것은?

① 측정의 수준에 따라 명목, 서열, 등간, 비율측정으로 구분된다.
② 등간측정은 서열관계를 측정할 수 있다.
③ 등간측정은 측정 점수를 바탕으로 몇 배 더 크다는 표현이 가능하다.
④ 비율척도에는 절대 영점이 존재한다.
⑤ 서열측정값은 연구대상이 갖는 특성의 상대적인 정도를 의미한다.

해설 ③ 등간측정은 절대영점이 존재하지 않아 '곱하기' '나누기'가 성립되지 않으므로 몇 배 더 크다는 표현은 불가능하다.

38. 다음 사례에 나타난 표본추출기법에 관한 설명으로 옳은 것은?

연구자 A는 ○○시 청소년들의 학교폭력 실태를 파악하기 위하여 일차 표집단위로 ○○시 소재 20개 중학교를 무선 추출한 후, 추출된 학교마다 한 학급씩 무작위로 선택하여 학급 학생 전원을 대상으로 조사를 수행하였다.

① 모집단을 구성하는 모든 개별요소들에 고유번호가 필요하다.
② 비확률표본추출 기법에 해당한다.
③ 표집틀을 확보하고 있지 못한 상황에 유용하다.
④ 모집단에 대한 사전 지식이 없을 경우에 활용된다.
⑤ 내적으로 이질적이고 외적으로 동질적인 단위를 추출한다.

해설 사례에서는 ○○시 소재 20개 중학교를 무선추출(1단계 군집표집), 추출된 학교마다 한 학급씩 무작위로 선택(2단계 군집표집), 학급학생 전원을 대상으로 ○○시 청소년들의 학교폭력 실태 조사를 수행하였다. 이는 군집표집(cluster sampling)에 대한 내용으로 이상적인 군집표집이 되기 위해서는 내적(군집 내)으로 이질적이고 외적(군집 간)으로 동질적인 단위를 추출한다.
① 군집표집은 모든 개별요소의 고유번호(표집목록)의 사용이 원활하지 않은 경우에도 실시 가능하다.
② 군집표집은 확률표본추출이다. 집략표집 또는 덩어리 표집이라고도 한다.
③ 군집표집은 표집틀을 확보한 상황에 유용하다.
④ 군집표집은 모집단의 특성에 대한 사전지식이 있을 때는 물론이고 없을 때도 활용 가능하다.

정답 37.③ 38.⑤

39. **조작화와 조작적 정의에 관한 내용으로 옳지 않은 것은?**

① 조작적 정의는 정의되는 조건을 확인하는 데 필요한 특성을 추상화하는 것이다.

② 개념을 조작화할 때는 속성들에 대한 변동성의 범위를 분명히 해야 한다.

③ 변인의 어떤 속성을 조작할 것인가에 대해 결정해야 한다.

④ 주어진 변인을 구성하고 있는 다양한 속성에 대한 정밀성을 고려해야 한다.

⑤ 조작화는 변인들을 구성하고 있는 속성들을 구체화하기 위해 단일지표를 사용할 수 있다.

해설 조작적 정의는 연구자가 특정 연구에서 어떤 변수를 어떻게 측정하거나 조작할 것인지를 명시한다. 조작적 정의는 추상적이고 사전적인 개념을 구체적 행위로 연결하여, 측정 가능하고 관찰 가능하도록 변환하는 것에 초점을 둔다.

40. **가설에 관한 설명으로 옳지 않은 것은?**

① 연구가설은 사회현상에 관한 이론으로부터 도출될 수 있다.

② 연구가설은 작업가설이라고도 한다.

③ 가설은 연구를 유도하기 위한 잠정적인 진술이다.

④ 복잡한 가설일수록 좋은 가설이다.

⑤ 영가설은 연구가설과 논리적으로 반대의 입장을 취한다.

해설 가설은 단순성, 명확성, 특수성 그리고 경험적으로 검증되고 잠재적으로 조작될 수 있어야 한다. 복잡한 가설은 이를 효과적으로 검증하기 위한 실험이나 연구를 설계하기가 더 어려워진다. 따라서 조사하는 것의 본질을 포착하는 간결하고 단순한 가설이 더 효과적인 경향이 있다.

가설의 특징

- 검증 가능성: 가설은 관찰과 실험을 통해 경험적으로 검증될 수 있어야 한다.
- 변수 간의 관계: 두 가지 이상의 변수로 구성되며 이들 간의 관계로 기술하여야 한다.
- 이론의 연관성: 동일 분야의 다른 가설 또는 이론과 연관이 있어야 한다.
- 간단명료성: 가설은 논리적으로 간단하고 명료하게 표현되어야 한다.
- 문제해결: 가설은 연구문제를 해결할 수 있어야 한다.
- 수량화: 가설은 수량화할 수 있어야 한다.
- 광범위한 적용: 가설을 가능한 한 광범위하게 적용할 수 있어야 한다.
- 당연한 관계 배제: 너무나 당연한 관계를 가설로 설정할 수는 없다.

정답 39.① 40.④

41. 구인타당도의 검증 절차 순서로 옳은 것은?

ㄱ. 측정요인이 무엇인지 조작적 정의를 내린다.
ㄴ. 구인을 적절하게 측정하였는지 파악한다.
ㄷ. 구인을 측정하기 위한 문항을 제작한다.
ㄹ. 검사를 실시하여 응답 자료를 얻는다.

① ㄱ－ㄴ－ㄹ－ㄷ
② ㄱ－ㄷ－ㄹ－ㄴ
③ ㄱ－ㄹ－ㄷ－ㄴ
④ ㄴ－ㄱ－ㄷ－ㄹ
⑤ ㄴ－ㄷ－ㄹ－ㄱ

해설 구인타당도의 검증 절차는 '조작적 정의 → 문항 제작 → 검사제작 → 검사 실시 → 구인파악 → 검사완성'의 순서로 이루어진다.

구인타당도를 검증하는 세부적인 절차

1) 측정하고자 하는 심리적 특성에 대한 조작적 정의를 내린다.
2) 구인과 관련된 이론을 근거로 하여 구인을 측정할 수 있는 문항을 제작한다.
3) 구인들을 측정하는 문항들로 검사를 제작한다.
4) 측정대상에게 검사를 실시하여 응답자료를 얻는다.
5) 응답자료를 분석하여 검사가 측정하고자 하는 구인들을 제대로 측정하였는지를 밝힌다.
6) 심리적 특성에 관한 조작적 정의와 관련 있는 구인과 관련이 없는 문항을 제거하거나 수정하고 보완하여 검사를 완성한다.

42. 외적 타당도와 관련된 내용으로 옳은 것을 모두 고른 것은?

ㄱ. 연구결과를 일반화시킬 수 있는 정도를 말한다.
ㄴ. 외적 타당도를 높이기 위해서는 표본의 대표성을 높여야 한다.
ㄷ. 표본추출 과정에 모집단의 이질적인 요소를 포함시켜서는 안 된다.

① ㄱ
② ㄱ, ㄴ
③ ㄱ, ㄷ
④ ㄴ, ㄷ
⑤ ㄱ, ㄴ, ㄷ

해설 ㄷ. 외적 타당도는 연구결과가 연구에 참여한 특정 조건이나 참여자를 넘어서 보다 넓은 모집단이나 설정, 조건에 적용되거나 일반화될 수 있는 정도를 의미한다. 표본추출 과정에 모집단의 이질적인 요소를 포함시키는 것은 더 나은 일반화를 가져올 수 있다.

정답 41.② 42.②

학습 plus

모집단에서 이질적인 요소를 표본에 포함시키는 중요한 이유

- 대표성: 연구대상이 되는 모집단의 다양성을 반영하는 표본은 결과가 해당 모집단 전체에 적용될 가능성을 높여준다. 결과의 더 나은 일반화를 가능하게 한다.
- 다양성: 표본에 다양한 요소를 포함시키면 모집단 내에서 다양한 관점, 행동 또는 특성을 포착하는 데 도움이 되며 보다 포괄적인 결론으로 이어질 수 있다.
- 실제 적용: 연구결과는 모집단이 다양한 실제 환경에서 적용하는 것이 일반적이다. 이질적인 요소를 포함한 표본은 연구 결과가 다양한 맥락에서 적절하고 유용할 수 있는 가능성을 높여준다.

43. 실험설계가 충족해야 할 조건이 아닌 것은?

① 종속변수값 간의 비교
② 독립변수의 조작
③ 외생(extraneous)변수의 통제
④ 시계열 종단자료 이용
⑤ 무작위 집단 배정

해설 시계열 종단자료는 모집단의 속성을 반복적으로 수집한 자료를 말하며 준실험설계에 사용된다.

실험설계가 충족해야 할 조건

- 종속변수값 간의 비교 : 실험집단과 통제집단의 종속변수를 비교하거나 특정 집단의 실험 전후의 종속변수를 비교한다.
- 외생변수의 통제: 독립변수 이외에 결과에 영향을 미칠 수 있는 변수를 통제함으로써 독립변수와 종속변수 사이의 인과관계를 정확히 파악할 수 있다.
- 독립변수의 조작: 연구자는 실험대상, 즉 독립변수의 종류 및 변화의 강도를 인위적으로 조작함으로써 독립변수의 변화가 종속변수에 미치는 영향을 관찰할 수 있다.
- 실험 대상의 무작위 할당: 전체집단에서 각 대상들이 실험대상으로 선택될 확률이 모두 동일하도록 하는 무작위 할당은 외생변수의 통제를 통해 내적 타당성을 높이는 동시에 실험결과의 일반화 가능성을 높여 외적 타당성을 유지시킨다.

44. 상관계수(r)에 관한 설명으로 옳지 않은 것은?

① $r=0$이면 상관관계가 없음을 뜻한다.
② 동일한 두 변수의 측정단위가 변하면 상관계수는 변한다.
③ -1과 $+1$ 사이의 값을 갖는다.
④ $r=-.75$는 $r=+.25$보다 상관관계가 더 크다.
⑤ 공변동성(covariation)에 대한 표준화된 측정치이다.

정답 43.④ 44.②

해설 ② 동일한 변수에 대한 측정 단위를 변경하는 것이 상관계수를 변경하는 것은 아니다.
상관계수(r)는 두 변수 간 선형관계의 강도와 방향성을 측정한다. 단위가 없는 측정치로 연구대상 변수들에 대한 측정 단위의 변화에 영향을 받지 않는다. 예를 들어 같은 사람의 키를 센티미터 단위로 측정하는 것과 인치 단위로 측정하여 상관관계를 측정한다면 상관계수는 그대로 유지될 것이다. 측정 단위의 변화는 이들 변수 사이의 관계의 강도와 방향을 나타내는 수치를 바꾸지 않는다.

45. 실험설계에 해당되지 않는 것은?

① 1집단 시계열설계
② 무작위 배정 요인설계
③ 통제집단 사후검사 설계
④ 솔로몬 4집단 설계
⑤ 통제집단 사전–사후검사 설계

해설 1집단 시계열설계(단순 시계열설계)는 준실험설계(유사실험설계) 중 하나이다.

- 실험설계(순수실험설계): 통제집단 사전–사후검사 설계, 통제집단 사후검사 설계, 솔로몬 4집단 설계, 플라시보 통제집단 설계, 무작위 배정 요인설계
- 준실험설계(유사실험설계): 비동일 통제집단 설계, 단순 시계열설계, 복수 시계열설계

46. 연구윤리의 내용으로 옳은 것을 모두 고른 것은?

ㄱ. 연구의 윤리문제는 학문공동체 내부에서만 제기된다.
ㄴ. 허위 데이터를 사용하거나 연구결과를 허위로 만들어 내는 것을 위조라 한다.
ㄷ. 타인의 아이디어를 정당한 승인 없이 활용하는 것을 표절이라 한다.
ㄹ. 이전에 출판된 본인의 연구결과를 사실을 밝히지 않고 사용하는 것은 변조이다.
ㅁ. 연구에 기여하지 않은 사람에게 논문저자 자격을 부여하는 것은 부당한 저자 표시이다.

① ㄱ, ㄴ, ㄷ
② ㄱ, ㄷ, ㄹ
③ ㄴ, ㄷ, ㅁ
④ ㄴ, ㄹ, ㅁ
⑤ ㄷ, ㄹ, ㅁ

해설 ㄱ. 연구의 윤리문제는 학문공동체 내부와 외부 모두에서 제기될 수 있다.
ㄹ. 이전에 출판된 본인의 연구결과를 사실을 밝히지 않고 사용하는 것은 '자기표절(부당한 중복게재)'이다. 본인의 이전 연구결과라도 출처를 꼭 밝혀야 한다.

정답 45.① 46.③

47. 표본크기를 결정하는 요인으로 옳은 것을 모두 고른 것은?

ㄱ. 신뢰구간	ㄴ. 유의수준
ㄷ. 자료수집방법	ㄹ. 시간과 비용

① ㄱ, ㄴ
② ㄱ, ㄷ
③ ㄱ, ㄴ, ㄹ
④ ㄴ, ㄷ, ㄹ
⑤ ㄱ, ㄴ, ㄷ, ㄹ

해설 표본크기를 결정하는 요인에는 신뢰구간, 유의수준, 자료수집방법, 시간과 비용 모두 포함된다. 이외에도 분석범주, 모집단의 크기, 모집단의 동질성, 변수의 개수, 인력 등이 있다.

48. 통계적 가설검정 절차의 순서로 옳은 것은?

ㄱ. 가설의 설정	ㄴ. 유의수준 선택과 임계치 도출
ㄷ. 분석기법의 결정	ㄹ. 검정통계량 계산
ㅁ. 가설채택 여부 판단	

① ㄱ－ㄴ－ㄷ－ㅁ－ㄹ
② ㄱ－ㄴ－ㄹ－ㄷ－ㅁ
③ ㄱ－ㄷ－ㄴ－ㄹ－ㅁ
④ ㄴ－ㄱ－ㄹ－ㅁ－ㄷ
⑤ ㄷ－ㄱ－ㄹ－ㅁ－ㄴ

해설 통계적 가설검정 절차는 '가설의 설정 → 분석기법의 결정 → 유의수준 선택과 임계치 도출 → 검정통계량 계산 → 가설채택 여부 판단(통계적인 의사결정)'의 순서대로 이루어진다.

통계적 가설검정 절차 순서

1) 가설의 설정: 영가설과 대립가설을 설정한다.
2) 분석기법의 결정: 통계 분석방법과 통계량을 선택한다.
3) 유의수준 선택과 임계치 도출: 기각역을 설정한다.
4) 검정통계량 계산: 검정통계량(유의확률)을 유의수준과 비교한다.
5) 가설채택 여부 판단: 가설을 기각할 것인지 아니면 수용할 것인지 통계적인 의사결정을 한다.

즉, 유의확률(p값)이 유의수준(α)보다 작으면 영가설을 기각하고 대립가설을 채택한다.

정답 47.⑤ 48.③

49. 질적연구방법에 관한 설명으로 옳지 않은 것은?

① 문화기술지 연구는 상이한 문화의 사회구성원들이 사회현상에 대처하는 방식에 대한 연구에 유용하다.

② 현상학적 연구는 사람들에 대한 상세한 기술을 통하여 인간의 경험을 검토한다.

③ 해석학적 연구는 문헌과 서면으로 전달된 의미를 해석하는 연구이다.

④ 행위 연구는 행위자들이 동일한 관점에서 상황을 이해하고 그 상황을 변화시켜야 하는지 여부를 판단할 수 있도록 한다.

⑤ 사례 연구는 특정 사례에 대한 종합적 기술과 분석을 중시한다.

해설 ④ 행위 연구(action research)는 연구자와 연구참여자들이 공동으로 참여하며 동일한 관점이 아니라 연구참여자들이 특정사회 상황에 대하여 어떤 의미를 부여하는지 기술하고 이해하는 질적연구과정이다. 즉, 동일한 관점이 아니라 개개인의 다양한 관점에서 상황을 이해하고 그 상황을 변화시켜야 하는지 여부를 판단하는 과정을 반복해 나가는 변증법적인 나선형 모델이다.

50. 사례지향적(case-oriented) 연구의 특징으로 옳지 않은 것은?

① 사례유형화를 중심으로 진행되는 연구이다.

② 역사적 맥락을 검토하고 관련 자료를 다룬다.

③ 종합적, 해석적 설명을 지향한다.

④ 유형화된 다양성의 이해를 바탕으로 한다.

⑤ 변수들 간의 관계를 설명하는 연구이다.

해설 사례지향적(case-oriented) 연구는 질적연구로 양적연구에서처럼 연구자가 변인 간의 통계적 관계에 초점을 두기보다는 복잡한 현상을 이해하기 위해 구체적인 사례나, 사례를 심층적으로 조사하는 접근을 말한다. 즉, 사례지향적 연구는 변수에 영향을 미치거나 상호작용할 수 있는 다양한 요인, 맥락, 관점을 고려하여 특정 사례, 맥락 또는 상황에 대한 총체적 이해를 제공하고자 하는 경우가 많다.

정답 49.④ 50.⑤

제3과목(필수)

심리측정 평가의 활용

2023년 기출문제 및 해설

2022년 기출문제 및 해설

2021년 기출문제 및 해설

2020년 기출문제 및 해설

2019년 기출문제 및 해설

◆ 심리측정 평가의 활용

제3과목 필수 2023년 기출문제 및 해설

51. 심리검사에 관한 설명으로 옳지 않은 것은?

① 심리평가를 위한 자료원이다.
② 전체 행동이 아니라 표집된 행동으로 구성된다.
③ 심리적 구성개념을 직접 관찰하기 위한 도구이다.
④ 표준화된 방식으로 심리적 구성개념을 측정한다.
⑤ 검사를 통해 내려지는 결론은 항상 오류가능성을 내포한다.

해설 심리검사는 표준화된 방식을 통해 만들어진 여러 검사를 통해 심리적 구성개념을 간접적으로 측정하고 추론할 수 있다. 심리적 구성개념은 직접 관찰하기 어려운 추상적인 개념이며, 심리검사는 이러한 구성개념을 수량화하기 위한 측정도구이다.

학습 plus

심리검사의 장점(Rapaport, 1968)

- 개인에 관한 자료 수집 과정에서 주관적 판단을 방지해 준다.
- 객관적 자료를 수집하고 행동을 양적으로 측정하여 개인 간 비교를 가능하게 해 준다.
- 일회적이거나 횡단적인 시행을 통하여 개인의 행동을 전체적으로 평가하고 종단적인 예측을 가능하게 해 준다.

52. 웩슬러(D. Wechsler)가 초기 지능검사를 개발할 때 사용한 개념으로서 해당 연령집단 내에서 상대적인 위치를 IQ로 환산하는 것은?

① 비율 IQ
② 평균 IQ
③ 편차 IQ
④ 오차 IQ
⑤ 규준 IQ

해설 웩슬러는 스탠포드-비네 검사의 비율 IQ의 문제점을 해결하고자 개인이 속한 동일 연령대 집단에서의 상대적인 위치로 환산하는 편차 IQ 개념을 도입하였다.

- 비율지능(Ratio IQ, RIQ): 실제연령에 비해 정신연령이 얼마나 높은가
  지능지수(IQ) = 정신연령(MA) / 생활연령(CA) × 100
- 편차지능(Deviation IQ, DIQ): 같은 연령대에서 얼마나 높은 위치에 있는가
  지능지수(IQ) = 15 × {(개인점수 − 해당 연령규준의 평균) / 해당 연령규준의 표준편차} + 100

정답 51.③ 52.③

53. 종합체계 방식에서 엑스너(J. Exner)가 이전의 접근방식들을 통합할 때 적용한 기준으로 옳은 것은?

① 신경심리학적으로 유용한지 여부를 강조하였다.
② 로샤(H. Rorschach)의 전통적 채점 방식을 유지하는 데 초점을 두었다.
③ 정량적인 분석보다 정성적인 분석을 더 강조하였다.
④ 경험적으로 근거를 가지고 실증되었는가에 초점을 두었다.
⑤ 정신분석적으로 해석 가능한지 여부를 강조하였다.

해설 ④ 엑스너의 종합체계는 경험적인(empirical) 근거를 가지고 로샤의 신뢰도와 타당도를 높이기 위해 만들어졌다.
① 로샤 검사를 발전시킨 5명 중 신경학(심리)적인 유용성을 강조한 것은 피아트로브스키(Piatrowski)였다.
② 엑스너는 기존의 채점 체계는 서로 다른 채점방식과 틀을 가지고 있어서 로샤 연구가 어렵다는 판단하에 종합체계를 새롭게 만들었다.
③ 종합체계는 정적인 분석보다 정량적(수량화) 분석을 강조하였다.
⑤ 로샤를 정신분석적으로 해석한 사람은 래퍼포트(Rapaport), 러너(Lerner) 등이다.

54. 심리평가를 위한 면담에 관한 설명으로 옳은 것은?

① 심리검사보다 비구조화되어 신뢰도가 높다.
② SCID(Structured Clinical Interview for DSM)는 반구조화된 면담도구이다.
③ 심리검사보다 수집할 수 있는 정보의 한계가 더 뚜렷하다.
④ 행동관찰보다 '지금-여기'에 해당하는 정보를 더 많이 수집한다.
⑤ 일반적인 대화처럼 목표를 두지 않고 편안하게 진행된다.

해설 ② SCID(Structured Clinical Interview for DSM)는 반구조화된 면담도구다.
① 면담은 심리검사보다는 구조화가 덜 되어 있어 심리검사보다 신뢰도가 낮다고 볼 수 있다.
③ 면담은 비구조화, 반구조화 등 여러 형태가 있어서 특히 비구조화된 면접에서는 특정 심리적 구성개념을 측정하는 심리검사보다 수집할 수 있는 정보의 양은 더 많다고 볼 수 있다.
④ 행동 관찰은 '지금-여기'에서 일어나는 행동을 관찰하는 것이지만 면담은 과거에 일어났던 일, 현재 상황, 미래 전망 등에 대해 물어볼 수 있어서 시간 조망이 더 넓다.
⑤ 면담은 일반적인 대화와 달리 목표를 두고 진행한다.

정답 53.④ 54.②

55. 웩슬러(D. Wechsler)가 검사배터리를 처음 개발할 당시에 문항을 차용한 도구를 모두 고른 것은?

ㄱ. 비네-시몽(Binet-Simon) 척도	ㄴ. 군대용 α(Army Alpha) 검사
ㄷ. 군대용 β(Army Beta) 검사	

① ㄱ ② ㄱ, ㄴ ③ ㄱ, ㄷ
④ ㄴ, ㄷ ⑤ ㄱ, ㄴ, ㄷ

해설 웩슬러는 기존의 비네검사, Army Alpha와 Army Beta 등을 바탕으로 1946년에 WB-I(Wechsler-Bellevue Intelligence Scale Form I)을 개발하였다.

56. 행동관찰에서 사용되는 기록방법 가운데 '이야기식 기록'에 관한 설명으로 옳은 것을 모두 고른 것은?

ㄱ. 관찰을 수량화하기 어려우며 타당도가 낮다.
ㄴ. 정해진 시간 내에 사건이 일어나는지 기록한다.
ㄷ. 특정한 행동에 대해 척도상에 값을 평정하게 된다.
ㄹ. 관찰 이후 특정 행동을 구체적 영역에서 양적으로 측정하는 데 도움이 된다.

① ㄱ ② ㄴ ③ ㄱ, ㄹ
④ ㄴ, ㄷ ⑤ ㄷ, ㄹ

해설 ㄴ. 정해진 시간에 일정한 간격을 두고 일어나는 행동을 기록하는 것은 시간간격 기록(interval recording)이다.
ㄷ. 관찰 이후 특정 행동을 구체적으로 양적으로 체크리스트 혹은 척도상에 기록하는 것은 평정기록(Ratings recording)이다.

57. 벤더도형검사 2판(BGT-II)에 관한 설명으로 옳지 않은 것은?

① 아동과 성인에게 모두 실시할 수 있다.
② 지각-운동 기능을 평가할 수 있다.
③ 1판에 비해 난이도가 높은 7개의 도형들이 추가되었다.
④ 기질적 뇌장애로 해석할 수 있는 특정한 반응들이 구체화되어 있다.
⑤ 항목별 5점 척도로 평정하는 채점 체계를 갖추었다.

해설 ③ 2003년에 개발된 2판에서는 원판 BGT의 9개 도형에 연령을 고려한 7개 도형을 추가(4~7세 11개월을 위한 자극 4장, 85세 이상을 위한 자극 3장 추가)하였다. 추가된 도형 7개 중에 4~11세를 위한 자극 4장은 1판에 비해 난이도가 낮고, 85세 이상을 위한 자극 3장은 난이도가 높다.

정답 55.⑤ 56.③ 57.③

58. 신경심리검사에서 레이-오스테리스 복합도형(Rey-Osterrieth complex figure)을 활용하여 평가할 수 있는 인지기능으로 옳지 않은 것은?

① 지각능력 ② 시각주의력 ③ 시각기억력
④ 구성능력 ⑤ 범주유창성

해설 레이-오스테리스 복합도형(Rey-Osterrieth complex figure)검사는 지각적 조직화와 시각적 기억력 및 계획능력을 조사하기 위한 목적으로 고안된 신경심리검사이다. 평가영역은 계획능력, 조직화 기술, 선택적 기억, 지각적 왜곡, 시각-운동 협응능력이다.
범주 유창성은 언어능력을 측정하는 소검사로 동물 이름이나 물건 이름 등 특정범주에 속하는 단어들을 말하게 하는 검사이고 언어유창성 검사에 포함된다.

59. 로샤(Rorschach) 검사에서 나타난 아래 반응들 중 종합체계 방식에서 반응 내용으로 'Hh'가 부여되는 것은?

① "밤하늘 불꽃놀이가 보여요." ② "태양이 환하네요."
③ "램프 안에 불이 타올라요." ④ "비행기가 발사되네요."
⑤ "엑스레이 사진 같아요."

해설 ③ Hh는 집안에서 쓰는 물건이나 가구용품에 채점된다.
"램프 안에 불이 타올라요." → Hh(램프), Fi(불)
① "밤하늘 불꽃놀이가 보여요." → Na(밤하늘), Fi(불꽃놀이)
② "태양이 환하네요." → Na(태양)
④ "비행기가 발사되네요." → Sc(비행기)
⑤ "엑스레이 사진 같아요." → Xy(엑스레이)

60. 로샤(Rorschach) 검사 구조적 요약에서 람다(L: Lambda) 값이 시사하는 것으로 옳은 것은?

① 경험에 대한 개방성 수준 ② 사람에 대한 관심의 정도
③ 최근 스트레스를 경험한 정도 ④ 정서를 조절하고 표현하는 경향
⑤ 방어전략으로 주지화를 사용하는 정도

해설 ① 람다 값은 경험에 대한 개방성을 평가하고 일반적으로 .30-.99에 속하면 주의 초점이 균형을 이루고 있다는 것을 의미하며 연령에 관계없이 .99 이상으로 높게 나올 경우 경험에 대한 개방성이 부족하다.
② 사람에 대한 관심의 정도 ⇨ 대인관계에 대한 관심(interpersonal interest)은 인간 반응 내용을 합친 점수이다. Human Cont = H + (H) + Hd + (Hd)
③ 최근 스트레스 경험은 es(experienced stimulation, 경험자극)로 수검자가 경험하는 자극 요구들과 관련된다. 스스로 통제력을 잃을 정도의 힘든 상황임을 말해 준다. es = Sum FM + m + Sum c' + Sum T + Sum Y + Sum V

정답 58.⑤ 59.③ 60.①

④ 정서를 조절하고 표현하는 경향 ⇨ 형태-색채 비율(Form-C or Ratio, FC: CF+C)이 정서 표출의 통제 및 조절과 관련 있다.
⑤ 방어전략으로 주지화를 사용하는 정도 ⇨ 주지화 지표(Intellectualization Index)=2AB+Art+Ay [추상화(AB), 예술(Art), 인류학(Ay)]

61. 각 검사별 실시방법으로 옳지 않은 것은?

① 로샤(Rorschach) 검사: 연상단계에서 반응 수가 14개 이하이면 질문단계가 아닌, 한계검증 단계로 넘어간다.
② 로샤(Rorschach) 검사: 질문단계는 반응의 영역, 결정인 및 내용을 확인하는 데 초점을 두고 진행한다.
③ 주제통각검사(TAT): 전체 카드 가운데 수검자의 성별과 연령을 고려하여 일부 카드를 선정하여 실시한다.
④ 문장완성검사(SCT): 제한 시간은 없으나, 가능한 빨리 문장을 완성하도록 지시한다.
⑤ 집-나무-사람(HTP) 검사: 나무를 그리는 단계에서는 종이를 세로로 제시한다.

해설 연상단계에서 반응 수가 14개 이하이면 타당도가 떨어져서 다시 실시할 수 있다. 한계검증은 흔히 평범반응을 보고하는 2~3개의 잉크 반점에 대해 평범반응을 알려 주고 "이제 검사를 마쳤습니다. 그런데 다른 사람들이 이 카드에서 ○○을 봅니다. 당신도 그렇게 보이시나요?"라고 질문하는 것을 말한다.

62. 머레이(H. Murray)는 주제통각검사(TAT)의 수검자 반응을 (ㄱ)과(와) (ㄴ)의 측면에서 분석하는 해석체계를 제시하였다. ( )에 들어갈 내용으로 옳은 것은?

① ㄱ: 동일시, ㄴ: 투사 ② ㄱ: 주인공, ㄴ: 내용 ③ ㄱ: 콤플렉스, ㄴ: 대처
④ ㄱ: 갈등, ㄴ: 방어 ⑤ ㄱ: 욕구, ㄴ: 압력

해설 TAT 해석방법에는 표준화법(Hartman), 대인관계법(Arnold), 직관적 해석법(Bellak), 지각법(Rapaport), 욕구-압력 분석법(Murray)이 있으며, 일반적으로 욕구-압력 분석법이 가장 널리 사용되고 있다.

63. 로샤(Rorschach) 검사의 구조적 요약의 소외지표(Isolation Index)에 관한 설명으로 옳은 것은?

① 지표를 계산할 때 순수형태 반응의 수가 필요하다.
② 식물, 구름, 지도, 풍경, 자연의 다섯 가지 범주의 반응 수가 지표 계산에 사용된다.
③ 현실을 지각할 때 왜곡되어 있는 정도를 알려 준다.
④ 자살지표(S-CON)를 구성하는 요소이다.
⑤ 구조적 요약 가운데 자기지각 영역에 포함된다.

정답 61.① 62.⑤ 63.②

해설 ② 소외지표(Isolation Index, Isolate/R): 사회적 고립과 관련 있으며, 5개의 범주[식물, 구름, 지도(=지형), 풍경, 자연]를 포함하는데 그중 구름과 자연 범주는 두 배로 계산한다.

$$\text{Isolate} / \text{R} = \frac{\text{Bt} + 2\text{Cl} + \text{Ge} + \text{Ls} + 2\text{Na}}{\text{R}}$$

64. 심리검사 도구와 평가목적의 연결이 옳지 않은 것은?

① K-WISC-V: 지능 및 인지능력
② MMPI-2: 주요 정신병리
③ Rorschach: 지각 및 통각과정
④ NEO-PI: 16가지 성격차원
⑤ TAT: 대인관계의 역동

해설 NEO-PI는 5요인, 즉 신경증(Neuroticism), 외향성(Extraversion), 개방성(Openness), 친화성(Agreeableness), 성실성(Conscientiousness)으로 구성되어 있고 16가지 성격 차원은 16PF 성격검사로 측정한다.

65. 습관적 수행(typical performance)을 측정하는 검사로 옳지 않은 것은?

① 직업적성검사
② 스트롱-캠벨(Strong-Campbell) 흥미검사
③ 카텔(R. Cattell)의 16PF
④ PAI
⑤ MMPI-A

해설 직업적성검사는 수검자가 자신의 능력을 발휘하려고 노력한다는 것을 전제로 하는 최대수행검사다. 최대수행검사에는 지능검사, 적성검사, 성취도검사, 운동능력검사, 신경심리검사, 창의력검사 등이 있다.

66. 심리검사 제작 단계를 순서대로 옳게 나열한 것은?

ㄱ. 검사방법의 결정	ㄴ. 검사내용의 정의
ㄷ. 문항개발	ㄹ. 사전검사 실시

① ㄱ → ㄴ → ㄷ → ㄹ
② ㄱ → ㄷ → ㄴ → ㄹ
③ ㄱ → ㄹ → ㄷ → ㄴ
④ ㄴ → ㄱ → ㄷ → ㄹ
⑤ ㄴ → ㄷ → ㄱ → ㄹ

해설 검사 제작 목적 및 방향 설정 ▶ 검사(측정) 내용의 정의 ▶ 검사 방법의 결정 ▶ 문항 개발 및 검토 ▶ 예비(사전) 검사의 실시 ▶ 문항의 분석과 수정 ▶ 본 검사 실시 ▶ 신뢰도와 타당도 검토 ▶ 규준 및 검사요강 작성 ▶ 발행과 개정

※ 객관적 심리검사 제작 절차이며 검사 제작 목적 및 방향 설정에 따라 세부 절차는 달라질 수 있다.

정답 64.④ 65.① 66.④

67. IQ 분포와 T 점수 분포의 값들을 비교한 것으로 옳은 것은?

① IQ 115의 상대적 위치는 T 점수 65와 같다.

② T 점수 70은 IQ 120의 백분위와 같다.

③ IQ 70과 T 점수 30의 백분위는 같다.

④ T 점수 40의 상대적 위치는 IQ 90과 같다.

⑤ IQ 85는 T 점수 50의 백분위와 같다.

해설 모두 정답으로 처리된 문제이다.

- IQ 점수는 100점을 기준으로 절대점수가 아닌 표준편차를 통해 계산하므로 편차의 기준에 따라 IQ 점수는 각각 다르게 표현된다. 스탠포드-비네 검사는 표준편차 16, 레이븐스 방식은 표준편차 24, 웩슬러 방식은 표준편차 15를 기준으로 점수를 나타낸다.
- 이 문제에서는 지능검사의 종류나 척도를 구체적으로 언급하지 않았기 때문에 정답을 추론할 수가 없으므로 모두 정답 처리되었다.
- 만약에 이 문제가 '웩슬러 지능검사 점수의 IQ 분포와 T 점수 분포의 값들을 비교한 것으로 옳은 것은?'이었다면 정답은 ③이 될 것이다. (웩슬러 지능검사의 IQ 곡선과 다른 표준점수와의 관계는 다음 그림에서 확인할 수 있다.)

웩슬러 지능검사의 IQ 곡선 및 다른 표준점수와의 관계

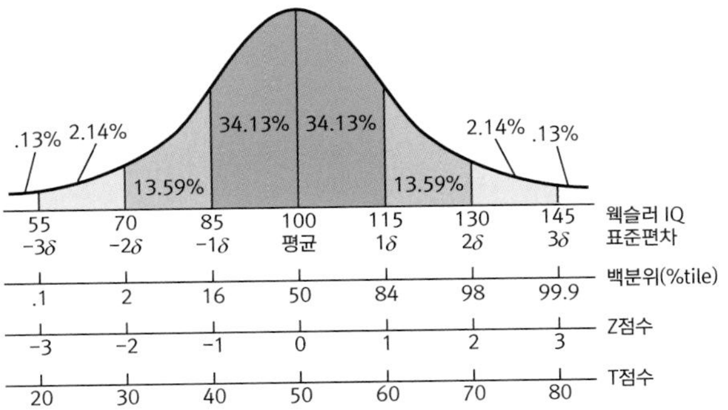

68. 고등학생 A는 자아존중감 검사에서 70점을 받았다. 이 검사를 받은 집단의 평균이 60, 표준편차가 10인 정규분포를 이루고 있다. 고등학생 A의 점수에 관한 설명으로 옳은 것은?

① A의 점수에 해당하는 Z 점수는 +1.5이다.

② A의 점수에 해당하는 T 점수는 60이다.

③ A의 점수에 해당하는 백분위는 75이다.

④ A보다 높은 점수를 받은 사람의 비율은 25%이다.

⑤ A의 점수의 신뢰도 구간은 60~80점이다.

정답 67.모두 정답 68.②

제1교시 제3과목 필수

해설 ② T 점수＝10×Z점수(1)＋50＝60
① Z 점수＝(원점수－평균)÷표준편차＝(70－60)÷10＝1
③ Z 점수가 1이므로 백분위 점수는 84.13%이다.
④ A보다 높은 점수를 받을 비율은 약 15.87%이다.
⑤ 95% 신뢰수준을 가정했을 때, 신뢰도 구간은 64.4～99.6이다.

69. K-WAIS-IV에 관한 설명으로 옳지 않은 것은?

① 공통성 소검사는 언어적 이해능력을 측정한다.
② 숫자 소검사는 주의 집중력을 측정한다.
③ 지우기 소검사는 선택적 주의력을 측정한다.
④ 기호쓰기 소검사는 시각－운동 기민성을 측정한다.
⑤ 행렬추론 소검사는 결정성 지능(crystallized intelligence)을 측정한다.

해설 ⑤ 행렬추론 소검사는 유동성 지능, 시지각능력 및 시지각적 조직화 능력, 시공간 추론 및 추상적 사고력, 전체를 세부 구성요소들로 분석하는 능력을 측정한다.

70. K-WISC-IV에서 동형찾기 소검사가 측정하는 능력으로 옳지 않은 것은?

① 주의력
② 시각적 추론 능력
③ 시각 판별력
④ 시각적 단기기억
⑤ 시각－운동 협응능력

해설 동형찾기 소검사는 시각적 탐지 속도 및 정보처리 속도, 시각적 경계 및 주의 집중력, 단기 시각 기억력, 시각-운동 협응력, 인지적 유연성, 정신운동 속도, 정신적 조작 속도, 지각적 조직화 능력, 유동적 지능, 계획 및 학습능력을 측정한다. 시각적 추론 능력은 행렬추리 검사로 측정한다.

71. K-WISC-IV에 관한 설명으로 옳은 것을 모두 고른 것은?

ㄱ. 이해는 언어이해지표(VCI)의 보충 소검사이다.
ㄴ. 산수는 작업기억지표(WMI)의 보충 소검사이다.
ㄷ. 선택은 처리속도지표(PSI)의 핵심 소검사이다.
ㄹ. 토막짜기는 지각추론지표(PRI)의 핵심 소검사이다.

① ㄱ, ㄴ
② ㄱ, ㄷ
③ ㄴ, ㄷ
④ ㄴ, ㄹ
⑤ ㄷ, ㄹ

정답 69.⑤ 70.② 71.④

해설 ㄱ. 이해는 언어이해지표(VCI)의 핵심 소검사이다.
ㄷ. 선택은 처리속도지표의 보충 소검사이다.

K-WISC-IV 지표와 소검사

구분	언어이해(VCI)	지각추론(PRO)	작업기억(WMI)	처리속도(PSI)
핵심	공통성, 어휘, 이해	토막짜기, 공통그림찾기, 행렬추론	숫자, 순차연결	기호쓰기, 동형찾기
보충	상식, 단어추리	빠진 곳 찾기	산수	선택

72. PAI 심리검사에서 대인관계 척도로 옳은 것은?

① 지배성(DOM) ② 공격성(AGG) ③ 반사회적 특징(ANT)
④ 긍정적 인상(PIM) ⑤ 우울(DEP)

해설 PAI 심리검사의 대인관계 척도에는 DOM(지배성)과 WRM(온정성)이 있다.

PAI 척도	
타당성 척도	비일관성(ICN), 저빈도(INF), 부정적 인상(NIM), 긍정적 인상(PIM)
임상 척도	신체적 호소(SOM), 불안(ANX), 불안관련장애(ARD), 우울(DEP), 조증(MAN), 망상(PAR), 정신분열병(SCZ), 경계선적 특징(BOR), 반사회적 특징(ANT), 반사회적 특징(ANT), 음주문제(ALC), 약물사용(DRG)
치료고려 척도	공격성(AGG), 자살관념(SUI), 스트레스(STR), 비지지(NON), 치료거부(RXR)
대인관계 척도	지배성(DOM), 온정성(WRM)

73. MMPI-2에서 F(B) 척도에 관한 설명으로 옳은 것을 모두 고른 것은?

ㄱ. 40문항으로 구성되어 있음
ㄴ. 검사문항 후반부에 배치되어 있음
ㄷ. 규준집단 중에 응답율이 20% 미만인 문항으로 구성됨
ㄹ. F척도와 함께 고려하여 태도 변화를 알아볼 수 있음
ㅁ. 실제 정신병적 문제인지 또는 어려움에 관한 과대보고인지를 변별함

① ㄱ, ㄴ, ㄷ ② ㄱ, ㄴ, ㄹ ③ ㄴ, ㄷ, ㄹ
④ ㄷ, ㄹ, ㅁ ⑤ ㄱ, ㄴ, ㄹ, ㅁ

해설 ㄷ. 규준집단의 응답율이 10% 미만인 문항으로 구성되어 있고 후반부에 위치한 보충척도 및 내용척도의 타당성에 대한 근거를 제시한다. 비임상 장면에서는 T 점수가 90 이상, 임상 장면에서는 T 점수가 110 이상일 경우 타당하지 않은 것으로 간주한다.
ㅁ. 실제 정신병적 문제인지 아니면 과대보고인지 변별하는 척도는 F(P) 척도이다.

정답 72.① 73.②

74. 다음 증상들과 연관된 MMPI-2의 임상척도로 옳은 것은?

- 피로감을 자주 호소함
- 두통 및 감각 이상을 호소함
- 특정 신체기관에 관한 어려움을 호소함
- 스트레스를 겪을 때 신체증상을 보일 수 있음

① 건강염려증(Hs) ② 강박증(Pt) ③ 반사회성(Pd)
④ 내향성(Si) ⑤ 편집증(Pa)

해설 건강염려증 척도는 만성적인 경향이 있는 모호한 여러 신체증상(예 피로감, 두통 및 감각 이상, 특정 신체기관에 대한 불편감 등)을 호소한다.

75. 다음의 특성을 모두 포함하는 MMPI-2의 해리스-링고스(Harris-Lingoes) 소척도로 옳은 것은?

- 비현실적인 낙관적 태도를 가진다.
- 윤리문제에 엄격한 도덕적 태도를 가진다.
- 타인의 부정적 특성을 부인하며 사람을 의심하지 않는다.

① Sc3 ② Sc4 ③ Ma4
④ Pa2 ⑤ Pa3

해설 ⑤ Pa3(순진성)은 비현실적으로 낙관적인 태도를 취하며, 사람들이 정직하고, 이타적이고, 관대하다고 여긴다.

① Sc3: 척도8의 소척도(자아통합 결여, 인지적)
- 가끔 미칠지도 모른다고 느끼기도 하고 정신을 집중하거나 기억하는 데 어려움을 겪는다.
- 기이한 사고 과정을 겪으며 비현실감을 느낀다.

② Sc4: 척도8의 소척도(자아통합 결여, 동기적)
- 삶이 재미없고 힘들다고 느끼며, 우울 및 절망감을 경험하고 과도하게 걱정을 한다.
- 스트레스 상황에서 공상 및 백일몽으로 빠지기도 하며 죽기를 바라기도 한다.

③ Ma4: 척도9의 소척도(자아팽창)
- 자신의 능력과 가치에 비현실적으로 과장된 평가를 내리고 자신을 중요한 사람이라 여기며, 타인의 요구에 부당하게 취급받는다고 느끼고 분개할 수 있다.

④ Pa2: 척도6의 소척도(예민성)
- 다른 사람들에 비해 민감하며 쉽게 강렬한 감정을 느끼고 흥분을 잘한다.
- 외롭고 이해받지 못한다고 느끼고, 기분전환을 위해 위험하거나 자극적인 활동을 추구한다.

정답 74.① 75.⑤

◆ 심리측정 평가의 활용

제3과목 필수 2022년 기출문제 및 해설

51. 심리검사의 신뢰도와 타당도에 관한 설명으로 옳은 것은?

① 검사의 문항이 많을수록 신뢰도는 낮아진다.
② 측정의 표준오차 값이 클수록 신뢰도는 높아진다.
③ 예측타당도는 준거타당도의 한 종류이다.
④ 검사점수와 준거변인의 상관이 낮을수록 공인타당도가 높아진다.
⑤ 타당도를 측정하는 한 방법은 크론바흐 알파(Cronbach's alpha) 지수를 알아보는 것이다.

해설 ③ 예측타당도는 준거타당도의 한 종류이다. 준거타당도(criterion validity)에는 예측타당도(predictive validity), 동시타당도 또는 공인타당도(concurrent validity)가 있다.
① 검사의 문항이 많을수록 신뢰도는 높아진다.
② 측정의 표준오차 절댓값이 작을수록 신뢰도는 높아진다.
④ 검사점수와 준거변인의 상관이 높을수록 공인타당도가 높아진다.
⑤ 크론바흐 알파(Cronbach's alpha) 지수를 알아보는 것은 신뢰도를 측정하는 한 방법이다.

52. MMPI-2에서 성격병리 5요인 척도(PSY-5)의 공격성 척도(AGGR)가 T 점수 65 이상일 때 보이는 특징으로 옳지 않은 것은?

① 언어적 혹은 신체적으로 공격적이다.
② 다른 사람을 위협하는 것을 즐긴다.
③ 상담 중에 상담자를 통제하려고 노력한다.
④ 다른 사람을 지배하기 위해 폭력을 사용한다.
⑤ 다른 사람에게 없는 이상한 감각 혹은 지각적 경험을 한다.

해설 ⑤ 다른 사람에게 없는 이상한 감각, 지각적 경험은 정신증 척도(Psychoticism: PSYC)가 상승할 때에 관한 설명이다.

성격병리 5요인 척도

- 공격성 척도(Aggressiveness: AGGR): 공격성, 지배 욕구, 권력 욕구, 목표달성 혹은 타인에 대한 지배와 통제를 위해 폭력적 · 위협적 · 공격적 행동 사용, 학교 장면에서의 행동 문제, 가정 폭력, 체포 및 구금 과거력 등을 시사한다.

정답 51.③ 52.⑤

- 정신증 척도(Psychoticism: PSYC): 기태적 감각 및 지각 경험, 현실검증력 결여, 관계 사고, 비현실적인 두려움, 연상의 이완, 특이한 생각이나 행동, 현실 생활과의 단절과 고립, 대인관계에서의 부적절성 및 소외감을 갖는다.
- 통제 결여 척도(Disconstraint: DISC): 높은 점수는 자기통제 능력 결여, 충동적, 감각적, 모험적이고 자극 추구적인 성향을 반영한다. 학교 장면에서의 문제행동, 약물 남용, 체포 및 구속 등의 과거력 등을 시사한다. 낮은 점수는 자기절제 및 통제력, 안전지향, 규칙과 규범 준수 등을 의미한다.
- 부정적 정서성/신경증 척도(Negative Emotionality/Neuroticism: NEGE): 불쾌감, 불안, 걱정, 죄책감 등 부정적 정서 경험의 소인을 반영한다. 자기비판적, 죄책감, 우울감, 신체 증상 호소, 대인관계 지지 체계가 빈약하다.
- 내향성/낮은 긍정적 정서성 척도(Introversion/Low Positive Emotionality: INTR): 높은 점수는 낮은 성취 욕구와 포부 수준을 나타내며, 추진력 및 에너지가 부족하고, 내향적, 비관적, 염세적이며 정서적 반응성이 낮다. 낮은 점수는 기쁨, 즐거움, 유쾌함 같은 긍정적 정서성 소인을 반영한다. 사교적이며 포부가 크고 심적 에너지 수준 및 정서적 반응성이 높다.

53. 심리검사에 관한 설명으로 옳지 않은 것은?

① 검사상황변인은 결과에 영향을 미치지 않는다.
② 심리적 구성개념을 측정하기 위한 도구이다.
③ 개인의 행동을 예측하는 것이 목적의 하나이다.
④ 투사적 검사에서는 자유로운 반응이 허용된다.
⑤ 표준화 검사와 비표준화 검사가 있다.

해설 ① 검사상황변인은 심리검사 결과에 영향을 미친다. 심리검사의 결과에 영향을 미치는 상황변인으로는 소음과 자극, 채광과 통풍, 자리 배치와 공간, 검사 시행시간, 수검자의 정서적 안정도 및 피로도 등이 있다.

54. K-WAIS-IV에 관한 설명으로 옳은 것은?

① 총 16개의 소검사로 구성되어 있다.
② 전체지능지수(FSIQ)는 하위 여섯 가지 지수점수로 산출된다.
③ 작업기억지수(WMI)는 비언어적 문제를 해결할 때 요구되는 정신적 속도 및 운동 속도를 반영한다.
④ 지우기는 언어이해지수(VCI)의 보충 소검사이다.
⑤ 언어이해지수(VCI)는 문화적 여건의 영향을 많이 받는다.

해설 ⑤ 언어이해지수(VCI)는 다른 지수척도에 비해 문화적 여건의 영향을 받기가 쉽다.
① K-WAIS-IV는 총 15개의 소검사로 구성되어 있다(아동지능검사 K-WISC-V의 경우 총 16개의 소검사로 구성).
② 전체지능지수(FSIQ)는 언어이해, 지각추론, 작업기억, 처리속도라는 하위 네 개의 지수점수로 산출된다.

정답 53.① 54.⑤

③ 작업기억지수(WMI)는 주로 주의력, 집중력, 단기기억과 관련 있고, 단기간 정보를 유지하고 조작하는 능력, 인지적 유연성 등을 측정한다. 비언어적 문제를 해결할 때 요구되는 정신적 속도 및 운동 속도를 반영하는 것은 처리속도지수(PSI)이다.

④ 지우기는 처리속도지수(PSI)의 보충 소검사로 WAIS-IV에서 새로 도입되었다.

55. 주제통각검사(TAT)에 관한 설명으로 옳지 않은 것은?

① 모든 수검자에게 같은 지시문을 제시한다.

② 두 번으로 나누어 검사를 실시할 수 있다.

③ 성취욕구는 도판1의 일반적인 주제의 하나이다.

④ 욕구-압력 분석법의 첫 단계는 주인공을 찾는 것이다.

⑤ 통각은 객관적 자극과 주관적 경험의 상호작용으로 만들어진다.

해설 ① 검사의 지시문은 1차 검사와 2차 검사에 따라 차이가 있고 수검자의 지능수준이나 연령에 따라 다르게 제시된다. 또한 16번 백지카드에는 특별한 지시문이 사용된다.

평균 지능을 가진 청소년, 성인에게 검사를 할 때의 지시문

"이것은 일종의 상상력 검사입니다. 지금부터 한 번에 한 장씩 그림을 몇 개 보여 드리겠습니다. 제가 제시하는 그림을 보면서 될 수 있는 한 많은 이야기를 꾸며 보십시오. 그림에 나타난 장면이 있기까지 어떤 일들이 있었는지, 현재 무슨 일이 일어나고 있는지, 그림 속의 인물들이 무엇을 느끼고 생각하고 있는지 이야기해 보십시오. 그리고 현재 상황이 앞으로 어떤 결과로 이어질지도 이야기해 주십시오. 자, 여기 첫 번째 그림을 보시고 이야기를 만들어 보십시오."

56. 심리평가를 구성하는 요인을 모두 고른 것은?

ㄱ. 심리검사	ㄴ. 면담
ㄷ. 행동관찰	ㄹ. 검사자의 성격

① ㄱ, ㄴ

② ㄷ, ㄹ

③ ㄱ, ㄴ, ㄷ

④ ㄴ, ㄷ, ㄹ

⑤ ㄱ, ㄴ, ㄷ, ㄹ

해설 심리평가는 심리검사, 행동관찰, 면담 등으로 구성된다. 검사자의 성격은 심리검사 결과에 영향을 미치는 요인 중 평가자 요인에 해당한다.

평가자 변인으로는 평가자의 연령, 성, 인종, 직업적 지위, 수련과 경험, 성격 특성, 외모 등이 영향을 미칠 수 있다. 또한 검사 시행 전이나 중간에 보이는 평가자의 행동이 검사 결과에 영향을 미치는 것으로 보고되고 있다.

정답 55.① 56.③

57. HTP 검사에 관한 설명으로 옳은 것은?

① 기호 채점 절차를 거쳐 해석한다.
② 집-나무-사람 순서로 그리게 한다.
③ 각 그림마다 그리는 시간이 정해져 있다.
④ 집을 그릴 때는 수검자에게 세로로 종이를 제시한다.
⑤ 사람을 그릴 때는 수검자와 같은 성(性)을 먼저 그리도록 지시한다.

해설 ② HTP 검사는 집(House)-나무(Tree)-사람(Person)의 순서로 그리게 한다.
① 전체적으로 그림의 구조 및 표현 방식과 그림 내용에 대한 해석적 가설을 세운다.
③ 그리는 시간이 정해져 있지는 않고 각 그림을 그리는 시간을 측정하고 기록한다.
④ 집을 그릴 때는 수검자에게 가로로 종이를 제시한다. 나무 그림과 사람 그림은 종이를 세로로 제시한다.
⑤ 사람을 그릴 때는 첫 번째는 "여기에 사람을 그려 보세요."라고 말하고 다 그리면 그림의 성(性)을 묻고 기록한다. 그런 후 종이를 세로로 제시하며 방금 그린 그림의 반대 성을 그리도록 지시한다.

58. 심리검사를 실시할 때 가장 적절한 선택은?

① 직업흥미 평가를 위해 K-ABC검사를 실시한다.
② 자폐스펙트럼장애 평가를 위해 BGT검사를 실시한다.
③ 지능 평가를 위해 MMPI-2검사를 실시한다.
④ 적응장애 평가를 위해 MBTI검사를 실시한다.
⑤ 우울감 평가를 위해 BDI검사를 실시한다.

해설 ⑤ BDI(Beck Depression Inventory)는 일반 성인을 대상으로 한 자기보고형 우울 척도이다.
① K-ABC검사는 아동용 지능검사로 아동의 지능을 평가하기 위해 실시한다. 직업흥미 평가를 위해서는 STRONG, HOLLAND 직업흥미검사 등을 실시한다.
② 자폐스펙트럼장애 평가를 위해서는 K-CARS(한국판 아동기 자폐증 평정척도), ADOS(Autism Diagnostic Observation Schedule), ADI-R(Autism Diagnostic Interview-Revised) 등을 실시한다. BGT검사는 시각-운동 협응능력 및 시지각 능력을 측정하는 검사이다.
③ 지능 평가를 위해 웩슬러 지능검사(K-WAIS-IV, K-WISC-IV), 카우프만 아동용지능검사(K-ABC) 등을 실시한다. MMPI-2검사는 성격특성과 병리를 평가하기 위해 실시한다.
④ MBTI(Myers-Briggs-Type Indicator)는 주로 일반인들의 성격을 알아보기 위한 자기 보고 검사로 16가지 성격 유형으로 나누어진다. 적응장애 평가를 위해서는 최근 스트레스가 되는 생활사의 변화와 그에 따른 적응 문제를 파악하고 우울, 불안이 있다면 해당 설문지를 사용한다.

정답 57.② 58.⑤

59. K-WAIS-IV 검사의 처리속도지수(PSI)에 해당하는 소검사로만 나열된 것은?

① 공통성, 어휘, 퍼즐
② 이해, 행렬추리, 산수
③ 숫자, 빠진 곳 찾기, 무게비교
④ 동형찾기, 기호쓰기, 지우기
⑤ 기호쓰기, 순서화, 토막짜기

해설 **K-WAIS-IV 지표와 소검사**

구분	언어이해(VCI)	지각추론(PRI)	작업기억(WMI)	처리속도(PSI)
핵심	공통성, 어휘, 상식	토막짜기, 행렬추론, 퍼즐	숫자, 산수	동형찾기, 기호쓰기
보충	이해	무게비교, 빠진 곳 찾기	순서화	지우기

60. 심리평가 보고서에 관한 설명으로 옳지 않은 것은?

① 치료적 개입방법을 제시한다.
② 의뢰사유에 대해 명확한 답을 제공한다.
③ 수집된 다양한 자료를 조직화하여 통합한다.
④ 검사자의 전문적이고 추상적인 용어로 작성한다.
⑤ 행동관찰을 기술할 때는 수검자의 구체적이고 독특한 인상에 초점을 맞춘다.

해설 ④ 심리평가 보고서를 작성할 때는 심리학적 전문용어나 추상적인 표현보다는 명확하고 구체적인 표현을 쓰는 것이 좋다.

학습 plus

심리평가 보고서 작성법

- 정확하게 의미를 전달할 수 있도록 관용적인 표현을 짧고 간결하게 사용할 것
- 문법적으로 정확한 표현을 사용할 것
- 다양하고 풍부하게 문장을 구성할 것
- 여러 단락에 걸쳐 비슷한 개념이나 내용을 반복하지 말 것
- 한 단락은 중요한 단일한 개념에 초점을 맞춰 짧게 기술할 것
- 비슷한 개념은 비슷한 영역에 위치시킬 것

심리평가 보고서의 일반적 목적

- 의뢰 사유에 대해 명확한 답을 제공한다.
- 수검자 개인에 대해 설명해 준다.
- 수집된 다양한 자료를 조직화하여 통합한다.
- 치료적 개입방법에 대한 제언을 한다.

정답 59.④ 60.④

61. 다음 설명에 해당하는 MMPI-2의 유의미한 상승 척도쌍으로 옳은 것은?

- 매우 에너지가 많고 과잉활동적이며 정서적으로 불안정하다.
- 다른 사람들이 자신에게 많은 관심을 보여 줄 것을 요구하고 이런 요구가 좌절되면 화를 내면서 적대적인 행동을 한다.
- 자기평가가 비현실적으로 과장되어 있고, 다른 사람들에게는 웅대하며 허풍스럽고 변덕스러운 사람이라는 인상을 준다.
- 타인과 정서적 관계를 맺는 데 두려움이 있고 사고이탈을 보이며 기태적인 언어를 나타낸다.

① 12/21 ② 23/32 ③ 49/94
④ 68/86 ⑤ 89/98

해설 ⑤ 89/98 척도쌍에 대한 설명이다.

① 12/21: 신체 징후와 불편감을 많이 호소한다. 고통의 정도를 과장하여 신체적 불편감을 호소한다. 신체 질병에서부터 국소적 혹은 다양한 신체 징후에 대한 불평, 근심, 걱정이 많으며 불면, 피로감, 신체적 쇠약함 등 막연한 신체적 · 생리적 징후에 대해서도 호소한다.

② 23/32: 심신 에너지가 저하되어 있고 활력이 부족하며 슬픈 기분, 불행감, 우울감을 주로 호소한다. 상황적 스트레스로 인해 우울감이 유발되었다가도 적절히 해소되지 못해 오래 지속된다. 과민하고 짜증스러운 기분, 초조감, 긴장감, 걱정과 염려 같은 불안 관련 징후라든지 불면, 피로감, 소진감, 쇠약감, 위장 장애나 소화기 계통의 신체적 불편감도 빈번히 호소한다. 감정과 행동을 지나치게 통제하는데, 이로 인해 심신 에너지를 소진한다.

③ 49/94: 충동적이고 욕구중심적인 성향이 매우 강하며 보편적인 사회 가치와 관습, 도덕 규범을 심하게 무시하는 반사회적 행동을 보인다. 감각적이고 쾌락적인 대상이나 활동을 선호하며 적극적으로 추구하는 반면, 욕구 지연이나 좌절에 대한 내성은 매우 약하다. 자신의 행동이 초래할 결과를 고려하지 못하고 신중하고 계획적으로 행동하지 못할 때 즉각적인 욕구 충족에만 초점을 맞춰 충동적으로 행동한다. 자신의 경험과 시행착오를 통해 무언가를 배우지 못하며, 무책임하고 죄책감도 별로 느끼지 못한다. 오히려 자신의 문제행동을 변명하고 합리화하거나 실패의 원인을 다른 사람의 탓으로 돌리며 상대를 비난한다.

④ 68/86: 의심이 많고 상대방을 불신한다. 주위 사람들과 거리를 두고 소원하게 지낸다. 억제되어 있고 수줍은 듯 보이다가도 갑자기 화를 내거나 불안, 초조해한다. 자기만의 공상에 몰두할 뿐 주변 환경에 무관심하고 비협조적이어서 타인의 요구에도 적절히 반응하지 못한다. 사고방식이나 행동 양식은 특이하고 기괴하며, 관계사고, 피해망상, 과대망상을 보이는 경우도 흔하다. 둔마된 정동, 주의집중의 어려움, 현실감과 판단력의 부족, 적응상의 어려움을 초래한다.

62. BGT에서 허트(M. Hutt)의 임상적 해석상 기질적 뇌장애와 가장 밀접한 관련이 있는 것은?

① 폐쇄곤란 ② 교차곤란 ③ 용지회전
④ 중복곤란 ⑤ 지각적 회전

정답 61.⑤ 62.④

해설 ④ 기질적 뇌손상에서 나타나는 BGT의 반응적 특징은 뚜렷한 각의 변화, 중첩 곤란, 심한 회전, 심한 단순화, 경직성 등이다.

- 신경증: 지나치게 엄격한 순서, 지나치게 불규칙한 순서, 매우 작은 그림, 교차곤란, 선의 굵기가 심하게 비일관적
- 지적장애: 혼란스러운 배열방식, 심하게 비정상적인 도형 A의 위치, 지나치게 큰 그림, 지나친 가장자리 사용, 심한 폐쇄곤란, 심한 곡선곤란

63. T 점수가 40일 때 이에 해당하는 Z 점수는?

① −3　② −1　③ 0
④ 1　⑤ 2

해설 T 점수 = 10 × Z 점수 + 50
따라서 10 × Z 점수 + 50 = 40
10 × Z 점수 = 40 − 50
10 × Z 점수 = −10
Z 점수는 −1
※ Z 점수 = (원점수−평균) ÷ 표준편차

64. 심리검사의 제작에 있어서 경험적 접근방식을 사용한 심리검사는?

① MBTI　② K−WAIS　③ TCI
④ MMPI　⑤ TAT

해설 ④ 1930년대 후반 해서웨이와 맥킨리(Hathaway & Mckinley)는 MMPI를 제작할 때, 그 당시 일반적인 심리검사 제작방식이었던 논리적 접근(logical keying approach)의 한계를 보완하고자 여러 집단의 속성을 잘 변별해 낼 수 있는지를 검증할 수 있는 경험적 접근(empirical keying approach)을 채택하였다.

65. 성인을 대상으로 한 심리검사로 옳은 것을 모두 고른 것은?

ㄱ. MMPI−2	ㄴ. K−WPPSI	ㄷ. K−ABC
ㄹ. MMTIC	ㅁ. K−CBCL	

① ㄱ　② ㄱ, ㄹ　③ ㄴ, ㄷ, ㄹ
④ ㄱ, ㄷ, ㄹ, ㅁ　⑤ ㄱ, ㄴ, ㄷ, ㄹ, ㅁ

정답 63.② 64.④ 65.①

해설 ㄱ. MMPI-2는 만 18세 이상의 성인들을 위해 개발된 검사다. 만 13~18세의 청소년들에게는 MMPI-A를 실시하여야 한다. 만 18세는 두 검사 모두 실시가 가능한 연령으로, 수검자 개인의 특성을 고려하여 선택, 적용해야 한다.

ㄴ. K-WPPSI는 한국 웩슬러 유아지능검사로 만 3세~만 7세 3개월 된 아동을 대상으로 하는 지능검사이다. 어린 영재 아동이나 나이가 많은 발달지연 아동의 경우는 이 연령 범위를 벗어나더라도 실시할 수 있다.

ㄷ. K-ABC는 2세 6개월~12세 5개월 아동을 대상으로 지능과 습득도를 평가하는 종합지능검사로 카우프만(Kaufman) 부부가 개발했다.

ㄹ. MMTIC는 검사대상이 만 8~13세인 아동 및 청소년 성격유형검사이다.

ㅁ. K-CBCL은 한국판 아동청소년 행동평가척도로 아동 및 청소년의 사회적응 및 정서행동 문제를 평가하는 심리검사이며 대상 아동을 잘 아는 사람, 즉 부모, 교사, 주양육자가 평가한다. K-CBCL(1.5~5세)과 K-CBCL(6~18세)가 있다.

66. K-WISC-IV 검사 중에서 시간제한이 있는 검사가 아닌 것은?

① 산수　② 숫자　③ 선택
④ 기호쓰기　⑤ 빠진 곳 찾기

해설 ② '숫자'는 시간제한이 없는 검사이다. 아동청소년 지능검사(K-WISC-IV) 중에서 시간제한이 있는 검사는 토막짜기, 빠진 곳 찾기, 산수, 기호쓰기, 동형찾기, 선택이다.

K-WISC-IV의 전체 척도 구성(⏱ : 시간제한, ↻ : 되돌아가기)

구분	언어이해(VCI)	지각추론(PRI)	작업기억(WMI)	처리속도(PSI)
핵심 소검사	공통성 ↻ 어휘 ↻ 이해 ↻	토막짜기 ⏱ 공통그림찾기 ↻ 행렬추리 ↻	숫자 순차연결	기호쓰기 ⏱ 동형찾기 ⏱
보충 소검사	상식 ↻ 단어추리 ↻	빠진 곳 찾기 ⏱, ↻	산수 ⏱, ↻	선택 ⏱

K-WISC-V의 전체 척도 구성(⏱ : 시간제한)

구분	언어이해(VCI)	시공간(VSI)	유동추론(FRI)	작업기억(WMI)	처리속도(PSI)
핵심 소검사	공통성 어휘	토막짜기 ⏱ 퍼즐 ⏱	행렬추리 무게비교 ⏱	숫자 그림기억 ⏱	기호쓰기 ⏱ 동형찾기 ⏱
보충 소검사	상식 이해		공통그림찾기 ⏱ 산수 ⏱	순차연결	선택 ⏱

- 성인용 지능검사 K-WAIS-IV 검사 중에서 시간제한이 있는 검사는 토막짜기, 산수, 동형찾기, 퍼즐, 기호쓰기, 무게비교, 지우기, 빠진 곳 찾기이며, 특히 토막짜기의 경우 시간 가산점이 적용되므로 반응시간을 정확히 측정하고 기록해야 한다.

정답 66.②

67. K-WAIS-IV의 핵심 및 보충 소검사에 관한 설명으로 옳은 것을 모두 고른 것은?

ㄱ. 무게비교는 지각추론지수(PRI)의 보충 소검사이다.
ㄴ. 순서화는 작업기억지수(WMI)의 보충 소검사이다.
ㄷ. 이해는 언어이해지수(VCI)의 핵심 소검사이다.
ㄹ. 기호쓰기는 처리속도지수(PSI)의 핵심 소검사이다.

① ㄱ, ㄹ ② ㄴ, ㄷ ③ ㄱ, ㄴ, ㄹ
④ ㄴ, ㄷ, ㄹ ⑤ ㄱ, ㄴ, ㄷ, ㄹ

해설 ㄷ. K-WAIS-IV에서 이해는 언어이해지수(VCI)의 핵심 소검사가 아니라 보충 소검사이다.

K-WAIS-IV 지표와 소검사

구분	언어이해(VCI)	지각추론(PRI)	작업기억(WMI)	처리속도(PSI)
핵심	공통성, 어휘, 상식	토막짜기, 행렬추론, 퍼즐	숫자, 산수	동형찾기, 기호쓰기
보충	이해	무게비교, 빠진 곳 찾기	순서화	지우기

68. PAI의 치료(고려)척도에 해당하지 않는 것은?

① RXR(치료거부척도) ② SUI(자살관념척도)
③ STR(스트레스척도) ④ TRT(치료예측척도)
⑤ NON(비지지척도)

해설 ④ TRT(치료예측척도)는 MMPI-2의 내용척도이다. PAI의 치료(고려)척도는 5개로 치료거부척도(RXR), 스트레스척도(STR), 비지지척도(NON), 자살관념척도(SUI), 공격성척도(AGG)이다.

PAI(Pessonality Assessment Inventory)-성격검사 질문지

- 1991년 미국 심리학자 모레이(Morey)가 개발한 객관검사이다.
- MMPI의 대안검사로 활용될 수 있다.
- 성인의 다양한 정신병리와 성격 평가를 목적으로 한다.
- 자기보고형 검사이며 4점 평정척도를 사용한다.
- 임상진단, 진단집단 변별, 치료계획에 정보를 제공해 주며 정상인에게도 적용할 수 있다.
- 22개 척도, 344문항으로 구성되어 있다.
- 4개 타당도 척도, 11개 임상 척도, 5개 치료척도, 2개 대인관계 척도가 있다.

정답 67.③ 68.④

타당도 척도	임상 척도	치료척도	대인관계 척도
ICN(비일관성) INF(저빈도) NIM(부정적 인상) PIM(긍정적 인상)	SOM(신체적 호소) ANX(불안) ARD(불안관련 장애) DEP(우울) MAN(조증) PAR(망상 · 편집증) SCZ(조현병) BOR(경계선적 특징) ANT(반사회적 특징) ALC(알코올 문제) DRG(약물 문제)	AGG(공격성) SUI(자살관념) STR(스트레스) NON(비지지) RXR(치료거부)	DOM(지배성) WRM(온정성)

69. 정신상태검사(Mental Status Examination)에 포함되는 영역을 모두 고른 것은?

ㄱ. 감정과 정서　　ㄴ. 판단력과 통찰력　　ㄷ. 가족력
ㄹ. 약물복용　　ㅁ. 전반적 외모

① ㄱ, ㄴ, ㄷ　　② ㄱ, ㄴ, ㅁ　　③ ㄴ, ㄷ, ㄹ
④ ㄷ, ㄹ, ㅁ　　⑤ ㄱ, ㄴ, ㄷ, ㄹ, ㅁ

해설 정신상태검사(Mental Status Examination)에 포함되는 주요 영역은 전반적 용모 및 행동, 감정과 정서, 지각, 사고(지적기능, 지남력, 기억, 주의력 및 집중력, 판단력과 통찰력, 사고내용) 등이다. 가족력과 약물복용은 해당되지 않는다.

70. 다음 사례에서 상승이 예측되는 MMPI-2의 보충척도는?

대학생 C씨는 대학에 입학한 이후로 친구를 사귀기 어렵고, 타 학생들이 낯설어서 학과 행사에 참여하는 것도 꺼리는 편이다. 또한 전반적으로 자존감이 낮고 활력이 부족한 편이다. 고등학교와는 다른 대학교 환경에서 수업을 따라가는 것도 버거워서 학업생활을 수행하고 대학생활에 적응하는 데 어려움을 겪고 있다.

① MDS　　② Re　　③ Do
④ Es　　⑤ Mt

해설 ⑤ 대학생활 부적응 척도(College Maladjustment Scale: Mt)에서 나타나는 특성들을 설명하고 있다. Mt척도는 대학생들의 정서적 적응 및 부적응을 구별해 내기 위한 문항들로 구성되어 있다. 낮은 자존감, 활력의 부족, 냉소적 태도와 안절부절못함이 주요 요인이며, Mt척도가 상승하면, 근심, 걱정, 긴장감, 압박, 비판적, 불안정, 느린 행동, 낮은 효율성 등의 특성이 나타난다.

정답 69.② 70.⑤

① 결혼생활 부적응 척도(Marital Distress Scale: MDS): 결혼 생활의 어려움을 반영한다. 우울하고 삶이 힘들다 느끼며 대인관계에 어려움을 겪는다. 결혼한 경우에 적용 가능하다.
② 사회적 책임감(Social Responsibility: Re): 세상에 대한 신뢰 및 자신감을 가지고 있으며 관습에 순응적이며 관대하다. 성실성을 우선순위에 둔다.
③ 지배성 척도(Dominance Scale: Do): 현실적이며 자신감이 있고 직무중심적 성향이 있다. 유능감, 책임감, 추진력이 강하며, 주도적, 적극적인 인간관계를 맺는다.
④ 자아 강도 척도(Ego Strength Scale: Es): 자신의 심리적 문제를 인정하고 자발적으로 도움을 찾는 정도를 측정한다. 전반적인 심리적 적응 및 치료적 예후의 지표가 된다.

71. 다음 사례에서 P씨의 특징을 반영하는 심리검사 결과로 적절한 것을 보기에서 모두 고른 것은?

> 대학생 P씨는 최근에 심각한 교통사고를 경험했고, 그때 버스에 동승했던 사람이 사망하는 것을 목격했다. 그후로 식욕이 없고 주의 집중력이 떨어졌다. 또한 불안감으로 인해 대중교통 이용을 꺼리고 밤에 악몽을 꾸는 경우도 종종 있다. 사고 이후 고통과 우울감을 느끼지 않기 위해 알코올을 복용하는 횟수나 양도 많이 증가하여, 일주일에 4~5일 이상 혼자 술을 마시게 되었다. 점차 사람들과의 관계도 멀리하게 되었고, 학교 적응에 어려움을 겪게 되었다.

<보기>

ㄱ. MMPI-2의 임상척도인 D 점수가 상승하였다.
ㄴ. MMPI-2의 보충척도인 PK 점수가 상승하였다.
ㄷ. 로샤(Rorschach) 검사에서 D 점수가 +3이었다.

① ㄱ ② ㄴ ③ ㄱ, ㄴ
④ ㄴ, ㄷ ⑤ ㄱ, ㄴ, ㄷ

해설 ㄷ. 로샤(Rorschach) 검사에서 D 점수는 스트레스를 참을 수 있는 능력을 나타내는 측정치다. 개인이 가지고 있는 자원(EA)과 스트레스, 즉 통제력을 넘어서는 혼란스러운 사건의 양을 나타낸다. 외상후 스트레스장애를 가진 사람은 특히 낮은 점수를 보인다. D 점수가 +3이라는 것은 현재의 스트레스를 적절하게 다룰 수 있음을 의미하므로 사례의 내용과 맞지 않다. 앞의 사례내용을 고려하면 로샤 검사에서의 D 점수는 낮게 나올 것으로 예상된다.

ㄱ. P씨는 현재 식욕없음, 집중력저하, 불안, 우울감, 알코올, 관계철수, 적응의 어려움 등을 겪고 있으므로 MMPI-2의 D 점수가 상승하였을 것이다. MMPI-2의 D 점수는 검사 당시의 비관 및 슬픔의 정도, 기분 상태를 측정하며 핵심증상은 우울감, 불만족, 의기소침, 자존감 저하, 흥미범위 축소, 주의집중곤란, 불면, 사회적 관계의 회피, 불안, 억제 등이다.

ㄴ. 외상후 스트레스장애 척도(Post-Traumatic Stress Disorder Scale: PK): 심리적 혼란감, 원치 않는 혼란스러운 생각들, 정서적 고통감, 통제 불능감, 불안 및 수면장애 등을 측정한다. P씨는 최근 교통사고와 버스 동승자의 죽음을 경험했고 PK척도의 상승을 보일 것이다.

정답 71.③

72. **로샤(Rorschach) 검사에서 수검자가 반점들에 대해 "곤충의 얼굴과 황소의 얼굴이 겹쳐서 보이니까 곤충황소"라고 반응했을 때 특수지표(점수)의 채점 기호로 옳은 것은?**

① AG(aggressive movement)
② ALOG(inappropriate logic)
③ CONTAM(contamination)
④ INCOM(incongruous combination)
⑤ FABCOM(fabulized combination)

해설 ③ 곤충과 황소의 얼굴을 겹쳐 본 '곤충황소'는 오염(contamination: CONTAM) 반응이다. 동일한 반점을 보고 기괴하고 부적절한 조합으로 2개 이상의 인상이 비현실적인 단일 반응으로 합쳐져 표현될 때 채점한다. 종종 신조어나 특이한 언어로 표현하기도 한다.

예 4번 카드에서 "벌레 얼굴과 코뿔소 얼굴을 합쳐 '벌레 코뿔소 얼굴'이에요." "사람 얼굴 같으면서도 여우 얼굴 같아서 사람 여우네요."

① AG(Aggressive Movement): 행위가 명백히 공격적인 운동 반응에서 사용된다. 대상이 공격을 받는 경우와 폭발 자체는 AG가 아니지만 폭발에 의해서 무언가 파괴되는 것은 AG로 채점한다.
② 부적절한 논리(ALOG: Inappropriate Logic): '이것은 북극곰입니다. 위쪽에 있으니까'와 같이 논리가 확실하게 타당하지 않고 사고가 지나치게 단순할 때 채점한다.
④ 모순적 결합(INCOM: Incongruous Combination): '날개 달린 장병이요. 군인인데 날개가 달렸어요.'와 같이 반점 영역이나 심상이 표현하는 대상의 속성과 관련 없이 부적절하게 하나의 대상으로 결합된 경우에 채점된다.
⑤ 우화적 결합(FABCOM: Fabulized Combination): '닭 두 마리가 손을 짝짝 맞추고 있는 것'과 같이 반점에서 보이는 2개 이상의 대상들 간에 받아들이기 어려운 관련성을 짓는 경우다.

73. **주제통각검사(TAT)의 실시와 해석에 관한 설명으로 옳은 것은?**

① TAT를 실시할 때 각 개인은 30장의 그림을 보게 된다.
② 모든 수검자에게 적용되는 공통카드는 20장이다.
③ TAT는 40장의 컬러카드와 1장의 백지카드로 구성된다.
④ 검사 결과의 해석은 심리적 결정론(Psychic Determinism)을 전제한다.
⑤ 카드 뒷면에 "B"라고 적힌 경우는 성인 여성에게 제시되는 카드를 의미한다.

해설 ④ TAT를 포함, 모든 투사검사는 자유연상의 과정이 포함되어 있으므로 검사결과의 해석에는 심리적결정론(psychic determinism)을 전제한다. TAT의 기본 가정은 통각, 외현화, 심리적 결정론이다.
① TAT를 실시할 때 각 개인은 20장 정도의 그림을 보게 된다.
② 모든 수검자에게 적용되는 공통카드는 숫자만으로 표기되어 있으며 11장이다.
③ TAT는 30장의 흑백그림카드와 1장의 백지카드로 구성, 총 31장으로 구성되어 있다.
⑤ 카드 뒷면에 "B"라고 적힌 경우는 Boy, 즉 어린 소년에게 제시되는 카드를 나타내며 성인여성에게 제시되는 카드는 "F"라고 적혀 있다.

TAT는 14세 이상 성인 남성은 M(male), 성인 여성은 F(female), 소년은 B(boy), 소녀는 G(girl)로 표기되어 있고 숫자만으로 표시된 카드는 모두 11장(No.1, 2, 4, 5, 10, 11, 14, 15, 16, 19, 20)으로 모든 성별, 연령에 사용할 수 있다.

정답 72.③ 73.④

74. K-WISC-IV의 실시와 채점에 관한 설명으로 옳지 않은 것은?

① 숫자 소검사의 경우, 수검자의 요청 시 문항당 한 번의 반복만 가능하다.
② 아동의 반응이 불완전하거나 명료하지 않을 경우 검사자가 기록용지에 "Q"라고 기록하며 추가질문을 한다.
③ 언어이해 소검사의 경우, 수검자의 응답이 문법에 맞지 않다는 이유로 채점을 불리하게 해서는 안 된다.
④ 수검자의 반응을 기록할 때에는 말한 그대로의 내용을 모두 기록해야 한다.
⑤ 기록용지에 "P"라고 작성한 경우는 촉구한 것을 의미한다.

해설 ① 숫자 소검사는 '바로 따라 하기' '거꾸로 따라 하기' '숫자 순서대로 따라 하기' 3가지로 구성되어 있으며, 문항당 한 번만 제시된다. 수검자의 요청이 있더라도 반복해 주지 않는다.

수검자의 반응을 기록할 때는 말한 그대로의 내용을 모두 기록해야 하며, 기록의 편리를 위해 일반적으로 많이 사용되는 언어에 대해서는 다음과 같은 축약어를 사용할 수 있다.
- F(Fail): 실패. 수검자가 부정확하게 반응했을 때
- P(Pass): 정답. 수검자가 정확히 반응했을 때
- Q(Question): 평가자가 추가 질문을 한 경우
- Prmt(Prompt): 평가자가 수검자의 반응을 촉구한 경우
- DK(Don't Know): 수검자가 "모른다"라고 대답한 경우
- NR(No Response): 수검자가 아무런 말이나 행동을 보이지 않았을 때
- INC(Incomplete): 제한 시간 내에 완성하지 못했을 때
- OT(Over Time): 제한 시간을 경과해 완성했을 때

75. 다음의 특성을 모두 포함하는 MMPI-A의 내용척도는?

- 공부나 독서를 좋아하지 않는 경향이 있다.
- 문제해결을 다른 사람에게 맡기는 경향이 있다.
- 어려움을 피하는 경향이 있다.
- 가출이나 무단결석하는 경향이 있다.
- 성공하는 것에 흥미를 보이지 않는다.

① A-biz ② A-las ③ A-sod
④ A-fam ⑤ A-lse

해설 ② 낮은 포부(A-las): MMPI-A에만 있는 내용척도로 저조한 학업 수행 및 학교활동 등에서의 소극적·회피적 태도를 측정한다. 이 척도의 점수가 높으면 학업에 대한 흥미, 성취 동기나 포부가 낮고 힘든 일에 직면하거나 일을 개시하기 어려워하며 쉽게 포기하는 특성을 보인다.

정답 74.① 75.②

MMPI-A의 내용척도(★: MMPI-A에만 있는 4개의 척도)

★A-aln(소외)	타인과의 정서적 거리감을 측정한다.
★A-con(품행문제)	청소년기에 보이는 다양한 행동문제(예 절도, 좀도둑질, 거짓말, 기물파손, 무례한 말이나 행동, 욕설, 반항적 행동 등)를 측정한다.
★A-las(낮은 포부)	저조한 학업 수행 및 학교활동 등에서의 소극적, 회피적 정도를 측정한다. 성공하는 것에 대한 포부수준이 낮다.
★A-sch(학교문제)	학업 및 학교에서의 행동 문제를 측정하며, 일반적인 부적응을 예측하는 데에 유용하다.
A-anx(불안)	불안증상(긴장, 과도한 걱정, 수면장애 등)과 혼란스러움, 주의집중 및 과제지속의 어려움을 겪는다.
A-obs(강박성)	사소한 일에 대해서도 과도한 걱정을 하고, 부정적인 말에 대한 반추적 사고를 함으로써 고통받으며, 결정을 어려워한다.
A-dep(우울)	자주 눈물이 나고 쉽게 피로감을 느끼는 등 우울증상이 나타난다.
A-hea(건강염려)	다양한 신체 증상을 호소한다.
A-biz(기태적 정신상태)	기태적 감각경험(환청, 환시, 환후 등)이나 정신병과 관련된 증상(행동, 이상한 생각 등)을 경험한다.
A-ang(분노)	분노를 적절하게 조절하지 못해 그와 관련된 많은 문제를 경험한다.
A-cyn(냉소적 태도)	타인은 자신을 이용하려 하고 공정하지 못한 수단을 사용하여 이익을 취한다고 믿으며 염세적 태도를 지닌다.
A-lse(낮은 자존감)	스스로 매력 없고 쓸모없고 결점이 많으며 일을 잘 못한다고 생각하고 자존감이 낮다.
A-sod(사회적 불편감)	사회적 관계를 불편해하며 위축되어 혼자 있는 것을 더 좋아한다.
A-fam(가정문제)	부모나 다른 가족과의 갈등이 빈번하다.
A-trt(부정적 치료지표)	의사나 정신건강 전문가 등에 대해 부정적인 태도를 보인다.

- MMPI-A의 내용 척도의 경우 기본적으로 MMPI-2와 유사하지만 공포(FRS), 반사회적 특성(ASP), A 유형의 행동(TPA), 직업적 곤란(WRK) 등은 제외되었으며, 소외(Alienation: A-aln), 품행문제(Conduct Problem: A-con), 낮은 포부(Low Aspiration: A-las), 학교문제(School Problem: A-sch) 등이 추가되었다.

◆ 심리측정 평가의 활용

제3과목 필수 2021년 기출문제 및 해설

51. 심리적 속성에 수를 부여하는 것을 (ㄱ), 수를 부여하여 얻어 낸 결과를 해석하는 것을 (ㄴ)(이)라고 한다. ( )에 들어갈 내용으로 옳은 것은?

① ㄱ: 심리검사, ㄴ: 심리측정
② ㄱ: 심리검사, ㄴ: 심리평가
③ ㄱ: 심리측정, ㄴ: 심리검사
④ ㄱ: 심리측정, ㄴ: 심리평가
⑤ ㄱ: 심리평가, ㄴ: 심리검사

해설 심리검사, 심리측정, 심리평가의 개념

심리측정	• 직접적으로 측정이 불가능한 추상적인 심리적 구성개념이나 특성을 재는 것을 의미한다. • 명확한 규칙이나 공식에 따라 심리적 특성을 수나 양으로 나타낸다.
심리검사	• 심리적 특성의 개인차를 측정하고 비교한다. • 실제 행동보다는 표집된 행동 표본을 평가한다. • 심리적 구성개념(예 자기애성, 자존감, 우울감 등)을 측정하기 위한 도구이다. • 심리평가를 통해 실제 상황에서 개인의 행동을 예측하는 것이 가능하다. • 심리검사에서 나온 측정 결과는 잠정적인 가설로 여기고 가설을 검증하는 자세로 접근해야 하며 다른 검사, 혹은 면담, 증상 등을 모두 고려하여 통합으로 해석해야 한다.
심리평가	• 측정으로 얻어진 점수에 대해 주관적인 가치판단을 하는 과정을 의미한다. • 개인을 총체적으로 이해하고 개인의 부적응적 문제를 정확하게 밝혀 내고 진단하기 위한 절차이다. • 심리검사와 행동관찰, 면담 등을 통해 다양한 자료를 통합하여 종합적인 평가를 내린다.

52. 심리검사와 그 특징을 옳게 짝지은 것은?

① 우드워스(Woodworth)의 개인자료기록지(Personal Data Sheet): 최초로 타당도 척도 사용
② 비네－시몽(Binet－Simon)검사: 최초의 아동집단지능검사
③ 로샤(Rorschach)검사: 최초로 잉크반점의 유용성 제안
④ 군대베타(Army－beta)검사: 최초 개발된 비언어성 지능검사
⑤ TAT: 최초 제작된 투사적 검사

해설 ④ 군대알파와 군대베타검사(1917)는 미국이 제1차 세계대전 참전에 따라 입대 대상자를 선별하고 배치할 목적으로 개발한 집단지능검사이다. 알파형은 일반 성인 대상 언어성 검사이며 베타형은 문맹자와 외국인 대상 검사로 최초의 비언어성 지능검사에 해당한다.

정답 51.④ 52.④

① 우드워스의 개인자료기록지(1920)는 최초의 객관적 성격검사이다. 제1차 세계대전 참전자의 선별을 위한 정서감별용으로 개발되었다.
② 비네-시몽 검사(1905)는 최초의 지능검사이자, 지적장애 아동을 감별하기 위한 개인용 검사이다.
③ 로샤 검사(1921)는 최초의 투사검사이다. 기존에 상상력, 창의력을 평가하거나 지능검사를 고안하기 위해 활용되던 잉크블롯기법에서 착안하여 만들어졌다.
⑤ 주제통각검사(1935)는 로샤 검사 이후에 제작되었고 로샤 검사 다음으로 많이 쓰이는 투사검사이다.

53. SCID(Structured Clinical Interview for DSM)에 관한 설명으로 옳은 것은?

① 행동관찰을 위한 기록법 가운데 하나이다.
② DSM-5에 맞게 SCID-5-I과 SCID-5-II가 제작되었다.
③ 최근 일주일을 기준으로 증상경험에 초점을 맞추어 기록한다.
④ 평가 대상의 전집과 평가 맥락에 맞게 내용을 조정할 수 있도록 융통성이 허용된다.
⑤ DSM에 제시된 조현병과 정동장애의 증상을 확인하도록 특화되어 있다.

해설 ④ 평가 대상의 전집과 평가 맥락에 맞게 내용을 조정할 수 있도록 융통성이 허용된다. 18세 이상 성인 대상 사용이 권장되지만 질문용어를 조금 수정하여 청소년에게도 사용할 수 있다.
① SCID는 DSM 진단기준에 따른 진단을 내리기 위해 반구조화 면담질문지로 표준화된 일련의 질문으로 구성되어 있다. 행동관찰을 위한 기록법에 해당하지 않는다.
② DSM-Ⅳ가 DSM-5로 개정됨에 따라 기존 SCID-I은 SCID-5-CV(Clinician Version, 임상버전)로, SCID-II는 SCID-5-PD(Personal Disorders, 성격장애 버전)로 변경되었다.
③ DSM에 기반하므로 주로 6개월 이상의 장기간의 증상경험을 대상으로 하며 과거 병력과 가족력, 증상의 심각성 등에 대해 다양하게 질문한다.
⑤ DSM에 제시된 각종 정신장애와 성격장애 증상을 확인하도록 특화되어 있다.

54. 비구조화된 평가 면담에 관한 설명으로 옳지 않은 것은?

① 구조화된 면담에 비해 평정자간 일치도를 산출하기 더 어렵다.
② 풍부한 정보를 얻기 위해 목표를 정하지 않고 진행한다.
③ 자기보고식 심리검사에 비해 타당도가 더 낮다.
④ 수검자의 개인력에 관한 독특한 세부사항을 수집하는 데 도움이 된다.
⑤ 수검자로부터 수집한 자료를 수량화하기 어렵다.

해설 ② 비구조화 면담은 형식과 절차를 정해두지 않고, 내담자 특성과 반응, 면접상황에 따라 면접자가 유연하게 진행한다. 그러나 면담의 목표는 미리 정해 두어야 하며 구조화 면담에 비해 면접자의 숙련성과 전문성을 더 필요로 한다.

정답 53.④ 54.②

55. 행동평가에 관한 설명으로 옳은 것을 모두 고른 것은?

> ㄱ. 행동주의 연구에서 출발하였다.
> ㄴ. 개인의 성향보다 상황 요인을 더 중요시한다.
> ㄷ. 규준적(nomothetic) 접근보다 개인 특이적(idiographic) 접근을 따른다.
> ㄹ. 기록내용을 수량화하기 용이한 이야기식 기록법(narrative recording)이 있다.

① ㄱ, ㄴ, ㄷ
② ㄱ, ㄴ, ㄹ
③ ㄱ, ㄷ, ㄹ
④ ㄴ, ㄷ, ㄹ
⑤ ㄱ, ㄴ, ㄷ, ㄹ

해설 행동평가는 행동주의 연구, 구체적으로는 고전적, 조작적 조건형성 연구에서 출발하였다. 행동평가의 가장 뚜렷한 특성은 개인의 성향보다는 상황적인 결정인자를 강조한다는 점에 있다. 일반적으로 DSM이 규준적 접근을 따른다면, 행동평가는 개인 특이적 접근을 따른다. 행동평가와 DSM을 종합하면 개인의 특정 문제에 가장 적합한 치료전략을 세우는 데 도움이 된다.

ㄹ. 이야기식 기록법은 행동관찰에 사용되는 코딩방법으로 관찰자가 관심 있는 행동을 선정해서 추론하는 것이다. 관찰을 수량화하기 어렵고 타당도가 낮다는 문제점이 있다. 기록 내용을 수량화하기 쉬운 것은 평정기록법으로 특정한 행동 특징에 척도점수를 부여하여 수량화하는 방식이다.

행동평가의 대표적 기법 6가지

행동면담	선행사건과 행동, 결과 간의 관련성을 기술하거나 설명함으로써 관련 있는 목표 행동을 확인하고 추가적 행동평가 절차를 선택
행동관찰	행동면담만으로 불충분할 경우, 치료 전부터 치료 후에 걸쳐 행동의 특정 영역을 구체적인 전략과 기법으로 측정
인지행동 평가	초기 행동평가가 행동을 강조하던 것과는 달리 내부 인지에 초점을 맞추어 수검자의 자기보고를 기록
자기보고 질문지	문항에 대해 수검자가 자기 상태를 리커트척도로 선택하는 것으로 안면 타당도가 높고 시간, 비용면에서 경제적임
인지 기록지	자기보고 질문지 외의 인지 기록법 - 생각 중얼거리기 - 사적인 언어 - 명확한 사고 - 산출법 - 생각목록 - 생각표집법 - 사건기록
정신생리 평가	인지, 행동, 정서가 생리적 기능과 상호작용하는 방식을 평가 예 심박수, 혈압, 체온, 근육긴장도, 혈관확장, 전기피부반응, 뇌전도 등

행동관찰에 사용되는 코딩방법의 유형

이야기식 기록	관찰자가 관심 있는 행동을 선정해서 추론
시간 간격별 기록	정해진 시간 간격 내에 행동이 일어나는지 기록
사건기록	일어나는 행동 자체를 기록하고 행동의 적절한 세부사항을 기록
평정기록	특정한 행동 특징에 척도점수를 부여하여 측정

정답 55.①

56. 객관적 검사와 비교하여 투사적 검사가 지니는 단점으로 옳지 않은 것은?

① 검사자 간 채점 결과의 일치도가 더 낮다.

② 수검자가 반응을 왜곡하기 더 쉽다.

③ 채점 과정에서 검사자의 주관이 더 개입된다.

④ 신뢰도와 타당도를 검증하기 더 어렵다.

⑤ 상황적 요인에 의해 수검자의 반응이 더 영향받는다.

해설 ② 투사검사는 언어적, 비언어적으로 모호한 자극을 제시하여 개인의 반응을 이끌어 내어 성향을 평가하는 검사 기법이다. 수검자로서는 검사의 목적과 의도를 파악하기 힘들기 때문에 의식적 방어가 어렵다. 이로 인해 개인의 독특하고 다양한 반응이 도출되고 피검자가 인식하지 못하는 사고, 욕구, 정서, 갈등을 측정할 수 있다.

투사적 검사와 객관적 검사의 장단점

투사 검사	장점	• 수검자 개인만의 특별하고 독특한 반응을 끌어낼 수 있다. • 검사가 측정하려는 바를 모르기 때문에 수검자가 다른 검사에 비해 방어하기 어렵고 비교적 솔직한 반응을 보일 수 있다. • 무의식적 요인이 작동하여 내면의 억압된 욕구, 심층 심리가 표현될 수 있다.
	단점	• 신뢰도와 타당도가 객관적 검사에 비해 낮다. • 검사의 실시, 채점 및 해석이 어렵고 높은 전문성이 요구된다. • 훈련을 받았다고 하더라도 채점 및 해석 과정에서 검사자의 주관적 판단이 작용할 수 있다. • 객관적 검사에 비해 검사 상황 변인의 영향을 더 많이 받는다
객관적 검사	장점	• 신뢰도와 타당도 수준이 비교적 높다. • 표준화되어 있어서 검사의 시행, 채점, 해석이 더 용이하다. • 검사자 혹은 검사 상황 변인의 영향을 덜 받는다.
	단점	• 수검자가 사회적 바람직성에 따라 답하려고 하거나 특정한 방향으로 반응하려는 경향성 등의 영향으로 결과가 왜곡될 수 있다. • 수검자의 독특한 신념, 감정, 무의식적 갈등을 끌어내기가 어렵다. • 예, 아니요로 답하게 되어 있는 등 문항 내용이나 반응 범위가 제한적이다.

57. 상위권의 성적을 유지하던 18세 고등학생이 최근 성적 저하 후 심리적 어려움을 호소하여 심리검사를 실시하고자 한다. 파악하려는 문제와 그에 적합한 검사가 잘못 짝지어진 것은?

① 우울: MMPI-A

② 불안: PAI

③ 인지 기능: TCI

④ 학교적응 문제: MMPI-A

⑤ 자아강도: HTP검사

해설 TCI는 타고난 기질과 후천적으로 발달한 성격을 파악하여 개인의 인성을 종합적으로 평가하는 인성검사이다. 인지 기능은 웩슬러 지능검사로 측정할 수 있다.

정답 56.② 57.③

58. 최대수행검사에 관한 설명으로 옳은 것을 모두 고른 것은?

ㄱ. 정답과 오답이 존재한다.
ㄴ. 습관적 수행검사라고도 부른다.
ㄷ. 대표적인 예로 지능검사, 적성검사를 들 수 있다.
ㄹ. 채점을 통해 정서나 동기가 미친 영향력이 제거되어 능력의 최대치를 측정한다.

① ㄱ, ㄷ ② ㄱ, ㄹ ③ ㄴ, ㄷ ④ ㄴ, ㄹ ⑤ ㄷ, ㄹ

해설 ㄴ. 수행 양식에 따라 심리검사는 최대수행검사와 습관적 수행검사로 분류할 수 있다. 최대수행검사는 극대수행검사, 성능검사, 인지검사라고도 부른다.
ㄹ. 채점을 통해 능력의 최대치를 측정하는 검사로써 수검 당시의 정서나 동기가 수행에 영향을 미칠 수 있다.

수행 양식에 따른 심리검사의 분류

<최대수행검사> = 극대수행검사 = 성능검사 = 인지적 검사	• 제한 시간 내에 자신의 능력을 최대로 발휘하게 하는 검사 • 정답과 오답이 존재함 • 인지 능력을 측정함 • 지능검사, 적성검사, 성취도 검사 등
<습관적 수행검사> = 수행측정검사 = 성향검사 = 정서적 검사	• 일상생활에서의 전형적(습관적) 행동을 검토하게 하는 검사 • 정답과 시간제한이 없으며 정직한 응답을 요구함 • 정서, 동기, 가치, 흥미, 태도 등을 측정 • 성격검사, 흥미검사, 태도검사

59. 지능검사 제작 후 시간이 지남에 따라 산출되는 지능지수가 장기적이며 점진적으로 상승하는 현상은?

① 플린(Flynn) 효과 ② 중앙집중화경향 ③ 평균으로의 회귀 현상
④ 연습 효과 ⑤ 게스탈트(Gestalt) 효과

해설 ① 플린 효과란 지능검사 제작 후 세대가 지날수록 검사 평균 성적이 장기적, 점진적으로 계속 높아지는 현상을 가리킨다.

플린 효과(Flynn effect)

- 1980년대 심리학자 제임스 플린(James Flynn)의 IQ 변동 추세 조사에서 유래되었다.
- IQ 100에 해당하는 원점수가 점진적으로 상승하는 현상이 발견되었다(30여 개 나라에서 동일한 조사결과가 보고됨).
- 모든 연령대에서 지능 향상이 이루어졌다.
- 특히 비언어 점수가 상승한 반면 언어지능은 정체된 모습을 보였다.
- 문제해결과 추상적 영역에서 점수가 상승하였다.
- 개념의 범주화와 추상적 규칙 인식 능력이 향상된 것으로 나타났다.
  → IT 기술의 발달과 SNS 등 정신활동을 점점 더 요구하는 현대사회의 영향으로 해석된다.

정답 58.① 59.①

60. 관찰되는 원점수가 정규분포를 이루며 이 점수들의 평균은 8.0, 표준편차가 2.0이다. 이때 원점수 6.0점을 표준점수 T점수와 백분위로 변환하여 순서대로 옳게 나열한 것은?

① 35, 16 ② 35, 34 ③ 35, 85
④ 40, 16 ⑤ 40, 34

해설 여기서 Z점수 = (6−8)/2 = −1
따라서 T점수 = 10 × Z점수 + 50 = 10 × (−1) + 50 = 40이고,
정규분포에서 T점수가 40일 때 백분위는 16이 된다.

표준점수 T점수, 백분위점수

- Z점수는 편차를 표준편차로 나눈 값으로 정규분포라는 가정하에서 원점수의 평균을 0으로 하고, 표준편차를 1로 하는 변환점수를 말한다.
  - 공식: Z점수 = (원점수−평균)/표준편차
- T점수는 평균 50, 표준편차 10으로 Z점수의 변환된 점수다.
  - 공식: T점수 = 50 + 10Z

61. 적성검사 총점과 학교성적 간 상관관계가 피어슨(Pearson) 상관계수 r = .56이고, $p = .03$이라 기술되어 있다. 이에 관한 해석과 그 근거가 옳은 것은?

① r값이 1보다 작으므로, 총점이 높을수록 학교성적이 저조하다.
② r = .56이므로, 총점은 학교성적의 56%를 설명한다.
③ $p = .03$이므로, $\alpha = .05$ 기준에서 상관계수가 통계적으로 유의하다.
④ r값이 0보다 크므로, $\alpha = .01$ 기준에서 상관계수가 통계적으로 유의하다.
⑤ p가 .05보다 작으므로, 상관계수가 통계적으로 유의하지 않다.

해설
- 유의확률(p값) < 유의수준(α): 상관관계가 통계적으로 유의하다.
- 유의확률(p값) > 유의수준(α): 상관관계가 통계적으로 유의하지 않다.

그러므로 ③ $p = .03$이므로 $\alpha = .05$ 기준에서 상관계수가 통계적으로 유의하다.
① r = .56은 양의 상관을 가지므로 총점이 높을수록 학교성적이 좋다.
② r = .56이므로 $r^2 = 0.31$로 학교 성적의 31%를 설명한다.
④ r값이 0보다 크더라도 $\alpha = .01$ 기준에서는 $p = .03$이므로 유의확률(p값)〉유의수준(α)이 되어 통계적으로 유의하지 않다.
⑤ p가 .05보다 작으므로 상관계수가 통계적으로 유의하다.

정답 60.④ 61.③

62. 심리검사에서 '측정의 표준오차(SEM) 값이 클수록'이 의미하는 바를 잘못 기술한 것은?

① 진점수의 신뢰구간은 좁아지고 측정의 정확도가 낮아진다.

② 검사의 신뢰도가 낮아진다.

③ 0을 중심으로 오차점수들이 더 멀리 떨어져 있다.

④ 검사로 수집된 관찰점수들이 진점수를 중심으로 더 멀리 떨어져 있다.

⑤ 검사를 반복시행할 때 동일한 값을 얻을 가능성이 낮아진다.

해설 ① '측정의 표준오차(SEM) 값이 클수록' 진점수의 신뢰구간은 넓어지고 측정의 정확도는 낮아진다.

측정의 표준오차(SEM) 값

측정의 표준오차(Standard Error of Measurement: SEM)란 관찰점수(검사점수)를 가지고 진점수를 추정할 때 생기는 오차의 정도를 말한다. 같은 대상을 여러 번에 걸쳐 측정해서 오차 점수를 계산하면 오차 점수의 표집분포가 생기고, 이 표집분포의 표준편차가 측정의 표준오차이다. 측정의 표준오차는 결국 표준편차이므로 오차 점수의 분포가 정상분포를 이룬다는 가정하에 측정의 표준오차는 진점수를 중심으로 관찰 점수의 분포를 알려 주는 유용한 지수이다.

63. K-WAIS-IV에서 과정 점수가 제공되는 소검사는?

① 산수
② 행렬추론
③ 동형찾기
④ 토막짜기
⑤ 빠진 곳 찾기

해설 **K-WAIS-IV 소검사-과정 점수**

과정 점수 소검사	세부항목	약어	
토막짜기	보너스 점수가 없는 토막짜기	BDN	Block Design No Time Bonus
숫자	숫자 바로 따라 하기	DSF	Digit Span Forward
	숫자 거꾸로 따라 하기	DSB	Digit Span Backward
	숫자 순서대로 따라 하기	DSS	Digit Span Sequencing
	최장 숫자 바로 따라 하기	LDSF	Longest Digit Span Forward
	최장 숫자 거꾸로 따라 하기	LDSB	Longest Digit Span Backward
	최장 숫자 순서대로 따라 하기	LDSS	Longest Digit Span Sequencing
순서화	최장 순서화	LLNS	Longest Letter-Number Sequencing

64. K-WISC-IV에서 기호쓰기 소검사가 측정하는 능력을 모두 고른 것은?

ㄱ. 주의력	ㄴ. 단기기억
ㄷ. 지각적 추론	ㄹ. 시각-운동 협응

① ㄱ, ㄴ, ㄷ
② ㄱ, ㄴ, ㄹ
③ ㄱ, ㄷ, ㄹ
④ ㄴ, ㄷ, ㄹ
⑤ ㄱ, ㄴ, ㄷ, ㄹ

해설 K-WISC-IV에서 기호쓰기 소검사

- 동형찾기와 함께 처리속도(PSI)의 핵심 소검사(※ 보충 소검사: 지우기)
- 실시법: 제한 시간 내에 숫자와 짝지어진 기호를 옮겨 적기
- 측정 영역: 단기적 시각 기억력, 학습능력, 정신운동 속도, 시각적 지각능력, 시각-운동 협응 능력, 시각적 탐색 능력, 인지적 유연성, 주의력, 집중력, 동기

65. 다음의 지능지수 산출 방법을 고안한 학자는?

지능지수(IQ)={정신연령(MA)/신체연령(CA)}×100

① 비네(A. Binet)
② 터만(L. Terman)
③ 여키스(R. Yerkes)
④ 웩슬러(D. Wechsler)
⑤ 스피어만(C. Spearman)

해설 ② 1916년, 미국 스탠포드 대학의 심리학자 터만은 비네-시몽 검사의 소검사를 확장하고 문항을 수정하여 스탠포드-비네 검사를 출시하였다. 이때 비네의 '정신연령' 개념을 발전시켜 지능지수(IQ)를 처음으로 도입하였는데 산출공식은 다음과 같다.

지능지수(IQ) = {정신연령(MA) / 신체연령(CA)} × 100

- IQ=Intelligence Quotient
- MA=Mental Age
- CA=Chronological Age

③ 로버트 여키스(Robert Yerkes): 1917년 제1차 세계대전 중 많은 군대 신병을 평가하기 위해 6명의 동료와 집단관리형 지능검사 군대 알파검사(Army Alpha Test)와 알파검사의 비언어적 버전인 베타지능검사(Army Beta)를 개발하였다.

정답 64.② 65.②

66. MMPI-2의 VRIN 척도 점수가 상승할 수 있는 경우를 모두 고른 것은?

ㄱ. 극도의 혼란감	ㄴ. 긍정왜곡 시도
ㄷ. 의도적인 무선반응	ㄹ. 수검자의 독해능력 부족

① ㄱ, ㄴ, ㄷ
② ㄱ, ㄴ, ㄹ
③ ㄱ, ㄷ, ㄹ
④ ㄴ, ㄷ, ㄹ
⑤ ㄱ, ㄴ, ㄷ, ㄹ

해설 ③ VRIN(무선반응 비일관성 척도)은 문항을 제대로 읽지 않고 아무렇게나 응답하는 경향을 탐지하는 척도이다. VRIN 점수 상승의 요인으로는 수검 시 부주의와 일시적 집중력 상실, 독해능력 부족, 극도의 혼란, 의도적 무선반응 등을 들 수 있다.

MMPI-2: 비일관성 척도 점수의 상승

VRIN 무선반응 비일관성 척도 Variable Response Inconsistency	TRIN 고정반응 비일관성 척도 True Response Inconsistency
• 문항을 제대로 읽어보지 않고 아무렇게나 응답하는 경향성을 탐지하기 위한 목적으로 개발 • 다른 타당도 척도(주로 F)와 함께 고려해야 함 • T점수: 65~79 → 수검자의 부주의와 일시적 집중력 상실 • T점수: 80 이상 → 독해능력 부족, 극도의 혼란, 의도적 무선반응 • T점수가 80 이상일 때 프로파일 타당성 의심	• 무조건 모두 '그렇다' 또는 '아니다'로 응답하는 일탈적 자세를 탐지 • 점수 뒤에 T 또는 F로 표시, 각각 '그렇다' 또는 '아니다'라고 응답하는 경향을 의미함 • 무분별하게 '그렇다(T)'로 반응 → 묵종반응 성향 • 무분별하게 '아니다(F)'로 반응 → 부인반응 성향 • 다른 타당도 척도(L, K, S)와 함께 고려해야 함 • T점수가 80 이상일 때 프로파일 타당성 의심

67. 다음의 특성들을 모두 포함하는 MMPI-2의 해리스-링고스(Harris-Lingoes) 소척도는?

> • 자신이 마음이 편치 않고 불행하다고 묘사한다.
> • 일상생활에서 즐거움이나 보람을 찾지 못한다.
> • 과거의 행동에 대한 후회, 죄책감, 회한을 보인다.

① Pd4(사회적 소외)
② Pd5(내적 소외)
③ Sc1(사회적 소외)
④ Sc2(정서적 소외)
⑤ Si3(내적/외적 소외)

제1교시 제3과목 필수

정답 66.③ 67.②

해설 MMPI-2의 해리스-링고스 소척도에서 소외감과 관련된 척도

- Si 소척도에서 Si3도 소외감과 관련된 척도이므로 함께 비교한다.

Pd4 (사회적 소외)	Pd5 (내적 소외)	Sc1 (사회적 소외)	Sc2 (정서적 소외)	Si3 (내적/외적 소외)
• 대인관계로부터 동떨어진 느낌 • 공감과 이해를 받지 못하는 느낌 • 소외감, 고립감	• 후회, 죄책감, 회한 • 불쾌감, 불편감, 불행감 • 일상생활의 즐거움을 찾지 못함 • 정신집중 어려움	• 부당한 대우와 학대받는 느낌 • 이해받지 못하는 느낌 • 누군가 자신에게 해를 가할 것이라는 생각 • 외로움, 공허함 • 소외감 • 사회적 상황과 대인관계 회피	• 두려움 • 우울감, 절망감 • 무감동, 냉담함 • 죽기를 바람	• 자신감 부족 • 자존감 낮음 • 자기비판적 • 자기회의적 • 우유부단 • 과민 • 두려움

68. 다음에 해당하는 MMPI-2의 상승 척도쌍은?

> 의심이 많고 적대적이며 화를 잘 낸다. 자기중심적인 경향이 강하고, 비난에 극도로 예민하며, 따지기 좋아한다.

① 2-7　② 3-4　③ 4-6　④ 7-8　⑤ 8-9

해설 ③ 의심, 적대적, 자기중심적경향, 비난에 예민, 따지기 등 4-6코드의 특징이다.

MMPI-2: 상승 척도쌍의 특징

① 2-7 : 7-2	• 정신건강의학과 내원환자 중 매우 흔하고 상담장면에서 가장 많은 유형 • 불안, 우울, 예민, 긴장, 완벽주의 성향, 열등감, 죄책감 • 주요 우울장애 등 기분장애, 우울감 동반 불안장애, 병리적 수준의 공포증(특히 강박장애)
② 3-4 : 4-3	• 만성적이고 강렬한 분노, 적대적이고 공격적인 충동 • 인정과 관심에 대한 의존욕구와 독립욕구 간의 갈등 • 비난과 거부에 민감하며 자기중심적 • 수동-공격적 성격, 연극성 성격, 경계선 성격과 관련성
③ 7-8 : 8-7	• 일상생활이 어려울 정도의 정서적 동요와 혼란 • 근심, 걱정의 지속과 반추하며 내성을 많이 함 • 항상 긴장, 불안, 예민해 있고 자살사고 나타냄 • 자신감 부족과 자기주장 부족 • 이성관계 어려움, 성기능 장애 혹은 비정상적 성적 공상 • 불안장애, 기분부전장애, 강박장애, 조현형 성격장애와 관련성
④ 8-9 : 9-8	• 심신 에너지 과잉, 활동과잉, 주의산만 • 허세가 많고 다변적이지만 기저에 열등감과 부적절감이 내재되어 있음 • 타인에 깊이 관여하지 않고 철수적임 • 초조, 긴장, 두려움, 의심, 정서적으로 매우 불안 • 요구가 수용되지 않을 경우 갑작스러운 분노 표출 가능성 높음 • 비현실적 목표와 성취욕구에 비해 실제 수행은 평범함 • 심한 정신병리 가능성 높음(조현병, 조현정동장애)

정답 68.③

69. 다음의 특성을 반영하는 NEO-PI-R의 요인은?

> 세상에 대해 호기심이 많고, 새로운 아이디어와 가치를 추구하며 자신의 감정에 민감하고, 창조적이고 탐구적인 일을 좋아하는 경향이 있다.

① 신경증(Neuroticism)
② 외향성(Extraversion)
③ 개방성(Openness)
④ 친화성(Agreeableness)
⑤ 성실성(Conscientiousness)

해설 NEO-PI-R: NEO-PI 검사의 개정판

- NEO-PI(NEO Personality Inventory)는 5요인 특성이론에 기반한 자기보고형 성격검사이다.
- 1978년 코스타(Costa)와 맥크래(McCrae)에 의해 개발되었으며 신경과민성(N), 외향성(E), 개방성(O) 세 요인의 첫 글자를 따서 NEO-I로 명명되었다가 1985년 우호성(A)과 성실성(C)이 추가되어 NEO-PI로 변경되었다.
- NEO 검사는 다음과 같은 5개의 하위척도를 가지고 있다.

신경과민성 (Neuroticism)	외향성 (Extroversion)	개방성 (Openness to experience)	우호성 (Agreeableness)	성실성 (Conscientiousness)
• 불안 • 적대감 • 우울 • 자의식 • 충동성 • 스트레스 취약성	• 따뜻함 • 사교성 • 자기주장성 • 활동성 • 흥분추구 • 긍정정서	• 공상 • 심미안 • 감성 • 실행력 • 아이디어 • 가치	• 신뢰성 • 솔직성 • 이타성 • 순응성 • 겸손함 • 온유함	• 유능함 • 질서정연함 • 의무감 • 성취추구 • 자기절제 • 신중성

70. PAI의 치료척도에 해당하는 것은?

① 공격성(AGG)
② 비일관성(ICN)
③ 알코올 문제(ALC)
④ 부정적 인상(NIM)
⑤ 반사회적 특징(ANT)

해설 치료척도에는 AGG(공격성), SUI(자살관념), STR(스트레스), NON(비지지), RXR(치료거부)가 있다.

정답 69.③ 70.①

71. 다음에 해당하는 로샤(Rorschach) 검사 발달질 채점 기호는?

> 구체적인 형태가 없는 대상을 보고하고 그 대상의 구체적인 형태를 언급하지 않을 경우(예 연기, 하늘)

① + ② o ③ v/+ ④ v ⑤ −

해설 로샤 검사 발달질 채점 기호

기호	정의	평가기준
+	통합반응 (synthesized response)	반응에 포함된 둘 이상의 대상이 서로 관련을 맺고 있고, 적어도 하나는 분명한 형태가 있는 경우 예 곰 두 마리가 손을 맞대고 있다.
o	평범반응 (ordinary response)	단일 반점 영역에서 형태를 가지고 있는 단일한 대상이 나타날 경우 예 박쥐, 나비, 사람 등
v/+	모호-통합반응 (vague/synthesized)	반응에 포함된 둘 이상의 대상이 서로 관련을 맺고 있고, 모두 분명한 형태가 없는 경우 예 구름이 양쪽에서 서로 뭉쳐지고 있다.
v	모호반응 (vague response)	반응에서 형태를 가지고 있지 않은 단일 대상인 경우 예 구름, 어둠, 피 등

72. 로샤(Rorschach) 검사에서 평범반응에 관한 설명으로 옳은 것은?

① 'R'로 기호화한다.

② 이 반응의 총합을 사용하여 X−%값을 계산한다.

③ 로샤 카드마다 1개씩의 평범반응이 정해져 있다.

④ 이 반응의 총합이 일정 수준 이상으로 높으면 환각 경험 가능성을 의심한다.

⑤ 수검자의 반응이 평범반응과 같은 내용이더라도 사용한 영역이 정해진 평범반응의 영역과 동일할 때 인정된다.

해설 ① 평범반응은 P(Popular response)로 기호화한다. R은 총반응 수이다.

② X−%는 지각이 왜곡되어 있는 형태반응 정도를 평가하는 것이다.
공식: X−%=FQx에서 −기호 반응개수/전체반응 수

③ 10장의 로샤 카드 중 1번, 5번, 10번 카드에 2개, 나머지 카드에 1개로 수검자 집단에서 반응빈도가 높은 13개의 평범 반응이 있다.

④ 평범반응이 지나치게 높으면 관습적이거나 과도한 자기방어 또는 높은 순응성을 나타낸다고 할 수 있다. 정상인의 평범반응 범위는 4~7개다.

정답 71.④ 72.⑤

73. 삭스(J. Sacks)의 문장완성검사에서 대표적으로 평가하는 4가지 영역이 아닌 것은?

① 성
② 가족
③ 정서
④ 자기개념
⑤ 대인관계

해설 ③ 문장완성검사는 여러 가지 버전이 있는데, 삭스(Sacks)가 만든 문장완성검사(S-SCT)는 주로 가족, 성, 대인관계, 자기개념 영역을 평가할 수 있다.

삭스의 문장완성검사

1) 가족 영역: 어머니, 아버지 및 가족에 대한 태도를 측정한다.
2) 성(性) 영역: 이성관계에 대한 태도를 포함. 남성, 여성, 결혼, 성적인 영역에서의 문제를 평가한다.
3) 대인관계 영역: 친구와 지인, 권위자에 대한 태도를 알 수 있다.
4) 자기개념 영역: 자신의 능력, 과거, 미래, 두려움, 죄책감, 목표 등에 대한 태도를 알 수 있다.

74. 22세의 A는 인물화검사에서 내장 기관이 드러난 사람을 그렸다. 다음 중 일차적으로 고려해야 하는 문제는?

① 우유부단함
② 낮은 에너지 수준
③ 현실 검증의 어려움
④ 관심에 대한 강한 욕구
⑤ 대인관계에 대한 불편감

해설 **인물화 검사-투시화**

인물화 검사에서 투시화는 옷 안에 감추어진 신체 부분, 신체 내부 장기를 드러내서 표현한 경우를 말한다. 이럴 경우 정서적 · 기질적 원인으로 인한 현실검증력 및 성격통합의 장애를 의미한다고 볼 수 있다. 특히 신체 일부인 내장을 드러나게 그리는 경우는 병적 징후로 조현병 환자에게서 나타난다. 성인이 투시화를 그릴 경우 현실을 왜곡시켜 바라보고 있음을 나타낸다. 하지만 아직 현실판단력과 현실 검증력이 충분히 발달하지 않은 연령대인 취학 전 아동이 옷 안의 팔을 드러나게 그렸다면 큰 문제가 아니라고 볼 수 있다.

75. TAT 해석 시 머레이(H. Murray)의 욕구-압력 분석법에서 사용하는 기본 요인이 아닌 것은?

① 주인공
② 주인공의 욕구
③ 환경 자극의 요구와 압력
④ 주인공의 행동 표현방식
⑤ 주인공이 느끼는 불안의 본질

해설 ⑤ 머레이는 자신의 '욕구-압력(need-pressure)이론'을 기반으로 TAT 검사를 개발하였고, 수검자가 펼치는 이야기의 주제와 주인공이 욕구, 환경의 요구와 압력, 이에 대한 주인공의 반응방식, 주요 주변인과의 관계 등에 분석의 초점을 두었다. 욕구-압력 분석법에서 주인공이 느끼는 불안의 본질은 다루지 않는다. 불안의 본질은 벨락(Bellak)의 정신분석에 기초한 직관적 해석법에서 다룬다.

정답 73.③ 74.③ 75.⑤

TAT의 해석: 욕구-압력 분석법 vs 직관적 해석법

머레이의 욕구-압력 분석의 7단계	벨락의 정신분석에 기초한 직관적 해석법
1) 주인공 찾기 2) 환경자극의 요구와 압력 분석 3) 주인공의 욕구 분석 4) 대상에 대한 주인공의 관심을 분석 5) 주인공의 내적 상태 분석 6) 주인공의 행동 표현방식 7) 이야기의 결말	1) 주요 주제 2) 주인공 3) 주인공의 주요 욕구와 추동 4) 환경에 대한 개념 5) 대상인물 및 관계 6) 주요 갈등 7) 불안의 본질 8) 갈등과 두려움에 대한 방어 9) 처벌받을 만한 행동에 대한 처벌과 초자아 적절성 10) 자아 통합

◆ 심리측정 평가의 활용

제3과목 필수

2020년 기출문제 및 해설

51. 비구조화된 면접법과 비교하여 구조화된 면접법의 특징으로 옳은 것은?

① 일관적이고 체계적인 정보를 수집하는 데 불리하다.
② 면접자 간 신뢰도가 낮다.
③ 수검자의 상황에 따라 질문의 내용이나 순서를 바꾸기가 쉽다.
④ 면접자의 주관이 개입할 여지가 적다.
⑤ 동일한 영역에 대한 객관적인 평가가 어렵다.

해설 ④ 비구조화된 면접법에 비교하여 구조화된 면접법은 면접자의 주관이 개입할 여지가 적다.

구조화 면접법과 비구조화 면접법의 특징

구조화 면접법	비구조화 면접법
• 표준화된 방식에 따라 미리 정해 놓은 내용을 수집한다. • 평가의 신뢰도를 높여 준다. • 객관성의 확보가 용이하다. • 면접자의 주관이 개입할 여지가 적다. • 개방형 질문보다 폐쇄형 질문이 많이 사용된다. • 정보를 일관적, 체계적으로 수집할 수 있다. • 의존적이고 수동적인 태도를 보이는 수검자에게 유용하게 실시할 수 있다. • 비구조화 면접에 비해 자료의 수량화가 쉽다.	• 상황에 따라 융통성 발휘가 쉽다. • 객관성의 확보가 어렵다. • 일관적이고 체계적인 정보를 수집하는 데 불리하다. • 면접자 간 신뢰도가 낮다. • 수검자의 상황에 따라 융통성 있게 실시할 수 있다. • 면접자의 주관이 개입할 여지가 있다. • 동일한 영역에 대한 객관적인 평가가 어렵다.

52. 심리검사의 개발 순서로 옳은 것은?

ㄱ. 예비검사 실시 및 문항 분석
ㄴ. 검사의 내용과 방법 결정
ㄷ. 신뢰도, 타당도 분석
ㄹ. 문항의 개발
ㅁ. 검사목적의 명료화

① ㄱ－ㅁ－ㄴ－ㄷ－ㄹ
② ㄴ－ㅁ－ㄱ－ㄷ－ㄹ
③ ㄴ－ㅁ－ㄹ－ㄷ－ㄱ
④ ㅁ－ㄴ－ㄱ－ㄹ－ㄷ
⑤ ㅁ－ㄴ－ㄹ－ㄱ－ㄷ

정답 51.④ 52.⑤

해설 ⑤ 심리검사의 개발 순서는 [ㅁ] 검사목적의 명료화 → [ㄴ] 검사의 내용과 방법 결정 → [ㄹ] 문항의 개발 → [ㄱ] 예비검사 실시 및 문항 분석 → [ㄷ] 신뢰도, 타당도 분석의 순이다.

심리검사 제작과정	
1. 검사목적을 명료화한다.	2. 검사내용과 방법을 결정한다.
3. 검사문항을 개발한다.	4. 예비검사 실시와 문항 분석을 한다.
5. 문항수정과 검사를 완성한다.	6. 규준 제작을 위한 표집과 검사를 실시한다.
7. 채점과 규준을 제작한다.	8. 신뢰도와 타당도를 검증한다.
9. 검사지와 검사요강을 제작한다.	

53. 피어슨(Pearson)의 적률상관계수에 관한 설명으로 옳지 않은 것은?

① 두 변수의 상관계수는 그 변수의 산포도를 반영한다.

② 상관계수는 두 변수가 공유하는 분산의 비율이다.

③ 두 변수의 상관계수는 각 변수의 표준편차의 영향을 받는다.

④ −1.00에서 +1.00까지의 범위를 갖는다.

⑤ 상관계수 −.70은 +.50보다 더 큰 연관성을 나타낸다.

해설 ② 상관계수는 두 변수 간의 상관의 정도를 반영하는 계수이다. 두 변수가 공유하는 분산의 비율은 결정계수이다. 결정계수는 상관계수의 제곱값(r^2)이다. 결정계수는 한 변인의 전체 분산 중에서 다른 변인으로 예측, 설명되는 정도를 의미한다.

학습 plus

피어슨의 적률상관계수(Product-Moment Correlation coefficient: PMR)

- 두 변수가 모두 양적변수이고 직선적인 관계에 있을 때, 두 변인 간의 상관의 정도를 나타내고 r로 표시한다.
- 두 변인의 측정치는 등간척도 또는 비율척도 수준에 있어야 한다.
- 상관계수 r은 $-1.0 \leq r \leq +1.0$의 값을 가지며 +는 정적상관, −는 부적상관을 의미한다.
- r의 절댓값이 1에 가까울수록 두 변인 간에 강한 상관이 있으며, $r=0.0$이면 두 변인 간의 관계가 전혀 없다는 것을 의미한다.
- 상관계수가 인과관계를 의미하지 않는다.

54. 검사 문항의 제작에 관한 설명으로 옳은 것은?

① 문항곤란도를 높이기 위해 의도적으로 오답을 하도록 문항을 각색할 필요가 있다.

② 여러 조건이 붙은 길고 복잡한 문항을 사용하는 것이 바람직하다.

③ 문항과 총점 간 상관계수가 큰 문항부터 제외한다.

④ 문항특성곡선이 수평으로 된 문항은 변별력이 높은 문항이다.

⑤ 문항특성곡선이 왼쪽 위로부터 오른쪽 아래로 완만하게 내려오는 문항은 변별력이 낮은 문항이다.

정답 53.② 54.⑤

해설 ⑤ 기울기가 클수록 변별력이 높다. 완만하게 내려오는 문항은 변별력이 낮은 문항이다.
① 정답자가 많은지 적은지에 따라 문항난이도 지수의 높낮이가 정해지므로 난이도가 높은 문항에서 낮은 문항에 이르기까지 비율이 골고루 포함되어야 한다.
② 좋은 문항의 조건은 단순 명료한 문항이다. 너무 어렵거나 길고 복잡한 문항은 제외한다.
③ 문항과 총점 간 상관계수가 낮은 문항부터 제외한다.
④ 문항특성곡선이 수평으로 된 문항은 변별력이 없다는 것을 의미한다.

학습 plus

문항난이도(곤란도)

어떤 문항의 난이도 정도를 나타내는 지수로, 그 문항에 대한 전체 반응자 중에서 정답자의 비율을 백분율로 나타낸 것이고 문항난이도는 0~100%의 범위 안에 나타나게 된다.

55. 행동평가법에 관한 설명으로 옳지 않은 것은?

① 처치 후 문제행동의 변화를 평가하는 데 유용하다.
② 이야기 기록법은 행동을 체크리스트나 척도상에서 기록하는 방법이다.
③ 간격 기록의 방법에는 시간표집과 간격표집도 있다.
④ 사건 기록에서는 행동의 빈도, 강도, 지속기간을 기록한다.
⑤ 행동평가법은 시간과 인원, 장비 측면에서 비효율적이다.

해설 ② '이야기 기록법[또는 일화기록법(anecdotal records)]은 관찰하고자 하는 행동을 써 두는 것이다. 행동을 체크리스트나 척도상에서 기록하는 방법은 '평정기록법'이다.

학습 plus

행동평가법의 종류

1. 표본기록법: 관찰 대상이나 장면을 미리 정한 후 평가 대상자의 행동과 상황, 말을 모두 일어난 순서대로 기록하는 방법이다.
2. 이야기 기록(일화기록법): 구체적 행동과 사건에 관련된 사항을 상세히 기록하는 방법이다.
3. 간격표집법: 일정한 시간 간격을 정해 두고 행동을 관찰, 기록하는 방법으로 시간표집과 간격표집이 있다.
4. 사건기록법: 특정 행동이나 사건의 발생을 기록, 관찰하고자 하는 행동이나 사건이 일어날 때까지 기다린 후, 행동의 빈도, 강도, 지속기간을 기록한다.
5. 행동목록법(체크리스트): 관찰할 일련의 행동목록을 미리 준비하고, 목록에 있는 행동이 나타날 때마다 체크(✔)로 표시하거나 척도로 표시하는 방법이다.
6. 평정척도법: 행동의 발생에 더해 행동의 질적 특성을 평가하는 방법으로 표준평정, 숫자평정, 기술평정, 도식평정 등이 있다.

정답 55.②

56. 다음 중 최대수행능력을 측정하는 검사는?

① MMPI－2
② 스트롱－캠벨(Strong-Campbell) 흥미검사
③ 홀랜드(Holland) 직업유형검사
④ K－WAIS－Ⅳ
⑤ 카텔(R. Cattell)의 16PF

해설 ④ 최대수행검사는 정해진 시간 내 수검자의 최대 능력을 측정하는 검사로 지능검사, 적성검사, 성취도 검사가 있다.

① MMPI-2와 ⑤ 16PF는 성격검사이고 ② 스트롱-캠벨(Strong-Campbell) 흥미검사, ③ 홀랜드(Holland) 직업유형검사는 흥미검사로 모두 습관적 수행검사이다.

최대수행검사와 습관적 수행검사

<최대수행검사> = 극대수행검사 = 성능검사 = 인지적 검사	• 제한 시간 내에 자신의 능력을 최대로 발휘하게 하는 검사 • 정답과 오답이 존재함 • 채점을 통해 능력의 최대치를 측정함 • 인지 능력을 측정함 • 지능검사(웩슬러 검사), 적성검사, 성취도 검사 등
<습관적 수행검사> = 수행측정검사 = 성향검사 = 정서적 검사	• 일상생활에서의 습관적 행동을 검토하게 하는 검사 • 정답과 시간제한이 없으며 정직한 응답을 요구함 • 정서, 동기, 가치, 흥미, 태도 등을 측정 • 성격검사(MMPI-2,16PF), 흥미검사(스트롱-캠벨 흥미검사, 홀랜드 직업유형검사), 태도검사

57. 타당도에 관한 설명으로 옳은 것을 모두 고른 것은?

ㄱ. 우울증 검사의 변별타당도를 알아보기 위해 기존의 분노검사와 상관 정도를 알아본다.
ㄴ. 기계작동 적성검사의 공인타당도를 알아보기 위해 기계작동 기술자들의 수행실적과 적성검사 점수를 비교해 본다.
ㄷ. 에릭슨(E. Erickson)의 발달이론에 근거한 성격발달검사의 준거타당도를 알아보기 위해 그 검사가 에릭슨 이론의 개념들을 반영하고 있는지 알아본다.

① ㄱ
② ㄱ, ㄴ
③ ㄱ, ㄷ
④ ㄴ, ㄷ
⑤ ㄱ, ㄴ, ㄷ

해설 ㄷ. 에릭슨의 발달이론에 근거한 성격발달검사가 에릭슨 이론의 개념들을 반영하고 있는지 알아보는 것은 내용타당도 또는 구성타당도이다.

• 구인타당도(=구성타당도)란 검사가 기반하고 있는 이론적 구성 개념을 잘 반영하고 있는지를 살펴보는 것이다.
• 준거타당도란 어떤 준거와 관련지어서 측정도구의 타당성을 평가하는 것이다. 준거타당도를 알아보려면 해당 준거가 반드시 있어야 하며 준거의 성격에 따라 예언타당도와 공인타당도로 나뉜다.

정답 56.④ 57.②

58. 대학생 A는 자기수용 검사에서 80점을 받았다. 이 검사를 받은 집단은 평균 74점, 표준편차 6점의 정규분포를 이루고 있다. 대학생 A의 점수에 관한 설명으로 옳은 것은?

① A의 점수에 해당하는 백분위는 68이다.

② A의 점수에 해당하는 T 점수는 40이다.

③ A의 점수의 95% 신뢰구간은 62~86점이다.

④ A보다 더 높은 점수를 받은 사람의 비율은 16%이다.

⑤ A의 점수에 해당하는 Z 점수는 −1이다.

해설 ① T 점수가 60이므로 백분위는 84이다.
② A의 점수에 해당하는 T 점수는 60이다.
③ A의 점수에 대한 95% 신뢰구간은 X−1.96SEM<A<X+1.96SEM이므로 68.24~91.76점이다.
⑤ A의 점수에 해당하는 Z 점수는 1이다.

〈풀이 참조〉
원점수: 80점, 평균: 74점, 표준편차: 6점
Z 점수=(원점수−평균) / 표준편차,
Z 점수=(80−74)/6=1
T 점수=10×Z 점수+50=1×10+50=60, T 점수=60

59. 지능이론에 관한 설명으로 옳은 것은?

① 가드너(H. Gardner)의 다중지능 하위유형은 총 7가지이다.

② 카텔(R. Cattell)의 유동성 지능은 유아기부터 성인기까지 계속 증가하여 60세까지도 쇠퇴하는 비율이 낮다.

③ 공간지각능력은 카텔(R. Cattell)의 결정성 지능에 해당한다.

④ 가드너(H. Gardner)의 다중지능 중 하나가 자연적(naturalist) 지능이다.

⑤ 카텔(R. Cattell)의 유동성 지능은 결정성 지능보다 환경과 경험의 영향을 더 많이 받는다.

해설 ④ 가드너의 다중지능 중 하나가 자연적(naturalist) 지능이다.
① 가드너의 다중지능 하위유형은 총 8가지(언어, 논리−수학, 신체운동, 음악, 시−공간, 대인관계, 개인내적, 자연탐구)이다. 실존지능을 추가하여 9유형으로 제시되는 경우도 있다.
② 카텔의 유동성 지능은 유아기부터 청소년기까지 계속 증가하다가 이후 쇠퇴한다.
③ 공간지각능력은 카텔의 유동성 지능에 해당한다.
⑤ 카텔의 결정성 지능은 유동성 지능보다 환경과 경험의 영향을 더 많이 받는다.

정답 58.④ 59.④

지능이론		
스피어만	2요인설	일반요인(g요인): 개인의 공통능력-언어, 수리, 추론 등 특수요인(s요인): 특정분야의 능력
손다이크	다요인설	지능검사 4요인(CAVD) C(문장완성능력), A(산수추리력), V(어휘력), D(지시를 따를 수 있는 능력)
서스톤	군집요인설	기본정신능력(PMA) 7가지 요인 V(언어이해요인), N(수요인), S(공간요인), P(지각요인), A(연합적 기억요인), R(추리요인), W(언어유창성요인)
길포드	지능구조 입체 모형설	정보의 내용(4), 정보의 조작(5), 결과의 산출(6)
카텔	유동성 지능	유전적, 선천적으로 타고난 능력
	결정성 지능	유동적 지능을 바탕으로 환경, 경험, 문화적 영향을 받아 후천적으로 발달

60. 신뢰도에 관한 설명으로 옳은 것을 모두 고른 것은?

ㄱ. Spearman-Brown 공식은 검사-재검사 신뢰도 계수를 교정하는 공식이다.
ㄴ. 한 검사의 신뢰도 계수와 그 검사의 반분신뢰도 계수는 일반적으로 동일하다.
ㄷ. 반분신뢰도와 동형검사 신뢰도는 모두 검사-재검사 신뢰도의 문제점을 보완해 준다.
ㄹ. Kuder-Richardson 계수는 내적 일관성 신뢰도를 추정하는 방법이다.

① ㄱ, ㄴ ② ㄴ, ㄷ ③ ㄷ, ㄹ
④ ㄱ, ㄴ, ㄹ ⑤ ㄱ, ㄷ, ㄹ

해설 ㄱ. 스피어만-브라운(Spearman-Brown) 공식은 반분신뢰도 계수를 교정하기 위한 공식이다.
ㄴ. 반분신뢰도 계수는 전체 검사 문항의 절반만 사용하여 신뢰도를 측정하므로 전체 신뢰도가 과소추정될 수 있다.

61. 심리검사에 관한 설명으로 옳지 않은 것은?

① 특정 영역의 행동 전집을 수집하여 측정한다.
② 심리적 특성의 개인차를 비교할 수 있다.
③ 심리적 구성개념을 측정하기 위한 도구이다.
④ 개인의 행동을 예측하는 것이 하나의 목적이다.
⑤ 심리검사에서 나온 결과는 잠정적인 것이다.

해설 ① 특정 영역의 행동 전집을 수집하는 것은 현실적으로 어려우므로 표집된 행동표본을 대상으로 과학적인 검증 과정을 거쳐 심리검사를 실시한다. 심리검사 결과는 표준화된 방법에 의해 수량화된 점수로써 기술된다.

정답 60.③ 61.①

62. K-WAIS-IV에 관한 설명으로 옳은 것은?

① 전체지능은 5개의 지표점수로 산출된다.
② 처리속도는 숫자, 산수, 순서화로 구성된다.
③ 지각추론은 동형찾기, 기호쓰기, 지우기로 구성된다.
④ 작업기억은 토막짜기, 행렬추론, 퍼즐, 무게비교로 구성된다.
⑤ 언어이해는 공통성, 어휘, 상식, 이해로 구성된다.

해설 ⑤ 언어이해는 공통성, 어휘, 상식과 보충소검사인 이해로 구성된다.
① 전체지능은 4개의 지표점수로 산출된다: 언어이해 지표(VCI), 지각추론 지표(PRI), 작업기억 지표처리속도 지표(PSI)
② 처리속도는 기호쓰기, 동형 찾기와 보충소검사 지우기로 구성된다.
③ 지각추론은 토막짜기, 퍼즐, 행렬추론과 보충소검사인 빠진 곳 찾기, 무게비교로 구성된다.
④ 작업기억은 숫자, 산수와 보충소검사인 순서화로 구성된다.

63. K-WISC-V의 지표영역이 아닌 것은?

① 언어이해 ② 지각추론 ③ 시각공간 ④ 작업기억 ⑤ 처리속도

해설 K-WISC-V의 지표영역

K-WISC-Ⅳ 지표영역		K-WISC-V 지표영역	
언어이해	공통성, 어휘	언어이해	공통성, 어휘
지각추론	토막짜기, 행렬추리, 퍼즐	시각공간	토막짜기, 퍼즐
		유동추론	행렬추리, 무게비교
작업기억	숫자, 산수	작업기억	숫자, 그림기억
처리속도	기호쓰기, 동형찾기	처리속도	기호쓰기, 동형찾기

* 추가된 소검사: 무게비교, 퍼즐, 그림기억
* 빠진 소검사: 빠진 곳 찾기, 단어추리

임상적 활용을 위한 추가 지표	
양적추론 지표	무게비교, 산수
청각작업기억	숫자, 순차연결
비언어 지표	토막짜기, 퍼즐, 행렬추리, 무게비교, 그림기억, 기호쓰기
일반능력 지표	공통성, 어휘, 토막짜기, 행렬추리, 무게비교
인지효율 지표	숫자, 그림기억, 기호쓰기, 동형찾기

정답 62.⑤ 63.②

64. 신경심리 검사와 측정하고자 하는 인지기능을 옳게 연결한 것은?

① Boston naming test – 기억기능

② Visual span test – 시공간 능력

③ California verbal learning test – 언어기능

④ Wisconsin card sorting test – 실행기능

⑤ Clock test – 주의집중력

해설 신경심리 검사-측정 인지기능

신경심리 검사명		측정 인지기능
① 보스톤 이름대기 검사	Boston naming test	언어능력
② 시각 단기기억 검사	Visual span test	기억력
③ 캘리포니아 언어학습 검사	California verbal learning test	기억력
④ 위스콘신 카드 분류 검사	Wisconsin card sorting test	전두엽의 실행 기능
⑤ 시계 그리기 검사	Clock test	구성능력, 기억, 개념화 및 추상화를 포함하는 고도의 인지능력

65. 지능검사에서 측정의 표준오차(SEM)에 관한 설명으로 옳은 것을 모두 고른 것은?

ㄱ. SEM이 상대적으로 큰 소검사는 시간표집에 따른 변동성이 크다.
ㄴ. SEM을 산출하기 위해서는 검사-재검사 상관계수가 필요하다.
ㄷ. SEM이 작은 검사일수록 피검자의 당일 상태의 영향을 적게 받는다.
ㄹ. 90% 신뢰구간은 $X-1.65SEM \leq T \leq X+1.65SEM$이다.
ㅁ. 95% 신뢰구간은 $X-1.96SEM \leq T \leq X+1.96SEM$이다.

① ㄱ, ㄷ　② ㄱ, ㄴ, ㄷ　③ ㄱ, ㄹ, ㅁ

④ ㄴ, ㄷ, ㄹ, ㅁ　⑤ ㄱ, ㄴ, ㄷ, ㄹ, ㅁ

해설 모두 옳은 문장이다.

측정의 표준오차(SEM: Standard Error of Measurement)

- 어떤 도구를 사용하여 수없이 반복측정해서 얻은 오차점수 분포의 표준편차를 의미하는 것으로 해당 검사의 신뢰도를 나타내는 수치이다.
- 오차점수의 분포가 정상분포를 이루고 있다는 가정하에 측정의 표준오차는 진점수를 중심으로 관찰점수의 분포를 알려 주는 유용한 지수 역할을 한다.
- 관찰점수의 표준편차와 신뢰도 계수를 사용하여 추정한다.
- 90% 신뢰구간은 $X \pm 1.65SEM$, 95% 신뢰구간은 $X \pm 1.96SEM$, 99% 신뢰구간은 $X \pm 2.58SEM$이며, 주로 95% 또는 99% 신뢰수준을 가지고 진점수를 포함하는 점수 범위를 추정한다.

정답 64.④ 65.⑤

- 관찰점수가 X일 때 X±1.96SEM의 범위에 진점수가 들어 있을 확률은 95%이고, X±2.58SEM의 범위에는 99%가 된다.
- SEM이 클수록 점수들 간의 이질성이 높아지며 시간 표집에 따른 변동성이 커진다. SEM이 작다면 검사 당시의 상태의 영향을 적게 받는다는 의미이다.

66. 지능검사 결과에 관한 설명으로 옳은 것은?

① 지수 115의 상대적 위치는 소검사 환산점수 13과 같다.
② 지수 110의 상대적 위치는 소검사 환산점수 11과 같다.
③ 소검사 환산점수 10의 백분위는 75이다.
④ 소검사 환산점수 7의 백분위는 지수 90의 백분위와 같다.
⑤ 소검사 환산점수 7의 백분위는 90이다.

해설 ① 지능검사의 평균은 100, 표준편차는 15이며 소검사의 평균은 10, 표준편차는 3이다. 지능지수 115는 Z값이 1인 점수이다. 소검사의 Z가 1인 점수는 13점이 맞다.
② 평균 100, 표준편차 15일 때 110의 Z값은 약 0.67이다. 이를 소검사 점수에 대입하면 10+(3×0.67)=12.01, 약 12이다.
③ 소검사 환산점수 10은 평균이므로 백분위는 50이다.
④ 소검사 환산점수는 10이 평균이고 표준편차가 3이므로 7의 백분위는 Z값은 -1에 해당한다. 지수 90이 아니라 100-15, 즉 85의 백분위와 같다.
⑤ 소검사 환산점수 7의 백분위는 Z값은 -1이므로 백분위는 16이다.

67. K-WISC-IV 프로파일에 관한 설명으로 옳은 것을 모두 고른 것은?

언어이해			지각추론			작업기억		처리속도	
공통성	어휘	이해	토막짜기	공통그림찾기	행렬추리	숫자	순차연결	기호쓰기	동형찾기
13	10	14	18	15	15	10	14	7	11

ㄱ. 언어이해 점수의 양상은 습득한 단어를 잘 응용하고 있음을 시사한다.
ㄴ. 작업기억 점수의 양상은 정보를 유목화하는 능력이 낮음을 시사한다.
ㄷ. 처리속도 점수의 양상은 눈-손 협응수준이 낮음을 시사한다.

① ㄱ　② ㄱ, ㄴ　③ ㄱ, ㄷ
④ ㄴ, ㄷ　⑤ ㄱ, ㄴ, ㄷ

정답 66.① 67.③

해설 ㄴ. 작업기억점수 중 유목화하는 능력을 측정하는 것은 순차연결로, 14점으로 유목화하는 능력이 높음을 시사한다.

- K-WISC-IV 소검사의 환산점수는 수검자의 평균 10, 표준편차 3인 표준점수로 변환한 것이다. 프로파일의 언어이해, 지각추론, 작업기억 지표에서는 평균 이상의 점수를 보이고 있으므로 해당되는 능력이 높다고 유추할 수 있다. 처리속도 기호쓰기에서는 평균 이하 점수를 나타내므로 해당 능력이 낮음을 시사한다. 각 지표에 해당하는 능력의 영역은 다음과 같다.

언어이해(VCI)	언어적 이해능력, 어휘적 사고능력, 인지적 유연성, 사회적 지능, 사회적 이해력, 학습능력, 기억력, 어휘와 언어발달 정도, 논리적 · 추상적 사고력, 결정지능
지각추론(PRI)	지각적 추론능력, 시각-운동 협응능력, 유동적 추론능력, 비언어적 능력, 인지적 유연성, 공간처리 능력
작업기억(WMI)	작업능력, 청각적 단기기억, 주의집중력, 암기학습능력, 정신적 조작능력, 부호화 능력, 인지적 유연성, 유목화(계열화)
처리속도(PSI)	지각속도 및 처리속도, 시각-운동 협응능력, 청각적(시각적) 단기기억능력, 시각적 탐색능력, 주의집중력, 선택적 주의력

68. MMPI-2에서 임상척도가 아닌 것은?

① 편집증(Pa)
② 강박증(Pt)
③ 히스테리(Hy)
④ 통제결여(DISC)
⑤ 경조증(Ma)

해설 ④ 통제결여(DISC)는 성격병리 5요인(PSY-5)의 척도이다.

MMPI-2에서 임상척도

MMPI-2 임상척도(원판 MMPI와 동일)		성격병리 5요인(PSY-5) 척도
• 건강염려증(Hs)	• 우울증(D)	• 공격성 척도(AGGR)
• 히스테리(Hy)	• 반사회성(Pd)	• 정신증 척도(PSYC)
• 남성성-여성성(Mf)	• 편집증(Pa)	• 통제결여 척도(DISC)
• 강박증(Pt)	• 조현병(Sc)	• 부정적 정서성/신경증 척도(NEGE)
• 경조증(Ma)	• 내향성(Si)	• 내향성/낮은 긍정적 정서성 척도(INTR)

69. MMPI-A의 타당도 척도가 아닌 것은?

① FBS
② ?(무응답)
③ F
④ L
⑤ K

해설 ① FBS척도는 증상타당도 척도로 MMPI-2에는 있으나 MMPI-A에는 없다.
MMPI-A의 타당도는 ?, VRIN, TRIN / F, Fl, F2 / L, K로 총 8개다.

정답 68.④ 69.①

MMPI-A의 타당도 척도

MMPI-2	MMPI-A
567문항	478문항
미국: 18~84세 한국: 19~78세	미국: 14~18세 한국: 13~18세
10개 타당도 척도 ?, VRIN, TRIN / F, F(B), F(P), FBS / L, K, S	8개 타당도 척도 ?, VRIN, TRIN / F, Fl, F2 / L, K
10개의 임상 척도	동일한 10개의 임상 척도 (단, Mf, Si척도의 문항 수는 감소)
K 교정 점수 적용	K 교정 적용하지 않음
9개 재구성 임상 척도	없음
15개 내용 척도	• 11개 내용 척도는 MMPI-2와 동일 • 4개 청소년용 내용 척도(소외, 품행문제, 낮은 포부, 학교 문제)
15개 보충 척도	• 3개 보충 척도는 MMPI-2와 동일 • 3개 청소년용 보충 척도(알코올/약물 문제 인정, 알코올/약물 문제 가능성, 미성숙)

70. MBTI에 관한 설명으로 옳지 않은 것은?

① 내향-외향 구분은 객체와 주체의 상대적 비중이 중요하다.

② 감각-직관 구분은 사물인식과 인간관계의 상대적 비중이 중요하다.

③ 판단-인식 구분은 의식과 무의식의 상대적 비중이 중요하다.

④ 판단-인식 구분은 융(C. Jung)의 개념을 확장해서 추가한 것이다.

⑤ 사고-감정 구분은 논리성과 친화성의 상대적 비중이 중요하다.

해설 ② 감각-직관 구분은 사물인식과 정보수집에서 어떤 방식을 선호하는지에 따라 달라진다.

MBTI 유형 분류

기준	유형 분류	
에너지 방향	외향(E: Extraversion) • 폭넓은 인간관계. 사교적, 정열적, 활동적 • 외부에 주의집중. 경험 후에 이해함	내향(I: Introversion) • 깊이 있는 대인관계. 조용하고 신중함 • 자기 내부에 주의집중. 이해 후에 경험함
정보수집 방식	감각(S: Sensing) • 오감에 의존. 실제 경험 중시 • 현재에 초점 정확하고 철저한 일 처리 • 사실적으로 묘사하며 나무를 보는 스타일	직관(N: Intuition) • 육감과 영감에 의존하며 가능성과 의미추구 • 미래지향적이며 신속하고 비약적인 일 처리 • 비유적, 암시적으로 묘사하며 숲을 보는 스타일

정답 70.②

의사결정 방식	사고(T: Thinking) • 진실과 사실에 관심 • 논리적, 분석적, 객관적으로 사실을 판단 • 옳고 그름, 원리 원칙과 규범, 기준 중시	감정(F: Feeling) • 인간관계에 관심 • 주변 상황, 우호관계를 고려하여 판단 • 좋고 나쁨, 의미와 영향, 상황 중시
행동 · 생활 양식	판단(J: Judging) • 목적과 방향이 분명 • 계획적 체계적, 기한 엄수 • 신속한 결론과 의지적 추진	인식(P: Perceiving) • 상황에 따라 목적과 방향 변화 가능 • 자율적, 융통적. 일정 변경 가능 • 재량적, 포용적, 유유자적, 적응적

71. MMPI-2 검사결과 상승 척도쌍에 관한 설명으로 옳은 것은?

① 8-9: 타인에게 소외당했다는 느낌을 가지며, 권위적 인물에 대한 적개심이 높다.

② 4-5: 분노를 충동적으로 표현하고, 충동과 후회를 반복한다.

③ 3-6: 만성적이고 강한 분노감을 보이며, 적절한 감정표현을 못한다.

④ 1-4: 다양한 신체적 증상을 호소하고, 우울과 높은 긴장을 보인다.

⑤ 1-3: 신체형 장애를 보이고, 문제의 근원을 외재화하는 성향이 많다.

해설 MMPI-2: 상승 척도쌍

⑤ 1-3: 남성보다 여성에게서, 젊은이보다 노인에게서 흔하다. 문제의 근원을 자기 내면에 초점을 두기보다는 외재화하는 경향이 많아 치료 예후가 좋지 않다. 신체증상장애, 주요 우울장애, 연극성 성격 등에서 많이 나타나는 코드 유형이다.

① 8-9: 심신 에너지가 항진되어 과잉활동을 보이며 주의산만하다. 초조, 긴장되어 정서적으로 매우 불안정하며 예측불허의 행동을 보인다. 타인과의 친밀감 형성이 어려우며 의심 불안이 많다. 편집증적 망상, 기태적 사고, 환각, 공상 등이 나타난다.

② 4-5: 사회규범과 윤리에 비순응적이며, 공격적, 미성숙, 자기중심적이다. 성 정체감 문제를 보일 수 있다. 충동성을 보이지만 후회하는 모습은 잘 보이지 않는다.

③ 3-6: 히스테리와 불안이 특징적이다. 타인의 비난에 지나치게 민감하며 적대감, 공격적 감정을 느끼지만 억압한다. 표면적으로 긴장, 초조, 공포, 불안 등 정서적 문제를 보이고 두통, 위장장애 등의 신체적 불편감을 주로 호소한다.

④ 1-4: 신체화와 반사회성이 특징적이며 임상에서 흔하지는 않다. 남성 건강염려증 환자에게서 흔한 프로파일이다. 규칙이나 규제에 반감이 심하여 가족에 대한 분노감과 반항심이 심한데 표현은 잘 하지 않는다. 불안하고 우유부단하며 알코올 등 물질사용문제를 보일 수 있고 치료에 저항적이다.

정답 71.⑤

72. 투사적 검사에 관한 설명으로 옳은 것을 모두 고른 것은?

ㄱ. TAT 카드는 31장으로 구성된다.
ㄴ. CAT 카드는 기본 10장, 보충 10장으로 구성된다.
ㄷ. 투사적 검사는 검사-재검사 신뢰도가 상대적으로 낮은 편이다.
ㄹ. 수검자의 이야기 속에 의식/무의식적 갈등이 표출된다고 가정한다.

① ㄱ, ㄴ, ㄷ
② ㄱ, ㄴ, ㄹ
③ ㄱ, ㄷ, ㄹ
④ ㄴ, ㄷ, ㄹ
⑤ ㄱ, ㄴ, ㄷ, ㄹ

해설 ㄴ. CAT(Children Apperception Test: 아동용 주제통각검사)의 한국판 카드는 기본 9장, 보충 9장으로 구성된다. 3~10세 아동을 대상으로 하며, 아동들에게는 동물이 더 친근하고 동물에게 동일시되기 쉽다는 점에 착안하여 동물을 주인공으로 한다.

73. 로샤 검사의 EA에 관한 설명으로 옳지 않은 것은?

① M과 WSumC를 합한 값이다.
② 개인의 가용자원을 반영한 것이다.
③ WSumC는 C와 CF반응을 합한 값이다.
④ 연령수준에 따라서 값이 변화된다.
⑤ 자발적이고 능동적인 정신활동을 반영한다.

해설 ③ WSumC는 유채색 반응 FC, CF, C 반응을 합한 값이며 계산법은 WSumC = 0.5FC + 1.0CF + 1.5C이다.

로샤 검사: EA(Experience Actual)
- EB의 두 항 M과 WSumC를 합한 값이다.
- 심리적 가용자원을 측정하는 것으로 관념/감정의 지표이다. EA가 높으면 적응력이 높고 유능하게 목표를 달성할 수 있다.
- 연령수준에 따라 값이 변화한다.
- 엑스너(Exner)에 따르면 심리치료를 통해 향상된 사람들의 경우 EA의 비율이 높아진다.

정답 72.③ 73.③

74. **로샤 검사에 관한 설명으로 옳은 것은?**

① 수검자가 쉽게 심리적 방어를 할 수 있다.

② 검사 실시에 대한 수검자의 거부감이 객관적 검사에 비해 높다.

③ 반응영역 기호 S는 단독으로 사용할 수 없다.

④ 개인의 심리적 어려움을 상대적 백분위로 나타낸다.

⑤ 자유로운 반응을 제한해서 스토리텔링하게 한다.

해설 ③ 흰 공백에 대한 반응인 반응영역 기호 S(Space Response)는 항상 다른 반응영역 기호와 함께 사용된다(WS, DS, Dds).

① 투사검사는 전반적으로 모호한 자극이 제시되기 때문에 상대적으로 심리적 방어가 쉽지 않다.

② 지시문이 단순하고 자유로운 반응이 가능하므로 수검자의 거부감은 객관적 검사에 비해 높지 않다.

④ 수검자가 보이는 반응들을 부호화하여 구조적 요약으로 나타낸다.

⑤ 투사검사는 자유로운 반응을 제한하지 않고 표출하게 한다. 검사자극에 따라 연상, 스토리 구성, 미완성문장 완성하기, 그림으로 표현하기 등 다양한 기법이 사용된다. 로샤 검사에서는 모호한 자극에서 지각되는 이미지를 표현하는 연상기법을 사용한다.

75. **지능검사에 관한 설명으로 옳지 않은 것은?**

① 웩슬러 검사는 최초로 IQ 개념을 도입하였다.

② 웩슬러 검사는 성인용 지능검사로 출발했다.

③ 스텐포드-비네 검사는 비율지능지수를 사용한다.

④ 비네 검사는 최초의 지능검사이다.

⑤ 스텐포드-비네 검사는 아동용 지능검사로 출발했다.

해설 ① IQ 개념은 터먼(Terman)이 개발한 스탠포드-비네 검사(1916년)에서 처음 사용되었다. 스탠포드-비네 검사는 최초의 지능검사인 비네-시몽 검사(1905년)에서 발전된 것이다.

정답 74.③ 75.①

학습 plus

초기 지능검사

- 비율지능지수(비율 IQ)
  - 스탠포드-비네 검사에서 사용하는 방식이다.
  - 정신능력과 생활연령 혹은 신체연령의 대비를 통해 지적 능력을 비율로 나타냄
  - 비율지능지수를 사용하면 생활연령이 증가해도 정신연령이 대략 15세 이후로 증가하지 않기 때문에 15세 이후 청소년/성인을 대상으로 하는 검사로는 부적합하다.
- 편차지능지수(편차 IQ)
  - 웩슬러 검사에서 사용하는 방식이다.
  - 스탠포드-비네 검사에서 적용하던 비율지능지수의 한계를 보완
  - 어떤 시점의 개인의 지적 능력을 동일한 연령대 집단에서의 상대적인 위치로 규정
  - 동일연령을 대상으로 검사를 실시한 후에 정규분포 곡선에서 평균을 '100', 표준편차 '15'로 환산, 모든 연령 집단에서 같은 방법으로 해석이 가능하다.

◆ 심리측정 평가의 활용

제3과목 필수 2019년 기출문제 및 해설

51. 가드너(H. Gardner)의 다중지능에 해당하지 않는 것은?

① 자연적(naturalist) 지능
② 내적(intrapersonal) 지능
③ 그림 유사성(pictorial analogies) 지능
④ 음악적(musical) 지능
⑤ 대인관계(interpersonal) 지능

해설 ③ 그림 유사성 지능은 포함되지 않는다.

가드너의 다중지능

1. 언어지능	2. 논리-수학 지능
3. 시각-공간 지능	4. 신체운동 지능
5. 음악 지능	6. 대인관계 지능
7. 개인 내적 지능	8. 자연탐구 지능
※ 실존 지능을 추가하기도 한다.	

52. 다음의 특성을 모두 포함하는 MMPI-A의 내용척도는?

- 매우 이상한 사고와 경험을 보고한다.
- 음모에 연루되었거나 누군가 자기를 독살하려 한다고 생각한다.
- 다른 사람이 자신의 생각을 최면을 통해 훔치려 한다고 믿는다.

① 냉소적 태도(CYN)
② 기태적 정신상태(BIZ)
③ 낮은 자존감(LSE)
④ 사회적 불편감(SOD)
⑤ 가정 문제(FAM)

해설 ② 기태적 정신상태(BIZ): 망상, 환각을 포함한 정신병적 증상, 비현실감, 독특하고 이상한 사고를 의미한다. 점수가 높을수록 타인을 악의적으로 여기는 침투적 · 파괴적인 사고와 경험으로 인한 괴로움을 보고한다.
① 냉소적 태도(CYN): 점수가 높을수록 염세적 양상을 보인다.
③ 낮은 자존감(LSE): 점수가 높을수록 자신감이 부족하고 자신을 매력 없고 쓸모없고 결점 많은 사람으로 여긴다.
④ 사회적 불편감(SOD): 점수가 높을수록 수줍어하고 혼자 있는 것을 좋아한다.
⑤ 가정 문제(FAM): 점수가 높을수록 부모나 가족과 많은 갈등이 있다.

정답 51.③ 52.②

53. 허트(M. Hutt)의 BGT 평가항목에서 형태의 일탈에 속하지 않는 것은?

① 폐쇄곤란 ② 교차곤란 ③ 곡선 묘사곤란
④ 각의 변화 ⑤ 보속성

해설 ⑤ 보속성은 형태의 왜곡(distortion of form)에 속한다.

허트의 BGT 평가항목

평가항목	내용		
조직화	• 그림의 순서 • 지면의 가장자리 사용	• 첫 도형의 위치 • 중첩	• 인접된 그림 사이의 공간
크기의 일탈	• 전체적으로 도형의 크기가 크거나 작은 그림 • 점진적으로 도형의 크기가 커지거나 작아지는 그림 • 도형이 고립된 큰 그림 또는 작은 그림		
형태의 일탈	• 폐쇄곤란 • 곡선 묘사곤란	• 각의 변화	• 교차곤란
형태의 왜곡	• 지각적 회전 • 단절 • 보속성	• 퇴화 • 겹침 곤란 • 반복 그림	• 단순화 • 정교화
기타	• 형태 크기 및 응집성	• 운동 비협응	• 불능

※ 객관적으로 분석할 때는 각각의 항목을 수치화한 후 규준에 맞추어 양적으로 채점한다.

54. 개발자와 심리검사의 연결이 옳은 것은?

① 해서웨이(S. Hathaway): Army−α
② 카텔(J. Cattell): TAT
③ 머레이(H. Murray): Stanford−Binet
④ 서스톤(L. Thurstone): PMA
⑤ 엑스너(J. Exner): TCI

해설 ① 해서웨이: 다면적 인성검사(MMPI) ⇨ 여키스 등(Yerkes et al.): Army−α
② 카텔: 유동성 지능(fluid intelligence)과 결정성 지능(crystallized intelligence) 구분 ⇨ 머레이와 모건(Murray & Morgan): TAT
③ 머레이: 주제통각검사(TAT) ⇨ 터만(Terman): Stanford−Binet
⑤ 엑스너: 로샤(Rorschach) 검사의 통합체계 ⇨ 클로닝거(Cloninger): TCI

제1교시 제3과목 필수

정답 53.⑤ 54.④

55. 피어슨(Pearson) 적률상관계수에 관한 설명으로 옳은 것은?

① −1.00에서 +1.00까지 범위를 갖는다.

② 정적상관은 한 변인의 값이 감소하면 다른 변인의 값이 증가하는 경우를 말한다.

③ 부적상관은 한 변인의 값이 증가하면 다른 변인의 값이 증가하는 경우를 말한다.

④ 한 분포 내에서 점수들의 서로 다른 정도를 요약하는 측정치를 말한다.

⑤ 한 분포 내에서 최고 점수와 최저 점수 간의 차이이다.

해설 ① 상관의 정도와 방향에 따라 $-1.0 \leq r \leq +1.0$의 값을 갖는다

② 정적상관은 한 변인의 값이 증가하면 다른 변인의 값도 증가하는 경우를 말한다.

③ 부적상관은 한 변인의 값이 증가하면 다른 변인의 값이 감소하는 경우를 말한다.

④ 상관계수는 하나의 변수가 다른 변수와 어느 정도 밀접한 관련성을 가지고 변화하는지를 알아보기 위하여 사용된다.

⑤ 한 분포 내에서 최고 점수와 최저 점수 간의 차이를 '범위'라고 한다. 적률상관계수는 직선적 가정하에서 두 변인 간의 상관의 정도를 나타내는 계수이다.

56. 홀랜드(J. Holland)의 직업적 성격유형에서 다음의 내용을 모두 포함하는 것은?

- 모험적 · 비체계적 활동에는 매우 혼란을 느낌
- 체계적인 작업환경에서 계산적 능력을 발휘하는 활동을 좋아함
- 정해진 원칙과 계획에 따라 자료들을 기록, 정리, 조직하는 일을 좋아함

① 실재적(Realistic) 유형

② 탐구적(Investigative) 유형

③ 관습적(Conventional) 유형

④ 기업적(Enterprising) 유형

⑤ 사회적(Social) 유형

해설 ③ 관습형(C): 정확하고, 세밀하고, 계획성이 있다. 변화를 좋아하지 않으며 책임감이 강하다. 정해진 원칙과 계획에 따라 기록, 정리, 조직하는 것을 좋아한다. 창의적 · 자율적인 활동은 선호하지 않는다. 공인회계사, 은행원, 컴퓨터프로그래머 등의 직업에 적합하다.

57. 로샤(Rorschach) 검사의 구조변인과 해석의 연결이 옳은 것은?

① X+%: 지각적 왜곡 또는 지각적 적절성의 결여 정도를 평가

② An+Xy: 자기에 대한 시각이 염세적이고 비관적임을 암시하는 평가

③ Fr+rF: 정보 검색에 에너지와 노력을 많이 소모하는 경향 평가

④ Xu%: 정서적 자극에 대한 반응성 평가

⑤ CDI: 대인관계나 사회적 활동에서 대응능력이 손상된 것을 탐지해 내는 평가

정답 55.① 56.③ 57.⑤

해설 ⑤ CDI: 대응손상 지표로 대인관계 또는 사회적 활동에서 대응능력이 손상된 것을 탐지해 내는 지표다.
① X+%: 일상적인 대상을 관습적 형태로 지각한 반응 중 형태의 특징을 적절하게 사용한 비율
② An+Xy: 신체와 자기상에 대해 몰두하는 것을 의미
③ Fr+rF: 자기애적 특성, 자기중심적인 특성을 평가
④ Xu%: 드문 형태 반응. 윤곽을 적절히 사용했지만 비관습적으로 사용한 반응의 비율

58. 심리검사의 제작 단계를 순서대로 바르게 나열한 것은?

ㄱ. 문항 작성	ㄴ. 신뢰도와 타당도 검토
ㄷ. 검사 방법의 결정	ㄹ. 규준과 검사 요강 작성
ㅁ. 문항 분석과 수정	

① ㄱ → ㄷ → ㄴ → ㅁ → ㄹ
② ㄷ → ㄱ → ㅁ → ㄴ → ㄹ
③ ㄷ → ㄹ → ㄴ → ㅁ → ㄱ
④ ㄹ → ㄱ → ㄴ → ㅁ → ㄷ
⑤ ㅁ → ㄱ → ㄴ → ㄷ → ㄹ

해설 ② 심리검사의 제작 단계는 [ㄷ] 검사 방법의 결정 → [ㄱ] 문항 작성 → [ㅁ] 문항 분석과 수정 → [ㄴ] 신뢰도와 타당도 검토 → [ㄹ] 규준과 검사 요강 작성의 순이다.

59. HTP 검사결과에 관한 해석으로 적절한 것을 모두 고른 것은?

ㄱ. 용지 하단에 치우침: 공상을 즐김, 야심이 높음, 성취를 위한 투쟁
ㄴ. 끊긴 곡선: 우유부단, 감정적 경향, 복종적
ㄷ. 흐린 선: 주장적, 독단적, 분노 감정
ㄹ. 세부 묘사의 결여: 지적장애, 철수, 뇌손상, 우울

① ㄱ, ㄴ
② ㄴ, ㄹ
③ ㄱ, ㄴ, ㄷ
④ ㄱ, ㄷ, ㄹ
⑤ ㄱ, ㄴ, ㄷ, ㄹ

해설 ㄱ. 용지 하단에 치우침 – 불안정, 우울감, 실제적인 것을 선호하는 성향
용지 상단에 치우침 – 공상을 즐김, 야심이 높음, 성취를 위한 투쟁
ㄷ. 흐린 선 – 위축, 우유부단, 두려움, 자기억제 성향, 낮은 에너지, 우울한 상태
강한 필압 – 주장적, 독단적, 분노 감정

정답 58.② 59.②

60. MMPI-2의 척도4에서 Harris-Lingoes 소척도에 관한 설명으로 옳지 않은 것은?

① PD1(Familial Discord): 비판적이고, 비지지적이며, 독립성을 방해하는 가족을 가진다.
② PD2(Authority Conflict): 사회적 규칙에 반항적이고, 사회적 규범을 존중하지 않는 방식의 옳고 그름을 가진다.
③ PD3(Social Imperturbability): 쉽게 당황하고, 관계를 시작하기를 꺼려 하며, 사회적 상황을 불편해하고 수줍어한다.
④ PD4(Social Alienation): 사람들로부터 소외되어 있고 이해받지 못한다고 생각한다.
⑤ PD5(Self-Alienation): 자신에 대해 불행해하고 과거 행동에 대해 죄책감과 후회를 보인다.

해설 ③ PD3(Social Imperturbability): 사회적 상황에서 자신감, 편안함을 느끼며, 자신의 의견을 강하게 옹호한다.

61. MMPI-2에서 내용척도와 보충척도에 공통으로 포함되는 척도는?

① 불안
② 억압
③ 공포
④ 우울
⑤ 분노

해설 ① MMPI-2에는 내용척도에 ANX, 보충척도에 A가 있고 두 척도 모두 불안(anxiety)을 평가하는 척도이다.
② 억압(R)은 보충척도이다.
③ 공포(FRS)는 내용척도이다.
④ 우울(DEP)은 내용척도이다.
⑤ 분노(ANG)는 내용척도이다.

62. NEO-PI에서 다음의 내용을 모두 포함하는 것은?

- 도전적이고 개인적인 직업을 좋아한다.
- 혼자서 할 수 있는 일에 관심을 기울인다.
- 독서와 글쓰기 또는 생산적인 취미 활동에 흥미를 느낀다

① E^-O^+(낮은 E, 높은 O)
② N^-O^-(낮은 N, 낮은 O)
③ E^-A^-(낮은 E, 낮은 A)
④ O^-C^-(낮은 O, 낮은 C)
⑤ A^-C^-(낮은 A, 낮은 C)

해설 ① E^-O^+(낮은 E, 높은 O): 낮은 외향성, 높은 경험에 대한 개방성
- 개인적인, 혼자서 할 수 있는 직업: 낮은 외향성(E)
- 도전적, 생산적: 도전적-경험에 대한 높은 개방성(O)

정답 60.③ 61.① 62.①

NEO-PI(NEO-Personality Inventory)

E 요인: 외향성 (Extraversion)	• 사교적, 자극과 활력을 추구하는 성향 • 사회성, 활동성, 적극성, 의욕적
O 요인: 경험에 대한 개방성 (Openness to experience)	• 보수주의에 반대하는 성향, 상상력, 호기심, 모험심, 예술적 감각 • 상상력, 고정관념의 타파, 심미적, 다양성에 대한 욕구
C 요인: 성실성 (Conscientiousness)	• 목표성취를 위해 성실하게 노력하는 성향 • 심사숙고, 규칙의 준수, 계획 세우기, 조직화, 과제의 준비
A 요인: 친화성 (Agreeableness)	• 타인에게 협조적인 태도를 보이는 성향 • 이타심, 애정, 신뢰, 배려, 겸손 등
N 요인: 신경성 (Neuroticism)	• 분노, 우울함, 불안감과 같은 불쾌한 정서를 쉽게 느끼는 성향 • 걱정, 두려움, 슬픔, 긴장 등 정서적 불안정성

63. TAT에서 다음의 반응 특징을 모두 포함하는 진단명으로 적절한 것은?

- 이야기에서 부지런함과 복종의 주제가 나타난다.
- 이야기 길이가 길고 수정을 많이 한다.
- 어떤 경우에는 객관적으로 나타난 세부적인 것만 기술한다.
- 이야기의 내용에서 망설이거나 주저하는 경향이 자주 나타난다.

① 조현병 ② 양극성장애
③ 주요우울장애 ④ 강박장애
⑤ 망상장애

해설 ④ 강박장애 특성상 이야기에서 부지런함, 복종의 주제가 많이 나타나고, 말을 많이 하며, 세부적인 것에 초점이 맞추어져 기술하며 이야기에서 주저하는 경향이 자주 나타난다.
① 조현병: 이야기가 기괴하고 비논리적이다.
② 양극성장애: 이야기 전개에서 사고 비약이 많고 재미있는(playful) 내용이 많다.
③ 주요우울장애: 이야기에 나오는 대상에서 무기력하고 위축된 감정이 묻어난다.
⑤ 망상장애: 비현실적이고 특정 망상과 관련된 이야기가 전개된다.

64. 카텔(R. Cattell)의 결정지능에 해당하는 것을 모두 고른 것은?

ㄱ. 속도 ㄴ. 상식
ㄷ. 지각능력 ㄹ. 언어이해력

① ㄱ, ㄴ ② ㄱ, ㄷ ③ ㄴ, ㄷ
④ ㄴ, ㄹ ⑤ ㄷ, ㄹ

정답 63.④ 64.④

해설 ④ 상식, 언어이해력, 문제해결능력, 논리적 추리력 등은 결정지능이다. 속도, 기계적 암기, 지각능력, 일반추론능력 등은 유동성 지능이다.

카텔과 혼(Cattell & Horn, 1966)의 지능모델

유동성 지능(Fluid Intelligence)	결정성 지능(Crystallized Intelligence)
• 유전적, 선천적으로 타고난 능력 • 뇌와 중추신경계 성숙에 비례하는 발달과 쇠퇴 • 뇌손상에 의해 감소 • 속도, 기계적 암기, 지각능력, 일반추론능력 • 복합적인 정보에 대한 처리와 문제해결능력을 측정	• 유동적 지능을 바탕으로 환경, 경험, 문화적 영향을 받아 후천적으로 계발 • 연령이 높아질수록 꾸준히 증가 • 뇌손상에 의해 감소되지 않음 • 지적능력, 상식, 언어이해력, 문제해결능력, 논리적 추론능력 • 단순한 정보의 회상이나 재인과 같은 구체적 능력을 측정

65. MMPI-2에 관한 설명으로 옳지 않은 것은?

① A유형 행동(TPA) 척도는 내용척도에 속한다.

② 내용척도는 논리적 방법과 통계적 방법을 조합하여 개발되었다.

③ 무응답 척도의 경우 원점수 30 이상이면 프로파일이 무효일 가능성이 높다.

④ TRIN척도가 '아니다' 방향으로 유의하게 상승해 있다면 S척도의 상승을 타당하게 해석하기 어렵다.

⑤ 재구성 임상척도의 개발 1단계는 척도2와 척도9의 문항을 요인 분석하여 의기소침 요인을 추출하는 것이었다.

해설 ⑤ 재구성 임상척도의 개발 1단계는 척도2와 척도7의 문항을 요인 분석하여 의기소침(demoralization) 요인을 추출하는 것이었다.

MMPI-2 재구성 임상척도의 개발

• 텔레젠 등(Tellegen et al., 2003)에 의해 개발
• MMPI 임상척도들 간의 높은 상관관계가 있다는 제한점을 해결하기 위해 개발
• 각 척도의 '환자적 특성'을 측정하기 위해 9개의 재구성 임상척도 개발
• Rcd, Rc1, Rc2, Rc3, Rc4, Rc6, Rc7, Rc8, Rc9(척도5와 척도0은 제외)

학습 plus

재구성 임상척도의 개발단계

1) 개발 1단계: 공통요인 추출
 • 척도2와 척도7에 포함되는 문항들을 주성분 분석방법을 사용하여 2개 요인으로 구분
 • 긍정 정서요인과 부정 정서요인 추출, 두 요인과 밀접한 상관을 보이는 문항들 추가
 • 의기소침 요인 23문항 산출
2) 개발 2단계: 핵심요인의 추출
 • 의기소침 문항과 임상척도 문항을 합쳐 요인분석 실시

정답 65.⑤

- 의기소침 요인과 핵심요인을 분리하여 추출
- 의기소침 요인부하가 큰 문항을 제외함

3) 개발 3단계: 씨앗척도의 추출
- 11개의 임상 씨앗척도 구성
- 의기소침 씨앗척도 구성
- 최종 12개의 씨앗척도 완성

4) 개발 4단계: 재구성 임상척도 추출
- 12개 씨앗척도와 전체 567문항 사이의 상관을 계산함
- 재구성 임상척도 완성

66. 공포자극 상황과 같은 실제 상황에서 전형적으로 나타나는 생각을 기록하게 하는 인지기록 방법은?

① 사고목록 작성하기(thought listing) ② 산출법(production methods)
③ 사고 표집(thought sampling) ④ 명확한 사고(articulated thoughts)
⑤ 생각 중얼거리기(think aloud)

해설 ② 공포자극 상황과 같은 실제 상황에서 전형적으로 나타나는 생각을 기록하게 하는 인지기록 방법은 산출법(production methods)이다.
① 사고목록 작성하기: 지속된 생각을 계속해서 기술하기보다 관련된 생각을 요약하게 한다.
③ 사고 표집: 생각 샘플을 모으게 한 다음, 알람기능을 통해 그때 일어났던 생각을 기록한다.
④ 명확한 사고: 수검자가 보고하는 문제와 유사하게 구조화된 상황 또는 가상 상황을 만들고, 수검자에게 자기표현을 하게 한 다음, 비난과 공포자극에 노출시켜 그 상황에서 떠오르는 생각을 명확히 표현하도록 한다.
⑤ 생각 중얼거리기: 5~10분 동안 계속적으로 떠오르는 생각을 말로 표현하도록 한다.

67. 대학생의 진로탐색 행동을 5점 척도로 측정하는 예비검사의 문항분석 결과표에서 우선적으로 선택해야 할 문항은?

구분	평균	표준편차	문항-총점 상관	문항제거 시 검사 신뢰도
문항 1	1.615	0.235	0.249	0.922
문항 2	4.631	0.313	0.227	0.923
문항 3	2.916	1.113	0.214	0.923
문항 4	1.179	1.174	0.514	0.925
문항 5	2.336	1.180	0.524	0.920

① 문항 1 ② 문항 2 ③ 문항 3 ④ 문항 4 ⑤ 문항 5

정답 66.② 67.⑤

해설 ⑤ 문항-총점의 상관이 가장 높고 문항제거 시 검사 신뢰도가 가장 낮아지는, 즉 문항변별력이 가장 높은 문항 5를 선택해야 한다.

문항-총점 상관

이 결과를 통해 해당 문항이 다른 문항들과 일관성을 갖는지 확인한다, 만약 이 상관계수가 낮을 경우, 해당 문항이 전제 문항과는 다른 속성을 가지고 있음을 암시한다. 그러므로 예비검사의 문항분석 결과에서 문항-총점 상관이 높은 순으로 선택한다.

68. 규준참조(norm-referenced) 점수에 관한 설명으로 옳은 것을 모두 고른 것은?

ㄱ. 어떤 학생이 백분위 75의 시험점수를 받았다.
ㄴ. 승진자격시험에서 70%의 정답률 이상을 합격기준으로 정하고 시험을 시행하였다.
ㄷ. 수검자들이 그 검사 영역을 숙달한 정도를 나타내는 것이 목표이다.
ㄹ. 동료집단이나 표준화 표본과의 비교를 통해 수검자의 수행에 대한 상대적 평가를 제공한다.

① ㄱ, ㄴ
② ㄱ, ㄷ
③ ㄱ, ㄹ
④ ㄴ, ㄷ
⑤ ㄴ, ㄹ

해설 ③ 규준참조 점수는 상대평가를 위한 측정치이므로 ㄱ, ㄹ의 내용이 옳은 내용이다.
ㄴ. '70%의 정답률 이상을 합격기준', ㄷ. '수검자들의 숙달한 정도'는 절대평가를 위한 척도인 준거참조에 관한 내용이다.

- 규준참조(norm-referenced): 상대적 기준을 참조하는 것으로 한 대상자가 받은 점수가 다른 대상자들이 받은 점수에 의해 상대적으로 결정되는 평가방식
- 준거참조(criterion-referenced): 절대적 기준을 참조하는 것으로 사전에 결정된 수행준거나 목표를 얼마나 성취했는지에 초점을 두는 평가방법

69. K-WAIS와 비교하여 K-WAIS-Ⅳ의 특징으로 옳지 않은 것은?

① 시간 보너스의 비중을 늘렸다.
② 언어적 지시를 단순화하였다.
③ 시각적 자극의 크기를 확대하였다.
④ 산출 지능지수의 범위를 확장하였다.
⑤ 수행과정의 운동 요구를 감소시켰다.

해설 ① K-WAIS-Ⅳ에서는 시간 보너스의 비중이 줄었다.

K-WAIS-IV의 변경사항

- 시범문항과 연습문항 도입
- 언어적 지시를 단순화
- 검사의 수행과정에서 운동 요구를 줄임
- 시각적 자극의 크기 확대
- 시간 보너스의 비중을 줄임
- 산출 지능지수의 범위 확장(IQ 40~160)

정답 68.③ 69.①

70. 대학생인 A는 어린 시절부터 수줍음이 많고 익숙하지 않은 상황을 회피하는 행동을 보였다. 사람들과 거의 만나지 않으며 고립된 생활을 하던 A는 우울감을 호소하며 학교 상담소를 방문하였다. A의 특징을 반영하는 심리검사 결과로 적절한 것을 모두 고른 것은?

> ㄱ. HTP에서 버드나무를 그렸다.
> ㄴ. MMPI-2의 0번 척도가 상승하였다.
> ㄷ. TCI에서 위험회피(HA) 척도가 높았다.
> ㄹ. 로샤(Rorschach) 검사에서 구름(Cl)과 지도(Ge)의 반응내용이 많았다.

① ㄱ, ㄴ, ㄷ ② ㄱ, ㄴ, ㄹ ③ ㄱ, ㄷ, ㄹ
④ ㄴ, ㄷ, ㄹ ⑤ ㄱ, ㄴ, ㄷ, ㄹ

해설 ⑤ A씨의 특성을 설명하는 단어는 수줍음, 회피, 고립, 우울감이다. 검사결과의 해석을 살펴보면 다음과 같다.
ㄱ. HTP에서 버드나무: 내향적, 폐쇄적, 우울, 무기력
ㄴ. MMPI-2의 0번 척도 상승: 수줍음, 대인관계 회피
ㄷ. TCI에서 위험회피(HA) 척도 높음: 위험회피, 행동 억제
ㄹ. 로샤(Rorschach) 검사에서 구름(Cl)과 지도(Ge)의 반응내용: 소외, 고립

71. 로샤(Rorschach) 검사에서 "두 마리의 고양이가 서로 속삭이고 있다"라는 반응의 결정인 채점기호로 옳은 것은? (단, 쌍반응 여부는 고려하지 않음)

① M^a ② M^p ③ FM^a
④ FM^p ⑤ F

해설 ② 동물의 움직임은 FM으로 채점되나 "두 마리의 고양이가 서로 속삭이고 있다"에서 '서로 속삭이다'는 인간의 행위이므로 M으로 기록한다. 속삭이고 있다는 수동적이고 소극적인 행동이므로 p를 채점한다.

72. MBTI에서 판단기능에 해당하는 지표는?

① 외향-내향 ② 감각-직관 ③ 사고-감정
④ 판단-인식 ⑤ 사고-인식

해설 MBTI의 4가지 지표에서 외향-내향은 에너지 방향, 감각-직관은 인식기능, 사고-감정은 판단기능, 판단-인식 차원은 행동양식을 나타낸다.

MBTI의 선호지표에 따른 성격유형

에너지의 방향	외향성(E)-내향성(I)	주의집중과 에너지의 방향
인식기능	감각형(S)-직관형(N)	정보의 인식 및 수집 방식에 있어서 경향성
판단기능	사고형(T)-감정형(F)	인식된 정보를 토대로 사고하고 판단 및 결정
생활양식	판단형(J)-인식형(P)	외부세계에 대한 태도, 생활방식 및 적응양식

정답 70.⑤ 71.② 72.③

73. 로샤(Rorschach) 검사에 관한 설명으로 옳은 것은?

① 반응영역 S는 단독으로 기호화해야 한다.
② 수검자가 한 말을 그대로 기록하여야 한다.
③ 수검자의 상상력이나 창의력이 발휘될 수 있도록 격려해 주어야 한다.
④ 질문단계에서는 추가적인 새로운 반응을 확인하기 위해 주의를 기울여야 한다.
⑤ 로샤(H. Rorschach)는 종합체계(comprehensive system)를 개발하였다.

해설 ② 올바른 채점을 위해서 수검자가 한 말을 빠짐없이 그대로 정확하게 기록하여야 한다.
① 반응영역 S는 단독으로 기호화할 수 없으며 항상 다른 반응영역의 기호와 같이 사용한다. 예 Ws, Ds, Dds
③ 수검자에게 상상력검사라는 인상을 주면 안 된다.
④ 질문단계의 목적은 수검자의 반응을 정확히 채점하기 위한 것으로 새로운 정보를 얻어 내기 위한 것이 아니다.
⑤ 로샤가 아니라 엑스너(J. Exner)가 종합체계(comprehensive system)를 개발하였다.

74. TAT에 관한 설명으로 옳지 않은 것은?

① 욕구-압력 분석법의 첫 단계는 주인공을 찾는 것이다.
② 한 회기에 약 한 시간가량 두 번의 회기에 걸쳐 실시한다.
③ 카드에 없는 자극이나 대상의 언급에 주목해서 그 의미를 해석한다.
④ 백지카드를 제외한 모든 카드에 사람이 등장한다.
⑤ 상상력이 결여된 수검자에게는 16번 백지카드의 유용성이 제한될 수 있다.

해설 ④ 도판 11, 도판 12BG, 도판 16(백지), 도판 19에는 사람이 등장하지 않는다.
예 도판 19는 시골의 눈 덮힌 집 위로 구름이 덮여 있는 그림으로 사람이 등장하지 않는다.

학습 plus

TAT 31장의 카드의 적용 대상 표기

- 문자 표기 포함: M(성인 남자), F(성인 여자), B(소년), G(소녀), BM(소년과 성인 남자), GF(소녀와 성인 여자), BG(소년과 소녀), MF(성인 남자와 성인 여자)
- 숫자만 표기: 1, 2, 4, 5, 10, 11, 14, 15, 16, 19, 20으로 두 성별과 모든 사람에게 적용

75. MMPI-2에서 K교정을 하는 임상척도를 묶은 것으로 옳은 것은?

① 1, 3 ② 2, 9 ③ 4, 6
④ 5, 0 ⑤ 7, 8

해설 MMPI-2에서 K교정을 하는 임상척도는 1, 4, 7, 8, 9 척도이다. 이들 척도의 진단상의 변별력(방어적 태도 탐지)을 높이기 위해 척도 7, 8에는 K점수의 원점수를 모두 더하고, 척도 1, 4, 9에는 일부점수를 더하여 교정한다.

정답 73.② 74.④ 75.⑤

제4과목(필수)

이상심리

2023년 기출문제 및 해설
2022년 기출문제 및 해설
2021년 기출문제 및 해설
2020년 기출문제 및 해설
2019년 기출문제 및 해설

◆ 이상심리

제4과목 필수 2023년 기출문제 및 해설

76. 다음에서 설명하고 있는 이상심리학적 관점은?

> • 이상행동을 하나의 질병 과정으로 본다.
> • 신체적 원인론의 전통에 뿌리를 둔다.
> • 정신장애는 뇌의 생화학적 이상에 의해서 유발된다고 가정한다.

① 생물학(의학)적 관점 ② 정신분석적 관점 ③ 인지적 관점
④ 행동적 관점 ⑤ 현실치료적 관점

해설 생물학적 관점에서는 이상행동을 고쳐야 할 질병으로 보고 있고, 신체에 원인이 있다는 관점을 취하고 있다.

이상심리학에 대한 생물학(의학)적 관점

- 인간의 이상행동과 정신장애를 외부의 병균이 침입하거나 생리적 변화와 같은 생물학적, 신체적 원인에 의해 유발되는 하나의 질병으로 본다.
- 이상행동과 정신장애를 이해하고 그 원인을 밝히기 위해 신경생화학적 요인, 뇌의 구조와 기능, 유전적 영향 등의 요소에 초점을 두고 연구한다.
- 유전적 소인이나 유전자의 이상, 즉 뇌의 구조적 결함이나 신경생화학적 과정의 결손이 정신장애를 일으킨다.
- 뇌의 신경생화학적 기능의 부조화는 정신장애의 원인이다.
- 도파민, 세로토닌, 노르에피네프린과 같은 신경전달물질의 과다 혹은 결핍이 정신장애와 관련 있다고 본다. 도파민의 증가는 정신분열증, 도파민의 감소는 파킨슨씨 병, 노르에프네프린이 높거나 세로토닌이 낮은 것은 우울증과 각각 관련이 있다.
- 정신장애 치료를 위해서 약물치료, 전기충격치료, 뇌절제술 등 물리적인 방법을 사용한다.

77. 정상과 이상을 구분하는 기준으로 옳은 것을 모두 고른 것은?

> ㄱ. 적응기능의 저하와 손상 ㄴ. 주관적 불편감과 고통
> ㄷ. 통계적 평균의 일탈

① ㄱ ② ㄴ ③ ㄱ, ㄷ
④ ㄴ, ㄷ ⑤ ㄱ, ㄴ, ㄷ

해설 모두 맞다. 이외에 사회적 · 문화적 규준의 위반과 자신과 타인에 위해가 되는 위험성의 관점에서 정상과 이상을 구분할 수 있다.

정답 76.① 77.⑤

78. 정신장애의 평가 및 분류체계에 관한 설명으로 옳은 것은?

① 이상행동에 대한 현대식 분류체계는 프로이트(S. Freud)에 의해 고안되었다.
② 미국 정신의학회(APA)는 ICD 체계를 개발하였다.
③ 세계보건기구(WHO)는 DSM 체계를 개발하였다.
④ DSM-5는 기존에 사용하던 다축체계를 더욱 체계화하였다.
⑤ 분류체계는 정신장애를 치료하는 의사나 연구자들 간 소통에 도움을 주어 불필요한 혼란과 모호함을 감소시켜 준다.

해설 ⑤ 정신장애 분류체계는 임상가들과 연구자들 간에 소통을 촉진하고 진단 및 치료에 활용된다.
① 이상행동에 대한 현대식 분류체계는 독일의 정신의학자 크레펠린(Kraepelin)에 의해 고안되었다. 크레펠린은 정신질환을 계통적으로 분류하여 현재 사용되고 있는 진단체계의 기초를 확립하였다.
② 미국 정신의학회(APA)는 DSM 체계를 개발하였다.
③ 세계보건기구(WHO)는 ICD 체계를 개발하였다.
④ DSM-5는 기존에 사용하던 다축체계를 삭제하였다.

79. 다음 설명에 해당하는 DSM-5의 장애는?

○ 읽은 내용의 의미를 이해하기 어렵다. ○ 덧셈, 뺄셈 등 연산절차에 어려움을 보인다. ○ 철자법에 어려움을 보인다.

① 과잉행동장애 ② 특정학습장애 ③ 틱장애
④ 해리성 기억상실 ⑤ 양극성 장애

해설 특정학습장애는 지능은 정상이나 자신의 지능수준에 비해 읽기, 쓰기, 산술계산(덧셈, 뺄셈 등 연산절차) 등의 영역에서 어려움을 보이는 경우를 말한다.

학습 plus

특정학습장애의 DSM-V 진단기준

다음 여섯 가지 학업 기술을 배우고 사용할 때의 어려움 중 최소한 하나가 그 어려움에 대한 개입에도 불구하고 6개월간 지속되는 경우 특정학습장애로 진단한다.

- 읽기의 어려움: 읽기의 정확성, 읽기속도와 유창성에 어려움이 있다.
- 이해의 어려움: 읽은 것을 이해하는 데 어려움이 있다.
- 철자법의 미숙함: 자음이나 모음을 추가, 생략 또는 대치하기도 한다.
- 표현의 어려움: 문법과 띄어쓰기의 오류, 생각을 글로 표현하는 것이 어렵다.
- 계산의 어려움: 수 감각, 단순 연산 값 암기 또는 연산 절차의 어려움이 있다.
- 수학적 추론의 어려움: 수학적 개념이나 수식을 적용하는 데 어려움이 있다.

정답 78.⑤ 79.②

80. DSM-5의 신경발달장애에 해당하지 않는 것은?

① 의사소통장애
② 지적장애
③ 이식증
④ 주의력결핍 및 과잉행동장애
⑤ 운동장애

해설 이식증은 급식 및 섭식장애에 해당된다. 영양분이 없는 물질이나 못 먹는 것을 1개월 이상 지속적으로 먹는 경우 진단된다.

신경발달장애(neurodevelopmental disorders)			
특징	뇌손상이나 발달지연과 관련된 장애로 유아 및 아동의 발달시기에 시작		
하위 장애	• 지적장애 • 주의력결핍 및 과잉행동장애	• 의사소통장애 • 운동장애-틱장애	• 자폐스펙트럼장애 • 특정학습장애

81. DSM-5의 우울장애에 관한 내용으로 옳지 않은 것은?

① 월경전불쾌감장애는 월경이 시작되기 1주 전에 여러 가지 우울증상이 나타난다.
② 주요우울장애는 우울한 기분 또는 흥미나 즐거움의 상실 증상이 필수적이다.
③ 지속성 우울장애는 적어도 2년 동안 하루의 대부분 우울한 기분이 있으며, 증상 없는 기간이 2개월 이상 지속되지 않는다.
④ 우울장애는 양극성 장애와 같은 범주로 묶인다.
⑤ 파괴적 기분조절부전장애의 주요 특징은 만성적인 고도의 지속적 과민성이다.

해설 ④ 기분과 관련된 장애인 우울장애는 양극성 관련 장애와 다른 범주로 묶인다.
'우울장애'와 '양극성 장애'는 DSM-Ⅳ에서는 '기분장애'의 하위유형으로 같은 범주로 묶였으나 DSM-5에서 각각 독립된 범주로 구분되었다.

우울장애	주요 우울장애, 지속성 우울장애, 월경전불쾌감 장애, 파괴적 기분조절 부전장애
양극성 장애	제1형 양극성 장애, 제2형 양극성 장애, 순환성 장애(순환감정장애)

82. DSM-5의 조현병 진단기준에 해당하는 것을 모두 고른 것은?

ㄱ. 환각
ㄴ. 와해된 언어
ㄷ. 불안
ㄹ. 음성 증상

① ㄱ, ㄷ
② ㄴ, ㄹ
③ ㄱ, ㄴ, ㄷ
④ ㄱ, ㄴ, ㄹ
⑤ ㄱ, ㄴ, ㄷ, ㄹ

정답 80.③ 81.④ 82.④

해설 조현병의 진단 준거에는 망상, 환각, 와해된 언어, 와해된 행동(긴장성 행동), 음성 증상 중에서 최소한 2가지 이상이 1개월 이상 있어야 한다. 불안은 조현병의 핵심 증상이 아니다.

83. DSM-5의 주요 우울장애에 관한 내용으로 옳은 것을 모두 고른 것은?

ㄱ. 증상이 물질이나 약물의 효과는 아니어야 한다.
ㄴ. 조증 삽화나 경조증 삽화가 동반된다.
ㄷ. 거의 매일 불면이나 과다수면이 나타난다.
ㄹ. 아동과 청소년의 경우는 과민한 기분으로 나타나기도 한다.

① ㄱ, ㄴ
② ㄴ, ㄷ
③ ㄱ, ㄷ, ㄹ
④ ㄴ, ㄷ, ㄹ
⑤ ㄱ, ㄴ, ㄷ, ㄹ

해설 ㄴ. 조증삽화나 경조증 삽화가 동반되는 것은 양극성 장애에 해당한다.

84. DSM-5의 불안장애 하위범주에 해당하지 않는 것은?

① 강박장애
② 분리불안장애
③ 선택적 함구증
④ 공황장애
⑤ 광장공포증

해설 강박장애는 DSM-5에서 불안장애와 다른 강박 및 관련 장애로 분류되었다.

불안장애 하위범주

분리불안장애, 선택적 함구증, 공황장애, 특정공포증, 사회공포증, 광장공포증, 범불안장애

85. DSM-5의 제 II 형 양극성 장애에 관한 내용으로 옳지 않은 것은?

① 1회 이상의 주요 우울 삽화와 경조증 삽화가 있어야 한다.
② 목표지향적 활동이 증가되면서 수면욕구가 늘어난다.
③ 고양되거나 과민한 기분이 최소 4일 이상 지속된다.
④ 평소보다 말이 많아진다.
⑤ 조증 삽화는 1회도 없어야 한다.

해설 제2형 양극성 장애는 과거 한 번 또는 그 이상의 주요 우울증 삽화를 경험한 적이 있으며 조증 삽화는 1회도 없고 경조증 삽화 진단기준을 만족시켜야 한다. 목표지향적 활동이 증가되면서 수면욕구가 감소한다.

정답 83.③ 84.① 85.②

학습 plus

주요 우울증 삽화(major depressive episode)

1) 다음의 증상 중 5가지 이상이 거의 매일 적어도 2주 이상 지속된다. 나타나는 증상 중 적어도 하나는 우울한 기분 또는 흥미나 즐거움의 상실이어야 한다.
   - 거의 매일, 하루의 대부분 지속되는 우울한 기분(주관적 보고나 타인의 관찰에 의해 나타남)
   - 거의 모든 활동에 대한 흥미나 즐거움의 현저한 감소(하루의 대부분, 거의 매일)
   - 체중 감소 또는 증가 또는 식욕 변화
   - 수면 변화(불면 또는 증가한 수면)
   - 활동 수준의 증가 또는 감소
   - 느낌 둔화 또는 초조함
   - 에너지 손실 또는 지침
   - 가치 없는 느낌 또는 죄책감
   - 집중력 또는 결정력 문제
   - 자살 생각이나 행동

경조증 삽화(hypomanic episode)

1) 비정상적으로 들떠 있거나, 의기양양하거나, 기분 과민, 목표지향적 활동, 에너지 증가가 최소한 4일간 거의 매일 나타난다.
2) 기분장애 및 에너지 증가 및 활동을 보이는 기간 중에 다음 증상 가운데 3가지 이상을 보이며 평소에 비해 변화가 뚜렷하고 심각하다.
   - 자존감이 증가하거나 과대감을 느낌
   - 수면 욕구 감소
   - 말이 많아지거나 끊을 수 없을 정도로 말을 계속 함
   - 사고비약, 사고가 빠른 속도로 꼬리에 꼬리를 무는 듯한 경험
   - 주의산만이 지나쳐 주관적으로 보고하거나 객관적으로 관찰 가능
   - 목표지향 활동이 증가, 정신운동 초조
   - 과도한 쇼핑, 과소비, 무분별한 성행위, 어리석은 사업투자 등 지나친 활동

86. DSM-5의 범불안장애에 관한 내용으로 옳지 않은 것은?

① 핵심적 특징은 수많은 사건이나 활동에 대한 과도한 불안과 걱정이다.
② 불안과 걱정의 정도, 기간, 빈도는 예상되는 사건이 미치는 실제 영향에 비해 과도하다.
③ 일상생활에 대해서 지나치게 불안해하거나 걱정하는 기간이 최소 6개월 이상이다.
④ 특정 대상이나 상황에 대하여 극심한 공포나 불안이 유발된다.
⑤ 직업이나 건강, 재정, 사소한 문제와 같은 일상생활 환경에 대해 걱정한다.

해설 ④ 특정 대상이나 상황에 대하여 극심한 불안과 공포가 유발되는 것은 특정공포증이다.

정답 86.④

87. 다음 사례에 해당하는 DSM-5의 진단명은?

> C는 몇 개월 전부터 가슴이 답답해지고 사고가 날 것 같은 불안한 기분이 들었다. 그러던 중, 시내버스를 타고 가다가 갑자기 가슴이 두근거리면서 심장박동이 증가하고 몸이 떨리고 후들거리며 질식할 것 같고 죽을 것 같아서 급하게 버스에서 내렸다. 병원에서 신체적으로는 별다른 이상이 없다고 하지만 지난 2개월 이상 이런 증상이 반복되면서 죽을 것 같은 공포 때문에 불안해 한다.

① 파괴적 기분조절부전장애
② 외상후 스트레스장애
③ 광장공포증
④ 공황장애
⑤ 강박장애

해설 C는 시내버스를 타고 가다가 갑자기 가슴이 두근거리면서 심장박동이 증가하고(가슴 두근거림, 심박수 증가), 몸이 떨리고 후들거리며(몸이 떨리거나 후들거림), 질식할 것 같고(질식할 것 같은 느낌), 죽을 것 같아서(죽을 것 같은 공포) 급하게 버스에서 내렸으며, 병원에서 신체적으로는 별다른 이상이 없다고 하지만 지난 2개월 이상 이런 증상이 반복되면서 죽을 것 같은 공포 때문에 불안해한다(지속적인 걱정). 이는 공황장애의 진단기준에 부합한다.

학습 plus

공황장애 진단기준

공황발작의 반복적 지속으로써, 다음 13가지 중 4가지 이상이 나타날 때 진단된다.

1. 심계항진, 가슴 두근거림, 심박수 증가
2. 발한
3. 몸이 떨리거나 후들거림
4. 숨이 가쁘거나 답답한 느낌
5. 질식할 것 같은 느낌
6. 흉통, 가슴 불편감
7. 메스꺼움, 복부 불편감
8. 현기증, 불안정감, 멍한 느낌 또는 쓰러질 것 같음
9. 오한 또는 화끈거리는 느낌
10. 감각 이상(감각이 둔해지고 따끔거리는 느낌)
11. 비현실감 또는 이인증
12. 스스로 통제할 수 없을 것 같은 두려움 또는 미칠 것 같은 두려움
13. 죽을 것 같은 공포

88. DSM-5의 강박 및 관련 장애에 해당하지 않는 것은?

① 신체이형(변형)장애
② 수집광(저장장애)
③ 피부뜯기(벗기기) 장애
④ 반추장애
⑤ 다른 의학적 상태로 인한 강박 및 관련 장애

해설 반추장애는 기타 급식장애에 해당된다. 되새김장애(rumination disorder)라고도 한다.

정답 87.④ 88.④

89. DSM-5의 해리성 기억상실에 관한 내용으로 옳은 것을 모두 고른 것은?

ㄱ. 해리성 둔주를 동반하기도 한다.
ㄴ. 사회적, 직업적 기능의 손상을 초래한다.
ㄷ. 외상이나 아동학대의 과거력과 흔하게 관련된다.
ㄹ. 상실된 기억이 갑자기 회복되어 감당하기 힘들 때 자살 위험이 높아진다.
ㅁ. 자신의 생활사에 대한 기억을 전부 잃은 전반적 기억상실도 드물게 일어난다.

① ㄱ, ㅁ ② ㄱ, ㄴ, ㅁ ③ ㄴ, ㄷ, ㄹ
④ ㄱ, ㄴ, ㄷ, ㄹ ⑤ ㄱ, ㄴ, ㄷ, ㄹ, ㅁ

해설 모두 해당된다.

해리성 기억상실증의 진단적 특성

- 해리성 둔주를 동반하기도 한다.
- 보통 외상 혹은 스트레스성 자전적 기억이 상실된다.
- 사회적 기능과 직업적 기능이 손상된다.
- 상실된 기억이 회복되는 과정에서 자살 위험이 높아진다.
- 특별한 사건에 대한 국소적(선택적) 기억상실이 있고 정체성과 생활사에 대한 전반적 기억상실도 있다.

90. DSM-5의 악몽장애에 관한 내용으로 옳지 않은 것은?

① 남성이 여성에 비해 더 많이 나타난다.
② 악몽이 발생한 빈도에 따라 심각도를 구분한다.
③ 불쾌한 꿈에서 깨면 빠르게 지남력을 회복한다.
④ 청소년기 후기나 성인기 초기에 유병률이 가장 높다.
⑤ 주로 생존이나 안전을 위협하는 내용과 관련된 악몽을 꾼다.

해설 ① 악몽장애의 유병률은 여성이 남성에 비해 2배 정도 높다고 알려져 있다.

91. DSM-5의 경도 신경인지장애에 관한 내용으로 옳지 않은 것은?

① 장애의 원인은 주요 신경인지장애와 동일하다.
② 경도의 인지 손상이 일상생활의 독립적 능력을 방해한다.
③ 표준화된 신경심리검사에 의해서 경도의 인지 손상이 입증될 수 있다.
④ 경도의 인지 저하는 자신 또는 잘 아는 지인에 의해 인식될 수 있다.
⑤ 하나 이상의 인지 영역에서 이전에 비해 경도의 저하가 나타난다.

정답 89.⑤ 90.① 91.②

해설 ② 경도 신경인지장애의 경우 인지 결함이 일상생활에서 뚜렷하게 독립적 능력을 방해하지 않는다(계산서 지불이나 치료 약물 관리와 같은 일상생활의 복잡한 도구적 활동은 보존되지만 더 많은 노력, 보상 전략 및 조정이 필요할 수 있다).

92. DSM-5의 조현성 성격장애에 관한 내용으로 옳지 않은 것은?

① 타인의 칭찬이나 비난에 무관심하다.
② 대부분 혼자서 하는 활동을 선택한다.
③ 정서적으로 냉담하고 감정표현이 제한되어 있다.
④ 대인관계를 원하지만 사회적 기술이 부족하여 고립된다.
⑤ 아동 · 청소년기에 외톨이, 학습부진 등의 양상을 보인다.

해설 조현성 성격장애는 사회적 관계로부터 동떨어져 있으며, 가족과의 관계를 비롯해서 친밀한 관계를 바라지도 않고, 즐기지도 않는다.

93. DSM-5에서 물질중독을 일으키지 않지만 물질사용장애와 물질금단을 일으키는 것은?

① 카페인 ② 알코올 ③ 담배(tobacco)
④ 대마(cannabis) ⑤ 펜사이클리딘(phencyclidine)

해설 카페인, 알코올, 대마, 펜사이클리딘은 모두 중독, 사용장애, 금단에 대한 진단기준이 있으나 담배는 중독에 대한 진단은 없고 (담배)사용장애와 금단 증상만 있다.

학습 plus

담배(타바코) 관련 장애

- 담배 사용으로 인한 다양한 신체적, 심리적 문제를 포함한다. DSM-5에서는 담배 관련 장애를 "니코틴 사용장애"와 "니코틴 금단"으로 정의한다.

니코틴 사용장애(nicotine use disorder)

1) 임상적으로 현저한 손상이나 고통을 초래하는 문제적 담배 사용 양상이 지난 12개월 사이에 다음 항목 중 최소한 2개 이상으로 나타난다.
   - 니코틴을 원하는 강한 욕구: 니코틴을 강하게 원하거나 사용할 욕구가 크다.
   - 사용의 조절 실패: 니코틴 사용을 줄이거나 중단하려고 시도했지만 실패한다.
   - 니코틴 획득에 많은 시간 소요: 니코틴을 얻기 위해 많은 시간을 소비한다.
   - 사회적 또는 직업적 활동 포기: 니코틴 사용으로 인해 중요한 사회적, 직업적 또는 여가 활동을 포기하거나 줄인다.
   - 위험한 상황에서의 사용: 물리적으로 위험한 상황에서 니코틴을 사용한다.
   - 신체적 또는 심리적 문제 지속: 니코틴 사용으로 인해 발생하거나 악화되는 신체적 또는 심리적 문제가 있음에도 불구하고 사용을 지속한다.

정답 92.④ 93.③

- 내성의 발생: 동일한 효과를 얻기 위해 니코틴의 사용량을 점점 증가시킨다. 같은 양의 니코틴 사용에 대해 효과가 감소한다.
- 금단증상: 금단 증후군이 나타나거나 유사물질을 사용한다.

니코틴 금단(nicotine withdrawal)

1) 최소 수주 동안 매일 담배를 사용한다.
2) 니코틴 사용을 중단하거나 줄인 후 24시간 이내에 두 가지 이상의 증상이 나타난다.
   - 과민성, 좌절 또는 화
   - 불안
   - 집중력 저하
   - 식욕 증가
   - 안절부절, 초조함
   - 기분 저하 또는 우울한 기분
   - 불면

94. DSM-5의 신경성 식욕부진증에 관한 내용으로 옳은 것을 모두 고른 것은?

ㄱ. 진단기준에 따르면 음식 섭취 후 자신에 대한 혐오감을 느낀다.
ㄴ. 사춘기 이전에 비해 청소년기 혹은 성인기 초기에 주로 나타난다.
ㄷ. 하위유형 중 제한형은 금식, 과도한 운동 및 하제, 이뇨제, 관장제 등을 오용한다.
ㄹ. 음식 섭취 제한의 1주일 평균 횟수에 따라 심각도를 경도, 중등도, 고도, 극도로 구분한다.

① ㄱ
② ㄴ
③ ㄱ, ㄷ
④ ㄴ, ㄷ, ㄹ
⑤ ㄱ, ㄴ, ㄷ, ㄹ

해설 ㄱ. 음식 섭취 후 자신에 대한 혐오감을 느끼는 것은 신경성 폭식증에 해당된다.
ㄷ. 하위유형 중 제한형은 지난 3개월 동안 폭식하거나 하제를 사용하지 않는다.
ㄹ. 신경성 식욕부진증은 체질량지수(BMI)에 따라 심각도를 명시한다.

정답 94.②

95. DSM-5의 성도착장애(변태성욕장애)에 관한 내용으로 옳은 것을 모두 고른 것은?

ㄱ. 복장도착장애(의상전환장애)와 물품음란증은 함께 나타날 수 없다.
ㄴ. 노출장애는 눈치채지 못한 사람에게 자신의 성기를 노출시켜 성적 흥분이 고조된다.
ㄷ. 관음장애는 18세 이상부터 진단할 수 있다.
ㄹ. 마찰도착장애(접촉마찰장애)는 동의하지 않은 사람에 대한 접촉, 마찰 등을 통해 강한 성적 흥분을 일으키는 반복적 행동이 6개월 이상 지속된다.
ㅁ. 소아성애장애는 소아에 대한 성적 충동이나 공상이 자신에게 현저한 고통이나 대인관계의 어려움을 초래하지 않는다.

① ㄱ, ㄴ, ㄷ
② ㄱ, ㄷ, ㄹ
③ ㄴ, ㄷ, ㄹ
④ ㄴ, ㄹ, ㅁ
⑤ ㄱ, ㄷ, ㄹ, ㅁ

해설 ㄱ. 복장도착장애(의상전환장애)와 물품음란증은 동시에 나타날 수 있다.
ㅁ. 소아성애장애는 장애로 인해 죄책감, 수치심, 성적 좌절감, 고립감과 같은 주관적 고통, 정신사회기능의 손상이 나타난다.

96. DSM-5의 의존성 성격장애에 관한 내용으로 옳은 것은?

① 피암시성이 높아서 환경에 의해 쉽게 영향을 받는다.
② 자신의 능력을 스스로 과소평가한다.
③ 낡고 가치 없는 물건을 버리지 못하고 계속 간직한다.
④ 동기나 활력이 부족해서 일을 혼자서 시작하거나 수행하기 어렵다.
⑤ 친밀한 관계가 끝났을 때 그 사람과 관계를 지속하기 위해 더 의존하게 된다.

해설 ① 피암시성이 높아서 환경에 의해 쉽게 영향을 받는 것은 연극성 성격장애에 해당된다.
③ 낡고 가치 없는 물건을 버리지 못하고 계속 간직하는 것은 저장장애이다.
④ 의존성 성격장애는 동기나 활력이 부족해서라기보다는 판단이나 능력에 대한 자신감 결여 때문에 혼자서 일을 시작하거나 수행하기 어렵다.
⑤ 친밀한 관계가 끝났을 때 다른 관계를 급하게 찾는다.

정답 95.③ 96.②

97. DSM-5의 파괴적, 충동조절 및 품행장애에 관한 내용으로 옳은 것은?

① 병적 방화(방화광)는 방화를 하기 위해 사전에 충분한 준비를 한다.

② 병적 도벽은 보통 청소년기에 시작되며 훔치고 난 후 긴장감이 고조된다.

③ 간헐적 폭발장애는 공격적 행동폭발이 나타날 때 미리 계획을 세운다.

④ 품행장애와 적대적 반항장애는 동시에 진단할 수 없다.

⑤ 적대적 반항장애는 증상이 한 가지 이상 관해서 안 나타나기도 하는데 학교에서 문제를 보이는 경우가 가장 흔하다.

해설 ① 병적 방화의 필수 증상은 고의적이고 목적을 가진 수차례의 방화 삽화가 특징적이다.
② 병적 도벽은 보통 청소년기에 시작되며 성인기 후반에 발생하는 경우는 드물다. 또한 훔치기 직전에 긴장감이 고조되고 훔쳤을 때 기쁨, 충족감, 안도감을 느낀다.
③ 간헐적 폭발장애의 증상 중 폭발적 행동은 미리 계획된 것은 아니다.
④ 품행장애와 적대적 반항장애는 동시에 진단 가능하다.
⑤ 적대적 반항장애의 증상은 집에서 문제를 보이는 경우가 가장 흔하다.

98. DSM-5의 임상적 주의가 필요한 문제들 중 '아동학대와 방임 문제'의 하위유형에 해당하지 않는 것은?

① 아동 방임 ② 아동 성적 학대

③ 아동 심리적 학대 ④ 아동 신체적 학대

⑤ 보호자가 아닌 사람에 의한 아동 학대

해설 아동학대와 방임 문제의 하위유형에는 정서적 · 심리적 학대, 신체적 학대, 성적 학대, 방임 등이 있다.

DSM-5의 임상적 주의가 필요한 문제들

- 자살 생각 혹은 행동
- 폭력 혹은 위협적 행동
- 정신병적 증상(우울증, 조울병, 조현병 등)
- 약물 남용 혹은 의존
- 퇴행적 질환(알츠하이머병, 파킨슨병 등)
- 아동학대와 방임
- 성적인 고통이나 문제(성적 쾌락장애, 성적인 문제를 일으키는 정신질환 등)
- 신체적 문제와 질병(소화기계 질환, 신경통 등)

99. DSM-5의 급성 스트레스장애와 외상후 스트레스장애에서 공통적으로 나타나는 진단기준은?

① 과도한 놀람 반응이 나타난다.
② 무모하거나 자기파괴적 행동을 한다.
③ 다른 사람들에 대해서 거리감이나 소외감을 느낀다.
④ 중요한 활동에 대한 관심이나 참여가 현저하게 감소한다.
⑤ 외상 사건의 원인이나 결과에 대해 자신이나 타인을 책망한다.

해설

PTSD 증상의 주요 영역 4가지	
침투	외상 사건이 악몽이나 침투적인 이미지로 반복적으로 재경험
회피	외상을 떠오르게 하는 흔적, 생각, 감정을 피함
부정적인 인지와 기분	수치심, 분노, 자신 및 타인에 대한 왜곡된 생각과 비난이 증가함
각성 및 반응성	과잉 각성, 놀람, 공격성, 무모한 행동 등 지나친 감정 반응이 나타남

급성 스트레스 장애 증상의 주요 영역 5가지	
침투	외상 사건이 반복적 · 불수의적 · 침습적으로 떠오르며 외상을 재경험
부정적인 기분	긍정 정서(행복, 만족감, 사랑의 감정 등)를 경험하지 못함
회피	외상 사건과 관련된 고통스러운 기억, 생각, 감정을 불러일으키는 외부 단서(사람, 장소, 대화, 행동, 대상, 상황)를 회피하려는 노력을 함
해리	• 주위 환경 또는 자기 자신의 현실에 대한 변화된 감각(스스로를 다른 사람의 시각에서 관찰, 혼란스러움, 시간이 느리게 가는 것 등) • 외상성 사건의 중요한 부분을 회상할 수 없음
각성	과잉 각성, 수면 곤란, 과도한 놀람, 집중의 어려움

100. DSM-5의 전환장애에 관한 내용으로 옳은 것은?

① 급성 삽화와 순환성 삽화로 나뉜다.
② 음식을 삼키기 어려운 증상도 포함된다.
③ 스트레스 요인이 없는 경우 진단되지 않는다.
④ 진단 시 증상을 고의적으로 만들었다는 판단이 필요하다.
⑤ 증상이나 결함이 심각한 고통이나 기능적 손상을 초래하지 않는다.

해설 ① 전환장애는 신경학적 손상을 호소하는 한 가지 이상의 신체 및 운동기능 이상 증상과 감각기관의 이상 증상을 보이는 것이 특징이며, 급성 및 순환성 삽화는 양극성 장애에서 나타난다.
③ 전환장애의 발병에 스트레스가 관련이 있지만 진단에 반드시 필요한 것은 아니다.
④ 진단을 내릴 때 증상을 가장하는 것을 변별하기 어렵기 때문에 고의적으로 만들어 내지 않았다는 판단을 요하지 않는다.
⑤ 증상이나 결함이 사회적 · 직업적 기능을 손상시킨다.

정답 99.① 100.②

◆ 이상심리

제4과목 필수 2022년 기출문제 및 해설

76. DSM-5의 주요 우울장애 진단기준을 모두 고른 것은?

ㄱ. 우울 증상 9개 중 5개 이상
ㄴ. 필수 증상은 2주 이상 지속
ㄷ. 조증 삽화가 나타나지 않음
ㄹ. 중요한 상실에 대한 반응에서 문화 차이 고려

① ㄱ, ㄴ
② ㄷ, ㄹ
③ ㄱ, ㄴ, ㄷ
④ ㄴ, ㄷ, ㄹ
⑤ ㄱ, ㄴ, ㄷ, ㄹ

해설 모두 우울장애 진단기준에 포함된다.

학습 plus

주요 우울장애의 진단기준

A. 다음의 증상 중 5가지 이상이 거의 매일 적어도 2주 이상 지속된다.
1. 하루 중 대부분 거의 매일 우울한 기분이 지속(아동 · 청소년의 경우 과민한 기분으로 나타남)
2. 대부분의 일상 활동에 대한 흥미나 즐거움이 현저히 감소
3. 다이어트를 하지 않아도 체중이 현저히 감소하거나 증가(1개월 동안 5% 이상의 체중 변화), 거의 매일 식욕의 감소나 증가가 나타남
4. 거의 매일 불면증이나 과다수면
5. 거의 매일 정신운동성 초조나 지체
6. 거의 매일 피로나 에너지 상실
7. 거의 매일 무가치감과 부적절하거나 지나친 죄책감
8. 거의 매일 사고력 · 집중력의 감소 또는 우유부단함
9. 반복적으로 죽음에 대한 생각을 하거나 구체적인 계획 없이 반복적인 자살사고 또는 자살시도나 자살수행에 대한 구체적인 계획

B. 증상이 사회적, 직업적 또는 다른 중요한 기능 영역에서 임상적으로 유의한 고통이나 손상을 초래한다.

77. DSM-5의 망상장애 진단에서 명시된 아형(subtypes)의 특징을 옳게 연결한 것은?

① 피해형 – 망상의 중심 주제가 감각이상으로 나타남
② 과대형 – 자신이 굉장한 통찰력을 지녔다고 여김
③ 질투형 – 다른 사람이 자신을 사랑하고 있음
④ 혼합형 – 자신이 사랑하는 대상에만 한정됨
⑤ 신체형 – 정신약물의 생리적 효과로 나타남

해설 ② 과대형 – 자신이 굉장한 재능이나 통찰력을 지녔다고 여긴다.
① 피해형 – 망상의 중심 주제가 자신이 음모, 속임수, 염탐, 추적, 독극물이나 약물 주입, 악의적 비방, 희롱, 장기 목표 추구에 대한 방해 등을 당하고 있다는 믿음을 수반한다.
③ 질투형 – 망상의 중심 주제가 자신의 배우자나 연인이 외도를 하고 있다는 것이다.
④ 혼합형 – 어느 한 가지 망상적 주제도 두드러지지 않는 경우 적용된다.
⑤ 신체형 – 망상의 중심 주제가 신체적 기능이나 감각으로 나타난다.

78. 이상심리의 발달모형에 관한 설명으로 옳은 것을 모두 고른 것은?

ㄱ. 동일결과론(equifinality)은 아동기에 각기 다른 경험과 경로를 거쳤지만 동일한 질병을 나타낸다.
ㄴ. 다중결과론(multifinality)은 아동기에 각기 다른 경험과 경로를 거쳐서 다양한 질병을 보인다.
ㄷ. 동일결과론과 다중결과론은 행동발달의 보편적 주제를 인정하지 않는다.

① ㄱ ② ㄱ, ㄴ ③ ㄱ, ㄷ
④ ㄴ, ㄷ ⑤ ㄱ, ㄴ, ㄷ

해설 ㄴ. 다중결과론(multifinality)은 아동기에 동일한 경험을 하더라도 다양한 질병을 보이거나 그렇지 않을 수도 있다.
ㄷ. 동일결과론과 다중결과론은 행동발달의 보편적 주제를 인정한다.

학습 plus

동일결과론과 다중결과론

1) 동일결과론(equifinality): 여러 다른 경험을 하였지만 궁극적으로는 같은 결과를 가져올 수 있다는 것이 동일결과론의 원리다. 품행장애를 일으키는 청소년을 예를 든다면 동일한 문제를 보이지만 선행요인이 매우 다를 수 있다. 어떤 아이들은 기질적으로 위험회피가 낮아서 자신에게 해가 되는 품행 문제를 일으킬 수 있다. 반면 어떤 아이들은 강압적인 가정환경에서 자라나다가 억압된 감정이 사춘기에 폭발하면서 품행장애를 보이기도 한다. 또 어떤 아이들은 기질과 환경 면에서는 별다른 문제는 없었지만 일탈을 일삼는 또래들과 어울리면서 품행문제가 나타날 수도 있다. 이처럼 서로 다른 경험, 서로 다른 발달 경로를 거치면서도 동일한 문제, 즉 동일한 결과로 나타날 수 있다는 것이 동일결과론의 원리다.

정답 77.② 78.①

2) 다중결과론(multifinality): 특정한 하나의 경험이 수많은 다른 요인과 상호작용하면서 여러 가지 다른 결과에 이르게 할 수 있다. 예를 들어 우울하고 알코올 중독인 부모 밑에서 성장하였지만 어떤 아이는 알코올 문제나 정서문제가 전혀 나타나지 않을 수도 있고, 어떤 아이는 성장하면서 알코올 중독문제가 발현될 수도 있고, 우울증, 반사회성 성격장애 등의 양상이 나타날 수도 있다. 즉, 동일한 경험을 하였지만 다른 문제를 일으키고 또 전혀 문제를 일으키지 않을 수도 있다.

79. DSM-5의 불안장애에 속하는 하위진단 범주들을 전형적인 발병 연령 순서대로 옳게 나열한 것은?

ㄱ. 공황장애	ㄴ. 광장공포증
ㄷ. 특정공포증	ㄹ. 선택적 함구증

① ㄱ－ㄷ－ㄴ－ㄹ
② ㄴ－ㄱ－ㄹ－ㄷ
③ ㄷ－ㄱ－ㄴ－ㄹ
④ ㄷ－ㄹ－ㄱ－ㄴ
⑤ ㄹ－ㄷ－ㄱ－ㄴ

해설 ㄹ. 선택적 함구증: 보통 5세 이전에 발병하며 여아에게서 더 흔하게 나타난다.
ㄷ. 특정공포증: 평균적으로 10대 중반에 발생하는 경우가 많으나 하위유형에 따라 차이가 있다. 예컨대 동물형은 매우 어린 아동기에 나타나는 반면, 혈액-주사-상처형은 아동기에 발병하고 상황형은 20대 중반에 발병하는 경우가 많다.
ㄱ. 공황장애: 청년기(청소년기 후반~30대 중반)에 주로 발병하며 평균 발생연령은 25세다.
ㄴ. 광장공포증: 아동기에도 나타날 수 있지만 청소년기 후기나 성인기 초기에 발병률이 높다(공황발작을 포함하는 광장공포증의 평균 발병 연령은 17세이지만, 공황발작, 공황장애가 선행하지 않는 경우의 평균 발병 연령은 25~29세다).

80. 이상심리 모델에서 주장하는 것으로 옳지 않은 것은?

① 병적 소인 스트레스: 유전적 성향과 특정 스트레스 상황이 정신장애를 유발
② 인지주의: 이상행동은 사고, 정서, 행동의 핵심인 인지과정에 의해 유발
③ 행동주의: 이상행동은 고전적 조건형성, 조작적 조건형성, 모델링 학습의 결과
④ 정신역동: 이상심리 기능과 정상심리 기능은 서로 다른 과정에 기반을 둔다.
⑤ 인본주의: 자기실현을 이루게 되면 이상심리의 발현을 낮춤

해설 ④ 정신역동에서는 인간의 행동은 정상이든 비정상이든 의식적으로 인식하지 못하는 무의식적 작용에 의해 결정된다고 본다. 어린시절의 좌절 경험에서 연유한 무의식적 갈등이 대부분의 이상행동을 초래한다고 본다. 그러므로 치료되어야 할 것은 행동 자체가 아니라 행동의 저변에 깔려 있는 무의식적 갈등이라고 본다.

정답 79.⑤ 80.④

81. DSM-5의 범불안장애의 증상에 속하지 않는 것은?

① 과민성 ② 근육의 긴장
③ 사고의 비약 ④ 쉽게 피로해짐
⑤ 수면 교란

해설 ③ 사고의 비약은 사고과정의 장애로 사고의 연상활동이 지나치게 빨라 생각이 한 주제에서 다른 주제로 빠르게 전환되는 현상으로 양극성 장애 환자에게서 나타날 수 있다.

학습 plus

범불안장애의 진단기준(DSM-5)

A. 직장이나 학교와 같이 일상 활동에서 과도하게 불안하거나 걱정을 하고 적어도 6개월 이상, 최소한 한 번에 며칠 이상 발생한다.
B. 이런 걱정을 통제하는 것이 어렵다고 느낀다.
C. 불안과 걱정은 다음의 6가지 증상(증상들이 적어도 6개월 이내에 며칠 이상 존재해야 함) 중 3가지 이상의 증상을 동반한다(아동은 한 가지 항목만 필요).
  1. 안절부절못하거나 가장자리에 선 느낌
  2. 쉽게 피로해짐
  3. 집중하기 힘들거나 머릿속이 하얗게 되는 느낌
  4. 과민성
  5. 근육의 긴장
  6. 수면 장해
D. 불안, 걱정 또는 신체증상이 사회적, 직업적 또는 다른 중요한 기능 영역에서 임상적으로 유의한 고통이나 손상을 초래한다.

82. DSM-5의 주의력결핍 및 과잉행동장애(ADHD)에 관한 설명으로 옳지 않은 것은?

① 행동문제가 2가지 이상의 다른 환경에서 나타난다.
② 부주의 또는 과잉행동/충동성 증상 중의 일부는 12세 이전에 나타난다.
③ 후기 청소년이나 성인의 경우에 세부 유형의 증상이 5개여도 해당된다.
④ 주의력 결핍 우세형, 과잉행동/충동 우세형으로 세분화된다.
⑤ 세부 유형의 증상은 각각 최소 6개 영역에서 6개월 동안 부정적 영향이 지속된다.

해설 ④ 주의력 결핍 우세형, 과잉행동/충동 우세형, 혼합형의 세 하위유형으로 세분화된다.

정답 81.③ 82.④

83. **DSM-5의 양극성 관련 장애에 관한 설명으로 옳은 것은?**

① 양극성 장애는 모든 연령대에서 발병할 수 있다.
② 순환성 장애는 최소 6개월 이상 경조증과 우울증 기간이 있어야 한다.
③ 순환성 장애는 여성의 발병빈도가 높다.
④ 제 I 형 양극성 장애는 남성의 발병빈도가 높다.
⑤ 제 II 형 양극성 장애의 자살(자해)시도 빈도는 제 I 형보다 낮다.

해설 ② 순환성 장애는 2년 이상의 기간 동안(아동 · 청소년은 1년) 경조증 기간과 우울증 기간이 절반 이상을 차지하고, 증상이 없는 기간이 2개월 이상 지속되지 않아야 한다.
③ 순환성 장애의 평생 유병률은 0.4~1%이며, 남녀 비율이 비슷하다.
④ 제 I 형 양극성 장애는 대체로 여성과 남성에게 비슷하게 나타나고 제 II 형 양극성 장애는 여성이 더 흔하다.
⑤ 제 II 형 양극성 장애의 자살(자해)시도 빈도는 제 I 형과 비슷하다. 그러나 치명적인 자살완수는 제 II 형이 높다고 알려져 있다.

84. **조현병 스펙트럼 장애의 음성 증상을 모두 고른 것은?**

ㄱ. 무의욕증	ㄴ. 제한된 정서	ㄷ. 연상이완
ㄹ. 사회적 고립	ㅁ. 감퇴된 언어표출	

① ㄱ, ㄴ, ㅁ　② ㄴ, ㄷ, ㄹ　③ ㄱ, ㄴ, ㄹ, ㅁ
④ ㄱ, ㄷ, ㄹ, ㅁ　⑤ ㄱ, ㄴ, ㄷ, ㄹ, ㅁ

해설 ㄷ. 연상이완: 생각의 앞뒤가 맞지 않고 연결성이 부족하여 토막토막 끊어지거나 뒤죽박죽인 경우로 양성 증상에 해당한다.

85. **이상행동 치료를 위한 단일사례 실험설계에 사용되는 전략들을 모두 고른 것은?**

ㄱ. 철회(withdrawal) 설계	ㄴ. 추세(trend) 분석
ㄷ. 반복(repeated) 측정	ㄹ. 무선화(randomized) 실험
ㅁ. 다중(multiple) 기저선 설정	

① ㄱ, ㄴ, ㄹ　② ㄴ, ㄷ, ㄹ　③ ㄱ, ㄴ, ㄷ, ㅁ
④ ㄱ, ㄷ, ㄹ, ㅁ　⑤ ㄴ, ㄷ, ㄹ, ㅁ

해설 ㄹ. 무선화(randomized) 실험은 처치를 하기 전에 비교집단 간에 동등성을 확보하기 위하여 각 집단에 들어갈 피험자를 무선표집하여 무선배정하는 것을 말한다.

정답 83.① 84.③ 85.③

학습 plus

단일사례 실험설계

- 단일사례 실험설계는 목표로 하는 표적행동에 대한 개입 효과를 관찰하고 분석하기 위해서 많이 사용되는 방법이다. 이때 피험자는 실험집단과 통제 집단의 두 역할을 모두 하게 된다.
- 단일사례 실험설계는 사례 내에서 비교해야 하기 때문에 반복측정을 한다. 그리고 기저선이 불안정할 때 기저선의 변화의 폭과 기울기를 고려해서 결과를 분석하는 것을 동향분석(추세분석)이라고 한다. AB, ABA, ABAB, ABB′B″ 설계 등이 있다.
- 기저선(A)은 대상자의 문제 행동을 관찰하여 기록하고 개입을 통한 변화를 비교하기 위한 기초가 된다. B는 개입을 말한다.
  1) AB 설계: A단계에서는 아무런 개입이 없는 상태에서 표적행동의 변화에 대한 관찰이 이루어지고 B단계에서는 개입이 이루어진 이후의 표적행동 변화에 대한 관찰결과가 이루어진다,
  2) ABA 설계: 개입을 중단하는 A단계를 추가해서 AB 설계의 단점을 보완한 것으로 개입을 하지 않는 두 번째 A단계에서 표적행동이 다시 나빠지는 현상을 보이면 B단계에서의 변화된 행동이 개입 또는 처치 때문이라는 확신을 높일 수 있다.
  3) ABAB 설계: ABA 설계의 개입을 중단한 단계에서 다시 개입을 하는 B 단계를 추가한 것으로 반전설계 또는 철회설계라고도 한다. 치료적 개입의 효과가 아닌 다른 가외 변인에 의해(자연 성장, 외부영향 등) 문제 행동이 감소될 수 있어서 개입을 중단하고 피험자가 얼마나 문제 행동을 하는지 관찰하는 과정이 들어가는데 이때 문제 행동이 기저선까지 나타나는 것을 "반전"이라 한다. 2차 기저선 과정이 끝난 후 다시 2차 개입(B)을 시도한다.
  4) ABB′B″ 설계: 다중기저선 설계로 개입 대상, 즉 피험자가 2명 이상의 소수거나 한 명이라 하더라도 2개 이상의 문제행동에 대한 개입을 하여, 피험자 수 혹은 문제행동의 수만큼 기저선 조사가 이루어지고 개입은 단계적 과정을 거쳐 순차적으로 실시되는 방식이다.

86. DSM-5의 사회불안장애에 관한 설명으로 옳지 않은 것은?

① 하나 이상의 사회적 상황에서 공포와 불안을 보인다.
② 아동의 경우 또래집단에서는 공포와 불안을 보이지 않는다.
③ 타인의 부정적 평가를 두려워한다.
④ 전형적으로 공포, 불안, 회피는 6개월 이상 지속되어야 한다.
⑤ 사회적 또는 직업적 수행영역에서 현저한 고통이나 손상을 초래한다.

해설 ② 아동의 경우 성인보다 또래집단에서 공포와 불안을 더 많이 나타낸다.

정답 86.②

학습 plus

사회불안장애(사회공포증)의 진단기준(DSM-5)

A. 대화를 하거나 낯선 사람을 만나는 것과 같이 타인에게서 관찰될 수 있는 하나 이상의 사회적 상황에 노출되는 것을 극심하게 두려워하거나 불안해한다(아동의 경우 공포와 불안은 성인과의 관계에서 뿐만 아니라 또래집단에서도 발생해야 한다).
B. 수치스럽거나 당황한 것으로 보이거나 다른 사람을 거부 혹은 공격하는 것으로 보이는 등 다른 사람에게 부정적으로 평가되는 쪽으로 행동하거나 불안 증상을 보일까 봐 두려워한다.
C. 이러한 사회적 상황이 거의 항상 공포나 불안을 불러일으킨다.
D. 이러한 사회적 상황을 회피하거나 극심한 공포와 불안을 견딘다.
E. 불안과 공포가 실제 상황 혹은 사회문화적 맥락에서 볼 때 실제 위험에 비해 비정상적으로 극심하다.
F. 공포, 불안, 회피 반응이 대개 6개월 이상 지속된다.
G. 공포, 불안, 회피로 인해 사회적, 직업적 또는 다른 중요한 기능 영역에서 임상적으로 유의한 고통이나 손상을 초래한다.

87. DSM-5의 신경발달장애에 속하지 않는 것은?

① 지적장애 ② 경도 신경인지장애 ③ 발달성 협응장애
④ 말소리 장애 ⑤ 특정학습장애

해설 ② 경도 신경인지장애는 '신경인지장애'에 속한다.
신경발달장애에는 지적장애, 의사소통장애, 자폐스펙트럼장애, 주의력결핍 과잉행동장애, 특정학습장애, 운동장애의 6개 하위유형이 있다. 그리고 의사소통장애는 언어장애, 말소리 장애(발화음 장애), 아동기-발생 유창성 장애, 사회적 의사소통장애의 4가지 하위유형으로 나뉜다. 운동장애에는 발달성 협응장애, 상동증적 운동장애, 틱장애가 포함된다.

88. 이상심리의 분류 준거에 관한 설명으로 옳지 않은 것은?

① 개별기술적(idiographic) 접근: 개인 특성의 독특한 측면을 중점적으로 규명
② 차원적(dimensional) 접근: 특정 질병을 연속선에서 기술하고 평가
③ 원형적(prototypical) 접근: 특정 질병의 필수 특성과 다른 유형의 변종을 함께 고려
④ 법칙정립적(nomothetic) 접근: 일반적인 법칙을 명료화하기 위하여 대규모 집단을 비교
⑤ 고전적인 범주적(classical categorical) 접근: 각 장애의 병리생리학적 원인은 중복된다고 가정한다.

해설 ⑤ 고전적인 범주적(classical categorical) 접근: 각 장애의 병리생리학적 원인은 독특하다고 가정한다. 예-아니요 방식으로 분류하고, 정상행동과 비정상 행동 간의 연속성을 고려하지 않는다.

정답 87.② 88.⑤

89. DSM-5의 적대적 반항장애의 진단기준에 해당하지 않는 것은?

① 동물을 학대한다.
② 어른의 요구를 적극적으로 무시한다.
③ 타인을 고의로 귀찮게 한다.
④ 자신의 실수를 남의 탓으로 돌린다.
⑤ 버럭 화를 낸다.

해설 ① '동물을 학대한다'는 '품행장애'의 진단기준에 해당한다.

학습 plus

적대적 반항장애의 진단기준(DSM-5)

A. 분노/과민한 기분, 논쟁적/반항적 행동, 복수심 등이 최소 6개월 이상 지속되고, 다음 중 적어도 4가지(또는 그 이상)가 존재한다.

[분노/과민한 기분]

1. 자주 버럭 화를 낸다.
2. 자주 기분이 상하거나 쉽게 짜증을 낸다.
3. 자주 화내고 원망한다.

[논쟁적/반항적 행동]

4. 자주 권위적인 인물과 논쟁한다.
5. 자주 적극적으로 어른의 요구나 규칙을 무시하거나 거절한다.
6. 자주 고의적으로 타인을 귀찮게 한다.
7. 자주 자신의 실수나 잘못된 행동을 남의 탓으로 돌린다.

[복수심을 가짐]

8. 지난 6개월 동안 적어도 2번 이상 악의에 차 있거나 앙심을 품고 있다.

※ 5세 이하 아동의 경우 최소 6개월 동안 거의 매일 이런 행동이 나타나고, 5세 이후에는 6개월 동안 일주일에 최소 1회 이상 상기 행동이 나타난다.

90. DSM-5의 외상 및 스트레스 관련 장애의 하위 유형과 특징에 관한 설명으로 옳지 않은 것은?

① 반응성 애착 장애: 아동이 보호자로 추정되는 사람과 애착이 없거나 명백하게 미발달되어 있음
② 급성 스트레스 장애: 외상성 사건에 노출된 뒤 3일 이상 1개월 이내로 증상이 지속됨
③ 적응 장애: 스트레스 사건 후 정서적 · 행동적 문제들이 3개월 이내에 발생하고, 그 스트레스 요인이 사라지면 6개월 이내로 회복함
④ 외상 후 스트레스 장애: 외상성 사건을 경험한 후, 그 후유증으로 1개월 이상 다양한 부적응적 증상들을 재경험함
⑤ 탈억제성 사회적 유대감 장애: 소극적이며, 주변 인물에 대해 접근 행동을 보이지 않음

정답 89.① 90.⑤

해설 ⑤ 탈억제성 사회적 유대감 장애(disinhibited social engagement disorder)를 보이는 아동은 상대적으로 낯선 성인에게 아무런 주저 없이 과도한 친밀감을 표현하며 접근하는 행동양식을 보인다.

91. DSM-5의 섬망에 관한 설명으로 옳은 것은?

① 수면-각성 장애가 나타난다.
② 중년층의 유병률이 가장 높다.
③ 정보처리능력의 결함이 나타나지 않는다.
④ 조기 발견과 개입은 섬망의 지속 기간과 관계가 없다.
⑤ 하루 경과 중 병의 심각도가 일정하다.

해설 ① 섬망이 나타나면 수면-각성 주기의 곤란이 일어나 주간에 졸리고, 야간에 초조하고, 수면 입면이 곤란하고, 온종일 졸리고, 밤새 각성이 나타난다.
② 입원한 노인에게서 유병률이 가장 높다.
③ 정보처리능력이 손상되어 결함이 나타난다.
④ 조기 발견과 개입은 섬망의 지속 기간을 단축시킨다.
⑤ 하루 경과 중 저녁과 밤에 병의 심각도가 가장 심하다.

92. DSM-5의 해리장애에 관한 설명으로 옳은 것은?

① 해리는 외상적 사건을 자신과 통합시켜 이해하려는 시도이다.
② 해리장애는 신체적 질병에 의해 초래되는 경향이 높다.
③ 개인들이 이인증이나 비현실감을 경험하는 동안 현실 검증력이 저하된다.
④ 해리성 기억상실증은 통상적인 망각과 유사하다.
⑤ 해리성 정체성 장애는 다중성격장애로 지칭되기도 한다.

해설 ⑤ 해리성 정체성 장애(dissociative identity disorder)는 다중인격(multiple personality)이라고 알려져 있다.
① 고통스러운 외상 경험을 회피하기 위한 방어로 나타난 해리 현상이 점차 정교해지면서 해리성 정체성 장애로 발전한다.
② 해리 장애는 흔히 외상을 겪고 난 후에 나타난다.
③ 이인증/비현실감을 경험하는 동안에는 현실검증력은 손상되지 않은 채로 유지된다.
④ 해리성 기억상실증은 외상과 관련된 자전적 정보를 회상하지 못하는 것으로 장기기억에 저장된 지식을 잃는 통상적인 망각과는 다르다.

정답 91.① 92.⑤

93. DSM-5의 강박성 성격장애에 관한 설명으로 옳지 않은 것은?

① 일과 생산성에 집중한다.
② 도덕적 가치 문제에서 양심적이다.
③ 현재의 삶에 집중하며 소비한다.
④ 타인에게 일을 위임하지 않는다.
⑤ 세부사항에 집착한다.

해설 강박장애 환자들은 현실의 직접적 증거보다는 잠재적 가능성에 의해 상상적인 추론을 하고 그 추론에 따라 심한 불안을 경험하고 미래의 부정적 사건을 방지하기 위해 강박행동을 보인다.

94. DSM-5의 신체증상 및 관련 장애에 관한 설명으로 옳은 것을 모두 고른 것은?

ㄱ. 신체증상장애는 사회경제적 수준이 높은 계층에서 흔히 나타난다.
ㄴ. 전환장애는 의학적으로 설명되지 않지만, 운동 및 감각 기능에 영향을 미친다.
ㄷ. 질병불안장애 환자는 자신의 신체증상에 대해 비현실적이며 부정확한 의학적 해석을 내린다.
ㄹ. 인위성장애 환자는 의도적으로 신체증상을 만들어 내거나 위장한다.

① ㄱ, ㄴ
② ㄱ, ㄷ
③ ㄴ, ㄷ
④ ㄷ, ㄹ
⑤ ㄴ, ㄷ, ㄹ

해설 ㄱ. 환경적으로는 교육 수준과 사회경제적 수준이 낮고 스트레스와 생활 사건을 많이 경험한 사람에게서 신체증상장애의 발병 빈도가 높다.

95. DSM-5의 변태성욕장애의 하위 유형과 특징에 관한 설명으로 옳은 것은?

① 관음장애: 이성의 옷으로 바꿔 입음으로써 성적으로 흥분함
② 물품음란장애: 무생물에 대해 성적 흥분을 느낌
③ 성적피학장애: 상대방이 굴욕이나 고통을 겪게 함으로써 성적 흥분을 느낌
④ 마찰도착장애: 눈치채지 못한 사람에게 성기를 노출하여 성적으로 흥분함
⑤ 노출장애: 사춘기 이전의 아동을 상대로 최소 3개월 이상 성적 흥분을 느낌

해설 ② 물품음란장애(fetishistic disorder): 무생물인 물건에 대해 성적 흥분을 느낀다.
① 관음장애: 다른 사람이 옷을 벗고 있는 모습을 몰래 훔쳐봄으로써 성적 흥분을 느낀다.
- 복장도착장애: 이성의 옷으로 바꿔 입음으로써 성적으로 흥분한다.

③ 성적피학장애: 굴욕을 당하거나, 매질을 당하거나, 묶이거나, 숨이 막히거나 하는 등 고통을 당하는 행위를 통해 성적 흥분을 느낀다.
- 성적가학장애: 상대방이 굴욕이나 고통을 겪게 함으로써 성적 흥분을 느낀다.

④ 마찰도착장애: 동의하지 않은 사람에게 자신의 성기나 신체 일부를 접촉하거나 문지르는 행위를 하면서 성적 흥분을 느낀다.

정답 93.③ 94.⑤ 95.②

⑤ 노출장애: 눈치채지 못한 사람에게 성기를 노출하여 성적 흥분을 느낀다. 적어도 6개월 이상 지속될 때 진단을 내린다.
- 소아성애장애: 사춘기 이전의 아동(13세 이하)을 상대로 최소 6개월 이상 성적 흥분을 느낀다.

96. DSM-5의 신체변형(이형)장애에 관한 설명으로 옳지 않은 것은?

① 하나 이상의 신체 결함에 과도하게 집착한다.
② 자기 얼굴의 미묘한 비대칭성을 발견한다.
③ 외모에 대한 높은 미적 민감성을 가진다.
④ 타인의 정서적 학대 및 무시와는 무관하다.
⑤ 성형수술을 원하는 경향이 있다.

해설 신체변형(이형)장애 환자의 상당수는 정서적 학대와 무시, 신체적 학대나 성적 학대, 신체적 무시를 받은 적이 있다고 보고된다.

97. DSM-5의 수면-각성장애의 하위 유형과 특징에 관한 설명으로 옳은 것은?

① 불면장애: 과도한 수면 시간에도 불구하고 각성의 질 저하와 수면 무력증과 같은 증상을 보임
② 기면증: 수면을 개시하는 과정에서 어려움을 보이며, 수면의 양과 질이 불만족스러운 상태
③ 과다수면장애: 주간에 깨어 있는 상태에서 갑자기 저항할 수 없는 졸음을 느끼며 수면에 빠짐
④ 중추성 수면무호흡증: 수면다원검사에서 수면 시간당 5회 이상의 중추성 무호흡이 나타남
⑤ 악몽장애: 수면 중 다리에 불쾌한 감각을 동반하며, 다리를 움직이고 싶은 충동과 관련 있음

해설 ④ 중추성 수면무호흡증: 수면다원검사에서 수면 시간당 5회 이상의 중추성 무호흡이 나타난다.
① 불면장애: 수면을 개시하는 과정에서 어려움을 보이며, 수면의 양과 질이 불만족스러운 상태
② 기면증: 주간에 깨어 있는 상태에서 갑자기 저항할 수 없는 졸음을 느끼며 수면에 빠짐
③ 과다수면장애: 과도한 수면 시간에도 불구하고 각성의 질 저하와 수면 무력증과 같은 증상을 보인다.
⑤ 악몽장애: 주된 수면시간 동안이나 낮잠을 자는 동안에 생존, 안전, 자존감의 위협과 같은 여러 가지 무서운 꿈을 꾸게 되어 잠에서 깨어나는 일이 반복되는 증상이다.
- 초조성 다리증후군(하지불안증후군): 수면 중 다리에 불쾌한 감각을 동반하며 다리를 움직이고 싶은 충동을 느낌

정답 96.④ 97.④

98. DSM-5의 편집성 성격장애에 관한 설명으로 옳지 않은 것은?

① 타인의 동기를 악의적으로 해석한다.
② 다른 사람에게 자신의 비밀을 털어놓지 않는다.
③ 절도 등의 불법적인 일을 지속적으로 실행한다.
④ 타인에게 모욕을 받았다고 느끼면 즉시 반격한다.
⑤ 지속적으로 원한을 품는다.

해설 ③ 절도 등의 불법적인 일을 지속적으로 실행하는 것은 '품행장애'의 증상이다.

99. A가 겪고 있는 정신장애에 관한 DSM-5 진단기준과 설명으로 옳지 않은 것은?

> A는 38세의 남성으로 부인과 함께 프랜차이즈 식당을 운영한다. 그런데 가끔 A가 화를 내면 부인은 두려워했다. A는 공격적 충동을 참지 못하는 경우, 집안의 물건들을 부수기 시작했다. 짧은 시간 동안의 폭발적 행동이 끝나면 그는 잠시 이성을 잃은 것에 대해 자책하며 부인에게 용서를 빌었다.

① 재산 피해 또는 상해 등을 가하는 폭발적 행동이 12개월 이내에 3회 발생한다.
② 언어적 공격이 6개월 동안 평균 일주일에 3번 정도 발생한다.
③ 6세 이상에서 나타난다.
④ 반복적 폭발은 개인의 직업적 기능에 손상을 가져온다.
⑤ 실제 상황에서 보통 30분 이내로 나타난다.

해설 A가 겪고 있는 정신장애는 간헐성 폭발장애에 해당한다. 언어적 공격이 3개월 동안 평균 일주일에 2번 정도 발생한다.

학습 plus

간헐성 폭발장애의 진단기준(DSM-5)

A. 공격적인 충동을 통제하지 못해서 반복적으로 행동 폭발을 보이며, 다음 중에서 한 가지를 특징적으로 보인다.
  1. 언어적 공격(분노발작, 신랄한 비난, 언어적 논쟁이나 싸움)과 신체적 공격(재산, 동물, 사람에 대한)이 3개월 동안 평균 일주일에 2번 정도 발생한다. 신체적 공격성은 재산피해나 재산파괴를 초래하지 않고 동물이나 사람에게 해를 입히지는 않는다.
  2. 재산파괴, 동물이나 사람에 대한 상해를 입히는 신체 폭행이 12개월 동안 3회 보인다.

B. 반복적인 행동 폭발 동안에 표현되는 공격성의 정도가 정신사회적인 요인에 의해 촉발되거나 유발되더라도 그 정도가 심하다.

C. 공격적인 행동 폭발이 미리 계획된 것이 아니며(예 충동적이거나 분노로 유발된 행동), 뚜렷한 목표(예 돈, 힘, 친밀감)를 얻기 위한 것이 아니다.

정답 98.③ 99.②

D. 반복적인 공격적 행동 폭발이 직업적 또는 대인관계 기능에 손상을 가져오며 경제적 · 법적 문제에 연루된다.
E. 생활연령이 적어도 6세 이상이다.

100. DSM-5의 신경성 폭식증 진단기준에 해당하는 것을 모두 고른 것은?

ㄱ. 체중증가를 막기 위해 반복적이고 부적절한 보상행동(구토, 하제 등의 약물남용)을 보인다.
ㄴ. 평균적으로 최소 1주일에 1회 이상 3개월 동안 폭식과 부적절한 보상행동을 실행한다.
ㄷ. 체중과 체형이 자기평가에 지나치게 큰 영향을 미친다.
ㄹ. 문화적으로 용인된 관습에 의해 더 잘 설명되지 않는다.

① ㄱ, ㄴ ② ㄱ, ㄹ ③ ㄴ, ㄷ
④ ㄱ, ㄴ, ㄷ ⑤ ㄴ, ㄷ, ㄹ

해설 ㄹ. 문화적으로 용인된 관습에 의해 더 잘 설명되지 않는다. → 신경성 폭식증은 문화와 관련된 진단적 쟁점은 있으나 산업화된 국가나 다른 민족 집단에서도 비슷한 유병률로 나타난다.

학습 plus

신경성 폭식증의 진단기준(DSM-5)

A. 반복적인 폭식 삽화는 다음 2가지 특징이 있다.
  1. 일정 시간 동안(예 2시간 이내) 보통의 사람들이 비슷한 상황에서 같은 시간 동안 먹는 것보다 분명하게 많은 양의 음식을 먹는다.
  2. 폭식 삽화 동안 먹는 것을 조절하는 능력이 상실된다(예 먹는 것을 멈출 수 없으며, 무엇을 또는 얼마나 많이 먹어야 할지 조절할 수 없는 느낌).
B. 체중 증가를 막기 위해 반복적이고 부적절한 보상행동으로 스스로 유도한 구토를 하고 또는 하제나 이뇨제, 관장약, 기타 약물을 남용하거나 금식 및 과도한 운동과 같은 행동을 보인다.
C. 폭식과 부적절한 보상행동 모두 평균적으로 적어도 일주일에 1회씩 3개월 동안 일어난다.
D. 체중과 체형이 자기평가에 지나치게 큰 영향을 미친다.
※ 심각도를 명시할 것
- 경도: 평균적으로 일주일에 1~3회 부적절한 보상행동 삽화
- 중등도: 평균적으로 일주일에 4~7회 부적절한 보상행동 삽화
- 고도: 평균적으로 일주일에 8~13회 부적절한 보상행동 삽화
- 극심: 평균적으로 일주일에 14회 이상 부적절한 보상행동 삽화

정답 100.④

◆ 이상심리

제4과목 필수 2021년 기출문제 및 해설

76. 아편유사제(Opioids)에 해당되는 물질은?

① 코카인(Cocaine) ② 헤로인(Heroin) ③ 엘에스디(LSD)
④ 암페타민(Amphetamine) ⑤ 마리화나(Marijuana)

해설 아편유사제(Opioids)는 아편, 코데인, 하이드로 코데인, 펜타닐, 헤로인, 모르핀, 메사돈 등으로 아편제제와 같은 진통제 작용을 하는 합성마약이며 아편유도제가 아닌 물질을 일컫는다.

- 환각제: LSD, 메스칼린, 대마초(마리화나, 칸나비스), 엑스터시 등
- 흥분제: 코카인, 암페타민(필로폰), 카페인, 니코틴 등

77. 이상행동의 분류와 평가의 장점에 관한 설명으로 옳은 것을 모두 고른 것은?

ㄱ. 환자의 유사성과 차이점을 구별하는 데 도움을 준다.
ㄴ. 심리장애에 관한 과학적 연구와 이론 개발을 위한 기초지식을 제공한다.
ㄷ. 심리장애의 진행과정을 예측하는 데 도움이 된다.
ㄹ. 환자의 자기이행적(self-fulfilling) 예언을 충족시킨다.
ㅁ. 연구자나 임상가들 간에 효과적인 의사소통에 도움이 된다.

① ㄱ, ㄴ, ㄹ ② ㄱ, ㄷ, ㅁ ③ ㄱ, ㄴ, ㄷ, ㅁ
④ ㄴ, ㄷ, ㄹ, ㅁ ⑤ ㄱ, ㄴ, ㄷ, ㄹ, ㅁ

해설 ㄹ. 자기이행적(self-fulfilling) 예언이란 기대와 믿음에 따라 결국 그 방향으로 행동하는 것을 말한다. 즉, 행동이 믿음을 따라간다. 이 경우에는 이상행동 분류의 단점에 해당된다.

이상행동 분류와 평가의 장단점

장점	단점
• 임상가나 연구자들이 공통된 용어를 사용하여 효과적인 정보를 주고받을 수 있다. • 과학적 연구 및 치료 효과를 위한 기초지식을 제공한다. • 연구 결과와 임상 지식을 체계적으로 분류하고 기술할 수 있다. • 이상행동과 관련된 진단 간 유사성과 차이점을 구별하고 증상의 치료 결과 및 예후를 추정할 수 있게 한다. • 질환의 진행 과정을 예측하고, 효과적인 치료법을 개발하고 적용할 수 있다.	• 진단적 범주에 따라 환자가 가지고 있는 개인적인 독특한 정보가 상실될 수 있다. • 진단에 따른 낙인이 생길 수 있다. • 환자의 예후나 치료 효과에 대한 선입견을 줄 수 있다. • 진단명이 환자에게는 자기이행적(자기충족적) 예언으로 작용하여 여러 가지 사회적 기능과 직업 기능에 불리하게 작용할 수 있다.

정답 76.② 77.③

78. 행동주의적 접근에 관한 설명으로 옳은 것은?

① 고전적 조건형성을 주장한 학자는 반두라(A. Bandura)이다.
② 이상행동은 주로 고전적 조건형성, 조작적 조건형성, 사회적 모델링의 3가지 학습원리로 설명된다.
③ 체계적 둔감법은 뱀공포증 환자의 경우 치료 시작부터 하루 종일 뱀을 목에 감고 생활하도록 하는 기법이다.
④ 무의식적 욕구를 변화시키는 것이 치료의 주된 목표이다.
⑤ 아동이 엄마의 심부름을 한 뒤 칭찬을 받는 것은 부적 강화이다.

해설 ① 반두라는 사회적 모델링을 주장, 고전적 조건형성은 파블로프(Pavlov)가 주장했다.
③ 치료 시작부터 하루 종일 뱀을 목에 감고 생활하도록 하는 것은 홍수법에 속한다. 체계적 둔갑법은 불안자극의 위계목록을 작성하고 약→강 순으로 자극에 접근하게 하여 단계별 둔감화를 이루는 치료법이다.
④ 무의식적 욕구를 변화시키는 것은 정신분석치료의 주된 목표이다. 행동주의적 접근은 학습이론(learning theory)에 기반하여 부적응 행동의 소거, 적응 행동의 증가 또는 형성을 목표로 한다.
⑤ 아동이 엄마의 심부름을 한 뒤 칭찬을 받는 것은 정적 강화로, 목표로 하는 행동이 증가했을 때 좋아하는 강화물을 제공하는 것이다.

79. DSM-5의 품행장애 진단기준에 해당되지 않는 것은?

① 다른 사람을 자주 괴롭히거나 위협한다.
② 술을 자주 마신다.
③ 다른 사람에게 성적 활동을 강요한다.
④ 13세 이전부터 무단결석을 자주 한다.
⑤ 동물에게 신체적으로 잔인하게 대한다.

해설 ② 술은 자주 마시는 것은 품행장애 진단기준에 해당되지 않는다.
품행장애의 진단기준에는 사람과 동물에 대한 공격성, 재산의 파괴, 사기 또는 도둑질, 심각한 규칙위반(13세 이전부터 무단결석을 자주 함) 등이다. 18세 이상일 경우 반사회적 인격장애의 진단기준과 맞지 않아야 한다.

학습 plus

품행장애의 진단기준(DSM-5)

A. 다른 사람의 기본 권리를 침해하고 나이에 맞는 사회적 규범 및 규칙을 위반하는 지속적이고 반복적인 행동 양상을 보이며, 지난 1년간 다음 진단 기준 15가지 중 3가지 이상에 해당되며, 지난 6개월 동안 적어도 한 가지 이상이 기준에 해당된다.

[사람과 동물에 대한 공격성]

1. 자주 다른 사람을 괴롭히거나, 위협하거나, 협박한다.
2. 자주 몸싸움을 건다.

정답 78.② 79.②

3. 다른 사람에게 심각한 신체적 손상을 일으킬 수 있는 무기를 사용한다(예 방망이, 벽돌, 깨진 병, 칼 또는 총).
4. 사람에게 신체적으로 잔혹하게 대한다.
5. 동물에 신체적으로 잔혹하게 대한다.
6. 피해자와 대면한 상태에서 도둑질을 한다(예 노상강도, 날치기, 강탈, 무장강도).
7. 다른 사람에게 성적 행위를 강요한다.

[재산 파괴]

8. 심각한 손상을 입히려는 의도로 일부러 불을 지른다.
9. 다른 사람의 재산을 일부러 파괴한다.

[사기 또는 도둑질]

10. 다른 사람들의 집, 건물, 차를 파괴한다.
11. 어떤 물건이나 다른 사람의 호의를 얻기 위해, 또는 의무를 회피하기 위해 거짓말을 흔히 한다(예 다른 사람을 속임).
12. 피해자와 마주치지 않은 상황에서 귀중품을 훔친다(예 부수거나 침입하지 않고 상점에서 도둑질하기, 문서 위조).

[심각한 규칙 위반]

13. 부모의 금지에도 불구하고 13세 이전에 자주 밤늦게까지 집에 들어오지 않는다.
14. 친부모 또는 양부모와 같이 사는 동안 적어도 2번 이상 가출하거나 장기간 집에 돌아오지 않는 가출이 1회 이상이다.
15. 13세 이전에 무단결석을 자주 한다.

B. 행동장애가 사회적 · 직업적 기능 영역에서 임상적으로 유의한 손상을 초래한다.
C. 18세 이상일 경우, 반사회성 성격장애의 진단기준에 맞지 않아야 한다.
※ 다음 중 하나를 명시할 것
- 아동기 발병형: 10세 이전에 품행장애 진단기준 가운데 적어도 한 가지 이상 발생
- 청소년기 발병형: 10세 이전에는 품행장애의 진단기준을 충족시키지 않음

80. 이상행동의 분류와 평가에 관한 설명으로 옳지 않은 것은?

① DSM-5에서 다축체계를 폐기하였다.
② 정신상태검사에서 환자의 외모와 외현적 행동도 평가한다.
③ 적절한 평가방법과 절차를 계획하기 전에 평가목적을 명료화한다.
④ 수업시간에 교사가 아동의 산만한 행동을 평가하는 것은 자연주의적 행동관찰법이다.
⑤ DSM-5에서는 아동 · 청소년기에 처음 진단되는 장애를 독립적으로 제시하였다.

해설 ⑤ 아동 · 청소년기에 처음 진단되는 장애를 독립적으로 제시한 것은 DSM-IV이다.
DSM-5에서는 새롭게 재분류(일부를 삭제시키거나 분리하여 독립시킴)되어 '신경발달장애'로 명칭이 변경되었다.

정답 80.⑤

81. 프로이트(S. Freud)의 정신분석이론에 관한 설명으로 옳은 것은?

① 발달단계는 대인관계 욕구에 따라 구분된다.
② 오이디푸스 갈등이 나타나는 발달단계는 남근기이다.
③ 인간의 행동은 우연히 일어난다.
④ 역전이분석은 내담자가 치료과정에서 상담자에게 나타내는 전이현상을 분석하는 것이다.
⑤ 이상행동은 초기 아동기의 의식적 갈등에 의한 것이다.

해설 ① 대인관계 욕구가 아니라 리비도가 집중되는(=쾌락을 추구하는) 신체 부위에 따라 발달단계를 구분하였다.
③ 정신분석이론에서는 인간행동은 우연한 것이 아니고 '모두 심리적 원인을 가진다'는 심리 결정론의 입장을 취한다.
④ 내담자가 치료과정에서 상담자에게 나타내는 전이현상을 분석하는 것은 전이분석이다. 역전이분석은 상담자가 치료과정에서 내담자에게 나타내는 전이현상에 대한 분석이다.
⑤ 정신분석에서는 초기 아동기의 과도한 욕구만족 또는 좌절경험에서 무의식적 갈등이 비롯되어 성격 형성에 부정적인 영향을 주게 되고, 성인기 이상행동의 원인이 된다는 입장을 취한다.

82. DSM-5의 소아기호증(소아성애장애)에 관한 설명 및 진단기준으로 옳은 것을 모두 고른 것은?

ㄱ. 성적 대상이 되는 아동보다 8세 이상이어야 한다.
ㄴ. 보통 13세 이하 아동에 대한 성적 공상이나 성행위를 6개월 이상 지속한다.
ㄷ. 12세 아동과 지속적인 성행위를 맺고 있는 청소년기 후기 개인은 포함하지 않는다.
ㄹ. 최소한 16세 이상이어야 한다.
ㅁ. 남성의 경우 여자 아이만 대상으로 한다.

① ㄱ, ㄴ ② ㄱ, ㄷ, ㅁ ③ ㄴ, ㄷ, ㄹ
④ ㄴ, ㄹ, ㅁ ⑤ ㄱ, ㄴ, ㄷ, ㄹ

해설 ㄱ. 성적 대상이 되는 아동보다 5세 이상 연상이어야 한다.
ㅁ. 남성의 경우 여자아이를 선호하는 경향이 있지만 남아를 선호할 수도 있고, 성적으로 양성을 모두 선호할 수도 있다.

학습 plus

소아기호증(소아성애장애) 진단기준

A. 사춘기 이전의 아동(대체로 13세 이하)을 상대로 적어도 6개월 이상 성적활동을 통해 반복적이고 강렬한 성적 흥분이 성적 공상, 성적 충동, 성적 행동으로 발현
B. 성적 충동에 따라 행동하거나 성적 충동 혹은 성적 공상이 현저한 고통이나 대인관계의 어려움 초래
C. 연령이 적어도 16세 이상, 대상이 되는 아동보다 적어도 5세 연상
※ 주의점: 12세 혹은 13세의 아동과 지속적인 성행위를 맺고 있는 청소년기 후기의 개인은 포함되지 않는다.

정답 81.② 82.③

83. DSM-5의 성격장애와 주요 특징의 연결이 옳은 것은?

① 자기애성 성격장애 – 자신에 대한 과장된 평가와 특권의식
② 의존적 성격장애 – 정체감 혼란과 버림 받음을 피하기 위한 과도한 노력
③ 경계선 성격장애 – 타인의 충고와 지지 없이는 일상적 결정을 하기가 어려움
④ 조현성 성격장애 – 사회적 상황에서 비난당하거나 거부당할지 모른다는 생각에 사로잡힘
⑤ 강박성 성격장애 – 타인의 애정과 관심을 끌기 위한 과도한 노력

해설 ② 의존적 성격장애 – 타인의 충고와 지지 없이는 일상적 결정을 하기가 어렵다.
③ 경계선 성격장애 – 정체감 혼란과 버림 받음을 피하기 위한 과도한 노력을 한다.
④ 조현성 성격장애 – 사회적 관계로부터 고립, 대인관계 기피, 애착형성능력이 부족하다.
• 회피성 성격장애 – 사회적 상황에서 비난, 거부당할지 모른다는 생각에 몰두한다.
⑤ 강박성 성격장애 – 질서, 규칙, 정리정돈, 사소한 것에 지나치게 몰두, 완벽주의 성향이 있다.
• 연극성 성격장애 – 타인의 애정과 관심을 끌기 위해 과도하게 노력한다.

84. DSM-5의 강박 및 관련 장애에 해당되는 것은?

① 범불안장애
② 노출장애
③ 유뇨증
④ 병적 방화(방화광)
⑤ 신체변형(이형)장애

해설 ① 범불안장애는 불안장애의 하위유형이다.
② 노출장애는 성도착장애의 하위유형이다.
③ 유뇨증은 배설장애의 하위유형이다.
④ 병적 방화(방화광)는 파괴적 충동조절 및 품행 장애의 하위유형이다.
• 강박 및 관련 장애의 하위유형에는 강박장애, 신체변형(이형)장애, 저장장애(수집광), 털뽑기장애(발모광), 피부뜯기장애(피부벗기기 장애)가 있다.

85. DSM-5의 신경발달장애에 해당하지 않는 것은?

① 틱장애
② 지적장애
③ 말소리장애
④ 특정학습장애
⑤ 선택적 함구증

해설 ⑤ 선택적 함구증은 불안장애의 하위유형에 속한다.
• DSM-5 진단기준에 따른 신경발달장애에는 지적장애(지적발달장애), 의사소통장애(언어장애, 말소리 장애, 아동기 발병 유창성 장애, 사회적 의사소통장애), 자폐 스펙트럼 장애, 주의력결핍 및 과잉행동장애, 특정학습장애, 운동 장애(틱장애, 발달성 협음장애, 상동증적 운동장애) 등이 있다.

정답 83.① 84.⑤ 85.⑤

86. 다음 사례에 적절한 DSM-5의 진단명은?

> 고등학생 A는 부모님에게 심한 꾸지람을 들은 후 가출했다. 가출한 이후 아무도 A를 본 사람이 없고 A는 집에서 멀리 떨어진 지역에서 방황하다 2주 후 정신을 차려 보니 낯선 길에서 있었다. A는 자신에게 무슨 일이 일어났는지를 전혀 기억하지 못했다. A의 실종 기사를 본 사람이 가족에게 연락하였다.

① 전환장애　② 공황장애　③ 인위성 장애
④ 해리성 기억상실　⑤ 해리성 정체감 장애

해설 A는 심한 외상 및 스트레스 상황 후 2주간 자신과 집을 잊어버리는 '해리성 둔주'를 증상을 보였으므로 해리성 기억상실에 해당한다고 볼 수 있다.

학습 plus

해리장애의 하위유형

1. 해리성 정체성 장애: 다중인격, 2가지 이상의 각기 구별되는 정체감이나 성격상태 존재
2. 해리성 기억상실증: 주로 외상이나 스트레스와 관련된 중요한 자전적 정보회상능력 상실, 해리성 둔주가 동반될 수 있음. 정체성이나 중요 자전정보에 대한 기억상실과 관련된 여행 또는 어리둥절한 방랑
3. 이인증/비현실감 장애: 자기 또는 신체, 주변 환경과 분리되는 경험

87. DSM-5의 공황발작의 진단기준 증상에 해당되지 않는 것은?

① 환각　② 발한　③ 감각이상
④ 죽을 것 같은 두려움　⑤ 한기나 열감을 느낌

해설 환각은 조현병 증상에 해당한다.

88. DSM-5의 급식 및 섭식장애에 관한 설명으로 옳은 것은?

① 신경성 폭식증은 여성보다 남성에서 더 흔하다.
② 이식증은 되새김장애의 진단이 있으면 추가 진단될 수 없다.
③ 12개월 된 영아가 종이, 천, 머리카락 등을 반복해서 먹을 경우 이식증으로 진단된다.
④ 되새김장애는 청소년기에도 발병할 수 있다.
⑤ 신경성 식욕부진증에서는 부적절한 보상행동이 나타나지 않는다.

해설 ④ 되새김장애는 영유아기, 아동기, 청소년기, 성인기 모두에 걸쳐 나타날 수 있다.
① 신경성 폭식증은 남성보다 여성에서 더 흔하다.

정답 86.④ 87.① 88.④

② 이식증은 다른 섭식장애가 있어도 추가 진단될 수 있으며 자폐스펙트럼장애나 조현병과 같은 다른 장애에서도 나타날 수 있다.
③ 영유아기에는 무엇이든 입에 가져가는 습성이 있으므로 이식증은 2세 이상에서 진단 가능하다.
⑤ 신경성 식욕부진증에는 제한형과 폭식 및 하제 사용형의 두 유형이 있고, 하제 사용형에서 부적절한 보상행동이 나타난다.

89. DSM-5의 주요 우울장애에 관한 설명으로 옳은 것은?

① 주요 우울장애 삽화는 1개월 이상 연속으로 지속되어야 한다.
② 한 번 치료되면 그 이후 재발되지 않는다.
③ 어떤 연령대에서도 발병할 수 있지만, 아동기에 비해 청소년기에 발병 가능성이 높아진다.
④ 조증 삽화 또는 경조증 삽화가 존재한 적이 있다.
⑤ 청소년기와 성인기에 남성의 유병률이 여성보다 높다.

해설 ① 우울 삽화 중 5개 이상의 증상이 거의 매일 2주 이상 지속되어야 한다.
② 첫 발병 후 지속적 치료받지 않은 경우에는 재발 가능성이 높다(2년 이내 50% 이상).
④ 조증 삽화 또는 경조증 삽화가 존재한 적이 없다. 조증 삽화 또는 경조증 삽화가 발생하면 양극성 장애로 진단된다.
⑤ 초기 청소년기부터 여성 유병률이 남성보다 1.5~3배 높다.

90. DSM-5의 주의력결핍 과잉행동장애에 관한 설명으로 옳지 않은 것은?

① 여성은 남성에 비해 주로 부주의 증상을 보인다.
② 리탈린(Ritalin)과 같은 중추신경계자극제가 치료약물로 사용된다.
③ 몇 가지 부주의 또는 과잉행동-충동성 증상은 12세 이전에 나타난다.
④ 교사의 질문이 끝나기 전에 성급하게 대답하는 것은 부주의 증상이다.
⑤ 부주의, 충동성, 계획성 부족은 성인기까지 지속되는 경향이 있다.

해설 교사의 질문이 끝나기 전에 성급하게 대답하는 것은 '부주의' 증상이 아니라 '과잉행동-충동성'에 해당된다.

주의력결핍 과잉행동장애(ADHD)

- 유병률의 성비는 2:1로 남성이 높으며 여성은 주로 주의력결핍 증상을 보인다.
- 치료는 약물치료에 중심을 두고 인지 행동치료를 병행한다. 약물은 중추신경의 각성과 집중력을 높여 주는 메틸페니데이트(상품명-리탈린)를 사용한다.
- 유아기는 원래 활동성이 높은 시기이므로 4세 이후 증상의 구별이 가능하고 12세 이전에 나타난다.
- 증상은 크게 부주의와 과잉행동-충동성으로 나뉘며 성급한 대답은 과잉행동-충동성에 해당된다.
- 아동기, 청소년기에 주로 나타나서 자연적인 뇌성숙과 치료개입으로 개선되지만 성인기까지 유지될 수 있다.

정답 89.③ 90.④

91. DSM-5의 불면장애에 관한 설명으로 옳은 것을 모두 고른 것은?

ㄱ. 각성수준이 높은 사람은 불면증에 걸리기 쉽다.
ㄴ. 불면에 대한 걱정과 두려움이 불면증을 지속시킨다.
ㄷ. 클라인-레빈 증후군(Kleine-Levin Syndrome)은 매우 심각한 불면장애이다.
ㄹ. 개인적 상실경험과 같은 스트레스 사건이 불면증 유발에 영향을 미친다.
ㅁ. 수면유지 불면증은 아침에 예상한 시간보다 일찍 잠에서 깨어 잠을 이루지 못하는 것이다.

① ㄱ, ㄴ
② ㄴ, ㄷ
③ ㄱ, ㄴ, ㄹ
④ ㄴ, ㄷ, ㄹ, ㅁ
⑤ ㄱ, ㄴ, ㄷ, ㄹ, ㅁ

해설 ㄷ. 클라인-레빈 증후군(Kleine-Levin Syndrome)은 불면장애가 아니라 일일 20시간까지 잠을 자는 과다 수면장애다.
ㅁ. '수면유지 불면증'은 수면 중 자주 깨거나 그 후 다시 잠들기 어려운 것을 말한다. 아침에 예상한 시간보다 일찍 잠에서 깨어 잠을 이루지 못하는 것은 '수면종료 불면증'이다. 또한 30분 이상 잠자리에 누워 잠을 이루지 못하는 것은 '수면시작 불면증'으로 분류된다.

92. DSM-5의 반응성 애착장애에 관한 설명 및 진단기준으로 옳지 않은 것은?

① 불안장애의 하위유형이다.
② 아동의 발달 연령이 9개월 이상이어야 한다.
③ 진단기준이 자폐스펙트럼장애를 만족하지 않는다.
④ 진단되려면 장애가 5세 이전에 나타나야 한다.
⑤ 성인 양육자에 대해 정서적으로 억제되고 위축된 행동을 나타낸다.

해설 반응성 애착장애는 외상 및 스트레스장애의 하위유형이다.

반응성 애착장애의 특징

- 외상 및 스트레스장애의 하위유형으로 애착 인물에 대한 회피 반응이 특징이다.
- 주 발병 시기는 생후 9개월~5세 이전으로, 5세 이상의 경우 신중한 진단이 요구된다.
- 주 양육자와의 애착결핍과 애착외상을 원인으로 본다.
- 자폐스펙트럼장애 진단기준에 해당되지 않아야 한다.

정답 91.③ 92.①

93. DSM-5의 조현병 스펙트럼장애에 관한 설명으로 옳지 않은 것은?

① 와해된 언어는 양성 증상이다.

② 조현형 성격장애는 조현병 스펙트럼장애로 분류된다.

③ 조현정동장애는 주요 기분(주요 우울 또는 조증) 삽화 없이 존재하는 2주 이상의 망상이나 환각이 있다.

④ 단기 정신병적 장애의 심각도는 지난 7일 중 정신병의 일차 증상 각각에 대하여 가장 심한 정도를 5점 척도로 평가한다.

⑤ 망상장애의 가장 흔한 아형은 질투형이다.

해설 망상장애의 가장 흔한 아형은 피해형이다.

94. DSM-5의 불안장애에 관한 설명으로 옳은 것을 모두 고른 것은?

> ㄱ. 불안장애의 하위유형은 8가지이다.
> ㄴ. 분리불안장애는 성인에게 나타나지 않는다.
> ㄷ. 공황장애는 공황발작을 반복적으로 경험하는 장애이다.
> ㄹ. 특정공포증은 특정한 대상이나 상황에 대한 현저한 공포, 불안, 회피가 6개월 이상 지속된다.
> ㅁ. 광장공포증 상황 중 한 가지 상황에서만 현저한 공포와 불안, 회피가 나타난다면 상황형 특정공포증의 진단요건이 된다.

① ㄱ, ㄴ ② ㄴ, ㅁ

③ ㄷ, ㄹ ④ ㄷ, ㄹ, ㅁ

⑤ ㄱ, ㄷ, ㄹ, ㅁ

해설 ㄱ. 불안장애의 하위유형은 분리불안장애, 선택적 함구증, 특정공포증, 사회공포증(사회불안장애), 공황장애, 광장공포증, 범불안장애의 7가지이다.

ㄴ. 분리불안장애는 드물지만 성인에게도 나타난다(아동기에 치료되지 않을 경우 성인기에 지속될 수 있으며, 가족에 대한 과도한 걱정과 그들과의 분리를 고통스러워는 형태로 나타난다).

광장공포증인가 VS 특정공포증의 상황형인가

- 특정공포증의 상황형(비행기, 엘리베이터, 폐쇄된 장소)과 광장공포증은 유사한 양상을 보이는데, 단 한 가지 상황에만 공포, 불안, 회피 반응을 보이는 경우에는 특정공포증으로 진단된다.
- 불안장애 하위유형의 진단기준은 대부분 6개월 이상이나 다음 유형들은 예외이다.
  - 공황발작: 1회 발작 후 1개월 이상
  - 분리불안장애: 아동 · 청소년-4주 이상, 성인-6개월 이상
  - 선택적 함구증: 1개월 이상

정답 93.⑤ 94.④

☞ 암기 TIP! 광장공포증은 5가지 상황 중 2가지에 해당될 때 진단됨
: 대중교통, 열린 공간, 밀폐 공간, 군중 속, 혼자 집 밖에 있기
☞ 암기 TIP! 특정공포증에는 5가지 유형이 있음
: 동물형, 자연환경형, 혈액-주사-손상형, 상황형, 기타 상황

95. 신경인지영역과 평가과제의 예가 옳게 연결된 것은?

① 인지적 유연성 - 음악을 들으면서 계산 문제 풀기
② 지속적 주의 - 일정한 시간 동안 특정 신호가 들릴 때마다 버튼 누르기
③ 분할 주의 - 물건을 크기에 따라 분류하다가 색상에 따라 분류하기
④ 작업 기억 - 구멍 뚫린 보드에 못을 빨리 끼워 넣기
⑤ 감정의 인식 - 'ㅎ'으로 시작되는 단어 말하기

해설 ② 지속적 주의 - 특정 물체나 행위에 오랫동안 집중할 수 있는 능력(평가 예: 일정 시간을 주고 특정 신호가 들릴 때마다 버튼 누르기)
① 인지적 유연성 - 새롭거나 예상 못한 상황에서의 적응능력과 동시에 여러 측면을 고려하는 사고능력(평가 예: 상이한 2개의 과제나 반응규칙 사이에서 재구성 또는 전환하기)
③ 분할주의 - 동시에 2개 이상의 활동과 자극에 주의를 기울이는 능력(평가 예: 음악을 들으면서 동시에 계산 문제 풀기)
④ 작업기억 - 짧은 시간 동안 정보를 유지하고 다루는 능력(평가 예: 숫자나 단어 거꾸로 따라하기)
⑤ 감정의 인식 - 감정표현을 사회적 허용수준 내에서 적절하게 인식하는 능력(평가 예: 다양한 표정 중에서 행복, 슬픔, 분노 등의 감정을 식별하기)
※ 구멍 뚫린 보드에 못 빨리 끼워 넣기 - 신체 동작 평가
※ 'ㅎ'으로 시작되는 단어 말하기 - 문자형 언어 유창성

96. DSM-5의 질병불안장애에 관한 설명 및 진단기준으로 옳지 않은 것은?

① 건강(질병)에 대한 몰두가 3개월 이상 지속되어야 한다.
② 심각한 질병에 걸려 있거나 걸리는 것에 대해 몰두한다.
③ 유병률은 남성과 여성이 비슷하다.
④ 의학적 진료추구형과 진료회피형으로 세분된다.
⑤ 의학적 상태가 나타나도 질병에 대한 몰두가 과도하거나 부적절하다.

해설 건강(질병)에 대한 몰두가 최소 6개월 이상 지속되어야 한다.

정답 95.② 96.①

학습 plus

질병불안장애의 특징

- 질병불안장애는 '신체 증상 및 관련 장애'의 하위유형이다(불안장애 ×).
- 건강염려증이라고도 불리며 신체증상이 거의 없거나 경미하며, 진단받지 않은 심각한 질병에 걸렸다고 믿거나 걸릴 것으로 생각하여 과도하게 공포와 집착을 보인다.
- 다른 의학적 상태가 있을 때에도 진단 가능하며 남녀 유병률은 비슷하다.
- 6개월 이상 지속되어야 하며 집착하는 특정 질병은 수시로 바뀐다.
- 의료쇼핑을 반복하는 '진료추구형'과 진료를 회피하는 '진료회피형'이 있다.

97. DSM-5에서 임상적 주의가 필요한 가족양육 관련 문제에 해당하는 것을 모두 고른 것은?

ㄱ. 부모-아동 관계 문제	ㄴ. 형제자매 관계 문제
ㄷ. 부모와 떨어진 양육	ㄹ. 별거나 이혼에 의한 가족 붕괴
ㅁ. 부모의 관계 불화에 영향 받는 아동	

① ㄴ, ㄹ ② ㄱ, ㄴ, ㄷ ③ ㄱ, ㄴ, ㄷ, ㅁ
④ ㄱ, ㄷ, ㄹ, ㅁ ⑤ ㄱ, ㄴ, ㄷ, ㄹ, ㅁ

해설 ㄹ. 별거나 이혼에 의한 가족 붕괴는 가족양육의 문제가 아니라 1차 지지집단과 관련된 문제에 해당한다.
임상적 주의가 필요한 관계문제에는 가족양육의 문제와 1차 지지집단과 관련된 기타 문제가 있다.

가족양육문제	1차 지지집단과 관련된 기타문제
• 부모-아동 관계 문제 • 형제자매 관계 문제 • 부모와 떨어진 양육 • 부모의 관계 고충에 의해 영향 받는 아동	• 배우자나 친밀 동반자와의 관계 고충 • 가정 내 고도의 표출정서 • 별거나 이혼에 의한 가족붕괴 • 단순 사별

DSM-5의 <임상적 주의가 필요한 기타 문제들>

- 진단범주에 속하지는 않지만 임상적으로 관심과 보살핌이 필요한 여러 심리문제들을 분류해 놓은 항목으로 다음 문제들이 있다.
  1) 관계문제-가족양육, 1차 지지집단 관계
  2) 학대와 방임-아동학대와 방임, 성인학대와 방임
  3) 교육과 직업문제
  4) 주거와 경제문제
  5) 사회환경과 연관된 문제
  6) 범죄 또는 법체계와 연관된 문제
  7) 상담과 의학적 조언을 위한 대면 문제
  8) 기타 정신사회적 · 개인적 · 환경적 상황과 연관된 문제
  9) 개인력의 기타 상황 문제

정답 97.③

98. 다음 사례에 적절한 진단명은?

> 중학교 1학년 학생인 A는 3개월 전 반장 선거에서 떨어진 후 학교 가기를 싫어하고 친구와 대화하는 것을 기피하는 등 학교생활 적응에 어려움을 보이고 있다. 2개월 전부터 외모에 전혀 신경을 쓰지 않고 "죽어라"라는 환청과 친구들이 자신을 학교에 다니지 못하도록 음모를 꾸민다는 호소를 하고 있다.

① 적응장애
② 단기 정신병적 장애
③ 외상후 스트레스장애
④ 조현양상장애
⑤ 조현병

해설 A는 망상과 환청, 학교생활 부적응 등 조현병과 동일한 양상의 문제를 보이고 있으나, 증상이 2개월 동안 지속된 상태이므로 조현양상장애에 해당된다. 만약 6개월 이상 이러한 증상이 지속된다면 조현병 진단을 받게 된다.

> <사례해석>
> 중학교 1학년 학생인 A는 3개월 전 반장 선거에서 떨어진 후 학교 가기를 싫어하고 친구와 대화하는 것을 기피하는 등 학교생활 적응에 어려움을 보이고 있다(학교생활 부적응). 2개월 전부터(장애의 지속기간이 1개월 이상 6개월 이하) 외모에 전혀 신경을 쓰지 않고 "죽어라"라는 환청(환청)과 친구들이 자신을 학교에 다니지 못하도록 음모를 꾸민다(피해망상)는 호소를 하고 있다.

제1교시 제4과목 필수

99. 다음 사례에 적절한 DSM-5의 진단명은?

> 중학생 K는 주기적으로 1주일에 사흘 정도는 기분이 좋아서 잠을 3시간만 자도 충분한 것처럼 느끼고, 사흘 정도는 우울한 감정이 들기도 하는데 그때는 잠을 많이 자도 피곤함을 느끼고, 하루 종일 방에만 틀어박혀 지낸다. 이런 감정의 기복을 계속 느낀 지도 1년이 넘었고 감정기복으로 학업생활에 어려움이 있다.

① 순환성 장애
② 제1형 양극성 장애
③ 제2형 양극성 장애
④ 주요 우울장애
⑤ 파괴적 기분조절곤란장애

해설 K의 사례는 순환성 장애에 관한 내용이다. 순환성 장애는 주요 우울 삽화, 조증 삽화 또는 경조증 삽화는 존재하지 않고 2년 중 절반 이상의 기간(아동 · 청소년은 1년 중 절반 이상의 기간)에 우울증상과 경조증 증상이 번갈아 나타난다. 이로 인해 현저한 고통을 겪거나 일상생활의 기능에 상당한 지장이 초래된다.

> <사례해석>
> 중학생 K는 주기적으로 1주일에 사흘 정도는 기분이 좋아서 잠을 3시간만 자도 충분한 것처럼 느끼고(경조증 증상), 사흘 정도는 우울한 감정이 들기도 하는데 그때는 잠을 많이 자도 피곤함을 느끼고, 하루 종일 방에만 틀어박혀 지낸다(경미한 우울증상). 이런 감정의 기복을 계속 느낀 지도 1년이 넘었고(1년 이상 지속되는 증상) 감정기복으로 학업생활에 어려움이 있다(일상생활 기능에 지장).

정답 98.④ 99.①

② 제1형 양극성 장애 – 양극성 관련 장애 중 가장 심한 형태이며, 조증 삽화가 특징. 조증 삽화는 경조증 혹은 주요 우울증 삽화 전 또는 후에 나타나며 1주일 이상 거의 매일 증상이 발현된다.
③ 제2형 양극성 장애 – 조증 삽화보다 약한 경조증 삽화가 4일 이상 나타나며 현재 또는 과거에 주요 우울 삽화 진단기준에 부합한다. 단, 조증 삽화는 1회도 없어야 하고 조증 삽화 발현 시 제1형 양극성 장애로 변경된다.
④ 주요 우울장애 – 2주 이상 거의 매일 우울한 기분을 느끼고 거의 모든 활동에 있어 흥미나 즐거움 상실을 보인다.
⑤ 파괴적 기분조절곤란장애–만성적, 지속적으로 과민하고 분노발작이 주 3회 이상 발생. 6세 이상 18세 이전에 처음으로 진단되어야 한다.

100. A가 겪고 있는 성격장애에 관한 설명으로 옳지 않은 것은?

A는 가족과 동료로부터 늘 부당한 대우를 받고 있다고 생각한다. 직장동료들이 은근히 따돌리고 속이는 행동을 하여 억울한 감정을 표현하면 자신 보고 불신과 의심이 많다고 한다. 자신을 모함하는 증거를 찾으려고 신경을 쓰다 보니 지치고 피곤하며 모욕당하고 있다는 기분이 든다.

① 사람들이 악의적이고 기만적이라는 신념을 가진다.
② 충분한 근거 없이 타인이 자신을 착취하고 해를 끼친다고 의심한다.
③ 치료에서는 상담자가 방어적으로 반응하기보다 솔직하고 일관성 있는 태도로 신뢰감을 주는 것이 중요하다.
④ 강한 스트레스를 받으면 짧은 기간 정신병적 삽화를 경험하기도 한다.
⑤ 자신의 증상을 불편해 하는 자아이질성을 주로 보인다.

해설 A의 사례에서 나타나는 증상은 편집성 성격장애이다.

⑤ 성격장애를 가지고 있는 사람은 문제의 원인을 외부에서 찾으려고 하며 "내게는 문제가 없다"라는 자아동질적(ego-syntonic) 태도를 보이며 자발적으로 치료를 받으려고 하지 않는다.

- 편집성 성격장애(paranoid personality disorder)를 가진 사람은 불신과 의심을 특징적으로 보이며, 타인의 동기를 악의적으로 해석한다. 충분한 근거 없이 다른 사람이 자신을 착취하고 위해를 가하고 속인다고 믿고 이유 없이 자신을 공격할 것이라고 의심한다. 신뢰를 쌓는 것이 쉽지 않아 일단 치료자와 관계가 형성되면 치료 진척이 빨라질 수 있다. 스트레스를 받으면 단기적인 급성 정신병적 삽화를 겪기도 한다. 망상장애나 조현병의 전구기 증상(prodromal symptom)으로 편집성 성격이 나타날 수 있다.

학습 plus

자아동질적 vs 자아이질적

- 자아동질적(ego-syntonic): 자신을 통찰하고 관찰하지 못하는 것을 말한다. 예를 들면, 성격장애 환자들은 자신의 증상에 대해 자아동질적으로 여기기 때문에 괴로워하지 않는다. 자신의 장애를 잘 깨닫지 못하기 때문에 치료하기가 어렵다.
- 자아이질적(ego-dystonic): 자신을 통찰하고 관찰할 능력이 있는 것을 말한다. 예를 들면, 강박증 환자들처럼 자신의 증상을 불편해한다.

정답 100.⑤

◆ 이상심리

제4과목 필수 2020년 기출문제 및 해설

76. A의 반복적 자살기도 원인을 설명하는 이론과 가능한 해석의 연결이 옳지 않은 것은?

> 16세 A에 의하면, 어머니는 항상 자신을 못마땅해하고 비난하였다. 어머니가 A에게 화를 내기 시작하면 과묵했던 아버지는 안방으로 들어갔다. A는 자신이 한심하다는 생각이 들 때 자살을 기도하고 응급실로 오는데, 이때마다 아버지에게 전화하고 A를 진정시키고자 아버지는 응급실을 찾는 일이 반복되었다.

① 행동주의 – 자살기도 시 아버지의 관심을 얻어서이다.
② 인지주의 – 자신이 무능력하다는 사고 때문이다.
③ 인본주의 – 부정적 자기상으로 긍정적 잠재력을 실현하지 못해서이다.
④ 대상관계 – 어머니와 안정적인 관계를 이루지 못해서이다.
⑤ 실존주의 – 가족 내 구조와 의사소통 문제 때문이다.

해설 ⑤ 자살행동을 가족 내 구조와 의사소통 문제 때문이라고 설명하는 이론은 가족체계이론이다. 실존주의에서 이상행동은 자기 존재의 책임을 받아들이지 않고 상황으로부터 회피하기 때문에 나타난다고 본다.
① 행동주의 – 부적절하게 강화받은 경험과 학습, 모델링
② 인지주의 – 인지구조의 왜곡과 비합리적 신념
③ 인본주의 – 부정적인 자기조건화로 인해 자기실현의 실패
④ 대상관계 – 중요한 양육인물과의 안정적 애착 실패

77. 신경생물학 연구 결과에 나타난 뇌 부위와 주요 기능의 연결이 옳지 않은 것은?

① 편도체(amygdala) – 정서기억 담당
② 기저핵(basal ganglia) – 운동의 계획과 실행
③ 해마(hippocampus) – 장기기억 관여
④ 시상하부(hypothalamus) – 섭식행동 조절
⑤ 소뇌(cerebellum) – 사고 통제

해설 ⑤ 소뇌는 자발적 운동기능을 조절하며, 몸의 균형을 잡는 데 중추적인 역할을 한다.
① 편도체 – 감정 조절, 공포와 불안에 대한 학습과 기억
② 기저핵 – 수의운동 조절, 절차상 학습, 운동의 계획과 실행

정답 76.⑤ 77.⑤

③ 해마 – 새로운 것을 학습하고 단기적으로 기억해서 이를 대뇌피질로 전송하여 장기기억으로 저장하거나 삭제하는 데 관여
④ 시상하부 – 수면과 일주기 생체리듬, 피로, 체온, 배고픔, 갈증 등을 조절

78. 정신상태검사(mental status examination)에서 지남력을 측정하는 질문을 모두 고른 것은?

ㄱ. 이름이 뭐예요?
ㄴ. 오늘 날짜가 어떻게 되나요?
ㄷ. 지금 여기 도시명은 뭔가요?
ㄹ. 일어난 문제들에 대해 어떻게 설명할 수 있나요?

① ㄱ, ㄴ, ㄷ
② ㄱ, ㄴ, ㄹ
③ ㄱ, ㄷ, ㄹ
④ ㄴ, ㄷ, ㄹ
⑤ ㄱ, ㄴ, ㄷ, ㄹ

해설 ㄹ. 내담자의 병식을 판단하기 위한 질문으로 지각장애를 평가할 수 있다.

정신상태검사(mental status examination)

- 정신상태검사에서는 보통 검사초반부에 지남력에 대한 검사를 하며, 지남력이란 사람, 장소, 시간, 상황에 대해 올바르게 인식하는 능력이다. '이름이 뭐예요?' '지금 어디에 있죠?' '오늘은 며칠인가요?' '지금 무엇을 하고 있지요?' 등의 질문으로 측정할 수 있다. 내담자에게 지남력 저하가 일어나면 일반적으로 상황에 대한 인식, 시간, 장소, 정체감 순서로 상실하게 된다.
- 정신상태검사는 1) 외모, 2) 행동/정신운동 활동, 3) 검사자(면담자)에 대한 태도, 4) 정동과 기분, 5) 말과 사고, 6) 지각장애, 7) 지남력과 의식, 8) 기억과 지능, 9) 신뢰도, 판단, 병식으로 이루어져 있다.

79. DSM-IV와 비교했을 때 DSM-5의 주요 변화로 옳지 않은 것은?

① 다축체계를 폐기하였다.
② 건강염려증이 질병불안장애로 대체되었다.
③ 물질 관련 및 중독장애에 도박장애를 포함시켰다.
④ 강박장애는 불안장애와 다른 범주로 분류하였다.
⑤ '달리 명시된' 혹은 '명시되지 않는' 진단을 '달리 분류되지 않는'으로 변경하였다.

해설 ⑤ DSM-IV의 '달리 분류되지 않는(Not Otherwise Specified: NOS)' 진단은 DSM-5에서는 '달리 명시된(other specified)'과 '명시되지 않는(unspecified)'으로 나뉘어 둘 중 하나를 선택하도록 변경되었다.

DSM-5의 변화

- 다축체계를 폐기하고 ICD-11와 조화를 이룰 수 있도록 진단체계를 재구성하였다.
- DSM의 특징인 진단적 범주 외에 차원적 진단체계를 새로이 도입하였다.
- '건강염려증'은 '질병불안장애'로 변경되어 '신체증상 및 관련 장애'의 하위유형으로 분류되었다.
- '물질 관련 장애'는 '물질 관련 및 중독 장애'로 확장되었고 '물질 관련 장애'와 '비물질 관련 장애'로 나뉘었다.

정답 78.① 79.⑤

- 기분장애의 하위유형이었던 우울장애와 양극성 장애가 각각 분리 독립하였다.
- 불안장애의 하위유형이었던 강박장애와 외상후 스트레스장애가 각각 분리 독립하였다(강박장애 → '강박 및 관련 장애'로 명칭 변경됨).
- 자폐성 장애가 자폐스펙트럼 장애로 명칭이 변경되어 DSM-5에서 새롭게 제시된 '신경발달장애'의 하위유형으로 분류되었다.

80. DSM-5의 신경발달장애에 관한 설명으로 옳은 것을 모두 고른 것은?

ㄱ. 전형적으로 초기 발달단계인 학령 전기에 발현되기 시작한다.
ㄴ. 초기 발달기에 국한하여 존재하므로 신경발달장애라 부른다.
ㄷ. 발달 결함이 특정 영역에 제한되는 점이 특징적이다.
ㄹ. 동반질환이 흔하다.

① ㄱ, ㄴ ② ㄱ, ㄹ ③ ㄴ, ㄷ ④ ㄴ, ㄹ ⑤ ㄷ, ㄹ

해설 ㄴ. 신경학적 기초를 가진 장애이므로 대부분 초기 발달단계인 학령 전기에 발현이 시작되고 이후 청소년기와 성인기에 이르기까지 존재할 수 있다.
ㄷ. 발달 결함은 제한된 특정 영역에 국한될 수도 있고 전반적 손상을 나타내기도 하는 등 다양한 양상을 보인다.
- 영유아기는 인지, 사회성, 정서 등 중요한 영역의 발달이 일어나는 시기이고, 발달적 변화는 한 가지 영역에서 기술이 획득되어야 다른 영역의 기술 획득이 가능해지는 패턴을 가지고 있다. 그러므로 한 영역의 결함은 이후 다른 영역발달에 문제를 일으킬 수 있어 동반질환이 흔하다.

제1교시 제4과목 필수

81. B가 겪고 있는 정신장애에 관한 설명으로 옳지 않은 것은?

B는 8세로 별명이 기관차이다. 좋아하는 휴대폰게임에 잘 집중하지만 또래들과 게임할 때 차례를 기다리지 못하거나 수시로 다른 활동을 한다. 선생님의 말을 끝까지 듣지 않고, 숙제를 하다가 쉽게 산만해져 끝맺지 못하고, 끊임없이 돌아다녀서 어머니를 지치게 한다.

① 평균적으로 일반 아동들보다 이 장애를 가진 아동들의 학업성취 수준이 낮다.
② DSM-5에서는 파괴적, 충동조절 및 품행장애로 분류된다.
③ 일반적으로 흥분제가 치료에 사용된다.
④ 기분 문제를 동반하는 경우가 많다.
⑤ 도파민의 비정상적 활동이 이 장애의 원인으로 제안되었다.

해설 ② DSM-5에서 '주의력결핍 및 과잉행동장애(ADHD)'로 분류된다. ADHD는 부주의와 과잉행동 및 충동성을 가장 큰 특징으로 하는 장애로 신경발달장애의 하위유형이다. 파괴적, 충동조절 및 품행장애의 경우 정서와 행동에 있어서 자기통제 문제를 나타내며 다른 사람의 권리를 침해하거나 사회적 규범을 위반하는 부적응 행동을 보인다.

정답 80.② 81.②

82. 다음은 DSM-5의 조현병 스펙트럼 장애에 속하는 정신장애의 일부이다. 정신병리의 심각도에 따라 경증에서 중증 순으로 바르게 나열한 것은?

ㄱ. 조현병	ㄴ. 망상장애
ㄷ. 조현형 성격장애	ㄹ. 단기 정신병적 장애

① ㄴ－ㄷ－ㄹ－ㄱ
② ㄴ－ㄹ－ㄱ－ㄷ
③ ㄷ－ㄴ－ㄹ－ㄱ
④ ㄷ－ㄹ－ㄱ－ㄴ
⑤ ㄹ－ㄴ－ㄷ－ㄱ

해설

심각도 낮음 ⇐				⇒ 심각도 높음
조현형 성격장애	망상장애	단기 정신병적 장애	조현양상장애	조현병 / 조현정동장애

83. DSM-5의 조현양상장애에 관한 설명으로 옳지 않은 것은?

① 장애의 특징적 증상은 조현병과 동일하다.
② 장애의 지속기간은 최대 3개월을 넘지 않는다.
③ 장애의 지속기간은 전조기, 활성기, 잔류기로 구분된다.
④ 사회적 · 직업적 기능의 손상은 필수 진단기준이 아니다.
⑤ 장애가 물질의 생리적 효과나 다른 의학적 상태로 인한 것이 아니다.

해설 ② 조현양상장애의 지속기간은 최대 3개월이 아니라 최대 6개월을 넘지 않는다.

조현양상장애

- 조현병의 특징인 망상, 환각, 와해된 언어, 극도로 와해된 행동, 긴장증 등이 나타나지만, 조현병의 진단지속기간인 6개월에 못 미칠 때 잠정적이라는 의미로 조현양상장애 진단이 내려진다.
- 전조기, 활성기, 잔류기로 구분되며 전체 지속기간은 1～6개월이다.
- 다른 정신병적 장애와 달리 사회적 · 직업적 기능 손상을 요구하는 기준이 없다.
- 조현양상장애가 있는 사람의 친척에게서 조현병 위험요인이 높은 것으로 알려져 조현병과 유전인자를 공유하는 것으로 추정된다.

84. 조증 삽화를 겪고 있는 사람이 타인과 대화할 때 나타나는 전형적인 모습으로 옳은 것은?

① 빠르고 크게 말한다.
② 다른 사람의 이야기에 잘 집중한다.
③ 수면을 이루지 않아 피곤해 보인다.
④ 다른 사람에게 조언이나 충고를 요청한다.
⑤ 너무 많은 생각이 떠올라 말을 하지 못한다.

정답 82.③ 83.② 84.①

해설 조증 삽화를 겪고 있는 사람은 말이 많아지고, 빨라지며, 주제가 급하게 전환되거나 비약이 심해 이성적 대화가 곤란해진다.

학습 plus

조증 삽화의 진단기준(DSM-5)

1) 팽창된 자존감 또는 심하게 과장된 자신감
2) 수면에 대한 욕구 감소
3) 평소보다 말이 많아지거나 계속 말을 하게 됨
4) 사고의 비약 또는 사고가 연달아 일어나는 주관적인 경험
5) 주의 산만이 보고되거나 관찰됨
6) 목표지향적 활동이나 흥분된 운동성 활동의 증가
7) 고통스러운 결과를 초래할 쾌락적인 활동에 지나치게 몰두함

85. DSM-5의 주요우울 삽화 존재 여부를 판단하는 데 필요한 주요 증상을 모두 고른 것은? (단, 2주 연속 거의 매일 증상이 지속됨을 전제로 함)

ㄱ. 하루 대부분 존재하는 우울감	ㄴ. 자신을 비난하는 내용의 환청
ㄷ. 수면문제	ㄹ. 무가치함이나 과도한 죄책감

① ㄱ, ㄴ　② ㄷ, ㄹ　③ ㄱ, ㄴ, ㄷ
④ ㄱ, ㄷ, ㄹ　⑤ ㄱ, ㄴ, ㄷ, ㄹ

해설 ㄴ. 환청은 조현병에서 나타나는 양성증상이다.

학습 plus

주요 우울장애의 진단기준(DSM-5)

A. 다음의 증상 중 5가지 이상이 거의 매일 적어도 2주 이상 지속된다.
1. 하루 중 대부분 거의 매일 우울한 기분이 지속(아동 · 청소년의 경우 과민한 기분으로 나타남)
2. 대부분의 일상 활동에 대한 흥미나 즐거움이 현저히 감소
3. 다이어트를 하지 않아도 체중이 현저히 감소하거나 증가(1개월 동안 5% 이상의 체중 변화), 거의 매일 식욕의 감소나 증가가 나타남
4. 거의 매일 불면증이나 과다수면
5. 거의 매일 정신운동성 초조나 지체
6. 거의 매일 피로나 에너지 상실
7. 거의 매일 무가치감과 부적절하거나 지나친 죄책감
8. 거의 매일 사고력과 집중력이 감소 또는 우유부단함
9. 반복적으로 죽음에 대한 생각을 하거나 구체적인 계획 없이 반복적인 자살사고 또는 자살시도나 자살수행에 대한 구체적인 계획

B. 증상이 사회적 · 직업적 또는 다른 중요한 기능 영역에서 임상적으로 유의한 고통이나 손상을 초래한다.

정답 85.④

86. DSM-5의 불안장애에 속하는 장애는?

① 강박장애 ② 질병불안장애 ③ 선택적 함구증
④ 반응성 애착장애 ⑤ 외상후 스트레스장애

해설 ③ 불안장애의 하위유형으로는 사회불안장애, 공황장애, 분리불안장애, 광장공포증, 특정공포증, 선택적 함구증, 범불안장애가 있다.
① 강박장애는 강박 및 관련 장애의 하위유형이다.
② 질병불안장애는 신체 증상 및 관련 장애의 하위유형이다.
④, ⑤ 반응성 애착장애와 외상후 스트레스장애는 외상 및 스트레스 관련 장애의 하위유형이다.

87. 클락(D. Clark)이 제시한 공황장애의 인지모델에 관한 설명으로 옳은 것을 모두 고른 것은?

> ㄱ. 파국적 오해석으로 인해 걱정과 염려가 악화된다.
> ㄴ. 파국적 오해석 과정이 반드시 무의식적이지는 않다.
> ㄷ. 공황발작을 촉발하는 외적 자극이 반드시 있어야 한다.
> ㄹ. 공황발작은 신체감각을 극히 위험한 것으로 오해석하여 유발된다.

① ㄱ, ㄴ, ㄷ ② ㄱ, ㄴ, ㄹ ③ ㄱ, ㄷ, ㄹ ④ ㄴ, ㄷ, ㄹ ⑤ ㄱ, ㄴ, ㄷ, ㄹ

해설 ㄷ. 클락이 제시한 공황장애의 인지모델에서는 몸에서 일어나는 생리적 변화를 잘못 지각하고 오해석하는 것이 공황반응을 일으킨다고 본다. 그러므로 공황발작을 촉발하는 외적 자극이 반드시 있어야 하는 것은 아니다.

클락이 제시한 공황장애의 인지모델

- 공황장애를 설명하는 대표적 인지모델이다.
- 신체의 생리적 변화를 위험한 것으로 잘못 해석하는 파국적 오해석을 공황장애의 유발요인으로 본다.
- 신체감각에 대한 파국적 오해석, 불안, 신체감각 고양, 예기불안이 일종의 악순환의 고리를 형성하여 공황발작을 일으킨다는 이론이다.
- 신체감각을 촉발하는 자극에는 외적 자극(운동, 장소, 약물 등)과 내적 자극(불쾌감, 생각 등)이 있다.

88. 다음 사례에 해당하는 특정공포증 치료법은?

> "(상담사가 내담자에게 바닥에 있는 고양이를 가리키며) 고양이에 가까이 다가가 손으로 잡고 허벅지에 놓으세요. 고양이가 당신의 허벅지 주변에서 꼼지락거리는 것을 느껴 보세요. 고양이에게서 손을 떼고 고양이가 꼼지락거리는 것을 느껴 보세요. 손가락과 손으로 고양이의 몸을 여기저기 만져 보세요. 직접 만지세요. 고양이를 만지면서 고양이 눈을 쳐다보세요."

① 홍수법 ② 모델링 ③ 이완훈련
④ 바이오피드백 ⑤ 내재적 둔감법

정답 86.③ 87.② 88.①

해설 ① 특정공포증(동물형-고양이)을 가진 환자에게 직접 고양이를 만지게 하는 것은 단번에 집중적으로 공포자극에 직면시키는 홍수법으로 노출치료의 한 유형이다.

② 모델링 – 공포자극에 대한 타인의 대처를 관찰하게 하여 공포증을 치료한다.

③ 이완훈련 – 강박장애와 불안장애에 널리 사용되는 치료법 중 하나로, 이완과 긴장은 함께 존재할 수 없다는 원리에서 출발, 신체적 이완을 유발하는 기술을 이용하는 공포증 치료법이다.

④ 바이오피드백 – 기기를 이용한 일종의 자율훈련법으로 생체신호를 자신에게 피드백해 줌으로써 스스로 생리상태를 조절하고 이완하게 하는 치료법이다.

⑤ 체계적 둔감법 – 월피가 개발한 치료법이며 공포증 치료에 효과적이다. 치료자와 내담자가 함께 불안위계표를 작성한 후, 낮은 위계부터 점진적으로 이완과 불안을 반복적으로 짝지어 가며 공포증을 감소시키는 기법이다. 예 이 사례를 체계적 둔감법으로 치료한다면 〈고양이라는 단어 들려주기 → 고양이 울음소리 들려주기 → 고양이 그림 보여 주기〉와 같이 공포불안이 낮은 순위부터 위계별로 접근하게 한다.

학습 plus

노출치료: 반복적인 노출을 통해 공포자극에 적응하도록 유도하는 치료방법

- 실제적 노출법 – 실제로 공포자극에 노출
- 심상적 노출법 – 공포자극을 상상하게 하여 노출
- 점진적 노출법 – 공포자극에 조금씩 노출
- 홍수법 – 공포자극에 단번에 집중적으로 노출

89. 다음 사례에 대해 추가적 정보를 수집한 후 DSM-5에 근거하여 판단한 내용으로 옳은 것은?

> 한 청소년은 자신의 손이 세균에 감염되었다는 생각이 원하지 않는데도 반복하여 지속적으로 떠올라 괴롭다고 호소한다.

① 감염되었다는 생각이 떠오를 때 불안하지 않으므로 강박장애가 아니다.

② 강박행동이 발견되거나 보고되지 않으므로 강박장애가 아니다.

③ 감염에 대해 우려하는 것은 당연하므로 강박장애가 아니다.

④ 감염되었다는 생각이나 강박행동을 하는 데 시간을 소모하지 않으므로 강박장애가 아니다.

⑤ 감염되었다는 믿음이 사실이라고 완전히 확신하지 않으므로 강박장애가 아니다.

해설 ④ DSM-5에 근거하여 '강박사고나 행동은 시간을 소모하게 해서(하루에 1시간 이상) 사회적, 직업적 또는 다른 중요한 기능 영역에서 유의한 고통이나 손상을 초래한다.'라는 강박장애 진단기준에 적합하지 않다면 강박장애가 아니라고 판단할 수 있다.

정답 89.④

90. DSM-5의 신체증상장애 감별진단에 관한 설명으로 옳지 않은 것은?

① 공황장애와는 달리 신체증상이 더 지속적이다.

② 범불안장애와는 달리 신체증상이 걱정의 주요 초점이다.

③ 망상장애보다 신체증상에 대한 믿음과 행동이 더 강력하다.

④ 전환장애와는 달리 증상을 유발하는 고통에 초점이 더 맞추어져 있다.

⑤ 신체이형장애와는 달리 신체외형 결함에 대한 공포가 주된 관심이 아니다.

해설 ③ 망상장애의 신체형 아형이 신체증상장애보다 신체증상에 대한 믿음과 행동이 더 강력하다. 망상장애의 주요 특징은 조현병의 다른 특징이 없는데도 현실에 맞지 않는 지속적인 믿음을 가지고 있는 것이다.

신체증상장애에 대한 DSM-5 진단기준

A. 고통스럽거나 일상생활에 지장이 될 정도로 한 가지 이상의 신체증상이 있다.

B. 다음 중 적어도 하나 이상의 신체증상 혹은 건강 염려와 관련된 지나친 생각과 감정 혹은 행동을 보인다.
- 신체증상의 심각성에 대해 편향되어 지속적으로 몰두함
- 건강이나 증상에 대한 지속적으로 높은 수준의 불안을 지님
- 이러한 증상이나 건강 염려에 대해 지나친 시간과 에너지를 쏟음

C. 한 가지 증상을 지속적으로 보이지는 않아도, 증상이 있는 상태가 대개 6개월 이상 지속된다.

91. 다음에 해당되는 DSM-5의 해리성 기억상실의 기억상실 형태는?

C 병사는 끔찍한 전투 후 일주일 만에 깨어나서, 전투 중 일어난 일부의 상호작용 및 대화만 기억하고 전우의 사망이나 적군의 비명과 같은 고통스러운 사건은 기억하지 못했다.

① 국소적 기억상실　② 둔주성 기억상실　③ 전반적 기억상실

④ 지속성 기억상실　⑤ 체계화된 기억상실

해설 ⑤ 전투 중 일어난 일부 특정한 범주(고통스러운 사건)만 기억하므로 체계화된 기억상실에 해당한다. 체계화된 기억상실의 경우 특정한 범주의 기억(예 가족, 특정 인물, 성적학대 기억)을 상실한다.

① 국소적 기억상실: 국한된 기간의 기억을 상실하는 것으로 흔히 발생한다.

② 둔주성 기억상실: 해리성 둔주가 일어나는 기억상실이다.

③ 전반적 기억상실: 자신의 생활사에 대한 기억 전부를 잃어버리는 것으로 드물게 발생. 개인적 정체성을 상실하거나 이전에 습득한 지식, 즉 의미적 지식을 잊고 절차적 지식까지 잊어버릴 수 있다. 대부분 급성으로 시작되고 지남력장애, 목적 없는 방랑이 나타나고 기억문제를 잘 인식하지 못한다.

④ 지속성 기억상실: 특정 시기부터 새로 생기는 각각의 일들을 계속 잊는다.

정답 90.③ 91.⑤

학습 plus

둔주

- 해리성 둔주(dissociative fugue): 정체성이나 중요한 자전적 정보에 대한 기억상실 그리고 이와 관련된 목적 있는 여행 또는 어리둥절한 방랑을 일컬음
- 둔주의 사전적 의미 - 1. 도망쳐 달아남
  2. 특별한 목적지도 없이 여기저기를 배회함. 또는 그런 증상

92. DSM-5에서 신경성 식욕부진증과 비교하였을 때, 신경성 폭식증의 특징으로 옳은 것은?

① 기분변화의 과거력 빈도가 더 낮다.

② 성격장애 동반이환율이 더 낮다.

③ 무월경 문제가 더 자주 보고된다.

④ 강한 충동을 통제하기가 더 어렵다.

⑤ 치과적 문제가 덜 발견된다.

해설 ④ 신경성 식욕부진증과 비교하였을 때, 신경성 폭식증이 강한 충동을 통제하기가 더 어렵다.
- 신경성 폭식증이 신경성 식욕부진증보다 기분변화의 과거력 빈도, 성격장애 동반이환율, 치과적 문제의 빈도가 각각 더 높다. 무월경 문제는 신경성 식욕부진증일 때 더 빈번하다.

신경성 식욕부진증과 신경성 폭식증

신경성 식욕부진증	신경성 폭식증
• 음식섭취 제한형과 하제 사용형이 있음 • 심각한 저체중 문제 • 음식섭취를 제한하다 통제를 잃을 경우, 신경성 폭식증으로 바뀌기도 함 • 무월경 문제가 빈번하게 보고됨 • 일부에서 보상행동이 나타남(하제 사용형) • 여성이 약 75%	• 반복적 폭식 삽화가 특징(폭식 후 보상행동) • 체중은 정상~과체중 범주 • 삽화중 먹는 것에 대한 조절 능력의 상실(충동성)이 더 강함 • 기분변화의 과거력 빈도가 더 높음 • 성격장애 동반이환율이 더 높음 • 구토로 인한 치과적 문제가 더 발견됨 • 여성이 약 90%

93. 다음에 나타난 사고과정의 문제는?

> "당신을 사랑해. 빵이 생명이야. 널 교회에서 본 적이 있던가? 근친상간은 끔찍해."

① 우원증(circumstantiality)

② 보속증(perseveration)

③ 말비빔(word salad)

④ 음향연상(clang association)

⑤ 연상이완(loosening of association)

정답 92.④ 93.⑤

해설 ⑤ 연상이완(loosening of association): 전혀 상관없거나 연결되지 않은 사고가 진행되는 것을 말한다.
① 우원증(circumstantiality): 자신을 표현할 때, 과도하고 불필요하게 세부사항을 제공하고 결국 목표에 도달하지만 효율적이지 않다.
② 보속증(perseveration): 새로운 자극이 들어와도 단일 반응, 생각, 행동을 비자발적으로 반복하는 것을 말한다.
③ 말비빔(word salad): 연관성이 없는 일련의 단어를 나열하는 것을 말하는 것으로 지리멸렬(incoherence)의 극심한 형태이다.
④ 음향연상(clang association): 관련 없는 단어나 구를 비슷한 소리와 결합한다. 일반적으로 각운을 맞추거나 두운을 맞춘다. 그러나 래퍼들에게 음향현상은 정상적인 현상이다.

94. 다음에 해당하는 DSM-5의 성 관련 장애는?

> D는 11세의 여자아이로 남자아이들과 축구하는 것을 좋아했고, 남자아이들이 가지고 노는 장난감들도 좋아했다. 여자아이들과 노는 것은 시시하고 바보 같다고 생각했다. D는 여자 옷을 입지 않으려고 했고, 남자들이 입는 청바지나 오빠가 입던 바지를 입고 다녔다. D는 자신이 여자임을 혐오하고 있다.

① 성별불쾌감 ② 성정체감장애 ③ 물품음란장애
④ 복장도착장애 ⑤ 성적피학장애

해설 ① 성별불쾌감: 출생 시 부여된 유전적 성별과 실제 경험하고 표현하는 성별 정체성의 불일치로 인한 중대한 고통이 진단의 관건이다. DSM에서는 성정체감장애라는 진단명이 사용되었으나 DSM-5에서는 성별불쾌감으로 재분류되었다.
② 성정체감장애: DSM-5에서는 삭제되었다.
③ 물품음란장애: 변태성욕장애의 한 유형으로 무생물인 물건이나 성기와 관련 없는 신체 특정 일부분에 집착하면서 성적 흥분을 느끼는 경우를 말한다.
④ 복장도착장애: 변태성욕장애의 한 유형으로 자신의 성적 욕구를 충족시킬 목적으로 이성의 옷으로 바꿔 입고 강한 성적 흥분을 추구하는 경우를 말한다. 단, 성별불쾌감으로 인해 이성의 옷을 입는 것은 복장도착장애로 보지 않는다.
⑤ 성적피학장애: 변태성욕장애의 유형으로 상대방에게 굴욕을 당하거나, 매질을 당하거나, 묶이거나 또는 다른 방식으로 고통을 당하는 것을 통해 성적 욕구를 충족시키는 경우를 말한다.

학습 plus

DSM-5에서 성문제를 다룬 세 개의 범주

1) 성기능부전: 사정지연, 발기장애, 남성성욕감퇴장애, 여성극치감장애, 여성 성적관심/흥분장애, 성기-골반통증/삽입장애
2) 변태성욕장애: 관음장애, 노출장애, 마찰도착장애, 성적피학장애, 성적가학장애, 소아성애장애, 물품음란장애, 복장도착장애
3) 성별 불쾌감: 아동의 성별불쾌감(성불편증), 청소년 및 성인의 성별불쾌감

정답 94.①

95. DSM-5의 파괴적 기분조절 부전장애의 대표적인 임상적 징후는?

① 분노발작
② 기물 파손
③ 주의집중 곤란
④ 반복되는 우울감
⑤ 성인을 향한 적개심

해설 파괴적 기분조절 부전장애의 대표적인 임상적 징후는 발달수준에 부적합한 심한 분노폭발이다. 우울장애의 하위유형인 파괴적 기분조절 부전장애에서의 분노폭발은 평균 주 3회 이상, 12개월 이상 나타나며, 거의 하루 대부분 짜증이나 화가 관찰된다. 아동청소년기에 나타나며 증상이 10세 이전에 시작되어야 진단을 내릴 수 있다. 6~18세 이전에만 적용된다.

☞ 파괴적 충동조절 및 품행장애와 혼동하지 않도록!
☞ 파괴적 충동조절 및 품행장애의 하위유형
- 적대적 반항장애, 간헐적 폭발장애, 품행장애, 병적방화, 병적도벽

학습 plus

파괴적 기분조절 부전장애 vs 적대적 반항장애 vs 간헐적 폭발 장애 핵심증상 비교

	파괴적 기분조절 부전장애	적대적 반항장애	간헐적 폭발 장애
핵심증상	만성적인 짜증, 간헐적 분노폭발	분노, 짜증, 논쟁적, 반항적, 성인을 향한 적개심	충동조절의 어려움, 파괴적 행동
감별	• 기분장애 동반 • 폭발적 행동(분노발작) 동반 • 6~18세 진단	• 기분장애를 반드시 동반하지 않음 • 폭발적 행동이 반드시 동반되지는 않음	• 기분장애가 동반되지 않음 • 폭발적 행동(분노발작) 동반 • 6세 이상 진단

96. 진정제가 아닌 물질은?

① 알코올(alcohol)
② 바비튜레이트(barbiturate)
③ 헤로인(heroin)
④ 메스암페타민(methamphetamine)
⑤ 벤조다이아제핀(benzodiazepine)

해설 메스암페타민(methamphetamine)은 각성제(중추신경 흥분제)이다.

중독 관련된 물질과 기능

- 각성제(중추신경 흥분제): 코카인, 암페타민(필로폰), 메스암페타민, 메틸페니데이트, 니코틴, 카페인
- 진정제(중추신경 억제제): 알코올, 아편, 흡입제(가스, 본드), 신경안정제, 항히스타민제, 헤로인, 모르핀, 벤조다이아제핀, 바비튜레이트
- 환각제: LSD, 메스칼린, 대마초, 살로사이빈, 엑스터시, 펜사이클리딘
  ※ 환각제는 뇌신경세포를 흥분시키거나 억제시키면서 환각을 일으킨다.

정답 95.① 96.④

97. DSM-5의 섬망에 관한 설명으로 옳지 않은 것은?

① 흔히 수면-각성 주기의 장애를 보인다.
② 섬망의 유병률은 노인에게서 가장 높다.
③ 대개 1개월 정도의 기간에 걸쳐 지속적으로 발생한다.
④ 기저의 인지 변화를 동반하는 주의나 의식의 장애이다.
⑤ 섬망에 수반된 지각장애는 오해, 착각 또는 환각을 포함한다.

해설 섬망은 단기간(몇 시간~며칠) 발병과 하루 중 심각도의 변동이 특징적이며 인지변화를 동반하는 주의 및 의식의 장애이다. 입원한 노인의 유병률이 가장 높고, 섬망 있는 노인의 약 40%가 진단 후 1년 내에 사망한다. 섬망증상의 지속기간에 따라 급성, 지속성으로 명시한다.

98. DSM-5의 성격장애와 주요 특징의 연결이 옳지 않은 것은?

① 조현성 성격장애 – 사회적 유대로부터의 유리
② 경계선 성격장애 – 높은 충동성
③ 편집성 성격장애 – 타인에 대한 불신
④ 회피성 성격장애 – 사회적 관계의 억제
⑤ 자기애성 성격장애 – 지나친 의존성

해설 자기애성 성격장애의 특징은 과잉된 자기상, 자기찬양, 숭배요구, 타인착취, 공감능력 결여 등이 있다. 지나친 의존성은 의존적 성격장애의 특징이다.

학습 plus

성격장애와 주요특징

- 편집성: 타인에 대한 의심, 적대감, 피해의식
- 조현성: 감정표현 없음, 자신만의 생각에 몰두, 대인관계 및 사회활동에 흥미 없음
- 조현형: 괴이한 생각, 공상, 주변과 관계에 무관심, 비논리적 언어, 기괴한 외모나 행동
- 연극성: 과도하고 극적인 감정표현, 타인의 관심과 주의를 끄는 행동, 외모에 신경
- 자기애성: 웅대한 자기상, 칭찬받고 싶은 욕구, 공감능력 결여, 타인을 이용
- 경계선: 불안정한 대인관계, 거절에 민감, 유기불안, 만성적 공허감, 충동적인 행동
- 반사회성: 사회적 규범이나 타인의 권리를 무시하는 행동, 공격하기, 조종하기, 강탈하기
- 회피성: 비난과 거절에 민감함, 평가 상황 회피하기
- 의존성: 보살핌에 대한 과도한 욕구, 순종과 굴종을 통한 의존적 관계 형성
- 강박성: 융통성 없음, 규칙준수, 완벽주의, 자기통제, 지나치게 꼼꼼함, 사소한 것에 집착

정답 97.③ 98.⑤

99. 다음 ( )에 들어갈 용어를 바르게 나열한 것은?

DSM-5는 성격장애를 10개로 구분하는 (ㄱ)적 접근법을 취하고 있으나, 특징이나 특질의 심각도에 근거하여 판단하는 (ㄴ)적 접근법도 대안으로 포함하였다.

① ㄱ: 이론, ㄴ: 경험
② ㄱ: 유형, ㄴ: 범주
③ ㄱ: 차원, ㄴ: 기질
④ ㄱ: 범주, ㄴ: 차원
⑤ ㄱ: 유형, ㄴ: 특성

해설 DSM-5는 성격장애를 10개로 구분하는 범주적 접근법을 취하고 있으나, 특징이나 특질의 심각도에 근거하여 판단하는 차원적 접근법도 대안으로 포함하였다. 예를 들어, 기존 DSM 체계에서 편집성 성격장애 진단을 내리려면 진단기준 중 몇 가지 증상이 존재하는가를 보고 판단하게 되는데, 진단기준에는 못 미치더라도 편집적 성향이나 특성을 가진 사람은 얼마든지 있을 수 있다. 이러한 문제점들로 인해 성격장애 분야에서 차원모델이 고려되었고 DSM-5에서는 추가 연구가 필요한 대안적인 모델로 제안되었다.

100. DSM-5의 주요 및 경도 신경인지장애에 관한 설명으로 옳지 않은 것은?

① 인지 결손은 오직 섬망이 있는 상황에서만 발생하는 것은 아니다.
② 60세 이상에서의 유병률은 연령의 증가에 따라 높아지는 경향이 있다.
③ 인지 수행의 손상이 표준화된 신경심리검사로 입증되어야만 장애로 진단된다.
④ 경도 신경인지장애는 인지 결손이 일상 활동에서의 독립적 능력을 방해하지 않는다.
⑤ 주요 신경인지장애는 원인에 따라 다양한 하위유형으로 구분된다.

해설 주요 및 경도 신경인지장애는 신경심리검사 외에도 보호자의 보고를 통해 병력을 청취하거나 다른 정량적 임상평가 등을 통해 진단평가할 수 있다.

정답 99.④ 100.③

◆ 이상심리

제4과목 필수 2019년 기출문제 및 해설

76. 이상행동에 관한 인지이론의 설명으로 옳은 것은?

① 개인 고유의 정서체계가 적응문제를 유발한다.
② 엘리스(A. Ellis)에 따르면 정서적 장애는 비합리적 신념을 초래한다.
③ 벡(A. Beck)은 우울장애에 널리 쓰이는 치료법을 개발했다.
④ 인지치료에 대한 효과는 실험연구로 검증하기 어렵다.
⑤ 인지적 왜곡은 이상행동의 원인일 뿐 결과는 아니다.

해설 ③ 벡은 1960년대에 정신분석과 행동치료로 잘 치료되지 않았던 우울증에 대한 새로운 치료법으로 인지치료를 개발했다.
① 개인 고유의 인지체계가 적응문제를 유발한다.
② 엘리스에 따르면 비합리적 신념이 정서적 장애를 초래한다.
④ 인지치료에 대한 효과는 지금까지 많은 실험연구로 검증되었다.
⑤ 인지적 왜곡은 이상행동의 원인인 동시에 결과가 될 수 있다.

77. 불안장애에 관한 설명으로 옳은 것은?

① 사회불안장애는 문화에 따른 유병률 차이가 없다.
② 그레이(J. Gray)에 따르면 불안과 긴밀한 뇌 영역은 변연계이다.
③ 범불안장애는 심각한 근긴장을 동반하지 않는다.
④ 약물치료는 불안을 가중시킨다.
⑤ 사회불안장애에 가장 많이 동반되는 질환은 강박장애이다.

해설 ② 그레이는 불안과 긴밀한 뇌 영역은 변연계라고 했다. 변연계는 감정, 행동, 동기부여, 기억, 후각 등의 많은 기능을 담당한다.
① 사회불안장애는 문화에 따른 유병률 차이가 두드러진다. 문화가 다르므로 사회적 규칙과 기대가 다르다. 한 문화에서 '괜찮은' 행동으로 간주되는 것이 다른 문화에서 '눈살을 찌푸리게' 하는 행동이 될 수 있다.

정답 76.③ 77.②

학습 plus

다이진 교후쇼(Taijin Kyoufusho) 증후군(예 일본과 한국)

- 사회적 평가에 대한 걱정을 주로 특징으로 하여 사회불안장애의 진단기준을 충족한다.
- 개인이 타인을 불편하게 만드는 것에 대한 공포와 연관된다.
- '나의 생김새, 나의 시선 등이 타인을 불편하게 해서 그들이 시선을 피하고 나를 피한다.'
- 다이진 교후쇼의 다른 표현형은 신체이형장애나 망상장애의 진단기준을 만족할 수도 있다.

③ 범불안장애는 다양한 영역과 활동에 대해 과도한 불안, 걱정, 신체증상이 나타나 임상적으로 유의한 고통이나 손상을 초래하는 장애이다. 안절부절못하거나 가장자리에 선 느낌, 쉽게 피로해짐, 집중이 어렵거나 머릿속이 하얘지는 느낌, 과민성, 근육긴장, 수면장애를 동반한다.
④ 항불안제 또는 항우울제 등의 약물치료는 불안을 저하시킨다.
⑤ 사회불안장애는 종종 다른 불안장애, 주요 우울장애, 물질사용장애 등이 동반되는데, 그중 가장 많이 동반되는 장애는 주요 우울장애이다.

78. 아동 · 청소년기와 관련된 불안장애에 관한 설명으로 옳은 것은?

① 범불안장애는 다른 불안장애보다 평균 발병 연령이 빠르다.
② 선택적 함구증과 사회불안장애는 동반이환 되지 않는다.
③ 성인과 비교해 수면곤란, 두통, 복통 등과 같은 신체증상이 두드러진다.
④ 아동에게서 사회불안장애를 진단할 때는 성인과의 관계에서 불안해할 때만 진단해야 한다.
⑤ 공포, 불안, 회피가 최소 6개월 이상 지속되어야 분리불안장애로 진단한다.

해설 ③ 아동청소년들은 불안할 때 성인에 비해 신체증상과 신체표현이 두드러진다.
① 평균 발병 연령은 30세 정도로 다른 불안장애보다 늦게 발생하며 청소년기 이전에 발병하는 경우는 드물다.
② 선택적 함구증은 과도한 부끄러움, 당황스러운 상황에 대한 공포, 사회적 고립과 위축 등이 나타나서 임상 장면에서는 사회불안장애로 진단받는 경우가 많다.
④ 아동의 사회불안장애는 성인보다는 또래집단에서 증상이 나타난다.
⑤ 분리불안장애의 진단지속기간은 아동, 청소년은 4주, 성인은 6개월이다.

79. 정신장애의 이론적 접근과 치료방법의 연결이 옳은 것을 모두 고른 것은?

ㄱ. 정신역동치료 – 자유연상, 해석
ㄴ. 생물학적 접근 – 약물치료, 전기충격요법
ㄷ. 행동주의적 접근 – 역조건형성, 체계적 둔감화

① ㄷ ② ㄱ, ㄴ ③ ㄱ, ㄷ ④ ㄴ, ㄷ ⑤ ㄱ, ㄴ, ㄷ

정답 78.③ 79.⑤

해설 모두 옳은 내용이다.

ㄱ. 정신역동치료 - 무의식의 역동과 과거를 다룬다. 치료방법에는 자유연상, 꿈분석, 전이해석 등이 있다.

ㄴ. 생물학적 접근 - 이상행동을 유기체 일부의 기능장애로 인한 질병으로 간주한다. 치료방법으로는 약물치료, 전기충격, 뇌절제술 등이 있다.

ㄷ. 행동주의적 접근 - 인간행동은 환경과 학습에 의해 변화할 수 있다는 원리에 기반한다. 치료방법으로는 고전적 조건형성(예 체계적 둔감화), 조작적 조건형성(예 강화와 처벌), 모델링이 있다.

80. 양극성 및 관련 장애에 관한 설명으로 옳은 것을 모두 고른 것은?

> ㄱ. 제 I 형 양극성 장애의 평균 발병 연령은 제 II 형 양극성 장애보다 늦고 주요 우울장애보다 빠르다.
> ㄴ. 양극성 장애는 모든 연령대에서 발병 가능하다.
> ㄷ. 순환성 장애는 적어도 2년 동안 경조증 기간과 우울증 기간이 있어야 한다.
> ㄹ. 제 II 형 양극성 장애에서 특징적인 조증 삽화가 최소 1회는 나타난다.
> ㅁ. DSM-5에서는 우울장애와 다른 범주로 분리되었다.

① ㄱ, ㄴ　② ㄴ, ㄹ　③ ㄱ, ㄷ, ㄹ
④ ㄴ, ㄷ, ㅁ　⑤ ㄴ, ㄹ, ㅁ

해설 ㄱ. 제 I 형 양극성 장애의 평균 발병 연령은 약 18세 정도로 알려져 있다. 제II형 양극성 장애(20대 중반)보다는 빠르고 주요 우울장애(청소년 시기에 발병)와는 처음 발병하는 연령이 비슷하다.

ㄹ. 제 II 형 양극성 장애에서 특징적인 조증 삽화가 1회도 없어야 한다. 제 I 형 양극성 장애에서는 특징적인 조증 삽화가 최소 1회는 나타난다.

81. 의사소통장애에 관한 설명으로 옳지 않은 것은?

① 뇌의 발달지연에 따른 지능 저하가 필연적으로 수반된다.
② DSM-5에서는 미분류형 의사소통장애를 포함해 5가지 하위유형이 있다.
③ 아동기 수용성 언어장애는 표현성 언어장애를 동반한다.
④ 사회적 의사소통장애가 DSM-5에 새로 추가되었다.
⑤ 양육방식도 큰 영향을 미치므로 부모-자녀관계 탐색이 필요하다.

해설 ① 의사소통장애는 정상적인 지능 수준에도 불구하고 의사소통에 사용되는 말이나 언어의 사용에 결함이 있는 경우를 말한다.

② DSM-5에서는 언어장애, 말소리 장애, 아동기발병 유창성 장애, 사회적(실용적) 의사소통장애, 미분류형 의사소통장애를 포함 5가지 하위유형이 있다.

③ 언어장애는 수용성 장애, 표현성 장애, 수용성-표현성 장애로 분류되는데, 아동기에 수용성에 문제가 있으면 표현성 장애가 동반된다.

정답 80.④ 81.①

④ 사회적 의사소통장애는 DSM-5에 처음 들어온 장애로 언어적-비언어적 의사소통의 사회적인 사용에 있어서 지속적인 어려움을 나타내는 경우를 말한다.
⑤ 부모의 양육방식이 아동의 정서와 의사소통 발달에 중대한 영향을 준다. 따라서 의사소통장애의 치료에서 부모-자녀 간의 관계를 탐색하는 것은 중요하다.

82. 이상행동의 평가, 분류 및 진단에 관한 설명으로 옳지 않은 것은?

① 면담과 관찰, 다양한 검사를 활용한다.
② 지적장애를 경도, 중등도, 중증도, 최중증도로 분류하는 것은 차원적 분류에 따른 것이다.
③ 낙인효과로 인해 내담자에게 자기이행적 예언의 결과가 나타날 수 있다.
④ 특정 장애에 대한 기술의 정확성 여부를 보여 주는 것이 진단의 신뢰도이다.
⑤ 임상관찰에서 관찰자 편견의 문제점이 제기된다.

해설 특정 장애에 대한 기술의 정확성 여부를 보여 주는 것은 진단의 타당도이다. 특정장애에 대한 기술의 일관성 여부를 보여 주는 것은 신뢰도이다.
- 분류체계의 신뢰도는 한 분류체계를 적용하여 환자의 증상이나 장애를 평가했을 때 동일한 결과가 도출되는 정도를 말한다. 타당도는 그 분류체계가 증상이나 원인 등에 있어서 정말 서로 다른 장애를 제대로 분류하고 있는가에 대한 평가를 뜻한다.

83. 다음 사례에 적절한 진단명은?

28세 여성 A는 대학 졸업 후 취업실패와 가족문제로 극심한 스트레스를 경험하였고 남자친구와도 심하게 다투었다. 내원하기 전 지난 6개월 동안 불면, 망상, 환청, 환각이 있었고 정서적으로 매우 혼란스러워 감정통제와 일상 사회생활이 어려웠다. 사람들이 자신을 공격할지도 모른다는 생각과 비현실감을 느끼기도 하였다. 우울하다가도 쉽게 흥분하고 쇼핑에 많은 돈을 쓰면서 바쁘게 다녔다. 밤에는 게임에 빠져 밤을 새기도 하였다.

① 제II형 양극성 장애
② 조현정동장애
③ 망상장애
④ 경계성 성격장애
⑤ 단기 정신병적 장애

해설 조현정동장애(schizoaffective disorder)는 사고장애와 기분장애를 동시에 보이는 장애다. 극심한 스트레스 상황 이후 6개월간 다양한 조현병 증상과 함께 우울감과 조증이 번갈아 나타나고 있다. 사례에 기술된 여성 A는 조현병 증상(망상, 환청, 환각)과 기분장애(우울장애와 조증 삽화)가 혼재하는 조현정동장애에 해당한다고 볼 수 있다.

정답 82.④ 83.②

84. DSM-5의 특징으로 옳은 것은?

① 문화적 맥락, 연령, 성별에 따른 정보를 간과한다.

② 하위체계가 단순화되었다.

③ 아동 · 청소년기에 처음 진단되는 장애를 독립적으로 제시한다.

④ 다축체계가 적용된다.

⑤ 범주정보와 차원정보를 모두 제공한다.

해설 ⑤ DSM-5는 기본적으로 범주적으로 분류하고 있지만 범주적 분류의 한계를 보완하기 위해 차원적 분류를 도입하였다.

① DSM-5에는 문화적 맥락, 연령, 성별에 따른 정보가 포함되어 있다.

② DSM-5에는 20개의 상위범주를 300여 개가 넘는 하위분류로 세분화하였다.

③ '유아기, 아동기 또는 청소년기에 통상 처음 진단되는 장애'는 DSM-IV의 분류이다. 이들 중 상당수는 DSM-5에서 새로운 진단범주로 묶인 '신경발달장애'에 포함되었다.

④ DSM-IV의 다축체계는 임상현장에서의 비유용성과 진단의 객관성, 타당성 부족에 대한 비판이 제기되다가 DSM-5에서 폐기되었다.

학습 plus

DSM-IV: 유아기, 아동기 또는 청소년기에 통상 처음 진단되는 장애		DSM-5: 신경발달장애
1. 정신지체	2. 학습장애	
3. 운동기술장애	4. 의사소통장애	1. 지적장애
5. 광범위성 발달장애		2. 의사소통장애
6. 주의력결핍 및 파괴적 행동장애: ADHD, 파괴적 행동장애, 품행장애		3. 자폐스펙트럼장애
7. 유아기 또는 초기 소아기 급식 및 섭식 장애		4. ADHD
8. 틱장애		5. 특정학습장애
9. 배설장애		6. 운동장애
10. 기타장애: 분리불안장애, 선택적 함구증, 반응성 애착장애, 상동증적 운동장애 등		

85. 조현병 스펙트럼 장애에 관한 설명으로 옳지 않은 것은?

① 단기 정신병적 장애는 장애 삽화의 지속 기간이 최소 1주일 이상 1개월 이내로 나타나야 한다.

② 조현병은 잔류기를 거치면서 음성 증상이 남기도 한다.

③ 생화학적 접근에 따르면 도파민과 세로토닌의 과잉 분비는 조현병을 유발한다.

④ 망상장애는 항정신병 약물개입이 쉽지 않다.

⑤ 약물사용에 따른 사고 · 지각 장애 감소는 심리치료의 효과를 높인다.

정답 84.⑤ 85.①

해설 ① 단기 정신병적 장애의 장애 삽화는 1일~1개월 사이 나타났다 사라지며, 증상이 사라지면 병전 기능 수준으로 완전히 회복된다.
② 조현병은 심한 급성기에서 벗어나면 잔류기에 접어들게 된다. 이 기간에는 음성 증상과 인지기능 장애가 주요 증상이다.
③ 조현병의 생화학적 원인은 도파민과 세로토닌의 과잉에 있다.
④ 망상장애 치료는 약물치료와 심리치료를 병행하는데 병식이 없고 의심이 많아 약물개입이 쉽지 않다.
⑤ 망상 환청이 동반되는 조현병 스펙트럼 장애는 약물치료를 우선으로 해서 사고장애, 지각장애 등의 증상이 완화되면 심리치료를 병행하는 것이 좋다. 병식이 없는 상태가 대부분이기 때문에 심리치료만 할 경우 효과가 별로 없는 경우가 많다.

86. 신경발달장애에 관한 설명으로 옳은 것을 모두 고른 것은?

ㄱ. 투렛장애 진단 시 운동성 틱과 음성 틱은 항상 동시에 나타나야 한다.
ㄴ. 생의 초기부터 나타나는 유아기 및 아동기 장애와 관련이 있다.
ㄷ. 비유창성이 청소년기 이후에 시작되면 성인기-발병 유창성 장애로 진단한다.
ㄹ. 상동증적 운동장애는 특정 패턴의 행동을 목적 없이 반복하여 부적응적 문제가 초래된다.

① ㄱ, ㄴ ② ㄱ, ㄷ ③ ㄴ, ㄷ
④ ㄴ, ㄷ, ㄹ ⑤ ㄱ, ㄴ, ㄷ, ㄹ

해설 ㄱ. 투렛장애는 여러 운동 틱(motor tic)과 한 가지 이상의 음성 틱(vocal tic)이 1년 이상 지속적으로 나타나는 것으로, 2가지 틱이 반드시 동시에 나타날 필요는 없다. 복합적으로 동시에 나타나기도 하고 번갈아 나타나기도 한다.

87. 다음 사례에 해당하는 진단명에 관한 설명으로 옳지 않은 것은?

16세 청소년 A는 약 3개월 전부터 거의 매일 우울 증상을 보였으며, 현격한 체중변화와 수면교란 및 자살사고도 경험했다. 자신이 무가치하다고 느끼고 근거 없는 죄책감에 빠지기도 하며, 학교생활에도 집중하지 못했다.

① 기분과 일치하지 않는 정신병적 양상이 동반되기도 한다.
② 좌불안석의 모습과 정신운동의 지연을 보여 주기도 한다.
③ 물질관련장애, 공황장애, 경계성 성격장애 등이 흔히 동반된다.
④ 지나치게 과민하고 타인에게 공격적으로 반응한다.
⑤ 고도의 언어적, 행동적 분노발작이 비정상적으로 나타난다.

정답 86.④ 87.⑤

해설 사례 속의 A는 지난 3개월간 매일 우울하고, 현격한 체중변화와 수면교란, 자살사고, 무가치감, 근거 없는 죄책감, 학교생활의 지장 등의 증상을 보이는 청소년으로 주요 우울장애의 진단기준을 충족하고 있다. 고도의 언어적, 행동적 분노발작이 비정상적으로 나타나는 것은 '파괴적 기분조절 부전장애'의 증상이다.

88. 외상후 스트레스장애의 진단기준 중 '인지와 감정의 부정적 변화'에 해당하는 것은?

① 집중력의 문제

② 과장된 놀람 반응

③ 주요 활동에 대해 현저하게 저하된 흥미

④ 민감한 행동이나 분노폭발

⑤ 무모하거나 자기파괴적인 행동

해설 ①, ②, ④, ⑤의 예는 인지와 감정의 부정적 변화가 아니라 증가된 각성반응의 증상이다.

외상후 스트레스장애의 진단기준 중 인지와 감정의 부정적 변화

- 외상 사건의 중요 부분을 회상하지 못함
- 자신, 타인, 세상에 대한 지속적이고 과장된 부정적 신념이나 기대를 지님
- 외상 사건의 원인이나 결과에 대해 지속적으로 왜곡된 인지를 가짐(자기 탓이나 남의 탓)
- 지속적으로 부정적인 정서 상태
- 중요한 활동에 대한 관심과 참여가 현저하게 감소
- 타인들로부터 유리된 느낌과 소외감
- 긍정적 정서(행복, 만족감, 사랑의 감정)를 경험하지 못함

89. 강박장애 환자의 침투적(intrusive) 사고에 관한 설명으로 옳지 않은 것은?

① 억제하려고 노력한다.

② 자아동조적이다.

③ 자신의 책임감을 과도하게 인식한다.

④ 사고-행위 융합의 인지적 오류가 개입된다.

⑤ 의식에 떠오르는 원치 않는 불쾌한 생각을 의미한다.

해설 강박사고는 개인의 의도나 의지와 관계 없이 반복적이고 지속적으로 의식에 침투하는 고통스러운 생각, 충동 또는 심상을 말한다. 이러한 침투적인 사고는 대부분 받아들이기 어렵고 부적절하며 비합리적이고 자아이질적(ego-dystonic)이어서 심한 불안과 불편감을 초래한다.

정답 88.③ 89.②

90. 다음 진단기준 모두에 해당하는 진단명은?

> • 매일의 사건이나 중요한 개인적 정보, 그리고/또는 외상적 사건의 회상에 반복적인 공백으로 통상적인 망각과는 일치하지 않음
> • 둘 또는 그 이상의 별개의 성격 상태로 특징되는 정체성의 붕괴
> • 증상은 사회적, 직업적 또는 다른 중요한 기능 영역에서 임상적으로 현저한 고통이나 손상을 초래함

① 이인성-비현실감 장애
② 해리성 기억상실
③ 해리성 둔주
④ 해리성 정체성 장애
⑤ 조현양상장애

해설 해리성 정체성 장애(dissociative identity disorder)는 다중인격(multiple personality)이라고 알려져 있는 장애로 적어도 둘 이상의 정체성이나 성격 상태가 반복적으로 개인의 행동을 통제한다. 이들은 일상적인 망각으로 설명하기에는 너무 광범위한, 중요한 개인적 정보를 회상하지 못한다. 이러한 증상은 사회적, 직업적 또는 다른 주요 기능 영역에서 임상적으로 유의한 고통이나 손상을 초래한다.

91. DSM-5의 추가 연구가 필요한 진단적 상태에 근거할 때, 다음 사례에 적절한 진단명은?

> 중학교 2학년인 A는 인터넷게임에 몰두하여, 부모님과 갈등을 겪으면서 상담센터를 내방하였다. 게임을 하지 않으려고 결심하지만 번번이 실패하고, 어떤 때는 밤새 게임을 하여 학교에 지각하기 일쑤였다. 그러면 밀려오는 후회감과 무력감이 생기지만 오히려 그것 때문에 인터넷게임을 하게 된다고 호소하였다.

① 인터넷게임장애
② 인터넷도박장애
③ 인터넷사용장애
④ 인터넷게임중독
⑤ 인터넷게임도박장애

해설 DSM-5에는 '추가 연구가 필요한 진단적 상태(conditions for further study)라는 항목 아래 인터넷게임장애를 포함하고 있다. 인터넷게임장애는 인터넷 사용이 불가능할 때 금단 반응까지 일어나기 때문에 물질사용장애나 도박장애 증상과 비슷하다. 이 때문에 직장, 학업, 우정, 낭만적 사랑 등 사회생활과 인간관계에서 문제가 생기는 경우가 늘어나고 있다.

정답 90.④ 91.①

92. 다음 사례에 적절한 진단명은?

> K는 늘 크고 작은 질병으로 학교를 제대로 다닌 적이 없다. 지난번에는 두통으로, 이번에는 설사로 학교 보건실을 찾아가 고통을 호소하였다. 사실 지난번에는 며칠 밤을 새웠고, 어제는 설사제를 먹었지만 아무에게도 그런 사실들을 이야기하지 않았다.

① 전환장애 ② 히스테리 ③ 인위성 장애
④ 신체증상장애 ⑤ 질병불안장애

해설 사례에서 K는 증상을 인위적으로 유도('며칠 밤을 새웠고, 설사제를 복용')한 후에 자신을 위한 치료행위를 찾았다('학교 보건실을 찾아가 고통을 호소'). 분명한 외적 보상이 없는 상황에서도 질병 징후나 증상을 거짓으로 꾸며 내고, 모방하거나 유발하는 은밀한 시도를 하고 있으므로 인위성 장애(facticious disorder)로 진단할 수 있다.
- 꾀병은 의도적으로 증상을 유도하거나 과장하지만, 목적이 있다는 점에서 인위성 장애(허위성 장애)와는 구별된다.

93. 일주기 리듬 수면-각성 장애를 설명하는 생체시계와 관련된 내용으로 옳지 않은 것은?

① 생체시계는 뇌 시상하부의 시교차상핵(SCN)에 위치한다.
② 생체시계는 24시간보다 길기 때문에 취침/기상 시간을 조금씩 늦추는 것은 쉽지만 앞으로 당기는 것은 어렵다.
③ 청소년들이 아침에 일찍 일어나기 힘들어하는 이유 중 하나도 일주기 리듬에 기인한다.
④ 청소년기에는 멜라토닌의 생성량이 많기 때문에 일주기 리듬이 쉽게 뒤로 밀릴 수 있다.
⑤ 일주기 생체시계를 조절하는 동조인자 중 가장 큰 역할을 하는 것은 식사시간이다.

해설 ⑤ 일주기 생체시계를 조절하는 동조인자 중 가장 큰 역할을 하는 것은 빛이다. 일주기 리듬을 조절하는 인자로는 외인성(빛, 어둠, 기온, 식사 등)과 내인성(수면-각성 주기, 체온 주기 등)이 있는데, 그중 빛의 영향이 가장 크다. 빛은 눈을 통해 시상하부의 시교차위핵(생체시계가 위치함)에 전달되어 일주기 리듬을 조절한다.

94. 노출장애에 관한 설명으로 옳지 않은 것은?

① 일명 바바리맨으로도 알려져 있다.
② 성기를 노출한 후 자신에게 실망하거나 죄의식을 느끼지 않는다.
③ 낯선 사람과 성행위를 하려고 시도하는 경우는 거의 없다.
④ 성행위보다는 깜짝 놀라는 여성의 반응을 보고 성적 흥분과 쾌감을 느낀다.
⑤ 자신의 성적 욕구를 충족시킬 목적으로 낯선 사람에게 자신의 성기를 노출하는 증상이다.

해설 ② 노출장애는 낯선 타인에게 성기를 노출하고 놀라는 모습을 통해 성적 흥분과 쾌감을 느끼는 장애로, 성적 충동이 사라지면 자신에게 크게 실망하고, 수치심, 우울감, 죄의식을 느낀다.

정답 92.③ 93.⑤ 94.②

95. 청소년상담사 T는 내방한 청소년 B의 진단명이 적대적 반항장애인지 품행장애인지 고민하다가 품행장애로 진단하였다. 품행장애로 진단한 결정적 근거로 옳은 것은?

① 늘 화가 나 있고 따지기를 좋아한다.

② 규칙이나 지시를 따르지 않는다.

③ 다른 사람의 인내심이나 한계를 시험하듯 극단의 행동을 한다.

④ 지난 6개월 이내에 최소 2번 이상 악의적이거나 앙심을 품은 적이 있다.

⑤ 물품이나 호감을 얻기 위해 또는 의무를 피하려고 거짓말을 자주 한다.

해설 ⑤ '물품이나 호감을 얻기 위해 또는 의무를 피하기 위해 거짓말을 자주 하는 것'은 DSM-5 진단기준에서 '품행장애'에 해당한다.

- 파괴적 충동조절 및 품행장애에는 5가지 하위유형이 있다. 그중 적대적 반항장애와 품행장애의 감별진단을 묻는 문제이다.

품행장애와 적대적 반항장애

품행장애의 특징적 양상	적대적 반항장애의 특징적 양상
1. 사람과 동물에 대한 공격성 2. 재산파괴 3. 사기 또는 절도(물품이나 호감을 얻기 위해 또는 의무를 피하기 위해 거짓말을 자주 하는 것) 4. 심각한 규칙위반	1. 분노/과민한 기분(늘 화가 나 있고 따지는 것) 2. 논쟁적/반항적 행동(지시나 규칙을 무시하는 것) 3. 보복적 양상(6개월간 2회 이상 악의와 앙심을 품는 것)

96. 경계성 성격장애의 증상과 생물학적 근거의 연결이 옳은 것은?

① 자살시도와 공격적 행동 – 세로토닌 저활성화

② 무계획적인 생활과 충동성 – 편도체의 저활성화

③ 부정적 정서에 대한 낮은 통제성 – 해마의 저활성화

④ 자살시도와 공격적 행동 – 편도체의 저활성화

⑤ 부정적 정서에 대한 낮은 통제성 – 전전두엽의 저활성화

해설 ① 경계선 성격장애의 생물학적인 원인으로는 뇌편도체의 과잉반응(부정적 정서의 조절 곤란), 뇌 전전두엽의 낮은 활성화(무계획적인 생활과 자기 통제 능력이 부족), 낮은 세로토닌 활동(자살시도와 공격적 행동)과 관련이 있다.

정답 95.⑤ 96.①

97. 폭식장애의 진단기준에 해당하는 것을 모두 고른 것은?

> ㄱ. 일정 시간 동안 대부분의 사람이 유사한 상황에서 동일한 시간 동안 먹는 것보다 분명하게 많은 양의 음식을 먹는 것이 반복되고, 먹는 것에 대한 조절 능력의 상실을 느끼는 것이 반복된다.
> ㄴ. 체중증가를 막기 위한 반복적이고 부적절한 보상행동(구토, 이뇨제 사용 등)이 나타난다.
> ㄷ. 폭식으로 인해 현저한 고통이 있다고 여겨진다.
> ㄹ. 폭식은 평균적으로 최소 3개월 동안 1주일에 1회 이상 발생한다.

① ㄱ, ㄷ ② ㄴ, ㄹ ③ ㄱ, ㄴ, ㄷ
④ ㄱ, ㄷ, ㄹ ⑤ ㄱ, ㄴ, ㄷ, ㄹ

해설 ㄴ. 체중증가를 막기 위한 반복적이고 부적절한 보상행동(구토, 이뇨제 사용 등)이 나타나는 것은 신경성 폭식증의 진단기준에 해당한다. 폭식장애에서는 부적절한 보상행동이 일어나지 않는다.

98. 신경심리평가의 평가영역과 검사도구의 연결이 옳지 않은 것은?

① 기억 – WMS ② 언어 – Token Test
③ 실행기능 – Boston Naming Test ④ 시각구성능력 – BGT
⑤ 지능 – WAIS

해설 ③ 실행기능을 측정하는 검사에는 위스콘신 카드분류 검사, 스트룹 검사, 선로잇기 등이 있다. 보스턴 이름대기 검사(Boston naming test)는 언어능력검사이다.
① 기억 – WMS(웩슬러 기억검사), RCFT
② 언어 – 보스턴 이름대기(Boston naming) 검사, 토큰검사
④ 시각구성능력 – BGT, VMI(시각–운동 통합발달검사)
⑤ 지능 – WAIS(성인지능검사), WISC(아동지능검사)

99. 다음의 증상을 호소하는 내담자의 진단명으로 옳은 것은?

> • 사회적 상황에서 매우 불편해하고 억제된다.
> • 위험 감수나 새로운 활동을 시도하지 않는다.
> • 사회적 상황에서 바보 같은 말을 할까 봐 두려워한다.
> • 친밀한 관계에서도 수치를 당하거나 비웃음 당할 것을 두려워한다.

① 노출공포증 ② 회피성 성격장애 ③ 외상후 스트레스장애
④ 의존성 성격장애 ⑤ 광장공포증

정답 97.④ 98.③ 99.②

해설 '사회적 상황에 대한 불편감, 억제, 두려움' 등이 나타나는 장애는 회피성 성격장애이다. 회피성 성격장애는 불안장애의 하위유형인 사회불안장애(사회공포증)와 유사점이 많아서 변별이 필요하다.

학습 plus

회피성 성격장애의 키워드

1. 거절에 매우 민감
2. 사회적 억제
3. 사회적 상황의 회피
4. 조롱과 부정적 반응에 대한 예민성
5. 자신을 열등하게 지각

사회불안장애의 키워드

1. 사회적 상황에 노출되는 것에 대한 비정상적이고 극심한 공포와 불안
2. 부정적으로 평가될 것을 염려해서 사회적 상황을 회피
3. 6개월 이상 지속

100. 알코올 사용 장애나 중독에 의해 발생할 수 있는 질병들을 모두 고른 것은?

ㄱ. 작화증	ㄴ. 베르니케 증후군
ㄷ. 코르사코프 증후군	ㄹ. 태아 알코올 증후군

① ㄱ, ㄴ ② ㄱ, ㄹ ③ ㄷ, ㄹ
④ ㄱ, ㄴ, ㄹ ⑤ ㄱ, ㄴ, ㄷ, ㄹ

해설 알코올 사용 장애나 중독에 의해 발생할 수 있는 질병들에는 작화증, 베르니케 증후군, 코르사코프 증후군(건망증, 기억력 장애, 작화증), 태아 알코올 증후군, 기억상실, 수면변화, 소뇌퇴행, 말초신경병증, 금단증후군 등이 있다.

ㄱ. 작화증: 공상의 내용을 실제의 일처럼 말하면서 그것이 허위임을 인지하지 못하는 증상으로서 뇌전두엽의 안와전두엽 손상, 알츠하이머, 티아민 결핍 등으로 인해 나타난다.

ㄴ. 베르니케 증후군(또는 베르니케 뇌병변): 티아민 결핍이 원인으로 발생하는 신경계 질환으로 안구운동장애, 보행장애, 혼란증상 등이 나타난다.

ㄷ. 코르사코프 증후군: 알코올성 치매라고도 함. 티아민 결핍이 원인으로 지속적 기억상실(새로운 기억을 저장하지 못함), 건망증, 지남력 상실, 말초신경장애, 작화증 등이 나타난다.

- 티아민(=비타민B1) 결핍: 알코올은 티아민의 흡수를 방해함. 신경성 식욕부진증, 금식, 질병 등으로 인한 심한 영양결핍도 티아민의 결핍을 유발함
- 베르니케-코르사코프 증후군: 원인이 같은 두 병변을 묶어 부르는 명칭. 베르니케 증후군을 방치하면 코르사코프 증후군으로 발전되어 급격하게 예후가 나빠지게 됨

ㄹ. 태아 알코올 증후군: 만성 알코올중독 산모에게서 태어난 아기에게 선천적으로 정신지체, 발육장애, 기형 등이 나타나는 증후군. 작은 뇌, 생후 1주~6개월 사이 알코올 금단 증상(경련, 과민반응)이 나타난다.

정답 100.⑤

제2교시

선택과목

제1과목 선택 진로상담
제2과목 선택 집단상담
제3과목 선택 가족상담
제4과목 선택 학업상담

제1과목(선택)

진로상담

2023년 기출문제 및 해설

2022년 기출문제 및 해설

2021년 기출문제 및 해설

2020년 기출문제 및 해설

2019년 기출문제 및 해설

◆ 진로상담

제1과목 선택 2023년 기출문제 및 해설

1. 파슨스(F. Parsons)의 특성요인이론에서 자신에 대한 이해를 증진시키기 위한 내용으로 옳은 것을 모두 고른 것은?

ㄱ. 성격	ㄴ. 적성	ㄷ. 흥미
ㄹ. 직업 종류	ㅁ. 가치	ㅂ. 일의 내용

① ㄱ, ㄴ, ㄹ　② ㄱ, ㄷ, ㄹ　③ ㄱ, ㄴ, ㄷ, ㅁ
④ ㄴ, ㄷ, ㄹ, ㅂ　⑤ ㄴ, ㄷ, ㅁ, ㅂ

해설 ③ 개인에 대한 이해는 개인의 특성을 잘 이해하는 내용을 포함한다. ㄱ, ㄴ, ㄷ, ㅁ은 개인의 특성을 이해하는 요소이고, ㄹ, ㅂ은 직업에 대한 이해의 요소에 해당한다.

파슨스의 특성요인이론의 직업선택의 3가지 요소

1. 개인에 대한 이해(자기분석)
   - 자신의 적성, 능력, 흥미, 야망, 자원, 한계, 그 원인에 대한 명확한 이해
2. 직업에 대한 이해(직업 및 직무분석)
   - 직업에서 성공하기 위한 필요요건, 장단점, 보상, 기회, 전망에 대한 이해
3. 합리적인 선택(이론적 추론)
   - 개인에 대한 이해와 직업에 대한 이해의 관계에 대한 진실한 추론

2. 청소년 진로상담자의 역할로 옳지 않은 것은?

① 합리적인 의사결정능력을 향상시킨다.
② 진로 관련 검사를 실시하고 해석한다.
③ 초등학생에게는 진로인식을 위한 활동을 하도록 한다.
④ 중학생에게는 진로탐색을 위한 활동을 하도록 한다.
⑤ 진로선택을 구체적으로 직접 설계해 준다.

해설 ⑤ 청소년 진로상담자의 역할은 진로선택을 구체적으로 직접 설계하는 것이 아닌 내담자의 자아이해 및 사회적인 역량을 스스로 기를 수 있도록 조력하고, 여러 진로정보를 제공하여 건강한 직업의식을 형성하는 것에 있다.

청소년 진로상담자의 역할

- 초등학생은 긍정적 자아개념을 형성하고 일의 중요성을 이해하며 진로탐색, 계획, 준비를 위한 기초적 소양을

정답 1.③ 2.⑤

키움으로써 진로개발역량의 기초를 배양한다.
- 중학생은 초등학교에서 축적된 진로개발역량의 기초를 발전시키며 다양한 직업세계와 교육기회를 탐색하고 중학교 이후의 진로를 디자인하고 준비한다.
- 고등학생은 중학교까지 형성된 진로개발 역량을 향상시키고, 고등학교 이후의 진로를 설계하고 실천하기 위해 준비한다.

3. **홀랜드(J. Holland)의 직업성격유형이론에 관한 설명이다. ( )에 들어갈 용어를 순서대로 바르게 나열한 것은?**

> • (ㄱ)은 성격유형과 환경모형 간의 관련 정도를 의미하는 것으로 두 유형 간의 근접성에 따라 설명된다.
> • 개인과 직업환경 간의 적합성 정도에 관한 것으로, 사람들은 자신의 유형과 비슷하거나 정체성을 갖게 하는 환경 유형에서 일을 할 때 (ㄴ)이 높아진다.

① ㄱ: 변별성, ㄴ: 일치성 ② ㄱ: 일관성, ㄴ: 변별성 ③ ㄱ: 변별성, ㄴ: 일관성
④ ㄱ: 일관성, ㄴ: 일치성 ⑤ ㄱ: 일치성, ㄴ: 일관성

해설 ④ 일관성과 일치성에 대한 내용이다.

홀랜드 성격이론의 5가지 핵심개념

개념	의미
일관성(consistency)	성격유형과 환경유형 간 관련 정도
변별성(differentiation)	유형 간의 상대적 중요도의 관계
일치성(congruence)	성격과 환경 간의 관계
정체성(identity)	개인의 목표, 흥미, 능력 등이 명확하고 안정된 정도
계측성(calculus)	육각형 내에서 유형들 간의 거리는 그들의 이론적 관계에 반비례

학습 plus

홀랜드 직업적 성격유형론: 육각형 모형

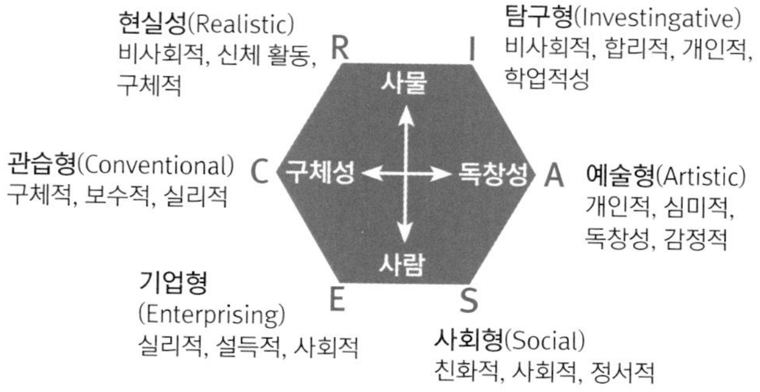

정답 3.④

4. 사회인지진로이론(SSCT)에 관한 설명으로 옳은 것을 모두 고른 것은?

> ㄱ. 선택모형에서 환경적 배경은 학습경험에 영향을 준다.
> ㄴ. 수행모형에서 결과기대는 수행목표를 통해 성취수준에 영향을 준다.
> ㄷ. 결과기대는 특정 행동을 수행하는 과정으로 목표설정에 영향을 준다.
> ㄹ. 자기효능감은 타고나는 것으로 능력에 대한 개인의 신념이다.

① ㄱ, ㄴ　② ㄱ, ㄷ　③ ㄱ, ㄹ
④ ㄴ, ㄷ　⑤ ㄷ, ㄹ

해설 ㄷ. 결과기대는 특정한 행동을 수행했을 때 자신과 주변에 일어날 일에 대한 평가를 의미하며 목표설정에 영향을 준다.
ㄹ. 자기효능감은 획득되는 것으로 능력에 대한 개인의 신념을 의미한다.

사회인지진로이론(SSCT)

- 사회인지이론은 기존의 진로발달이론의 다양한 개념과 내용, 과정을 통합하고 체계화하였음
- 자기효능감 개념을 도입하여 진로발달과 진로선택에서 진로와 관련된 스스로에 대한 평가와 믿음의 인지적 측면을 강조하였음
- 자기효능감, 결과기대, 개인적 목표가 상호작용하여 스스로 자신의 진로방향을 결정한다고 보았음

자기효능감	• 구체적인 수행영역과 관련된 역동적 자기신념으로 과제수행에 대한 자신감을 의미함 • 학습을 통해 획득됨 • 특정 영역에 대한 자기효능감이 높으면 해당 영역에 몰두하고 성공 가능성이 높아짐
결과기대	• 특정 행동을 통해 얻게 될 결과에 대한 개인의 예측 • 능력과 관계없이 자신이 어떤 과업을 수행하였을 때 자신과 타인에게 일어날 결과에 대한 믿음 • 다양한 경험으로 축적됨
개인적 목표	• 어떤 특정한 행동에 몰두하려는 결심이나 미래의 성과에 영향을 미치려는 결심을 의미

5. 긴즈버그(E. Ginzberg)의 직업선택 3단계 중 시험적(tentative) 단계에 관한 설명으로 옳지 않은 것은?

① 환상단계에서는 어린이들이 자기가 원하는 것은 무엇이든 다 할 수 있다고 믿는다.
② 흥미단계에서는 자신의 흥미에 입각해서 직업을 선택하려는 경향이 있다.
③ 능력단계에서는 직업에 따라 보수와 필요로 하는 교육이 다르다는 것을 알게 된다.
④ 가치단계에서는 직업선택을 할 때 관련된 모든 요인을 인정하고 자신의 가치관 및 생애 목표에 비추어 평가해 본다.
⑤ 전환단계에서는 주관적인 요소에서 현실적인 외적 요소로 관심을 돌리기 시작한다.

해설 시험적 단계는 11세부터 18세까지를 의미하며 흥미단계, 능력단계, 가치단계, 전환단계로 나뉜다. 환상단계는 6세부터 11세까지를 의미하며 미래 직업에 대해 상상을 통해 생각하는 단계이다.

정답 4.① 5.①

학습 plus

긴즈버그의 직업선택 3단계

1. 환상단계: 미래 직업에 대해 상상을 통해 생각하는 단계
   - 자신의 능력이나 현실여건을 고려하지 않고 원하는 직업이면 뭐든 하고 싶고 하면 된다고 생각하기에 자신의 욕구에 따라 직업을 선택하는 경향이 있음
   - 놀이가 중심이 되는 초기 단계를 지나면 놀이가 일 중심으로 변화되기 시작하는 후기 단계가 나타남
2. 시험적(잠정적) 단계
   - 자신의 흥미나 능력, 가치에 따라 직업을 선택하려는 경향이 있으나 여전히 현실상황을 고려하지 않아 비현실적 직업선택을 할 수 있음
   - 발달 단계에 따라 흥미단계, 능력단계, 가치단계, 전환단계가 있음
     - 흥미단계: 흥미와 취미에 따라 선택하려는 경향
     - 능력단계: 흥미를 느끼는 직업분야에서 성공 가능성이 있는지 자신의 능력을 시험해 보기 시작하며 직업이 다양하다는 것을 인식함
     - 가치단계: 나의 가치관이나 생애 목표 등에 이 직업이 부합하는지 평가해 보며 직업을 선택할 때 다양한 요인을 고려해야 한다는 것을 인식함
     - 전환단계: 흥미, 취미, 가치관과 같은 자신의 내적 요인에서 현실적인 외적 요인으로 관심이 전환되며 직업 선택 시 외적 요인이 주 요인이 됨
3. 현실적 단계
   - 직업에서 요구하는 조건과 자신의 개인적 요구와 능력이 부합하는지 고려하여 현명한 선택을 하려고 함. 또한 자신의 흥미와 노력을 통합하여 직업을 선택함
     - 탐색단계: 직업의 다양한 가능성을 탐색해 보며 취업의 기회와 경험을 얻기 위해 노력하는 단계
     - 구체화 단계: 내적 요인과 외적 요인을 종합적으로 고려하여 자신의 직업목표를 구체화하고 특정 직업 분야에 몰두하는 단계. 개인의 바람과 가능성 간의 타협이 중요 요인이 됨
     - 특수화 단계: 자신의 결정을 구체화하고 세밀한 계획을 세우며 고도로 세분화, 전문화된 의사결정을 하는 단계로 정교화 단계라고도 함

6. **다음 슈퍼(D. Super)의 진로발달이론과 관련된 단계는?**

> • 환상기: 욕구가 지배적이고 욕구탐색이 중심 과제이다.
> • 흥미기: 좋아하는 것을 활동으로 연결하고 이를 장래희망이라 생각한다.
> • 능력기: 능력을 더욱 중요시하며 직업에 필요한 여건에 관심을 갖는다.

① 성장기 ② 탐색기 ③ 확립기
④ 유지기 ⑤ 쇠퇴기

해설 성장기에 대한 설명이다.

슈퍼(D. Super)의 진로발달단계		
1. 성장기	~13세	[환상기 – 흥미기 – 능력기]의 하위단계로 나뉨

정답 6.①

2. 탐색기	14~24세	[결정화 – 구체화 – 실행]의 발달과업을 가짐
3. 확립기	25~44세	[정착 – 공고화 – 발전]의 하위단계로 나뉨
4. 유지기	45~65세	[보유 – 갱신 – 혁신]의 발달과업을 가짐
5. 쇠퇴기	66세~	[감속기 – 은퇴기]의 하위단계로 나뉨

7. **갓프레드슨(L. Gottfredson)의 제한-타협이론에 관한 설명으로 옳은 것을 모두 고른 것은?**

ㄱ. 진로에 대한 발달적 관점과 사회적 관점을 동시에 고려한다.
ㄴ. 제한과 타협단계는 진로포부가 어떻게 축소되고 조정되는지에 초점을 둔다.
ㄷ. 주로 취업가능성과 같은 제한요인에 근거하여 진로선택을 조정하는 과정을 거친다.
ㄹ. 개인발달단계를 힘과 크기, 인지적 역할, 사회적 가치 그리고 외적 고유한 자아 지향성으로 구분한다.

① ㄱ, ㄴ ② ㄷ, ㄹ ③ ㄱ, ㄴ, ㄷ
④ ㄴ, ㄷ, ㄹ ⑤ ㄱ, ㄴ, ㄷ, ㄹ

해설 ㄹ. 개인발달단계는 크기와 힘(1단계), 성역할(2단계), 사회적 가치(3단계), 내적 고유자아(4단계)로 구분하였다.

갓프레드슨의 제한-타협이론

- 직업선택을 기본적으로 개인과 직업을 매칭하는 과정이라고 보며, 유아기부터 매칭과정의 핵심을 진로대안의 타협으로 설명하였음
- 개인-직업 매칭과정에서 주요한 네 가지 발달과정에 주목했으며 '인지적 성장-자기창조-제한-타협'으로 구분됨
- 제한: 크기와 힘, 성역할, 사회적 가치, 내적 고유자아로 구분되며 자신의 미래 직업선택지들을 점차적으로 좁혀 간다고 보았음
- 타협: 가장 선호하는 직업을 포기하고 접근 가능하다고 생각되는 직업 대안을 택하는 과정

8. **다위스와 롭퀴스트(Dawis & Lofquist)의 직업적응이론에 관한 설명으로 옳은 것은?**

① 직업적응은 개인의 수동적인 행동으로 부조화를 극복하는 것이다.
② 반응성(reactiveness)은 개인-환경 간 부조화가 발생할 때, 대처반응을 하기 전에 부조화를 견딜 수 있는 정도이다.
③ 유연성(flexibility)은 개인-환경 간 부조화가 심할 때, 자신의 직업성격을 변화시켜 대처하는 방식이다.
④ 직업적응은 개인의 심리내적 욕구와 적성이 조화를 이루려고 하는 역동적인 과정이다.
⑤ 직업적응에서 개인적 만족(satisfaction)과 환경적 충족(satisfactoriness)은 중요하다.

정답 7.③ 8.⑤

해설 ⑤ 직업적응은 개인의 만족과 직업환경의 충족에 근거한다.
① 직업적응은 개인의 능동적인 행동으로 부조화를 극복하는 것을 의미한다.
② 반응성: 부적응 정보를 감소시키기 위해 '자신에 대하여' 행동. 자신의 욕구를 조정하거나 기술을 변화시키는 것을 예로 들 수 있다.
③ 유연성: 개인-환경 간 부조화가 발생할 때, 대처반응을 하기 전 부조화를 견딜 수 있는 정도이다.
④ 직업적응은 개인과 직업환경의 조화를 이루려고 하는 역동적인 상호작용이다.

다위스와 롭퀴스트의 직업적응이론

- 개인이 직업환경과의 일치를 달성하고 유지하기 위해 추구하는 지속적이고 역동적인 과정을 의미
- 직업적응이론에서는 개인의 요구가 환경에서 제공하는 강화인과 대응하며 개인의 능력이 환경에서 요구하는 역량과 대응될 때 만족과 충족을 할 수 있다는 매칭의 관점을 반영함

학습 plus

직업적응 과정 모델

- 유연성(flexibility): 개인이 임계점에 도달하기 전 얼마나 많은 불일치를 용납할 수 있는가를 나타냄
- 적극적/능동적 적응(active adjustment): 부적응의 정도를 감소시키기 위해 '환경에 대하여' 행동함
- 반응적 적응(reactive adjustment): 부적응의 정도를 감소시키기 위해 '자신에 대하여' 행동함
- 인내(perseverance): 불일치하는 환경에서 떠나지 않고 기꺼이 참아 내는 지속시간의 길이를 의미

9. 윌리엄스(D. Williams)의 진로전환 증진요인으로 옳은 것을 모두 고른 것은?

ㄱ. 경제적 안정	ㄴ. 피로감	ㄷ. 전환에 대한 지지
ㄹ. 전환기술 습득	ㅁ. 불충분한 자원	

① ㄱ, ㄴ　② ㄴ, ㄹ　③ ㄱ, ㄷ, ㄹ
④ ㄱ, ㄷ, ㄹ, ㅁ　⑤ ㄴ, ㄷ, ㄹ, ㅁ

해설 진로전환의 증진요인으로는 경제적 안정, 정서적 안정, 건강, 전환 기술 습득, 지지적 직업환경, 전환에 대한 지지 등이 있다.

10. 타이드만과 오하라(Tiedeman & O'Hara)의 진로의사결정이론에 관한 설명으로 옳은 것은?

- 자신의 가치관이나 삶의 목적에 비추어 대안을 선택하여 나아갈 준비를 한다.
- 불만족하면 다시 탐색하여 적합한 선택을 서열화하거나 조직화하여 새로운 대안을 마련한다.

① 선택 단계　② 구체화 단계　③ 명료화 단계
④ 적응 단계　⑤ 통합 단계

정답 9.③ 10.②

해설 예상기 중 구체화기에 속하는 설명이다.

타이드만과 오하라의 진로발달이론

- 타이드만과 오하라는 진로발달을 생애진로의 관점에서, 지속적인 분화와 통합을 통해 직업정체감을 형성해 나간다고 보았다.
- 타이드만과 오하라의 이론에서 직업정체감은 의사결정의 과정을 반복하면서 성숙해진다.
- 개인의 의사결정과정을 예측기와 적응기로 나누고 각각 4단계와 3단계의 하위과정을 제시했다.

예상기	탐색기	진로목표 설정, 대안 탐색, 능력과 여건 예비 평가, 뚜렷한 계획이 없거나 계획이나 목표가 오래 지속되지 않는다.
	구체화기	• 가치관과 목표, 가능한 보수나 보상 등을 고려하며 구체적으로 진로를 준비하는 단계이다. • 가치평가와 순위를 재평가하여 목표를 더 명확히 하는 시기이다.
	선택기	자신이 하고 싶은 일과 그렇지 않은 것을 확실히 알게 되며 구체적으로 의사결정에 임한다.
	명료화기	이미 내린 의사결정을 신중히 분석하고 검토하는 단계이다.
적응기 (이행기)	순응기	• 인정받기 위해 노력을 시작하는 단계. 수용적인 자세로 새로운 상황에 임하는 단계이다. • 목표는 사회적 목표에 동화되거나 수정된다.
	개혁기	• 자신의 가치관을 발달시키며 확신을 갖고 집단의 목표를 자신의 목표와 부합시키는 단계이다. • 자신의 의견이나 주장을 강력하게 주장한다.
	통합기	집단이나 조직의 요구와 자신의 욕구들을 균형 있게 조절하는 단계이다.

11. 피터슨, 샘슨과 리어든(Peterson, Sampson & Reardon)의 인지정보처리이론의 기본 가정에 관한 설명으로 옳지 않은 것은?

① 진로선택은 인지와 환경 간의 상호작용 결과이다.

② 진로문제의 해결은 고도의 기억력을 필요로 하는 과제이다.

③ 진로발달은 지식 구조의 계속적인 성장과 변화를 내포한다.

④ 진로정체감은 자기인식에 달려있다.

⑤ 진로성숙도는 진로문제를 해결하는 개인의 능력과 관련된다.

해설 ① 인지정보처리이론에서 진로선택은 인지와 정서 간의 상호작용의 결과라고 본다. 인지정보처리이론은 진로선택이나 문제해결을 위해 개인의 발달적 과정이나 사회적 환경에서 해결책을 찾는 것이 아닌 정보를 지각하고 처리하는 개인의 인지과정에 초점을 두고 있다.

인지정보처리이론

- 진로의사결정이나 진로문제 해결이 기본적으로 학습되고 연습될 수 있는 기술로 이해함. 즉, 내담자가 진로상담을 통해 합리적 의사결정 방식이나 문제해결 방식을 학습한다면, 내담자 자신의 진로문제를 스스로 해결해 나갈 수 있을 것이라 보았음

정답 11.①

• 인지정보처리이론의 기본적인 가정 열 가지

번호	기본 가정
1	진로선택은 인지와 정서의 상호작용의 결과
2	진로의사결정은 하나의 문제해결 활동
3	진로문제를 해결하는 능력은 지식뿐만 아니라 인지적 조작의 가용성에 달려 있음
4	진로문제의 해결은 고도의 기억력을 요하는 과제
5	진로문제를 더 잘 해결하고자 하는 욕구는 곧 자신과 직업세계에 대한 이해를 높임으로써 진로선택에 만족을 얻고자 하는 것임
6	진로발달은 지식구조의 지속적인 성장과 변화를 내포함
7	진로정체감은 자기 인식에 달려 있음
8	진로성숙도는 자신의 진로문제를 해결하는 개인의 능력과 관련됨
9	진로상담의 궁극적인 목적은 정보처리기술을 향상시키는 것임
10	진로상담의 궁극적인 목표는 내담자의 진로문제 해결 및 의사결정 능력을 높이는 것임

12. 크롬볼츠(J. Krumboltz)의 사회학습진로이론에 관한 설명으로 옳지 않은 것은?

① 진로개발과정에서 우연(happenstance)이 중요한 영향을 준다.

② 개인은 어떤 과제를 성취하기 위하여 과제접근 기술을 사용한다.

③ 학습경험은 도구적 학습과 연합적 학습을 통하여 이루어진다.

④ 환경과의 상호작용을 통해 무엇을 학습했는가를 중요시한다.

⑤ 유전적 요인은 진로선택과 발달에서 중요하지 않다.

해설 ⑤ 유전적 요인(환경)은 진로선택 및 발달에 중요한 요인이다.

사회학습진로이론

• 진로선택 과정에서 개인과 환경이 상호작용하는 과정에 초점을 두고 개인이 환경과의 상호작용을 통해 무엇을 학습했는지를 조명하였다.

• 우연(happenstance)이라는 개념을 진로에 추가하여 내담자가 획득한 학습의 결과뿐만 아니라 내담자가 적극적으로 학습해 나가는 과정에서 조력하는 상담자의 역할에 대해 강조한다.

• 우연(happenstance): 개인이 통제하지 못하는 예기치 않은 사건을 지칭하는 용어이다.

• 우연이론에서 각 개인이 자신의 삶에서 일어나는 우연한 일을 진로에 유리하게 활용하기 위해 호기심, 인내심, 유연성, 낙관성, 위험감수성의 기술을 습득해야 한다고 본다.

정답 12.⑤

13. 사비카스(M. Savickas)의 진로적응도에 관한 설명으로 옳은 것은?

① 변화하는 직업세계에서 진로적응도를 높이기 위해서는 흥미와 적성이 중요한 구성요소이다.
② 진로적응도 차원을 알아보는 질문은 과거의 경험을 중요시한다.
③ 진로문제를 결정, 미결정, 우유부단으로 나누었다.
④ 진로적응도의 자원과 전략에 따라서 관심, 통제, 호기심, 자신감의 차원으로 제시하였다.
⑤ 진로적응도 차원에서 개입은 문제를 극복하기 위한 원인이 무엇인지 분석하는 것이다.

해설 ① 변화하는 직업세계에서 진로적응도를 높이기 위해서는 융통성과 적응력을 지닌 개인의 태도를 중요하게 본다.
② 진로적응도 차원을 알아보는 질문은 자신의 미래에 관심을 두고 직업적 미래에 대한 통제력 및 미래 호기심에 초점을 맞춘다.
③ 진로의사결정수준에 따른 분류에서 진로문제를 결정, 미결정, 우유부단으로 나누었다.
⑤ 진로적응도 차원에서 개입은 적응차원에 따라 방향성 잡기, 의사결정 연습, 정보탐색, 자기존중감 향상으로 나뉜다.

진로적응도(career adaptability)

- 특정한 일이 자신에게 맞도록 그 일에 자신을 맞추어 나가는 과정에서 동원되는 개인의 태도, 능력 및 행동을 의미한다.
- 진로적응도의 자원과 전략에 따라 관심, 통제, 호기심, 자신감의 차원으로 제시하였다.

질문	진로문제	적응 차원	태도와 신념	역량	대처행동	관계 측면	개입
미래가 있는가?	무관심	관심	계획적	계획하기	• 알아차리는 • 관여하는 • 준비하는	의존적	방향성을 잡는 활동
누가 내 미래의 주인인가?	미결정	통제	결정적	결정하기	• 주장적인 • 훈육된 • 의도적인	독립적	의사결정 연습
미래에 대해 원하는 것이 무엇인가?	비현실성	호기심	궁금해하는	탐색하기	• 실험적인 • 위험을 감수하는 • 질문하는	의존적	정보탐색 활동
할 수 있을까?	억제	자신감	효과 있는	문제해결	• 지속하는 • 노력하는 • 근면한	동등한	자기존중감 향상

정답 13.④

14. 여성 진로상담에 관한 설명으로 옳은 것은?

① 경력단절 가능성이 크므로 장기적인 진로설계는 고려하지 않는다.
② 내담자의 성역할 고정관념이 진로발달에 미치는 영향을 확인한다.
③ 고학력 여성은 경력단절 문제, 다중역할 갈등으로부터 자유롭다.
④ 성불평등적 요소는 개인이 변화시키기 어려우므로 상담에서 다루는 것은 효과적이지 않다.
⑤ '슈퍼우먼 증후군' 여성 내담자는 혼자서 잘하고 있기 때문에 상담에서 다루지 않는다.

해설 ② 여성 진로상담의 경우 성역할의 고정관념이 내담자에게 내면화되어 진로발달에 어떤 영향을 미치진 않았는지에 대해 고려해야 한다. 여성 진로상담 시엔 경력단절의 가능성을 고려하여 장기적인 진로설계를 격려한다.

여성 진로상담의 특징

- 성역할 고정관념의 내면화 가능성을 고려한다.
- 경력단절을 고려하여 장기적인 진로설계를 격려한다.
- 내담자가 직장에서의 유리천장 극복방안을 함께 논의한다.
- '슈퍼우먼 증후군'을 앓고 있는 여성에 대해 인지적 재구조화를 시도하도록 한다.
- 직업탐색 기술을 증진시키고자 할 때는 성불평등적인 요소들을 미리 파악하여 대응할 수 있도록 한다.
- 직장에서 부딪히는 성불평등적 요소에 대해 자신의 의견을 표현할 수 있도록 돕는다.

15. 다음 사례와 관련된 진로상담의 과정은?

> ○ 상담자: 상담에서 어떤 변화를 기대하시나요?
> ○ 내담자: 글쎄요. 전 정말 무엇을 해야 할지 모르겠어요. 그래도 상담을 받으면 제가 할 수 있는 무언가를 찾게 될 거라고 친구가 추천해서 일단 와 봤어요.
> ○ 상담자: 네… 상담에서 뭔가 찾을 수 있을 거라 기대하고 오셨군요. 상담에서 스스로에 대해 탐색해 보고, 관심 분야에 대한 방향 설정을 시도해 본다면 자신에게 맞는 진로를 찾을 수 있어요. 물론 이런 작업에는 스스로의 노력과 시간이 필요하죠. 준비가 되었을까요?

① 문제 유형 평가 ② 상담목표 및 과제 설정 ③ 문제해결을 위한 개입
④ 반복적 학습 및 종결 준비 ⑤ 추수지도

해설 ② 상담목표 및 과제 설정에 관한 내용이다. 상담에 대한 기대를 물어보며 내담자가 상담에서 이루고자 하는 것을 탐색하고 이를 활용하여 목표를 설정하려 하고 있다.

진로상담의 과정 6단계

1. 상담관계 형성하기: 공감, 경청을 통해 내담자와 신뢰관계를 형성하고 안전한 환경을 제공한다.
2. 문제 평가하기: 호소문제를 평가하고 작업동맹을 맺는다. 진로문제의 유무를 확인하고 여러 가지 영역의 정보를 바탕으로 문제를 정교화한다.

정답 14.② 15.②

3. 목표 설정하기: 내담자에게 수집된 정보를 통해 상담목표를 세운다.
4. 개입하기: 개입방법은 문제의 원인과 상담목표에 따라 달라진다.
5. 실행 및 평가하기: 내담자에게 맞춰 세운 실행계획을 진행하고 내담자의 실행을 점검하고 격려하며 어떤 개입이 효과적인지 어떤 문제에 중점을 두어야 할지에 대한 분석을 한다.
6. 종결하기: 상담목표 달성 정도를 평가하고 관계를 잘 마무리한다.

16. 진로가계도(Career Genogram)를 활용한 상담에 관한 설명으로 옳지 않은 것은?

① 진로가계도는 생애진로사정에서 활용 가능하다.
② 가족구성원 간의 관계가 진로에 미치는 영향을 확인할 수 있다.
③ 진로가계도를 그린 후, 가계도 분석을 실시한다.
④ 진로가계도는 가족 맥락에 대한 정보를 제공하는 표준화된 평가 도구이다.
⑤ 부모의 직업과 일하는 모습에 대해 내담자가 갖고 있는 생각과 태도를 탐색할 수 있다.

해설 ④ 진로가계도는 가족 맥락에 대한 정보를 제공하는 비표준화된 평가도구(질적평가 과정)이다.

진로가계도

- 진로상담과정에서 활용될 수 있는 하나의 도구로써 진로상담의 '정보수집' 단계에서 유용한 일종의 질적 평가 과정이다.
- 진로가계도는 가족상담에서 많이 활용되는 보웬(Bowen, 1980)의 가계도를 진로상담과정에 활용한 것이다.
- 3세대에 걸친 내담자 가족의 윤곽을 그리는 형식과 방법을 제공한다.
- 내담자의 진로정체성 발달과정을 탐색할 수 있으며, 가계도를 그려 나가는 과정에서 내담자의 진로의사결정에 영향을 주는 요인들이 무엇인지 객관적으로 살펴볼 수 있도록 도움을 준다.

17. 생애진로사정(Life Career Assessment)에 관한 설명으로 옳지 않은 것은?

① 내담자와 환경과의 관계를 이해하는 데 유용하다.
② 융(C. Jung)의 분석심리학에 기초하여 만든 기법이다.
③ 내담자의 정보수집 단계에서 사용할 수 있는 구조화된 면접기법이다.
④ 진로사정, 일상적인 하루, 강점과 장애, 요약 등으로 구성된다.
⑤ 내담자의 진로계획을 세우는 데 효과적이다.

해설 ② 생애진로사정은 아들러(Adler)의 개인심리학에 기초하여 만든 기법이다.

생애진로사정(Life Career Assessment)

- 아들러의 개인심리학에 이론적인 바탕을 두고 내담자의 특성을 파악하기 위해 구조화된 면접방법이다.
- 상담자는 내담자의 정보를 체계적으로 수집할 수 있으며 내담자는 지나온 경험을 정리하며 자신에 대한 이해를 넓히는 동시에 일과 사람에 대한 자신의 삶의 태도를 알아 갈 수 있다.
- 진로사정, 일상적인 하루, 강점과 장애, 요약 등으로 구분된다.

정답 16.④ 17.②

18. 진로상담에서 사용하는 검사에 관한 설명으로 옳은 것을 모두 고른 것은?

ㄱ. 스트롱 직업흥미검사(SII): 홀랜드 유형(RIASEC)을 사용하여 결과를 제시한다.
ㄴ. 진로사고검사(CTI): 하위척도는 외적 갈등, 미결정성, 우유부단성이다.
ㄷ. 미네소타 직업가치검사(MIQ): 직업적응이론에 근거하여 개발되었다.
ㄹ. 미네소타 직무충족 설문지(MSS): 근로자에 대한 조직의 만족도를 측정한다.

① ㄱ, ㄴ
② ㄷ, ㄹ
③ ㄱ, ㄴ, ㄷ
④ ㄱ, ㄷ, ㄹ
⑤ ㄱ, ㄴ, ㄷ, ㄹ

해설 ㄴ. 진로사고검사(CTI)의 하위척도는 의사결정혼란, 수행불안, 외적 갈등이 있다.

진로상담에서 사용하는 검사

- 적성검사: 개인이 학업이나 직업과 관련하여 가지고 있는 능력을 측정하고 향후 어떠한 분야에서 직무를 잘 수행할지 또 그 직무분야에 잘 적응할지를 예측하고자 하는 검사
  - 중학생 적성검사, 성인용 적성검사, 직업적성검사 등
- 흥미검사: 특정 직업이나 직업군, 해당 직업에서의 전형적인 직무에 대한 선호도 정도 및 직업에서의 주된 활동을 취하려는 선호적 · 선택적 경향을 의미
  - STRONG 진로흥미검사, 청소년 직업흥미검사, 직업 선호도검사
- 직업가치관검사: 직업과 관련하여 바람직하게 여기는 행동기준을 평가
  - 직업가치관검사
- 진로성숙도검사: 진로성숙의 정도를 측정하는 검사
  - 진로발달검사(CDI), 진로성숙도검사(CMI), 인지적 직업성숙검사, 청소년 진로발달검사
- 성격검사: 개인의 특징적 행동과 사고를 평가
  - NEO 성격검사, MBTI 성격유형검사

19. 다음 내용이 설명하는 진로상담 검사는?

- 중고등학생을 대상으로 한다.
- 직업과 관련한 능력을 점검할 수 있는 도구이다.
- 언어나 수리 능력뿐만 아니라 창의력, 대인관계능력, 자연친화력 등 다양한 능력을 하위 영역으로 포함한다.

① 워크넷 직업가치관검사
② 커리어넷 직업적성검사
③ 커리어넷 이공계전공적합도검사
④ 커리어넷 주요능력효능감검사
⑤ 워크넷 영업직무 기본역량검사

정답 18.④ 19.②

해설 직업적성검사에 대한 내용이다.

검사명	대상	구성 요인		발행처	발행연도
직업적성검사	중2 ~ 고3	• 신체 운동능력 • 대인관계능력 • 음악능력 • 언어능력 • 자기성찰력	• 손재능 • 공간시각능력 • 창의력 • 수리논리력 • 자연친화력	한국직업능력개발원 (커리어넷)	2011

20. 진로정보에 관한 설명으로 옳지 않은 것은?

① 일과 관련한 교육적, 직업적, 심리사회적 정보를 의미한다.
② 직업에 대한 이해를 향상시킴으로써 합리적인 의사결정과정을 돕는다.
③ 읽기와 이해 수준이 낮은 내담자라도 출판 자료를 중심으로 진로정보를 제공하는 것이 효과적이다.
④ 자원봉사, 직업체험, 인턴십 활동 등과 같이 직접적인 경험에 의해 수집한 자료도 포함된다.
⑤ 직업정보뿐만 아니라 내담자 이해와 관련한 다양한 정보를 포함한다.

해설 ③ 상담자는 내담자의 특성에 맞게 다양한 형태를 통해 진로정보를 전달해야 한다.

진로정보
- 진로개발 과정에서 어떤 선택 및 결정을 할 때 또는 직업적응이나 경력개발을 할 때 필요로 하는 모든 자료를 총칭하는 개념
- 주로 직업 관련 사실들로 구성: 일과 관련된 교육적, 직업적, 심리사회적인 정보로 분류된다.
- 진로정보는 진로 관련 문제의 해결과 진로의사결정의 근간이라는 기본적 기능을 가진다.
- 진로정보의 주요 주제는 진로 및 생애설계, 직업, 교육 및 훈련, 직업경험, 구직, 취업정보 등이 있다.
- 진로정보는 다양한 매체를 통해 전달할 수 있으며 수요자의 인지 수준에 맞춰 제공되어야 한다.

21. 진로집단상담에 관한 설명으로 옳은 것은?

① 집단의 응집력이 중요하지 않다.
② 개방집단이 폐쇄집단보다 집단의 안정성이 높다.
③ 진로집단상담자는 상담이론에 대한 지식을 갖출 필요가 없다.
④ 주제가 명확하기 때문에 집단상담, 중기에 상담의 목표와 방향성을 정한다.
⑤ 집단원 간의 정보교환과 모방이 상담 성과로 이어질 수 있다.

정답 20.③ 21.⑤

해설 ① 집단의 응집력은 집단을 이끌어 가는 데 중요한 역할을 한다.
② 개방집단은 폐쇄집단에 비해 집단의 안정성이 낮다.
③ 진로집단상담자는 상담이론에 대한 기본지식을 갖추어야 한다.
④ 집단의 주제는 집단상담 초기에 설정해야 한다.

진로집단상담

- 진로와 관련된 문제를 집단 리더와 구성원이 함께 참여해 해결해 나가는 과정이다.
- '진로'에 관한 관심을 가지고 있는 구성원들이 참여하여 구성원들 간의 상호작용을 통해 각자의 목표를 찾아 가는 과정이다.
- 진로와 관련된 다양한 정보를 제공받기도 하고 제공하기도 하며 공동체 속에서 상호 도움을 받는 과정이다.
- 진로집단상담은 효율적이고 집단구성원 사이에 일어나는 상호작용에 의한 도움을 받을 수 있으며 활용범위가 다양하고 접근이 용이하며 사회적 관계를 경험할 수 있다는 장점이 있다.
- 진로집단상담은 개인의 비밀보장에 한계점이 있고 다양한 집단원이 함께 참여하기에 소극적이거나 개방이 어려운 경우 도움받기가 어려우며 집단구성원에 따라서 집단상담의 효과가 다양하게 나타날 수 있다.

학습 plus

진로집단상담의 종류

- 자기인식과 정체감 확립을 목적으로 한 자기탐색 진로집단상담
- 청소년 시기에 진로와 관련된 고민을 해결하고 앞으로의 직업세계에 대한 도움을 받고자 하는 진로탐색 집단상담
- 대학생이 취업을 앞두고 직업세계에 대해 알아보고 자신이 준비해야 할 것을 구체적으로 탐색하는 직업정보 탐색 집단상담
- 진로를 정했다가 진로장벽에 부딪혔을 때 그 원인에 대해 알아보고 어떻게 개선해 나갈 것인가에 대한 문제를 해결하는 진로장벽 대처 진로집단상담
- 생애 전반적인 관점에서 자신의 삶을 전체적으로 조망하고 생애계획을 세워 보는 생애설계 집단진로상담

22. 장애인 진로상담에서 고려할 내용을 모두 고른 것은?

ㄱ. 고용상의 차별이 있는지 알아본다.
ㄴ. 직업능력개발 및 적응 훈련 기회가 제한적일 수 있다.
ㄷ. 장애인 고용이 일부 직종에 편중되는 경향이 있다.
ㄹ. 장애인 진로상담을 위한 인프라 구축 시, 찾아가는 상담 또한 필요하다.

① ㄱ, ㄷ ② ㄴ, ㄹ ③ ㄱ, ㄴ, ㄷ ④ ㄴ, ㄷ, ㄹ ⑤ ㄱ, ㄴ, ㄷ, ㄹ

해설 ㄱ, ㄴ, ㄷ, ㄹ 모두 해당한다.

장애인 진로상담에서 고려할 점

- 고용상의 차별이 있는지 확인하여야 한다.
- 직업능력개발 및 적응 훈련 기회가 제한적인지 알아보아야 한다.
- 장애인 고용이 일부 직종에 편중되는 경향이 있음을 인지한다.
- 장애인 진로상담을 위한 인프라 구축 시 찾아가는 상담 또한 필요하다.

정답 22.⑤

23. 다문화 진로상담에 관한 설명으로 옳지 않은 것은?

① 다문화에 대한 사회인식을 고려한다.

② 다문화에 대한 상담자의 지식과 인식이 상담에 영향을 미칠 수 있다.

③ 내담자의 문화에 대한 일반적인 생각을 이해하는 것이 도움이 된다.

④ 내담자가 상담자의 문화를 따르도록 만든다.

⑤ 내담자의 문화적 특성을 고려하여 기존의 상담이론과 기법을 선불리 적용하지 않도록 유의한다.

해설 ④ 상담심리사는 내담자의 다양한 문화적 배경을 이해하려고 적극적으로 시도해야 하며, 상담심리사 자신의 고유한 문화적 정체성이 상담과정에 어떤 영향을 주는지 인식하여야 하며 자신의 고유한 가치, 태도, 신념, 행위를 인식하고 내담자에게 자신의 가치를 강요해서는 안 된다.

다문화 진로상담

다문화 진로상담이란 결혼이주여성, 이주노동자, 탈북자 등의 다문화권의 내담자를 대상으로 한국문화에 대한 이해를 높여 노동시장 진입과 적응을 지원하는 프로그램이다.

24. 진학상담에 관한 설명 중 옳은 것을 모두 고른 것은?

ㄱ. 내담자가 상급학교에 입학하여 학문적 성취와 직업적 기능을 고양할 수 있도록 돕는 활동이다.
ㄴ. 진로진학상담교사는 단위학교의 진로진학 업무와 함께 학생 및 학부모 대상 진로진학 상담 및 교육을 담당한다.
ㄷ. 진학은 고등학교 입학에서 대학 진학까지를 의미한다.
ㄹ. 최근 학교 교육과정이 다변화하고 고교 및 대학 입학의 의사결정 시기가 빨라지면서 진학상담이 더욱 강조되는 추세이다.

① ㄱ, ㄴ　　② ㄷ, ㄹ

③ ㄱ, ㄴ, ㄹ　　④ ㄱ, ㄷ, ㄹ

⑤ ㄴ, ㄷ, ㄹ

해설 ㄷ. 진학은 상급학교에 가는 것을 의미하며 모든 학교에 적용될 수 있다.

진학상담

- 내담자가 상급학교에 입학하여 학문적 성취 및 직업적 기능을 고양할 수 있도록 돕는 활동
- 진로진학상담교사는 단위학교의 진로진학 업무와 함께 학생 및 학부모 대상 진로진학 상담 및 교육을 담당
- 최근 학교 교육과정이 다변화되고 고교 및 대학 입학의 의사결정 시기가 빨라지면서 진학상담이 더욱 강조되는 추세임

제2교시 제1과목 선택

정답 23.④ 24.③

25. 진로상담 과정에서 나타나는 저항에 관한 설명으로 옳은 것은?

① 상담자도 상담 장면에서 다양한 형태의 저항행동을 보일 수 있다.

② 진로상담 중에 내담자의 저항이 나타나면 즉시 다른 심리상담 전문가에게 의뢰한다.

③ 내담자의 저항에 일일이 반응하면 진로상담 진행이 느려지기 때문에 저항을 다루지 않는다.

④ 내담자가 자신의 선택과 책임을 미루는 것은 타고난 우유부단함 때문이므로 저항을 고려할 필요가 없다.

⑤ 진로상담은 진로에 한정시켜 상담을 진행하기 때문에 내담자의 저항이 나타나지 않는다.

해설 ② 진로상담 중에 내담자의 저항이 나타나면 이를 다루고 해결하도록 해야 한다.

③ 내담자의 저항은 상담의 중요한 정보가 될 수 있기에 다루어야 한다.

④ 내담자가 자신의 선택과 책임을 미루는 것은 저항일 수 있으므로 다루어야 한다.

⑤ 진로상담은 진로에 한정시켜 상담을 진행하는 것이 아닌 내담자의 전반적인 상황을 고려해야 하며 이 과정에서 저항이 발생할 수 있다.

정답 25.①

◆ 진로상담

제1과목 선택 2022년 기출문제 및 해설

1. 청소년 진로상담의 목표로 옳지 않은 것은?

① 일과 직업세계의 이해 증진
② 정보탐색 및 활용능력의 증진
③ 일과 직업에 대한 올바른 가치관 및 태도 형성
④ 직업전환 탐색
⑤ 합리적인 의사결정능력의 증진

해설 진로상담의 목표
- 자신에 관한 보다 정확한 이해 증진
- 직업세계에 대한 이해 증진
- 합리적인 의사결정능력의 증진
- 정보탐색 및 활용능력의 함양
- 일과 직업에 대한 올바른 가치관 및 태도 형성
- 직업기초능력 향상
- 자기표현 기술 향상
- 진로개발 동기 증진

2. 진로상담이론과 주요 개념의 연결이 옳은 것을 모두 고른 것은?

ㄱ. 슈퍼(D. Super)의 생애진로발달이론: 자기개념
ㄴ. 사비카스(M. Savickas)의 구성주의이론: 진로 적응도
ㄷ. 베츠(N. Betz)와 헤켓(G. Hackett)의 사회인지이론: 자기효능감
ㄹ. 하렌(V. Harren)의 진로의사결정이론: 진로전환

① ㄱ, ㄴ　　② ㄴ, ㄷ
③ ㄱ, ㄴ, ㄷ　　④ ㄱ, ㄷ, ㄹ
⑤ ㄱ, ㄴ, ㄷ, ㄹ

해설 ㄹ. 하렌: 진로의사결정이론 – 자아개념, 의사결정 3유형/의사결정과정의 4단계
- 하렌은 진로의사결정 유형을 세 가지 유형, 즉 합리적 · 직관적 · 의존적 유형으로 분류했다.

정답 1.④ 2.③

학습 plus

진로전환이론(career transition theory)

- 1984년 슐로스버그(N. Schlossberg)는 변화된 상황에 따라 과거의 방식을 버리고 새로운 방식을 취하는 과정, 즉 변화된 환경에 적응해 가는 과정으로써 진로전환을 제시함
- 단순히 직업을 바꾸는 것뿐만 아니라, 직업 생활의 다양한 전환점(예 승진, 이직, 퇴직 등)에서의 적응과정을 포괄함
- 개인이 직업 생활의 변화에 적응하고 성장해 나가는 과정을 이해하는 데 중요한 이론적 토대를 제공함
- 다이 윌리엄스(Dai Williams, 1999)는 전환에 영향을 미치는 요인을 전환억제와 전환증진으로 구분함
- 굿맨과 슐로스버그, 앤더슨(Goodman, Schlossberg, & Anderson)은 개인진로전환에 영향을 주는 4가지 요소를 전략, 지원, 상황, 자원이라고 제시함

3. **홀랜드(J. Holland) 성격이론의 핵심개념에 관한 설명으로 옳지 않은 것은?**

① 일관성: 성격유형과 환경모형 간의 관련 정도를 의미한다.
② 변별성: 유형 간의 상대적 중요도의 관계를 의미한다.
③ 정체성: 환경적 정체성은 환경이나 조직이 분명하고 통합된 목표, 일, 보상이 일관되게 주어질 때 생긴다.
④ 계측성: 육각형 내에서 유형들 간의 거리는 그들의 이론적 관계에 반비례한다.
⑤ 일치성: 육각형 모형에서 흥미유형 또는 직업 환경 간의 거리는 그들의 이론적 관계와 비례한다.

해설 ⑤ 일치성: 개인의 성격특성과 직무특성이 어느 정도 잘 맞는지에 대한 정도

홀랜드 성격이론의 핵심개념

홀랜드의 직업성격유형이론은 개인특성과 직업특징과의 최적의 조화를 강조하여 육각형의 직업적 성격유형(RIASEC)을 제시하였다. 홀랜드 이론의 주요 개념은 다음과 같다.

- 일관성: 성격모형과 환경모형 간의 관련 정도를 의미한다.
- 변별성: 직업적 성격특성이 다른 것과 얼마나 뚜렷하게 구별되는지를 의미한다.
- 정체성: 자신 또는 환경에 대해 갖는 정체성이 얼마나 분명하고 안정되어 있는가를 평가한다.
- 일치성: 개인의 성격특성과 직무특성이 어느 정도 잘 맞는지에 대한 정도를 의미한다.
- 계측성: 육각형 모델에서 유형 간의 거리는 그들 사이의 이론적 관계에 반비례한다.

정답 3.⑤

4. 로우(A. Roe)의 욕구이론에 관한 설명으로 옳지 않은 것은?

① 매슬로우(A. Maslow) 이론의 영향을 받았다.
② 서비스직, 비즈니스직, 단체직, 기술직 등을 포함하여 흥미에 기초한 6가지 직업군을 제안하였다.
③ 성격과 직업분류를 통합하였다.
④ 아동기의 경험 중 부모-자녀 관계는 직업선택에 중요한 영향을 미치는 요인으로 간주하였다.
⑤ 부모와 자녀 간의 상호작용은 정서집중형, 회피형, 수용형으로 구분하였다.

해설 로우는 서비스직, 비즈니스직, 단체직, 기술직, 옥외활동직, 일반문화직, 예술직, 과학직의 8가지 직업군을 제시하였다.

학습 plus

로우의 욕구이론

- 매슬로우의 욕구이론에 기초, 개인의 진로선택은 발달 초기 기본적 욕구의 충족 여부와 관련 있다고 보았다.
- 로우는 흥미에 기초해 직업을 분류하고 서비스직, 비즈니스직, 단체직, 기술직, 옥외활동직, 일반문화직, 예술직, 과학직의 8가지 직업군을 제시하였다.
- 8가지 각 직업군에 대해 책임, 능력, 기술의 정도를 기준으로 고급전문관리, 중급전문관리, 준전문관리, 숙련직, 반숙련직, 비숙련직의 6단계로 구분하였다.

5. 다음 반두라(A. Bandura)의 사회학습이론에서 설명하는 개념은?

- 어떤 정해진 수행을 해내기 위해 필요한 행동을 조직화하고 실행해 낼 수 있는 자신의 능력에 대한 개인의 판단으로 정의된다.
- 개인의 이전 수행 성취도, 타인 관찰을 통한 대리 경험, 언어적 설득, 생리적 반응에 기인한다.

① 자기조절 ② 자기효능감 ③ 자기개념
④ 자기발달 ⑤ 자기진로적응

해설 반두라의 사회학습이론에서 자기효능감에 대한 설명이다.

반두라의 사회학습(인지)이론의 자기효능감

- 자기효능감이란 계획된 일을 수행하기 위해 요구되는 여러 가지 행동을 조직하고 실행하는 능력에 대한 개인의 신념이다.
- 수동적이고 정적인 특성이 아니라 구체적인 수행영역과 관련된 역동적인 자기신념으로 과제수행에 대한 자신감이 생긴다.

정답 4.② 5.②

- 자기효능감의 정도는 과거의 과제수행 경험과 성취도, 대리 학습, 언어적 설득, 정서-생리적 경험에 의해 영향을 받는다.
- 학습을 통해 획득되는 신념, 특정 영역에 대한 자기효능감이 높으면 계속해서 그 영역에 몰두하고 성공할 가능성이 높아진다.

6. 윌리엄슨(E. Williamson)의 진로상담 과정에서 예측단계에 관한 설명으로 옳은 것은?

① 태도, 흥미, 가족배경, 지식, 학교 성적 등에 대한 세부적인 자료들을 수집한다.
② 내담자의 독특성 또는 개별성을 탐지하기 위하여 사례연구나 검사결과에 의해서 자료를 수집하고 요약한다.
③ 내담자의 특성과 문제를 분류하고, 교육적 · 직업적 능력과 특성을 비교하여 문제의 원인을 찾아낸다.
④ 조정 가능성 및 문제의 가능한 결과를 판단하고, 이를 통해 내담자가 고려해야 할 대안적 조치들과 조정사항들을 찾는다.
⑤ 새로운 문제가 발생되었을 때 내담자가 바람직한 행동계획을 수행할 수 있도록 돕는다.

해설 ① 윌리엄슨의 상담모형 중 분석단계에 속한다.
② 윌리엄슨의 상담모형 중 종합단계에 속한다.
③ 윌리엄슨의 상담모형 중 진단단계에 속한다.
⑤ 윌리엄슨의 상담모형 중 상담단계에 속한다.

윌리엄슨의 상담모형 6단계

단계		내용
1	분석	태도, 흥미, 지적능력, 적성 등에 관한 자료들을 주관적 · 객관적 방법으로 수집하여 표준화 검사를 실시
2	종합	• 개인의 장점, 단점, 문제, 욕구 등의 정보를 수집, 조정 • 내담자의 특성이나 개별성을 강조하기 위해 자료를 수집
3	진단	• 개인의 교육적, 직업적 능력과 특성을 비교하여 진로문제의 원인을 파악 • 내담자의 문제 및 뚜렷한 특징을 기술한 자료와 학업, 직업 능력을 비교하여 문제원인 탐색
4	예측	• 가능한 대안 탐색, 대안의 성공 가능성을 예측, 평가 • 문제해결을 위해 내담자가 고려할 대안적 조치 예측
5	상담	• 개인특성에 관한 자료를 중심으로 직업에 적응하기 위한 상담 • 현재, 미래의 적응을 위해 어떻게 해야 할지를 내담자와 함께 상의
6	추수지도	내담자가 행동계획을 잘 실천하고 결정과정의 적합성을 점검한 뒤 필요한 부분의 보충을 위한 추수지도

정답 6.④

7. 슈퍼(D. Super)의 생애진로발달이론에서 보유(holding), 갱신(updating), 혁신(innovating) 발달과업을 수행하는 단계는?

① 성장기(growth stage)
② 탐색기(exploration stage)
③ 확립기(establishment stage)
④ 유지기(maintenance stage)
⑤ 쇠퇴기(disengagement stage)

해설

슈퍼(D. Super)의 진로발달단계		
1. 성장기	~13세	[환상기 – 흥미기 – 능력기]의 하위단계로 나뉨
2. 탐색기	14~24세	[결정화 – 구체화 – 실행]의 발달과업을 가짐
3. 확립기	25~44세	[정착 – 공고화 – 발전]의 하위단계로 나뉨
4. 유지기	45~65세	[보유 – 갱신 – 혁신]의 발달과업을 가짐
5. 쇠퇴기	66세~	[감속기 – 은퇴기]의 하위단계로 나뉨

8. 갓프레드슨(L. Gottfredson)의 제한–타협이론에서 다음이 설명하고 있는 진로포부 발달 단계는?

- 자신에 대한 특성을 토대로 선택 가능한 다양한 직업들 가운데 수용 가능한 직업을 고른다.
- 현재 자신이 지각하고 있는 자기개념과 잘 어울리는 직업을 탐색한다.

① 크기와 힘 지향 단계
② 성역할 지향 단계
③ 사회적 가치 지향 단계
④ 내적이며 고유한 자기 지향 단계
⑤ 자기조절 단계

해설 문제에서 제시한 내용은 갓프레드슨의 진로포부 발달이론에서 제4단계 내적 고유자아 지향단계(orientation to the internal, unique self)에 대한 설명이다.

학습 plus

갓프레드슨의 진로포부 발달 4단계

1) 1단계(3~5세): 크기와 힘 지향(orientaion to size and power)
사고과정이 구체화되고 직업에 대한 긍정적 관점을 형성하는 시기
2) 2단계(6~8세): 성역할 지향(orientation to sex role)
이분법적이고 단순한 수준으로 직업을 구분. 성역할 고정관념 형성의 시기. 성별과 관련된 자기개념과 불일치할 것으로 보이는 직업을 배제하기 시작함
3) 3단계(9~13세): 사회적 가치 지향(orientation to social valuation)
사회적 지위에 대한 개념을 형성하게 되어 자신의 능력으로 불가능하거나 준거집단에서 수용 불가능한 직업 대안을 제거하는 방식으로 직업탐색
4) 4단계(14세~): 내적 고유자아 지향(orientation to the internal, unique self)
자아정체감을 형성하고 내적인 사고능력이 향상됨에 따라 지각하고 있는 자기개념과 잘 호응하는 직업을 탐색. 가장 수용 가능한 직업선택지를 구체화시키고 직업선호도가 점차 분화되어 감

정답 7.④ 8.④

9. 미러바일(R. Mirabile)의 퇴직자를 위한 카운슬링모델에서 다음이 설명하는 단계는?

- 퇴직자가 퇴직의 충격에서 벗어나 본격적인 구직활동에 집중한다.
- 퇴직자의 강점과 약점, 경력 유형, 동기부여 요인에 초점을 두며 검사를 진행한다.

① 1단계－평안(comfort)

② 1단계－방향(direction)

③ 2단계－성찰(reflection)

④ 2단계－명확화(clarification)

⑤ 3단계－관점 전환(perspective shift)

해설 퇴직자를 위한 카운슬링 모델 5단계(Mirabile, 1985)

1단계	평안(comfort)	퇴직으로 인한 심리적 혼란을 극복하고 현실적 안정화
2단계	성찰(reflection)	장단점과 경력을 분석하고 본격적으로 구직활동에 집중
3단계	명료화(clarification)	퇴직자인 자신의 모습을 재발견하고 개척 분야를 명확히 설정
4단계	방향(direction)	설정된 경력 목표에 적합한 새로운 직장 탐색
5단계	관점전환(perspective shift)	새로운 능력 창출과 경력 성장의 기회로써 퇴직에 대한 새로운 조망

10. 직업적응이론에서 다위스(R. Dawis)와 롭퀴스트(L. Lofquist)가 제안한 미네소타 중요도 질문의 가치요인에 해당하지 않는 것은?

① 성취

② 욕구

③ 지위

④ 안정

⑤ 이타성

해설 직업적응이론의 미네소타 중요도 질문의 6가지 가치요인

1	성취	자신의 능력을 발휘하고 성취감을 얻을 수 있는 직업을 가지려는 욕구
2	지위	타인과 구별되는 자기지각과 사회적 지위에 대한 욕구
3	편안함	직무에서 스트레스를 받지 않고 편한 직업환경을 바라는 욕구
4	이타심	타인을 돕고 협동하고자 하는 욕구
5	자율성	주체성을 갖고 자유롭게 생각, 결정하고자 하는 욕구
6	안정성	불규칙적이거나 혼란스러운 환경이나 조건을 피하고, 예측 가능한 환경에서 작업하고자 하는 욕구

정답 9.③ 10.②

11. 사비카스(M. Savickas)는 진로적응도가 발휘되는 장면에 필요한 자원과 전략을 네 가지 차원으로 구분하였다. 적응 차원과 개입 질문의 연결이 옳은 것을 모두 고른 것은?

> ㄱ. 관심(concern): 누가 내 미래의 주인인가?
> ㄴ. 통제(control): 미래가 있는가?
> ㄷ. 호기심(curiosity): 미래에 대해 원하는 것은 무엇인가?
> ㄹ. 자신감(confidence): 할 수 있을까?

① ㄱ, ㄴ　② ㄷ, ㄹ　③ ㄱ, ㄴ, ㄷ　④ ㄴ, ㄷ, ㄹ　⑤ ㄱ, ㄴ, ㄷ, ㄹ

해설 ② 사비카스는 진로적응도 하위차원으로 관심, 통제, 호기심, 자신감의 4C를 제시하였다.

사비카스가 진로적응도의 하위차원으로 제시한 4C 및 각 차원의 도입질문

- 관심(Concern): 미래가 있는가?
- 통제(Control): 누가 내 미래의 주인인가?
- 호기심(Curiosity): 미래에 대해 원하는 것은 무엇인가?
- 자신감(Confidence): 할 수 있을까?

12. 미첼 등(T. Mitchell et al.)이 제시한 우연이론의 과제접근 기술에 해당하지 않는 것은?

① 객관성　② 호기심　③ 유연성　④ 낙관성　⑤ 위험감수성

해설 우연이론의 과제접근 기술에는 호기심, 인내심, 유연성, 낙관성, 위험감수성이 있다.

우연이론의 과제접근 기술

- 미첼(Mitchell), 레빈(Levin)과 크롬볼츠(Krumboltz)는 우연이론의 과제접근기술을 제시하였다.
- 계획된 우연이론은 각 개인이 자신의 삶에서 일어나는 우연한 일을 진로에 유리하게 활용하기 위해 도움이 되는 기술을 습득해야 한다고 제안하였다.

호기심	새로운 학습기회나 진로를 탐색하고 우연적 사건으로 인하여 생겨난 선택 사항을 추구하는 데 사용하는 기술
인내심	• 좌절에도 불구하고 노력을 지속하는 것으로, 상황이나 과제를 해결하는 데 흥미를 가지는 것만으로는 한계가 있기 때문에 호기심을 보완하는 기능 • 자신에게 주어진 과제나 문제상황을 포기하지 않고 수차례 실수를 반복하더라도 해내는 기술
유연성	• 태도와 상황을 변화시키는 것 • 목표와 계획을 추진하는 것도 중요하나 환경, 직업상황이 변화할 때 이에 맞게 변화하지 못하면 시대에 뒤처지는 결과를 가져옴. 즉, 변화하는 상황에 적절하게 대응하는 기술
낙관성	새로운 기회가 올 때 또는 개인이 뜻하지 않은 일을 겪게 되었을 때 그것을 기회로 받아들이고 스스로에게 도움이 될 수 있는 긍정적인 관점으로 볼 수 있도록 하는 기술
위험감수성	• 불확실한 결과 앞에서도 행동화하는 것 • 때로 계획에 없던 상황이나 문제 발생이 두려울 수 있으므로 이를 극복하며 용기를 갖고 자신의 진로를 개척해 나갈 수 있는 용기로서의 기술

정답 11.② 12.①

13. 사회인지 진로이론에 관한 설명으로 옳은 것을 모두 고른 것은?

ㄱ. 여성이나 소수자의 진로발달 및 선택을 강조하는 진로장벽 개념을 강조하였다.
ㄴ. 자기효능감, 결과기대, 개인적 목표 등의 인지요인을 강조하였다.
ㄷ. 진로행동모형에는 진로의사결정모형, 흥미발달모형, 선택모형, 수행모형이 있다.
ㄹ. 어떤 것을 성취했을 때 얻을 수 있는 것에 대한 신념이 실제 실행할 행동을 결정한다.
ㅁ. 사회는 사회적 역할을 통해 개인의 삶의 과정을 구성한다.

① ㄱ, ㄴ, ㄹ
② ㄱ, ㄷ, ㄹ
③ ㄴ, ㄷ, ㅁ
④ ㄱ, ㄴ, ㄷ, ㄹ
⑤ ㄴ, ㄷ, ㄹ, ㅁ

해설 ㄷ. 사회인지 진로이론(SCCT)에는 흥미모형, 선택모형, 수행모형의 3가지 모형이 있다.
ㅁ. 구성주의 진로발달의 설명이다.

14. 다음은 피터슨(G. Peterson), 샘슨(J. Sampson), 리어든(R. Reardon)의 인지적 정보처리 접근 모형이다. ( )에 들어갈 내용으로 옳은 것은?

초기면접 → (ㄱ) → (ㄴ) → (ㄷ) → 개인학습계획 개발 → 개인학습계획 실행 → 요약반복과 일반화

① ㄱ: 예비평가, ㄴ: 문제 규정과 원인 분석, ㄷ: 목표설정
② ㄱ: 예비평가, ㄴ: 목표설정, ㄷ: 문제 규정과 원인 분석
③ ㄱ: 목표설정, ㄴ: 예비평가, ㄷ: 문제 규정과 원인 분석
④ ㄱ: 목표설정, ㄴ: 문제 규정과 원인 분석, ㄷ: 예비평가
⑤ ㄱ: 문제 규정과 원인 분석, ㄴ: 목표설정, ㄷ: 예비평가

해설 **인지적 정보처리 접근 모형: 7단계**

1) 초기면접: 내담자와의 신뢰관계 형성과 더불어 내담자의 진로문제에 관한 정보 수집
2) 예비평가: 진로문제 해결과 의사결정을 위해 개인의 준비도를 평가하는 단계. 진로사고검사 실시
3) 문제 규정 및 원인 분석: 진로문제 해결을 위해 내담자의 호소문제를 규정하고 원인을 파악
4) 목표설정: 전 단계를 통해 내담자의 문제가 파악되고 현재 상태를 이해한 후 문제해결을 위해 목표를 설정하는 단계
5) 개인학습계획 개발: 개인학습계획 개발을 위해 상담자와 내담자 간의 협력적 작업이 필요한 단계
6) 개인학습계획 실행: 개발된 개인학습계획을 실행하는 단계. 목표달성 시까지 지속함
7) 요약반복과 일반화: 개인학습의 실행 결과를 평가하는 단계. 또한 상담과정을 통해 학습된 진로의사결정 방식을 미래의 진로문제 및 개인의 문제해결에 일반화할 수 있도록 도와야 함

정답 13.① 14.①

15. 윌리엄슨(E. Williamson)의 특성요인 진로상담과정에서 상담자의 주도적인 역할이 요구되는 단계를 모두 고른 것은?

ㄱ. 분석	ㄴ. 종합	ㄷ. 진단
ㄹ. 예측	ㅁ. 상담	ㅂ. 추수지도

① ㄱ, ㄴ, ㄷ, ㄹ ② ㄱ, ㄴ, ㄷ, ㅁ ③ ㄴ, ㄷ, ㄹ, ㅁ
④ ㄴ, ㄹ, ㅁ, ㅂ ⑤ ㄷ, ㄹ, ㅁ, ㅂ

해설 내담자에 관한 다양한 자료들을 수집하고 표준화 검사를 실시하는 1단계인 분석단계에서는 상담자의 주도적인 역할이 요구된다. 1단계(분석), 2단계(종합), 3단계(진단), 4단계(예측)에서는 상담자의 주도적 역할이 필요하며 5단계(상담), 6단계(추수지도)에서는 내담자 역할이 보다 중요하다.

윌리엄슨의 상담모형 6단계

단계		내용
1	분석	태도, 흥미, 지적능력, 적성 등에 관한 자료들을 주관적 · 객관적 방법으로 수집하고 표준화 검사를 실시
2	종합	• 개인의 장점, 단점, 문제, 욕구 등의 정보를 수집, 조정 • 내담자의 특성이나 개별성을 강조하기 위해 자료를 수집
3	진단	• 개인의 교육적 · 직업적 능력과 특성을 비교하여 진로문제의 원인을 파악 • 내담자의 문제 및 뚜렷한 특징을 기술한 자료와 학업, 직업 능력을 비교하여 문제원인 탐색
4	예측	• 가능한 대안 탐색, 대안의 성공 가능성을 예측, 평가 • 문제해결을 위해 내담자가 고려할 대안적 조치 예측
5	상담	• 개인특성에 관한 자료를 중심으로 직업에 적응하기 위한 상담 • 현재, 미래의 적응을 위해 어떻게 해야 할지를 내담자와 함께 상의
6	추수지도	내담자가 행동계획을 잘 실천하고 있는지 결정과정의 적합성을 점검한 뒤 필요한 부분의 보충을 위한 추수지도

16. 샘슨 등(J. Sampson et al.)이 진로욕구의 성격에 따라 분류한 우유부단형 내담자에게 설정할 수 있는 상담과제로 옳지 않은 것은?

① 동기를 개발하는 일
② 자존감을 회복하는 일
③ 결정된 진로를 준비하는 일
④ 가족 갈등을 해소하는 일
⑤ 자아정체감을 형성시키는 일

해설 ③ 진로결정자 유형의 상담과제에 대한 설명이다.

정답 15.① 16.③

진로의사결정 수준에 따른 내담자의 분류

유형	내용	상담과제(목표)
진로결정자	• 자신의 선택이 잘된 것인지 명료화하기를 원하는 내담자 • 자신의 선택을 이행하기 위해 도움이 필요한 내담자 • 진로의사가 결정된 것처럼 보이나 실제로는 결정을 하지 못하는 내담자	• 진로를 결정하게 된 과정을 탐색하는 일 • 진로정보를 충분히 활용하고 있는지 확인하는 일 • 합리적인 과정으로 명백하게 내린 결정인지 확인하는 일 • 결정된 진로를 위해 실행계획을 세워 실천을 돕는 일 • 내담자의 잠재된 가능성을 확인하는 일
진로 미결정자	• 자기이해, 직업정보 혹은 의사결정 능력이 부족한 내담자 • 다양한 적성으로 지나치게 많은 기회를 갖게 되어 진로결정이 어려운 내담자 • 진로결정을 하지 못하지만 성격적으로는 문제가 없는 내담자	• 진로에 대한 탐색 • 구체적인 직업정보의 활용 • 현재 자신의 능력에 대한 구체적인 파악 • 자기이해를 위한 탐색 • 직업정보의 제공 • 의사결정 과정 연습
우유부단형	• 생활에 전반적인 장애를 주는 불안을 동반한 내담자 • 일반적으로 문제해결 과정에서 부적응적인 성격을 지니고 있는 내담자	• 불안이나 우울 감소 • 불확실감의 감소 • 동기의 개발 • 기본적 생활습관의 변화 • 긍정적 자아개념의 확립 • 자아정체감의 형성 • 타인의 평가에 대한 지나친 민감성 극복 • 자존감의 회복 • 열등감의 완화 • 가족의 기대와 내담자의 바람 간 차이 인정 · 가족 갈등 해소 • 부모나 사회에 대한 수동-공격성의 극복

17. 상담자가 다음 질문을 적용하는 진로상담기법은?

- 가족들이 중요하게 생각하고 있는 것은 무엇인가요?
- 부모님의 직업이나 일하시는 모습에 대해 어떤 생각을 해 보았나요?

① 삶의 장 ② 성공경험 ③ 진로가계도
④ 진로자서전 ⑤ 커리어-오-그램

해설 진로가계도

- 진로상담과정에서 활용될 수 있는 하나의 도구로써 진로상담의 '정보수집' 단계에서 유용한 일종의 질적 평가과정
- 진로가계도는 가족상담에서 많이 활용되는 보웬(Bowen, 1980)의 가계도를 진로상담과정에 활용한 것
- 3세대에 걸친 내담자 가족의 윤곽을 그리는 형식과 방법을 제공
- 내담자의 진로정체성 발달과정을 탐색할 수 있으며, 가계도를 그려 나가는 과정에서 내담자의 진로의사결정에 영향을 주는 요인들이 무엇인지 객관적으로 살펴볼 수 있도록 도움을 줌

정답 17.③

18. 진로심리검사에 관한 설명으로 옳지 않은 것은?

① 적성분류검사(Differential Aptitude Test: DAT)는 일반적성검사와 특수적성검사가 있다.
② 진로발달검사(Career Development Inventory: CDI)는 학교적응, 전공선택, 직업선택을 측정한다.
③ 진로의사결정수준검사(Assessment of Career Decision Making: ACDM)는 합리적, 직관적, 의존적 유형을 측정한다.
④ 진로성숙도검사(Career Maturity Inventory: CMI)는 진로계획 태도와 능력을 측정한다.
⑤ 스트롱 흥미검사(Strong Interest Inventory: SII)는 좋아함-무관심-싫어함 정도를 파악하여 직업군에 대한 흥미 형태를 결정한다.

해설 ② 진로발달검사(CDI)는 진로계획, 진로탐색, 의사결정, 일의 세계에 대한 지식, 선호하는 직업에 대한 지식을 측정한다.

19. 다음이 설명하는 검사도구 신뢰도의 추정방법은?

연구자가 동질적인 두 개의 검사를 제작하여 실시한 후, 두 검사점수 간의 상관계수를 구하는 방법이다.

① 동형검사신뢰도
② 반분신뢰도
③ 문항내적합치도
④ 재검사신뢰도
⑤ 구성신뢰도

해설 ① 동형검사신뢰도: 연구자가 개발한 검사와 검사 문항은 다르나 동일한 지식이나 특성들을 측정하는 검사. 두 검사점수 간의 상관계수를 구해서 검사의 신뢰도를 알아보는 방법이다.
② 반분신뢰도: 하나의 검사를 두 개의 반분-검사로 나누어 한 집단에 검사를 실시하는 데 마치 두 개의 동형검사를 동시에 실시한 것과 같이 취급하는 방법이다.
③ 문항내적합치도: 한 검사를 구성하는 문항 각각의 반응의 일치도를 나타내는 지표이다.
④ 재검사신뢰도: 동일한 검사를 일정한 시간 간격을 두고 실시하였을 때 서로 다른 시점에서 얼마나 일관성 있게 반응하는지를 알아보는 추정방법으로 검사점수의 안정성을 나타내는 지표이다.
⑤ '구성신뢰도'라는 용어는 없고 '구성타당도'가 있다. 구성타당도는 측정 대상이 되는 추상적 개념이나 이론이 정확히 측정되었는가를 측정한다.

정답 18.② 19.①

20. 진로정보의 평가 기준으로 옳은 것을 모두 고른 것은?

ㄱ. 정보의 시기	ㄴ. 제공된 장소	ㄷ. 정보의 출처
ㄹ. 정보의 목적	ㅁ. 정보의 수집방법	

① ㄱ, ㄴ ② ㄴ, ㄷ, ㄹ ③ ㄷ, ㄹ, ㅁ
④ ㄱ, ㄴ, ㄷ, ㄹ ⑤ ㄱ, ㄴ, ㄷ, ㄹ, ㅁ

해설 모두 옳은 내용이다.

진로정보의 평가 기준

- 정보의 시기: 언제 만들어진 것인가?
- 제공된 장소: 어느 곳을 대상으로 한 것인가?
- 정보의 출처: 누가 만든 것인가?
- 정보의 목적: 어떤 목적으로 만든 것인가?
- 정보의 수집방법: 자료를 어떤 방식으로 수집하고 제시했는가?

21. 청소년이 학교 내외에서 교과와 비교과 활동에 따른 성취과정을 중심으로 한 포트폴리오 유형은?

① 연구 포트폴리오 ② 교수 포트폴리오 ③ 진로 포트폴리오
④ 취업 포트폴리오 ⑤ 학습 포트폴리오

해설 학습 포트폴리오란 학습자가 스스로 교과 및 비교과 실행 내용을 체계적으로 정리하고 성찰하는 데 목적을 둔 포트폴리오이다.

22. 다음 사례에서 상담자가 설정한 개입은?

> ○ 내담자: 저는 직업을 갖고 싶은데, 대학을 졸업하지 않은 사람은 아무리 노력해도 취업이 안 된다고 들었습니다.
> ○ 상담자: 당신은 대학을 졸업하지 않으면 취업이 안 될까 봐 걱정하시는군요. 대학을 졸업하지 않은 사람들이 취업한 통계를 봅시다.

① 주지화 ② 자기개방 ③ 유도된 상상
④ 논리적 분석 ⑤ 역설적 기법

해설 ④ 사실을 기반으로 접근하는 논리적 분석에 대한 내용이다.
① 주지화: 받아들이기 힘든 감정을 조절하거나 최소화하기 위해 과하게 추상적으로 생각, 이성적으로 해석하는 것이다.

정답 20.⑤ 21.⑤ 22.④

② 자기개방: 상담사가 치료를 목적으로 개인의 정보를 내담자에게 공개하는 것이다.
③ 유도된 상상: 특정 대상 및 상황 등을 상상하도록 유도하는 것이다.
⑤ 역설적 기법: 문제행동이 마치 실제로 일어난 것처럼 상상이나 반응하도록 지시하는 기법이다.

23. 청소년 집단진로상담의 특징으로 옳은 것을 모두 고른 것은?

ㄱ. 자기이해의 기회가 되며 자신의 직업적 적합성을 객관적으로 이해할 수 있다.
ㄴ. 학생들이 공통적으로 필요로 하는 직업정보를 효율적으로 제공할 수 있는 기회가 된다.
ㄷ. 직업계획의 중요성과 직업세계에 대한 전반적인 오리엔테이션의 기회가 된다.
ㄹ. 집단상담 중 개인상담이 필요한 학생을 찾아내는 기회가 된다.

① ㄱ, ㄷ ② ㄱ, ㄹ ③ ㄱ, ㄷ, ㄹ ④ ㄴ, ㄷ, ㄹ ⑤ ㄱ, ㄴ, ㄷ, ㄹ

해설 모두 옳은 내용이다.

청소년 집단진로상담의 장단점

장점	• 한정된 시간에 여러 명의 구성원이 도움을 받을 수 있다는 점에서 효율적 • 개인상담과는 다르게 함께 참여하는 구성원이 성장의 원동력으로 작용 • 활용범위의 다양성 • 개인상담에 비해 접근이 수월하고 집단의 목표와 자신의 참가목표를 미리 살펴보고 선택할 수 있음 • 사회적 관계를 경험할 수 있음. 진로와 관련된 직접 도움뿐 아니라 사회적 관계 부분에서도 성장의 기회가 될 수 있음
단점	• 비밀을 보장하는 측면에서 한계가 있음 • 소극적인 성격을 지녔거나 자신에 대한 개방이 어려운 구성원의 경우 충분한 도움을 받기 어려울 수 있음 • 집단 구성원에 따라 집단상담의 효과가 다양하게 나타날 수 있음

24. 사이버 진로상담의 장점에 해당하는 것을 모두 고른 것은?

ㄱ. 시공간 제약의 초월
ㄴ. 문제 외재화(externalization)의 용이성
ㄷ. 영구적인 기록 가능
ㄹ. 슈퍼비전과 자문의 용이성

① ㄱ, ㄴ ② ㄷ, ㄹ ③ ㄱ, ㄴ, ㄷ
④ ㄴ, ㄷ, ㄹ ⑤ ㄱ, ㄴ, ㄷ, ㄹ

해설 모두 해당한다.

사이버 진로상담의 장점

• 시공간 제약의 초월
• 영구적인 기록 가능
• 슈퍼비전과 자문의 용이성
• 문제 외재화의 용이성
• 상담과정에서 평등성 확보

정답 23.⑤ 24.⑤

25. 여성 진로상담에 관한 설명으로 옳지 않은 것은?

① 성역할 고정관념 내면화 가능성을 알아본다.

② 직장에서 부딪히는 성불평등적 요소에 대하여 자신의 의견을 표현할 수 있도록 돕는다.

③ '슈퍼우먼 증후군'을 앓고 있는 여성에 대해 인지적 재구조화를 시도하도록 한다.

④ 직업탐색 기술을 증진시키고자 할 때는 성불평등적인 요소들을 미리 파악하여 대응할 수 있도록 한다.

⑤ 경력단절의 가능성을 고려하여 단기적인 진로설계를 격려한다.

해설 여성 진로상담 시엔 경력단절의 가능성을 고려하여 장기적인 진로설계를 격려한다.

여성 진로상담의 특징

- 성역할 고정관념의 내면화 가능성을 고려한다.
- 경력단절을 고려하여 장기적인 진로설계를 격려한다.
- 내담자의 직장에서의 유리천장 극복방안을 함께 논의한다.
- '슈퍼우먼 증후군'을 앓고 있는 여성에 대해 인지적 재구조화를 시도하도록 한다.
- 직업탐색 기술을 증진시키고자 할 때는 성불평등적인 요소들을 미리 파악하여 대응할 수 있도록 한다.
- 직장에서 부딪히는 성불평등적 요소에 대해 자신의 의견을 표현할 수 있도록 돕는다.

정답 25.⑤

◆ 진로상담

제1과목 선택 2021년 기출문제 및 해설

1. 슈퍼(D. Super)의 발달모형에 바탕을 둔 진로상담 과정을 순서대로 옳게 나열한 것은?

ㄱ. 접수면접	ㄴ. 진로발달사정
ㄷ. 상담목표설정	ㄹ. 자료통합과 내러티브 해석
ㅁ. 상담절차와 과정	

① ㄱ－ㄴ－ㄷ－ㄹ－ㅁ
② ㄱ－ㄴ－ㄷ－ㅁ－ㄹ
③ ㄱ－ㄴ－ㄹ－ㄷ－ㅁ
④ ㄱ－ㄴ－ㅁ－ㄷ－ㄹ
⑤ ㄱ－ㄷ－ㄴ－ㄹ－ㅁ

해설 슈퍼는 '접수면접 – 진로발달사정 – 자료통합과 내러티브 해석 – 상담목표설정 – 상담절차와 과정'으로 발달모형에 바탕을 둔 진로상담과정을 설명하였다.

- 슈퍼는 긴즈버그(Ginzberg)의 진로발달이론을 비판 및 보완하여 생애진로 발달이론을 전개하였다.
- 진로발달을 전 생애에 걸친 과정으로 보고 5단계의 진로발달단계를 제시하였다.
  : 성장기 – 탐색기 – 확립기 – 유지기 – 쇠퇴기
- 직업선택을 타협과 선택이 상호작용하는 일련의 상호작용으로 바라보았다.
- 진로지도를 개인의 특성과 직업을 매칭하는 과정으로 보았다.
- '자기개념'을 이론의 핵심에 놓았으며 진로성숙도 검사를 주로 활용한다.

2. 진로상담과정에서 발생할 수 있는 저항에 해당하지 않는 것은?

① 자신이 바라거나 바라지 않던 통찰에 참여하기
② 상담자의 상담방법을 이유 없이 비난하기
③ 책임지기를 두려워하여 진로의사결정을 회피하기
④ 반복적으로 상담시간에 연락 없이 오지 않기
⑤ 상담시간에 계속 침묵하기

해설 진로상담과정 중에는 상담에 대한 두려움, 책임지는 것에 대한 두려움, 비합리적 신념 등으로 인해 저항이 나타날 수 있다. 노출에 대한 두려움도 그중 하나로써, 자신이 바라지 않았던 통찰을 하게 되는 것에 대한 저항이 나타난다.

정답 1.③ 2.①

3. 다문화 진로상담에 관한 내용으로 옳은 것은?

① 다문화에 대한 사회인식은 고려사항이 아니다.
② 내담자가 한국문화를 따르도록 한다.
③ 내담자의 문화에 대한 일반적인 생각을 알 필요는 없다.
④ 다문화에 대한 상담자의 지식과 인식은 중요하다.
⑤ 구성주의 진로상담이론은 다문화 내담자를 이해하는 데 도움이 되지 않는다.

해설 ④ 다문화 진로상담에서 다문화에 대한 상담자의 지식과 인식은 중요하다.

① 다문화 내담자가 상대적으로 낮은 진로포부를 가진다면 진로정보의 제한이나 교육적 불평등 등 사회적 맥락 요인 또한 중요하게 고려되어야 한다. 따라서 다문화에 대한 사회인식 또한 고려사항에 포함된다.

② 다문화 내담자들은 본국의 문화에 대해 존중, 이해받고자 하는 강한 욕구를 가진다. 상담자는 내담자의 본국 문화에 대해 존중하는 태도를 보여 주어야 한다.

③ 다문화 내담자를 진단할 때 내담자의 문화적 배경과 그에 따른 어려움과 욕구를 제대로 파악해야 한다. 평가 도구를 선택할 시에도 측정되는 구성개념이 다른 문화를 가진 내담자에게 동일한 의미를 지니는지 검토해야 한다. 문화에 대한 일반적인 생각은 문화적 맥락의 이해를 위해 파악할 필요가 있다.

⑤ 구성주의 진로상담이론에서는 개인이 진로에 관해 만들어 낸 자신만의 내러티브 속에서 스스로 진로를 구성하며 생애주제와 발달과업을 찾아간다고 믿는다. 이러한 관점은 다문화 내담자를 이해하는 데 도움이 된다.

4. 가이스버스(N. Gysbers)와 무어(E. Moore)가 목표설정을 위하여 사용하는 진로상담 기법은?

① 생애진로무지개(Life Career Rainbow) ② 사다리 기법(Laddering Techniques)
③ 생애진로사정(Life Career Assessment) ④ 진로 가계도(Career Genogram)
⑤ 면담 리드(Interview Leads)

해설 ⑤ 가이스버스와 무어가 목표설정을 위해 사용한 진로상담 기법은 면담 리드(interview leads)이다. 상담 초기 내담자가 진로에 대한 자신의 욕구와 목표를 명확하게 진술하는 것이 매우 중요하므로 내담자의 목표 진술과 자기표현을 돕기 위해 상담자는 면담 리드 기술을 사용하여 이를 이끌어 낸다.

① 생애진로무지개(life career rainbow): 슈퍼는 진로발달과정을 자기실현 및 생애발달 과정으로 보고, 생활영역에서의 진로발달을 나타내는 생애진로무지개를 제시하였다. 역할을 의미하는 생애공간(life space)과 연령에 따른 발달단계를 의미하는 생애주기(life span)를 두 축으로 하는데 개인의 현재 생애의 역할과 진로성숙은 이 두 가지 축의 교차지점으로 나타나게 된다.

② 사다리 기법(laddering techniques): 진로선택 구조를 찾기 위해 이용되는 기법으로 여러 직업 중 선호하는 직업구조를 선택하는 과정이다.

③ 생애진로사정(life career assessment): 아들러(Adler)의 개인심리학에 이론적인 바탕을 두고 내담자의 특성을 파악하기 위한 구조화된 면접방법이다. 상담자는 내담자의 정보를 체계적으로 수집할 수 있으며 내담자는 지나온 경험을 정리하며 자신에 대한 이해를 넓히는 동시에 일과 사람에 대한 자신의 삶의 태도를 알아 갈 수 있다.

④ 진로 가계도(career genogram): 보웬(Bowen)의 가계도를 진로상담에 맞게 응용하여 3대에 걸친 내담자 가족의 진로를 탐색하는 기법으로 질적 평가방법 중의 하나이다.

정답 3.④ 4.⑤

5. 고용노동부 워크넷(www.work.go.kr)에서 제공하는 청소년 대상 직업심리검사를 모두 고른 것은?

ㄱ. 청소년 직업흥미검사	ㄴ. 대학전공(학과) 흥미검사
ㄷ. 고등학생 적성검사	ㄹ. 청소년 의사결정유형검사
ㅁ. 초등학생 진로인식검사	

① ㄱ, ㄴ, ㄷ
② ㄱ, ㄹ, ㅁ
③ ㄷ, ㄹ, ㅁ
④ ㄱ, ㄴ, ㄷ, ㄹ
⑤ ㄱ, ㄴ, ㄷ, ㅁ

해설 ㄹ. 청소년 의사결정유형검사는 워크넷에서 제공하는 청소년 대상 직업심리검사에 포함되지 않는다. 하렌의 진로의사결정유형척도문항을 번안하여 고향자 교수가 개발한 '진로의사결정유형검사'는 워크넷 심리검사에는 포함되지 않는다.

고용노동부 워크넷(www.work.go.kr)의 청소년 대상 직업심리검사

1) 고등학생 적성검사
2) 직업가치관검사
3) 초등학생 진로인식검사
4) 청소년 인성검사
5) 청소년 직업흥미검사
6) 중학생 진로적성검사
7) 중학생 흥미탐색검사
8) 청소년 진로발달검사
9) 고등학생 진로발달검사
10) 대학전공(학과) 흥미검사

6. 진로성숙도검사(CMI)에 관한 설명으로 옳은 것은?

① 크라이츠(J. Crites)의 진로의사결정모형에 근거하여 개발되었다.
② 진로계획태도와 진로행동을 측정하기 위하여 개발되었다.
③ 진로행동은 자기평가, 직업정보, 목표선정, 계획, 문제해결을 측정한다.
④ 진로계획태도는 자아존중감, 책임감, 타협성, 의존성을 측정한다.
⑤ 한국교육개발원에서 개발한 한국형 진로성숙도 검사는 태도, 능력, 행동 세 가지 측면을 측정한다.

해설 ⑤ 한국교육개발원에서 개발한 한국형 진로성숙도 검사는 태도, 능력, 행동 세 가지 측면을 측정한다.
① 진로성숙도검사(Career Maturity Inventory: CMI)는 크라이츠(J. Crites)의 진로발달모형에 근거하여 초6~고3 학생을 대상으로 개발되었다.
② 진로계획 태도와 진로계획 능력을 측정하기 위하여 개발되었다.
③ 진로계획 능력 척도는 자기평가, 직업정보, 목표선정, 계획, 문제해결 등을 측정한다.
④ 진로계획 태도 척도는 참여도, 결정성, 성향, 독립성, 타협성 등을 측정한다.

정답 5.⑤ 6.⑤

7. **베츠(N. Betz)와 해켓(G. Hackett)의 이론에서 5가지 진로상담전략으로 옳은 것은?**

① 자기정체감 점검 및 강화
② 과정평가의 탐색과 현실성 강화
③ 환경적 영향의 검토
④ 진로준비정서의 촉진
⑤ 진로의사결정 유형 점검

해설 베츠와 해켓은 반두라(Bandura)의 사회학습이론의 '자기효능감의 역할'에 주목하여 여성의 진로발달을 설명하는 사회인지 진로이론(Social Cognitive Career Theory: SCCT)을 발전시켰다. 이들은 자기효능감, 결과기대, 개인적 목표, 개인변인과 환경변인, 진로장벽 등을 강조하였으며, 진로상담전략으로 자기효능감 점검 및 강화, 결과기대에 대한 신념, 진로장벽의 탐색 및 제거, 제외된 진로대안의 확인, 환경적 영향 검토를 제시했다.

베츠와 해켓의 진로상담전략

1) 자기효능감 강화: 내담자의 낮은 자기효능감을 스스로 변화시킬 수 있도록 돕는다.
2) 결과기대: 비현실적 기대를 확인하고, 결과기대에 대한 신념을 얻도록 돕는다.
3) 진로장벽의 탐색 및 제거: 진로대안의 실행에 방해되는 진로장벽을 명확하게 인식하고 감소방안을 찾는다. 가치관, 성별, 문화적 영향 등의 장벽을 이해하고 극복한다.
4) 제외된 진로대안의 확인: 내담자가 대안에서 제외했던 진로를 탐색하여 가능성을 확장시킨다.
5) 환경적 요인의 영향 검토: 환경적 요인의 영향과 그로 인해 제외된 학습경험 중 보완 가능한 것을 탐색한다.

8. **구성주의 진로상담 과정과 기법에 관한 설명으로 옳은 것은?**

① '구성－해체－재구성－협력구성'의 내러티브 방식을 기본으로 한다.
② 개인의 생활이나 정체성을 변화시키기 위해서는 환경을 변화시켜야 한다.
③ 진로상담과정에서 진로양식면접을 최소화하고, 표준화된 검사실시와 결과의 해석을 주로 사용한다.
④ 내담자의 내러티브 이야기 자체는 다른 사람과의 비교를 통하여 얻어진 평균적인 경험이라고 본다.
⑤ '문제확인－주관적 정체성 탐색－문제 재정의－관점확대－정체성 실현을 위한 행동정의－추수지도' 단계로 이루어진다.

해설 ① 사비카스(M. Savickas)가 슈퍼(Super)의 초기 진로발달이론을 현대적으로 확장하여 제시한 구성주의 진로상담은 '구성－해체－재구성－협력구성'의 내러티브 방식을 기본으로 한다.
② 구성주의 진로상담에서는 내러티브 접근법을 중요시한다. 개인의 생활이나 정체성을 변화시키기 위해서는 개인이 지닌 스토리가 변화되어야 한다.
③ 진로상담과정에서 표준화된 검사실시와 결과의 해석을 최소화하고, 진로양식 면접을 주로 사용한다.
④ 내담자의 내러티브 이야기 자체는 환경과의 상호작용 속에서 각자가 해석한 고유한 자신만의 경험이라고 본다.
⑤ '문제확인－주관적 정체성 탐색－관점확대－문제 재정의－정체성 실현을 위한 행동정의－추수지도' 단계로 이루어진다.

정답 7.③ 8.①

9. 다음 중 청소년 진로집단상담에서 고려해야 할 것을 모두 고른 것은?

ㄱ. 사전 요구 조사를 통하여 집단상담 프로그램의 목표를 설정하기
ㄴ. 진로집단상담에 필요한 다양한 자료와 활동을 조사하여 프로그램 만들기
ㄷ. 집단상담 실시에 필요한 공간과 준비물 등 환경적 요소들을 고려하기
ㄹ. 변화 정도를 알아볼 수 있는 방법과 절차 만들기

① ㄱ, ㄹ
② ㄷ, ㄹ
③ ㄱ, ㄴ, ㄷ
④ ㄴ, ㄷ, ㄹ
⑤ ㄱ, ㄴ, ㄷ, ㄹ

해설 모두 청소년 진로집단상담의 고려사항에 해당된다.

청소년 진로집단상담의 고려사항
- 사전 요구 조사를 통한 집단상담 프로그램의 필요성 확인
- 진로집단상담의 목표 수립
- 다양한 자료와 활동을 조사하여 프로그램 만들기
- 집단원의 구성
- 집단상담 일정 및 회기
- 집단상담 실시를 위한 환경조성(공간과 준비사항)
- 변화의 정도를 확인할 방법과 절차 마련

10. 청소년 진로상담에서 사용하는 심리검사와 사용목적과의 연결이 옳은 것은?

① 슈퍼(D. Super)의 CDI – 진로결정유형 측정
② 홀랜드(J. Holland)의 SDS – 직업적 성격특성 측정
③ 크롬볼츠(J. Krumboltz)의 CDS – 진로 미결정 선행조건 측정
④ 다위스(R. Dawis)와 롭퀴스트(L. Lofquist)의 MIQ – 진로문제해결과 진로의사결정에서의 역기능적 사고 측정
⑤ 피터슨(G. Peterson), 샘슨(J. Sampson) 등의 CTI – 20가지 작업 요구와 가치에 대한 개인의 중요도 측정

해설 ② 홀랜드의 자기탐색검사(Self Directed Search: SDS)는 직업적 성격특성 측정을 목적으로 한다.
① 슈퍼의 진로발달 검사(Career Development Inventory: CDI) – 진로발달수준 측정
③ 크롬볼츠의 진로신념검사(Career Beliefs Inventory: CBI) – 진로 신념 측정
- 오시포의 진로결정척도(Career Decision Scale: CDS) – 진로 미결정 선행조건 측정

④ 다위스와 롭퀴스트의 미네소타 중요성 질문지(Minnesota Importance Questionnaire: MIQ) – 직업적응 이론에 기초한 검사로 업무환경에 대한 욕구, 가치관 측정
⑤ 피터슨, 샘슨 등의 진로사고검사(Career Thoughts Inventory: CTI) – 진로문제해결과 진로의사결정과정의 역기능적 사고 측정

정답 9.⑤ 10.②

11. 진로상담에서 심리검사를 활용할 때 옳은 것은?

① 시간이 오래 걸리더라도 검사는 많이 할수록 좋다.

② 검사를 선택할 때 검사문항보다 검사지명을 보고 선택한다.

③ 신뢰도와 타당도가 갖추어진 검사를 선택한다.

④ 절대적인 정보를 제공하는 검사를 활용한다.

⑤ 검사결과를 활용할 때에는 강점만 활용하고 약점은 제외한다.

해설 ③ 진로상담에서 심리검사를 활용할 때, 신뢰도와 타당도가 갖추어진 검사를 선택한다.
① 너무 많은 검사를 실시함으로써 검사결과에 대한 충분한 검토가 부족해지는 일이 없도록 해야 한다.
② 검사명만으로 성급하게 판단해서는 안 된다. 검사 문항들이 검사목적에 적절한지 잘 검토해야 한다.
④ 검사결과는 이해의 수단으로 활용되어야 하며 검사를 통해 얻은 정보를 절대적인 것으로 간주되어서는 안 된다.
⑤ 검사결과를 활용할 때에는 강점과 약점을 통합적, 객관적으로 검토해야 한다.

12. 다음 사례에 제시된 내담자에 대한 상담자의 개입으로 옳지 않은 것은?

다미는 다른 친구들이 장래에 하고 싶은 것을 정하여 관련된 방과후 활동을 하는 것을 보면 부러웠다. 자기는 아직 무엇을 해야 할지, 무엇을 원하는지도 모르는 것 같아서 답답하다.

① 직업세계에 대한 탐색

② 자기이해를 위한 탐색

③ 선택된 진로과정 점검

④ 진로관련 심리검사 실시

⑤ 진로관련 의사결정 연습

해설 보기의 내담자는 진로미결정 단계에 머물러 있다고 볼 수 있다. 이 단계에서는 자기이해와 직업세계에 대한 탐색이 우선적으로 필요하다. 상담자는 진로정보의 제공, 진로동기의 부여, 진로관련 심리검사의 실시, 진로관련 의사결정 연습 등을 통해 내담자를 도와주어야 한다. 선택된 진로과정의 점검은 진로결정자를 위한 개입에 해당한다.

정답 11.③ 12.③

13. 다음 사례에 나타난 진로상담 단계는?

> ○ 상담자: 우리가 처음 약속한 대로 지금까지 상담을 하면서 다미에게 도움이 되었던 것이 무엇이 있을까?
> ○ 내담자: 저에게 많은 일들이 있었어요. 먼저 이렇게 자세히 누구와 내가 하고 싶은 일에 대하여 이야기해 본 적이 없었어요. 특히 부모님에게 제가 하고 싶은 일에 대하여 용기를 내어서 이야기해 보았던 것이 무엇보다 좋았어요. 생각보다 많이 이해해 주셨어요.
> ○ 상담자: 하고 싶은 이야기를 누구에게 해 보고 특히 부모님에게 이야기했더니 네가 생각했던 것보다 더 이해해 주셨다는 말이구나. 그런데 혼자 지내다 보면 이런 고민이 다시 생길 수도 있는데….
> ○ 내담자: 네, 선생님. 이제 혼자서 고민하는 것도 중요하지만, 선생님이나 부모님 그리고 여러 사람에게 물어보고 고민을 할 것입니다.

① 상담초기면접 ② 상담관계형성 ③ 상담목표 설정
④ 상담구조화 ⑤ 상담종결하기

해설 사례에서 상담자는 처음 합의한 상담목표가 달성이 되었는지, 상담과정을 통해 내담자가 어떠한 도움을 받아 어떠한 변화를 이루었는지를 확인한다. 또한 상담이 끝난 후에 문제가 재발할 경우 어떻게 대처할지에 대해서도 묻고 있다. 이는 상담종결 단계의 작업내용에 해당한다.

14. 슈퍼(D. Super)의 생애진로발달이론에서 제안한 진로발달단계 순서로 옳은 것은?

> ㄱ. 탐색기 ㄴ. 성장기
> ㄷ. 유지기 ㄹ. 확립기
> ㅁ. 쇠퇴기

① ㄱ－ㄴ－ㄹ－ㄷ－ㅁ ② ㄱ－ㄹ－ㄷ－ㄴ－ㅁ
③ ㄴ－ㄱ－ㄹ－ㄷ－ㅁ ④ ㄴ－ㄷ－ㄱ－ㄹ－ㅁ
⑤ ㄴ－ㄹ－ㄱ－ㄷ－ㅁ

해설 슈퍼는 생애진로발달이론에서 '성장기 – 탐색기 – 확립기 – 유지기 – 쇠퇴기'로 진로발달단계를 설명하였다.

슈퍼의 생애진로발달이론

- 슈퍼는 개인의 진로발달이 다음 5단계에 걸쳐 이루어진다고 설명했다.
  : 성장기 – 탐색기 – 확립기 – 유지기 – 쇠퇴기
- 후기 이론에서 슈퍼는 5단계의 대순환 과정의 각 단계마다 다음의 4단계 소순환이 반복적으로 일어난다고 제시하였다.
  : 탐색기 – 확립기 – 유지기 – 쇠퇴기

정답 13.⑤ 14.③

15. 다음 대화 중 청소년 진로상담의 목표에 관한 진술로 옳지 않은 것은?

> A: "청소년 진로상담은 자신에 대해 정확하게 이해하는 것이 중요하다고 생각해."
> B: "자신의 특성뿐만 아니라 직업세계에 대해서도 충분히 이해할 수 있으면 좋지."
> C: "아직 청소년이니까 진로정보탐색이나 활용은 필요하지 않아."
> D: "청소년기에도 진로정보탐색은 합리적인 의사결정 능력을 기르는 데 필요해."
> E: "올바른 직업관과 태도를 습득하는 것도 중요하지."

① A
② B
③ C
④ D
⑤ E

해설 ③ 미래의 급변하는 직업세계에 적응하기 위해서 청소년기에 진로정보 탐색과 활용능력을 기르는 것은 매우 중요하다.

청소년 진로상담의 목표
- 자신의 특성에 대한 정확한 이해
- 직업 세계에 대한 충분한 이해
- 진로정보 탐색과 활용능력 기르기
- 합리적 의사결정 능력 기르기
- 올바른 직업관과 태도 습득

16. 청소년을 대상으로 하는 진로상담에 관한 내용으로 옳지 않은 것은?

① 진로상담전문가 양성에 중점을 둔다.
② 상담윤리를 지키며 진행한다.
③ 내담자의 문제를 내담자의 입장에서 이해한다.
④ 내담자마다 성격, 적성, 흥미 등이 다름을 고려한다.
⑤ 내담자의 잠재력을 발견하고 발현될 수 있도록 돕는다.

해설 청소년 진로상담에서는 자기특성 이해와 직업세계 이해에 중점을 둔다. 진로상담전문가 양성은 진로상담의 일반적인 목표로 볼 수 없다.

정답 15.③ 16.①

17. 진로상담이론에 관한 설명으로 옳지 않은 것은?

① 다위스(R. Dawis)와 롭퀴스트(L. Lofquist)의 직업적응이론에서 성격은 성격양식과 성격구조로 설명된다.

② 파슨스(F. Parsons)의 특성 · 요인이론은 개인과 직업 특성의 합리적인 연결을 강조한다.

③ 홀랜드(J. Holland) 이론은 개인이 자신의 특성과 유사한 직업환경을 선호하는 경향이 있다고 보았다.

④ 사비카스(M. Savickas)의 구성주의 진로이론에서 생애주제란 진로와 관련된 각 개인의 능력, 욕구, 흥미를 의미한다.

⑤ 로우(A. Roe)의 이론에서 비즈니스직은 다른 사람이 어떤 행동을 하도록 설득하는 데 초점을 둔 직업군이다.

해설 ④ 사비카스는 슈퍼의 초기 진로발달이론을 현대적으로 확장하여 구성주의 진로이론을 제시하였다. 생애주제(life theme) 역시 슈퍼를 계승한 것으로 일종의 자기개념이라고 할 수 있다. 자신만의 독특한 경험을 통해 형성되는 생애주제는 삶을 통해 해결해 나가야 할 문제 또는 달성해야 하는 가치를 나타낸다. 각 개인은 자신의 생애주제를 활용하여 의미 있는 직업을 선택하고 그 역할에 적응하게 된다.

18. 크롬볼츠(J. Krumboltz)의 사회학습이론에 관한 설명으로 옳은 것을 모두 고른 것은?

ㄱ. 학습경험은 도구적 학습과 연합적 학습으로 이루어진다.
ㄴ. 계획한 일이 운명처럼 다가오는 것을 계획된 우연(planned happenstance)이라 한다.
ㄷ. 관찰을 통해 어떤 직업에 대해 호감을 갖는 경험은 도구적 학습에 포함된다.
ㄹ. 호기심, 인내심, 융통성, 낙관성, 위험감수는 우연한 사건을 진로에 유리하게 활용하는 기술이다.
ㅁ. 선천적 능력, 환경 상황과 사건들, 학습경험, 과제접근기술 등은 진로선택에 영향을 미친다.

① ㄱ, ㄴ, ㄷ　② ㄱ, ㄹ, ㅁ　③ ㄴ, ㄷ, ㄹ
④ ㄴ, ㄹ, ㅁ　⑤ ㄷ, ㄹ, ㅁ

해설 ㄴ. 계획된 우연이론은 진로에 영향을 미치는 요인 중에 '개인이 통제하기 힘든 '우연'의 존재를 인정하고 이러한 우연을 자신에게 유리하게 만들기 위한 준비와 대응으로 다섯 가지 기술(호기심, 인내심, 유연성, 낙관성, 위험감수)을 제시한다. 이후 '우연학습이론'으로 발전하였다.
ㄷ. 크롬볼츠의 사회학습이론에서는 2가지 유형의 학습경험(도구적 학습, 연상적 학습)을 제시한다. 도구적 학습이란 정적 또는 부적 강화를 받을 때 나타나게 되고 연상적 학습이란 감정적으로 중립적인 과거의 경험을 정서적으로 비중립적인 경험과 연결시킬 때 일어난다. 관찰이나 간접적 학습경험도 연상적 학습에 해당된다.

제2교시 제1과목 선택

정답 17.④ 18.②

19. 다음이 설명하는 갓프레드슨(L. Gottfredson)의 진로포부 발달단계는?

- 남녀 성역할 차이에 대해 인식하면서 고정관념을 형성하게 된다.
- 자기개념과 불일치하는 성별 관련 직업을 배제하기 시작하고, 수용 가능한 성유형 경계선을 형성한다.

① 크기와 힘 지향 단계
② 외적 자아 확립 단계
③ 사회적 가치 지향 단계
④ 성역할 지향 단계
⑤ 내적 자아 확립 단계

해설 갓프레드슨은 진로포부 발달 4단계를 제시했으며 2단계에서 성역할과 자기개념에 관해 설명하고 있다.

갓프레드슨의 진로포부 발달 4단계

- 여성 진로학자인 갓프레드슨은 진로포부 형성을 발달적 관점에서 보고자 하였다.
- 사회계급과 인종에 관계없이 직업적 포부의 수준에서 남녀 간 성차가 나타나는 현상을 이론으로 정리하였다.
- 진로포부 형성은 다음의 과정을 거치면서 스스로 포부수준을 제한하고 타협하게 된다고 보았다.

단계	내용	
1단계 (3~5세)	크기와 힘 지향	성인의 역할을 통해 직업을 인식한다.
2단계 (6~8세)	성역할 지향	• 이분법적이고 단순한 수준으로 직업을 구분한다. • 성역할 고정관념 형성의 시기로 성별과 관련된 자기개념과 불일치할 것으로 보이는 직업을 배제하기 시작한다.
3단계 (9~13세)	사회적 가치 지향	사회적 지위에 대한 개념을 형성하게 되어 자신의 능력으로 불가능하거나 준거집단에서 수용 불가능한 직업 대안을 제거하는 방식으로 직업을 탐색한다.
4단계 (14세 이상)	내적 자아 확립	• 자신을 잘 이해하게 되고 내적 반성능력이 향상됨에 따라 지각하고 있는 자기개념과 잘 호응하는 직업을 탐색한다. • 가장 수용 가능한 직업선택지를 구체화한다.

20. 다음 중 하렌(V. Harren)의 진로의사결정유형이론에 관한 설명으로 옳은 것을 모두 고른 것은?

ㄱ. 진로의사결정단계는 '인식-계획-확신-이행'이다.
ㄴ. 진로의사결정유형은 개인이 진로결정을 내릴 때 선호하는 접근방식이다.
ㄷ. 진로의사결정유형은 '합리적 유형, 직관적 유형, 의존적 유형, 중립적 유형'이다.
ㄹ. 합리적 유형은 의사결정의 기초로 상상과 정서적 자각을 사용한다.

① ㄱ, ㄴ
② ㄱ, ㄷ
③ ㄷ, ㄹ
④ ㄱ, ㄴ, ㄷ
⑤ ㄴ, ㄷ, ㄹ

해설 ㄷ. 하렌은 진로의사결정유형을 세 가지 유형, 즉 합리적 · 직관적 · 의존적 유형으로 분류했다.
ㄹ. 합리적 유형은 논리적이고 체계적 접근을 의미한다. 직관적 유형은 의사결정을 내적인 감정적 상태에 기반하여 상상과 정서적 자각을 사용한다. 의존적 유형은 결정에 대한 자기 책임을 거부하고 주변의 가족, 친구, 동료 등에 책임을 전가하는 특징을 보인다.

정답 19.④ 20.①

21. 슐로스버그(N. Schlossberg) 등이 제시한 진로전환상담에 관한 내용으로 옳지 않은 것은?

① 전환의 개념을 결혼이나 출산과 같은 명백한 삶의 변화로 제한하였다.
② 진로전환에는 양가적인 특성이 있다.
③ 개인의 진로전환에 영향을 주는 네 가지 요소(4S)는 자아(Self), 지원(Support), 상황(Situation), 전략(Strategies)이다.
④ 진로전환의 증진요인으로는 경제적 안정, 정서적 안정, 건강, 전환 기술, 지지적 직업환경, 전환에 대한 지지 등이 있다.
⑤ 진로전환검사(CTI)는 준비도, 자기효능감, 지각된 지지, 내외적 통제, 자기중심-관계중심(independence-interdependence)으로 구성된다.

해설 슐로스버그는 진로전환의 개념을 매우 포괄적으로 제시하였다. 졸업, 취업, 결혼, 출산과 같은 명백한 삶의 변화에서부터 진로포부의 상실, 예상했던 사건의 미발생(예 기대했던 승진의 탈락)과 같은 미묘한 경우도 이에 해당된다.

학습 plus

진로전환검사(Career Transition Inventory: CTI)

- 헤프너와 멀톤, 존스톤(Heppner, Multon, & Johnston, 1994)은 진로전환검사를 개발하고 준비도, 자신감, 통제감, 지각된 지지, 의사결정의 독립성이라는 다섯 가지 하위요인을 제시했다.
  1) 준비성(readiness): 진로전환을 하려고 동기화되어 있는 정도
  2) 자신감(confidence): 성공적인 전환을 할 수 있다는 자기효능감
  3) 통제감(control): 스스로 의사결정을 할 수 있다고 느끼는 정도
  4) 지각된 지지(perceived support): 타인으로부터 받고 있다고 느끼는 지지의 정도
  5) 의사결정 독립성(decision independence): 자신의 욕구에 따라 결정을 내리는 정도
- 진로전환 검사에서는 직업적 상황에서 개인이 어떤 역할을 수행하고 싶은지, 타인과 어떻게 상호작용하고 싶은지 등을 파악하기 위해 자기중심적인 성향과 관계중심적인 성향을 구분하여 측정한다.
- 진로사고검사(Career Thoughts Inventory: CTI)와의 구분: 자기정보 영역, 직업정보 영역, 의사결정 기술영역에 대한 질문을 통해 의사결정 혼란, 수행불안, 외적 갈등 등 진로결정을 어렵게 하는 개인의 역기능적, 부정적 사고를 측정하는 진로사고검사와 구분한다.

22. 다음 중 다위스(R. Dawis)와 롭퀴스트(L. Lofquist)의 직업적응이론에 관한 설명으로 옳은 것을 모두 고른 것은?

ㄱ. 일과 관련된 가치관은 스트롱(strong) 흥미검사로 평가할 수 있다.
ㄴ. 직업적응과 관련된 주요 지표는 만족과 충족이다.
ㄷ. 만족은 직업에서 요구하는 과제와 이를 수행할 수 있는 개인의 능력을 말한다.
ㄹ. 직업적응은 유연성, 적극성, 반응성, 인내와 같은 적응양식이 영향을 미친다.

① ㄱ, ㄴ ② ㄱ, ㄷ ③ ㄴ, ㄷ ④ ㄴ, ㄹ ⑤ ㄷ, ㄹ

정답 21.① 22.④

해설 ㄱ. 직업적응이론에 기반하여 일과 관련된 가치관을 평가하는 검사는 미네소타 직업가치검사(Minnesota Importance Questionnaire: MIQ)이다. 6가지 직업가치와 21가지 직업 관련 욕구를 측정한다.

ㄷ. 직업적응과 관련되는 두 가지 중요한 개념으로 만족과 충족을 제시했다. 만족은 조화의 내적 지표로서 개인의 욕구를 직업환경이 얼마나 채워 주는지에 대한 개인의 평가를 의미한다. 충족은 조화의 외적 지표로서 직업에서 요구하는 과제와 이를 수행할 수 있는 개인의 능력을 말한다.

23. 다음이 설명하는 사회인지진로이론(SCCT)의 개념으로 옳은 것은?

- 어떤 과업을 수행했을 때 자신 또는 타인에게 일어날 일에 대한 믿음을 의미한다.
- 내가 이 일을 하면 어떤 상황이 벌어질까에 대한 예측으로, 이 예측에는 물리적 보상, 사회적 평가, 자신에 대한 평가 등 다양한 측면이 포함된다.

① 선택모형 ② 결과기대 ③ 자기효능감
④ 흥미발달모형 ⑤ 개인변인과 환경변인

해설 1981년 베츠(Betz)와 해켓(Hackett)은 여성의 진로발달을 설명하기 위해 반두라(Bandura)의 사회학습이론에 기반한 사회인지진로이론(SCCT)을 제시하였다. 이 이론의 주요 개념에는 자기효능감, 결과기대, 목표, 진로장벽 등이 있으며 진로행동 모형으로서는 흥미모형, 선택모형, 수행모형이 있다. 보기의 내용은 주요 개념 중 하나인 결과기대에 대한 설명이다.

24. 다음 이론을 주장한 학자는?

- 개인은 분화와 통합을 통해 직업정체감을 형성해 나감
- 직업자아정체감은 의사결정을 되풀이하는 과정에서 성숙해짐
- 진로의사결정 과정을 예측 4단계(탐색－구체화－선택－명료화)와 실행 3단계(적응－개혁－통합)로 구분함

① 갓프레드슨(L. Gottfredson)
② 블라우(P. Blau)
③ 타이드만(D. Tiedeman)과 오하라(R. O'Hara)
④ 카크런(L. Cochran)
⑤ 아들러(A. Adler)

해설 **타이드만과 오하라의 진로발달이론**

- 타이드만과 오하라는 진로발달을 생애진로의 관점에서 지속적인 분화와 통합을 통해 직업정체감을 형성해 나간다고 보았다.
- 타이드만과 오하라의 이론에서 직업정체감은 의사결정의 과정을 반복하면서 성숙해진다.
- 개인의 의사결정과정을 예측기와 실행기로 나누고 각각 4단계와 3단계의 하위 과정을 제시했다.

정답 23.② 24.③

25. '학자–진로상담이론–개념'의 연결이 옳지 않은 것은?

① 로우(A. Roe)–욕구이론–심리적 욕구구조
② 윌리엄슨(E. Williamson)–특성 · 요인이론–제한과 타협
③ 렌트(R. Lent)–사회인지진로이론–자기효능감
④ 긴즈버그(E. Ginzberg)–진로발달이론–환상기
⑤ 겔라트(H. Gelatt)–진로의사결정이론–의사결정 순환과정

해설 윌리엄슨은 특성 · 요인이론의 대표적 학자 중 한 사람으로서 진로의사결정의 네 가지 범주와 진로상담의 여섯 단계를 기술했다. 또한 진로상담에서 개인특성에 대한 이해를 중시하여 표준화 검사의 실시와 해석을 강조했다. 제한과 타협은 갓프레드슨이 제시한 직업포부 발달이론의 중요개념이다.

- 윌리엄슨의 진로의사결정 네 가지 범주
  : 진로무선택 – 불확실한 선택 – 현명하지 못한 선택 – 흥미와 적성 간의 모순
- 윌리엄슨의 진로상담 6단계
  : 분석 – 종합 – 진단 – 처방 – 상담 – 추수지도

학습 plus

진로상담이론과 관련 학자

진로선택이론	• 파슨스(F. Parsons)의 특성 · 요인이론 • 로우(A. Roe)–욕구이론
성격유형이론	• 홀랜드(J. Holland)–성격유형이론
진로이론	• 크롬볼츠(J. Krumboltz)–사회학습이론 • 다위스(R. Dawis)와 롭퀴스트(L. Lofquist)–직업적응이론
진로발달이론	• 긴즈버그(E. Ginzberg)–진로발달이론 • 슈퍼(D. Super)–생애진로발달이론
진로의사결정이론	• 타이드만(D. Tiedeman)과 오하라(R. O'Hara)–진로의사결정이론 • 하렌(V. Harren)–진로의사결정유형이론
최근 이론 경향	• 굿맨(Goodman)과 슐로스버그(Schlossberg), 앤더슨(Anderson)–진로전환상담이론 • 피터슨(Peterson), 샘슨(Sampson), 리어든(Reardon)–인지적 정보처리이론(CIP) • 사비카스(M. Savickas)–구성주의 진로발달이론 • 브라운(Brown)–가치중심적 진로접근 • 베츠(N. Betz)와 해켓(G. Hackett)–사회인지진로이론(SCCT)

정답 25.②

◆ 진로상담

제1과목 선택 2020년 기출문제 및 해설

1. 청소년 진로상담의 목표로 옳지 않은 것은?

① 학업능력 향상
② 직업세계에 대한 이해 증진
③ 합리적인 의사결정능력 향상
④ 자신에 대한 이해 증진
⑤ 직업기초능력 향상

해설 진로상담의 목표에 학업능력 향상은 포함되지 않는다. 진로상담의 목표는 자신에 대한 정확한 이해 확립, 일과 직업세계에 대한 이해 증진, 합리적인 의사결정 능력의 증진, 정보탐색 및 활용능력의 함양, 일과 직업에 대한 올바른 직업관 및 태도형성, 직업기초능력 향상 등이 있다.

2. 진로상담이론에 관한 설명으로 옳지 않은 것은?

① 윌리엄슨(E. Williamson)의 특성요인이론은 분석, 종합, 진단, 예측, 상담, 추수지도 등으로 진로상담과정을 설명한다.
② 하렌(V. Harren)의 진로의사결정과정은 인식, 참여, 확신, 이행 등의 의사결정 단계를 설명한다.
③ 긴즈버그(E. Ginzberg)의 진로발달이론은 환상기, 잠정기, 현실기 등으로 진로발달단계를 설명한다.
④ 로우(A. Roe)의 욕구이론은 부모 양육태도가 자녀의 직업선택에 영향을 미친다고 가정한다.
⑤ 블라우(P. Blau)의 사회학적 이론은 가정, 학교, 지역사회 등 사회적 요인이 직업선택과 발달에 영향을 미친다고 가정한다.

해설 ② 하렌의 진로의사결정과정은 인식, 계획, 확신, 실행(이행)의 4단계를 설명한다.

하렌의 진로의사결정 단계

1) 인식단계: 상황이나 문제를 인식한다.
2) 계획단계: 탐색, 분석, 확인, 검토 등의 활동을 시도한다.
3) 확신단계: 앞 단계의 활동을 통해 대안을 축소하고 보다 구체화, 명료화하여 진로대안에 확신을 가진다.
4) 이행단계: 실제적 성과를 얻기 위해 구체적 행동을 하고 실천한다.

정답 1.① 2.②

3. 다음 ( )에 들어갈 내용을 순서대로 바르게 연결한 것은?

> • 이 이론은 (ㄱ)에 의해 개발되었고, 성역할이나 사회적 명성과 같은 사회적 요인과 추론 능력이나 언어능력과 같은 인지적 요인을 통합시켜 직업포부의 발달에 관해 설명하였다.
> • 자신의 실제 능력과 이상 간의 (ㄴ)을(를) 끊임없이 모색하면서 직업포부를 구체화한다고 주장하였다.

① ㄱ: 겔라트(H. Gelatt), ㄴ: 순환적 의사결정
② ㄱ: 투크만(B. Tuckman), ㄴ: 상호관계
③ ㄱ: 카츠(E. Katz), ㄴ: 가치결정
④ ㄱ: 슈퍼(D. Super), ㄴ: 진로적응
⑤ ㄱ: 갓프레드슨(L. Gottfredson), ㄴ: 절충

해설 갓프레드슨은 직업포부 발달이론을 제시하였으며 자신의 실제 능력과 이상 간의 절충에 대해 설명했다.
- 사회적 요인(성역할, 명성)과 인지적 요인(추론능력, 언어능력)을 통합하여 직업포부 발달을 설명한 이론은 갓프레드슨의 직업포부 발달이론이다.
- 갓프레드슨은 실제 능력과 이상 간의 조화(또는 절충)를 끊임없이 모색하면서 직업포부를 구체화한다고 주장했다.

4. 타이드만(D. Tiedeman)과 오하라(R. O'Hara)의 진로의사결정이론에 관한 설명으로 옳지 않은 것은?

① 인지적 구조의 분화와 통합에 의해 의식적 문제해결 과정을 예상기와 이행기로 나누어 설명한다.
② 구체화 단계에서는 가능한 대안을 선택하며, 각 대안의 장단점을 검토하여 서열화 및 조직화한다.
③ 선택단계에서는 수동적인 수용의 성격에서 좀 더 적극적인 태도로 변화한다.
④ 명료화 단계에서는 선택 실행을 위한 계획은 할 수 있지만, 적극적 실행조건은 부족하다.
⑤ 적응단계에서는 선택에 수동적으로 적응하며, 개인의 목표와 포부는 집단의 목표에 동화되고 수정된다.

해설 ③ 선택단계에서는 구체적인 의사결정에 임하게 된다. 수동적인 수용의 성격에서 좀 더 적극적인 태도로 변화하는 것은 개혁단계이다.

타이드만과 오하라의 진로의사결정과정
예상기(예측기, 전직업기)와 이행기(실행기, 적응기)로 나누고 각각 4단계와 3단계의 하위 과정을 제시했다.

정답 3.⑤ 4.③

- **예상기의 4단계**
  1) 탐색단계: 진로목표 설정, 대안탐색, 자신의 능력과 여건에 대한 예비평가
  2) 구체화 단계: 구체적 진로 준비(가능한 대안 선택, 각 대안의 장단점 검토와 서열화 및 조직화)
  3) 선택단계: 하고 싶은 일과 하고 싶지 않은 일을 명확히 구분하여 구체적 의사결정에 임함
  4) 명료화 단계: 내려진 결정을 분석 · 검토, 실행계획(적극적 실행조건은 부족한 단계)
- **이행기의 3단계**
  1) 순응단계: 새로운 상황에 진입하여 인정받기 위해 수용적 자세로 동화되고자 하는 단계
  2) 개혁단계: 수동적인 수용의 성격에서 더 적극적인 태도로 변화하여 의견과 주장을 드러내는 단계
  3) 통합단계: 집단욕구와 개인욕구를 균형 있게 조절하여 집단의 일원으로서 새로운 자아개념 형성

5. **다위스(R. Dawis)와 롭퀴스트(L. Lofquist)의 직업적응이론에 관한 설명으로 옳은 것을 모두 고른 것은?**

> ㄱ. 유연성, 적극성, 반응성, 인내 등의 적응양식에 따라 적응과정을 설명한다.
> ㄴ. 미네소타 중요도검사(MIQ)는 일과 관련된 개인의 욕구와 가치를 측정한다.
> ㄷ. 직업부적응은 진로계획, 구직활동, 심리적인 안정으로 연결된다.
> ㄹ. 직업적응을 위한 주요한 지표는 만족과 충족이다.

① ㄱ, ㄴ　② ㄷ, ㄹ　③ ㄱ, ㄴ, ㄹ
④ ㄴ, ㄷ, ㄹ　⑤ ㄱ, ㄴ, ㄷ, ㄹ

해설 ㄷ. 개인의 능력과 욕구와 직무가 요구하는 조건, 강화체계와 얼마나 일치하느냐에 따라 직업적응도가 달라진다. 직업부적응은 업무부진, 이직, 심리적 불안정 등으로 이어진다.

6. **슈퍼(D. Super)의 생애진로발달이론에 관한 설명으로 옳지 않은 것은?**

① 개인은 특정 시기에 사회적 관계 속에서 발생하는 다양한 생애역할을 수행한다.
② 진로성숙 과정을 체계적으로 기술하고 있지만 자아개념을 지나치게 강조하고 있다는 비판을 받고 있다.
③ 하비거스트(R. Havighurst)의 발달과업 개념을 차용하여 진로의 의미를 한 개인의 생애과정으로 설명한다.
④ 진로아치모형은 자녀, 학생, 직업인, 시민 등의 역할을 설명하고 있다.
⑤ 진로성숙도는 각 단계의 발달과업을 성공적으로 수행할 수 있는 준비도를 의미한다.

해설 생애의 9가지 역할(자녀, 학생, 직업인, 시민 등)을 설명하고 있는 것은 슈퍼의 생애진로무지개이다. 진로아치모형은 개인적 요인을 왼쪽 기둥에, 환경적 요인을 오른쪽 기둥에 두고 지붕에 자기(self)를 배치하여 자기개념 형성의 요인들을 설명한 것이다.

정답 5.③ 6.④

7. 다음은 사회인지진로이론에 관한 설명이다. ( )에 들어갈 용어를 순서대로 나열한 것은?

> • (ㄱ)은(는) 어떤 정해진 수행을 해내기 위해 필요한 활동을 조직화하고 실행해 낼 수 있는 자신의 능력에 대한 개인의 판단이다.
> • (ㄴ)은(는) 어떤 특정한 활동에 열중하거나 미래의 어떤 결과를 이루겠다는 것에 대한 결심이다.

① ㄱ: 유연성, ㄴ: 몰입
② ㄱ: 적성, ㄴ: 조직화
③ ㄱ: 진로성숙, ㄴ: 결과기대
④ ㄱ: 자기효능감, ㄴ: 목표
⑤ ㄱ: 진로적응도, ㄴ: 진로장벽

해설 사회인지진로이론에서 제시된 자기효능감과 목표에 대한 설명이다.

사회인지진로이론(SCCT)의 핵심 개념
- 자기효능감: 자신의 능력이 정해진 수행을 해내기 위한 활동을 조직화하고 실행할 수 있는가에 대한 개인의 판단을 의미한다.
- 결과기대: 행동의 결과로 얻게 될 어떤 것에 대한 기대를 의미한다.
- 목표: 어떤 활동에 열중하거나 어떤 결과를 이루겠다는 결심을 의미한다.
- 진로장벽: 진로목표 실현을 방해하거나 가로막는 내적 · 외적 요인들을 의미한다. 여성의 능력과 성취 간의 차이를 설명하는 요소로 도입된 개념이다.

8. 사비카스(M. Savickas)가 제안한 진로적응도 차원과 개입질문의 연결로 옳은 것을 모두 고른 것은?

> ㄱ. 관심: 미래가 있는가?
> ㄴ. 통제: 누가 내 미래의 주인인가?
> ㄷ. 자신감: 할 수 있을까?
> ㄹ. 결단력: 버려야 할 진로장애는 무엇인가?

① ㄱ, ㄴ
② ㄷ, ㄹ
③ ㄱ, ㄴ, ㄷ
④ ㄴ, ㄷ, ㄹ
⑤ ㄱ, ㄴ, ㄷ, ㄹ

해설 사카비스는 진로적응도 하위차원으로 관심, 통제, 호기심, 자신감의 4C를 제시하였으며 결단력은 해당되지 않는다.

사비카스의 진로적응도의 하위차원으로 4C와 도입질문
1) 관심(Concern): 미래가 있는가?
2) 통제(Control): 누가 내 미래의 주인인가?
3) 호기심(Curiosity): 미래에 대해 원하는 것은 무엇인가?
4) 자신감(Confidence): 할 수 있을까?

정답 7.④ 8.③

9. 슈퍼(D. Super)의 진로발달단계에서 다음과 같은 발달과업이 수행되는 단계는?

> ㅇ 결정화(crystallization)
> ㅇ 구체화(specification)
> ㅇ 실행(implementation)

① 성장기　② 탐색기　③ 확립기
④ 유지기　⑤ 쇠퇴기

해설 슈퍼는 진로발달 5단계를 제시했는데, 2단계 탐색기에서 결정화, 구체화, 실행의 발달과업에 대해 설명하고 있다.

슈퍼(D. Super)의 진로발달단계		
1. 성장기	~13세	[환상기 – 흥미기 – 능력기]의 하위단계로 나뉨
2. 탐색기	14~24세	[결정화 – 구체화 – 실행]의 발달과업을 가짐
3. 확립기	25~44세	[정착 – 공고화 – 발전]의 하위단계로 나뉨
4. 유지기	45~65세	[보유 – 갱신 – 혁신]의 발달과업을 가짐
5. 쇠퇴기	66세~	[감속기 – 은퇴기]의 하위단계로 나뉨

10. 다음은 홀랜드(J. Holland)의 직업성격유형이론에 관한 설명이다. (　)에 들어갈 용어를 순서대로 바르게 나열한 것은?

> • (ㄱ)은 직업적 성격 특성이 얼마나 뚜렷하게 나타나는가를 의미한다.
> • 개인의 성격특성과 직무특성 간 (ㄴ)이 높을 때 직업만족, 직업적 성취를 할 수 있다.

① ㄱ: 변별성, ㄴ: 일치성　② ㄱ: 일관성, ㄴ: 변별성
③ ㄱ: 변별성, ㄴ: 일관성　④ ㄱ: 일관성, ㄴ: 일치성
⑤ ㄱ: 일치성, ㄴ: 일관성

해설 보기의 내용은 홀랜드의 직업성격유형이론에서 변별성과 일치성에 대한 설명이다. 홀랜드의 직업성격유형이론에서는 개인특성과 직업특징과의 최적의 조화를 강조하여 육각형의 직업적 성격유형(RIASEC)을 제시하였다.

홀랜드 성격이론의 5가지 핵심개념

1) 일관성: 성격모형과 환경모형 간의 관련 정도를 의미한다.
2) 변별성: 직업적 성격특성이 다른 것과 얼마나 뚜렷하게 구별되는지를 의미한다.
3) 정체성: 자신 또는 환경에 대해 갖는 정체성이 얼마나 분명하고 안정되어 있는가를 평가한다.
4) 일치성: 개인의 성격특성과 직무특성이 어느 정도 잘 맞는지에 대한 정도를 의미한다.
5) 계측성: 육각형 모델에서 유형 간의 거리는 그들 사이의 이론적 관계에 반비례한다.

정답 9.② 10.①

11. 다음 사례의 내담자는 윌리엄슨(E. Williamson)의 관점에서 어떤 진로의사결정 문제를 갖고 있는가?

민아는 친구들의 머리를 잘 단장해 주고 친구들의 반응도 좋아서 헤어디자이너가 되기로 선택했지만 과연 내가 옳은 선택을 했는가에 대해 의심한다.

① 진로무선택
② 불확실한 선택
③ 현명하지 못한 선택
④ 흥미와 적성 간의 모순
⑤ 직업부조화

해설 제시된 사례에서 민아가 진로를 선택은 했지만 자신의 선택을 의심하는 것은 불확실한 선택으로 볼 수 있다. 윌리엄슨의 특성요인 이론의 기본은 변별진단으로 진로에 대해 '진로무선택, 불확실한 선택, 현명하지 못한 선택, 흥미와 적성 간의 모순'이라는 4가지 진단범주를 제시하였다.

학습 plus

윌리엄슨의 진로의사결정 진단체계

- 진로무선택: 직업에 대한 선택의사를 표현할 수 없음은 물론이고 자신이 무엇을 원하는지 잘 모르는 상태이다.
- 불확실한 선택: 직업을 선택했지만 그러한 자신의 결정에 대해 의문을 나타내는 상태이다.
- 현명하지 못한 선택: 능력과 흥미 간의 불일치나 능력과 직업요구들과의 불일치가 있거나, 내담자의 충분하지 못한 능력에 의한 진로결정을 말한다.
- 흥미와 적성 간의 모순: 흥미를 가지는 직업에 대해 능력이 부족한 경우, 적성과 맞지 않는 경우, 흥미와 능력은 같은 수준이나 직업분야가 다른 경우 등을 말한다.

12. 로(A. Roe)의 욕구이론에 관한 설명으로 옳지 않은 것은?

① 매슬로우(A. Maslow)의 욕구위계이론을 근거로 직업과 기본욕구 만족 간의 관련성을 설명하였다.
② 8개 직업군을 6개의 직무수준으로 구분하여 직업분류를 하였다.
③ 실증적인 근거가 결여되어 있다는 비판을 받고 있다.
④ 인간지향적 성격을 가진 개인은 서비스직, 비즈니스직, 문화직 등의 직업을 선택하려 한다.
⑤ 진로상담을 위한 구체적인 절차를 제공하고 있다.

해설 로의 욕구이론은 실용성에 관심을 두지 않고 이론의 공식화에 집중하였다는 단점을 가지고 있다. 즉, 실증적 근거가 결여되어 있고, 검증이 매우 어려우며, 진로상담을 위한 구체적인 절차를 제공하지 못한다.

정답 11.② 12.⑤

13. 진로상담의 최근 동향에 관한 설명으로 옳지 않은 것은?

① 사회학습진로이론은 진로개발과정에서 우연의 중요성을 강조한다.
② 사회인지진로이론은 진로의사결정과정에서 맥락을 중요시하는 관점을 수용하고 있다.
③ 구성주의진로이론은 긴즈버그(E. Ginzberg)의 아이디어를 현대적 시각으로 통합하고 있다.
④ 인지정보처리이론은 의사소통, 분석, 종합, 평가, 실행의 5단계로 진로의사결정을 설명한다.
⑤ 구성주의진로이론에서는 내담자의 진로이야기를 이끌어 내는 방법으로 진로유형면접을 활용한다.

해설 ③ 구성주의진로이론은 사비카스가 슈퍼(Super)의 초기 발달이론을 현대적으로 확장한 것으로 2000년 이후 소개되어 2005년에 완성된 이론으로 자리 잡았다. 긴즈버그의 초기 이론에 이의를 제기하며 이를 보완해서 전생애발달이론을 전개한 학자는 슈퍼이다.

14. 다음에 제시된 정부지원 사업은?

> • 낮은 고용률과 높은 실업률이 지속되는 문제를 해결하기 위한 제도로, 2011년부터 기술교육뿐만 아니라 심리치료 및 다양한 인성교육, 봉사활동, 체험학습의 기회 등을 제공하는 맞춤형 프로그램이다.
> • 지원 대상은 만 15세 이상 24세 미만의 학교밖 청소년으로 6개월 이상의 기간 동안 전문 직업훈련, 자립장려금, 취업지원 등을 제공한다.

① 학교밖청소년지원센터
② 취업사관학교
③ 취업성공패키지
④ 근로자 내일배움카드제
⑤ 드림스타트

해설 ② 취업사관학교: 만 15~23세의 학교밖 청소년 대상으로 취업, 인성, 학업, 자립 등 개인맞춤 서비스를 제공한다.
① 학교밖청소년지원센터(꿈드림): 만 15~24세의 학교밖청소년 대상으로 상담, 교육, 취업, 자립, 건강 지원서비스를 제공한다.
③ 취업성공패키지: 만 18~34세의 청년 및 만 35~69세의 저소득 취업취약계층 대상으로 통합적 취업지원을 제공한다.
④ 근로자 내일배움카드제: 2020년부터 국민내일배움카드로 통합, 사회안전망 차원에서 직업능력개발 훈련비를 지원한다.
⑤ 드림스타트: 만 0~12세의 취약계층 아동과 가족을 대상으로 맞춤형 통합서비스를 제공한다.

정답 13.③ 14.②

15. 진로상담에서 활용 가능한 검사 중 다음에 해당하는 것은?

- 능력형 적성검사의 한계를 보완
- 운동능력, 음악능력, 자연 친화력 등의 측정이 가능하도록 다중지능이론에 근거
- 한국직업능력개발원에서 개발한 자기보고식 검사

① 적성진단검사
② 직업선호도검사
③ GATB 직업적성검사
④ 영업직무 기본역량검사
⑤ 직업적성검사

해설 ⑤ 직업적성검사: 워크넷에는 성인용 직업적성검사가, 커리어넷(한국직업능력개발원)에는 청소년용 직업적성검사가 있다. 보기의 내용은 커리어넷 청소년용 직업적성검사에 대한 설명이다.
② 직업선호도검사: 개인의 흥미유형 및 성격, 생활사 특성을 측정하여 적합 직업 안내. 워크넷 성인용 검사
③ GATB 직업적성검사(일반적성검사, General Aptitude Test Battery): 15개 하위검사로 9개 분야의 적성을 검출. 미국에서 개발한 검사
④ 영업직무 기본역량검사: 영업직무 수행과 관련한 역량을 인성과 적성의 측면으로 측정. 워크넷 성인용 검사

16. 진로상담에서 사용하는 검사의 구성요소로 옳지 않은 것은?

① 자기효능감척도(SES)는 일반적 자기효능감, 사회적 자기효능감 등으로 구성되어 있다.
② 진로발달검사(CDI)는 진로계획, 진로탐색, 의사결정, 일의 세계에 대한 지식, 선호하는 직업에 대한 지식 등으로 구성되어 있다.
③ 진로결정척도(CDS)는 확신척도와 미결정척도로 구성되어 있다.
④ 진로성숙도검사(CMI)는 진로성숙태도, 진로성숙능력, 진로성숙행동 등으로 구성되어 있다.
⑤ 진로전환검사(CTI)는 수행불안, 외적 갈등, 의사결정 혼란 등으로 구성되어 있다.

해설 CTI에는 진로사고검사와 진로전환검사가 있는데 수행불안, 외적 갈등, 의사결정 혼란 등으로 구성되어 있는 것은 진로사고검사이다.

학습 plus

진로사고검사(CTI) vs 진로전환검사(CTI)

- 진로사고검사(Career Thoughts Inventory): 인지정보처리이론과 인지치료에 기반하며 세 가지 하위척도(수행불안, 외적 갈등, 의사결정 혼란)로 구성되어 있다.
- 진로전환검사(Career Transition Inventory): 헤프너(M. Heppner) 등이 개발한 검사로 진로전환과정에서 자원이나 장벽이 될 수 있는 내적 변인들을 측정하는 검사이다.

제2교시 제1과목 선택

정답 15.⑤ 16.⑤

17. 다음 사례에 제시된 내담자는 어떤 진로문제를 가지고 있는가?

> ○ 내담자: 장래희망을 확실하게 말하는 친구들이 부러워요. 저는 마음에 끌리는 직업이 없거든요. 어떤 것들이 있는지도 잘 모르겠고, 뭘 해야 할지도 모르겠어요.
> ○ 상담자: 그렇군요. 아직 하고 싶은 일을 발견하지 못해 답답하시겠어요.

① 진로미결정

② 우유부단함

③ 진로불결정

④ 진로신화

⑤ 진로결정

해설 보기의 내담자는 아직 진로를 선택하지 못한 상태이며 직업에 대한 정보도 부족하다. 이는 진로미결정자의 모습으로 볼 수 있다.

18. 진로심리검사 해석 시 유의사항으로 옳지 않은 것은?

① 내담자가 추구하는 목적을 고려한다.

② 검사결과는 통합적인 관점에서 해석한다.

③ 검사에 대한 내담자의 반응을 점검한다.

④ 내담자가 이해하기 쉬운 언어로 해석한다.

⑤ 전문가의 권위로만 내담자를 진단하고 해석한다.

해설 검사는 내담자 이해를 위한 수단일 뿐이므로 전문가의 권위로 단정적으로 진단하고 해석하는 것은 지양한다. 검사결과를 설명할 때는 내담자가 최대한 잘 이해할 수 있는 쉬운 용어를 사용하여 안내하고 격려하는 것이 좋다.

진로심리검사 해석의 유의점

- 전문적인 자질과 충분한 경험을 갖춘 사람이 심리검사 결과를 해석한다.
- 검사지의 대상과 용도를 분명히 하고 내담자가 추구하는 목적을 고려해서 해석한다.
- 규준에 따라서 해석하며 검사결과를 악용해서는 안 된다.
- 다른 검사나 관련 자료를 함께 고려하여 통합적인 관점에서 해석하는 것이 바람직하다.
- 내담자를 명명하거나 낙인찍기, 자기충족적 예언을 해서는 안 된다.
- 검사에 대한 내담자의 반응을 고려해서 해석한다.
- 검사결과에 대하여 이해하기 쉬운 언어를 사용하여 해석한다.
- 일방적인 해석보다 내담자 스스로 생각해서 진로를 결정하도록 돕는다.

정답 17.① 18.⑤

19. 진로 미결정자를 위한 상담목표로 옳은 것을 모두 고른 것은?

ㄱ. 진로에 대한 탐색
ㄴ. 자기이해를 위한 탐색
ㄷ. 진로와 관련된 의사결정 연습
ㄹ. 현재 자신의 능력에 대한 구체적인 파악

① ㄱ, ㄴ ② ㄴ, ㄷ ③ ㄷ, ㄹ
④ ㄱ, ㄷ, ㄹ ⑤ ㄱ, ㄴ, ㄷ, ㄹ

해설 보기의 내용은 진로 미결정자를 위한 상담목표에 모두 포함된다. 그 외에도, 직업세계에 대한 탐색, 직업정보 제공, 진로동기 부여, 진로 관련 심리검사 실시 등의 목표를 들 수 있다.

20. 정부 및 공공기관에서 제공하는 진로정보의 연결로 옳지 않은 것은?

① 고용노동부: 구인구직통계, 고용노동통계연감
② 한국고용정보원: 한국직업사전, 워크넷
③ 한국노동연구원: 고용동향분석, 노동시장전망
④ 한국직업능력개발원: 직업정보, 구인 · 구직 실시간 정보매칭
⑤ 통계청: 한국표준산업분류, 한국표준직업분류

해설 한국직업능력개발원은 2021년에 한국직업능력연구원(KRIVET)으로 기관명이 변경되었다. 직업교육훈련지표, 진학정보, 자격정보 등의 진로정보를 제공하며 교육부의 위탁을 받아 진로정보망 커리어넷을 운영하고 있다.

21. 사이버 진로상담의 특징에 해당하는 것을 모두 고른 것은?

ㄱ. 슈퍼비전과 자문이 용이하다.
ㄴ. 심각한 문제를 가진 내담자를 장기 상담할 수 있다.
ㄷ. 상담과정에서 평등성 확보가 가능하다.
ㄹ. 익명성이 보장된다.

① ㄱ, ㄴ ② ㄷ, ㄹ ③ ㄱ, ㄷ, ㄹ
④ ㄴ, ㄷ, ㄹ ⑤ ㄱ, ㄴ, ㄷ, ㄹ

해설 ㄴ. 사이버 진로상담은 공간과 시간의 제약을 거의 받지 않는다. 문자상담의 경우에는 익명성이 보장되며 이에 따라 상담과정의 평등성이 확보되고 개방성이 확대될 수 있다. 그러나 비언어적 정보의 제한으로 인해 깊은 탐색이 힘들다는 단점이 있다. 따라서 심각한 문제를 가진 내담자의 장기상담은 쉽지 않다.

정답 19.⑤ 20.④ 21.③

22. 생애진로사정(Life Career Assessment)에 관한 설명으로 옳은 것을 모두 고른 것은?

ㄱ. 아들러(A. Adler)의 개인심리학에 기초한다.
ㄴ. 진로사정, 전형적인 하루, 강점과 약점, 요약 등의 4가지로 구성되어 있다.
ㄷ. 내담자의 정보를 수집하는 단계에서 사용할 수 있는 비구조화된 도구이다.
ㄹ. 내담자를 객관적으로 파악할 수 있는 표준화된 검사이다.

① ㄱ, ㄴ ② ㄴ, ㄷ ③ ㄷ, ㄹ ④ ㄱ, ㄷ, ㄹ ⑤ ㄱ, ㄴ, ㄷ, ㄹ

해설 ㄷ. 생애진로사정(LCA)은 내담자의 정보를 모을 수 있는 구조화된 면접기법이다.
ㄹ. 구조화된 면접기법인 동시에 질적 특정도구이다. 내담자가 생애진로발달 과정의 어느 단계에서 기능하고 있는지와 관련된 내적 · 외적 역동이 어떠한지에 초점을 맞춘 대화로 진행된다.

생애진로사정(Life Career Assessment: LCA)의 구조

1) 진로사정: 내담자의 직업경험, 교육훈련경험, 여가활동 등에 대해 정보를 수집한다.
2) 전형적인 하루: 내담자의 전형적인 일상의 하루가 어떻게 구성되는지 조사한다.
3) 강점과 약점: 내담자 자신이 생각하는 자신의 강점과 약점을 3가지씩 말하게 한다.
4) 요약: 면접에서 얻은 정보에 대해 다시 정리하고 반복 확인한다.

23. 다음과 같은 진로문제를 모두 경험하는 내담자는?

• 진로장벽
• 사회적 지지체계의 부족
• 빈곤과 소외
• 문화적 차이로 인한 정체성 혼란
• 제한적 직업과 진로선택의 불평등

① 실업자 ② 장애인 ③ 여성 ④ 다문화인 ⑤ 노인

해설 주어진 내용은 다문화인이 겪는 다양한 진로문제이다. 다문화인은 보기의 내용 외에도 교육불평등, 낮은 진로포부 등의 문제를 겪는다.

24. 홀랜드(J. Holland)의 6가지 성격유형과 직업의 연결로 옳지 않은 것은?

① 현실적 유형(R): 운동선수, 항공기 조종사, 공인회계사
② 탐구적 유형(I): 물리학자, 인류학자, 의료기술자
③ 사회적 유형(S): 종교지도자, 언어치료사, 상담자
④ 기업적 유형(E): 판사, 정치가, 영업사원
⑤ 관습적 유형(C): 은행원, 법무사, 사서

해설 운동선수와 항공기 조종사는 현실적 유형에 해당하지만, 공인회계사는 관습적 유형에 포함된다.

정답 22.① 23.④ 24.①

홀랜드의 6가지 성격유형과 직업

유형	직업 및 특성
현실적 유형(R)	기술자, 항공기 조종사, 정비사, 농부, 기계기사, 군인, 경찰, 소방관, 운동선수 등 기계나 도구 등의 조작에 능력이 있고 현실적이고 성실한 성격
탐구적 유형(I)	과학자, 생물학자, 인류학자, 물리학자, 의료기술자, 의사 등 탐구하는 활동에 능력이 있고 논리적이고 분석적이며 수줍음을 잘 타며 신중한 성격
예술적 유형(A)	예술가, 작곡가, 무대감독, 작가, 배우, 무용가, 디자이너 등 예술적 창조와 표현이나 다양성을 좋아하고 상상력이 풍부하며 독창적이다.
사회적 유형(S)	사회복지가, 간호사, 상담자, 언어치료사, 유치원교사 등 타인을 돕고 봉사하는 것을 좋아하고 친절하고 이해심이 많다.
기업적 유형(E)	정치가, 기업경영인, 판사, 영업사원, 보험회사원, 연출가 등 조직의 목적과 경제적 이익을 추구하며 타인을 선도, 통제, 관리하는 일에 관심이 많으며 지배적이고 설득적, 외향적, 낙관적이다.
관습적 유형(C)	세무사, 컴퓨터 프로그래머, 공인회계사, 감사원, 사서, 법무사 등 체계적인 작업환경에서 사무적이고 계산적인 활동을 좋아하며 정확하고 책임감이 강하다.

25. 피터슨(G. Peterson), 샘슨(J. Sampson), 리어든(R. Reardon)의 인지정보처리이론의 기본가정에 관한 설명으로 옳은 것을 모두 고른 것은?

ㄱ. 진로문제를 해결하는 능력은 지식뿐만 아니라 인지적 조작의 가용성에 달려 있다.
ㄴ. 진로의사결정은 하나의 문제해결 활동이다.
ㄷ. 진로의사결정과정에서는 인지적 영역을 강조하고, 정서적 근원은 고려하지 않는다.
ㄹ. 진로문제해결은 고도의 기억력을 필요로 한다.

① ㄱ, ㄴ ② ㄴ, ㄷ ③ ㄷ, ㄹ ④ ㄱ, ㄴ, ㄹ ⑤ ㄱ, ㄷ, ㄹ

해설 ㄷ. 인지정보처리이론(Cognitive Information Processing: CIP)은 인지적 영역을 강조하지만, 진로선택이 인지와 정서의 상호작용의 결과라는 기본가정을 가지고 있다.

인지정보처리이론의 10가지 기본가정

1) 진로선택은 인지와 정서의 상호작용에 의한 결과이다.
2) 진로의사결정은 일종의 문제해결 활동이다.
3) 진로문제를 해결하는 능력은 지식뿐 아니라 인지적 조작의 가용성에 달려 있다.
4) 진로문제의 해결은 고도의 기억력을 요하는 과제이다.
5) 진로문제를 더 잘 해결하고자 하는 욕구는 곧 자신과 직업세계의 이해를 높임으로써 직업선택에 만족을 얻고자 하는 것이다.
6) 진로발달은 자신과 직업에 대한 정보를 가지고 일련의 구조화된 기억구조를 형성함으로써 이루어진다.
7) 진로정체성은 자기를 얼마나 아느냐, 즉 자기인식에 달려 있다.
8) 진로성숙도는 자신의 진로문제를 해결하는 개인의 능력과 관련된다.
9) 진로상담의 궁극적 목적은 정보처리 기술을 향상시키는 것이다.
10) 진로상담의 궁극적 목표는 내담자가 진로문제를 잘 해결하고 의사결정을 잘할 수 있는 능력을 높이는 것이다.

정답 25.④

◆ 진로상담

제1과목 선택 2019년 기출문제 및 해설

1. **특성 · 요인 이론에 관한 평가로 옳지 않은 것은?**

① 자아개념을 지나치게 강조하고 있다.
② 검사에 대한 예언타당도의 문제가 있다.
③ 검사에 대한 구인타당도의 문제가 있다.
④ 직업선택을 일회적인 행위로 간주하고 있다.
⑤ 장기간에 걸친 진로발달 과정을 도외시하고 있다.

해설 ① 자아개념을 지나치게 강조하는 것으로 평가받는 것은 슈퍼(Super)의 생애진로발달이론이다.
특성 · 요인이론은 개인의 특성과 직업의 구성요인 모두에 관심을 두고, 개별적이고 과학적인 방법으로 개인과 직업을 연결시킨다. 특성 · 요인이론은 개인특성이 어떻게 발달하였는지에 대한 설명이 부족한 것으로 평가받는다.

2. **진로상담자의 역할로 옳지 않은 것은?**

① 내담자의 진로를 직접 설계해 준다.
② 내담자의 대인관계기술을 향상시킨다.
③ 내담자의 의사결정기술을 향상시킨다.
④ 표준화된 심리검사를 실시하고 해석한다.
⑤ 내담자가 진로탐색활동을 하도록 격려한다.

해설 ① 진로상담자는 내담자의 진로를 직접 설계해 주는 것이 아니라, 내담자 스스로 진로목표를 구체화하도록 돕는 역할을 한다.

3. **크롬볼츠(J. Krumboltz)가 제안한 사회학습진로이론에 관한 설명으로 옳지 않은 것은?**

① 개인의 진로개발 과정에서 우연의 영향력을 중요시한다.
② 진로의사결정 과정에서 자기효능감과 결과기대를 중요시한다.
③ 개인이 환경과의 상호작용을 통해 무엇을 학습했는가를 중요시한다.
④ 개인은 학습경험을 통해 세계를 바라보는 관점이나 신념을 형성한다고 본다.
⑤ 개인이 어떤 과제를 성취하기 위해 동원하는 기술을 과제접근 기술이라고 한다.

정답 1.① 2.① 3.②

해설 ② 반두라(Bandura)의 사회인지이론을 기반으로 자기효능감, 목표, 결과기대를 중요시하는 것은 사회인지진로 이론(SCCT)이다. SCCT는 여성 진로에 대한 관심에서 출발하였으며 내적 요인에 초점을 두었던 이론들의 한계를 지적하면서 맥락을 중요시하는 관점을 취한다.

4. 진로상담에서 우유부단한 내담자를 위한 개입방법으로 옳은 것을 모두 고른 것은?

ㄱ. 진로정보를 갖고 있는 경우 추가적으로 다양한 정보를 제공한다.
ㄴ. 진로정보를 갖고 있는 경우 의사결정과정이나 방법에 초점을 맞춘다.
ㄷ. 계획 없이 회피하는 경우 단기적이고 구조화된 개입을 우선하여 실시한다.
ㄹ. 계획 없이 회피하는 경우 문제와 관련된 심리적 장애를 다루기 위한 상담을 실시한다.

① ㄱ, ㄴ ② ㄱ, ㄷ ③ ㄴ, ㄹ ④ ㄱ, ㄷ, ㄹ ⑤ ㄴ, ㄷ, ㄹ

해설 ㄱ. 우유부단형 내담자의 경우 의사결정능력의 부족이나 성격상 문제로 인한 진로문제일 가능성이 높으므로, 추가적인 정보를 제공해도 도움을 받아들이기 어려운 경우가 많다. 상담에서 부정적 자기지각을 중심적으로 다루는 것이 좋다.
ㄷ. 계획 없이 회피하는 우유부단형 내담자에게는 문제와 관련된 심리 장애를 다루는 상담을 실시한다.

5. 청소년 진로 집단상담을 운영할 때 고려할 사항으로 옳지 않은 것은?

① 집단상담 효과를 평가하여 다음 집단상담에 반영한다.
② 집단원의 요구와 집단상담 목표의 부합여부를 검토한다.
③ 집단원의 응집력을 높이기 위해 개방형 집단상담을 선택한다.
④ 집단원 구성, 집단의 크기, 회기의 빈도와 기간 등을 검토한다.
⑤ 집단상담을 실시할 때 집단원 구성이 동질적인지 이질적인지를 검토한다.

해설 ③ 집단원의 응집력을 높이기 위해서는 폐쇄형 집단상담이 더 효과적이다.

6. 청소년 진로상담자가 갖추어야 할 역량으로 옳지 않은 것은?

① 직업훈련 지도 역량
② 자기성찰 및 자기계발 역량
③ 진로관련 이론에 대한 이해
④ 개인차 및 다양성에 대한 이해
⑤ 진로 프로그램 실시 및 개발 역량

해설 직업훈련 지도 역량은 청소년 진로상담자의 역량에 포함되지 않는다. 요구되는 나머지 역량으로는 상담목표 명료화 기술, 개인 및 집단상담 기술, 개인 및 집단에 대한 검사실시와 해석능력, 정보화 기술, 정보탐색 능력, 윤리의식 등을 들 수 있다.

제2교시 제1과목 선택

정답 4.③ 5.③ 6.①

7. 하렌(V. Harren)이 제안한 진로의사결정 유형으로 옳은 것은?

① 합리적 유형－즉흥적 유형－의존적 유형
② 합리적 유형－직관적 유형－의존적 유형
③ 주장적 유형－소극적 유형－공격적 유형
④ 계획적 유형－직관적 유형－순응적 유형
⑤ 계획적 유형－지연적 유형－운명론적 유형

해설 하렌은 진로의사결정에 대해 개인이 정보를 조직하고 대안들을 신중하게 검토하여 진로선택 행동과정에 전념하는 심리적 프로세스로 정의하였다. 또한 진로의사결정을 합리적 유형, 직관적 유형, 의존적 유형으로 분류하였다.

8. 진로상담에서 심리검사 실시 및 결과해석에 관한 설명으로 옳은 것을 모두 고른 것은?

ㄱ. 사용하고자 하는 검사의 타당도와 신뢰도를 확인한다.
ㄴ. 검사결과를 내담자가 가진 다른 정보와 관련지어 논의한다.
ㄷ. 검사결과에 나타난 강점과 약점 모두를 객관적으로 검토한다.
ㄹ. 검사결과를 내담자에게 해석해 줄 때 전문적인 용어로 설명한다.

① ㄱ, ㄴ　② ㄷ, ㄹ　③ ㄱ, ㄴ, ㄷ
④ ㄴ, ㄷ, ㄹ　⑤ ㄱ, ㄴ, ㄷ, ㄹ

해설 ㄹ. 진로상담에서 심리검사를 내담자에게 해석해 줄 때는 잘 이해할 수 있는 쉬운 언어를 사용하여 결과를 안내하고 격려해야 한다.

9. 사비카스(M. Savickas)가 제안한 진로적응도의 하위 차원으로 옳은 것은?

① 관심－통제－호기심－자신감
② 유연성－적응성－반응성－인내
③ 호기심－인내심－융통성－낙관성
④ 일관성－변별성－일치성－계측성
⑤ 자기효능감－결과기대－목표－진로장벽

해설 사비카스는 필요한 진로적응도의 자원과 전략에 따라 관심(concern), 통제(control), 호기심(curiosity), 자신감(confidence)이라는 네 가지 하위차원으로 구분하고 이를 4C로 명명하였다.

- 진로적응도는 구성주의 진로이론의 주요 개념 세 가지(직업적 성격, 생애주제, 진로적응도) 중 하나로, 특정한 일에 자신을 맞추어 나가는 과정에서 동원되는 개인의 태도, 능력, 행동을 의미한다.

정답 7.② 8.③ 9.①

10. **다위스(R. Dawis)와 롭퀴스트(L. Lofquist)가 제안한 직업적응이론에 기초하여 개발된 평가도구로 옳지 않은 것은?**

① 미네소타 충족도 척도(MSS)
② 미네소타 만족도 질문지(MSQ)
③ 미네소타 중요도 질문지(MIQ)
④ 미네소타 진로신념 검사(MCBI)
⑤ 미네소타 직무기술 질문지(MJDQ)

해설 ④ 진로신념 검사(CBI)는 크롬볼츠(Krumboltz)가 개발한 평가도구로 진로결정과정에서 장애가 되는 신념을 찾는 데 사용된다. 다위스와 롭퀴스트가 제안한 직업적응이론에 기초하여 개발된 평가도구는 미네소타 충족도 척도(MSS), 미네소타 만족도 질문지(MSQ), 미네소타 중요도 질문지(MIQ), 미네소타 직무기술 질문지(MJDQ)다.

① 미네소타 충족도 척도(MSS: Minnesota Satisfactoriness Scales)
- 환경의 충족 정도를 측정

② 미네소타 만족도 질문지(MSQ: Minnesota Satisfaction Questionnaire)
- 직무만족의 원인이 되는 직업의 강화요인을 측정

③ 미네소타 중요도 질문지(MIQ: Minnesota Importance Questionnaire)
- 일의 환경에 대한 개인의 20개 욕구와 6개 가치관을 측정

⑤ 미네소타 직무기술 질문지(MJDQ: Minnesota Job Description Questionaire)
- MIQ에서 정의한 20개의 욕구를 일의 환경이 만족시켜 주는 정도를 측정

∷ 직업적응이론은 미네소타 대학의 롭퀴스트와 다위스가 미네소타 직업분류체계 Ⅲ(MOCS Ⅲ : Minnesota Occupational Classification System Ⅲ)와 관련하여 발전시킨 이론이다.

11. **생애진로사정(Life Career Assessment)에 관한 설명으로 옳은 것은?**

① 3세대에 걸친 내담자 가족의 윤곽을 평가한다.
② 양적인 평가방법으로 다양한 생애역할을 평가한다.
③ 내담자의 일, 사랑, 우정에 대한 접근방식을 평가한다.
④ 내담자의 아동기 부모-자녀 간 상호작용 경험을 평가한다.
⑤ 진로카드 분류 활동을 통해 내담자의 진로주제를 평가한다.

해설 ③ 내담자의 일, 사랑, 우정에 대한 접근방식을 평가한다.
① 3세대에 걸친 내담자 가족의 윤곽을 평가하는 데 사용하는 것은 진로가계도이다.
② 양적인 평가방법으로 다양한 생애역할을 평가하는 것은 슈퍼(Super)의 생애진로무지개이다.
④ 내담자의 아동기 부모-자녀 간 상호작용 경험을 평가하는 것은 로우(Roe)의 욕구이론과 관련 있다.
⑤ 진로카드 분류 활동을 통해 내담자의 진로주제를 평가하는 것은 직업카드 분류법에 대한 설명이다.

정답 10.④ 11.③

12. 사회인지 진로이론에 관한 설명으로 옳은 것을 모두 고른 것은?

> ㄱ. 제외된 진로대안을 확인할 때 표준화 검사를 사용한다.
> ㄴ. 진로대안을 실행할 때 장애가 되는 것이 무엇인지 확인한다.
> ㄷ. 낮은 자기효능감과 잘못된 결과기대를 현실적으로 수정하도록 한다.
> ㄹ. 과거의 성공경험과 미래 수행목표에 대한 내담자의 인식을 수정하도록 한다.

① ㄱ, ㄴ　② ㄷ, ㄹ　③ ㄱ, ㄷ, ㄹ　④ ㄴ, ㄷ, ㄹ　⑤ ㄱ, ㄴ, ㄷ, ㄹ

해설 주어진 보기의 내용은 모두 사회인지 진로이론에 관한 설명이다.

사회인지진로이론(SCCT)

- 사회인지진로이론(SCCT)은 해켓(Hackett)과 베츠(Betz)가 여성의 진로발달 및 진로선택을 설명하기 위해 반두라(Bandura)의 사회학습이론에 기반하여 개발한 이론이다.
- 주요 개념으로는 자기효능감, 결과기대, 목표, 환경적 변인, 진로장벽 등이 있으며 세 가지 진로행동 모형을 제시하였다.
- SCCT의 상담전략에는 1) 제외된 진로대안 확인, 2) 진로장벽에 대한 지각분석, 3) 자기효능감 변화촉진이 있다.
- 제외된 진로대안의 확인에는 표준화검사와 변형된 직업카드분류법을 활용한다.
- 자기효능감의 향상을 위해서 과거의 성공경험을 재인식하게 하고 새로운 성공경험을 하게 한다.

13. 크롬볼츠(J. Krumboltz)가 제안한 계획된 우연이론(Planned Happenstance Theory)의 진로상담 내용으로 옳은 것을 모두 고른 것은?

> ㄱ. 호기심을 학습과 탐색의 기회로 활용하도록 돕기
> ㄴ. 내담자가 자신의 이야기에 더 많은 의미를 부여하도록 돕기
> ㄷ. 계획하지 않은 일이 현재의 기반이 된 성공경험 활용하도록 돕기
> ㄹ. 사회적 관계 속에서 발생하는 다양한 생애역학을 탐색하도록 돕기
> ㅁ. 잠재된 기회를 보다 잘 알아차리도록 내담자의 감수성을 키우도록 돕기

① ㄱ, ㄴ, ㄹ　② ㄱ, ㄷ, ㅁ　③ ㄴ, ㄷ, ㄹ　④ ㄷ, ㄹ, ㅁ　⑤ ㄱ, ㄴ, ㄹ, ㅁ

해설 ㄴ. 내담자로부터 이야기를 끌어내는 진로상담 접근법에는 구성주의 진로상담과 생애진로사정(LCA)이 있다.
ㄹ. 슈퍼(super)의 생애진로무지개에 대한 설명이다.

학습 plus

크롬볼츠의 계획된 우연이론 상담과정

- 1단계: '계획된 우연'을 자연스럽게 일어날 수 있는 일로 수용하도록 한다.
- 2단계: 내담자가 갖는 호기심을 학습과 탐색의 기회로 활용하도록 돕는다.
- 3단계: 계획하지 않은 일로 인해 경험한 내담자의 성공경험을 활용한다.
- 4단계: 잠재된 기회를 알아차릴 수 있는 내담자의 감수성을 키워 준다.
- 5단계: 과제 실천 지향 행동을 방해하는 장애요인을 극복하도록 돕는다.

정답 12.⑤ 13.②

14. 다음에 제시된 요인들을 공통적으로 설명하는 내용으로 옳은 것은?

• 신체적 요인	• 심리적 및 정서적 요인
• 환경적 요인	• 우연적 요인

① 진로상담을 통해 달성해야 할 목표들이다.
② 학교에서 진로교육 참가자들에게 확인해야 할 특성들이다.
③ 내담자들의 진로선택에 영향을 미치는 요인들이다.
④ 진로상담 과정에서 변화시켜야 할 요인들이다.
⑤ 내담자들의 진로성숙에 포함되어야 할 요인들이다.

해설 ③ 내담자들의 진로선택에 영향을 미치는 요인에는 개인의 특성(신체적, 심리적, 정서적 요인)과 환경적 요인, 우연적 요인이 있다.

15. 갓프레드슨(L.Gottfredson)의 제한-타협이론에 관한 설명으로 옳은 것을 모두 고른 것은?

ㄱ. 진로발달의 세 번째 단계는 내적 고유자아 획득단계이다.
ㄴ. 직업의 사회적 지위와 성역할을 기준으로 진로포부를 제한한다.
ㄷ. 타협과정에서는 직업의 흥미, 사회적 지위, 성역할이 중요한 측면이다.
ㄹ. 성역할은 흥미나 가치와 같은 심리적 변인에 의해 제한받지 않는다.

① ㄱ, ㄴ
② ㄱ, ㄷ
③ ㄴ, ㄷ
④ ㄴ, ㄷ, ㄹ
⑤ ㄱ, ㄴ, ㄷ, ㄹ

해설 ㄱ. 진로발달의 세 번째 단계는 사회적 가치 지향 단계이고, 내적 고유자아 획득단계는 네 번째 단계이다.

갓프레드슨의 제한-타협이론

여성 진로학자인 갓프레드슨이 제시한 제한-타협이론에서는 아동기, 청소년기에 진로포부가 축소되고 조정되는 인지발달과정을 다음 4단계로 설명한다.

- 1단계(3~5세): 크기와 힘 지향
- 2단계(6~8세): 성역할 지향
- 3단계(9~13세): 사회적 가치 지향
- 4단계(14세 이상): 내적 고유자아 획득

제2교시 제1과목 선택

정답 14.③ 15.④

16. 다음 사례에 나타난 내용을 탐색하는 진로상담 기법은?

> ○ 역할 모델
> - 공효주–그녀는 자신이 맡은 역할에 정말 생명을 붙여 넣는 훌륭한 여배우이다. 또한 그녀는 함께 작업하는 다른 남자배우와 여자배우에게 좋은 영향을 주는 것 같다.
> - 오드리 햅번–그는 진정으로 다른 사람들에게 많은 관심을 가졌다. 또한 정말 효과적으로 변화를 이루었다. 나는 그녀를 매우 존경한다.
> - 우리 고모–둘째 고모는 아동과 함께 일하는 청소년상담자이다. 에너지가 넘치고 함께 하는 아이들을 정말 아낀다. 고모가 하는 일에 대해 알아보고 싶다.
>
> ○ 좋아하는 TV 프로그램
> 세계테마기행과 정글의 법칙–계속 재방송을 본다. 다양한 인종과 문화를 탐험한다는 설정이 좋다.
>
> ○ 좋아하는 책
> 해리포터 시리즈–전 시리즈를 다 읽었다. 나는 해리와 친구들에 대한 창의적인 접근에 정말 감탄한다. 이야기가 재미있고 흥미진진하다.

① 생애선(Lifeline)
② 진로 가계도(Career Genogram)
③ 커리어–오–그램(Career–O–Gram)
④ 유도된 환상 기법(Guided Fantasy Techniques)
⑤ 진로 양식 면접(Career Style Interview)

해설 사비카스가 제시한 구성주의 진로이론의 대표적인 상담전략은 '이야기하기'이다. 내담자가 자신만의 진로스토리를 만들어 낼 수 있도록 구조화된 질문을 사용하는데 이것이 '진로양식면접(career style interview)'이다. 진로양식면접에서 제시되는 질문에는 1) 준비도, 2) 역할모델, 3) 잡지/TV 프로그램, 4) 책/영화, 5) 여가와 취미, 6) 명언, 7) 교과목, 8) 생애초기기억의 8개 영역이 있다.

학습 plus

커리어–오–그램(career O gram)

- 보웬(Bowen)의 가계도에서 착안, 손그렌과 페잇(Thorngren & Feit, 2001)이 개발했으며 대화와 그림을 이용해 개인의 진로에 영향을 미치는 요소와 관련 역사를 파악해 가는 질적 측정도구이다.
- 상담자가 내담자에게 처음 가졌던 진로야망이나 그것을 추구하거나 포기하도록 만든 요인들이 무엇인지 질문하면서 시작한다.
- 질문에 대한 답을 상징적 부호 등의 그림으로 표현해 가면서 자신의 진로를 탐색한다.
- 진로포부, 진로포부 및 선택의 역사, 주제와 유형찾기 순으로 진행한다.
- 내담자의 진로의사결정과정에 영향을 미쳤던 맥락적 요인들에 대한 이해를 높일 수 있다.

정답 16.⑤

17. 슈퍼(D. Super)의 C-DAC(Career Development Assessment and Counseling) 모형의 평가 단계를 순서대로 옳게 나열한 것은?

ㄱ. 내담자의 진로발달의 수준과 자원을 평가한다.
ㄴ. 직업적 자아개념과 생애주제를 평가한다.
ㄷ. 내담자의 생애구조와 직업적 역할의 중요성을 평가한다.
ㄹ. 가치, 흥미, 능력을 포함한 직업적 정체성을 평가한다.

① ㄱ－ㄴ－ㄷ－ㄹ ② ㄴ－ㄱ－ㄷ－ㄹ ③ ㄴ－ㄷ－ㄹ－ㄱ
④ ㄷ－ㄱ－ㄹ－ㄴ ⑤ ㄷ－ㄹ－ㄴ－ㄱ

해설 **슈퍼의 C-DAC 모형의 평가 단계**

1) 내담자의 생애구조와 직업적 역할의 중요성 평가(ㄷ)
2) 진로발달의 수준과 자원 평가(ㄱ)
3) 직업적 정체성(가치, 능력, 흥미) 평가(ㄹ)
4) 직업적 자아개념과 생애주제 평가(ㄴ)

18. 피터슨(G. Peterson) 등의 진로정보처리이론(Career Information Processing Theory)에 관한 설명으로 옳지 않은 것은?

① 피라미드와 커사비(CASVE) 과정으로 구성되어 있다.
② 피라미드는 자기지식, 초인지의 두 가지로 구성되어 있다.
③ 의사소통은 자기 내부나 주변 환경으로부터 요구가 있을 때 시작된다.
④ 커사비(CASVE) 과정은 의사소통, 분석, 종합, 평가, 실행으로 이루어진다.
⑤ 초인지는 개인의 정서나 생각이 자신에게 영향을 미치는 것을 인식하도록 한다.

해설 피터슨 등의 진로정보처리이론에서 정보처리 피라미드 이론은 진로의사결정과 진로문제해결의 내용을 나타내는 모형으로, 두 개의 정보 영역(자기지식, 직업지식), 의사결정기술 영역, 실행처리 영역을 합하여 총 4영역으로 구성되어 있다.

피터슨 등의 진로정보처리이론

- 피터슨, 샘슨(Sampson), 리어든(Reardon)은 인간의 문제해결과정과 컴퓨터 정보처리과정과의 유사성에 착안하여 진로정보처리이론(CIP)를 개발하였다. CIP에서는 진로상담을 통해 합리적 의사결정방식 및 문제해결방식을 학습하여 내담자 스스로 진로문제를 해결해 나갈 수 있다고 본다.
- CIP의 개념적 틀은 다음의 두 구성요소를 가지고 있다.
  - 정보처리 피라미드: 진로의사결정과 진로문제해결의 내용을 나타내는 모형이다. 두 개의 정보 영역(자기지식, 직업지식), 의사결정기술 영역, 실행처리 영역을 합하여 총 4영역으로 구성되어 있다.
  - CASVE 주기: 진로의사결정과 진로문제해결의 과정을 나타낸다.

정답 17.④ 18.②

19. **여성 대상으로 진로상담을 할 때 상담자가 고려할 사항으로 옳지 않은 것은?**

① 성역할 고정관념의 내재화 정도를 고려한다.

② 경력단절을 고려하여 장기적인 진로계획을 설계하도록 격려한다.

③ 내담자에게 직장에서의 유리천장을 극복할 수 있는 방안을 논의한다.

④ 여성의 진로발달에 대하여 상담자의 의식적 · 무의식적 편견을 검토한다.

⑤ 출산과 양육에 의한 경력단절은 자연스러운 현상임을 인식하도록 교육한다.

해설 여성에게는 출산과 양육에 의한 경력단절의 위협이 상존한다. 가정과 직장의 양립이 가져오는 어려움들을 명시적으로 문제화하고 현실적 대응방법을 모색하도록 하며 진로의식을 높이도록 교육한다.

20. **다음에 제시한 특성을 갖는 검사로 옳은 것은?**

- 크라이츠(J. Crites)는 진로발달 수준을 양적으로 측정하였다.
- 진로계획태도와 진로계획능력을 측정하기 위한 척도로 구성되었다.
- 진로계획태도는 결정성, 참여도, 독립성, 성향, 타협성 등을 측정한다.
- 진로계획능력은 자기평가, 직업정보, 목표선정, 계획, 문제해결 등을 측정한다.

① 진로성숙도검사(Career Maturity Inventory)

② 진로결정척도(Career Decision Scale)

③ 진로발달검사(Career Development Inventory)

④ 진로상황검사(My Vocational Situation)

⑤ 진로의사결정평가(Assessment of Career Decision Making)

해설 ① 보기의 내용은 진로성숙도검사(CMI)에 대한 설명이다. 초6~고3 학생을 대상으로 한다.
② 진로결정척도(CDS): 고교생 · 대학생 / 진로미결정의 선행조건을 확인하는 검사이다.
③ 진로발달검사(CDI): 초5~중2 / 진로발달척도(자아이해, 직업세계이해, 진로설계준비)와 홀랜드 유형으로 구성되었다.
④ 진로상황검사(MVS): 고교생 · 대학생 / 진로미결정에 영향을 주는 문제의 성격을 확인한다.
⑤ 진로의사결정평가(ACDM): 고교생 · 대학생 / 진로의사결정유형과 진로발달과업 해결과정을 측정한다.

검사명	대상 연령	관련 학자	검사내용
진로성숙도검사 (CMI)	초6~고3	크라이츠	진로계획의 태도와 능력을 측정하는 척도로 구성
진로결정척도 (CDS)	고등학생 · 대학생	오시포	진로미결정의 선행조건을 확인하는 검사
진로발달검사 (CDI)	초5~중2	슈퍼	진로발달척도(자아이해, 직업세계이해, 진로설계준비)와 홀랜드 유형으로 구성됨

정답 19.⑤ 20.①

진로상황검사 (MVS)	고등학생 · 대학생	홀랜드	진로미결정에 영향을 주는 문제의 성격을 확인
진로의사결정평가 (ACDM)	고등학생 · 대학생	하렌	진로의사결정유형과 진로발달과업 해결과정을 측정

21. 홀랜드(J. Holland) 성격이론의 가정으로 옳지 않은 것은?

① 사람들은 자신에게 맞는 환경을 찾는다.
② 성격과 환경이 상호작용하여 행동으로 나타난다.
③ 대부분의 사람들은 여섯 가지 성격유형으로 분류된다.
④ 직업 환경은 여섯 가지 유형 중의 하나로 분류될 수 있다.
⑤ 능력, 성격, 자아개념 등 직업 관련 특성은 개인차가 있다.

해설 ⑤ '능력, 성격, 자아개념 등 직업 관련 특성은 개인차가 있다'라는 가정은 홀랜드 성격이론이 아니라 구성주의 진로이론의 가정이다. 홀랜드 성격이론은 진로선택의 개인차를 바탕으로 개인차에 대한 관점 및 개인차에 맞는 진로대안을 찾아가는 과정의 차이에 대해 가정하고 있다.

22. 고용노동부 워크넷(www.work.go.kr)에서 제공하는 중고등학생 대상 직업심리검사에 해당하지 않는 것은?

① 대학전공(학과) 흥미검사
② 청소년 직업흥미검사
③ 고등학생 적성검사
④ 진로의사결정유형검사
⑤ 청소년 진로발달검사

해설 진로의사결정유형검사는 하렌의 진로의사결정유형척도를 번안하여 만든 검사지(고향자, 2005)로 워크넷에서 제공하고 있지 않다.

워크넷과 커리어넷에서 제공하는 청소년용 직업심리검사

워크넷 제공 중고등학생 직업심리검사는 다음 8종이다.		교육부 진로정보망 커리어넷에서 제공하는 청소년용 직업심리검사
1. 고등학생 적성검사 3. 청소년 진로발달검사 5. 청소년 인성검사 7. 중학생 진로적성검사	2. 직업가치관검사 4. 초등학생 진로인식검사 6. 청소년 직업흥미검사 8. 대학전공(학과) 흥미검사	1. 직업적성검사 2. 진로성숙도검사 3. 직업가치관검사(청소년) 4. 직업흥미검사(K) 5. 직업흥미검사(H) 6. 진로개발역량검사

23. 다음에 제시된 진로교육의 각 영역별 세부목표가 적용되는 학교급은?

> • 일과 직업세계의 이해: 일과 직업의 기능과 중요성을 알고 최선을 다하는 생활태도와 건강한 직업의식을 형성한다.
> • 진로탐색: 자신의 진로를 위해 학습의 중요성을 이해하고 다양한 방법으로 주위의 직업을 탐색하고 수집하는 능력을 기른다.

① 초등학교 ② 중학교 ③ 고등학교 ④ 전문대학 ⑤ 4년제 대학교

해설 제시된 진로교육의 각 영역별 세부목표는 초등학교에 적용되는 내용이다.

- 교육부는 초등, 중등, 일반계고, 특성화고로 나누어 진로교육을 실시하고 있다.
- 교육목표의 대영역은 학교급 모두 동일하게 다음의 4영역으로 나뉘어져 있다.
  - 자아 이해와 사회적 역량 개발
  - 일과 직업세계 이해
  - 진로탐색
  - 진로 디자인과 준비
- 교육목표의 중영역은 초등학교는 7영역, 그 외 학교급은 동일한 8영역으로 나뉘어져 있다.

학교급별 진로교육 목표

학교급	진로교육 목표
초등학교	자신을 소중한 사람으로 인식하고 삶의 다양성과 일의 중요성을 배우며, 진로를 주도적으로 찾을 수 있는 기초적인 지식, 기술, 태도를 기른다.
중학교	자신의 소질과 적성을 파악하고 다양한 직업세계와 교육기회를 탐색하여 진로를 주도적으로 찾는 데 필요한 지식, 기술, 태도를 기른다.
일반고	미래 직업세계 변화에 대한 이해를 바탕으로 진로목표를 정하고, 스스로 학업계획을 세우며 자신의 진로설계와 실천에 필요한 지식, 기술, 태도를 기른다.
직업계고	미래 직업세계 변화와 산업 전망에 대한 이해를 바탕으로 진로목표를 정하고, 스스로 학업계획을 세우며 전문적인 직업인으로 성장하기 위한 진로 설계와 실천에 필요한 지식, 기술, 태도를 기른다.

초등학교 진로교육의 세부목표

학교급	진로교육목표
자기이해와 사회적 역량 개발	• 자기이해 및 긍정적 자아개념 형성 • 대인관계 및 의사소통 역량 개발
일과 직업세계 이해	• 변화하는 직업세계 이해 • 건강한 직업의식 형성
진로탐색	• 교육기회의 탐색 • 직업정보의 탐색
진로디자인과 준비	• 진로의사결정능력 개발 • 진로설계와 준비

정답 23.①

24. 슈퍼(D. Super)의 전생애이론 생애단계가 포함하는 하위단계로 옳은 것은?

① 성장기는 잠정기를 포함한다.
② 탐색기는 시행기를 포함한다.
③ 확립기는 명료화기를 포함한다.
④ 유지기는 안정화기를 포함한다.
⑤ 쇠퇴기는 개선기를 포함한다.

해설 ② 탐색기(14~24세)는 잠정기, 전환기, 시행기로 나뉜다.
① 성장기(13세 이하)는 환상기, 흥미기, 능력기로 나뉜다.
③ 확립기(25~45세)는 시행기, 안정기로 나뉜다.
④ 유지기(45~65세)는 정해진 직업에 정착하고 그것을 유지하기 위해 노력하는 시기이다.
⑤ 쇠퇴기(66세 이상)는 감속기, 은퇴기로 나뉜다.

25. 진로상담의 목표와 이론이 바르게 짝지어진 것은?

ㄱ. 내담자의 진로의사결정 방해요소를 파악한다.
ㄴ. 내담자의 진로코드를 탐색하고, 진로코드의 특성을 이해한다.
ㄷ. 진로선택과 발달에 영향을 주는 비합리적 신념을 확인하고 제거한다.

a. 홀랜드(J. Holland)의 성격이론
b. 크롬볼츠(J. Krumboltz)의 사회학습진로이론
c. 피터슨(G. Peterson) 등의 진로정보처리이론
d. 렌트(R. Lent) 등의 사회인지진로이론

① ㄱ－a
② ㄴ－b
③ ㄴ－d
④ ㄷ－b
⑤ ㄷ－c

해설 진로선택과 발달에 영향을 주는 비합리적 신념의 확인과 제거는 크롬볼츠의 사회학습진로이론의 목표이다.
ㄱ. 진로의사결정의 방해요소를 파악 ⇨ c. 피터슨의 정보처리이론
ㄴ. 진로코드 탐색과 진로코드 특성의 이해 ⇨ a. 홀랜드의 성격이론
ㄷ. 진로선택과 발달에 영향을 주는 비합리적 신념의 확인과 제거 ⇨ b. 크롬볼츠의 사회학습진로이론

정답 24.② 25.④

제2과목(선택)

집단상담

2023년 기출문제 및 해설

2022년 기출문제 및 해설

2021년 기출문제 및 해설

2020년 기출문제 및 해설

2019년 기출문제 및 해설

◆ 집단상담

제2과목 선택 2023년 기출문제 및 해설

26. 집단상담의 목표 설정에 관한 설명으로 옳지 않은 것은?

① 집단의 방향을 분명히 하는 데 도움을 준다.
② 집단의 목표는 과정 속에서 수정될 수 없다.
③ 집단 전체의 목표와 개인의 목표를 모두 설정하는 것이 필요하다.
④ 집단 초기부터 집단원에게 명료하게 진술하고 이해시킬 필요가 있다.
⑤ 집단상담의 효과와 평가를 위해 필수적이다.

해설 집단의 목표는 집단 과정 속에서 집단원들의 상호작용을 보면서 수정이 가능하다.

27. 다음의 요건을 모두 충족하는 집단 유형은?

- 집단원에게 비슷한 책임과 권위가 주어진다.
- 특정 문제를 이미 겪었거나 극복한 집단원으로 구성된다.
- 치료적 요인의 핵심은 증언이다.

① 치료집단
② 교육집단
③ 성장집단
④ 과업집단
⑤ 자조집단

해설 ⑤ 자조집단은 공통의 관심사나 어려움을 경험했던 집단원들이 서로를 도우며 집단을 이끌어 간다. 지도자가 적극적인 개입 없이 간접적인 도움을 제공한다는 점이 지지집단과 다르다. 환자였을 때의 경험과 극복을 주로 증언하는 것이 특징적이다. 회복기의 알코올 중독(AA) 집단, 단도박(GA) 등이 있다.

① 치료집단: 전문성을 가진 전문가가 집단을 이끌며 병리적 증상의 제거 및 완화에 목적이 있다(우울증 치료집단, 사회공포증 치료집단 등).
② 교육집단: 집단원들의 지식과 정보 및 기술향상 등 교육을 목적으로 하는 집단이다(부모역할 훈련집단, 청소년 성교육집단 등).
③ 성장집단: 집단의 목적이 자기성장이며 자기이해, 부적응 행동의 수정 등을 도와주는 집단이다.
④ 과업집단(과제해결집단): 집단원들이 당면한 과제를 해결할 필요성이 있는 경우 진행되는 과제 해결집단이다(학교폭력 피해자집단 등).

정답 26.② 27.⑤

28. 다음과 관련 있는 집단상담의 치료적 요인은?

> • 쌓여 있던 고통과 누적된 감정표현으로 신체적, 정신적 해방감을 경험한다.
> • 집단원 간의 신뢰감과 상호유대감을 높인다.
> • 감정적 패턴 아래 놓인 인지와 연관된 통찰을 다루는 것이 중요하다.

① 정화 ② 보편성 ③ 피드백
④ 자기이해 ⑤ 인지적 요인

해설 정화는 얄롬(Yalom)이 제안한 집단상담의 치료적 요인으로 정서를 개방적으로 표현함으로써 그간 억압된 감정의 해방과 신체적 해방감을 경험할 수 있게 해 준다.

29. 얄롬(I. Yalom)이 제시한 집단상담의 치료적 요인에 해당되지 않는 것은?

① 희망 심어 주기 ② 응집력
③ 정보 제공하기 ④ 집단원을 위한 목적의 적절성
⑤ 실존적 요인

해설 얄롬이 제시한 치료적 요인 중에 집단원을 위한 목적의 적절성은 포함되지 않는다.

얄롬이 제시한 집단상담의 치료적 요인 11가지	
1) 정화	내면에 억압되어 있거나 쌓여 있는 감정과 생각들을 집단을 통해 노출하고 수용받는 경험을 함으로써 긴장을 해소하는 것이다.
2) 집단응집력	• 집단응집력은 집단 내의 소속감, 안정감, 친밀감, 신뢰감, 공감적 이해 등으로 나타나며 적대감과 갈등을 포함할 수도 있다. • 자기개방, 위험감수 그리고 집단 내 갈등을 건설적으로 표현함으로써 성장과 변화가 일어난다.
3) 희망의 고취	집단원은 집단상담 과정을 통한 문제의 해결과 변화가능성에 대한 희망을 가지게 되는 것만으로 치료적 효과를 낸다.
4) 이타주의	누군가에게 도움을 주는 경험을 통해 자신이 중요한 존재임을 발견하고 자존감이 고양된다.
5) 정보전달	집단상담자나 집단원으로부터 다양하고 유익한 정보를 습득, 자신의 문제를 보다 명확하게 알아차리게 된다.
6) 모방행동	집단상담자와 다른 집단원을 모방하며 새로운 행동을 배우는 기회를 가지게 된다.
7) 일차가족관계의 교정적 재현	• 초기가족의 교정적 재현으로 집단은 가족과 유사한 부분이 있어 집단을 통해 내담자들은 초기가족의 경험을 재현하게 된다. • 새로운 역할 실험의 기회를 가지고 일차가족 내에서 경험하는 부정적 대인관계 패턴과 감정을 해결할 기회를 갖게 된다.
8) 사회화 기술의 발달	집단원들은 집단을 하나의 축소된 사회로 만들고, 이 축소된 사회에서는 집단원들 개개인의 특정한 방어적 행동이 나타난다. 각 집단원의 사회적 환경이 투영되는 축소된 사회로 집단이 발전한다.
9) 보편성	다른 사람들도 자신과 비슷한 갈등과 고민, 비슷한 환경이나 문제를 가지고 있다는 것을 알게 되어 위로를 받는다.

정답 28.① 29.④

10) 대인관계 학습	• 집단원들과의 관계를 통해 자신의 대인관계 문제를 해결하고 새로운 패턴을 익힐 수 있다. • 상호작용 속에서 자신의 대인관계에 대한 통찰을 얻기도 하고, 다른 사람들로부터의 평가에 기초하여 자기역동을 발달시키게 된다.
11) 실존적 요인	• 집단원과의 경험 공유를 통해 사람은 모두 독특하고 자신의 인생은 자신만의 것임을 알게 된다. • 인생의 고통이나 죽음은 피할 수 없고, 또 삶은 때때로 공평하지 않음을 인식하고 자신의 삶에 대한 고립감과 책임감을 배운다.

30. 집단상담 초기단계에서 집단상담자의 역할로 옳은 것을 모두 고른 것은?

ㄱ. 집단의 기본적인 규칙을 정한다.
ㄴ. 집단의 결과에 대해 집단상담자는 책임이 없다는 것을 명확히 한다.
ㄷ. 집단원의 구체적인 개인 목표를 설정할 수 있도록 돕는다.
ㄹ. 집단원의 이야기에 적극적인 경청과 반응을 한다.

① ㄱ, ㄴ ② ㄱ, ㄷ ③ ㄴ, ㄹ ④ ㄱ, ㄷ, ㄹ ⑤ ㄴ, ㄷ, ㄹ

해설 ㄴ. 집단상담자는 자신이 이끄는 집단의 구성원들에 대해 비밀유지 약속과 그 위반에 대한 결과를 알려줄 윤리적 책임이 있다. 또한 결과를 신중하게 고려하지 않고 성급하게 행동하는 것의 위험성을 집단원들에게 알릴 책임도 있다. 그리고 자신이 사용하는 기법이 집단과정을 촉진하고 집단원들의 이익에 부합하는가를 고려하고 그 사용 결과에 책임의식을 지녀야 한다. 이외에도 집단상담 초기에 상담자는 집단상담의 구조화, 집단 기본 규칙 정하기, 집단원의 개인 목표설정, 집단응집력 형성 및 상호작용을 촉진해야 한다. 또한 집단원의 불안과 저항을 수용하고 존중하는 태도를 보여야 하며 집단원의 이야기에 적극적인 경청과 반응을 보여야 한다.

31. 신뢰가 높은 집단의 특징으로 옳지 않은 것은?

① 집단원은 집단 활동에 적극적으로 참여한다.
② 자신의 개인적인 측면을 다른 집단원과 나눈다.
③ 집단에서 다른 집단원을 지지하거나 그들에게 도전한다.
④ 집단원 일부가 하위집단을 형성하여 친해진다.
⑤ 집단의 안과 밖에서 위험을 감수한다.

해설 ④ 집단원 간에 소그룹이 형성되면 집단의 주도권을 잡으려 하거나 파벌을 형성하는 등 전체 집단의 응집력을 방해할 수 있기 때문에 적절하지 않다. 집단의 응집력이란 집단원들의 유대관계의 정도를 의미한다.

집단의 응집성과 신뢰 형성을 방해하는 집단원들의 문제행동

- 침묵과 참여 부족, 독점하는 행동, 자신의 옛이야기를 길게 하기, 심문하듯 질문하기, 조언하기, 지나치게 의존하는 것, 적대적인 행동
- 우월한 태도 유지하기, 집단 외 사교활동으로 하위집단 형성하기, 공동지도자가 되려고 하는 것 등이 있다.
- 주로 과도기 단계에서 일어난다.

정답 30.④ 31.④

32. 실존주의 집단상담에 관한 설명으로 옳지 않은 것은?

① 자신이 자기 삶의 주인이어야 한다는 자유를 인식하고 수용한다.
② 치료적 관계를 통해 성장의 장애물을 자각하고 자아이상과 자아실현 욕구를 추구한다.
③ 관계, 의미 찾기, 불안, 고통, 죽음과 같은 주제를 다룬다.
④ 치료 기법보다 집단원의 현재 경험을 이해하는 것을 강조한다.
⑤ 핵심 목적은 실존적 근심을 나눔으로써 자신을 발견하는 것이다.

해설 ② 성장의 장애물을 자각하고 자아이상과 자아실현 욕구를 추구하는 것은 인본주의 집단상담에 해당된다. 인본주의 상담에서는 이상적 자기와 현실적 자기, 실현경향성, 현상학적 장, 가치조건화, 완전히 기능하는 사람 등을 강조한다.

33. 다음 설명에 해당하는 집단상담의 이론은?

- 집단상담자는 지시적이며 조언자이자 문제해결자로서 기능하는 경향이 있다.
- 부적응적 행동을 제거하고 보다 건설적인 행동으로 변화시킨다.
- 각 집단원이 경험하는 구체적인 문제행동에 대해 기능적 분석을 실시한다.

① 실존주의
② 행동주의
③ 인간중심
④ 게슈탈트
⑤ 정신분석

해설 행동주의적 집단상담에 대한 설명이다. 행동주의적 집단상담의 특성은 다음과 같다.
- 집단상담자는 지시적이며 문제해결자로 기능한다.
- 문제해결적 사고방식을 습득하고 실생활에서 활용할 수 있도록 훈련한다.
- 이러한 행동수정을 통해 부적응적 행동을 적응적 행동으로 대체시킨다.
- 구체적인 문제행동에 대해 기능적 분석을 통해 문제행동이 어떤 기능을 하는지, 문제행동이 지속되는 이유 등에 대해 분석을 한다.

34. 정신분석 집단상담에 관한 설명으로 옳은 것을 모두 고른 것은?

ㄱ. 과거의 경험이 현재의 성격에 미치는 영향에 초점을 둔다.
ㄴ. 당면한 문제를 다루기보다 성격을 재구조화하는 것이 목적이다.
ㄷ. 전이를 다루기 위해 다양한 특성을 지닌 사람들로 구성되는 것이 좋다.
ㄹ. 상담자는 꿈, 환상, 저항 등을 해석하고 돕는다.

① ㄱ, ㄴ
② ㄷ, ㄹ
③ ㄱ, ㄴ, ㄹ
④ ㄴ, ㄷ, ㄹ
⑤ ㄱ, ㄴ, ㄷ, ㄹ

정답 32.② 33.② 34.⑤

해설 모두 정신분석 집단상담에 관한 설명이다.

정신분석 집단상담의 특성

- 집단보다 집단 속의 개인과 개인의 독특한 무의식적 동기에 초점을 맞춘다.
- 문제가 발생했던 '그때, 거기'에 주의를 기울이고 탐색하며 과거 경험이 현재의 성격에 미치는 영향과 지속되고 있는 문제를 탐색한다.
- 부적응 행동들을 줄이기 위해서 훈습과정에 주의를 기울인다.
- 집단원 개인의 고유성이나 통찰을 치료의 성과로 본다. 그러므로 구성원의 개인 내적인 심리과정, 무의식적, 잠재적 심리세계와 그에 대한 자기성찰을 중시한다.
- 자유연상, 꿈의 분석, 전이의 분석, 저항의 분석, 해석 등 무의식적 경험자료를 의식화 시키도록 고안된 다양한 기법을 사용한다.
- 상담자는 자유연상이나 꿈, 저항, 전이를 분석하고, 그 행동의 의미를 해석해 줌으로써 집단원 개인의 통찰을 돕는다.

35. 아들러(A. Adler)의 집단상담 기법으로 옳지 않은 것은?

① 수프에 침 뱉기 ② 행동 조성하기 ③ 마치 ~인 것처럼 행동하기
④ 단추 누르기 ⑤ 수렁 피하기

해설 행동 조성하기는 행동주의 집단상담 기법에 해당된다.
아들러의 집단 상담 기법으로는 이외에 생활양식 분석, 격려, 초기 기억, 역설적 의도, 즉시성, 심상 만들기, 수프에 침 뱉기, 마치 ~인 것처럼 행동하기, 단추 누르기, 수렁 피하기 등이 있다.

36. 현실치료 집단상담에서 집단상담자의 역할로 옳지 않은 것은?

① 집단원을 무비판적이고 수용적인 태도로 상담한다.
② 집단원의 생각하기와 행동하기를 변화시키려고 노력한다.
③ 집단원의 변명을 수용하지 않으며, 선택한 행동에 대해 책임을 지도록 한다.
④ 질문하기, 직면하기, 역설적 기법, 유머 사용하기 등을 상담기법으로 사용할 수 있다.
⑤ 집단원의 기본적 욕구인 힘, 자유, 즐거움, 자아실현, 생존욕구를 지각하도록 돕는다.

해설 ⑤ 현실치료에서는 집단원의 기본적 욕구인 소속감, 힘, 자유, 즐거움을 지각하도록 돕는다.

현실치료적 집단상담자의 역할

- 집단원 모두가 집단에 관여하도록 하며, 현실문제에 직접 관여하도록 돕는다.
- 계획수립의 동반자로서 집단원이 합리적인 계획을 수립하고 실천할 수 있게 돕는다.
- 계획실천의 조력자로서 지지, 격려, 분석을 통해 집단원이 계획을 잘 실행할 수 있도록 돕는다.
- 변명을 허용하지 않음으로써 실패 시, 실패의 책임을 집단원 자신이 지도록 도와야 한다.
- 집단원이 이전과 달리 현명한 선택을 함으로써 자신의 삶을 효과적으로 통제할 수 있다는 점을 깨닫도록 돕는다.

정답 35.② 36.⑤

37. 교류분석 집단상담에 관한 설명으로 옳지 않은 것은?

① 구조분석은 세 가지 자아상태를 검토하도록 돕는 과정이다.
② 교차적 의사교류는 두 가지 내용이 동시에 전달되는 경우로 바깥으로 직접 나타나는 자아와 실제로 기능하는 심리적 자아가 다른 것을 말한다.
③ 게임이란 숨겨져 있지만 이득을 얻도록 계획된 이면적 교류의 연속이다.
④ 긍정적인 삶의 자세 한 가지와 부정적인 삶의 자세 세 가지가 있다.
⑤ 개인이 시간을 구조화하는 여섯 가지 방법은 철회, 의례적 행동, 활동, 여흥, 게임, 친밀성이 있다.

해설 교차적 의사교류(crossed transaction)는 어떤 반응을 기대하고 시작한 발신자의 교류에 수신자의 예상 외의 반응이 돌아오는 것이다. 4개의 자아상태가 관련되며, 대화의 자극과 반응의 방향은 자주 교차되어 고통을 일으킨다. 밖으로 직접 나타나는 자아와 실제로 기능하는 심리적 자아가 다른 것은 이면 의사교류(ulterior transaction, 암시적 교류)에 해당(②)된다.

학습 plus

의사교류의 예시

- 교차적 의사교류
  A: 철수야, 쓰레기 분리수거 좀 도와주렴.
  B: 엄마는 제가 미운 거지요? 저도 놀고 있는 게 아니라고요.
- 이면 의사교류
  A: 철수야, 쓰레기 분리수거 좀 도와주렴.
  B: (빈정거리는 말투와 표정으로) 역시 우리 엄마는 대단해. 쓰레기 분리수거만은 정말 잘 지키시네요.
- 상보적 의사교류
  A: 철수야, 쓰레기 분리수거 좀 도와주렴.
  B: 네. 제가 숙제 마치고 도와드릴게요. 잠시만 기다려 주세요.

38. 합리정서행동치료에 근거한 집단상담 기법으로 옳지 않은 것은?

① 소크라테스 질문법
② 논박하기
③ 수치 공격 연습
④ 상상하기
⑤ 마술가게

해설 마술가게는 사이코드라마 기법에 해당된다.

합리정서행동치료(REBT)에 근거한 집단상담 기법

- 인지적 기법: 비합리적 신념 논박, 인지적 과제의 수행, 조건화 대처, 유머, 소크라테스식 대화법, 유추 기법, 독서 및 시청각 자료 기법, 자기진술, 상담회기 녹음 들어 보기 등이 있다.
- 정서적 기법: 상담자의 자기개방, 집단원의 무조건적 수용, 강제적 자기진술, 강제적 자기대화 등이 있다.
- 행동적 기법: 여론조사 기법, 체계적 둔감법, 이완기법, 신체탈감법, 숙제, 기술훈련, 모델링, 심상법(상상하기), 역할 연기, 수치심 공격하기, 자기관리 등이 있다.

정답 37.② 38.⑤

39. 게슈탈트 이론을 적용한 집단상담자의 개입으로 옳은 것을 모두 고른 것은?

ㄱ. 당신의 내면에 있는 '우월한 나'와 '열등한 나'가 서로 대화해 보도록 하세요.
ㄴ. 과거에 당신에게 상처를 주었던 친구를 빈 의자에 앉히고 이야기해 보세요.
ㄷ. 친구에게 속상한 감정을 점수로 매긴다면 5점 중 몇 점인지 이야기해 보세요.
ㄹ. 지금 당신의 신체 가운데 다리에서 어떤 감각이 느껴지는지 이야기해 보세요.

① ㄱ ② ㄴ, ㄷ ③ ㄱ, ㄴ, ㄹ
④ ㄴ, ㄷ, ㄹ ⑤ ㄱ, ㄴ, ㄷ, ㄹ

해설 ㄷ. 친구에게 속상한 감정을 점수로 매긴다면 5점 중 몇 점인지 이야기해 보세요. → 척도 질문으로 해결중심적 집단상담에서 많이 사용한다.
ㄱ. 당신의 내면에 있는 '우월한 나'와 '열등한 나'가 서로 대화해 보도록 하세요. → 자기 부분과의 대화(내적 대화)
ㄴ. 과거에 당신에게 상처를 주었던 친구를 빈 의자에 앉히고 이야기해 보세요. → 빈 의자 기법
ㄹ. 지금 당신의 신체 가운데 다리에서 어떤 감각이 느껴지는지 이야기해 보세요. → 신체자각 기법에 해당된다.

40. 코리(G. Corey)가 제시한 집단상담자의 인간적 자질에 해당되지 않는 것은?

① 용기 ② 활력 ③ 자기 돌봄
④ 적극적 경청 ⑤ 창의성

해설 적극적 경청은 전문적 자질에 해당된다.

코리의 집단상담자 자질

인간적 자질	전문적 자질
• 인간에 대한 선의와 보살핌 • 자기수용, 자기돌봄 • 기꺼이 모범을 보임 • 집단원과 함께 지금-여기에 존재함 • 집단과정에 대한 믿음 • 개방성 • 기꺼이 새로운 경험을 찾는 태도 • 활력, 끈기, 유머 • 개인적인 힘, 용기 • 헌신과 적극적 참여 • 창의성	• 상담이론에 대한 폭넓은 지식과 이해 • 상담자로서의 상담 기술(적극적 경청, 반영, 명료화, 요약, 공감, 연결하기, 직면, 지지, 저지, 제안하기 등) • 집단을 계획하고 조직하는 능력 • 전문가의 지도 감독하에 장기적이고 다양한 훈련의 기회를 가진다(개인상담의 상담자/내담자 경험, 집단상담 참여와 운영 경험 등).

41. 소극적으로 참여하는 집단원(영희)을 위한 집단상담자 반응으로 옳은 것을 모두 고른 것은?

ㄱ. 이 집단에 있다는 것이 영희에게 어떻게 느껴지나요?
ㄴ. 철수의 이야기를 들으며 영희는 어떤 느낌이 들었나요?
ㄷ. 이 집단에 참여하기 힘든 이유가 무엇인지 이야기해 줄 수 있나요?
ㄹ. 집단에서 가만히 있는 것은 좋지 않아요. 집단에서는 본인 이야기를 해야 해요.

① ㄱ, ㄴ ② ㄷ, ㄹ ③ ㄱ, ㄴ, ㄷ
④ ㄴ, ㄷ, ㄹ ⑤ ㄱ, ㄴ, ㄷ, ㄹ

해설 ㄹ. 소극적 참여자의 경우 집단에서의 작업 또는 사적 면담을 통해 소극적인 집단 참여의 이유를 탐색할 수 있으나 '가만히 있는 것은 좋지 않으니 본인 이야기를 하라.'는 비난하는 태도와 강압적인 참여요구는 바람직하지 않다.

42. 청소년 집단상담의 이점에 관한 설명으로 옳지 않은 것은?

① 청소년들은 집단이라는 환경 속에서 의존성을 높여 나간다.
② 다른 친구들도 나와 비슷한 감정과 생각을 갖고 있음을 알게 된다.
③ 자기중심적인 사고나 태도의 변화를 가져올 수 있다.
④ 자신의 고민을 드러내 해결해 가면서 전보다 더 큰 자신감을 얻는다.
⑤ 또래와의 상호작용을 통해 부정적인 감정을 다루는 방법을 연습할 수 있다.

해설 집단상담자가 제공하는 안전한 구조 속에서 자유와 독립성 향상을 위한 행동을 연습할 수 있다.

43. 다음 사례에서 집단상담자가 사용한 기법은?

○ 집단원: 저는 지금 기분이 좋지 않아요. 지금 이 집단에서도 불편합니다. 어제도 친구들과 다툼이 있었는데, 왜 그랬는지 잘 모르겠고, 자꾸만 친구들과 싸우게 되는 것 같아요.
○ 상담자: 그렇군요. 근데 지금 이 집단에서 불편하다고 하셨는데, 우리 집단에서 어떤 부분이나 누구에게서 그런 느낌이 들었는지 이야기해 주시겠어요?

① 명료화하기 ② 반영하기 ③ 해석하기
④ 초점 맞추기 ⑤ 행동 제한하기

해설 ④ "그렇군요. 근데 지금 이 집단에서 불편하다고 하셨는데, 우리 집단에서 어떤 부분이나 누구에게서 그런 느낌이 들었는지 이야기해 주시겠어요?"는 초점 맞추기 기법으로 내담자가 말한 것에 초점을 맞춰서 구체적으로 어떤 부분에서 그리고 누구에게서 그런 느낌이 들었는지 집중적으로 이야기를 나누기 위한 방법이다. 초점 맞추기 기법에는 초점 유지, 초점 이동, 초점 심화가 있다.

정답 41.③ 42.① 43.④

① 명료화하기는 질문이나 재진술 등을 통해 중요한 문제의 저변에 깔려 있는 갈등을 인식하게 해 주는 기법이다.
② 반영하기는 집단원의 말과 행동 속의 내용을 좀 더 구체적으로 인식하도록 반사해 주는 것이다.
③ 해석하기는 집단원의 말이나 행동에 새로운 의미를 부여하거나 새롭게 설명하는 것을 말한다.
⑤ 행동 제한하기는 집단활동을 방해하는 집단원의 바람직하지 못한 말과 행동을 제한하는 것을 말한다.

44. 청소년 집단상담에 관한 설명으로 옳지 않은 것을 모두 고른 것은?

ㄱ. 자발적, 비자발적인 집단원 모두에게 사전 동의를 받아야 한다.
ㄴ. 집단 참여서약에 집단을 떠날 수 없음을 명시한다.
ㄷ. 집단상담 진행 중 개인상담이 필요한 경우 집단상담 종결 이후 권유한다.
ㄹ. 집단상담실 앞에 집단 명칭, 시간 및 참여자 명단을 제시하여 안내한다.

① ㄱ, ㄴ ② ㄷ, ㄹ ③ ㄱ, ㄴ, ㄷ ④ ㄴ, ㄷ, ㄹ ⑤ ㄱ, ㄴ, ㄷ, ㄹ

해설 ㄴ. 집단 참여 서약에 원한다면 언제든지 집단을 떠날 수 있다는 것을 명시한다.
ㄷ. 집단상담 중 개인상담이 필요한 경우 집단상담과 개인상담을 병행할 수 있다.
ㄹ. 집단상담실 앞에 집단 명칭, 시간을 제시할 수 있으나 참여자 명단을 제시하는 것은 부적절하다.

45. 두 명의 상담자가 공동으로 진행하는 집단상담에 관한 설명으로 옳은 것을 모두 고른 것은?

ㄱ. 경험이 적은 상담자는 경험이 많은 공동리더를 통해 집단리더십을 익힐 수 있다.
ㄴ. 역할분담으로 집단과정을 촉진시키고, 소진이 일어날 가능성을 줄일 수 있다.
ㄷ. 리더가 집단에서 강한 감정을 경험했다면 차후 공동리더와 탐색해 볼 수 있다.
ㄹ. 공동리더 간 협의와 상호 피드백은 필수적이지 않다.

① ㄱ ② ㄴ, ㄷ ③ ㄱ, ㄴ, ㄷ ④ ㄴ, ㄷ, ㄹ ⑤ ㄱ, ㄴ, ㄷ, ㄹ

해설 ㄹ. 공동리더 간 협의와 상호 피드백은 서로 다른 관점을 취할 수 있고 전문성을 향상시킬 수 있기 때문에 필수적이다.

46. 집단상담 평가에 관한 설명으로 옳은 것은?

① 평가의 목적은 집단원의 바람직한 변화를 조력하기 위해서이다.
② 평가계획은 종결시점에서 고려한다.
③ 평가 시점에 따라 상대평가와 절대평가로 구분할 수 있다.
④ 결과평가는 집단과정 중에 이루어진다.
⑤ 평가에서 심리검사 사용은 필수적이다.

정답 44.④ 45.③ 46.①

해설 ① 집단상담 평가의 목적은 집단상담의 목표 관리, 향후 집단 프로그램의 개선, 집단상담자 전문성 증진, 집단상담 이론과 기법의 발전, 집단원들의 문제해결과 바람직한 변화 및 성장에 도움이 되어야 한다.
② 평가계획은 집단 상담 초기에 수립해야 한다.
③ 상대평가와 절대평가는 준거에 의한 구분으로 상대평가는 특정 집단원의 비교 준거 내의 상대적 위치를 보기 위한 것이며, 절대평가는 일정한 목표 달성 정도를 보는 것이다.
④ 결과 평가는 주로 집단이 끝난 다음에 이루어진다.
⑤ 집단상담 평가 시 심리검사 사용이 필수적이지는 않다.

47. 학교 집단상담 계획에 관한 설명으로 옳지 않은 것은?

① 학생, 교사, 학부모 대상 요구조사를 실시한다.
② 집단 주제와 집단 크기, 회기 수 등을 선정한다.
③ 학교장을 만나 운영계획에 대해 논의한 후 승인을 받는다.
④ 집단에서 얻을 수 있는 이점을 학교 담당자, 교사, 부모에게 명확히 설명한다.
⑤ 치료집단인 경우 학생의 동의만 받으면 된다.

해설 치료집단의 경우 특정 증상을 경감하기 위한 목적으로 진행되며 학생과 보호자의 동의가 필요하다.

48. 청소년 집단원의 특징에 관한 설명으로 옳지 않은 것은?

① 학교나 부모에 의해 참여하게 되는 경우 집단에 대한 관심이 없을 수도 있다.
② 교사나 부모와 같은 기성세대에게는 반항적인 태도를 가지고 도전할 수 있다.
③ 일반적으로 또래의 기준에 동조하거나 승인받는 것에 관심이 없다.
④ 신체적 · 생리적 변화로 외모에 관심을 갖게 된다.
⑤ 자아중심적이고, 자기의식적인 특성을 보인다.

해설 청소년들은 일반적으로 다른 연령대에 비해 또래 기준에 동조하거나 인정, 승인을 받는 것에 지대한 관심을 갖고 있다.

49. 다음에 해당하는 집단의 유형은?

중학교 3학년 여학생을 대상으로 대인관계 증진을 위해 집단상담자와 참여자가 매 회기 합의하여 주제를 선정하고, 매주 1회 10주 동안 진행한다.

① 비구조화된 동질적 구성의 분산적 집단
② 구조화된 동질적 구성의 분산적 집단
③ 비구조화된 이질적 구성의 분산적 집단
④ 구조화된 이질적 구성의 집중적 집단
⑤ 비구조화된 동질적 구성의 집중적 집단

정답 47.⑤ 48.③ 49.①

해설 중학교 3학년 여학생의 대인관계 증진 목적이므로 동질적 집단이고, 매 회기마다 합의하여 주제를 선정하므로 비구조화된 집단이며, 매주 1회 10주간 실시하는 것은 분산적 집단을 의미한다.

50. 청소년 집단상담과 성인 집단상담의 특성을 설명한 것으로 옳은 것을 모두 고른 것은?

> ㄱ. 비밀보장 원칙의 한계는 두 집단 모두 동일하다.
> ㄴ. 성인 집단은 자발적으로 신청한 참여자만 집단원으로 참여할 수 있다.
> ㄷ. 두 집단 모두 참여 중 언제든 본인의 의사에 따라 집단참여를 거부할 수 있다.
> ㄹ. 두 집단 모두 사전면담을 통해 집단원을 선별할 수 있다.

① ㄱ, ㄴ ② ㄴ, ㄷ ③ ㄷ, ㄹ
④ ㄱ, ㄴ, ㄷ ⑤ ㄴ, ㄷ, ㄹ

해설 ㄱ. 비밀보장의 일반적인 원칙은 두 집단 모두 동일하지만 청소년 집단의 경우 미성년이기 때문에 부모에게 고지해야 하는 상황이 발생할 수 있으므로 비밀보장 원칙이 더 제한적이라고 볼 수 있다.
ㄴ. 성인집단의 경우 자발적으로 신청한 참여자가 집단원으로 참여하는 것이 좋지만 비자발적인 경우(예 가정폭력, 아동학대 등 법원의 수강명령에 의해 참여하는 경우)에도 참여가 가능하다.

◆ 집단상담

제2과목 선택 2022년 기출문제 및 해설

26. 얄롬(I. Yalom)의 치료적 요인 중 실존적 요인을 모두 고른 것은?

ㄱ. 인생이 때로 부당하고 공정하지 않다는 것을 인식한다.
ㄴ. 궁극적으로 인생의 고통이나 죽음은 피할 길이 없음을 인식한다.
ㄷ. 친구와 가깝게 지내더라도 여전히 홀로 인생에 맞닥뜨려야 한다.
ㄹ. 이전에 받아들이지 않았던 자신의 부분을 발견하고 수용한다.

① ㄱ, ㄴ ② ㄴ, ㄷ ③ ㄱ, ㄴ, ㄷ
④ ㄱ, ㄷ, ㄹ ⑤ ㄱ, ㄴ, ㄷ, ㄹ

해설 얄롬이 집단상담에서 말한 치료적 요인 중 실존적 요인은 삶에 대한 책임수용을 의미한다. 즉, 집단원들과 경험을 공유하면서 자신이 다른 사람에게 아무리 많은 영향을 받는다고 한들 자신의 인생에 대한 궁극적인 책임은 스스로에게 있다는 것을 받아들이는 것을 의미한다.

실존적 요인 다섯 가지

1) 인생이 때로 부당하고 공정하지 않다는 것을 인식한다.
2) 궁극적으로 인생의 고통이나 죽음은 피할 길이 없음을 인식한다.
3) 다른 사람과 가깝게 지내더라도 여전히 홀로 인생에 맞닥뜨려야 한다.
4) 삶, 죽음에 대한 문제를 직면하고 솔직하게 자신의 삶을 영위하며 사소한 일에 얽매이지 않아야 한다.
5) 자신이 다른 사람에게 아무리 많은 지도와 지지를 받아도 자신의 인생에 대한 궁극적인 책임은 스스로가 갖고 있다.

27. 집단상담의 잠재적 위험을 모두 고른 것은?

ㄱ. 상담자는 집단 안에서 힘과 지위를 오용할 수 있다.
ㄴ. 사적인 삶의 노출로 사생활을 침해할 소지가 있다.
ㄷ. 공개된 내용의 일부가 집단 내에서 유지되지 않을 수 있다.
ㄹ. 직면은 유익하고 강력한 도구이지만 파괴적인 방법으로 사용될 수 있다.

① ㄱ, ㄹ ② ㄴ, ㄷ ③ ㄱ, ㄴ, ㄷ
④ ㄴ, ㄷ, ㄹ ⑤ ㄱ, ㄴ, ㄷ, ㄹ

정답 26.③ 27.⑤

해설 집단상담은 여러 집단원이 함께 상담에 참여하기 때문에 개인상담보다 주의해야 할 잠재적인 위험이 많다.

집단상담의 잠재적 위험

- 상담자의 지위 오용: 집단상담자는 집단 안에서 힘과 지위를 오용할 수 있다. 또한 집단이나 집단원들을 비윤리적으로 조종하고, 집단원을 자신의 개인적 이익을 위해 이용할 수 있는 위치에 있다.
- 수용과 온정 결여: 집단 내에서 집단원들끼리 서로 비난할 수 있다.
- 신뢰감 결여: 공개된 내용의 일부가 집단 내에서 유지되지 않을 수 있다.
- 집단 압력: 집단의 압력에 의해 개인의 주도적인 선택권, 자율권을 포기하게 될 수 있다.
- 적대적 · 파괴적 직면: 직면은 유익하고 강력한 도구이지만 파괴적인 방법으로 사용될 수 있다.
- 비밀보장의 불이행 및 사생활의 침해: 사적인 삶의 노출로 사생활을 침해할 소지가 있다.
- 희생양 만들기: 집단 내 희생양이 발생할 수 있다.
- 신체적 · 정신적 상해: 집단원 및 리더의 주의력 결여, 공감결여 등으로 인해 신체적 · 정서적 상해가 생길 수 있다.

28. **코리(G. Corey)의 집단상담 작업단계에서 다음 ( )에 들어갈 상담자 개입으로 옳은 것은?**

○ 철수: 사람들이 나를 멍청하다고 생각하지 않도록 나 자신을 분명하게 표현하고 싶어요. 여기 있는 사람들이 나를 비난할까 봐 두려워요. ○ 상담자: (   )

① 만약 비판받을 것 같은 두려움이 없어진다면, 당신은 이 집단에서 어떻게 달라질까요?
② 이와 비슷하게 비난받을까 봐 두려워하는 느낌을 가진 집단원이 있나요?
③ 언제 그런 두려움을 느꼈고, 이 집단에서 누구를 가장 의식하고 있나요?
④ 철수처럼 여기에서 두려움이나 다른 감정을 느낀 집단원이 있나요?
⑤ 당신이 생각하거나 느꼈지만 표현하지 못한 것은 또 어떤 것이 있나요?

해설 ②, ③, ④, ⑤는 탐색에 주목하고 있으나 ①은 집단원의 변화에 주목하고 있기에 작업단계에 적합하다.

코리 집단상담

- 코리 부부의 집단상담은 4단계(초기 – 과도기 – 작업 – 종결)로 진행된다.
- 작업단계는 핵심 단계로 심리치료, 문제해결, 학습과 성장을 위해 노력하는 단계이다.
- 집단원의 특징으로는 강한 응집력 형성, 의사소통의 개방, 피드백 교환 활성화, 상담자에 대한 도전 등이 있다.
- 상담자의 역할로는 자기노출과 감정의 정화, 자기개방, 직면, 공감, 개인 및 집단 관찰내용 개방, 낙담한 집단원 격려, 치료적 요인에 주목하고, 깊은 수준의 자기 탐색을 도우며 지지 및 격려를 제공한다.

정답 28.①

29. 집단상담을 축소된 사회라고 보는 얄롬(I. Yalom)의 관점으로 옳은 것을 모두 고른 것은?

ㄱ. 집단원들은 하나의 축소된 사회를 만들고, 이 사회는 집단원들의 특정한 방어적 행동을 이끌어 낸다. ㄴ. 집단원들은 상호작용에 의해 각자 대인관계에서 대처양식을 드러낸다. ㄷ. 집단상담 상황은 집단원 자신의 일상적인 생활을 대표하기보다는 비전형적이고 인위적이다. ㄹ. 집단의 발달이 방해받지 않는다면, 각 집단원의 사회환경이 반영되는 축소된 사회로 발전한다.

① ㄱ, ㄴ ② ㄷ, ㄹ ③ ㄱ, ㄴ, ㄹ ④ ㄴ, ㄷ, ㄹ ⑤ ㄱ, ㄴ, ㄷ, ㄹ

해설 ㄷ. 집단상담 상황은 집단원 자신의 일상적인 생활을 대표하는 전형적이고 비인위적인 환경이다.
일반적으로 제약 없이 자유롭게 상호작용하는 집단원들은 축소된 사회로 발전한다. 적정 시간이 흐르면 집단원들은 본래 자신의 모습을 되찾으며 사회 환경에서 사람들과 작용하듯이 집단원들과 상호작용하게 된다.

30. 얄롬(I. Yalom)의 치료적 요인 중 '대인관계 학습'으로 옳지 않은 것은?

① 내가 다른 사람에게 어떤 모습으로 보이는지 알게 된다.
② 타인을 짜증 나게 하는 나의 습관이나 태도를 알게 된다.
③ 다른 사람도 나만큼 혼란스러운 가족관계가 있음을 알게 된다.
④ 내 생각을 말하지 않음으로써 때때로 사람들을 혼란에 빠뜨린다는 점을 알게 된다.
⑤ 내가 다른 사람에게 어떤 인상을 주는지 알게 된다.

해설 다른 사람도 자신만큼 혼란스러운 가족관계가 있음을 알게 되는 것은 얄롬의 치료적 요인 중 '보편성'과 관련된 내용이다. 모임의 초기 단계에서 '나만!' 이렇다는 환자의 느낌이 사실이 아님을 보여 주는 것은 환자에게 상당한 위안이 된다.

31. 비생산적인 집단 분위기로 발전하는 것을 방지하기 위해 상담자가 개입해야 할 상황으로 옳은 것을 모두 고른 것은?

ㄱ. 한 사람이 다른 사람의 대변인 역할을 하는 경우 ㄴ. 집단 밖의 사람, 상황, 사건에 관해서만 이야기되는 경우 ㄷ. 발언하기 전과 후에 꼭 상담자나 다른 사람의 승인을 구하는 경우 ㄹ. 집단과 다른 집단원에게 부정적인 감정을 표현하는 경우

① ㄱ, ㄴ ② ㄴ, ㄷ ③ ㄱ, ㄴ, ㄷ ④ ㄱ, ㄷ, ㄹ ⑤ ㄱ, ㄴ, ㄷ, ㄹ

정답 29.③ 30.③ 31.③

해설 ㄹ. 집단과 다른 집단원에게 부정적인 감정을 표현하는 경우는 바람직한 상황으로 평가된다. 이는 솔직한 피드백을 교환하는 것으로 집단의 응집력이 높다는 뜻으로 해석된다.

32. 다음의 집단원이 말하는 치료적 요인은?

> ○ 집단원: 몇 회기 전부터 상담자에 대한 불만이 있었는데, 이번 회기에서야 지금까지 상담자에게 억눌러 왔던 감정을 표현했어요. 이것은 내가 처음으로 권위자에게 갖는 감정을 솔직하고 용기 있게 전달한 행동이에요.

① 대인관계 학습-산출 ② 정화 ③ 대리학습
④ 자기이해 ⑤ 지도

해설 얄롬(Yalom)의 치료적 요인 중 대인관계 학습에 대한 내용이다.

집단상담의 치료적 요인(Yalom, 1995)	
정화	정서를 개방적으로 표현하여 억압된 감정의 해방과 해소를 경험
집단응집력	다른 사람들에게 수용되고 함께 있다는 느낌으로 다른 치료적 요인을 촉진시킴
희망의 주입	희망을 심어 주고 유지시키는 것은 계속 집단에 머무를 수 있게 하며 다른 치료적 요인들의 효과를 높여 줌
이타주의	타인과 도움을 주고받는 경험을 통해 자기 존재의 가치를 확인할 수 있음
정보교환	집단상담자나 집단원들에 의한 충고, 제안, 지도 등
모방행동	다른 사람들의 긍정적 · 생산적 행동을 배움
일차가족관계의 교정적 재현	집단 내에서는 초년기에 일차가족과 맺었던 상호작용이 재현되므로 새로운 행동을 연습할 수 있고 과거로부터 기인한 문제의 해결에 도움받을 수 있음
사회화 기법의 발달	피드백을 통해 부적응적 소통방식을 확인하고 교정 · 발달시킴
보편성	모임의 초기 단계에서 '나만!' 이렇다는 환자의 느낌이 사실이 아님을 보여 주는 것은 환자에게 상당한 위안이 된다.
대인관계 학습	피드백을 통해 부적응적 대인관계 패턴을 확인하고 새로운 관계를 연습할 수 있음
실존적 요인	모든 인간은 실존적으로 단독자이며, 삶의 궁극적 책임은 자신에게 있고, 타인들로부터 받을 수 있는 도움에는 한계가 있음을 자각

33. 집단상담자의 개방에 관한 설명으로 옳지 않은 것은?

① 상담자도 한 인간이라는 것을 느낄 수 있도록 충분히 자신을 드러낸다.
② 상담자가 집단원에 의해 어떻게 영향을 받고 있는지를 적절하게 표현한다.
③ 개방을 하나의 기법으로 사용하기보다는 적절하다고 판단될 때 자발적으로 해야 한다.
④ 진솔성 차원에서 상담자 개인적 삶의 모든 측면을 공개한다.
⑤ 정직하고 적절하게 개방함으로써 집단원에게 집단규범 형성의 모델이 된다.

정답 32.① 33.④

해설 진솔성 차원에서 상담자가 개인의 삶을 개방할 수 있으나, 모든 측면을 공개하는 것이 아닌 필요한 만큼 적절하게 사용할 수 있어야 한다.

집단상담자의 자기개방
- 집단상담자가 자신의 이야기를 집단원에게 전달하는 것으로 이는 내담자에게 강한 정서적 영향을 미칠 수 있다.
- 자기노출을 통해 집단원에게 보편성 및 친근감을 느끼도록 할 수 있다.
- 자기노출을 통해 집단원과의 깊은 이해를 발달시킬 수 있다.

34. 집단상담 초기단계에서 상담자의 역할로 옳지 않은 것은?

① 갈등상황을 충분히 다루는 일에 대한 가치를 집단원들이 경험하게 한다.
② 개방적이고 존중하는 태도로 집단원의 이야기를 듣고 집단원의 경험을 가치 있게 여긴다.
③ 집단원들의 두려움과 기대를 표현하도록 돕는다.
④ 의존성을 부추기지 않으면서 집단원이 혼란스럽지 않도록 적당히 구조화한다.
⑤ 집단과정을 신뢰하고 집단원들이 의미 있는 변화를 만들어 내는 능력이 있음을 믿는다.

해설 ① 갈등상황을 충분히 다루는 것과 관련된 내용은 과도기 단계의 상담자의 역할에 대한 설명이다.

학습 plus

집단상담의 각 단계에서 상담자의 역할

단계	내용	상담자 역할
초기	• 낯설고 불확실한 상황에서 불안 및 혼란스러움, 집단의 규범이나 자신의 역할에 대한 혼란으로 침묵할 때가 있기도 하다. • 집단에 본격적으로 참여하기에 앞서 자신을 이해 및 수용할 수 있도록 하는 탐색의 장을 여는 첫 단계이다.	• 자신을 이해하고 수용할 수 있도록 도와야 한다. • 솔직한 마음을 말할 수 있도록 분위기를 형성하고 수용한다. • 상담을 구조화하고 집단원의 개인적인 특성을 탐색한다.
과도기	• 신뢰감이 다소 형성되었더라도 집단원들 앞에서 자신을 솔직히 드러낼 준비가 아직 안 되어 있다. • 도전적인 모습이나 저항 및 갈등이 주가 되는 단계이기에 '갈등단계'라고도 한다.	• 집단원들이 덜 방어적으로 자유로이 이야기할 수 있게끔 꿈이나 자유연상을 토대로 억압된 경험을 자유롭게 표현할 수 있도록 돕는다. • 갈등관계를 다루는 것에 대한 긍정적 경험을 제공한다.
작업	• 집단응집력이 발달하여 집단원들끼리 친밀감이 깊어지는 단계이다. • 집단원들 간의 상호 관계의 깊은 수준에서 마음을 열고 아픈 경험을 기꺼이 드러내며, 깊이 있고 개인적인 경험과 어려움을 솔직히 나누는 작업을 한다.	• 집단원들이 다른 집단원과 집단지도자에게 자신의 부모나 형제 및 다른 중요한 인물과의 관계적 특성을 투사하는 정도를 각 집단원으로 하여금 깨닫게 하는 것이 중요하다. • 불안, 긴장, 무력감 등 여러 가지 감정이 생길 수 있음을 알려줄 수 있어야 한다.

정답 34.①

	• 다른 집단원들과의 관계를 통해 자신의 모습을 보고 동일시하기도 한다. • 집단응집력의 발달로 의미 있는 사람들과 친밀한 관계를 열망하면서 정체성을 찾는 과정을 시작하게 된다.	
종결	집단원들이 집단에 참여하며 획득한 통찰에 따라 실생활에서의 검증과 적절한 행동 변화를 시도해야 하는 가장 힘든 단계이다.	• 다른 사람들과 관계를 맺을 수 있는 대인관계 정도, 현실 대처능력 및 긴장이나 스트레스 대처능력 등을 탐색한다. • 새로운 인간관계의 재교육, 사회적 통합을 이룰 수 있게 돕는다.

35. 집단상담자의 '직면하기' 내용을 옳게 나열한 것은?

ㄱ. 아버지가 좋은 분이라고 하면서 아버지가 자신에게 꾸중하는 것을 이야기할 때는 다소 흥분되어 보이네.
ㄴ. 지난번에는 시험에 자신 있다고 했는데, 오늘은 자신 없다고 하면서 막연해하는군.

① ㄱ: 전후 발언의 차이, ㄴ: 언행 불일치
② ㄱ: 전후 발언의 차이, ㄴ: 발언의 내용과 감정의 차이
③ ㄱ: 언행 불일치, ㄴ: 발언의 내용과 감정의 차이
④ ㄱ: 발언의 내용과 감정의 차이, ㄴ: 언행 불일치
⑤ ㄱ: 발언의 내용과 감정의 차이, ㄴ: 전후 발언의 차이

해설 ㄱ은 내담자가 말하고 있는 내용과 표현된 감정의 차이를, ㄴ은 과거와 지금 이 순간의 표현의 내용이 다름을 직면하고 있다.

집단상담자의 '직면하기'

- 집단원의 말이나 행동이 일치하지 않거나 모순될 때 이를 맞닥뜨릴 수 있도록 하는 기술
- 이전에 한 말과 지금 하는 말이 불일치하거나, 집단원의 말과 정서적 반응 간에 차이가 있거나, 집단원의 말이 집단상담자가 그에 대해 느낀 바가 다를 때 사용할 수 있다.
- 집단상담 내 응집력이 높고 집단원이 받아들일 준비가 되었을 때 활용하는 것이 중요하다.

36. 실존주의 집단상담에서 인간 실존의 궁극적인 조건으로 옳지 않은 것은?

① 자유 ② 무의미함 ③ 죽음
④ 불안 ⑤ 실존적 소외

해설 실존주의 집단상담에서 인간 실존의 궁극적인 조건은 죽음, 고독, 무의미, 자유다.

정답 35.⑤ 36.④

인간 실존의 궁극적인 조건

- 죽음: 죽음의 불가피성과 삶의 유한성은 오히려 삶을 더욱 가치 있게 만들며 죽음에 대한 불안은 현재의 삶에 충실하도록 자극하는 역할을 한다.
- 고독: 인간은 실존적으로 고독함을 강조하며, 대인관계적 고립, 개인 내적 고립, 실존적 고립으로 구분하였다.
- 무의미: 삶의 의미가 무엇인가에 대한 내적 갈등으로, 인간은 자신의 삶과 인생에서 끊임없이 어떤 의미를 추구하는 존재로서 삶은 예정된 각본이 없기에 각자 자신의 의미를 구축해야 한다고 주장하였다.
- 자유: 자유와 그에 대한 책임을 갖고 태어난 인간은 안정되고 구조화된 세상에 살지 않으므로 갈등을 경험한다.

37. 아들러(A. Adler) 집단상담에서 '재정향과 재교육' 단계의 상담자 과업으로 옳지 않은 것은?

① 집단원의 자신, 타인, 삶에 대한 잘못된 신념에 도전하기
② 대안적인 신념, 행동, 태도를 고려하여 삶의 과제에 효과적으로 대처하도록 조력하기
③ 잘못된 삶의 패턴을 재정향하고 협력적인 상호작용을 이끄는 원리를 교육하기
④ 자기-제한적인 가정에 도전하기 위해 '마치 ~인 것처럼'과 같은 행동지향적인 기법을 활용하기
⑤ 지금-여기의 행동양식에 대한 동기를 탐색하고 다른 관점에서 자신을 보도록 잠정적인 가설을 제시하기

해설 ⑤ 지금-여기의 행동양식에 대한 동기를 탐색하고 다른 관점에서 자신을 보도록 잠정적인 가설을 제시하는 것은 '해석 및 통찰단계'에 대한 설명이다.

학습 plus

아들러(A. Adler) 집단상담의 단계별 상담자 과업

- 1단계(관계 형성): 집단원이 집단상담자와 집단원들에게 이해받고 받아들여진다고 느끼도록 상호 간에 공감적 관계를 형성한다.
- 2단계(생활양식 탐색): 생활양식을 결정하는 동기나 목표, 신념과 정서를 이해한다.
- 3단계(해석 및 통찰): 잘못된 목표와 자기패배적 행동을 자각한다.
- 4단계(재정향 돕기): 문제행동이나 문제 상황에 대해서 대안을 고려해 변화를 실행한다.

38. 다음의 역할연기에서 사용된 교류분석 상담기법은?

> 집단에서 손님(집단원 A)이 주인(집단원 B)에게 물건값을 주었는데, 주인은 받은 적이 없다고 우겨서 다투는 상황이 연출되고 있다. 억울함을 느낀 손님이 주인에게 점점 더 강한 분노를 표출하게 되었다. 그 후 상담자는 손님이 체험한 분노감정을 논의하고 그 감정의 기원을 분석하였다.

① 기능분석 ② 라켓분석 ③ 게임분석 ④ 구조분석 ⑤ 인생태도 분석

정답 37.⑤ 38.②

해설 사례의 내용은 교류분석의 '라켓분석'에 대한 설명이다.

교류분석의 상담기법

- 구조분석: P, A, C 세 가지 자아상태
- 교류분석: 상보적 교류, 교차적 교류, 이면적 교류
- 각본분석: 각본내용=승리자, 패배자, 비승리자
- 라켓 및 게임분석: 라켓과 진정한 감정, 게임과 게임분석

라켓감정과 라켓분석

- 라켓감정
  - 라켓감정이란 초기 인생에서 경험한 각본을 확증하기 위해 다른 사람들을 조작하는 과정을 의미하며 이를 위한 수단으로 자기도 모르게 벌이는 일련의 각본에 따른 행동을 의미한다.
  - 라켓에 의해 조작되고 파괴적인 행동과 연관된 감정을 의미한다.
  - 어린 시절 학습되고 주위에서 지지받았던 정서로, 성인이 되어서는 문제해결에 부적합한 방식이다.
- 라켓분석
  - 생의 초기 형성된 만성적 부정 감정을 의미한다.
  - 인생의 각본인 라켓감정을 분석한다.

39. 게슈탈트 집단상담에서 다음이 설명하는 것은?

권위자의 행동이나 가치관을 무비판적으로 수용함으로써 자기 것으로 동화시키지 못한 채 내면에서 갈등을 일으키는 현상

① 투사　② 내사　③ 융합
④ 반전　⑤ 편향

해설 ② 보기의 내용은 게슈탈트가 설명하는 접촉경계혼란의 내사에 대한 설명이다. 접촉경계혼란이란 게슈탈트의 형성과 해소 과정을 방해하는 정신병리 현상을 말하며, 접촉경계혼란행동에는 내사, 투사, 융합, 반전, 자의식, 편향 등이 있다.

① 투사: 자신이 받아들이기 힘든 생각이나 욕구, 감정 등을 타인의 것으로 지각하거나 책임 소재를 타인에게 돌리는 것을 의미

③ 융합: 밀접한 관계에 있는 두 사람이 서로 간에 경계 없이 차이점이 없다고 느끼도록 합의하는 것을 의미

④ 반전: 자신이 다른 사람이나 환경에 대해 하고 싶은 행동을 자기 자신에게 하는 것을 의미. 혹은 타인이 자신에게 해 주기를 바라는 행동을 스스로 자신에게 하는 것을 의미

⑤ 편향: 자신이 감당하기 힘든 외부 환경적 자극에 노출될 때 이런 경험에 압도되지 않기 위해 자신의 감각을 둔화시켜 환경과 접촉을 최소화시키는 것을 의미

정답 39.②

40. 합리적 정서행동치료 집단상담자의 기술로 옳지 않은 것은?

① "~해야만 한다." 대신에 "~하면 더 낫다."는 진술방식을 학습하게 한다.

② 최악의 상황을 상상하게 하여 상황과 맞지 않는 부적절한 감정이 적절한 감정으로 변화될 수 있도록 한다.

③ 창피하거나 부끄럽게 느껴지는 행동을 하게 함으로써 비난에 과도하게 영향을 받지 않도록 한다.

④ 역할연기를 통해 집단원 자신이 할 수 있는 행동을 인식하게 한다.

⑤ 문제가 없었던 때의 자동적 사고를 탐색하고 그것을 더 잘 활용하도록 한다.

해설 ⑤ 자동적 사고 탐색은 인지행동치료에서 사용하는 기술이다.

41. 다음 질문을 사용하는 집단상담자에 관한 설명으로 옳은 것은?

- 무엇이 달라지면 당신이 7점 대신에 8점에 있다는 것을 알 수 있을까요?
- 오늘 집단상담이 끝날 즈음, 무엇이 달라지면 이 상담에 온 보람이 있다고 하실까요?

① 기적질문, 간접적인 칭찬을 활용한다.

② 집단원의 투사를 해석한다.

③ 집단원의 현재 삶을 방해하는 과거 경험을 회상하도록 한다.

④ 집단원의 잘못된 신념을 명료화한다.

⑤ 상담자가 내담자보다 한 발짝 앞에서 상담을 이끈다.

해설 ① 해당 질문은 해결중심 집단상담의 질문기법이며 각각 척도질문, 보람질문이다.

42. 집단원 지수의 행동과 상담자의 개입 기술을 옳게 짝지은 것은?

- 민주: 학원에 가지 않은 걸 아빠가 아시고 엄청 화내셨어요. 아빠를 실망시켜 드려서…
- 지수: 걱정하지 마. 화 내셔도 너를 사랑하니까 금방 잊고 잘해 주실 거야.
- 상담자: 지수가 민주에게 관심을 갖고 있구나. 그런데 아빠를 실망시킨 민주의 감정을 좀 더 들어보면 어떨까?

① 충고를 일삼는 집단원－해석

② 충고를 일삼는 집단원－직면

③ 일시적으로 구원하는 집단원－공감

④ 일시적으로 구원하는 집단원－차단하기

⑤ 긍정적인 집단원－자기노출

정답 40.⑤ 41.① 42.④

해설 지수의 행동은 문제행동의 일시적 구원 유형에 해당하며 이에 대한 상담자의 개입 기술은 '차단하기'이다. '차단하기'란 집단원이 문제행동을 할 시 집단상담자가 직접 개입하여 집단원의 역기능적인 언어적 행동 혹은 비언어적 행동을 중지시키는 것을 의미한다.

학습 plus

집단원의 문제행동 유형

문제행동	내용
일시적인 구원	타인의 고통을 지켜보는 것이 어려워 피상적인 지지행위로 다른 집단원의 부적 감정표현을 가로막는 행위로 진정한 의미에서 도움을 제공하는 행동과는 다소 거리가 있음. 반창고 붙이기, 상처 싸매기로도 불림
충고 일삼기	다른 집단원에게 인지적 요구, 즉 해야 할 것과 하지 말아야 할 것을 알려 주는 행위. 충고는 일종의 자기방어나 저항의 형태로 해석되며 다른 집단원의 감정표현, 미해결 감정의 재경험을 조기에 차단하는 결과를 초래하며 집단과정과 역동의 활성화를 저해함
대화 독점	특정 시안에 대해 지나치게 세세하게 기술하거나, 횡설수설하거나 또는 다른 집단원들에 비해 지나칠 정도로 자주, 많은 시간 동안 참여하는 행동
소극적 참여	집단에서 침묵으로 일관하거나 철수행동을 보이는 등 집단활동에 미온적 태도를 보이는 것
습관적 불평	거의 매 회기 집단, 상담자, 다른 집단원에게 불평불만을 늘어놓는 행동

43. 다음 집단상담자 반응에 관한 설명으로 옳지 않은 것은?

- 철수: 시험이 다가오면 너무 걱정되어 공부가 안 돼요. 어디서부터 시작해야 할지 모르겠고…
- 상담자: 여러분도 철수와 비슷한 경험이 있으면 이야기를 나누어 볼까요?

① 집단의 상호작용을 촉진한다.
② 집단의 응집력을 증가시킨다.
③ 집단원들이 자연스럽게 보편성을 경험하게 한다.
④ 집단원들이 서로의 유사성에 대해 알게 한다.
⑤ 집단원의 마음을 정확하게 이해하고 수용하고 있음을 전달한다.

해설 집단원의 마음을 정확하게 이해하고 수용하고 있음을 전달하는 것은 '공감적 이해'에 대한 내용이다. ①, ②, ③, ④는 '연결'에 대한 설명이다.

집단상담자의 개입방법

연결	특정 집단원의 행동이나 말을 다른 집단원의 관심사와 연결시키는 것이다. 집단원들의 공동 관심사에 주의하여 연결시켜 주면 집단원들의 상호작용과 집단응집력을 증가시킨다.
공감적 이해	역지사지의 심정으로 집단원의 내면 감정을 느끼고 이해하는 것을 의미한다. 집단원의 마음을 정확히 이해하고 수용하고 있음을 전달한다.

정답 43.⑤

적극적 경청	집단원의 내용에 집중하면서 행동이나 음성, 표정의 변화 등에 주목하여 언어적, 비언어적 행동에 민감하게 반응하는 것을 의미한다.
초점 맞추기	집단상담자는 집단의 초점이 어디에 맞추어져 있는지 인식하고 그것이 집단의 목적과 일치하는지에 대해 지속적인 관심을 가져야 한다.
모델링	집단상담자의 언어적 반응, 다른 사람에 대한 이해와 배려, 집단 안에서 도전갈등을 처리하는 모습 등을 집단원들이 모델링할 수 있다.
저지(차단)	집단원이 집단 과정에 부정적 영향을 주거나 적절치 않은 행동을 한다고 판단될 경우, 집단상담자는 직접 개입하여 집단원의 행동을 가로막는다. 이런 저지는 보호의 역할을 한다.
피드백	집단의 응집력을 높이고, 서로 객관적인 탐색을 할 수 있게 하기 위해 집단원 간에 상호 신뢰를 바탕으로 생산적인 피드백을 해야 한다.

44. 침묵하는 집단원에 대한 상담자의 개입방법으로 옳지 않은 것은?

① 생산적 침묵인지, 비생산적 침묵인지 검토한다.
② 침묵이 집단원의 문화적 다양성에서 온 것은 아닌지 생각해 본다.
③ 침묵하는 집단원의 표정, 몸짓에 대해 언급함으로써 집단에 참여시킨다.
④ 생산적인 침묵이 생겨난 동안 어떤 집단원이 말하기 시작한 경우 조금 더 기다려 달라고 요청할 수 있다.
⑤ 회기 초기에는 긴 침묵이 생기고 집단원들이 열중하지 않아도 기다린다.

해설 집단상담의 초기단계에는 집단원들이 낯설고 불확실한 상황에서 불안 및 혼란을 느끼기도 하며, 집단의 규범 또는 자신의 역할에 대해 명확히 인지하지 못해 침묵하거나 어색한 순간이 있기도 하다. 따라서 집단원들의 긴장감이나 두려움을 완화시키고 서로의 친밀감과 신뢰감을 형성해야 하는 매우 중요한 단계이다. 따라서 ①, ②, ③, ④의 내용처럼 참여의 기회를 제공하거나 침묵의 의미를 탐색할 기회를 제공하는 등 이를 잘 다루는 과정이 필요하다.

45. 집단상담 평가에 관한 설명으로 옳은 것을 모두 고른 것은?

ㄱ. 평가의 주요 목적은 목표 관리이다.
ㄴ. 비표준화된 심리검사는 사용할 수 없다.
ㄷ. 집단을 계획하는 단계에서부터 평가 계획을 세운다.
ㄹ. 평가 방법에는 면접, 심리검사, 행동관찰이 있다.

① ㄱ, ㄷ ② ㄴ, ㄹ ③ ㄱ, ㄴ, ㄷ
④ ㄱ, ㄷ, ㄹ ⑤ ㄱ, ㄴ, ㄷ, ㄹ

해설 ㄴ. 표준화된 검사와 비표준화된 검사 모두 필요에 따라 유동적으로 사용할 수 있다.

정답 44.⑤ 45.④

46. 집단원 선별 과정에 관한 설명으로 옳지 않은 것은?

① 공동지도자는 두 사람이 함께 개개인을 면담하는 것이 바람직하다.
② 예비 집단원이 상담자에게 질문할 기회를 준다.
③ 반사회성, 급성 정신병 등 위기에 처한 예비 집단원은 상담집단에서 제외한다.
④ 상담자가 개인적으로 싫어하거나 전이 문제가 생길 것 같은 예비 집단원은 배제한다.
⑤ 상담자가 집단원을 선별하기도 하지만 집단원도 집단 참여 여부를 결정할 수 있다.

해설 상담자가 개인적으로 싫어하거나 전이 문제가 생길 것 같다는 등의 선입견으로 후보자를 집단원 선정에서 배제해서는 안 된다.

집단원 선별 시 고려사항
- 공동지도자는 두 사람이 함께 개개인을 면담하는 것이 바람직하다.
- 예비 집단원이 상담자에게 질문할 기회를 준다.
- 반사회성, 급성 정신병 등 위기에 처한 예비 집단원은 상담집단에서 제외한다.
- 상담자가 집단원을 선별하기도 하지만 집단원도 집단 참여 여부를 결정할 수 있다.
- 집단원이 집단의 목표, 성향에 맞는지를 잘 살펴 선정하여 집단의 효과를 높이도록 한다.

47. ( )에 들어갈 내용으로 옳은 것은?

> 현실치료 집단상담자가 실수하는 것을 두려워하는 집단원 B에게 의도적으로 실수를 해 보도록 지시하였다. 만약 B가 의도적으로 실수를 한다면 B는 실수를 할 것인지 말 것인지 (ㄱ)할 수 있다는 것이고, 실수를 하지 않는다면 이는 실수를 (ㄴ)할 수 있다는 것이다.

① ㄱ: 통제, ㄴ: 해석
② ㄱ: 해석, ㄴ: 직면
③ ㄱ: 선택, ㄴ: 직면
④ ㄱ: 선택, ㄴ: 통제
⑤ ㄱ: 직면, ㄴ: 해석

해설 보기의 내용은 현실치료 집단상담의 '역설적 기법'에 해당되는 내용으로 집단원이 자신의 행동이나 사고를 선택하고 통제할 수 있는 능력이 있다고 자각할 수 있도록 하기 위한 방법이다.

역설적 기법
- 선택이론의 맥락에서 지각, 욕구, 전체 행동을 조사함으로써 선택이론에 함축된 역설을 설명할 수 있다.
- 욕구를 충족시키는 데 역설이 있다.
- 욕구는 흔히 서로 갈등상태에 있다.
- 어떤 사람은 힘 욕구를 위해 소속감 욕구를 희생시킬 수 있다.
- 역설의 두 가지 유형은 '틀 바꾸기'와 '처방'이다. 틀 바꾸기는 집단구성원이 어떤 상황이나 주제에 대해 생각하는 방식을 변화하도록 조력하는 것이다. 처방은 집단구성원이 증상을 선택하도록 지시, 요구하는 것을 의미한다.

정답 46.④ 47.④

48. 다문화 청소년 집단상담에서 상담자의 윤리적 행동으로 옳은 것을 모두 고른 것은?

ㄱ. 상담자 자신의 성장과 치유를 위해 집단을 활용한다.
ㄴ. 집단원의 문화적 가치를 이해하기 위해 정보를 수집한다.
ㄷ. 민족성, 인종 등에 대한 상담자의 편견을 알아차린다.
ㄹ. 상담자와 집단원 간의 문화 차이를 비교하고 토론한다.

① ㄱ, ㄴ ② ㄴ, ㄷ ③ ㄷ, ㄹ
④ ㄱ, ㄴ, ㄷ ⑤ ㄴ, ㄷ, ㄹ

해설 ㄱ. 상담자 자신도 집단 경험을 통해 성장과 치유 경험을 할 수도 있지만 그렇다고 해서 상담자 자신의 이익을 우선으로 집단을 활용해서는 안 된다.
ㄹ. 다문화 청소년 집단상담 진행 시 상담자는 문화적 차이를 인식하고 수용하며 선입견과 차별 없이 집단을 진행하여야 한다. 상담자와 다문화 배경을 가진 집단원 간의 문화적 차이를 서로 비교하거나 토론을 하는 것은 바람직하지 않다.

49. 집단상담 사전동의서에 포함될 내용으로 옳지 않은 것은?

① 상담자의 자격과 이론적 지향
② 집단 참여에 따르는 위험과 이점
③ 비밀보장의 한계
④ 집단 참가 결과로 집단원이 기대할 수 있는 것
⑤ 집단의 암묵적 규범

해설 집단의 암묵적 규범은 집단상담 초기에 상담을 구조화할 때 포함되는 내용이다.

집단상담에서의 사전동의

집단상담에 참여하는 집단원이 자신이 참여할 집단상담 전반에 관해 집단상담자로부터 적절하고 충분한 설명을 듣고 이해한 후에, 집단상담에 참여하고 지속하는 것에 대해 자발적으로 동의하는 것을 의미한다. 사전동의에 포함되는 내용은 다음과 같다.

- 상담의 목적 및 목표
- 상담의 이익과 한계
- 상담의 위험성
- 집단상담자의 역량
- 집단원의 권리(참여권리 등)
- 비밀보장 및 비밀보장의 한계

정답 48.② 49.⑤

50. 다음에서 설명하는 심리극의 상담기법은?

집단원에게 미래에 예상되는 가장 끔찍한 실패 장면을 현재의 순간으로 가져와 시연하도록 한다.

① 마술가게 ② 미래투사 ③ 가상질문
④ 행동조성 ⑤ 자유연상

해설 ② '미래투사'는 심리극의 상담 기법으로 주인공에게 미래에 가능한 행위의 범위를 탐색하고 이를 현실과 결부시킴으로써 주인공의 현재 상황이나 문제를 볼 수 있도록 하는 기법이다.
① '마술가게'는 주인공이 바라는 것을 자신의 소중한 것과 교환하는 심리극기법이다.
③ '가상질문'은 특정 사건이나 관계를 가장하고 그것을 현실과 연결하도록 돕는 질문기법으로 해결중심 집단상담기법이다.
④ '행동조성'은 행동을 구체적으로 세분화하여 단계별로 구분한 후, 각 단계마다 강화를 제공하여 바람직한 행동을 학습하도록 하는 행동주의 상담기법이다.
⑤ '자유연상'은 내담자의 무의식을 탐색하기 위해 마음속에 떠오르는 것을 의식의 검열을 거치지 않은 채 표현하도록 격려하는 정신분석기법이다.

◆ 집단상담

제2과목 선택 2021년 기출문제 및 해설

26. 교류분석 집단상담의 생활자세에 관한 설명으로 옳지 않은 것은?

① 생애 초기에 결정된다.
② 생활자세는 교류분석으로 변화 가능하다.
③ 자신에 대해 느끼고, 타인과 관계 맺는 방식을 결정한다.
④ 자기긍정–타인긍정 자세는 패배자는 없고, 승리자만 있다.
⑤ 자기긍정–타인부정 자세는 타인과 비교해서 자신이 무기력하다고 느끼는 우울한 사람의 자세이다.

해설 자기긍정–타인부정 자세는 자기비난, 우월감을 가진 사람들에게서 나타난다.

교류분석의 생활자세	
자기긍정, 타인긍정 I'm OK, You're OK.	• 원만한 패턴, 승리자의 각본 • 성인 자아가 기능함, 타인수용, 개방성, 신뢰성
자기긍정, 타인부정 I'm OK, You're Not OK.	• 자기주장 패턴 • 자기 우월감, 지배감, 타인비난, 양심부재
자기부정, 타인긍정 I'm Not OK, You're OK.	• 희생자의 패턴, 타인에게 주도권을 내어 줌 • 무기력, 열등감, 죄책감, 우울감을 느끼게 됨
자기부정, 타인부정 I'm Not OK, You're Not OK.	• 적대적 패턴 • 기본 신뢰감 형성에 실패, 자신과 타인에 대한 공격성, 불신, 포기

27. 로저스(C. Rogers)의 인간중심 집단상담에서 변화의 필요충분조건으로 옳은 것을 모두 고른 것은?

ㄱ. 집단상담자와 집단원들 사이에 심리적 접촉이 이루어진다.
ㄴ. 집단상담자는 집단원들과의 관계에서 일치성을 보이고 통합되어 있다.
ㄷ. 집단상담자는 집단원들에게 조건적 긍정적 관심을 보인다.
ㄹ. 집단원은 의사소통과정에서 집단상담자의 공감적 이해를 지각하고 경험한다.

① ㄱ, ㄴ ② ㄴ, ㄷ ③ ㄱ, ㄴ, ㄹ ④ ㄱ, ㄷ, ㄹ ⑤ ㄴ, ㄷ, ㄹ

해설 ㄷ. 집단상담자는 집단원들에게 무조건적 긍정적 존중을 보인다.

정답 26.⑤ 27.③

28. 학교에서 운영할 수 있는 성장집단에 적합하지 않은 청소년 집단원을 모두 고른 것은?

ㄱ. 가치관 혼란으로 고민하는 청소년
ㄴ. 반복적인 자살시도로 극도의 위기상황에 처한 청소년
ㄷ. PTSD로 심각한 플래쉬백(flashback) 증상을 보이는 청소년
ㄹ. 급성 정신증이 있는 청소년

① ㄱ
② ㄱ, ㄷ
③ ㄱ, ㄴ, ㄷ
④ ㄴ, ㄷ, ㄹ
⑤ ㄱ, ㄴ, ㄷ, ㄹ

해설 ㄴ, ㄷ, ㄹ. 반복적인 자살위기, 급성 정신병, PTSD로 심각한 플래시백 증상을 보이는 청소년은 성장집단에 적합하지 않다.

학교 성장집단

- 목표: 자기탐색과 잠재력 개발을 원하는 집단원들의 성장과 발달, 변화, 또래관계 향상
- 성장집단의 세부유형: T집단(훈련집단, 참만남집단, 마라톤집단) 등
- 주요 내용: 가치관 정립, 자기이해, 자신감 증진, 표현력 향상, 관계향상 프로그램
- 적합하지 않은 집단원: 위기상황에 처했거나 자살할 가능성이 높은 청소년, 반사회적 성격장애를 가진 청소년, 급성 정신증이 있는 청소년, PTSD로 인한 심각한 증상을 보이는 청소년 등

29. 다음의 개념이나 기법이 강조되는 집단상담 접근은?

- 지금-여기
- 접촉
- 알아차림
- 과장하기

① 게슈탈트 집단상담
② 교류분석 집단상담
③ 개인심리 집단상담
④ 인간중심 집단상담
⑤ 정신분석 집단상담

해설 보기의 내용은 게슈탈트 집단상담의 개념과 기법들이다.

게슈탈트 상담이론	
개발	• 1950년대 펄스(Perls)가 개발 • 게슈탈트심리학, 실존철학, 현상학, 사이코드라마, 연극기법 등을 통합하여 창안
접근법	개인 의식에 떠오르는 체험의 자각을 강조 → 현상학적 접근
인간관	• 인간 유기체는 환경과의 접촉 속에서 통일된 전체로 기능하는 존재 • 지금-여기, 현재의 경험을 강조 • 자유로운 선택에 의해 각성할 수 있는 잠재력을 지닌 존재
상담목표	실존경험을 통해 알아차림(자각)에 도달하여 자기수용과 성격을 통합

주요 개념	• 게슈탈트(Gestalt): 여러 부분이 하나의 전체로 지각된 형태나 구조 • 전경과 배경: 한 순간 가장 중요한 욕구나 감정이 떠올라 게슈탈트를 형성하면 전경이 되고, 게슈탈트가 해소되면 배경으로 물러남 • 미해결 과제: 해소되지 않은 게슈탈트로서 심리적 문제를 유발함 • 접촉: 개체의 고유성을 잃지 않으면서 타인, 외부 환경과 상호작용하는 것 • 알아차림-접촉주기 6단계: 배경-감각-알아차림-에너지 동원-행동-접촉 • 접촉경계혼란: 내사, 투사, 반전, 융합, 편향, 자의식 • 신경증의 다섯 층: 표피층-공포층-난국층(한의 장벽)-내파층-폭발층(외파층)
주요 기법	• 언어자각: 일상언어의 특정 부분을 바꾸어 자신을 알아차리는 기법 • 비언어적 각성(과장하기): 내담자의 행동이나 언어를 과장, 반복하게 함으로써 자기 행동의 의미를 보다 분명히 알게 함 • 신체자각: 신체감각의 자각을 통해 욕구와 감정을 알아차리게 함 • 빈 의자 기법: 게슈탈트 치료에서 가장 많이 사용하는 기법. 빈 의자를 활용하여 현재 자리에 없는 중요 인물과의 상호작용을 유도 • 꿈 작업: 꿈에 투사된 억압된 욕구와 충동을 접촉하게 하는 기법

30. 심리극에 관한 설명으로 옳은 것을 모두 고른 것은?

ㄱ. 모레노(J. Moreno)가 창안한 것이다.
ㄴ. 정화(catharsis) 그 자체가 목적이다.
ㄷ. 책상, 현관, 옷장 등의 사물은 보조자아가 될 수 없다.
ㄹ. 거울기법은 자신의 모습을 객관적으로 볼 수 있게 한다.
ㅁ. 무대에서 조명이나 음향기구는 필수적이다.

① ㄱ, ㄴ ② ㄱ, ㄹ ③ ㄴ, ㄷ ④ ㄴ, ㄷ, ㄹ ⑤ ㄷ, ㄹ, ㅁ

해설 모레노의 심리극

심리극(사이코드라마, Psychodrama)	
창시	오스트리아 정신과 의사 제이코 레비 모레노가 1920년대 '자발성극장' 운영
목표	내면탐색과 통찰을 통해 문제를 직면함으로써 삶의 적응력을 회복하게 함
접근법	연극의 여러 요소를 동원하여 자아, 관계, 사건을 탐색하고 대안을 획득하게 함 → 참여자와 관객들이 심리적 정화와 변화를 경험하게 하는 집단치료적 접근법
주요 등장인물	• 주인공: 상담장면의 내담자에 해당 → 보조자아: 주변 인물이나 상상 속 인물의 역할을 함으로써 주인공의 상상, 감정 등을 재경험하게 돕는 역할을 함. 주인공, 연출자, 관객, 주변 사물 등 모두가 보조자아 역할을 할 수 있음 • 연출자: 상담에서의 상담자 역할, 주인공 스스로 깨달을 수 있도록 돕는 지도자 역할
주요 기법	• 역할놀이 • 역할 바꾸기 • 거울기법: 보조자아가 주인공 역할을 대신하는 것을 주인공이 관객 입장으로 관찰함으로써 자신의 행동을 알아차리고 평가하게 함 • 빈 의자 기법 • 미래투사

정답 30.②

31. 다음 대화에서 집단원이 보이는 얄롬(I. Yalom)의 치료적 요인은?

> ○ 집단상담자: 오늘 집단상담을 통해 알게 된 것이 무엇일까요?
> ○ 고수: 다른 사람도 나만큼 불행하거나 혼란스러운 성장배경을 갖고 있다는 것을 알았어요.

① 희망 ② 수용 ③ 보편성 ④ 정화 ⑤ 이타심

해설 문제와 고통은 나만의 것이 아니라 타인도 비슷하게 가지고 있다는 것을 알게 됨으로써 고립과 방어에서 벗어나 문제를 수용하고 자존감을 회복할 수 있도록 하는 치료적 요인은 '보편성'이다.

얄롬(Yalom, 1995)이 제시한 집단상담의 치료적 요인 11가지

- 대인관계 학습
- 보편성
- 일차 가족관계의 재현
- 카타르시스
- 희망의 주입
- 실존적 요인들
- 집단의 응집력
- 정보교환
- 사회화 기법의 발달
- 이타주의
- 모방행동

32. 다음 사례에서 청소년 집단상담자가 적용한 기법은?

> ○ 원빈: (걱정스러운 표정으로) 아빠와 엄마는 돈 때문에 자주 싸워요. 3일 전에도 다투셨지요. 그런데 사실 저는 부모님 일에는 별로 관심이 없어요.
> ○ 집단상담자: 원빈이는 부모님 일에 관심이 없다고 말하면서도 부모님 싸움에 신경을 쓰고 있는 것 같구나.

① 재진술 ② 차단 ③ 요약 ④ 직면 ⑤ 정보제공

해설 사례자의 신체표현(걱정스러운 표정)과 언어진술 간의 모순을 집단상담자가 지적하고 있다. 이는 상담기법 중 '직면' 기법에 해당한다.

33. 현실치료 집단상담에 관한 설명으로 옳지 않은 것은?

① 스스로의 선택에 대해 책임진다.
② 전이를 인정하지 않는다.
③ 과거 경험과 기억선택에 초점을 둔다.
④ 더 나은 선택을 하는 방법을 배운다.
⑤ 적극적이고, 지시적이며, 교육적이다.

해설 현실치료 집단상담에서는 무의식보다는 의식에, 과거보다는 현재에 초점을 둔다.

현실치료 집단상담의 특징

- 선택이론: 개인의 모든 행동은 다섯 가지 기본욕구(생존, 사랑, 힘, 자유, 재미)를 충족하기 위해 자신이 선택하는 것
- 목표: 자신의 좋은 세상(quality world)을 인식하고 기본 욕구를 충족시키기 위해 더 나은 선택을 하는 방법을 배움
- 치료모델: 우볼딩(Wubbolding)의 WDEP / 행동계획 SAMI2C3
- 3R을 강조: 책임감(Responsibility), 옳고 그름(Right or Wrong), 현실(Reality)
- 집단상담자는 전이의 대상이 아니라 집단원과 친밀하고 따뜻한 인간관계로 맺어짐

정답 31.③ 32.④ 33.③

34. 구조화 집단상담에 관한 설명으로 옳은 것을 모두 고른 것은?

ㄱ. 특정 주제와 목표를 달성하기 위해 일련의 구체적인 활동으로 구성된다.
ㄴ. 집단상담자가 사전에 마련한 계획과 절차에 따라 진행하는 집단의 형태이다.
ㄷ. 비구조화 집단상담보다 집단상담자의 전문성이 더 요구된다.
ㄹ. 참만남 집단상담이 해당된다.

① ㄱ, ㄴ
② ㄷ, ㄹ
③ ㄱ, ㄴ, ㄷ
④ ㄱ, ㄷ, ㄹ
⑤ ㄱ, ㄴ, ㄷ, ㄹ

해설 구조화 집단과 비구조화 집단의 특징

구조화 집단	비구조화 집단
• 특정 주제와 목표를 달성하기 위한 일련의 구체적 활동으로 구성된다. • 집단상담자가 회기별 내용을 미리 계획하고, 절차에 따라 진행된다. • 집단상담 경험은 구조화 → 비구조화 순서로 나아가는 것이 효율적이다.	• 목표는 설정되어 있지만, 회기별로 구체적 활동이 계획되어 있지 않다. • 집단원 개개인의 상호작용에 초점을 두고 치료적 효과를 도모하는 집단형태다. • 집단상담자의 높은 전문성이 요구된다. • 참만남 집단, 감수성 훈련집단이 대표적이다.

35. 치료집단에 관한 설명으로 옳지 않은 것은?

① 심각한 정도의 정서 · 행동문제 또는 정신장애 치료를 목적으로 한다.
② 치료집단을 이끄는 사람을 집단치료자라고 한다.
③ 집단역동을 이용하기 때문에 정신병리적 진단 · 평가를 활용하지 않는다.
④ 공황장애 치료를 원하는 사람이 참가할 수 있다.
⑤ 치료기간이 최대 수년에 이르기까지 장기적으로 진행된다.

해설 치료집단은 정신병리적 진단 · 평가에 기반을 두고 증상의 완화에 초점을 둔다.

치료집단의 특징

- 상담집단과 비교해 더 심각한 성격장애나 정신장애의 치료 및 증상 완화를 목적으로 하는 집단이다.
- 주로 병원이나 임상장면에서 장기간 이루어지며 정신병리적 진단 · 평가에 기반을 두고 증상의 완화에 초점을 둔다.
- 집단의 리더는 집단치료자로 부른다.

예 알코올 치료집단, 우울증 치료집단, 공황장애 치료집단 등

정답 34.① 35.③

36. 집단상담자의 자질을 인간적 자질과 전문적 자질로 구분할 때, 인간적 자질을 모두 고른 것은?

ㄱ. 집단상담 계획 및 조직 능력
ㄴ. 상담 · 심리치료 이론에 관한 지식
ㄷ. 개인상담의 상담자 경험
ㄹ. 유머 감각
ㅁ. 자기수용

① ㄱ, ㄴ
② ㄴ, ㄷ
③ ㄷ, ㄹ
④ ㄹ, ㅁ
⑤ ㄷ, ㄹ, ㅁ

해설 ㄱ, ㄴ, ㄷ은 전문적 자질에 해당된다.

집단상담자의 자질과 특징

인간적 자질	전문적 자질
• 인간에 대한 선의와 보살핌 • 자기수용, 자기돌봄 • 기꺼이 모범을 보임 • 집단원과 함께 지금-여기에 존재함 • 집단과정에 대한 믿음 • 개방성 • 기꺼이 새로운 경험을 찾는 태도 • 활력, 끈기, 유머 • 개인적인 힘, 용기 • 헌신과 적극적 참여 • 창의성	• 상담이론에 대한 폭넓은 지식과 이해 • 상담자로서의 상담기술(적극적 경청, 반영, 명료화, 요약, 공감, 연결하기, 직면, 지지, 저지, 제안하기 등) • 집단을 계획하고 조직하는 능력 • 전문가의 지도 감독하에 장기적이고 다양한 훈련의 기회를 가진다(개인상담의 상담자/내담자 경험, 집단상담 참여와 운영 경험 등).

37. 다음 사례에서 청소년 집단상담자가 적용한 기법은?

○ 집단상담자: (나영이를 보면서) 고수가 자기를 무시하는 아빠에 관한 이야기를 했을 때, 나영이는 눈물을 흘리면서 고수를 위로해 주고 빨리 고통을 덜어 주려고 애쓰는 것처럼 보여요. 어쩌면 나영이가 어릴 때 겪었던 아빠와의 힘들었던 기억이 되살아날 것에 대한 두려움의 표현이 아닌가 하는 생각이 듭니다.

① 재진술
② 요약
③ 직면
④ 정보제공
⑤ 해석

해설 집단상담자는 사례자가 다른 집단원에 대해 보인 행동의 의미를 설명해 주고 있다. 이는 '해석' 기법에 해당한다.

정답 36.④ 37.⑤

38. 문제 상황에 대처하는 집단상담자의 행동으로 옳지 않은 것은?

① 집단원의 불평이 습관적이거나 만성적이라면 불평할 때마다 충고를 한다.

② 적대적인 집단원에게는 그 행동이 다른 집단원에게 미치는 영향에 대해 이야기하고, 원하는 것을 탐색하여 직접 표현하게 한다.

③ 지속적으로 침묵하는 집단원에게는 다른 집단원이 자신의 침묵을 오해할 가능성도 있다는 것을 알려 준다.

④ 질문공세를 하는 집단원에게는 질문하기 전 마음속의 생각과 느낌에 대해 이야기하도록 요청한다.

⑤ 사실적 이야기를 늘어놓는 집단원에게는 그 경험에서 야기된 감정을 공감적 이해를 통해 현재형으로 표현하도록 한다.

해설 ① 습관적 · 만성적으로 불평하는 집단원에 대해서 회기 중에 불평할 때마다 충고하게 되면 집단원의 반감을 유발할 수 있고 집단 전체에도 좋지 않은 영향을 끼칠 수 있다. 별도의 개인 면담을 통해 이유를 탐색하고 협조를 구하는 것이 좋다. 습관적 · 만성적인 불평이 고착화되어 있다면 이를 다루어서 스스로 알아차릴 수 있도록 도와줄 수 있다.

39. 공동상담자가 청소년 집단상담을 진행할 때의 설명으로 옳은 것을 모두 고른 것은?

ㄱ. 집단계획, 목표, 세부목표, 규범에 대해 협의 · 결정한다.
ㄴ. 집단원들은 공동상담자의 상호작용을 보면서 역할모델을 배울 수 있다.
ㄷ. 남성-여성 공동상담자의 경우에만 부모에 대한 전이를 다룰 수 있다.
ㄹ. 공동상담자는 집단 회기 후에 만남을 하지 않는다.

① ㄱ, ㄴ ② ㄴ, ㄷ ③ ㄷ, ㄹ ④ ㄴ, ㄷ, ㄹ ⑤ ㄱ, ㄴ, ㄷ, ㄹ

해설 ㄷ. 성별에 상관없이 공동상담자의 경우, 부모에 대한 전이를 다룰 수 있다.
ㄹ. 공동상담자는 회기 전후에 적절한 관계형성과 논의, 검토의 시간을 가지는 것이 바람직하다.

공동상담자의 특징

- 공동상담자들은 동등하게 역할을 분담할 수도 있고, 주 상담자가 집중적으로 작업을 하고 보조 상담자는 집단원 반응을 관찰하는 역할을 할 수도 있다.
- 집단의 계획, 목표 규범 등을 다룰 때 공동상담자와 협의하여 진행한다.
- 공동상담자 간의 의사소통 과정은 집단원들에게 바람직한 역할모델이 될 수 있다.
- 공동상담자는 신뢰와 존중에 기초한 관계를 맺고 집단목표, 규범, 과정에 대해 논의, 합의한다.
- 공동상담자는 회기 전후에 적절한 관계형성과 논의, 검토의 시간을 가지는 것이 바람직하다.
- 남성-여성 상담자 형태일 때 청소년집단에게는 성역할 모델이 될 수 있고, 부모에 대한 전이가 쉽게 일어난다. 그러나 부모에 대한 전이는 동성으로 구성된 공동상담자도 다룰 수 있다.
- 상담자 간 역할분담이 잘 이뤄지지 않거나 갈등이 발생할 수 있는 위험이 있고, 집단이 양분되는 위험이 있을 수도 있다.

정답 38.① 39.①

40. **다음의 집단 유형은?**

> ○ 대상: 고3 남학생 10명
> ○ 내용: 대학진학을 앞둔 학생들에게 진로탐색을 위해 체계화된 프로그램 실시
> ○ 기간: 2021년 8월 13일~8월 14일(2일 동안 총 12시간)

① 구조화된 동질적 구성의 집중적 집단
② 구조화된 이질적 구성의 집중적 집단
③ 비구조화된 동질적 구성의 집중적 집단
④ 비구조화된 이질적 구성의 분산적 집단
⑤ 구조화된 동질적 구성의 분산적 집단

해설 문제의 키워드 1) 고3 남학생 10명 → 동질적 집단임
키워드 2) 진로탐색 목적의 체계화된 프로그램 → 구조화 집단임
키워드 3) 2일간 12시간 → 집중적 프로그램

41. **청소년 집단상담의 사전 동의에 관한 설명으로 옳지 않은 것은?**

① 자발적인 집단원에게도 사전 동의를 받아야 한다.
② 집단상담자의 경력, 이론적 지향, 도움제공이 가능한 문제를 알린다.
③ 집단참여에 따른 잠재적 이익과 위험에 대해서 알린다.
④ 폐쇄집단에서는 집단을 떠날 권리가 없음을 알린다.
⑤ 심리검사, 진단 및 상담 기록에 대해 알 권리가 있음을 알린다.

해설 ④ 폐쇄집단이라고 할지라도 집단원에게는 집단을 떠날 권리가 있다. 집단을 떠나지 않도록 말리는 집단원을 집단상담자는 제지하여야 한다. 단, 법적 강제에 의해 참여한 집단원이 집단을 떠나려고 할 때는 그로 인한 불이익과 후속조치에 대해 알려 주어야 한다.

42. **아들러(A. Adler) 집단상담의 단계를 순서대로 나열한 것은?**

> ㄱ. 협력, 평등주의, 상호존중에 기초한 좋은 치료적 관계를 설정한다.
> ㄴ. 자신이 희망하는 목표에 부합하는 새로운 선택과 행동을 한다.
> ㄷ. 삶의 과제를 탐색하고 가족구도와 초기기억 분석을 한다.
> ㄹ. 생활양식을 통찰하고 현재 기능하는 자신의 모습을 이해한다.

① ㄱ－ㄷ－ㄹ－ㄴ ② ㄱ－ㄹ－ㄷ－ㄴ ③ ㄴ－ㄷ－ㄹ－ㄱ
④ ㄷ－ㄱ－ㄹ－ㄴ ⑤ ㄷ－ㄹ－ㄱ－ㄴ

정답 40.① 41.④ 42.①

해설

아들러 집단상담의 진행단계	
1단계: 관계 형성	• 아들러 상담이론에서의 좋은 치료적 관계는 친구와 같은 평등, 상호존중과 신뢰를 바탕으로 한다. • 상담자와 집단원은 협력하여 합의를 이루는 것이 중요하다.
2단계: 내담자의 생활양식 분석	집단원의 삶의 과제, 가족구도, 초기기억, 형제서열, 생활양식이 현재의 생활과제에 어떠한 영향을 미치고 있는지 분석하고 이해한다.
3단계: 해석 및 통찰	집단원은 잘못된 목표와 자기패배적 행동을 자각하고 현재 기능하는 자신의 모습을 이해한다.
4단계: 재정향 (재교육과 행동화)	• 상담자는 집단원이 자신이 희망하는 목표에 부합하는 새로운 선택을 하도록 격려한다. • 집단원은 자신의 선택을 실천에 옮긴다.

43. 정신분석 집단상담에 관한 설명으로 옳지 않은 것은?

① 슬라브슨(S. Slavson)은 집단상담자의 기능을 지도적 기능, 자극적 기능, 확충적 기능, 해석적 기능으로 구분한다.

② 볼프(A. Wolf)는 집단상담자가 자신을 향한 집단원들의 전이행동을 처리할 수 있어야 한다고 본다.

③ 집단에서 과거를 재경험하여 무의식적 갈등을 해소할 수 있는 기회를 제공한다.

④ 궁극적인 목표는 내담자의 신경증적 갈등을 경감시켜 인격적 성숙을 도모하는 것이다.

⑤ 어린 시절의 습관적인 행동이 집단에서 반복적으로 드러나는 것은 반동형성의 한 형태이다.

해설 ⑤ 반동형성은 수용되기 힘든 감정이나 충동을 의식적으로 억압하여 완전히 반대되는 행동으로 나타나는 것을 말한다.

정신분석 집단상담

• 형태: 정신분석 이론에 바탕을 둔 정신분석적 기법으로 10명 내외의 내담자들을 집단으로 구성
• 목표: 집단원의 신경증적 갈등을 줄여 줌으로써 집단원의 인격적 성숙과 자아발달을 도움
• 기법: 자유연상, 해석 등을 통한 무의식의 의식화, 대인관계 양상의 분석
• 슬라브슨의 견해: 집단상담자의 기능을 지도, 자극, 확충, 해석으로 구분하였다.
• 볼프의 견해: 집단상담자가 자신을 향한 집단원들의 전이를 처리할 수 있어야 한다고 보았다.

정답 43.⑤

44. 다음 사례에서 집단원 동호가 하고 있는 문제행동은?

> ❍ 정희: (울먹이면서) 어릴 때부터 제일 친한 동네 친구가 이번에 외국으로 이민을 가게 되었어요.
> ❍ 동호: 아… 나도 그런 적이 있는데 너무 걱정하지 마세요. 모든 것이 다 잘될 거예요.

① 산만한 집단원 ② 구원하는 집단원 ③ 부정적인 집단원
④ 소극적인 집단원 ⑤ 적대적인 집단원

해설 '일시적 구원'은 타인의 고통을 지켜보는 것이 어려워 서둘러 봉합하고자 위로하는 행동으로, 고통의 원인을 충분히 탐색하고 감정을 수용해서 문제해결로 나아가는 것을 방해한다. 이때는 문제행동을 차단하고 고통의 토로와 탐색을 지속하도록 공감, 격려한다. 문제행동의 당사자에게는 그러한 행동의 의미와 감정을 탐색할 수 있도록 돕는다.

학습 plus

집단원의 문제행동

- 대화독점
- 부정적인 태도(습관적 불평)
- 우월한 태도
- 하위집단 형성
- 중도포기
- 잦은 지각과 결석, 중도포기
- 적대적인 태도
- 일시적 구원
- 감정화
- 질문 공세
- 소극적인 태도(침묵, 비자발적 태도)
- 의존적 태도
- 관계없는 이야기 늘어놓기
- 지성화
- 충고 일삼기

45. 청소년 집단상담 평가를 위한 구성요소를 모두 고른 것은?

> ㄱ. 평가주체 ㄴ. 평가대상
> ㄷ. 평가목표 ㄹ. 평가과정

① ㄱ, ㄴ ② ㄴ, ㄷ ③ ㄱ, ㄴ, ㄷ ④ ㄴ, ㄷ, ㄹ ⑤ ㄱ, ㄴ, ㄷ, ㄹ

해설 모두 해당된다.

청소년 집단상담 평가의 구성요소

- 평가주체: 일차적으로 집단상담자에 의한 평가이며, 그 외에 집단원에 의한 자기평가, 주관기관에 의한 평가가 있다.
- 평가대상: 일차적으로 집단원에 대한 평가이며, 프로그램에 대한 평가, 집단상담자에 대한 평가, 주관기관에 대한 평가가 있다.
- 평가목표: 집단상담을 통해 목표하였던 지점에 도달하였는지, 제대로 그 과정이 수행되었는지를 평가한다.
- 평가과정: 집단프로그램의 효과성과 집단원의 변화 정도, 집단의 역동 등을 다양한 질적 · 양적 도구를 활용해 측정하고 검증한다. 예 면접, 심리검사, 행동관찰, 설문지, 만족도평가, 통계프로그램, 집단 활동지 분석, 축어록 분석

정답 44.② 45.⑤

46. **청소년을 위한 집단 운영에 관한 설명으로 옳지 않은 것은?**

① 청소년의 흥미 유발을 위해 다양한 매체와 도구를 활용할 수 있다.
② 청소년기의 특성인 자율성을 충족시키기 위해 집단상담자와 집단원이 공동상담자가 된다.
③ 집단목표 설정은 청소년기 발달특성을 고려한다.
④ 치료집단을 운영할 때는 법적 보호자의 참가 동의서를 받는다.
⑤ 강제에 의한 비자발적인 참여를 하게 되면 집단에 대한 저항감이 클 수 있다.

해설 ② 집단원은 공동상담자가 될 수 없다. 청소년기의 자율성은 규범 안에서 스스로 결정하고 행동하며 이러한 선택에 책임질 수 있어야 함을 의미한다.

47. **구조화 집단상담 계획에 관한 내용으로 옳지 않은 것은?**

① 집단상담의 필요성에 대한 타당한 근거를 제시한다.
② 집단목적에 부합하는 집단참여 대상의 범위를 결정한다.
③ 집단목적을 달성하기 위해 단계적인 세부목표를 설정한다.
④ 집단상담자는 직관적 판단으로 집단형태를 결정한다.
⑤ 집단활동의 내용은 집단목적에 적합하게 구성한다.

해설 ④ 집단상담자는 객관적 판단으로 목적에 부합하는 참여자를 모집하여 집단을 구성한다.

48. **학교 집단상담의 시행절차를 순서대로 나열한 것은?**

ㄱ. 집단참여자 모집	ㄴ. 집단상담 실시
ㄷ. 집단주제 선정	ㄹ. 보호자 사전동의서 확보
ㅁ. 학교장 승인	

① ㄱ－ㄷ－ㅁ－ㄹ－ㄴ
② ㄱ－ㄹ－ㄷ－ㅁ－ㄴ
③ ㄷ－ㄱ－ㄴ－ㅁ－ㄹ
④ ㄷ－ㅁ－ㄱ－ㄹ－ㄴ
⑤ ㄷ－ㅁ－ㄱ－ㄴ－ㄹ

해설 학교 집단상담은 '주제선정 → 학교장 승인 → 참여자 모집 → 보호자 사전동의서 확보 → 실시' 순으로 시행된다.

정답 46.② 47.④ 48.④

49. 집단상담 초기단계에 있는 집단원들의 특징으로 옳지 않은 것은?

① 집단에 대해 비합리적인 기대를 하기도 한다.
② 자기표현을 하기에 안전한지 탐색한다.
③ 불안과 긴장이 있기 때문에 의존적이고 소극적으로 행동하는 경향이 있다.
④ 새로운 사람들과의 만남으로 자기개방에 부담을 느껴 집단 참여를 머뭇거린다.
⑤ 집단원들을 판단하고 비난하며 경쟁적인 모습을 보이기도 한다.

해설 ⑤ 집단원 간의 비난, 경쟁 등 갈등의 양상은 집단상담의 초기단계가 아니라 과도기에 나타나는 특징들이다.

50. 코리(G. Corey)의 과도기 단계(transition stage)에서 집단상담자의 역할을 모두 고른 것은?

ㄱ. 분리감정 다루기	ㄴ. 저항 처리
ㄷ. 자연스러운 갈등 촉진	ㄹ. 생산적인 성과 산출

① ㄱ
② ㄴ, ㄷ
③ ㄷ, ㄹ
④ ㄱ, ㄴ, ㄹ
⑤ ㄴ, ㄷ, ㄹ

해설 ㄱ. 분리감정 다루기는 종결단계의 과제이다.
ㄹ. 생산적인 성과산출은 작업단계의 과제이다.

코리의 집단상담-과도기 단계에서 집단상담자의 역할

- 코리 부부의 집단상담은 다음의 네 단계로 전개된다.
  : 초기 - 과도기 - 작업 - 종결
- 과도기 단계는 초기단계에서 작업단계로 이행되는 전환기이다. 초기단계를 거치며 친밀감이 형성되는데 그에 따른 불안이 과도기에 특징적으로 나타나게 된다.
- 불안, 저항, 갈등, 집단상담자에 대한 도전 등이 과도기 단계의 특징들이다.
- 집단상담자는 집단원들의 저항, 불안을 감지하고 의미를 이해해야 하며 이를 견디고 다룰 수 있어야 한다.
- 집단 내 갈등은 과도기에서 가장 많이 나타난다. 이는 주로 비난, 불만 표출, 언쟁의 형태로 표출되는데, 집단상담자는 이러한 갈등을 솔직히 표현하고 탐색할 수 있도록 격려하고 촉진한다. 이를 통해 집단의 응집력이 높아질 수 있다.

정답 49.⑤ 50.②

◆ 집단상담

제2과목 선택 2020년 기출문제 및 해설

26. 집단의 유형 중 상담집단에 관한 설명으로 옳지 않은 것은?

① 특정 과업을 완수하기 위한 목적으로 구성한다.

② 예방적 · 교육적 · 문제해결적 · 적응적 목적을 지닌다.

③ 비교적 짧은 기간에 해결 가능한 문제를 주로 다룬다.

④ 심각한 정신병리 치료보다 일상생활의 어려움 해결에 관심을 둔다.

⑤ 과거의 문제보다 현재의 생활, 느낌, 사고 등에 초점을 맞춘다.

해설 특정 과업을 완수하기 위한 목적으로 구성되는 집단은 과업집단에 해당한다.

상담집단의 특성

- 개인의 교육적 · 예방적 · 문제해결적 · 적응적 목적을 지닌다.
- 비교적 짧은 기간에 해결 가능한 문제를 주로 다룬다.
- 심각한 정신병리 치료보다 일상생활의 어려움 해결, 자기이해, 대인관계, 행동문제에 관심을 둔다.
- 과거의 문제보다 현재의 생활, 느낌, 사고 등에 초점을 맞춘다.
- 대부분 4~12명 정도의 집단원으로 구성된다.
- 학교 상담실, 대학 상담센터, 지역사회 정신건강 관련 기관에서 흔히 실시되는 집단형태이다.

학습 plus

집단유형: 집단은 분류기준에 따라 다양한 유형으로 나뉜다.

- 구조화 정도: 구조화 집단 / 반구조화 집단 / 비구조화 집단
- 개방성: 개방집단 / 폐쇄집단
- 집단원 구성: 동질집단 / 이질집단
- 집단의 기능: 치료집단 / 성장집단 / 교육집단 / 자조집단 / 지지집단 / 과업집단 / 상담집단 등
- 이론 기반: 정신분석적 접근 / 현실치료적 접근 / 인간중심적 접근 / 실존주의적 접근 등

정답 26.①

27. 집단상담의 구조 및 형태에 관한 설명으로 옳은 것을 모두 고른 것은?

ㄱ. 참만남 집단과 T집단은 대표적인 비구조화 집단이다.
ㄴ. 동질집단은 집단원들의 배경이 서로 비슷한 사람들로 구성된다.
ㄷ. 집중집단은 전체 회기를 보통 주 1회의 형태로 나누어서 운영한다.
ㄹ. 개방집단은 집단의 안정성이 높으므로 집단원 상호 간의 응집력이 강하다.

① ㄱ, ㄴ
② ㄱ, ㄴ, ㄷ
③ ㄱ, ㄷ, ㄹ
④ ㄴ, ㄷ, ㄹ
⑤ ㄱ, ㄴ, ㄷ, ㄹ

해설 ㄷ. 집중집단은 일정 기간 동안 회기를 집중시킨다.
ㄹ. 개방집단의 경우 집단원 교체로 인해 집단의 안정성과 정체성에 문제가 유발될 수 있다.

28. 집단상담의 목표 설정에 관한 설명으로 옳지 않은 것은?

① 집단 초기에 집단과 집단원의 목표를 확인한다.
② 목표는 집단과정 전체에 걸쳐 수정되고 추가될 수 있다.
③ 집단원 개인의 목표보다 집단 전체의 목표가 더 중요하다.
④ 목표는 집단원과 집단상담자가 협력하여 설정한다.
⑤ 집단의 과정적 목표에는 자기개방하기, 경청하기, 피드백 주고받기 등이 있다.

해설 ③ 집단상담은 집단적으로 실시되지만 개인의 성장과 변화에 초점을 맞추고 있으므로 집단의 목표는 집단원 개인의 욕구와 목표를 고려하여 설정되어야 한다.

29. 집단상담의 치료적 요인에 관한 설명으로 옳지 않은 것은?

① 직면 – 자신의 불일치를 자각하여 변화의 계기를 만듦
② 이타심 – 다른 사람들의 긍정적, 생산적 행동을 배움
③ 가족재연 – 가족을 연상시키는 집단역동을 통해 가족 관련 문제에 대해 작업함
④ 정보공유 – 건강한 삶에 관한 정보를 습득함
⑤ 응집력 – 다른 사람들과 서로 연결되어 있다고 느낌

해설 '이타심'은 타인과 도움을 주고 받는 경험을 통해 자기 존재의 가치를 확인하는 것을 말한다. 다른 사람들의 긍정적, 생산적 행동을 배우는 것은 '모방'에 대한 설명이다.

정답 27.① 28.③ 29.②

집단상담의 치료적 요인

- 일대일의 상담관계가 아닌 집단상담자와 집단원 간의 상호작용, 집단원 간의 상호작용으로 이뤄지는 집단상담에서는 복잡한 상호작용에 의해 치료적 변화가 일어난다.
- 학자별로 시기별로 다양한 치료요인이 제시되어 있다.
- 대표적으로 얄롬의 11가지 치료요인과 코리의 17가지 치료요인을 들 수 있다.

얄롬(Yalom, 1985)	코리 부부(Corey & Corey, 1982)	
• 정화 • 집단응집력 • 보편성 • 희망의 주입 • 이타주의 • 정보교환 • 모방행동 • 일차가족관계의 교정적 재현 • 사회화 기법의 발달 • 대인관계 학습 • 실존적 요인들	• 정화 • 자기개방 • 실험을 해 보는 자유 • 유머 • 변화를 위한 결단력 • 보살핌 • 공감적 이해 • 의미귀인 • 대인관계 학습	• 희망 • 피드백 • 직면 • 힘 • 모험을 감수하고 신뢰하려는 노력 • 수용 • 친밀감 • 자기노출

30. 다음과 같은 청소년 집단상담자의 개입으로 옳은 것은?

> ○ 초록: 친구들이 저를 비난할 때마다 죽고 싶을 만큼 힘들었어요.
> ○ 집단상담자: 우리 모두는 정도의 차이는 있지만 초록님이 방금 말한 것과 비슷한 경험을 하게 되는 것 같습니다. 어제 보라님이 말한 것도 비슷한 경험인 것 같습니다.

① 희망의 고취　② 자기개방
③ 보편화　④ 유머
⑤ 정화

해설 보편화의 예시로, 보편화는 집단원 개인의 문제와 고통은 자신만이 겪는 것이 아니라는 것을 알게 함으로써 위로를 줄 수 있다.

청소년 집단상담자의 개입방법

- 희망의 고취: 집단상담자는 문제의 해결에 대한 희망을 높여 주는 방향으로 개입할 수 있다.
- 자기개방: 집단상담자는 자신의 생각과 정서, 정보를 집단에 노출하여 공감과 신뢰를 전달할 수 있다.
- 유머: 유머는 문제에 함몰되지 않도록 환기하는 역할과 함께 새로운 조망의 가능성을 열어 준다.
- 정화: 집단원이 그동안 쌓였던 감정을 표출하게 함으로써 심리적 · 신체적 해방감을 경험하게 한다.

정답 30.③

31. 집단원들이 다음과 같은 태도를 공통으로 보이는 집단 발달단계에서 집단상담자의 개입으로 옳지 않은 것은?

> • 집단에 참여하고 싶지 않다고 상담자에게 도전적으로 말함
> • 오해받거나 판단될 것에 대한 두려움으로 자기개방을 주저함
> • 고통스러운 감정을 탐색하는 것을 주저하며 방어적인 태도를 보임

① 집단원들에게 자기개방의 중요성을 자각하게 한다.
② 신뢰감 촉진을 위해 의도적 활동을 도입한다.
③ 집단원들의 저항을 치료적 과정의 자연스러운 부분으로 인정한다.
④ 집단원들에게 두려움과 불안을 피하는 방법을 교육한다.
⑤ 상담자 자신의 역전이 반응을 관찰한다.

해설
• 보기의 집단원들은 공통적으로 집단참여에 대한 두려움, 상담자에 대한 도전, 감정탐색에 대한 방어적인 태도를 보이고 있다. 이는 과도기 단계에 주로 나타나는 모습들이다.
• 과도기 단계에서는 집단원의 불안, 저항, 갈등, 전이와 역전이를 상담자가 잘 이해하고 적절히 다룸으로써 응집력, 상호신뢰, 자기개방을 이끌어 낼 수 있다. 집단원의 불안과 저항을 충분히 표현하게 하고 부드럽게 직면시키는 것이 중요하다.

32. 집단상담 종결단계에서의 고려사항으로 옳지 않은 것은?

① 집단경험 검토 및 요약하기
② 추후회기 개최 검토하기
③ 학습한 것을 실생활에 적용하기
④ 파티로 집단 마무리하기
⑤ 집단상담에 대한 기대 파악하기

해설 집단상담에 대한 기대는 초기단계에서 나타난다.

33. 개인심리 집단상담에서 사용하는 기법을 모두 고른 것은?

> ㄱ. 버튼 누르기
> ㄴ. 수프에 침 뱉기
> ㄷ. 체계적 둔감화
> ㄹ. 마치 ~ 인 것처럼 행동하기

① ㄱ, ㄴ, ㄷ ② ㄱ, ㄴ, ㄹ ③ ㄱ, ㄷ, ㄹ ④ ㄴ, ㄷ, ㄹ ⑤ ㄱ, ㄴ, ㄷ, ㄹ

해설 체계적 둔감화는 불안과 공포의 위계를 설정하고 단계적으로 완화하는 기법으로써 행동주의적 접근에 해당한다. 아들러(Adler) 집단상담의 마지막 단계인 '재교육과 행동화' 단계에서는 새로운 방향 설정을 돕기 위해 다양한 기법이 활용된다. 이 밖에 즉시성, 버튼 누르기, 상상하기, 수프에 침 뱉기, 역설적 의도, 마치 ~인 것처럼 행동하기, 과제설정, 계약 등이 있다.

정답 31.④ 32.⑤ 33.②

34. 다음 설명에 해당하는 집단상담자의 이론적 접근은?

> • 불안을 느낄 때 대체할 수 있는 이완반응을 학습시켰다.
> • 불안유발 상황에서 느끼는 주관적 불편척도를 작성하도록 하였다.
> • 가장 낮은 불안 자극 수준부터 노출시켜 그 상황을 상상하고 느껴 보도록 하였다.

① 교류분석 집단상담
② 행동주의 집단상담
③ 인간중심 집단상담
④ 게슈탈트 집단상담
⑤ 현실치료 집단상담

해설 고전적 조건형성 원리로 불안과 공포를 감소시키는 '체계적 둔감법'에 대한 설명으로 행동주의적 접근법이다.

체계적 둔감법
- 근육이완 훈련: 불안을 느낄 때 대체할 수 있는 이완반응을 학습시킨다.
- 불안의 위계목록 작성: 불안의 주관적 불편척도를 위계단계별로 작성한다.
- 둔감화 작업: 낮은 단계의 불안자극부터 차례로 노출시켜 이완과 결합하여 소거시켜 나간다.

35. 게슈탈트 집단상담자의 개입방법으로 옳은 것을 모두 고른 것은?

> ㄱ. "당신의 어머니를 이곳에 불러와서 빈 의자에 앉히고 얘기해 보세요."
> ㄴ. "당신의 내면에 있는 우월한 나와 열등한 나가 서로 대화하도록 해 보세요."
> ㄷ. "'나는 할 수 없다.' 대신에 '나는 하지 않겠다.'로 바꾸어 말해 보세요."
> ㄹ. "과제를 계속 안 하고 미루는 습관이 있다고 하셨는데, 이번 주에는 어떤 과제도 하지 말아 보세요."

① ㄱ
② ㄴ, ㄷ
③ ㄱ, ㄴ, ㄷ
④ ㄱ, ㄴ, ㄹ
⑤ ㄱ, ㄴ, ㄷ, ㄹ

해설 ㄹ. 역설적 의도 기법으로 주로 실존주의 상담과 개인심리학 상담에서 활용된다. 원하지 않지만 지속적으로 하게 되는 행동을 더욱 과장되게 반복하게 함으로써 역설적으로 그 행동을 하지 않게 하는 기법이다. ㄱ, ㄴ, ㄷ은 게슈탈트 기법에 해당된다.

ㄱ. 빈 의자 기법으로 상호작용할 인물을 빈 의자에 초대했다는 가정하에 대화하게 한다.
ㄴ. 내적 대화 기법이다. 인격의 부분들 간에 대화하게 함으로써 대립되는 성격 부분들의 통합을 꾀한다.
ㄷ. 언어자각 기법으로 집단원의 언어표현을 주관적 표현으로 변경하여 자신의 감정에 책임지게 한다.

정답 34.② 35.③

36. 현실치료에서 말하는 효과적인 집단상담자에 관한 설명으로 옳은 것을 모두 고른 것은?

ㄱ. 집단원에게 수용적인 태도를 견지하는 사람
ㄴ. 집단원의 취약점, 문제, 실패에 초점을 두는 사람
ㄷ. 집단원의 무책임하고 비효과적인 행동에 대한 변명을 수용하지 않는 사람
ㄹ. 직면하기를 통해 집단원이 선택한 행동에 책임을 지게 하는 사람

① ㄱ, ㄷ
② ㄱ, ㄹ
③ ㄴ, ㄹ
④ ㄱ, ㄷ, ㄹ
⑤ ㄱ, ㄴ, ㄷ, ㄹ

해설 ㄴ. 현실치료는 취약점, 문제 실패보다는 집단원의 현재의 선택과 책임성에 초점을 맞춘다.

집단상담자의 효과적인 태도-현실치료

- 현실치료는 글래서(Glasser)가 정신분석의 결정론에 반대하여 개발한 치료법으로 선택이론을 기반으로 환경을 통제하고 자신의 행동을 선택하는 것은 자기 자신임을 강조한다.
- 현실치료 집단상담은 3R(책임감, 현실, 옳고 그름)을 강조한다.
- 현재의 선택과 책임성에 초점을 둔다.
- 현실치료 집단상담자는 집단원들이 진정으로 원하는 것을 얻기 위한 행동을 계획할 수 있도록 돕는다.
- 현실치료 집단상담자는 수용적인 태도를 견지하는 한편, 무책임하고 비효과적인 행동에 대한 변명은 허용하지 않으며, 직면을 통해 집단원이 자신의 행동에 대한 책임을 받아들일 수 있도록 돕는다.

37. 다음과 같은 기법을 사용한 집단상담 이론에 관한 설명으로 옳은 것은?

○ 집단원: 제가 아무것도 잘하는 것이 없는 것 같고 항상 무기력해요.
○ 집단상담자: 혹시 당신이 무기력하지 않은 때나 덜 무기력한 때가 있었나요?

① 집단원이 보이는 문제의 원인을 밝히는 것이 중요하다.
② 집단원이 과거의 한 장면을 지금-여기에 가져와 재연하게 함으로써 미해결문제를 다루도록 돕는다.
③ 집단상담자가 평가, 진단, 처치의 전문가로서 집단을 운영한다.
④ 집단상담자가 면밀히 고안한 사회적 기술을 집단원에게 훈련시킨다.
⑤ 집단원의 집단상담 참여 이전 변화경험을 중시한다.

해설 "무기력하지 않은 때나 덜 무기력한 때" → 문제가 없거나 문제가 심각하지 않았을 때를 묻고 있다. 이는 '예외질문'으로서 해결중심상담의 기법에 해당한다. 참여를 결심한 후 회기 시작 전까지의 변화경험은 새로운 해결방안의 단초를 제공할 수 있다.

정답 36.④ 37.⑤

38. 교류분석 집단상담에 관한 설명으로 옳은 것을 모두 고른 것은?

ㄱ. 집단상담의 목표는 개인의 자율성 성취이다.
ㄴ. 교차적 교류는 이중 메시지를 보내는 교류유형이다.
ㄷ. 집단상담의 과정은 계약 체결로 시작해서 재정향으로 마무리된다.
ㄹ. 각본분석은 만 15세 정도까지 수립된 생활각본을 면밀히 탐색한다.

① ㄱ ② ㄱ, ㄴ ③ ㄴ, ㄷ ④ ㄴ, ㄷ, ㄹ ⑤ ㄱ, ㄴ, ㄷ, ㄹ

해설 ㄱ. 교류분석 집단상담의 목표는 개인을 독특한 문화적 존재로 보고, 개인이 자율성을 성취하도록 돕는 것이다.
ㄴ. 이중 메시지를 보내는 교류유형은 이면교류(암시적 교류)다.
ㄷ. 교류분석 집단상담의 과정은 계약서 작성 → 자아상태 구조분석 → 의사교류분석 → 게임분석 → 생활각본 분석 → 재결단이다. 재정향으로 마무리되는 것은 개인심리학 집단과정이다.
ㄹ. 각본분석은 생애 초기의 외부 사건 경험에 대한 개인의 해석을 바탕으로 형성된다.

39. 집단상담 이론과 설명의 연결로 옳은 것은?

① 게슈탈트 집단상담 – 집단원은 집단장면에서 현실과 유사한 행동연습을 한다.
② 인간중심 집단상담 – 집단상담자와 집단원은 계약을 통해 동등한 관계를 강조한다.
③ 행동주의 집단상담 – 집단원의 신체적 단서를 지적해 줌으로써 개인의 각성을 촉진한다.
④ 정신분석 집단상담 – 다면적 전이 현상 경험으로 보다 폭넓은 전이관계가 관찰될 수 있다.
⑤ 교류분석 집단상담 – 집단상담자의 직접적인 개입이 없어도 집단이 발전해 갈 것을 믿는다.

해설 ④ 정신분석적 집단상담에서는 여러 집단원이 참여하므로 전이 현상이 다차원적으로 나타나며 폭넓은 전이관계가 관찰된다.
① 게슈탈트 집단상담 – 집단원의 신체적 단서를 지적해 줌으로써 개인의 각성을 촉진한다.
② 인간중심 집단상담 – 집단상담자의 직접적인 개입이 없어도 집단이 발전해 갈 것을 믿는다.
③ 행동주의 집단상담 – 집단원은 집단장면에서 현실과 유사한 행동연습을 한다.
⑤ 교류분석 집단상담 – 집단상담자와 집단원은 계약을 통해 동등한 관계를 강조한다.

40. 집단상담에서 비밀보장 원칙의 예외상황으로 옳지 않은 것은?

① 집단원이 자신을 해칠 의도나 계획을 갖고 있는 경우
② 집단원이 타인을 해칠 의도나 계획을 갖고 있는 경우
③ 집단원의 직장에서 집단원에 관한 정보를 요청한 경우
④ 법원에서 판결을 위해 집단원에 관한 정보를 요청한 경우
⑤ 집단원이 코로나19 확진자임을 알게 된 경우

정답 38.① 39.④ 40.③

해설 ③ 집단원의 직장에서 정보를 요청한 경우는 비밀보장 원칙의 예외상황이 아니다.

집단상담 비밀보장의 예외(청소년상담사 윤리강령)

1) 내담자의 생명 또는 사회의 안전에 위협이 될 경우
2) 법적으로 정보공개가 요구되는 경우
3) 심각한 전염성 질병이 있음을 알게 된 경우
4) 청소년상담사가 법적 신고 의무자로 규정된 경우

41. 다음과 같은 집단상담자의 기술은?

> ○ 집단상담자: 현진씨, 잠깐만요. 이야기가 다소 맴도는 것 같은데, 지금 현진씨가 말한 것을 한 단어나 한 문장으로 말해 보시겠어요?

① 직면　② 연결　③ 차단　④ 반영　⑤ 요약

해설 사례에서 집단상담자는 제자리에서 맴돌고 있는 진술을 중지시키고 집단원 스스로 자신의 진술을 요약하도록 지시하고 있다. 이는 역기능적 소통을 중지하는 기법으로 '차단'에 해당된다. 집단상담자가 집단원의 이야기를 요약하는 '요약기법'과 혼동하지 말아야 한다.

42. 집단상담에서 집단원인 '보라'가 보이는 문제행동은?

> ○ 초록: … 사실은 엄마 아빠가 이혼하겠다고 하셨어요.(울음)
> ○ 보라: 너희 부모님이 화가 많이 나셔서 그랬을 거야. 걱정 마. 우리 엄마 아빠도 자주 싸우는데, 싸울 때마다 이혼하겠다고 해 놓고 진짜 이혼은 안 하더라. 내 생각에는…

① 질문 공세　② 습관적 불평　③ 일시적 구원
④ 충고 일삼기　⑤ 대화의 독점

해설 '일시적 구원'에 대한 예시이다. 일시적 구원은 타인의 고통을 지켜보는 것이 어려워 서둘러 봉합하고자 위로하는 행동으로, 고통의 원인을 충분히 탐색하고 감정을 수용해서 문제해결로 나아가는 것을 방해한다. 이때는 문제행동을 차단하고 고통의 토로와 탐색을 지속하도록 공감하고 격려한다. 문제행동의 당사자에게는 그러한 행동의 의미와 감정을 탐색할 수 있도록 돕는다.

학습 plus

집단원의 문제행동

- 대화독점
- 부정적인 태도(습관적 불평)
- 우월한 태도
- 하위집단 형성
- 중도포기
- 잦은 지각과 결석, 중도포기
- 적대적인 태도
- 일시적 구원
- 감정화
- 질문 공세
- 소극적인 태도(침묵, 비자발적 태도)
- 의존적 태도
- 관계없는 이야기 늘어놓기
- 지성화
- 충고 일삼기

정답 41.③ 42.③

43. 침묵하는 집단원에 대한 상담자의 반응으로 옳은 것을 모두 고른 것은?

ㄱ. 당신의 침묵은 어떤 의미가 있나요?
ㄴ. 집단 밖에서도 말이 없는 편인가요?
ㄷ. 이 집단에서 말을 꺼내기 힘들게 하는 것은 무엇인가요?
ㄹ. 다른 사람들의 이야기를 들으면서 재석씨도 어떤 느낌이 들었을 것 같은데.

① ㄱ, ㄴ ② ㄱ, ㄹ ③ ㄴ, ㄷ
④ ㄱ, ㄷ, ㄹ ⑤ ㄱ, ㄴ, ㄷ, ㄹ

해설 모두 해당된다. 집단상담자는 침묵의 의미를 탐색할 수 있는 개방적 질문을 한다.
예 "지금의 침묵은 어떤 의미인가요?" "밖에서도 말이 없나요?" "집단에서 말을 꺼내기 힘든 이유가 무엇인가요?" "다른 집단원의 이야기에 어떤 느낌이나 생각이 드나요?" 등

44. 집단상담자가 집단상담 계획단계에서 취할 수 있는 조치로 옳지 않은 것은?

① 잠재된 위험을 예방하기 위해 집단원을 선별하는 과정을 거친다.
② 집단 운영에 윤리적 · 법적 쟁점이 없는지 검토한다.
③ 객관적이고 실제적인 집단상담 평가 계획을 세운다.
④ 집단의 암묵적 규범을 명확히 설정해 둔다.
⑤ 집단의 시간, 횟수, 기간에 현실적인 제약이 있는지 고려한다.

해설 ④ 집단규범은 집단초기 집단상담자의 제안과 집단원의 합의에 의해 명시된다.
암묵적인 규정은 집단 초기보다는 집단과정 중에 형성되는 경우가 많으며 집단이 진행됨에 따라 함께 발달하게 된다.

45. 집단상담 평가방법으로 옳지 않은 것은?

① 집단 종결 2~3개월 후에 일부 집단원을 불러 모아 추후평가를 실시하였다.
② 집단 경험에 대한 집단원들의 느낌을 얼른 머리에 떠오르는 단어로 쓰도록 하였다.
③ 매 회기가 끝날 무렵 집단원들에게 회기 경험을 기록하도록 하였다.
④ 무기명으로 답할 수 있는 질문지나 평정척도를 사용하여 집단 경험을 평가하였다.
⑤ 집단과정과 집단원에 대한 느낌이나 생각을 솔직히 털어놓고 의견을 교환하도록 하였다.

해설 ① 추후평가는 집단종결 2~3개월 후에 실시하여 집단 경험의 효과성, 변화의 지속성 등을 평가하며 전체 집단원을 대상으로 한다.

정답 43.⑤ 44.④ 45.①

46. 집단상담에서 피드백하기에 관한 설명으로 옳지 않은 것은?

① 사실을 서술하는 방식으로 제공한다.
② 변화 가능성을 염두에 두고 제공한다.
③ 가치판단을 하거나 변화를 강요하지 않는다.
④ 행동이 일어나기 직전에 주어야 한다.
⑤ 한 사람이 하는 것보다 여러 사람이 하는 것이 효과적이다.

해설 ④ 피드백은 행동 발생 후에 제시되는 것이 효과적이다.

피드백

- 피드백이란 집단의 한 회기가 끝날 때, 집단원의 사고, 감정, 행동, 태도에 대해 강점 및 문제점을 표현하여 되돌려 주는 것을 말한다.
- 집단상담자는 집단원들이 안심하고 생산적인 피드백을 교환할 수 있도록 격려하고, 안전하며 신뢰할 수 있고 수용적인 분위기를 조성해야 한다.
- 집단원은 구체적으로 상대방에 대한 감정과 관계에서 원하는 바를 표현, 피드백한다.
- 충고나 평가, 비판하지 않고 상대방에게서 받고 있는 영향을 느낌 형태로 표현한다.
- 긍정적 피드백은 행동변화의 가능성을 높이며 집단원 간의 신뢰감과 응집력을 높인다.
- 부정적 피드백은 집단원의 문제행동, 왜곡, 잘못 등을 교정하기 위한 정보를 주는 것으로 수용할 준비가 되지 않은 상태에서는 문제가 발생할 수 있다. 신뢰감이 충분히 형성되었을 때 가능하다.

47. 학교 집단상담자의 바람직한 태도로 옳은 것을 모두 고른 것은?

ㄱ. 학교 기능의 이해	ㄴ. 학생들의 다양성 존중
ㄷ. 자기 능력의 한계 인식	ㄹ. 학생들에 대한 현실적 기대

① ㄱ, ㄴ
② ㄱ, ㄹ
③ ㄱ, ㄴ, ㄹ
④ ㄴ, ㄷ, ㄹ
⑤ ㄱ, ㄴ, ㄷ, ㄹ

해설 모두 옳은 내용이다.

학교 집단상담자의 바람직한 태도

- 학교 집단상담자에게는 학교의 기능과 학생의 다양성에 대한 이해와 존중이 필수적이다.
- 학업, 진로, 적응, 대인관계, 이성문제 등이 학교 집단상담의 주요 영역이다.
- 학교 집단상담자는 자기 능력에 대해 정확하게 평가하고 있어야 하며, 학생들에 대해 현실적 기대를 가지고 임해야 한다.

정답 46.④ 47.⑤

48. 청소년 집단원의 권리 보호를 위한 집단상담자의 태도로 옳은 것을 모두 고른 것은?

ㄱ. 집단상담에서 완벽한 비밀보장이 어렵다는 것을 알려 준다.
ㄴ. 집단상담 참여의 자발성 여부와 관계없이 사전 동의 절차를 시행한다.
ㄷ. 집단상담에 적절하지 않다고 판단되는 학생에게는 개인상담을 권유한다.
ㄹ. 폐쇄집단에서 집단원이 참여 서약서를 작성했더라도 집단을 떠나고 싶어 하면 떠날 수 있게 한다.

① ㄱ ② ㄱ, ㄴ ③ ㄱ, ㄷ, ㄹ
④ ㄴ, ㄷ, ㄹ ⑤ ㄱ, ㄴ, ㄷ, ㄹ

해설 모두 해당된다.

청소년 집단원의 권리 보호
- 집단상담에서는 비밀유지가 어려울 수 있으므로 노출과 개방 수위를 스스로 조절해야 함을 알려 준다.
- 비자발적 · 강제적 참여자에게도 사전 동의 절차는 필수적이다.
- 청소년 집단상담에서는 일반 범주의 발달과업과 적응문제를 주로 다루게 되므로 심각한 정서 · 성격적 문제를 가진 경우에는 개인상담(또는 치료집단)을 권유한다.
- 폐쇄집단일지라도 집단원에게는 집단을 떠날 권리가 있다. 단, 법적강제에 의한 참여자에게는 이로 인한 불이익과 사후조치에 대해 알려 준다.
- 집단원에게는 사전 안내를 받을 권리, 참여와 이탈의 자유, 비밀보장의 권리, 발언내용 선택의 권리가 있음을 알려준다.

49. 청소년 집단상담자가 취한 행동으로 옳지 않은 것은?

① 비밀보장 원칙의 예외상황을 설명해 주었다.
② 자신의 느낌을 솔직하게 표현하도록 도왔다.
③ 원활한 집단 운영을 위해 집단규범을 제안하였다.
④ 집단원이 표출하는 저항을 집단역동에 도움이 되도록 활용하였다.
⑤ 집단상담 종결 후 집단원들의 연락처를 단체문자로 전송해 주었다.

해설 ⑤ 집단원의 연락처는 개인정보에 해당하며 집단상담자가 임의로 이를 공개해서는 안 된다.

정답 48.⑤ 49.⑤

50. 청소년 집단상담의 이점으로 옳은 것을 모두 고른 것은?

ㄱ. 새로운 행동을 연습할 수 있다. ㄴ. 시간과 비용적인 측면에서 경제적이다. ㄷ. 집단상담자의 전문성에 구애받지 않는다. ㄹ. 자신과 타인에 대한 이해의 폭이 확대된다.

① ㄱ, ㄴ, ㄷ ② ㄱ, ㄴ, ㄹ ③ ㄱ, ㄷ, ㄹ
④ ㄴ, ㄷ, ㄹ ⑤ ㄱ, ㄴ, ㄷ, ㄹ

해설 ㄷ. 미숙한 집단상담자로 인한 지도성 문제가 발생할 수 있기 때문에 집단상담자의 전문성이 요구된다.

청소년 집단상담의 장점

- 청소년기에는 발달적 특성들로 인해 집단상담이 더 효과적일 수 있다.
- 경제적으로 효율적이다.
- 문제가 일반적일 수 있다는 보편성 경험을 통해 자신과 타인에 대한 이해, 공동체의식이 증가된다.
- 집단 안에서 여러 방향의 상호작용을 경험하면서 객관성이 향상되고 사회적 의사소통 기술이 향상된다.
- 집단의 수용적인 분위기 속에서 새로운 행동을 안전하게 연습할 수 있다.
- 의존성과 자기중심성에서 벗어나 성인기로 나아가기 위한 독립성이 향상된다.

정답 50.②

◆ 집단상담

제2과목 선택 2019년 기출문제 및 해설

26. 게슈탈트 집단상담에 관한 설명으로 옳은 것을 모두 고른 것은?

ㄱ. 에릭 번(E. Berne)이 창안하였다.
ㄴ. 과거와 미래보다는 현재를 강조한다.
ㄷ. 내사(introjection)는 타인에게 하고 싶은 행동을 자신에게로 돌리는 것이다.
ㄹ. '빈 의자 기법' '꿈 작업'의 기법이 있다.

① ㄱ, ㄴ
② ㄴ, ㄷ
③ ㄴ, ㄹ
④ ㄱ, ㄴ, ㄹ
⑤ ㄴ, ㄷ, ㄹ

해설 ㄱ. 에릭 번이 창안한 것은 교류분석이다.
ㄷ. 내사(introjection)는 타인의 가치관과 행동을 무비판적으로 자기 내부로 받아들이는 것을 말하며 타인에게 하고 싶은 행동을 자신에게로 돌리는 것은 반전에 해당된다.

27. 교류분석 집단상담에 관한 설명으로 옳지 않은 것은?

① 개인의 여러 자아상태를 이해함으로써 변화를 가져온다.
② 부모, 성인, 어린이 자아상태가 삶에 적용되는 것을 다룬다.
③ 커뮤니케이션 이론, 아동발달 이론과 연관된다.
④ 상보적 의사교류는 의사교류의 자극과 반응이 평행을 이룬다.
⑤ 스트로크는 게임을 통해 경험하게 되는 불쾌한 감정을 말한다.

해설 스트로크는 스포츠에서 흔히 '한 번의 휘두름, 젓기, 왕복운동' 등의 의미로 사용되는 단어로 교류분석에서는 언어적 · 비언어적 교류상황에서 주고받는 자극이나 반응을 뜻하며 '인정의 한 단위'로 이해할 수 있다. 게임을 통해 경험하는 불쾌한 감정은 '라켓 감정'이다.

정답 26.③ 27.⑤

28. 현실치료 집단상담에 관한 설명으로 옳은 것을 모두 고른 것은?

ㄱ. 적극적이고 지시적이다.
ㄴ. 목표는 내담자들이 보다 나은 선택을 현실에 적용하도록 돕는 것이다.
ㄷ. 생존, 소속, 존중, 재미 등을 인간의 기본적인 욕구로 제시했다.
ㄹ. 주요 기법은 '질문기법' '유머사용' '역설적 기법'이다.

① ㄱ, ㄴ ② ㄴ, ㄷ ③ ㄷ, ㄹ
④ ㄱ, ㄴ, ㄹ ⑤ ㄱ, ㄴ, ㄷ, ㄹ

해설 현실치료 집단상담에서 강조하는 다섯 가지 기본욕구는 생존, 사랑, 힘, 자유, 재미이다.

29. 참만남 집단에 관한 설명으로 옳은 것은?

ㄱ. 개인경험에 중점을 두며, 체험집단이라고도 한다.
ㄴ. 로저스 모형에 의하면 집단은 구조적인 형태로 시작한다.
ㄷ. 집단원은 보통 환자라고 하며, 집단경험은 심리치료라고 한다.
ㄹ. 내담자의 과거나 무의식적 동기를 강조한다.

① ㄱ ② ㄱ, ㄴ ③ ㄷ, ㄹ
④ ㄱ, ㄴ, ㄷ ⑤ ㄱ, ㄴ, ㄷ, ㄹ

해설 ㄴ. 참만남 집단은 성장, 변화, 치유를 목적으로 하는 비구조적인 형태로 시작한다.
ㄷ. 집단원은 환자가 아닌 성장을 위한 과정 중에 있는 개인으로 본다. 성장 집단이므로 치료를 목적으로 하지는 않는다.
ㄹ. 내담자의 과거, 무의식적 동기보다는 '지금-여기' 경험을 강조한다.

30. 행동주의 집단상담에 관한 설명으로 옳은 것을 모두 고른 것은?

ㄱ. 긍정적 행동강화를 위해 토큰경제법을 활용한다.
ㄴ. 자기파괴적인 생각을 통제하도록 하기 위해 자기지시를 활용한다.
ㄷ. 체계적 둔감화는 긍정적 행동을 강화시킨다.
ㄹ. 현재의 행동에 대한 생애발달적 원인을 중요시하여 분석한다.

① ㄱ, ㄴ ② ㄴ, ㄷ ③ ㄱ, ㄴ, ㄹ ④ ㄱ, ㄷ, ㄹ ⑤ ㄱ, ㄴ, ㄷ, ㄹ

해설 ㄷ. 체계적 둔감화는 공포, 불안에 단계적으로 노출시킴으로써 부정적 반응을 제거시켜 나가는 기법이다.
ㄹ. 행동주의 집단상담에서는 현재의 행동에 대한 생애발달적 원인의 분석보다는 현재 행동의 변화를 목표로 한다.

정답 28.④ 29.① 30.①

31. 정신분석 집단상담에 관한 설명으로 옳지 않은 것은?

① 집단원의 문제행동과 관련된 역사적인 근거를 탐색한다.
② 집단원의 무의식적 동기를 해석을 통해 의식화시킨다.
③ 집단원의 고착된 의사소통 영역을 확장시킨다.
④ 집단원의 자율성을 권장하기 위해 권유, 지적을 자제한다.
⑤ 집단원의 즉각적인 문제해결보다는 장기간의 성격 재구성에 도움을 준다.

해설 ④ 정신분석 집단상담자는 지도, 자극, 확충, 해석 등을 하는 역할을 하며 자율성을 촉진하기 위해 권유, 지적을 하기도 한다.

32. 합리정서행동(REBT) 집단상담에 관한 설명으로 옳은 것을 모두 고른 것은?

ㄱ. 정서적인 문제를 해결하기 위해서는 사고를 분석하는 데서 시작한다.
ㄴ. 감정적 반응에 대한 책임은 자신에게 있음을 깨닫도록 한다.
ㄷ. 목표설정을 위하여 집단지도자와 구성원은 협력하여야 한다.
ㄹ. 집단상담자는 집단원과의 친밀성을 중시하여 관계지향적이다.

① ㄱ, ㄴ ② ㄷ, ㄹ ③ ㄱ, ㄴ, ㄷ ④ ㄴ, ㄷ, ㄹ ⑤ ㄱ, ㄴ, ㄷ, ㄹ

해설 ㄹ. 집단상담자는 집단원과 친밀한 인간관계를 맺기보다는 교사의 역할을 하며 인지적 · 지시적 · 설득적인 방식으로 접근한다.

33. 로저스(C. Rogers)의 인간중심 집단상담 과정에서의 경험을 모두 고른 것은?

ㄱ. 맴돌기
ㄴ. 가면 깨뜨리기
ㄷ. 피드백
ㄹ. 부정적 감정들의 표현
ㅁ. 사적인 표현 및 탐색에 대한 저항

① ㄷ, ㄹ ② ㄱ, ㄴ, ㄷ ③ ㄴ, ㄹ, ㅁ
④ ㄱ, ㄴ, ㄷ, ㄹ ⑤ ㄱ, ㄴ, ㄷ, ㄹ, ㅁ

해설 모두 해당된다.

로저스의 인간중심 집단상담 15단계

1) 맴돌기: 초기에 혼란과 흥분, 서성거림이 나타난다.
2) 사적인 표현 및 탐색에 대한 저항
3) 과거 감정의 기술
4) 부정적 감정들의 표현
5) 개인적으로 의미 있는 자료의 표현과 탐색
6) 집단 내에서 즉각적인 개인 상호 간의 감정을 표현
7) 집단 내 치유능력의 발달
8) 자기수용과 변화의 시작

정답 31.④ 32.③ 33.⑤

9) 가면 깨뜨리기(내담자의 벽 허물기)
10) 피드백
11) 직면
12) 집단과정 밖에서의 조력관계 형성
13) 기본적인 참만남
14) 친밀한 감정들의 표현
15) 집단 내에서의 행동변화

34. 아들러(A. Adler)의 개인심리 집단상담에 관한 설명으로 옳은 것은?

① 집단원의 자기패배적 언어와 행동을 반박한다.
② 집단원의 사회적 상황과 사회적 태도를 파악한다.
③ 열등감의 근원 탐색이 아닌 우월성 추구를 목표로 한다.
④ 빈 의자 기법, 혐오치료의 기법을 활용한다.
⑤ 가족구도, 생활양식 분석의 기법을 활용하지 않는다.

해설 ① 집단상담자는 집단원이 자기 행동을 이해하도록 격려하고 용기를 북돋운다.
③ 열등감의 근원을 탐색하고 열등감 극복을 통해 우월성 추구로 나아간다.
④ 빈 의자 기법은 게슈탈트 접근 방법이며, 혐오치료는 행동치료 기법이다.
⑤ 가족구도, 출생순위, 생활양식, 사회적 관심이 주요 분석 대상이다.

35. 말러(A. Mahler)의 집단상담 과정에서 집단의 과도기 단계 특징은?

① 집단원 간의 신뢰감 수준이 높은 편이다.
② 집단참여에 적극적인 태도를 보인다.
③ 집단원은 흔히 자신에 대한 초점을 회피하지 않는다.
④ 집단원의 불안 수준은 낮은 편이다.
⑤ 거기-그때(there and then)에 맞추어 이야기하는 경향이 있다.

해설 과도기 과정에서는 '지금-여기'가 아닌 '그때-거기'로 이야기하는 경향이 있다.

집단상담 과도기 단계의 특징

- 불안과 두려움: 과도기는 집단과정 중 불안 수준이 가장 높은 단계이다.
- 신뢰 형성: 초기단계의 중요 과업이지만 과도기에서도 여전히 집단의 안전에 대한 의문이 존재한다. 신뢰가 형성되면 집단원들은 두려움 없이 표현하기 시작한다.
- 방어와 회피
- 지배권 경쟁
- 갈등과 저항
- 상담자에 대한 도전
- '지금-여기'가 아닌 '그때-거기'로 이야기하는 경향

정답 34.② 35.⑤

36. 성적이 부진한 중학생들에게 학습능력 향상을 목적으로 체계화된 프로그램을 매주 1회 12주 진행되는 집단의 유형은?

① 비구조화된 동질적 구성의 집중적 집단
② 구조화된 동질적 구성의 집중적 집단
③ 구조화된 동질적 구성의 분산적 집단
④ 비구조화된 이질적 구성의 분산적 집단
⑤ 구조화된 이질적 구성의 집중적 집단

해설
• 성적이 부진한 중학생들 → 동질집단(배경과 성향이 비슷한 집단원들로 구성)
• 체계화된 프로그램 → 구조화 집단(일련의 계획된 구체적 활동으로 진행)
• 매주 1회 12주 진행 → 분산집단(일반적으로 주 1회로 회기를 분산)

37. 다음과 관련 있는 집단상담의 치료적 요인은?

• 고립감 • 자신의 삶에 대한 책임 • 타인으로부터 받을 수 있는 도움의 한계에 대한 자각

① 실존적 요인
② 일차 가족집단의 교정적 재현
③ 희망 고취
④ 직면
⑤ 모험 시도

해설 집단상담의 치료적 요인 중 실존적 요인이란 모든 인간은 실존적으로 혼자이며, 삶의 궁극적 책임은 자신에게 있고, 타인들로부터 받을 수 있는 도움에는 한계가 있음을 자각하는 것을 의미한다.

38. 집단상담 초기단계에서 치료적 요소를 촉진하기 위한 방법으로 옳지 않은 것은?

① 집단상담의 방향과 목표, 규범을 정한다.
② 집단상담에 대한 책임이 집단원에게도 있음을 알려 준다.
③ 저항을 표출하는 집단원의 행동을 수용한다.
④ 집단상담자의 자기개방은 적절하지 않다.
⑤ 집단상담자가 자신의 감정을 표현하는 방법을 보여 준다.

해설 집단상담자의 자기개방은 동질성과 친밀감을 느끼게 하여 치료적 요소를 촉진할 수 있다.

정답 36.③ 37.① 38.④

39. 집단상담자의 전문적 자질이 아닌 것은?

① 집단 계획 및 운영 능력
② 집단원으로서의 집단참여 경험
③ 인간행동의 긍정적 변화에 대한 신념
④ 인간발달에 대한 이해와 폭넓은 식견
⑤ 상담이론 및 실제에 대한 지식과 이해

해설 인간행동의 긍정적 변화에 대한 신념은 집단상담자에게 요구되는 인간적 자질이다.

40. 집단상담자의 윤리적 행동으로 옳은 것을 모두 고른 것은?

ㄱ. 집단원의 개인정보를 집단 전체가 공유할 수 있도록 집단에서 제공했다.
ㄴ. 집단원의 부당한 압력도 치료적 요인이므로 압력이 일어나는 분위기를 허용했다.
ㄷ. 개인적 기대가 집단 내에서 충족될 수 없을 것으로 판단되는 집단원에게 다른 상담자에게 상담을 받도록 제안했다.
ㄹ. 청소년을 집단에 의뢰한 담임교사가 상담 내용을 알고 싶어 해서 청소년의 동의를 받은 후 최소한의 정보를 제공했다.

① ㄱ, ㄴ ② ㄷ, ㄹ ③ ㄱ, ㄴ, ㄷ ④ ㄴ, ㄷ, ㄹ ⑤ ㄱ, ㄴ, ㄷ, ㄹ

해설 ㄱ. 집단원의 개인정보를 집단상담자가 임의로 공개할 수 없다.
ㄴ. 집단상담자는 집단의 부당한 압력에 개입하여 이를 제지함으로써 집단원을 보호해야 한다.

41. 두 명의 상담자가 공동으로 진행하는 집단상담에 관한 설명으로 옳은 것은?

① 집단활동 중에는 공동상담자 간의 상호작용을 자제한다.
② 공동상담자 간의 경쟁관계는 생산적인 집단역동을 촉진한다.
③ 공동상담자들은 집단회기 이외의 시간에 서로의 의견 차이를 논의한다.
④ 형평성 차원에서 공동상담자들이 매 집단회기를 교대로 진행해야 한다.
⑤ 공동상담자의 집단상담에 대한 이론적 관점이 상반될수록 집단에 도움이 된다.

해설 **공동상담자**

- 공동상담자들은 상황과 회기에 따라 역할을 분담할 수도 있고, 주 상담자가 집중적으로 작업을 하고 보조 상담자가 집단원 반응을 관찰하는 역할을 할 수도 있다.
- 집단계획, 목표, 규범을 다룰 때 공동상담자와 협의하여 진행한다.
- 공동상담자 간의 상호작용은 집단원들에게 바람직한 역할모델이 될 수 있다.
- 공동상담자는 신뢰와 존중에 기초한 관계를 맺고 집단목표, 규범, 과정에 대해 논의, 합의한다.
- 공동상담자는 회기 전후에 적절한 관계 형성과 논의, 검토의 시간을 가지는 것이 바람직하다.
- 공동상담자들의 이론적 지향이 같을 때 더 효과적이다.
- 공동상담자 간의 경쟁과 갈등은 집단응집력을 저하시키고 집단역동에 방해가 될 수 있다.

정답 39.③ 40.② 41.③

42. 집단규범에 관한 설명으로 옳지 않은 것은?

① 집단에서 권장하는 행동과 같은 긍정적인 규범도 있다.
② 개별 집단원의 권리보다 집단 전체의 이익이 더 우선되어야 한다.
③ 집단상담자는 개입 행동을 통해 집단규범의 준거를 제시할 수 있다.
④ 집단원들의 선입견에 의해 형성된 암묵적 규범은 집단에 부정적 영향을 미칠 수 있다.
⑤ 집단상담자는 집단규범 형성을 촉진하기 위해 집단원들의 지금-여기에서의 자각을 독려한다.

해설 ② 집단 전체의 이익과 개별 집단원의 권리는 동등하게 존중되어야 한다.

43. 집단상담자의 역할에 관한 설명으로 옳은 것을 모두 고른 것은?

ㄱ. 집단원이 표출하는 저항을 집단역동에 도움이 되도록 활용한다.
ㄴ. 집단규범은 집단원들끼리 스스로 확립하므로 상담자의 관여를 자제한다.
ㄷ. 집단분위기 조성을 위해 집단원의 문제행동에 적극적으로 관여한다.
ㄹ. 비구조화 집단상담의 경우 상담자에게 특별한 역할이 요구되지 않는다.

① ㄱ, ㄷ ② ㄴ, ㄹ ③ ㄱ, ㄴ, ㄷ ④ ㄴ, ㄷ, ㄹ ⑤ ㄱ, ㄴ, ㄷ, ㄹ

해설 ㄴ. 집단규범은 집단상담자와 집단원이 함께 참여하여 합의를 바탕으로 도출하는 것이 바람직하다. 집단규범을 형성해 나가는 과정은 응집력 향상에 도움이 되며, 그 자체로 집단경험이 될 수 있다.
ㄹ. 집단과정에 방해가 되는 집단원의 문제행동에는 집단상담자가 적극적으로 개입할 필요가 있다.

44. 중고등학교 장면에서 청소년 집단상담을 진행할 때 집단상담자가 고려할 사항으로 옳지 않은 것은?

① 청소년의 자율성 증진을 위해 비구조화 집단상담이 더 효과적이다.
② 청소년기에는 또래와의 상호작용이 중요하므로 집단 크기를 고려한다.
③ 문화적 민감성을 토대로 청소년 하위문화를 이해하고 존중하는 태도를 보인다.
④ 수업시간을 고려하여 집단참여가 가능한 학생들을 중심으로 집단원을 선발한다.
⑤ 비자발적으로 의뢰된 청소년에게는 집단에 참여하지 않을 권리와 집단참여를 거부할 경우 수반되는 책임을 알려준다.

해설 ① 학교 집단상담에서는 구조화 또는 반구조화된 집단상담이 비구조화 집단상담에 비해 더 효과적이다.

정답 42.② 43.① 44.①

45. 다음 대화에서 집단상담자가 적용한 기술(ㄱ~ㄴ)을 순서대로 옳게 나열한 것은?

> ○ 영희: 지난 주말 친구들과 여행계획을 세웠는데, 친구들이 가자고 하는 곳과 다른 곳을 가고 싶었는데 막상 내 의견을 말하지 못했어요. 속상해요.
> ○ 집단상담자: 지난번 진로방향을 의논할 때에도 부모님께 네 생각을 말하지 않았던 것 같은데……. 이번 행동과 지난번 행동에서 너의 어떤 모습을 발견할 수 있을까? (ㄱ)
> ○ 영희: 음……. 친구들이 나를 이상하게 생각할까 봐 내가 싫은 것을 제대로 얘기하지 못했어요. 친구들이랑 어울리지 못하면 학교에서 힘들어지거든요. 부모님께도 마찬가지였던 것 같고요. 부모님 뜻을 거스르면 안 될 것 같아서요.
> ○ 집단상담자: 자신의 생각이나 원하는 바를 솔직히 얘기하면 혹시나 주변 사람들로부터 인정받지 못할까 봐 두려워하고 있구나. (ㄴ)

① 직면하기, 연결하기 ② 연결하기, 해석하기 ③ 반영하기, 자기개방하기
④ 질문하기, 자기개방하기 ⑤ 해석하기, 직면하기

해설 ㄱ. 사례자는 친구들과의 관계에서 자신이 의견표현에 소극적이었던 경험을 진술하고 있다. 이에 대해 집단상담자가 부모와의 관계에서도 사례자가 자기 의견을 말하지 못했던 경험이 있었음을 떠올려 유사한 두 경험을 연결짓고 있다. ⇨ 연결하기

ㄴ. 사례자가 주변 가까운 사람들과의 관계에서 자기 생각을 솔직하게 표현하지 못하는 것은 '인정받지 못하는 것에 대한 두려움' 때문임을 집단상담자가 설명해 주고 있다. ⇨ 해석하기

46. 집단상담의 구조화에 관한 설명으로 옳은 것을 모두 고른 것은?

> ㄱ. 집단의 모임 시간과 횟수에 대해 설명한다.
> ㄴ. 집단원들이 생산적인 집단을 위한 행동규범을 창출하도록 촉진한다.
> ㄷ. 적극적 참여, 위급상황 시 연락방법, 집단원의 책임에 관한 내용이 포함된다.

① ㄱ ② ㄴ ③ ㄱ, ㄴ ④ ㄴ, ㄷ ⑤ ㄱ, ㄴ, ㄷ

해설 모두 옳은 내용이다.

집단상담의 구조화

- 초기 단계에 집단원이 집단에 대한 개념의 틀을 가질 수 있도록 집단상담자에 의해 제시되는 일련의 사항들을 의미한다.
- 집단의 목적, 집단의 성격, 횟수, 시기, 장소, 집단상담자의 역할, 진행절차, 비밀보장의 한계, 비상시 연락방법, 집단규범 등이 포함된다.
- 집단규범 내에는 적극적 참여와 집단원의 책임에 관한 내용이 포함된다.
- 생산적인 집단을 위해 집단원들의 참여로 행동규범을 창출해 내기도 한다.
- 집단 초기의 구조화는 집단응집력을 향상시키고 이후 상담과정의 역동을 촉진하는 데 도움이 된다.

정답 45.② 46.⑤

47. 집단상담 평가과정을 순서대로 나열한 것은?

① 정보수집－평가계획 수립－현상기술－현상설명－대안제시－재과정
② 정보수집－현상설명－현상기술－평가계획 수립－재과정－대안제시
③ 현상기술－평가계획 수립－정보수집－현상설명－대안제시－재과정
④ 평가계획 수립－정보수집－현상기술－현상설명－대안제시－재과정
⑤ 평가계획 수립－현상기술－정보수집－현상설명－재과정－대안제시

해설 **집단상담의 평가과정**

1) 평가계획의 수립: 평가계획은 집단상담 계획 단계에서부터 수립된다.
2) 정보수집: 집단상담 방법과 내용에 대해 관련 정보를 수집한다.
3) 현상기술: 수집된 정보로 현상을 기술한다.
4) 현상설명: 기술된 현상의 개념을 인과적으로 설명한다.
5) 대안제시: 집단상담 과정의 오류를 수정하고 미비한 부분을 보완하여 대안을 제시한다.
6) 재과정: 대안을 실행하는 과정을 진행한다.

48. 집단상담 평가에 관한 설명으로 옳지 않은 것은?

① 평가계획은 집단계획단계에서 수립한다.
② 집단목표를 관리하는 데 일차적인 목적을 둔다.
③ 평가준거에 따라 진단평가, 형성평가, 총괄평가로 구분된다.
④ 평가결과는 집단상담의 내용과 방법에 대한 수정 및 보완에 활용된다.
⑤ 평가내용에는 집단의 분위기, 집단원의 변화 정도, 의사소통 형태가 포함된다.

해설 ③ 평가준거에 따라 상대평가(규준지향)와 절대평가(목표지향)로 구분된다.

집단상담의 평가

- 평가계획은 집단을 계획하는 단계에서 수립한다.
- 평가의 일차적 목표는 목표관리에 있다.
- 평가는 다양한 시기(매 회기 종료 시, 중간평가, 종결평가, 추후평가)를 통해 이루어질 수 있다.
- 평가준거에 따라 상대평가와 절대평가로 구분된다.
- 평가방법: 다양한 측정도구(무기명 질문지, 체크리스트, 평정척도 등), 공개토론, 단어연상법(집단경험에 대한 느낌을 즉각적으로 떠오르는 단어로 표현하기), 회기 경험 기록, 녹음, 녹화, 관찰자의 기록

정답 47.④ 48.③

49. 집단상담에서 개인의 행동을 제한해야 할 경우를 모두 고른 것은?

ㄱ. 질문만 계속할 때
ㄴ. 내면화 작업으로 침묵하고 있을 때
ㄷ. 다른 집단원의 개인적인 비밀을 캐내려고 할 때
ㄹ. 갈등이나 의견의 불일치를 표현할 때

① ㄱ, ㄷ ② ㄴ, ㄹ ③ ㄱ, ㄴ, ㄷ
④ ㄴ, ㄷ, ㄹ ⑤ ㄱ, ㄴ, ㄷ, ㄹ

해설 ㄴ. 내면화 작업으로 인해 침묵하고 있을 때는 기다려 준다.
ㄹ. 갈등과 불일치에 대한 표현을 자연스러운 의사소통과정으로 받아들여 집단역동으로 활용할 수 있다.

집단상담자의 기술-제한하기

- 집단과정에 방해가 되거나 부정적 영향을 주는 역기능적 의사소통에 대해 집단상담자는 직접 개입하여 이를 제한(차단, 저지)할 수 있다.
- 다른 집단원을 보호하기 위한 목적으로도 집단원의 행동을 제한할 수 있다.
- 도움되지 않는 연속적인 질문, 대화의 독점, 호기심에 의한 정보 캐내기, 다른 집단원에 대해 상처를 주는 공격 등이 이러한 역기능적 의사소통에 해당한다.

50. 문제행동을 하는 집단원에 대한 집단상담자의 대처 반응을 연결한 것으로 옳지 않은 것은?

① 상처싸매기 하는 집단원 – 미해결 감정을 탐색해 보게 한다.
② 충고하는 집단원 – 충고하는 행동의 동기를 탐색해 보게 한다.
③ 침묵하는 집단원 – 표정이나 태도를 언급하면서 자연스럽게 집단참여를 유도한다.
④ 의존하는 집단원 – 집단상담자 자신이 집단원의 의존 행동을 조장하지 않았는지 탐색해 본다.
⑤ 대화를 독점하는 집단원 – 다른 집단원들이 독점 집단원에 대해 불만을 표현하도록 허용하면서 집단원들끼리 해결할 때까지 기다린다.

해설 **대화를 독점하는 집단원에 대한 대처**

- 대화의 독점은 다른 집단원들의 집단경험을 방해하는 행동이다.
- 집단상담자는 집단원들끼리 해결할 때까지 기다리지 말고 적극적, 즉각적으로 개입할 필요가 있다.
- 집단상담자는 다른 집단원들이 대화에 적극적으로 참여하도록 격려하고, 집단원들과 함께 독점행동에 대한 솔직한 피드백을 줄 수 있다.
- 독점행동을 하는 집단원에게 문제행동과 관련된 역동을 탐색하게 할 수 있다.

제3과목(선택)

가족상담

2023년 기출문제 및 해설

2022년 기출문제 및 해설

2021년 기출문제 및 해설

2020년 기출문제 및 해설

2019년 기출문제 및 해설

◆ 가족상담

제3과목 선택 2023년 기출문제 및 해설

51. 보웬(M. Bowen)의 가족상담이론에 관한 설명으로 옳은 것은?

① 핵가족 정서체계는 핵가족 내에서 가족이 정서적으로 기능하는 패턴을 말한다.
② 자기분화는 개인이 불안을 관리하기 위해 가족구성원과 감정적 교류를 더 이상 하지 않는 것이다.
③ 다세대 전수과정에서 증상의 유형과 정도는 외부의 스트레스 요소와 상관없이 분화수준에 의해 나타난다.
④ 가족투사과정에서 부모는 가족체계를 안정시키기 위해 자녀 중 가장 성숙하고 안정된 자녀를 투사 대상으로 선택한다.
⑤ 치료적 삼각관계는 두 사람의 관계가 불안정해졌을 때 제3의 사람이나 대상에게 다가감으로써 불안을 회피하는 행동이다.

해설 ② 자기분화가 잘 되어 있는 개인은 불안 수준이 낮고, 가족 구성원과 적절하게 관계를 맺으며 정서적 교류가 가능하다.
③ 보웬의 분화 수준은 개인의 스트레스에 대한 적응성의 개념이다.
④ 가족투사과정은 개인이 원가족에게서 형성된 불안을 다음 세대의 자녀에게 투사하거나 부부관계에서 투사하는 것을 의미한다. 미숙한 부모는 무의식적으로 자녀 중 가장 유아적이고 취약한 자녀를 투사의 대상으로 선택한다.
⑤ 삼각관계에 대한 설명이다. 보웬의 가족상담에서는 주요 삼각관계에 변화를 주어 탈삼각화를 시도한다.

52. 사티어(V. Satir)의 가족상담 이론에 관한 설명으로 옳은 것을 모두 고른 것은?

> ㄱ. 정서적 경험과 의사소통에 기초한 성장모델을 강조하였다.
> ㄴ. 자아존중감은 생애 초기에 주 양육자와의 관계에서 학습되고 발달한다고 본다.
> ㄷ. 부모가 역기능적으로 의사소통하거나 의사소통 대응이 부정적일 때 자녀의 자아존중감은 손상된다.
> ㄹ. 은유(metaphor)기법은 간접적이고 비유적인 표현을 사용하기 때문에 내담자가 위협적으로 느낄 수 있다.

① ㄱ, ㄷ ② ㄴ, ㄹ ③ ㄷ, ㄹ ④ ㄱ, ㄴ, ㄷ ⑤ ㄱ, ㄴ, ㄹ

정답 51.① 52.④

해설 ㄹ. 은유(metaphor)기법은 상담자가 직접적으로 지시하거나 평가하지 않고, 간접적이고 비유적인 표현을 사용하는 것이다. 이는 내담자의 자아존중감이나 체면을 손상시키지 않기 때문에 덜 위협적이다. 은유기법은 사티어를 비롯, 에릭슨(Erickson)과 헤일리(Haley)가 애용한 기법이다.

53. 부모간 폭력이 있는 가정에서 성장한 청소년 자녀에게 나타날 수 있는 심리적 어려움에 해당하지 않는 것은?

① 심한 수치심을 느끼고 자존감 형성에 부정적 영향을 받는다.
② 폭력, 가출, 비행, 자살시도 등 심각한 부적응 행동을 표출할 가능성이 높아진다.
③ 폭력을 행하는 부모뿐 아니라 폭력을 제지할 수 없는 자신의 무력함에도 분노를 느낀다.
④ 언제 폭력이 발생할지, 자신이 폭력을 촉발시키지는 않을지 불안해하고 두려움을 느낀다.
⑤ 폭력으로 문제를 해결하려는 부모에 대한 분노는 청소년에게 갈등해결에 집중하도록 하여 대인관계 기술이 증진된다.

해설 부모 간 폭력이 있는 가정에서는 가족 내 갈등과 긴장감이 크며, 가족 내 삼각관계가 형성되어 자녀가 희생양이 되거나 가족갈등이 자녀에게 투사되기도 한다. 자녀는 부모에 대한 좌절과 분노를 경험하고 부정적인 자아개념을 갖게 된다. 자녀는 부모가 선택한 방식과 유사하게 폭력, 억압, 회피 등으로 문제 상황과 갈등에 대처할 가능성이 높다. 이 경우 상담자는 부모-자녀 간 이해를 통한 대화 증진, 문제행동 통제능력 향상, 바람직한 행동 대안 마련 등을 상담목표로 설정할 수 있다.

54. 사티어(V. Satir)의 의사소통 및 대처유형에 관한 설명으로 옳은 것은?

① 회유형의 자원은 돌봄과 예민성이다.
② 비난형은 자아존중감의 요소 중 타인과 상황을 무시한다.
③ 초이성형의 자원은 강한 자기주장이다.
④ 산만형의 행동은 창조적이고 생동적이다.
⑤ 일치형은 말과 행동을 일치시키기 위해 경직된 태도를 보인다.

해설 ② 비난형은 자아존중감의 요소 중 타인을 무시한다. 비난형의 자원은 강한 자기주장이며, 공격적인 행동을 보인다.
③ 초이성형의 자원은 지식이다. 초이성형은 완고하고 냉담한 정서를 보이며 경직된 태도를 보인다.
④ 산만형은 행동이 부적절하고 지나치게 활동적이며 산만하다. 산만형의 자원은 즐거움, 자발성, 창의성이다.
⑤ 일치형은 말과 행동이 일치되며 자유롭고 유연한 태도를 보인다. 창조적이고 생동적이며, 자원으로는 관계성, 접촉, 높은 자아존중감이 있다.

정답 53.⑤ 54.①

55. 해결중심 단기 가족상담에 관한 설명으로 옳지 않은 것은?

① 탈이론적이고 비규범적이며 내담자의 견해를 존중한다.
② 내담자의 강점과 자원은 물론 증상까지도 상담에 활용한다.
③ 목표 수행은 힘든 일이라는 것을 내담자가 인식하도록 한다.
④ 치료적 피드백 메시지는 칭찬, 연결문, 과제의 세 부분으로 구성되어 있다.
⑤ 고객형 내담자는 문제를 인식하고 서술하지만, 상황변화를 위해 어떤 것도 하지 않고 또한 그렇게 할 의향도 없다.

해설 ⑤ 불평형 내담자에 대한 설명이다. 고객형 내담자는 자발적인 내담자로, 문제의식이 있고 다양한 방법으로 변화될 준비가 되어 있으며 문제해결을 위해 노력할 의지가 있다. 방문형 내담자는 문제를 인식하지 못하고 변화에 무관심한 비자발적인 내담자이다.

56. 개인상담과 비교한 가족상담의 특징으로 옳은 것은?

① 문제의 인과관계를 선형적으로 본다.
② 내담자를 수동적이고 반응적인 존재로 본다.
③ 문제의 진단과 해결과정에서 기계론적 세계관에 기초한다.
④ 개인을 둘러싸고 있는 관계 속에서 일어나는 문제에 더 많은 관심을 가지고 있다.
⑤ 문제 이해를 위해 내담자의 내면에서 무엇이 일어나고 있고 내담자의 어떤 행동으로 인해 문제가 생겼는지 탐색한다.

해설 ④ 개인적이고 환원적 관점인 개인상담과는 달리, 가족상담은 관계적이며 맥락적 관점을 기본가정으로 두고 있다.
① 가족상담에서는 문제를 단선적 인과관계가 아닌 순환적 인과관계로 해석하여 결과와 관련된 사람 간의 상호작용을 중심으로 상황을 이해하고자 한다.
② 정신분석, 행동치료 관점의 개인상담에서는 인간을 결정론적이며 반응적인 존재로 바라본 반면, 가족상담에서는 인간을 능동적이며 선택의 자유를 가진 존재로 보았다.
③ 가족상담은 기계론적인 관점이 아닌 유기체적 세계관에 기초한다.
⑤ 가족상담은 개인의 문제의 원인이나 외재적 실제에 초점을 두기보다 문제의 내용과 관계 패턴에 초점을 준다.

개인상담과 가족상담의 비교

특성	개인상담	가족상담
인간관	결정론적 · 반응적 존재	선택의 자유, 능동적 존재
세계관	기계론	유기체적
기본가정	개인적, 환원적	관계적, 맥락적
인과관계	직선적 인과론	순환적 인과론
접근방법	주체/객체의 이원론	전체성, 상호의존적 전일성

정답 55.⑤ 56.④

초점	• 이분법 • 객관적 • 법칙, 외재적 실제 • 문제의 원인 • 과거 역사	• 변증법적 • 주관적 • 관계 패턴, 체계 • 내용, 사실 • 현재 상황

57. 가족상담의 개념에 관한 설명으로 옳은 것을 모두 고른 것은?

ㄱ. 부부균열: 부부는 각자 자신의 기대와 욕구를 충족하기 위하여 상대방을 억누르고 상대방의 동기를 믿지 않으려고 함
ㄴ. 거짓적대성: 가족원 간에 안정을 추구하는 관계로서 표면적으로는 개방되고 상호 이해하고 만족하는 것 같지만 실제는 그렇지 않은 모습
ㄷ. 가족항상성: 어떠한 상황에서도 안정성을 유지하려는 가족의 속성을 의미하는 것으로, 가족 안에서 발전시킨 상호작용 규칙에 의해 유지됨
ㄹ. 다귀결성: 다양한 출발에서 동일한 결과에 이른다는 것을 나타내며, 특정 원인이나 결과에 주목하기보다 체계의 과정에 주목할 필요가 있음을 강조함

① ㄱ, ㄷ ② ㄴ, ㄹ ③ ㄱ, ㄴ, ㄷ ④ ㄱ, ㄷ, ㄹ ⑤ ㄴ, ㄷ, ㄹ

해설 ㄴ. 거짓적대성은 표면적으로는 가족 갈등이 심한 것처럼 보이지만 실제는 진실한 상호작용이 아닌 모습을 의미한다. 이 경우, 가족 구성원은 친밀함뿐만 아니라 갈등이나 불화를 직접 다루는 것에도 어려움을 느낀다.
ㄹ. 다양한 출발에서 동일한 결과에 이르는 것을 동귀결성이라고 한다. 다귀결성은 유사한 상황에서 출발하더라도 체계 내, 체계 외의 상호작용으로 다른 결과를 나타내는 것을 의미한다.

58. 다음 사례를 진행하면서 상담자가 취할 행동으로 옳지 않은 것은?

Y(13세, 여)는 수업시간에 집중하지 못하고 수업을 방해하며 교우관계에 어려움을 보여 상담에 의뢰되었다. 부모님은 자주 부부싸움을 하는데, 어머니는 남편과 갈등이 있을 때마다 Y에게 남편에 대한 비난을 했고, Y의 학업에 대해 집착하는 모습을 보였다. 아버지는 딸의 문제가 아내의 과보호와 부적절한 양육태도 때문이라고 비난하였다.

① 가족 내 학대나 폭력 문제가 있는지 확인한다.
② Y가 상담에 자발적으로 참여하였는지 확인한다.
③ 가족들에게 상담 참여의 필요성과 과정을 설명한다.
④ Y의 가족과 진행한 상담내용을 학교 선생님들과 공유하여 학교에서 지지를 받을 수 있도록 돕는다.
⑤ 가족상담에 참여한 모두가 동등하게 이야기하고 상호 수용 가능한 의사결정을 내릴 수 있도록 힘의 균형을 유지한다.

정답 57.① 58.④

해설 비밀보장에 대한 청소년상담사 윤리강령에 따르면, 청소년상담사는 내담자와 부모(보호자)의 사생활과 비밀보장에 대한 권리를 최대한 존중해야 할 의무가 있다. 교사나 경찰 등이 상담 의뢰자일 경우, 내담자의 동의를 얻어 정보를 제공할 수 있으나, 단순히 상담에 대한 협력을 이유로 내담자의 사전 동의 없이 상담내용을 외부에 공유하는 것은 적절하지 않다.

59. 다음 상담자 진술은 어떤 가족상담 기법의 예인가?

- "아들이 귀가시간을 어겨 불안할 때 어떻게 반응하나요?"
- "당신의 그 불안한 행동에 대하여 아들은 어떻게 반응하지요?"
- "당신과 아들 사이에 다툼이 있을 때 남편은 어떤 반응을 보이나요?"
- "남편의 그러한 반응에 대하여 당신은 어떻게 대응하나요?"

① 척도질문 ② 과정질문 ③ 긴장고조
④ 예외질문 ⑤ 자기입장 지키기

해설 ② 과정질문은 보웬(Bowen)의 다세대 가족상담 기법으로, 가족체계 안에서 개인의 위치와 역할에 초점을 맞추게 하는 질문으로, 감정을 가라앉히고 불안을 경감시켜 사고 기능을 촉진하는 기법이다.
① 척도질문은 해결중심 가족상담 기법으로, 내담자에게 문제의 심각성, 상담목표, 성취 등을 수치로 표현하게 하는 질문이다.
③ 긴장고조는 구조적 가족상담 기법으로, 가족 안에서 반복되는 역기능적 구조를 재구조화하기 위해 일시적으로 가족체계에 스트레스를 증가시켜 도전하는 기법이다.
④ 예외질문은 해결중심 가족상담 기법으로, 가족이 이전에 성공했던 경험이나 현재도 잘하고 있는 것을 찾아 인식하게 하고 가족이 가진 자원을 활용하도록 하는 기법이다.
⑤ 자기입장 지키기(I-position)는 보웬의 다세대 가족상담 기법으로, 인지적인 관점에서 자신의 입장을 유지하도록 돕는 기법으로, 가족이 스트레스 상황에 놓여 있을 때 가족 구성원의 행동에 대하여 자신의 입장을 이성적으로 표현하도록 하는 기법이다.

60. 해결중심 단기 가족상담의 질문기법과 그 예로 옳지 않은 것은?

① 보람질문: "무엇이 좀 좋아지면 상담을 받은 것이 보람 있었다고 말할 수 있을까요?"
② 척도질문: "엄마가 여기 있다면, 엄마는 그 문제가 해결될 가능성을 몇 점 정도라고 하실까?"
③ 관계성질문: "어머니는 그 어려운 상황 속에서 어떻게 지금까지 견딜 수 있었습니까?"
④ 예외질문: "지금까지 생활하면서 문제가 일어나지 않거나 덜 심각한 때는 언제였나요?"
⑤ 첫 상담 전 변화에 관한 질문: "처음 상담을 약속했을 때부터 오늘 상담에 오기까지 혹시 어떤 변화가 있었나요?"

정답 59.② 60.③

해설 ③ "어머니는 그 어려운 상황 속에서 어떻게 지금까지 견딜 수 있었습니까?"는 대처질문에 관한 예에 해당한다. 관계성질문은 내담자와 중요한 관계를 맺고 있는 사람을 활용하여 타인의 시선에서 자신의 힘, 한계와 가능성을 지각하도록 하는 기법이다.

① 보람질문은 목표 설정을 위한 질문으로, 내담자가 상담의 결과로서 기대하는 긍정적 변화에 대한 질문이다.
② 척도질문은 내담자에게 문제의 심각성, 상담목표, 성취 등을 수치로 표현하게 하는 질문이다.
④ 예외질문은 가족이 이전에 성공했던 경험이나 현재도 잘하고 있는 것을 찾아 인식하게 하고 가족이 가진 자원을 활용하도록 하는 기법이다.
⑤ 첫 상담 전 변화에 관한 질문은 가족에게 상담 전에 심각했던 문제를 완화시킨 방법을 되돌아볼 수 있도록 하는 질문으로, 가족이 지닌 해결능력을 인정하고 강화하기 위한 기법이다.

61. **가족생활주기에서 청소년 자녀가 있는 가족의 특성에 관한 설명으로 옳은 것을 모두 고른 것은?**

ㄱ. 노인 세대를 돌보기 위한 준비 시작
ㄴ. 중년기 부부의 결혼생활 및 진로에 다시 초점을 둠
ㄷ. 부모, 조부모 역할이 포함되도록 확대가족과의 관계 형성
ㄹ. 청소년 자녀가 체계 안과 밖으로 출입할 것을 허용하는 부모-자녀 관계로 변화

① ㄱ, ㄴ　② ㄴ, ㄹ　③ ㄱ, ㄴ, ㄹ　④ ㄱ, ㄷ, ㄹ　⑤ ㄱ, ㄴ, ㄷ, ㄹ

해설 ㄷ. 어린 자녀를 가진 가족에 대한 설명이다. 이 시기의 가족은 자녀가 태어나 그들을 양육하는 과정에서 부모의 역할에 적응하고, 남편과 아내 각각의 부모는 손주의 탄생으로 조부모의 역할을 하는 확대가족관계가 시작된다.
ㄱ. 청소년 자녀가 있는 가족에서는 연로한 조부모와 동거하거나 병든 조부모를 돌보는 것과 관련된 여러 가지 문제를 직면하게 된다. 조부모와 손자 세대의 상호작용이 새로운 체계로 형성되는 시기이다.
ㄴ. 청소년 자녀가 있는 가족은 중년기를 맞이한 부모 자신의 문제를 맞이하는 시기이기도 하다. 부의 직업적 문제 혹은 모의 새로운 형태의 사회참여와 같은 중요한 과제에 초점을 두는 시기이다.
ㄹ. 청소년 자녀가 있는 가족은 자녀가 가족경계를 자유롭게 드나드는 것으로 가족경계의 확대가 이루어진다. 부모-자녀관계에서도 자녀들이 가족체계를 자유롭게 드나들도록 허용하는 것이 중요하다.

62. **가족체계이론에 관한 설명으로 옳지 않은 것은?**

① 체계는 일정한 규칙에 의해 유지되고 기능한다.
② 순환적 인과관계 속에서 증상을 이해하려고 한다.
③ 체계가 건강하게 기능하기 위해서는 엄격한(rigid) 경계선이 필요하다.
④ 체계가 변화나 이탈을 거부하고 안정성을 유지하는 방향으로의 피드백을 부적(negative) 피드백이라고 한다.
⑤ 체계는 상호작용하는 관계에 있는 부분들의 집합으로서, 가족체계는 가족원 개개인의 특성을 합한 것 그 이상이다.

정답 61.③ 62.③

해설 가족체계이론에서는 하나의 체계와 다른 체계를 구분해 주는 것을 경계(boundaries)라고 한다. 건강하게 기능하는 체계는 가족 구성원 간에 원활하면서도 각 개인의 의견과 사생활이 존중되는 명확한 경계가 설정될 때 가능하다.

63. 다음 사례에 적용할 수 있는 가족상담 모델과 개입방법의 연결로 옳지 않은 것은?

C(15세, 남)는 게임과 핸드폰 사용에 대한 통제로 어머니와 갈등하다 가출 후 쉼터에 자발적으로 찾아왔다. 부모님은 작년에 이혼했고, 그 후로 C는 어머니와 살고 있다.

① 경험적 가족상담 – 가족조각 작업을 통해 C가 다른 가족원에게 느끼는 정서를 탐색한다.
② 이야기치료 – 재저작 대화를 통해 C가 자신의 문제를 내면화할 수 있도록 한다.
③ 해결중심 단기 가족상담 – 기적질문을 통해 문제가 해결되어 있는 상황을 그려보도록 한다.
④ 다세대 가족상담 – 관계실험을 통해 가족들이 가족체계의 과정을 인식하고 자신의 역할을 탐색하도록 한다.
⑤ 전략적 가족상담 – 순환질문을 통해 가족들이 서로의 이야기를 경청하며 관계적 맥락에서 문제를 이해할 수 있도록 한다.

해설 ② 이야기치료 모델에서는 문제를 외재화하여 내담자와 동일시된 문제를 내담자로부터 분리하는 작업을 한다.

64. 이야기치료의 기본 전제에 해당하는 것을 모두 고른 것은?

ㄱ. 개인의 정체성과 문제(증상)는 별개의 것으로 본다. ㄴ. 개인적 삶의 이야기는 복합적인 내용을 포함하고 있다. ㄷ. 개인이 속한 사회적 전제는 자신을 보는 방식에 영향을 미친다. ㄹ. 인간은 자신의 경험을 특정한 방식으로 해석하고 의미를 부여한다.

① ㄱ, ㄹ ② ㄴ, ㄷ ③ ㄱ, ㄴ, ㄷ ④ ㄴ, ㄷ, ㄹ ⑤ ㄱ, ㄴ, ㄷ, ㄹ

해설 ㄱ. 내담자의 정체성은 문제와 연결되어 있고 그것에 많은 영향을 받는다. 이야기치료에서 상담자는 문제와 연관된 상태의 정체성이 아닌, 내담자 삶 전체에 관여된 정체성에 관심을 갖는다.
ㄴ. 이야기치료에서는 개인의 삶은 여러 이야기로 엮어져 있어 복합적이라고 본다. 여러 이야기가 동시에 발생하는 경우도 있으며, 같은 사건에 대해 다양한 이야기로 전개가 가능하다.
ㄷ. 이야기치료에서는 개인의 정체성이 문화와 역사, 타인과의 관계에 의해 만들어진다고 보며, 타인이 나를 어떻게 바라보는지에 영향을 받는다.
ㄹ. 이야기치료 모델은 내담자가 보이는 문제 자체보다 그 문제에 어떤 의미를 부여하는가를 중시한다.

정답 63.② 64.⑤

65. 가족상담사의 윤리적 행동으로 옳지 않은 것은?

① 내담자에게 상담사의 가치를 강요하지 않는다.
② 사생활과 비밀보장의 원칙과 예외상황을 알린다.
③ 내담자가 스스로 의사결정을 할 권리를 존중한다.
④ 사적인 친밀관계, 성적 관계, 동업자 관계 등의 관계를 맺지 않는다.
⑤ 상담내용을 학술연구에 활용할 경우에는 내담자의 동의를 구하지 않는다.

해설 ⑤ 상담사는 교육이나 연구 또는 출판을 목적으로 상담관계로부터 얻어진 자료를 사용할 때는 내담자의 동의를 구해야 하며, 익명성이 보장되도록 자료 변형 및 신상 정보의 삭제와 같은 적절한 조치를 취하여 내담자에게 피해를 주지 않도록 한다.

66. 전략적 가족상담에 관한 설명으로 옳지 않은 것은?

① 헤일리(J. Haley)는 고된 체험, 위장 기법 등의 역설적인 방법을 활용한다.
② 밀란(Milan) 모델은 게임규칙에 초점을 두고 순환질문을 사용한다.
③ 패터슨(G. Patterson)은 대상관계 패턴을 평가하고 대인관계 역동 분석을 중요하게 다룬다.
④ MRI(Mental Research Institute) 모델은 가족의 의사소통에 초점을 두고 전략적으로 접근한다.
⑤ 마다네스(C. Madanes)는 애정과 돌봄 역할에 관심을 두고 치료 작업을 한다.

해설 패터슨은 선구적인 행동주의 가족치료자로서, 가족 문제가 강화자극 수준이 낮고 혐오자극 수준이 높은 것에서 기인한다고 보았다. 이에 강화자극으로 긍정적 행동을 증가시키는 것이 가족치료에 필수적이라고 보았으며 문제해결기술과 갈등해결능력 향상을 강조하였다.

67. 이야기치료에서 사용하는 기법으로 옳지 않은 것은?

① 문제 해체하기
② 경계의 명료화
③ 재저작 대화
④ 독특한 결과 탐색
⑤ 문제의 영향력 평가

해설 ② 경계의 명료화는 미누친(Minuchin)의 구조적 가족치료의 기법으로 명확한 경계를 가진 가족관계는 서로 분명한 경계를 가지면서도 활발한 소통이 가능하다.
① 문제 해체하기는 사회문화적 맥락 안에서 구성된 내담자의 문제를 해체하는 작업으로, 상담자는 문제가 어디에서 비롯되었는지, 문제를 심화시킨 문화적 신념, 관습에는 어떤 것이 있는지 질문한다.

정답 65.⑤ 66.③ 67.②

③ 재저작 대화는 내담자의 이야기를 다시 쓰는 작업으로, 상담자는 가족 내 새로운 담론 또는 대안적 이야기를 구성하는 데 도움을 주는 새로운 의미와 해석, 신념을 구축하도록 돕는다.
④ 독특한 결과 탐색은 문제로 가득 찬 내담자의 지배적 이야기와 상반되는 사건과 이야기를 찾아 초점을 맞추어 대화하는 것이다.
⑤ 문제의 영향력 평가는 문제가 내담자의 삶에 어떤 결과를 초래하였는지, 문제가 내담자의 삶에 끼친 영향과 내담자가 원하지 않는 상황 등에 대해 확인하는 것이다.

68. 다음에서 설명하는 가족상담의 기법은?

- 기존의 가족 상호작용에 거스르지 않고 합류하는 방법이다.
- 가족원이 계속 말을 할 수 있도록 물어보고 지지하는 활동이다.
- 가족의 언어와 가치에 참여하고, 핵심내용 반복하기와 명료화하는 질문 등을 한다.

① 추적
② 관찰
③ 모방
④ 연합
⑤ 균형

해설 문제에서 제시한 내용은 '추적'에 관한 설명이다. 추적은 구조적 가족치료의 기법으로 상담자가 기존의 가족체계에 순응하며, 가족의 의사소통과 행동이 계속되도록 지지하는 기법이다.
② 관찰은 상담자가 개입하지 않고 가족이 자발적으로 하는 행동을 관찰하여 가족구조를 확인하는 기법이다.
③ 모방은 상담자가 가족의 언어와 비언어적 행동을 활용해 가족과 인간적인 관여를 하는 것으로, 상담자가 가족의 흉내를 내는 기법이다.
④ 연합: 상담자가 가족의 하위체계와 연합하여 균형을 잡아주는 기법이다.
⑤ 균형: 하위체계 내에서 구성원 간의 관계를 변화시키기 위해 균형을 깨트리는 기법을 사용한다. 상담자가 가족과 합류하고 한 개인이나 하나의 하위체계를 지지함으로써 균형이 깨지고 변화가 일어난다.

학습 plus

구조적 가족치료의 치료전략

- 치료자가 가족에게 합류하기
- 가족의 역기능적인 상호작용, 대처방식 탐색하기, 사정과 평가
- 역기능적 상호작용을 다루면서 치료자가 강하게 개입하기, 직면시키기
- 부모-자녀에게 경계선 확립하기
- 가족의 힘, 균형, 위계질서 무너뜨리기
- 가족의 신념이나 가치에 도전하기, 직면하기
- 가족의 새로운 재구조화 형성, 지지하기

정답 68.①

69. 다음 사례에 적용할 수 있는 가족상담 모델과 개입방법의 연결로 옳지 않은 것은?

K(남, 고1)는 부모에게 반항하고 학교에도 가지 않으려는 이유로 부모님이 상담을 의뢰하였다. 부부는 서로의 역할에 불만을 표현하면서 부부간의 갈등이 심해졌고, 여동생(초4)을 포함한 가족 모두가 참여한 첫 회기에서 K는 계속 아무 말도 하지 않고 앉아 있었다.

① 다세대 가족상담 – 자아분화 탐색

② 경험적 가족상담 – 빙산 치료

③ 이야기치료 – 가족갈등의 외재화

④ 구조적 가족상담 – 가족 구조의 변화

⑤ 해결중심 단기 가족상담 – 과거 문제 발달사

해설 해결중심 단기 가족상담은 과거의 실패나 문제를 고치는 시도보다 과거의 성공이나 장점을 찾아내어 해결방안을 구축하고 현재와 미래 상황에 적응하는 것을 중시하는 상담이론이다.

70. 가족생활주기에 관한 설명으로 옳지 않은 것은?

① 가족생활주기의 각 단계마다 수행해야 할 과업을 제시한다.

② 에릭슨(M. Erickson)은 자녀 양육기의 가족은 부모와 자녀를 분리하여 부부생활과 자녀양육생활을 독립적으로 하도록 했다.

③ 카터(B. Carter)와 맥골드릭(M. McGoldrick)은 가족생활주기의 결혼전기단계에서 원가족과 분화가 필요하다고 했다.

④ 듀발(E. Duvall)은 결혼, 출산, 자녀 성장, 사망 등 구성원의 증가 또는 감소를 축으로 하여 8단계로 나누었다.

⑤ 노년기는 가족구성원이 감소하여 가장 안정된 가족경계를 이루는 시기이다.

해설 ⑤ 자녀가 독립하여 집을 떠나는 시기는 중년기이다. 이 시기에는 시간적, 경제적으로 안정되면서도 노화와 갱년기가 시작되어 심리적 어려움을 경험할 수 있다. 노년기에는 사회적으로 직업에서 은퇴하여 역할 상실감과 소외감을 경험할 수 있는 시기이다. 주요 과업으로는 기존의 부부관계를 재조정하기, 중년 세대를 지지하기, 배우자, 친구의 죽음에 대처하기 등이 있다.

정답 69.⑤ 70.⑤

71. 다음 가족상담기법의 예로 옳은 것을 모두 고른 것은?

> ㄱ. 증상처방: 아이를 과보호하는 어머니에게 '보다 더 보호하라'고 한다.
> ㄴ. 의식(ritual): 아내를 비난하는 남편에게 일주일에 하루 시간을 정해 놓고 아내를 비난하는 시간을 갖도록 한다.
> ㄷ. 대처질문: '3일 후에 지금 겪고 있는 불안감이 해결되었다면 어떻게 알 수 있을까요?'라고 한다.
> ㄹ. 실연화: '자녀의 우울증이 가족을 보호하는 기능을 하고 있어요'라고 말한다.

① ㄱ, ㄴ ② ㄱ, ㄷ ③ ㄴ, ㄹ ④ ㄱ, ㄴ, ㄹ ⑤ ㄴ, ㄷ, ㄹ

해설 ㄱ에서 설명하고 있는 '증상처방'과 ㄴ의 '의식'은 옳은 설명으로 전략적 가족상담기법이다.

ㄷ. '3일 후에 지금 겪고 있는 불안감이 해결되었다면 어떻게 알 수 있을까요?'는 기적질문으로 내담자가 해결하기를 원하는 것을 구체화하도록 돕는다. 대처질문은 '어떻게 지금까지 포기하지 않고 유지하는 것이 가능했을까요?'와 같이 내담자가 나름대로 최선의 방책을 강구했다는 것을 알게 해주는 질문이다. 기적질문과 대처질문은 해결중심 상담기법이다.

ㄹ. '자녀의 우울증이 가족을 보호하는 기능을 하고 있어요'라고 말하는 것은 재정의 또는 재명명이다. 이는 가족 구성원의 문제를 다른 관점에서 보도록 돕는다. 실연화는 역기능적인 가족 구성원 간의 교류를 상담자 앞에서 실제로 재연하도록 하는 기법으로 치료자가 적극적으로 관여하여 치료적 관계에 기여하게 되는 이점이 있다. 재정의와 실연화는 전략적 가족상담기법이다.

72. 가족사정에 관한 설명으로 옳지 않은 것은?

① 가계도는 가족의 정서과정과 생활주기 및 가족원의 증상 등을 파악할 수 있다.
② ENRICH 검사는 부부관계를 파악하고 원가족을 이해하는 데 도움을 준다.
③ 비버즈(W. Beavers) 모델은 관계 양상을 구심성과 원심성, 혼합형으로 분류한다.
④ 올슨(D. Olson)의 순환모델은 가족기능을 응집성과 상보성으로 평가한다.
⑤ 맥매스터(McMaster)모델은 문제해결, 의사소통, 역할, 정서적 반응, 상호작용, 행동통제, 일반적 기능 등으로 평가한다.

해설 ④ 올슨의 순환모델은 가족기능의 핵심영역을 응집성(cohesion)과 적응성(adaptability)으로 보고 가족 유형을 범주화하여 평가한다.

학습 plus

순환모델의 평가 도구

1) 가족기능검사 FACES(Family Adaptability and Cohesion Evaluation Scale)
- 자기보고식 척도로, 가족응집성과 가족 적응성을 평가한다.
- 내적 시각으로 가족체계를 사정한다.

2) 임상평정척도 CRS(Clinical Rating Scale)
- 외부 관찰자 척도로, 외적 시각으로 가족체계를 진단하는 척도이다.

정답 71.① 72.④

73. 가족상담의 초기과정 작업으로 옳지 않은 것은?

① 가족의 정서에 공감한다.
② 과거의 문제해결 경험에 대하여 질문한다.
③ 증상이나 문제에 대한 가족의 지각을 알아본다.
④ 구체적인 가족 사정을 위해 전이, 역전이를 탐색한다.
⑤ 가족이 원하는 것을 구체적으로 표현하도록 한다.

해설 ④ 전이와 역전이는 가족상담의 중기과정에서 다루어진다.
가족 사정을 위해 가족 전체 체계와 하위체계, 각 개인, 이들 간의 상호작용 과정을 동시에 고려해야 한다. 내담자 가족의 구조와 기능, 문제 형성 과정, 가족의 발달상 과업과 스트레스, 과거 경험과 현재 문제와의 연관성, 문제와 관련된 가족 역동 등의 정보와 자료를 수집하여 종합적으로 개입계획을 세운다.

74. 다음 가계도에서 IP(Identified Patient)의 가족역동에 관한 설명으로 옳지 않은 것은?

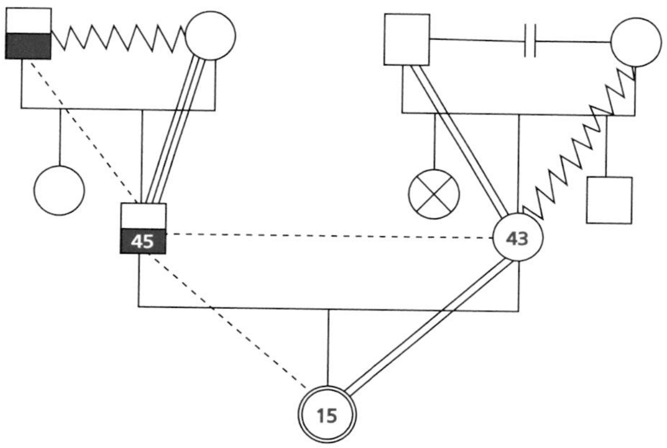

① IP는 부와 정서적으로 친밀하다.
② IP의 모와 외조모는 갈등관계이다.
③ IP의 부와 친조모는 밀착된 관계이다.
④ IP의 외조부모는 정서적으로 단절되어 있다.
⑤ IP의 조부와 부에게 알코올 문제가 이어지고 있다.

해설 ① IP는 부와 정서적으로 소원한 관계이다.

75. **구조적 가족상담 이론에서 가족의 재구조화에 관한 내용으로 옳지 않은 것은?**

① 부모 하위체계와 별도로 부부 하위체계가 기능하도록 한다.
② 부모가 서로에게 적응하고 자녀에게 일관된 모습을 보여야 한다.
③ 자녀독립기에는 명확하고 독립적인 경계선을 확립하도록 한다.
④ 적절한 위계는 부모가 권위와 책임을 바탕으로 세대 간 차이를 인정하는 구조이다.
⑤ 밀착된 가족은 다른 하위체계의 분화가 필요하지 않다.

해설 ⑤ 경계선이 밀착된 가족의 경우 개인이나 하위체계가 서로 분화하도록 도와야 한다.
구조적 가족상담에서는 밀착된 관계와 같은 역기능적인 가족구조와 가족의 상호작용 과정을 분석하여 가족의 하위체계, 위계질서, 경계선을 적절하게 확립시키도록 도와주고, 가족구조의 변화를 일으키는 것이 상담의 목표이다.

정답 75.⑤

◆ 가족상담

제3과목 선택 2022년 기출문제 및 해설

51. 일반체계이론에 관한 설명으로 옳은 것을 모두 고른 것은?

> ㄱ. 정적(positive) 피드백은 항상성의 개념과 동일하다.
> ㄴ. 체계의 행동을 설명하기 위해 순환적 인과관계를 가정한다.
> ㄷ. 사이버네틱스(cybernetics)와 동일한 관점과 세계관을 기초로 발전되었다.
> ㄹ. 체계의 요소들은 개별적으로 존재하므로 독립적으로 이해할 수 있다.

① ㄱ, ㄴ
② ㄱ, ㄹ
③ ㄴ, ㄷ
④ ㄱ, ㄴ, ㄷ
⑤ ㄴ, ㄷ, ㄹ

해설 ㄴ. 일반체계이론은 사람과 환경이 서로 끊임없이 영향을 주고받는다는 순환적 인식론을 토대로 발전하였다. 가족 안에서 개인의 행동은 원인에 의해 결과로 나타나고 그 결과가 다시 원인이 되는 순환을 이룬다고 본다.
ㄷ. 일반체계이론과 사이버네틱스는 모두 생태학적 체계 관점에서 인간을 이해하고자 하였다.
ㄱ. 변화를 초래하는 역할을 하는 것은 정적 피드백(positive feedback)이고, 항상성 유지 역할을 하는 것은 부적 피드백(negative feedback)이다.
ㄹ. 일반체계이론은 전체론적 관점으로 개인은 가족 안에서 개별적 존재가 아니라 다른 구성원과 서로 연결된 존재라고 본다.

52. 청소년 자녀가 있는 가족의 발달과업으로 옳지 않은 것은?

① 자녀의 발달과 변화에 대응하여 부모의 역할도 변해야 한다.
② 부모는 자녀를 보호하고 양육하며 자녀가 원하는 것을 무조건 허용한다.
③ 자녀가 책임감을 가지도록 가족의 구조와 조직을 변화시킨다.
④ 자녀가 가족체계에 자유롭게 출입할 수 있도록 가족의 경계를 유연하게 설정한다.
⑤ 결혼생활 중인 부모는 부부관계의 재적응과 재협상에도 주력한다.

해설 ② 부모는 청소년 자녀의 신체적 · 심리적 변화를 이해하고 자녀와의 갈등에 유연하게 대처할 수 있어야 한다. 부모는 신뢰관계를 기반으로 자녀가 가족의 경계를 넘어 자유롭게 새로운 관계를 확장시킬 수 있도록 허용하되, 행동에 대한 책임과 통제력을 함께 형성해 갈 수 있도록 조력해야 한다.

정답 51.③ 52.②

53. 가족상담 모델과 상담목표 또는 상담기법의 연결로 옳지 않은 것은?

① 보웬(Bowen) 가족상담 – 탈삼각화
② 경험적 가족상담 – 가족조각
③ 구조적 가족상담 – 균형깨기
④ 밀란(Milan) 가족상담 – 불변의 처방
⑤ 전략적 가족상담 – 관계윤리 회복

해설 헤일리(Haley)의 전략적 가족상담에서는 부부의 의사소통을 통한 위계질서 회복을 도모한다. 관계 윤리의 회복을 상담목표로 하는 모델은 보스조르메니-나지(Boszormenyi-Nagy)의 맥락적 가족상담이다.

54. 이야기치료의 기법에 관한 설명으로 옳은 것은?

① 독특한 결과(unique outcome) 대화 – 개인의 정체성이 인생 클럽을 통해 회원 공동으로 생산되는 복합적 성격의 것임을 가정하는 대화
② 정의예식(definitional ceremony) – 내담자가 자신이 선호하는 삶의 이야기를 청중 앞에서 사회적으로 인정받는 경험을 갖게 하는 기법
③ 외부증인집단의 다시 말하기(re-telling) – 내담자의 이야기에 대해 은유를 중심으로 말하도록 돕는 대화
④ 외재화(externalization) 대화 – 문제가 일어나지 않은 예외적 상황을 탐색하는 데 초점을 두는 대화
⑤ 회원재구성(re-membering) 대화 – 문제의 사회문화적 발생 맥락을 반영하여 문제를 사람과 분리시키는 기법

해설 ② 정의예식에 대한 옳은 설명이다.
① 회원재구성 대화에 대한 설명이다. 독특한 결과 대화는 개인의 다양한 경험 중 지배적 이야기와 관련된 선택된 경험이 아닌 그 외 행동이나 사건을 스토리화한 것으로, '색다른 경험' '예외'라고도 불린다.
③ 외부증인집단의 다시 말하기는 내담자가 의뢰한 문제와 유사한 경험이 있거나 그 문제에 관심이 있어 자신의 지식이나 경험을 나누기 원하는 사람들이 대화 과정에 참여하는 기법이다. 내담자와 청중이 번갈아 가며 들은 내용에 대하여 이야기하게 한다.
④ 해결중심 상담기법 중 '예외질문'에 대한 설명이다.
⑤ 외재화 대화에 대한 설명이다. 회원재구성 대화는 내담자의 삶에서 중요한 영향을 주었던 인물들과의 관계를 찾아내어 자신의 정체성과 연결시키는 대화이다.

정답 53.⑤ 54.②

55. 다음 구조적 가족상담에서 상담자2의 질문 기법은?

> ○ 딸(5세): (상담실을 돌아다니며, 이것저것 만진다.) 엄마, 나 이거 가지고 놀면 안 돼? 나, 이거 갖고 싶어.
> ○ 상담자1: 어머니, 아이가 어떻게 하면 좋겠어요?
> ○ 엄마: 가만히 앉아 있으면 좋겠어요.
> ○ 상담자2: 어머니께서 아이가 그렇게 하도록 해보세요.

① 유지하기 ② 추적하기 ③ 실연하기
④ 모방하기 ⑤ 증상을 과장하기

해설 ③ 실연하기에 대한 예시로, 상담자의 요청에 따라 가족 구성원 간의 상호작용을 상담자에게 보이는 것으로, 실연에서는 가족 내 언어적·비언어적 소통 방식을 관찰할 수 있다.

① 유지하기는 상담자가 가족구조를 인식하고 분석할 때 가족 전체의 구조와 하위체계를 의도적으로 지지해 주는 기법이다.

② 추적하기는 상담자가 가족의 의사소통과 행동 내용을 따라가면서 격려하며 가족에 합류하는 기법이다.

④ 모방하기는 상담자가 가족의 생활방식과 정서에 적응하기 위해 가족이 사용하는 언어, 몸짓, 대화 방식 등을 그대로 따라 하는 기법이다.

⑤ 증상을 과장하기는 증상 처방이라고도 불리며 증상을 과장하여 표현하도록 하는 기법이다. 증상은 맥락 안에서 고려할 때 정상적인 것이므로 증상을 제거하는 데 목표를 두지 않고 가족의 재구조화를 이루는 것을 목표로 하는 기법이다.

56. 후기 가족상담의 발전에 영향을 미친 이론적 기초에 관한 설명으로 옳은 것을 모두 고른 것은?

> ㄱ. 실재(reality)는 사회적 상호작용을 통해 함께 구성하는 것이라고 전제하는 사회구성주의
> ㄴ. 전문가가 개인 내면의 구성요소를 탐색하고 해석함으로써 진실을 밝힐 수 있다고 가정하는 후기 구조주의
> ㄷ. 체계와 환경의 상호작용 및 단순 피드백에 초점을 두고 체계를 이해하는 2차 사이버네틱스
> ㄹ. 다양성과 차이 및 비본질주의를 강조하는 포스트모더니즘(post-modernism)

① ㄱ, ㄴ ② ㄱ, ㄷ ③ ㄱ, ㄹ ④ ㄴ, ㄷ ⑤ ㄴ, ㄹ

해설 ㄱ, ㄹ. 포스트모더니즘과 후기 구조주의, 구성주의와 사회구성주의, 언어의 역할, 페미니즘의 영향이 후기 가족상담발전에 영향을 미쳤다.

ㄴ. 구조주의에 대한 설명이다. 후기 구조주의에서는 개인은 각자 행하고 말하며 기억하는 이야기들을 통해 개별적으로 의미 있는 삶을 구성할 권한이 있다고 보았으며, 개인이 가지는 고유의 지식을 존중하는 입장이다.

ㄷ. 2차 사이버네틱스는 다양성과 다원적 사고를 중시하는 포스트모더니즘의 영향을 받았다. 모든 체계는 피드백 과정을 통해 환경과 상호작용할 뿐만 아니라 자기조직적인 특성을 가지고 있다고 보았다.

정답 55.③ 56.③

후기 가족치료 이론의 기초

- 포스트모더니즘: 본질주의, 보편주의, 이분법적 사고를 강조하는 모더니즘과는 달리, 다양성, 차이, 비본질주의, 개성을 강조한다.
- 후기 구조주의: 기존 철학이 추구해 온 절대적이고 객관적인 진리는 정치적 · 사회적 권력에 의해 만들어진 담론에 불과하다고 보고 그것의 정치적 · 사회적 상황과 맥락을 연구한다.
- 구성주의: 객관적 실재는 존재하지 않으며 실재란 각 개인이 삶의 과정에서 구성하는 것이다.
- 사회구성주의: 현실은 객관적 진실이 아니라 타인과의 대화를 포함한 사회적 상호작용을 통해 생성된 사회적 산물이다.
- 언어의 역할: 세계와 신념, 실제를 구성하는 수단인 언어를 통해 사람은 자신의 정체성을 정의하고 관계를 맺으며 실재를 구성한다.
- 페미니즘의 영향: 여성 개인의 경험은 사적인 것이 아니라 성역할 고정관념, 제도화된 성차별, 여성 억압을 강요하는 정치와 제도로부터 비롯된 것이라는 신념으로, 치료자가 자신의 가치와 신념을 의식하고, 그것이 가부장제 사회체계를 비롯한 더 큰 사회경제체계와 연관이 있음을 인식할 필요가 있다고 강조한다.

57. 다음 구조적 가족지도에 나타난 가족역동에 관한 설명으로 옳지 않은 것은?

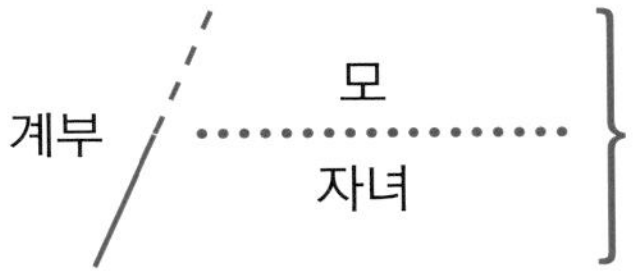

① 모와 자녀는 연합되어 있다.
② 모–자녀 간에 위계구조가 형성되어 있다.
③ 모와 자녀는 침투적이고 모호한 경계선을 이루고 있다.
④ 재혼관계에서 부모간의 갈등이 자녀에게 우회되고 있다.
⑤ 계부와 자녀 간에는 경직되고 유리된 경계선을 이루고 있다.

해설 ④ 재혼 부부의 관계는 명확한 경계를 유지하고 있어 갈등 관계라고 볼 수 없다.
①, ②, ③ 모–자녀 관계는 위계구조를 이루고 있으며, 모호한 경계선(diffused boundary)이 형성된 밀착된 관계이다.
⑤ 계부–자녀 관계는 경직된 경계선(rigid boundary)이 형성되어 있고 안정적인 위계를 확립하지 못하고 있다.

구조적 가족치료: 가족지도의 경계선

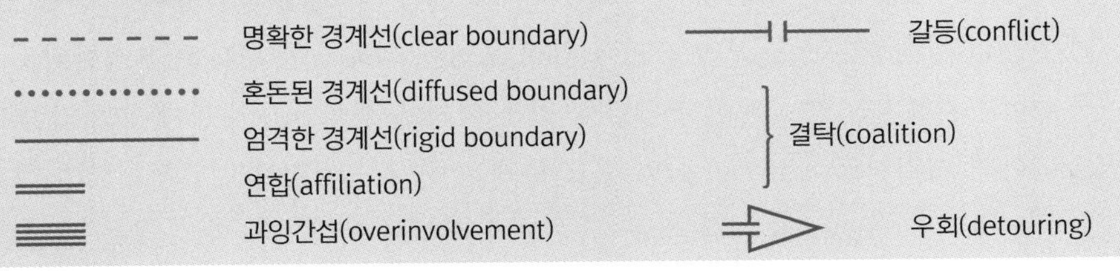

정답 57.④

58. 가족상담 이론가와 상담기법의 연결로 옳은 것은?

① 화이트(M. White) – 가족의례
② 헤일리(J. Haley) – 고된 체험기법
③ 휘태커(C. Whitaker) – 다각적 편파성
④ 마다네스(C. Madanes) – 영향력의 수레바퀴
⑤ 보스조르메니–나지(I. Boszormenyi–Nagy) – 증상처방

해설 ② 헤일리의 전략적 가족치료에서 역설적 개입의 기법으로 재정의, 증상처방, 제지, 고된체험, 지시, 가장 등이 있다. '고된 체험기법'은 증상이 나타날 때마다 그보다 더 고통스러운 일을 수행하도록 지시하는 기법이다.
① 화이트 – 문제의 외재화 / 밀란(Milan)학파 – 가족의례
③ 휘태커 – 상징적 기법 / 보스조르메니–나지 – 다각적 편파성
④ 마다네스 – 가장기법 / 사티어(V. Satir) – 영향력의 수레바퀴
⑤ 보스조르메니–나지 – 관계윤리 / 헤일리 – 증상처방

59. 보웬(M. Bowen)의 가족상담에 관한 설명으로 옳지 않은 것은?

① 만성불안에 대한 감정반사행동을 줄이는 것을 목표로 한다.
② 가족의 비생산적 관계과정을 변화시키기 위해 관계실험을 한다.
③ 가족투사과정은 부모가 자신들의 미성숙함을 자녀에게 투사하는 과정이다.
④ 엉켜진 가족역동으로부터 구성원 개인의 명료하고 엄격한 분리를 통해 자기분화 수준을 높인다.
⑤ 정서적 단절은 개인이 불안을 관리하기 위해 가족구성원과 감정적 교류를 더 이상 하지 않는 것이다.

해설 분화는 정신 내적 관점에서 사고와 감정을 분리하는 능력이며, 대인관계 관점에서 독립적으로 행동할 수 있는 능력을 의미한다. 가족 내 밀착된 관계인 융합과 극심한 정서적 분리인 정서적 단절은 자기분화 수준이 낮을 때 나타난다.

60. 이야기치료에 관한 내용으로 옳은 것은?

① 이야기치료는 발달 초기에 베이트슨(G. Bateson)의 영향을 받았다.
② 인간의 정체성은 심층적인 자기의 외적 표현에 의해 구성된다고 가정한다.
③ 이야기치료자는 중심적이고 영향력 있는 위치에서 내담자의 문제에 개입한다.
④ 이야기 재저작(re-authoring)의 주요 목적은 경험의 의미를 진단하는 것이다.
⑤ 공명하기(resonance) 대화는 문제 중심의 지배적 이야기와 맞지 않는 일련의 일화를 말하는 것이다.

정답 58.② 59.④ 60.①

해설 ① 이야기치료의 창시자인 화이트는 베이트슨의 인지적 사고와 사회철학자 푸코(M. Foucault)의 이론을 기반으로 지배적 담론으로부터 사람을 해방시킨다는 것에 중점을 두고 외재화 대화기법을 개발했다.
② 이야기치료에서 개인의 정체성은 문화와 역사, 타인과의 관계에 의해 구성된다고 보았다.
③ 이야기치료자는 탈중심적이고 영향력을 발휘하는 자리에 있으며 개입을 통해 영감을 얻는다.
④ 이야기 재저작의 목적은 내담자의 문제를 진단하는 것이 아니라, 내담자의 과거를 재조명하여 삶의 이야기를 다시 쓰게 하는 것이다. 내담자의 독특한 경험 그리고 이와 연관된 능력을 새로운 이야기의 재료로 사용하도록 하는 것이다.
⑤ 독특한 결과 대화에 대한 설명이다. 공명하기 대화는 청중이 내담자의 이야기를 듣고 무엇이 떠올랐는지 이야기하는 대화이다.

61. 해결중심 단기 가족상담에 관한 내용으로 옳은 것은?

① 객관적인 사실과 실재를 믿는 과학적 낙관주의를 기초로 한다.
② 문제 상황의 정확한 분석을 중시하므로 전문가가 해결의 방향을 인도한다.
③ 과거에 관심을 두고 구성원의 원가족 경험을 진단하는 데 주력한다.
④ 비자발적인 방문형 내담자에게는 일반적으로 관찰 과제를 부여한다.
⑤ 변화는 삶의 일부로서 불가피하며 계속적으로 일어난다고 가정한다.

해설 ⑤ 변화는 삶의 일부로서 불가피하며 계속적으로 일어난다고 가정하는 것은 해결중심 단기 가족상담의 기본가정이다.
① 해결중심 단기 가족상담은 과학적 낙관주의와는 달리, 현실을 사람 사이에서 구성된 것으로 보는 사회구성주의를 기초로 한다.
② 상담자와 가족이 함께 해결방안을 발견하고 모색하는 과정에서 협력적인 관계를 중시한다.
③ 과거의 문제보다 미래와 해결방안 구축에 초점을 두어 현재와 미래의 상황에 적응하도록 돕는다.
④ 비자발적인 방문형 내담자에게 상담자는 타인의 요구와 결정에 따르는 것이 얼마나 힘들었는지 이해하는 것을 시작으로 신뢰관계를 형성한다.

62. 사티어(V. Satir)의 경험적 가족상담에 관한 설명으로 옳은 것은?

① 회유형은 돌봄과 양육 및 민감성이라는 자원을 갖고 있다.
② 비난형은 자아존중감의 상황 요소를 무시하는 성향을 보인다.
③ 일치형은 규칙과 옳은 것을 중시하고 극단적으로 객관성을 보인다.
④ 산만형은 유머가 풍부해 상담에서 심리적으로 접촉하기가 가장 쉬운 유형이다.
⑤ 초이성형은 외적으로 공격적인 행동을 보이지만 내적으로 소외감을 느끼는 경향이 크다.

해설 ② 비난형은 자아존중감의 타인 요소를 무시하는 경향이 있다.
③ 초이성형에 대한 설명이다. 초이성형은 자신과 타인을 무시하고 상황만을 중시하는 경향이 있다. 일치형은 가

정답 61.⑤ 62.①

장 이상적인 유형으로 의사소통의 내용과 감정이 일치하는 유형이다.

④ 산만형은 자기, 타인, 상황을 모두 무시하는 경향이 있어 접촉하기 가장 어려운 유형이다. 재미있고 유머 있는 모습과 혼동되기도 한다.

⑤ 비난형에 대한 설명이다. 비난형은 자신을 보호하기 위해 다른 사람을 괴롭히거나 환경을 탓하는 유형이다.

학습 plus

사티어의 의사소통(생존방식)에서의 자원

- 회유형의 자원: 돌봄, 양육 및 민감성
- 비난형의 자원: 주장성과 지도력, 에너지
- 초이성형의 자원: 지성, 세부사항 집중력 및 문제해결 능력
- 산만형의 자원: 자발성, 창조성 및 유머

63. 밀란(Milan) 모델에 관한 설명으로 옳은 것을 모두 고른 것은?

ㄱ. 순환질문 같은 언어기반 접근들을 많이 사용한다.
ㄴ. 가족의 상호작용 패턴을 가족게임(family game)으로 보았다.
ㄷ. 장단기치료(long-brief therapy) 모델로 상담이 한 달에 한 번씩 진행되기도 한다.
ㄹ. 긍정적 의미부여(positive connotation)는 가족의 문제행동을 재구성하는 기법이다.

① ㄴ, ㄹ ② ㄱ, ㄴ, ㄷ ③ ㄱ, ㄷ, ㄹ ④ ㄴ, ㄷ, ㄹ ⑤ ㄱ, ㄴ, ㄷ, ㄹ

해설 모두 옳은 설명이다.

ㄱ. 밀란 모델에서는 차이 질문, 가설 질문, 행동효과 질문, 3인군 질문 등의 순환질문을 통해 문제 사정에서 가족 내 역기능 패턴을 확인하고자 하였다.

ㄴ. 밀란 모델에서는 항상성을 유지하기 위한 복잡한 의사소통 유형을 가족게임으로 보았다.

ㄷ. 밀란 모델의 치료는 장시간 단기치료(long-brief therapy)로, 상담회기는 평균 한 달에 한 번, 치료기간은 1년 정도로 하여 전체 치료모임은 10회로 엄격하게 규정하였다.

ㄹ. 긍정적 의미부여(positive connotation)는 부정적인 증상 행동을 긍정적인 동기로 역설하는 기법이다. 가족 내 특정 구성원의 증상은 가족체계의 균형을 유지하고 가족 응집성을 촉진하기 때문에 긍정적이라는 의미를 부여하여 파괴적인 가족 게임을 무력화시키는 기법이다.

64. 해결중심 단기 가족상담의 목표 설정 시 고려해야 하는 원칙으로 옳지 않은 것은?

① 구체적이고 측정할 수 있는 행동을 목표로 삼는다.
② 상담자가 중요하다고 판단하는 것을 목표로 한다.
③ 목표 수행이 힘들고 어려운 일이라고 인식하게 한다.
④ 내담자의 현실 생활에서 성취 가능한 것을 목표로 삼는다.
⑤ 문제를 없애는 것보다 새로운 행동을 시작하는 것을 목표로 한다.

정답 63.⑤ 64.②

해설 해결중심 단기 가족상담에서는 가족구성원이 중요하다고 여기는 것을 목표로 삼는다. 가족이 서로 다른 목표를 가지고 있을 때에는 구성원의 의견을 자유롭게 언어로 표현하게 하여 서로를 이해하고 동의할 수 있는 지점을 찾을 수 있도록 돕는다.

65. 보웬(M. Bowen)의 가족상담에 관한 설명으로 옳은 것을 모두 고른 것은?

ㄱ. 과정중심 치료로서 문제의 내용이 주요 초점은 아니다.
ㄴ. 상담자의 분화수준만큼 내담자도 그 정도로 분화된다고 가정한다.
ㄷ. 자기-입장(I-position)을 격려함으로써 분화수준을 높이는 것을 목표로 한다.
ㄹ. 분화수준이 높은 사람은 즉각적인 감정반사행동을 하지 않으므로 공감능력이나 감정표현이 부족하다.

① ㄱ, ㄴ ② ㄴ, ㄷ ③ ㄱ, ㄴ, ㄷ
④ ㄱ, ㄷ, ㄹ ⑤ ㄴ, ㄷ, ㄹ

해설 ㄹ. 분화수준이 낮은 사람은 스트레스 상황에서 쉽게 불안에 압도되어 감정반사적으로 행동하며 자기애적인 특성을 보인다. 반면, 분화수준이 높은 사람은 불안이 낮고 감정반사적이지 않으며 타인과 균형 있는 관계를 유지할 수 있다.

66. 가족상담의 개념에 관한 설명으로 옳지 않은 것은?

① 부부불균형(marital skew): 부부 중 한 사람은 지속적으로 약하고 다른 한 사람은 강한 위치에 있는 상황
② 이중구속(double bind): 베르탈란피(L. Bertalanffy)가 소개하였으며 언어적 및 비언어적 메시지가 일치하지 않는 의사소통 상황
③ 고무울타리(rubber fence): 가족원 개인의 정체성을 찾으려는 시도가 무시되고 가족이 함께해야 한다는 믿음으로 가족의 경계를 확장해 가는 상황
④ 거짓적대성(pseudo-hostility): 윈(L. Wynne)이 소개하였으며 가족구성원들이 겉으로 거리를 두거나 적대적인 방식으로 상호작용하는 상황
⑤ 부부균열(marital schism): 리즈(T. Lidz)가 소개하였으며 부부가 서로 역할을 교환할 수 없고 목표를 공유하거나 보완할 수 없는 상황

해설 ② 이중구속은 그레고리 베이트슨(G. Bateson)이 소개한 개념으로, 가족구성원이 서로 모순되는 메시지를 동시에 전달하여 혼란을 주는 상황을 말한다. 베르탈란피는 일반체계이론을 소개하였으며 체계는 외부 환경과 상호작용을 통해 유지된다고 보았다.

정답 65.③ 66.②

67. 다음 사례에 대해 가족상담자가 M에게 할 수 있는 개입에 관한 설명으로 옳은 것은?

> M(17세)이 최근 집에서 물건을 집어 던져 분노를 표출하는 일이 잦아지자 상담에 의뢰되었다. M의 보고에 의하면, M의 행동을 둘러싸고 부모는 서로를 비난하며 다투다가 몸싸움을 하기도 하였고, 부모간의 싸움은 서로에 대한 저주와 자신의 고통을 하소연하는 것으로 자주 끝이 났다.

① 그렇게 힘든 상황을 어떻게 견디었고 어떻게 해서 상황이 더 나빠지지 않을 수 있었는지 살펴보기 위해 대처질문을 한다.

② 부모가 서로 비난하고 싸우는 상황에서 어떤 생각을 했는지 파악하기 위해 관계성질문을 한다.

③ 자신의 삶에서 중요하게 생각하는 소망과 소신 등의 지향 상태를 파악하기 위해 예외질문을 한다.

④ 자신이 지각한 가족구성원들 간의 상호작용에 대해 이야기하도록 하기 위해 위장기법(pretend technique)을 활용한다.

⑤ 물건을 집어 던지며 분노를 표현하는 상황에 이름이나 제목을 붙여 보라고 요청하는 과정질문을 한다.

해설 ① 대처질문은 가족구성원의 자원과 강점을 발견하게 하는 질문이다. 어려운 상황을 잘 견디고 더 나빠지지 않았다는 사실을 강조하면서 위기에서 살아남기 위한 노력을 발견하고 조명한다.

② 관계성질문은 내담자와 중요한 관계를 맺고 있는 사람을 활용하여 타인의 시선에서 자신의 힘, 한계와 가능성을 지각하도록 하는 기법이다.

③ 예외질문은 가족이 이전에 성공했던 경험이나 현재도 잘하고 있는 것을 찾아 인식하게 하고 가족이 가진 자원을 활용하도록 하는 기법이다.

④ 위장기법은 내담자가 증상이 있다고 가정하고 가족들은 내담자를 도와주는 것처럼 가장하는 연극적인 기법으로, 저항을 감소시키고 상황을 통제하는 경험을 하도록 돕는 기법이다.

⑤ 과정질문은 가족 체계 안에서 개인의 위치와 역할에 초점을 맞추게 하는 질문으로, 감정을 가라앉히고 불안을 경감시켜 사고 기능을 촉진하는 기법이다.

정답 67.①

68. 가족생활주기에 관한 설명으로 옳은 것을 모두 고른 것은?

> ㄱ. 듀발(E. Duvall)과 힐(R. Hill)은 가족생활의 각 단계마다 수행해야 할 과업을 구분함으로써 발달론적 관점을 가족에 적용하였다.
> ㄴ. 가족생활주기의 개념은 구성원 개인의 변화뿐만 아니라, 가족의 단계별 변화에 적응하기 위해 재조직되어야 한다는 것을 의미한다.
> ㄷ. 카터(B. Carter)와 맥골드릭(M. McGoldrick)의 가족생활주기는 결혼으로부터 시작되며, 이혼과 재혼의 단계를 고려하였다.
> ㄹ. 에릭슨(M. Erickson)의 가족생활주기는 7단계로 나뉘며, 자녀독립기에는 자녀의 독립으로 가족의 안정성이 깨진다.

① ㄱ, ㄴ ② ㄴ, ㄷ ③ ㄴ, ㄹ
④ ㄱ, ㄴ, ㄷ ⑤ ㄱ, ㄷ, ㄹ

해설 ㄷ. 카터와 맥골드릭의 가족생활주기는 결혼 전부터 시작하여 결혼전기, 결혼적응기, 자녀아동기, 자녀청소년기, 자녀독립기, 노년기의 총 6단계로 나누어진다. 이혼과 재혼으로 인한 가족체계의 분열과 재형성 과정을 고려하였다.
ㄹ. 에릭슨의 가족생활주기는 구애기, 결혼초기, 자녀양육기, 중년기, 자녀독립기, 노년기의 총 6단계로 나뉜다. 자녀독립기에는 자녀의 독립으로 부부의 공통요소가 사라져 그동안 유지해 온 가족의 안정성이 깨지는 단계이다.

69. 다음 사례에 대한 가족상담 개입으로 옳지 않은 것은?

> J(15세)는 최근 등교를 거부하고, 아버지에게 대들고 반항하는 문제로 상담에 의뢰되었다. J는 부모의 이혼으로 8세부터 친할머니와 살다가 중학생이 되면서 아버지와 합가하게 되었고, 친할머니는 3개월 전 돌아가셨다. 어머니와는 어머니의 재혼 이후 자주 만나지 못하고 있다.

① 친할머니의 상실에 대한 애도작업을 한다.
② J의 부모에 대한 분열된 충성심을 다룬다.
③ 아버지와의 친밀감 향상을 위한 작업을 한다.
④ J의 반항행동이 문제이므로 행동수정 작업만 한다.
⑤ 어머니와의 정서적 단절 이슈에 대해 작업한다.

해설 가족상담에서는 가족구성원의 문제행동을 개인의 문제로만 보지 않고 가족 내 대인관계적 측면에서 이해하고 작업한다.

정답 68.① 69.④

70. **사티어(V. Satir)의 경험적 가족상담에 관한 내용으로 옳지 않은 것은?**

① 가족체계를 이해하는 과정에서 상호작용의 핵심 요소로서 의사소통에 초점을 둔다.
② 개인의 성장과 가족의 기능에 방해가 되는 가족규칙을 수정하는 작업을 한다.
③ 자아존중감은 생애 초기에 주 양육자와의 관계에서 학습되고 발달한다고 본다.
④ 가족의 역기능을 자녀에 대한 부모의 투사과정의 관점에서 사정한다.
⑤ 원가족 도표를 활용하여 가족의 역동과 의사소통 방식 및 세대 간의 유사점과 차이점을 파악한다.

해설 가족의 역기능을 자녀에 대한 부모의 투사과정의 관점은 보웬(Bowen)의 다세대 가족상담모델에서 제시한 가족투사과정과 관련 있다.
사티어는 가족 상담의 사정에서 자아존중감, 의사소통 유형, 가족규칙을 가장 중요한 요소로 본다. 가족 구성원의 낮은 자아존중감, 역기능적인 의사소통 방식, 경직된 가족규칙에 변화를 주는 개입을 시도한다.

71. **가족상담 초기단계에서 상담자의 역할에 관한 설명으로 옳지 않은 것은?**

① 문제에 대한 각 가족구성원의 관점을 탐색한다.
② 각 구성원의 목표를 탐색하고 합의된 목표를 설정한다.
③ 가족구성원 중 먼저 오는 사람 편에서 동맹관계를 맺는다.
④ 가족의 상호교류방식을 존중하고 치료적 관계를 형성한다.
⑤ 가족구성원 개인에게 공감하여 편안한 마음을 갖도록 한다.

해설 ③ 가족상담 초기 단계에서 상담자는 상담에 참여하는 가족구성원 모두와 신뢰할 수 있는 관계를 형성하여 상호협력적인 관계 안에서 상담목표와 전략을 설정해야 한다.

72. **다음 사례에 대한 가족상담의 개입으로 옳지 않은 것은?**

> Y(15세)는 집에서 거의 말을 하지 않고 자기 방에서 주로 지내는데, 부모의 반복적인 대화 시도에 무응답하거나 큰소리로 화를 내기도 한다. 부모는 신혼 초부터 갈등이 심했고, 부부싸움을 하고 나면 어머니는 막내인 Y에게 하소연을 자주 했고 아버지는 밖으로 나갔다가 늦게 귀가하곤 했다.

① 가족구성원 개인의 내적 경험을 이해하기 위해 빙산기법을 활용한다.
② 가계도를 활용하여 가족의 정서적 역동과 패턴을 살펴본다.
③ 부모-자녀 하위체계가 적절한 기능을 하는지 살펴본다.
④ 가족의 부적절하고 역기능적인 위계구조를 살펴본다.
⑤ 가족체계의 전체 역동과 특성을 파악하기 위해 구성원 개인별로 성격유형 검사를 실시한다.

정답 70.④ 71.③ 72.⑤

해설 가족상담에서는 가족을 하나의 체계로 보고 가족체계 속의 상호작용에 개입한다. 개인별 문제의 원인을 파악하기 위한 검사가 아닌, 가족구성원 간 관계의 특성을 이해하기 위한 평가도구를 실시한다.

73. 가족상담에서 활용되는 평가도구에 관한 설명으로 옳은 것은?

① 순환모델의 FACES 척도는 가족기능을 측정한다.

② ENRICH 검사는 부부의 응집력과 적응력을 측정한다.

③ 가계도는 계량적 척도로 가족의 다세대 역동과 관계망을 평가한다.

④ 생태도는 가족을 둘러싼 생물학적 환경과의 관계를 탐색하는 데 사용한다.

⑤ McMaster 모델의 가족사정척도(FAD)는 구성원들의 내적인 경험을 시각적으로 평가한다.

해설 ② ENRICH 검사는 부부 및 커플 관계를 평가하는 계량적 척도이다.
가족의 응집력과 적응력을 측정하는 도구는 FACES 척도이다.
③ 가계도는 도식적 검사로 3세대 이상에 걸친 가족구성원에 대한 정보와 구성원 간의 관계를 평가한다. 생물학적, 법적 관계를 포함한 가족관계를 확인할 수 있다.
④ 생태도는 가족과 가족의 생활 공간에 있는 사람 간의 상호관계를 그림으로 나타내는 기법이다. 가족 내 역동과 가족 외 역동에 대한 다양한 정보를 얻을 수 있다. 가족이 집단, 단체, 조직, 다른 가족, 개인들과 맺는 관계를 도식으로 나타낸다.
⑤ McMaster 모델의 가족사정척도(FAD)는 현재의 가족 기능을 평가하는 계량적 척도로 문제해결, 의사소통, 가족의 역할, 정서적 반응성, 정서적 관여, 행동통제의 총 6가지의 개념적 준거를 제시한다.

74. 다음 가계도에서 IP(Identified Patient)의 가족역동에 관한 설명으로 옳지 않은 것은?

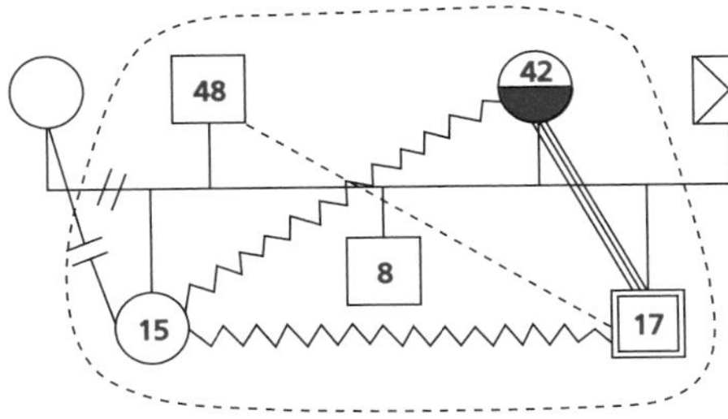

① IP는 모와 친밀한 관계이다.

② IP는 계부와 소원한 관계이다.

③ IP는 이복 여동생과 갈등관계이다.

④ IP의 이복 여동생은 친모와 단절되어 있다.

⑤ IP의 모는 알코올 남용의 문제를 가지고 있다.

제2교시 제3과목 선택

정답 73.① 74.①

해설 ① IP는 모와 정서적으로 밀착된 융합관계이다.

75. 가족상담을 시작하기 전에 내담자에게 고지하고 동의를 구해야 하는 내용을 모두 고른 것은?

ㄱ. 비밀보장의 범위와 한계
ㄴ. 내담자가 상담을 중단할 수 있는 권리
ㄷ. 상담 참여에 따르는 잠재적 이익과 위험
ㄹ. 상담 기록의 성격과 범위

① ㄱ, ㄴ, ㄷ　② ㄱ, ㄴ, ㄹ　③ ㄱ, ㄷ, ㄹ
④ ㄴ, ㄷ, ㄹ　⑤ ㄱ, ㄴ, ㄷ, ㄹ

해설 가족상담에서 상담자는 내담자에게 고지된 동의(informed consent) 절차 후 상담을 개시해야 한다.

ㄱ. 상담자는 비밀보장의 중요성과 한계를 명확하게 설명한다. 상담자는 가족상담 시 개인의 비밀보장에 대한 권리와 그 비밀보장을 유지해야 할 의무와 관련해 참여한 모든 사람으로부터 동의를 구한다.

ㄴ. 상담자는 내담자가 상담 계획에 참여할 권리, 상담을 거부하거나 개입방식의 변경을 거부할 권리, 거부에 따른 결과를 고지받을 권리 등을 보장해 주어야 한다.

ㄷ. 상담자는 내담자가 상담에 참여하여 얻게 될 잠재적 이익과 위험에 대해 설명한다.

ㄹ. 상담자는 상담 기록과 녹음, 상담내용의 사례지도나 발표 혹은 출판 시 내담자의 사전 동의를 구한다.

정답 75.⑤

◆ 가족상담

제3과목 선택 2021년 기출문제 및 해설

51. 다음이 설명하는 가족상담기법은?

- 이야기치료에서 사용되는 기법
- 문제를 외부로 추출해 내는 기법
- 개인의 문제를 문제로부터 개념적 · 언어적으로 분리시키는 기법

① 과제부여　② 가계도　③ 외재화
④ 예외질문　⑤ 가족조각

해설 ③ 이야기치료에서는 내담자는 문제의 소유자가 아니라 관찰자가 되는 것이 중요하다. 외재화란 문제를 겉으로 드러내고 꺼내는 방식으로 문제와 사람을 분리하는 기법이다.

52. 해결중심 단기가족상담에 관한 설명으로 옳은 것을 모두 고른 것은?

ㄱ. 미국 위스콘신주의 단기가족치료센터(BFTC)가 기초가 되었다.
ㄴ. 드 세이저(S. de Shazer)와 김인수가 개발하였다.
ㄷ. 귀납법적 과정이 활용되었다.
ㄹ. 병리적인 것을 주로 다룬다.

① ㄱ, ㄴ　② ㄴ, ㄷ　③ ㄱ, ㄴ, ㄷ
④ ㄱ, ㄷ, ㄹ　⑤ ㄴ, ㄷ, ㄹ

해설 ㄹ. 해결중심 단기가족상담은 병리적인 것보다 건강한 것에 초점을 맞추어 강점, 자원, 탄력성을 탐색해서 상담에 활용한다.

53. 보웬(M. Bowen)의 가족상담이론의 개념으로 옳은 것은?

① 가족게임　② 실연화
③ 권력과 통제　④ 하위체계
⑤ 핵가족 정서체계

정답 51.③ 52.③ 53.⑤

해설 ⑤ 보웬의 가족상담이론의 주요 개념은 자기분화, 삼각관계, 가족투사과정, 다세대 전수과정, 출생순위, 정서적 단절, 사회적 정서과정 등이 있다.

① 가족게임: 전략적 가족치료의 분파인 밀란학파의 개념으로 가족 내 항상성 유지를 위한 복잡한 상호작용을 의미한다.

② 실연화: 구조적 가족치료의 기법으로 상담사 앞에서 가족의 있는 그대로의 상호작용을 보여 주는 것을 의미한다.

③ 권력과 통제: 전략적 가족치료의 분파인 헤일리 모델에서의 주요 관심은 권력과 통제, 위계구조이며 이는 구조적 치료모델의 개념과 동일하다.

④ 하위체계: 구조적 가족치료의 주요 개념으로서 크게 네 가지 하위체계로 구분된다. 부부 하위체계, 부모 하위체계, 부모-자녀 하위체계, 형제 하위체계가 그것이다.

54. 해결중심 단기가족상담의 중심철학으로 옳은 것을 모두 고른 것은?

ㄱ. 어떤 것이 잘 기능하면 고치지 않는다.
ㄴ. 가장 어려운 것부터 고친다.
ㄷ. 효과가 없으면 그것을 하지 않고 다른 것을 한다.
ㄹ. 효과가 있으면 그것을 더 많이 한다.

① ㄱ, ㄴ
② ㄴ, ㄷ
③ ㄷ, ㄹ
④ ㄱ, ㄷ, ㄹ
⑤ ㄴ, ㄷ, ㄹ

해설 ㄴ. 해결중심 모델에서 변화는 작고 단순한 것에서 출발한다. 작은 변화는 연쇄적으로 다른 변화를 불러들이고 결국은 큰 변화로 이어진다.

55. 다음은 가족상담이론의 질문기법이다. ( )에 들어갈 말은?

문제가 해결된 상태를 상상해 보고 해결하기 원하는 것들을 구체화하고 명료화하며, 상담목표를 현실적이고 구체적으로 설정하기 위해 사용하는 기법을 ( )질문이라고 한다.

① 대처
② 기적
③ 관계성
④ 보람
⑤ 척도

해설 주어진 내용은 기적질문에 대한 설명이다. 기적질문은 문제가 해결된 상태를 상상해 보게 함으로써 해결하고자 하는 문제를 구체화, 명료화하는 기법이다.

정답 54.④ 55.②

56. 다음이 설명하는 카터(B. Carter)와 맥골드릭(M. McGoldrick)의 가족생활주기 단계는?

> ○ 이 단계의 발달과제는 부모–자녀관계의 재정립이다.
> ○ 자녀의 발달과 관심의 변화에 대응하여 부모의 역할도 변화해야 한다.
> ○ 자녀의 자립과 의존 욕구 간의 충돌로 부모–자녀 간 갈등이 일어날 수 있다.

① 새롭게 출발하는 가족
② 어린 자녀를 둔 가족
③ 청소년기 자녀를 둔 가족
④ 자립하는 자녀를 둔 가족
⑤ 노년기 가족

해설 보기의 내용은 카터와 맥골드릭이 제시한 가족생활주기 단계 중 자녀 청소년기 단계에 해당한다.

카터와 맥골드릭(B. Carter & M. McGoldrick, 1980)의 가족생활주기 6단계

단계	발달과업
[1단계] 원가족과 분리한 후부터 결혼 전 단계	부모–자녀의 분리를 수용, 친밀한 동료관계의 발달, 직업 등을 통하여 자아를 확립한다.
[2단계] 결혼에 의한 가족결합	두 사람이 새로운 체계의 변화에 적응, 독립된 부부체계 형성, 확대가족 및 친구 관계를 재편성한다.
[3단계] 자녀 아동기	자녀의 탄생에 따르는 부부체계 조정, 새로운 부모역할 수행, 부모와 조부모의 역할을 포함하여 확대가족과의 관계를 재편성한다.
[4단계] 자녀 청소년기	• 부모–자녀관계를 재구조화하고, 자녀의 독립을 추진, 가족의 경계를 유연하게 한다. • 중년의 부부는 자녀에게 집중했던 관심을 직업상의 목표달성으로 다시 초점을 맞추고, 노후에 관심을 갖는다.
[5단계] 자녀 독립기	• 부모–자녀관계를 성인 간의 관계로 발달시킨다. • 자녀의 배우자의 부모, 형제나 손자 등과의 관계를 재편성하고, 노년을 준비한다.
[6단계] 노년기	자신 및 부부의 기능을 유지, 생리적인 노화에 직면, 새로운 가족적 · 사회적인 역할을 선택, 중년세대가 한층 중심적인 역할을 취하도록 지원한다.

57. 이야기치료의 첫 번째 단계인 '문제의 경청과 해체의 단계'에 해당되지 않는 활동은?

① 문제이야기 경청
② 문제 명명하기
③ 문제의 영향 탐색
④ 문제의 영향 평가
⑤ 대안적 이야기 만들기

해설
• 이야기치료의 첫 단계에서는 문제를 경청하고 문제를 해체하게 된다. 상담자는 내담자의 문제이야기를 적극적으로 경청, 공감하면서 마음속에서 문제와 사람을 분리시키는 작업을 한다.
• 경청 작업 후에 문제와 사람을 분리, 해체하는 '외재화 대화'가 진행된다. 외재화 대화의 순서는 다음과 같다.
문제의 명명 → 문제의 영향 탐색 → 문제의 영향 평가하기 → 평가의 정당화

정답 56.③ 57.⑤

58. ( )에 들어갈 내용을 바르게 연결한 것은?

> 사티어(V. Satir)는 인간의 내면을 개인의 빙산에 비유하면서 겉으로 드러나는 행동이나 말은 빙산의 일각이며 내면은 '감정-감정에 대한 감정-(ㄱ)-기대-(ㄴ)- 자기'의 순서로 이루어진다고 하였다.

① ㄱ: 무의식, ㄴ: 열망
② ㄱ: 지각, ㄴ: 자아
③ ㄱ: 지각, ㄴ: 열망
④ ㄱ: 이성, ㄴ: 자아
⑤ ㄱ: 이성, ㄴ: 무의식

해설 사티어의 개인 빙산에는 깊이에 따른 여러 가지 경험수준이 있는데, 수면 위에 행동과 대처방식, 수면 아래에 감정, 감정에 대한 감정, 지각, 기대, 열망이 위치한다. 그 아래 가장 밑바닥에 내적 경험의 원천인 자기(self)가 존재한다.

사티어의 개인 빙산탐색

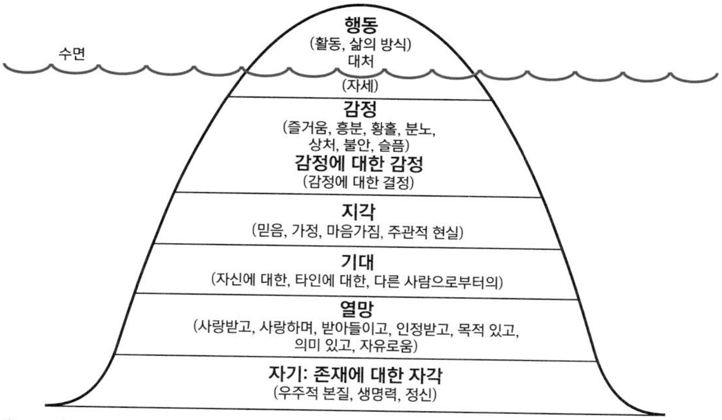

출처: Banman. J. (2001).

59. 가족사정에 관한 맥매스터 모델(McMaster Model)에 관한 설명으로 옳은 것을 모두 고른 것은?

> ㄱ. 가족기능을 문제해결, 의사소통, 역할, 정서적 반응성, 정서적 관여, 행동통제, 가족의 일반적 기능 등 7가지 측면에서 파악하였다.
> ㄴ. 적합성은 가족원들의 균형을 유지하는 정도를 나타내는 것이다.
> ㄷ. 엡스타인(N. Epstein) 등이 개발한 가족전체의 기능을 파악하는 도구로서 질문지법을 활용한다.
> ㄹ. 자아분화척도와 부모-자녀 간 의사소통 척도를 통한 가족관계를 파악하기 위한 것이다.

① ㄱ, ㄷ ② ㄴ, ㄷ ③ ㄷ, ㄹ ④ ㄱ, ㄴ, ㄹ ⑤ ㄴ, ㄷ, ㄹ

정답 58.③ 59.①

해설 • 캐나다 맥매스터 대학 정신과의 엡스타인 등은 체계이론에 입각해서 가족기능평가와 진단을 위한 모형을 개발하였다(1978).
• 이를 맥매스터 가족사정모델(MMFF: McMaster Model of Family Functioning)이라고 하며, 자기보고식 척도질문지 FAD(Family Assessment Device)를 활용한다.
• 가족기능을 다음 7가지 측면에서 파악한다.
: 문제해결, 의사소통, 역할, 정서적 반응성, 정서적 관여, 행동통제, 가족의 일반적 기능
ㄴ. 적합성은 생태체계이론의 주요 개념으로 개인의 적응적 욕구와 환경자원이 어느 정도 부합되는가와 관련된 개념이다. 적합성은 인간과 환경의 상호교류를 통해 성취된다.
ㄹ. 보웬(Bowen)의 다세대 가족치료에서 활용하는 척도이다.

60. 이야기치료의 기본가정(전제)으로 옳지 않은 것은?

① 세계와 인간경험은 개인이 해석하는 방식으로 존재한다.
② 삶의 이야기는 단선적이며, 정해진 방향대로 간다.
③ 우리가 살아가는 이야기는 사회적 맥락 속에서 만들어진다.
④ 삶의 이야기 속에는 사회적 담론과 자기정체성이 포함된다.
⑤ 지배적 이야기를 해체하는 것이 새로운 가능성을 높여 준다.

해설 ② 이야기치료에서는 삶의 이야기는 복합적이며, 목적의식에 따라 삶의 방향은 달라진다고 가정한다.

61. 대상관계 가족상담에 기초를 둔 개입방법은?

① 경계설정을 통한 가족의 재구성
② 해석과 훈습을 통한 가족관계 역동의 통찰
③ 빙산탐색을 통한 내면 이해
④ 기적질문을 통한 관계의 명료화
⑤ 문제의 재명명을 통한 문제 이해

해설 ② 대상관계 가족상담에 기초를 둔 개입방법은 해석과 훈습을 통한 가족관계 역동의 통찰이다.
① 경계설정을 통한 가족의 재구성은 구조적 가족치료의 개입방법이다.
③ 빙산탐색을 통한 내면 이해는 경험적 가족치료 중 사티어 모델의 개입방법이다.
④ 기적질문을 통한 관계의 명료화는 해결중심 단기가족치료의 개입방법이다.
⑤ 문제의 재명명을 통한 문제 이해는 구성주의와 사회구성주의의 개입방법이다.

정답 60.② 61.②

62. 다음 중 전략적 가족상담으로 분류되는 학자로 옳은 것을 모두 고른 것은?

ㄱ. 코헛(H. Kohut)	ㄴ. 헤일리(J. Haley)
ㄷ. 말러(M. Mahler)	ㄹ. 마다네스(C. Madanes)
ㅁ. 베이트슨(G. Bateson)	

① ㄱ, ㄷ
② ㄴ, ㄹ
③ ㄱ, ㄴ, ㄷ
④ ㄴ, ㄹ, ㅁ
⑤ ㄷ, ㄹ, ㅁ

해설 코헛, 말러, 클라인(Klein), 설리번(Sullivan), 위니컷(Winnicott), 페어번(Fairbairn)은 정신역동적 대상관계 가족치료 학자들이다.

전략적 가족상담

- 가족문제 해결을 위한 전략의 수립과 가족의 잘못된 위계질서 수정에 초점을 둔 접근모델로 일반체계이론과 의사소통 및 상호작용 이론에 바탕한다.
- 전략적 가족상담의 주요 학자로는 베이트슨, 잭슨, 헤일리, 마다네스, 파라졸리, 보스콜로, 체친 등을 들 수 있다.

63. 보웬(M. Bowen)의 가족상담 이론에 관한 설명으로 옳은 것은?

① 정서적 단절은 물리적 단절을 전제한다.
② 하위체계 사이의 위계를 변화시켜 재구조화한다.
③ 분화수준이 높은 사람은 독립적이며 친밀한 관계를 맺지 않는다.
④ 자기 위치 지키기(I-positioning)는 나 전달법(I-message)과 같은 기법이다.
⑤ 출생순위 또는 형제자매 위치가 가족의 정서체계 안에서 특정한 역할과 기능을 한다.

해설 ⑤ 출생순위 또는 형제자매 위치는 보웬의 가족상담 모델의 8가지 기본 개념 중 하나로써 가족역동에 영향을 끼치는 동시에 개인 기능에 일부 영향을 주는 요소이다. 출생순위에 따른 일반적 특성과 관계적 특성을 알아두면 특정 순위 자녀가 어떤 특성을 보이게 되며 가족역동에서 어떠한 역할을 할 것인지 예측하는 데 도움이 된다.

① 물리적으로 가까운 관계에서도 정서적 단절은 일어날 수 있다.
② 하위체계 사이의 위계를 변화시켜 재구조화하는 것은 구조적 가족치료에 대한 설명이다.
③ 분화수준이 높은 사람은 자기신념을 따르며 자율성이 잘 확립되어 안정된 관계 속에서 진정한 자기로서 기능할 수 있다.
④ 자기 위치 지키기(I-positioning)는 보웬의 가족치료 기술 중 하나로 핵가족 내의 고정된 삼각관계에서 벗어나 진짜 자기로서 기능하게 되는 것을 의미한다. 나 전달법(I-message)은 '나'를 주어로 해서 자신의 생각과 감정을 표현하게 하는 의사소통 방식이다.

정답 62.④ 63.⑤

64. **구조적 가족상담 이론에서 역기능적 가족의 재구조화에 관한 내용으로 옳지 않은 것은?**

① 부모 하위체계와 별도로 부부 하위체계가 기능하도록 한다.

② 부모가 서로 지원하고 서로에게 적응함으로써 자녀에게 일관된 모습을 보여야 한다.

③ 부모는 자녀끼리 협상하고 갈등이나 차이를 해결하도록 지원한다.

④ 적절한 위계는 부모가 권위와 책임을 바탕으로 세대 간 차이를 인정하는 구조이다.

⑤ 경계선이 밀착된 가족은 가족원 간의 상호작용 빈도를 증가시킴으로써 서로에 대한 보살핌과 지원을 제공하도록 한다.

해설 ⑤ 경계선은 개인과 하위체계 간 또는 가족 간에 허용되는 접촉의 종류와 양으로 파악될 수 있다. 명료한 경계선을 가진 가족이 정상적인 가족이다. 경계선이 밀착된 가족은 개인과 하위체계 각자가 분화하도록 도와주어야 한다.

65. **가족상담의 개념에 관한 설명으로 옳은 것을 모두 고른 것은?**

> ㄱ. 가족항상성(family homeostasis): 어떤 상황에서도 안정성을 유지하려는 가족의 속성이다.
> ㄴ. 경계선(boundary): 눈에 보이지 않지만 개인과 하위체계의 안팎에 누가 어떻게 참여하는가를 규정하는 것이다.
> ㄷ. 부부균열(marital schism): 부부간의 권력이 지나치게 불균형을 이룬 상황으로 강한 배우자가 약한 배우자를 지배하는 것이다.
> ㄹ. 거짓상호성(pseudo-mutuality): 가족원 간의 친밀감과 사람에 대한 욕구를 숨기고 겉으로 거리감을 두거나 적대적인 방식으로 상호작용하는 것이다.

① ㄱ, ㄴ ② ㄴ, ㄷ ③ ㄷ, ㄹ ④ ㄱ, ㄴ, ㄷ ⑤ ㄱ, ㄴ, ㄷ, ㄹ

해설 ㄷ. 부부균열이란 부부갈등에 의해 부부가 서로 적대적으로 반목하고, 자녀의 충성을 얻기 위해 노골적으로 경쟁하는 것을 의미한다. 부부간 권력이 지나치게 불균형한 상황에서 우위에 있는 한쪽이 심하게 의존적인 다른 한쪽을 지배하는 병리적 상태는 부부불균형이라고 한다.

ㄹ. 거짓상호성이란 자신의 생각을 희생하면서까지 상대와의 조화를 꾀하며 친밀한 모습이 사실은 거짓이라는 개념이다.

66. **사티어(V. Satir) 가족상담에 관한 설명으로 옳은 것은?**

① 가족의 역기능 현상을 제거하여 안정된 현재 상황에 머무르게 한다.

② 원가족 도표는 돌아가신 분들은 제외하고 현재 살아 있는 가족원만 포함한다.

③ 가족조각은 가족의 주요 생활사건을 연대별로 나열하여 그림으로 표현하는 기법이다.

④ 원가족 삼인군에서 부여한 가족규칙을 따르도록 하여 가족결속력을 높인다.

⑤ 경험적 가족치료자로서 갖춰야 될 3대 요소는 유능(Competent), 자신감(Confident), 일치(Congruent)의 3C이다.

정답 64.⑤ 65.① 66.⑤

해설 ⑤ 경험적 가족치료자로서 갖춰야 될 3대 요소는 유능(Competent), 자신감(Confident), 일치(Congruent)의 3C이다.

① 가족의 역기능 현상을 인식하도록 하여 자신과 상대의 자아존중감을 향상시키면서 일치적 의사소통 유형으로 감정이나 생각을 전달하도록 돕는다.

② 원가족 도표는 원가족 삼인군 치료과정에서 주로 사용하는 도구로써 가계도와는 구성과 내용에서 차이가 있다. 스타(치료대상)의 원가족 도표, 스타 어머니의 원가족 도표, 스타 아버지의 원가족 도표로 구성된다. 사망한 구성원의 해당 도형에 사선을 그리고 사망일, 사망 시 연령, 사망사유 등을 적는다.

③ 칸터(Kantor)와 덜(Duhl)이 개발한 가족조각은 특정 시점의 정서적인 가족관계를 신체적으로 상징화하여 사람이나 대상물을 배열하는 비언어적 기법이다.

④ 원가족 삼인군에서 부여한 역기능적 가족규칙에서 벗어나 자기로서 성장할 수 있도록 돕는다.

67. 가족체계이론에 관한 설명으로 옳지 않은 것은?

① 가족원 각각의 개인적 특성보다 상호연결성과 관계에 더 초점을 둔다.

② 부적(negative) 피드백이 정적(positive) 피드백보다 더 바람직하다.

③ 가족체계는 가족원 개개인의 특성을 합한 것 그 이상이다.

④ 가족원들은 개체로서 작용하며 일정한 속성을 가지고 상호작용한다.

⑤ 가족체계가 건강하게 기능하기 위해서는 개방성과 폐쇄성 간의 적절한 균형을 이루어야 한다.

해설 ② 가족체계는 발달적 또는 환경적 스트레스에 직면하여 균형을 유지하기 위해 두 가지 형태의 피드백을 적절하게 사용하도록 노력한다.

- 부적 피드백이란 자기제어 메커니즘을 의미하며 체계의 균형과 안정성을 유지하는 기능을 담당한다.
- 정적 피드백은 같은 방향의 움직임이 계속 일어나도록 함으로써 체계의 변화와 확대를 꾀한다.

68. 전략적 가족상담 기법으로 옳은 것을 모두 고른 것은?

ㄱ. 자유연상	ㄴ. 가장 기법
ㄷ. 역설적 개입	ㄹ. 고된 체험 기법
ㅁ. 긍정적 의미 부여	

① ㄱ, ㄴ, ㄷ

② ㄴ, ㄹ, ㅁ

③ ㄷ, ㄹ, ㅁ

④ ㄴ, ㄷ, ㄹ, ㅁ

⑤ ㄱ, ㄴ, ㄷ, ㄹ, ㅁ

해설 ㄱ. 자유연상은 정신분석의 가장 기본적 상담기술로써 마음속에서 떠오르는 것을 무엇이든 자유롭게 이야기하도록 하는 기법이다.

정답 67.② 68.④

주요 전략적 가족상담 모델 비교

	MRI의 상호작용모델	헤일리의 전략적 구조주의 모델	밀란의 체계적 모델
주요 개념	의사소통, 가족항상성, 이중구속, 피드백고리, 가족규칙	권력, 통제, 역설적 지시, 위계	가족게임, 가설설정, 순환질문, 중립성
이론적 근거	의사소통이론		일반체계이론
치료자 역할	지시적, 역설적		종합적, 치료동반자
치료적 개입방법	증상처방, 치료적 이중구속, 역설적 지시, 재명명		긍정적 의미 부여, 순환질문, 의식 불변의 처방 등
치료목표	증상제거 및 현재의 행동 변화		파괴적 가족게임의 중지, 의미변화로 가족체계 변화

69. 가족상담 이론과 상담목표의 연결로 옳은 것은?

① 경험적 가족상담 – 투사적 동일시를 통해 유지되어 온 가족관계를 이해한다.
② 전략적 가족상담 – 가족들이 발달상에서 이루어야 할 자아통합을 이루도록 돕는다.
③ 다세대 가족상담 – 내담자가 정서체계에 따라 행동하게 한다.
④ 구조적 가족상담 – 역기능적인 가족구조를 재구조화한다.
⑤ 이야기 치료 – 내담자가 호소하는 문제와 자신을 동일시하여 사회문화적 기준에 따르도록 한다.

해설 ④ 구조적 가족상담 이론의 상담목표는 역기능적인 가족구조를 재구조화하는 것이다.
① 경험적 가족상담 – 개인의 정서적 경험과 가족체계에 대한 이중적 초점을 가지는 접근법으로 개인의 변화를 통해 가족체계 내의 상호작용의 변화를 꾀한다.
② 전략적 가족상담 – 문제해결과 행동변화에 초점을 맞추어 전략을 세워 실용적이고 간결한 기법을 사용한다.
③ 다세대 가족상담 – 불안의 감소와 자아분화 수준의 증가를 통해 정체감을 형성하고 자유를 획득하게 하는 것을 목표로 삼는다.
⑤ 이야기 치료 – 내담자가 호소하는 문제와 자신을 분리하여 새로운 대안 이야기를 구축하게 한다.

70. 다음 대화에서 상담자가 시도하고 있는 상담기법은?

> ○ 상담자: 성현이가 상담에 오기 전에 가장 힘들었을 때를 1점으로 하고, 원하는 대로 해결되는 최상의 상태를 10점이라고 하면, 오늘 상담하고 난 후 점수를 매긴다면 몇 점이라고 할 수 있을까?
> ○ 내담자: 8점이요. 선생님이랑 얘기하고 나니까 가슴이 뻥 뚫렸어요.

① 척도질문 ② 예외질문 ③ 대처질문 ④ 과정질문 ⑤ 관계성 질문

정답 69.④ 70.①

해설 ① 척도질문: 해결중심 단기가족치료의 기법으로 문제의 심각도, 바라는 변화, 성취의 정도를 수치로 표현하게 하는 질문이다.

② 예외질문: 해결중심 단기가족치료의 기법으로 성공경험을 회상하게 함으로써 의도적으로 강화시키는 질문이다.

③ 대처질문: 해결중심 단기가족치료의 기법으로 만성적 어려움과 위기에 대처해 온 방식을 스스로 인식함으로써 자신의 자원과 강점을 발견하게 하는 질문이다.

④ 과정질문: 보웬(Bowen)의 다세대모델의 기법으로, 개인의 내면 또는 개인 간에 어떤 일이 일어나고 있는지를 인지적 측면에 초점을 맞춰 질문함으로써 스스로 해결방법을 찾도록 격려하는 질문이다.

⑤ 관계성 질문: 해결중심 단기가족치료의 기법으로 중요한 타인의 입장이 되어 자신을 바라보게 함으로써 새로운 해결방안을 찾게 하는 질문이다.

71. 다음 사례에 나타나는 가족역동을 가장 잘 설명하는 가족상담 개념은?

> 부부싸움 후 어머니는 아들에게 와서 아버지에 대한 불평을 하곤 했다. 어머니가 아들과 밀착된 관계를 추구할수록 부부관계는 더욱 소원해졌다. 아버지는 가족으로부터 소외감을 느껴 더욱 사회활동에 집중하게 되었다. 아버지의 귀가 시간이 늦어질 때면 어머니와 다툼이 있었고, 어머니는 아들에게 더 가까워짐으로써 불안을 해소했다. 아들은 어머니의 불평을 들을 때마다 어머니를 위로하고 아버지를 비난하는 편에 서게 되었다.

① 삼각관계

② 독특한 결과

③ 기계론적 관점

④ 선형적 인과관계

⑤ 사회적 정서과정

해설 보웬(Bowen)의 다세대모델에서 삼각관계는 두 사람 간의 정서적 문제에 제3자를 끌어들여 불안을 피하려는 행태를 의미한다. 가장 흔한 예가 부부 사이의 문제를 해결하지 못한 채 자녀를 끌어들여 긴장을 완화시키는 것이다. 긴장이 심해지면 부모 한 사람과 자녀 사이에 강한 유착관계가 유발된다. 다세대모델에서는 바람직하지 않은 삼각관계로부터 벗어나는 '탈삼각화'를 목표로 삼는다.

정답 71.①

72. 가족상담 기법에 관한 설명으로 옳은 것을 모두 고른 것은?

ㄱ. 악몽질문(nightmare questioning): 증상이 나타날 때 내담자가 괴로워하는 정도에 대해 묻는 질문기법
ㄴ. 긍정적 의미부여(positive connotation): 가족의 부정적인 증상행동을 긍정적인 동기로 재구성하여 파괴적인 가족게임을 무력화시키는 치료기법
ㄷ. 역설적 개입(paradoxical intervention): 일상생활에서 성공적으로 잘하고 있으면서도 의식하지 못하는 것을 발견하여, 성공했던 행동을 의도적으로 하도록 강화시키는 기법
ㄹ. 순환질문(circular questioning): 각 가족원에게 돌아가며 가족상호작용에 대해 이야기하도록 함으로써 다른 가족원의 입장에서 새로운 인식을 도모하고 관계적 맥락에서 문제를 바라볼 수 있도록 하는 대화기법

① ㄱ, ㄴ ② ㄴ, ㄹ ③ ㄷ, ㄹ
④ ㄱ, ㄴ, ㄷ ⑤ ㄱ, ㄴ, ㄷ, ㄹ

해설 ㄱ. 악몽질문은 해결중심모델의 다른 질문들과 달리 문제중심적인 질문이다. 다른 질문들이 효과가 없을 때, 더 나쁜 일이 일어나는 상황을 예상해야 문제에서 벗어날 것으로 예상될 경우 사용하며 부작용을 염두에 두고 조심스럽게 사용해야 한다. 보기의 내용은 척도질문에 대한 설명이다.
ㄷ. 역설적 개입은 전략적 접근의 헤일리(Haley)가 사용한 기법으로써, 문제행동이나 역기능적인 상호작용을 더 많이 하도록 지시함으로써 내담자의 문제증상이 역설적으로 감소되게 하는 기법이다. 보기의 내용은 해결중심의 예외질문에 대한 설명이다.

73. 가족상담 윤리에 관한 내용으로 옳지 않은 것은?

① 내담자가 스스로 의사결정을 할 권리를 존중한다.
② 인종, 성별, 출신국가 등에 관계없이 내담자를 공정하게 대우해야 한다.
③ 상담자는 내담자와 사적인 친밀관계, 성적 관계, 동업자 관계 등을 피해야 한다.
④ 비밀보장은 상담관계를 유지하는 데 기본이 되는 원칙이기 때문에 예외 없이 지켜져야 한다.
⑤ 상담을 시작하기 전에 내담자에게 자신의 권리와 책임에 대해 충분히 설명한 후 동의를 구해야 한다.

해설 ④ 비밀보장은 상담관계의 기본이 되는 원칙이지만 아래의 예외 상황이 존재하며 이 사실에 대해서는 내담자 권리와 비밀보장을 안내할 때 함께 고지되어야 한다.
- 미성년 내담자의 신체적 · 정서적 · 성적 학대 피해 사실을 알았을 때
- 자해, 타해의 위험이 있을 때
- 법원, 보호자, 부모의 요구가 있을 때
- 범죄 사실과 심각한 법정 전염병에 대한 사실을 알았을 때

정답 72.② 73.④

74. **올슨(D. Olson) 등의 순환모델(Circumplex Model)에 관한 설명으로 옳지 않은 것은?**

① 적응력은 가족의 변화를 허용하는 정도를 의미한다.

② 응집력은 가족원 사이의 정서적 결합의 정도를 의미한다.

③ 적응력과 응집력은 높을수록 더 건강한 가족임을 의미한다.

④ 순환모델을 바탕으로 개발된 평가도구는 FACES와 CRS가 있다.

⑤ 가족체계이론을 바탕으로 가족기능에 관한 개념을 분석하여 귀납적으로 발전시킨 모델이다.

해설 ③ 적응력과 응집력은 중간 수준일 때 더 건강한 가족임을 의미한다. 응집력이 너무 높아 밀착된 상태에서는 동일시와 유대감이 너무 높아 개인의 자율성이 제한된다. 응집력이 너무 낮아 과잉분리된 상태에서는 자율성이 높아지는 대신 유대감이 낮아진다.

75. **사티어(V. Satir) 가족상담의 의사소통 및 대처유형에 관한 설명으로 옳은 것은?**

① 회유형의 자원은 자기주장이다.

② 비난형은 자아존중감 요소 중 자기를 무시한다.

③ 초이성형의 내면은 쉽게 상처받고 소외감을 느낀다.

④ 산만형은 재미있고 익살스러워 내면에 쉽게 접촉할 수 있다.

⑤ 일치형은 스스로를 방어하고 상황을 통제하는 데 효과적이다.

해설 ③ 초이성형은 자신과 타인을 과소평가하고 상황에 초점을 둔다. 내면은 쉽게 상처받고 소외감을 느낀다.
① 회유형은 자신의 감정과 가치를 무시하고 타인에게 자신의 힘을 넘겨 주는 방식의 유형이다.
② 비난형은 자신을 보호하기 위해 자신에게만 가치를 두고 타인과 환경을 비난하거나 괴롭힌다.
④ 산만형은 재미있고 익살스럽지만 내면은 혼란스러워 쉽게 접촉할 수 없다.
⑤ 일치형은 자신이 중심이 되어 타인과 관계를 맺고 접촉하며 타인과의 연결을 스스로 선택한다.

정답 74.③ 75.③

◆ 가족상담

제3과목 선택 2020년 기출문제 및 해설

51. 가족상담의 체계론적 사고에 관한 설명으로 옳지 않은 것은?

① 개인이 변화해도 가족체계를 변화시킬 수는 없다.
② 절대적으로 옳고 그른 상황이 있다고 보지 않는다.
③ 모든 현상이 상호연관되어 있고 상호의존하는 것으로 본다.
④ 내담자를 능동적으로 선택할 수 있는 존재로 보고 존중한다.
⑤ 가족구성원 모두를 고려할 뿐만 아니라 각자의 내적 경험도 고려한다.

해설 ① 체계론적 관점에서는 '전체로서의 가족에 초점을 맞춘다. 가족은 상호의존하고 영향을 주고받는 체계로서 기능하기 때문이다. 그러므로 개인의 변화는 곧 가족체계의 변화로 이어질 수 있다고 본다.

52. 가족상담 개념에 관한 설명으로 옳은 것을 모두 고른 것은?

ㄱ. 균열된 부부는 각자 자신의 기대와 욕구를 충족하기 위해 상대방을 억누른다.
ㄴ. 부부체계에서 불균형 부부는 상대적인 권력을 갖고 있으므로 갈등이 표면화되는 것을 막을 수 있다.
ㄷ. 고무울타리 가족은 함께해야 한다는 믿음으로 개인의 정체성이나 독자성도 유연하게 수용한다.
ㄹ. 거짓적대성을 지닌 가족은 친밀감뿐만 아니라 갈등이나 불화를 직접적으로 다루는 데 어려움을 느낀다.

① ㄱ, ㄴ
② ㄷ, ㄹ
③ ㄱ, ㄴ, ㄷ
④ ㄱ, ㄴ, ㄹ
⑤ ㄴ, ㄷ, ㄹ

해설 ㄷ. 고무울타리(rubber fence)란 가족이 함께해야 한다는 믿음으로 가족의 담장을 늘려 가면서 개인의 정체성과 독자성 추구 노력을 무시하는 것을 의미한다.

정답 51.① 52.④

학습 plus

조현병 연구에서 가족치료의 개념

- 초기 가족치료에서 조현병 환자가족의 역기능에 대한 연구들을 통해 가족 내 경계문제와 의사소통문제에 대한 다양한 개념이 제시되었는데, 이 개념들은 이후 가족치료의 주요 개념의 발전에 큰 공헌을 하게 된다.
- 인류학자 베이트슨(G. Bateson)은 '이중구속' 개념을 제시하였다.
- 정신과의사 리즈(T. Lids) '부부균열'과 '부부불균형' 개념을 제시하였다.
- 정신과의사 윈(L. Wynne)은 '거짓상호성(거짓친밀성)'과 '거짓적대성' '고무울타리' 개념을 제시하였다.
- 정신과의사 보웬(M. Bowen)은 '자아분화'와 '융합' 개념을 제시하였다.

53. 가족상담의 초기단계에서 상담자의 역할에 관한 설명으로 옳은 것은?

① 상담자를 전문가로 인정할 수 있게 첫 회기에 가족 모두가 함께 오도록 권장한다.
② 자녀문제로 부모 중 한 사람이 먼저 상담에 오겠다고 하면 수락하고 동맹관계를 맺는다.
③ 치료적 관계를 형성하여 전문가로서의 신뢰를 구축한다.
④ 가족이 무엇을 문제로 보는지 물어보되 어린 자녀에게는 질문하지 않는다.
⑤ 가족이 함께 모이기가 어려우므로 첫 회기에 바로 문제를 직면시킨다.

해설 ③ 치료적 관계를 형성하여 전문가로서의 신뢰를 구축한다.
① 첫 회기에 가족 전원의 참석이 권장되는 이유는 가족의 역동과 상호작용을 제대로 파악하기 위함이다.
② 가족상담은 가족 전체를 대상으로 한 치료이며 자녀문제일 경우 부모 양쪽의 참여가 전제된다. 한쪽 부모가 참석하지 않는 경우 미참석 부모와 의사소통할 수 있는 방안을 모색해야 한다.
④ 어린 자녀를 상담과정에 참여시키면 가족구조 파악과정에 의외의 좋은 정보를 얻는 등 여러 가지 면에서 도움이 될 수 있다. 의사소통이 어려울 경우 유용한 보조기구로 활용한다.
⑤ 초기 회기에서는 문제와 명료화와 관계형성이 중요하다. 문제에 대한 개입은 중기 이후로 사용해야 하며, 특히 직면은 매우 신중하게 접근해야 한다.

54. 다음 가족상담에서 상담자가 활용한 기법은?

> ○ 엄　마: 아들이 학교에서 왕따를 당하고 있다고 들었어요.
> ○ 상담자: 그 이야기를 듣고 어머니 마음은 어떠셨어요?
> ○ 엄　마: 너무 불안했어요.
> ○ 상담자: 불안한 마음에 어떻게 하셨어요?
> ○ 엄　마: 누가 그랬느냐고, 네가 어떻게 했는데 애들이 그러느냐고 물었어요.
> ○ 상담자: 어머니 말에 아들은 어떻게 하던가요?

① 양육코칭　② 대처질문　③ 관계실험　④ 과정질문　⑤ 빙산탐색

정답 53.③ 54.④

해설 보기에서는 상담자가 문제에 대한 엄마의 지각과 정서, 이에 대한 행동대처를 묻고 있다. 이러한 질문기법은 보웬(Bowen)의 가족상담에서 주로 쓰이는 과정질문이다. 과정질문을 통해 불안이 감소되면 보다 더 분명한 사고가 가능해지고 문제해결의 보다 많은 가능성을 발견하게 된다.

55. 다음 가계도 분석을 통한 가족역동에 관한 가설로 옳지 않은 것은?

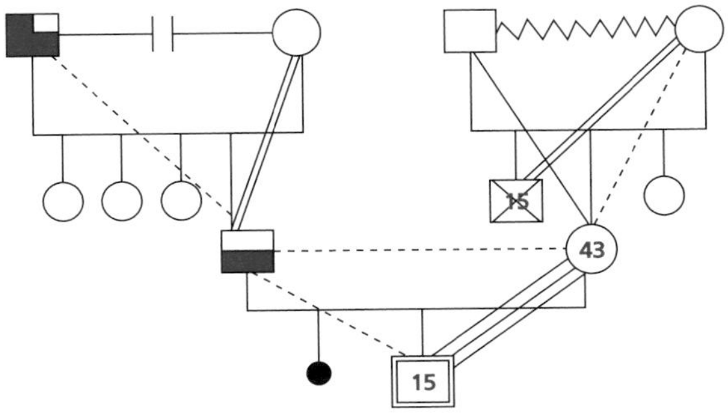

① IP 부는 부모의 정서적 단절로 모에 대한 충성심이 높았을 것이다.

② IP 친조부의 우울증이 IP 부에게 전수되었을 것이다.

③ IP의 부계와 모계 모두 삼각관계에 맞물려 있을 것이다.

④ IP 모는 오빠의 죽음으로 인한 불안을 아들에게 투사했을 것이다.

⑤ IP 모는 여러 번의 상실로 아들과 정서적으로 더욱 융합했을 것이다.

해설 ② IP의 친조부는 알코올/약물 남용문제로 인한 신체적/정신적 질병을 보이고 있고 IP의 부친은 알코올/약물 남용문제를 보이고 있으므로 친조부의 알코올/약물 남용문제가 부에게 전수되었을 것으로 볼 수 있다.

제2교시 제3과목 선택

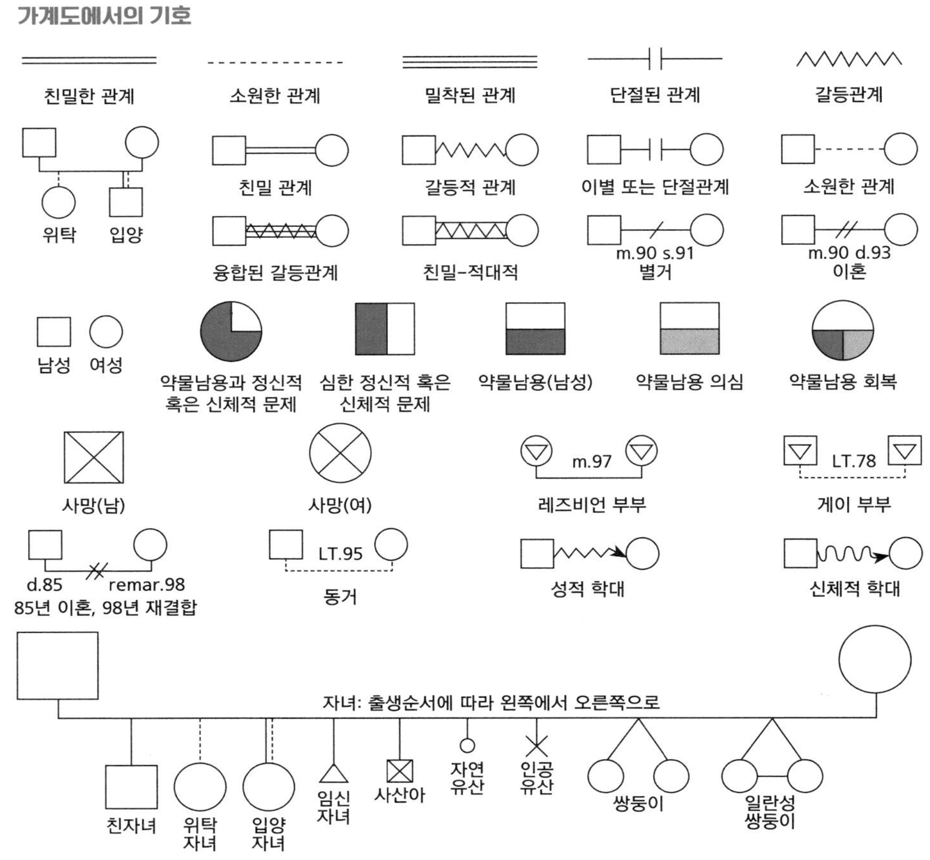

56. 사티어(V. Satir)의 경험적 가족상담에 관한 설명으로 옳은 것을 모두 고른 것은?

ㄱ. 경험적 가족상담자는 자신을 개방하면서 내담자와 연결한다.
ㄴ. 가족구성원의 내적 과정을 이끌어 내는 은유적 방법으로 가족조각을 한다.
ㄷ. 사티어가 후기에 사용한 명상작업은 주로 호흡, 감정, 집중에 관한 것이다.
ㄹ. 원가족에서 배운 역기능적 대처방법에서 벗어나 개별성을 갖도록 돕는 것이 원가족 삼인군 개입 목적이다.

① ㄱ, ㄴ ② ㄱ, ㄹ ③ ㄴ, ㄷ ④ ㄱ, ㄷ, ㄹ ⑤ ㄴ, ㄷ, ㄹ

해설 ㄴ. 보기의 내용은 '빙산탐색'에 대한 설명이다. 가족조각기법은 내담자가 다른 가족을 자신의 이미지에 따라 공간에 배열시킨 후 신체적 표현을 덧붙이도록 요구하여 가족관계를 파악하는 비언어적 기법이다.
ㄷ. 사티어의 초기 명상작업은 주로 호흡, 감정, 집중에 관한 것으로 자기통찰을 위해 사용되었고, 후기의 명상작업은 확인, 긍정적인 지각, 옳은 선택, 자기수용과 새로운 가능성에 초점을 두었다.

정답 56.②

57. 가족상담에서 경험적 접근에 관한 설명으로 옳지 않은 것은?

① 사티어(V. Satir)는 내담자 내면의 정서경험에 접촉하여 변화시킨다.
② 내면가족체계치료는 가족원 상호작용에 내재된 깊은 감정을 탐색한다.
③ 경험적 가족상담에서는 가족을 하나의 체계로 보기보다는 개인들의 집합으로 본다.
④ 지금－여기에서의 내담자 체험을 강조하고, 가족에 대한 개인의 관여를 통해 변화를 촉진시킨다.
⑤ 휘태커(C. Whitaker)는 가족의 변화를 위해 적극적이면서도 강한 지시적인 방법을 사용하였다.

해설 경험적 가족치료의 선구자인 휘태커는 자신의 치료를 '상징적 경험주의 모델'로 규정하고, 자유분방하고 직관적인 접근법을 사용하였다.

58. 다음 이야기치료의 스캐폴딩(scaffolding) 지도에서 각 번호에 대한 질문으로 옳지 않은 것은?

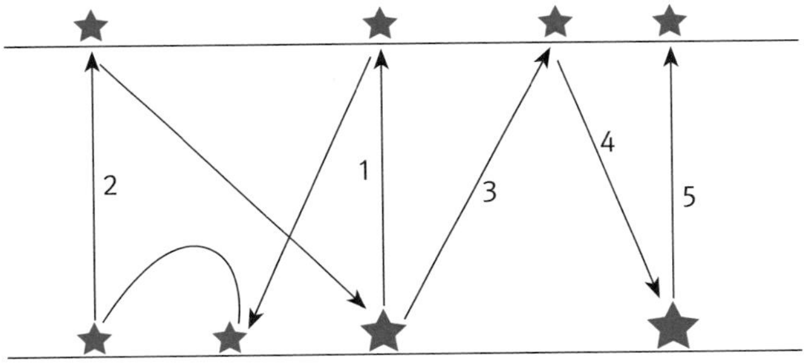

① 1: 당신은 무엇을 중요시했기에 그런 행동을 하게 되었나요?
② 2: 약자를 도와야 한다는 생각으로 또 어떤 일을 했나요?
③ 3: 만일 그렇게 한다면 당신은 어떤 모습의 사람일까요?
④ 4: 그런 바람대로 한다면 무슨 일을 할 수 있을까요?
⑤ 5: 당신 삶에서 무엇을 중요시한다고 할 수 있을까요?

해설 2번 화살표의 방향은 상단을 향하고 있으므로 정체성 영역 질문(개인의 가치와 특성에 대한 질문)이어야 한다. 보기 내용은 행동영역에 대한 질문이므로 옳지 않다.

- 이야기치료의 최종 관심은 삶의 이야기를 다시 쓰게 하는 것(대안적 이야기의 구축)이다.
- 대안적 이야기의 구축을 위해 이뤄지는 질문과 탐색의 과정을 도식화한 것이 스캐폴딩 지도이다.
- 스캐폴딩 지도에서 중앙은 현재, 왼쪽은 과거, 오른쪽은 미래를 의미한다.
- 상담자는 과거의 독특한 결과와 관련 있는 사건을 찾아내어 정체성 영역 질문(의미)과 행동영역 질문(사건의 진행)을 하게 되는데, 스캐폴딩 지도 상단은 정체성 영역이고, 하단은 행동영역이다.

정답 57.⑤ 58.②

59. 이야기치료에 관한 설명으로 옳지 않은 것은?

① 이야기치료자는 영향력 있는 위치를 고수해야 한다.
② 문제에 이름을 붙이고 문제이야기의 해체를 시작한다.
③ 문제로 가득 찬 지배적 이야기와 상반되는 일화를 독특한 결과로 본다.
④ 내담자가 자신이 선호하는 방향으로 자기 이야기를 써 나갈 수 있도록 한다.
⑤ 호소문제를 감소시킴으로써 단기적으로 자아정체감을 형성하도록 한다.

해설 ⑤ 이야기치료의 관심사는 문제와 개인을 분리시키고 삶의 지배적 이야기에서 벗어나 스스로 대안적 이야기를 만들어 내고 대안적 의미와 대안적 방법을 추구하도록 하는 것이다.

학습 plus

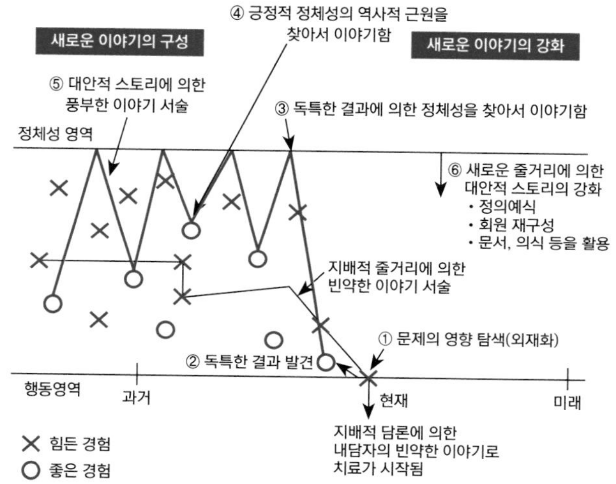

출처: 김유숙(2022).

60. 가족생활주기에 관한 설명으로 옳지 않은 것은?

① 중년기에는 가족안정성을 유지하려고 역기능적 상호작용을 고수한다.
② 카터(B. Carter)와 맥골드릭(M. McGoldrick)의 가족생활주기는 결혼으로 시작된다.
③ 난임 부부가 자녀를 출산한 후 자녀양육기로 들어가면서 양육스트레스를 경험한다.
④ 자녀 청소년기에는 부모-자녀관계에서 가족체계의 경계가 유연하게 변화해야 한다.
⑤ 듀발(E. Duvall)과 힐(R. Hill)은 가족생활주기를 8단계로 나누고 발달론적 관점을 가족에 적용하였다.

해설 ② 카터와 맥골드릭의 가족생활주기는 결혼 이전부터 시작된다.

정답 59.⑤ 60.②

학습 plus

카터와 맥골드릭이 제시한 가족생활주기의 6단계

1. 원가족과 분리한 후부터 결혼 전 단계
2. 결혼에 의한 가족결합
3. 자녀 아동기
4. 자녀 청소년기
5. 자녀 독립기
6. 노년기

61. 최근 사회적 거리두기로 가족과 함께 있는 시간이 많아지면서 작은 아들 지훈(초4)이가 더욱 의기소침해지고 죽고 싶다는 이야기를 자주하는 문제로 가족이 상담을 받으러 왔다. 아빠는 지훈이와 사이가 좋으나 집에 없을 때가 많으며, 자녀에 대한 통제가 심한 엄마도 맞벌이로 바쁘고, 활달하고 고집이 센 형(고1)은 성적과 학습태도 문제로 엄마와 자주 싸운다. 이 사례에 대한 가족상담 개입으로 옳은 것을 모두 고른 것은?

ㄱ. 엄마와 형에게 MMPI－2 검사를 실시한다.
ㄴ. 엄마와 형과의 갈등에 끼어 있는 삼각관계를 해체시킨다.
ㄷ. 아빠와의 관계는 좋으므로, 다음 회기부터 아빠는 상담에 오지 않도록 한다.
ㄹ. 가족조각 작업을 통해 지훈이가 다른 가족원에게 느끼는 정서를 탐색한다.

① ㄱ, ㄷ ② ㄴ, ㄹ ③ ㄱ, ㄴ, ㄹ ④ ㄴ, ㄷ, ㄹ ⑤ ㄱ, ㄴ, ㄷ, ㄹ

해설 ㄱ. MMPI-2는 임상진단을 위한 객관적 정보제공을 주목적으로 하며 18세 이상을 대상으로 한다. 고1인 형에게는 MMPI-A가 적절하며, 이 사례에서는 문제를 드러내는 지훈에 대한 심리검사가 더 필요하다.
ㄷ. 가족상담에서는 문제를 드러내는 내담자가 가족 전체의 문제를 표현하고 있는 것으로 보고 있으며 가족 전원의 참여를 기본으로 한다. 잘 기능하고 있는 가족 구성원의 경우는 특히 치료과정에 도움을 줄 수 있으므로 참여를 적극 유도하여야 한다.

62. 다음에서 상담자가 시도하고 있는 개입 기법은?

○ 상담자: 그동안 이중으로 힘드셨네요. 이런 마음이 있다는 걸 아시니까 어떠세요?
○ 내담자: 정말 몰랐어요. 아버지에 대한 미움 때문에 내 아이한테 그렇게 심하게 하는 줄 몰랐어요.

① 나－메시지 ② 합리적 사고 ③ 교정적 정서경험
④ 자신에게 초점두기 ⑤ 자기 뿌리내리기

해설 사례에서 상담자는 내담자가 자신을 객관적으로 조망함으로써 문제의 맥락을 명료하게 인지하도록 돕는 '자신에게 초점두기' 기법으로 개입하고 있다.

정답 61.② 62.④

63. 청소년기 자녀가 있는 가족에 대한 상담개입으로 옳은 것은?

① 자녀가 상담에 저항할 때, 부모와 연합하여 설득한다.
② 정체성의 유예시기이므로 부모가 자녀를 잘 통제하도록 한다.
③ 부모 역할은 자녀의 변화와 관계없이 일관성 있게 유지하도록 한다.
④ 부모도 중년기의 위기를 맞이하는 시기이므로 부모의 문제를 우선적으로 다룬다.
⑤ 자녀가 자유롭게 할 수 있는 것과 스스로 책임져야 하는 것을 구별할 수 있도록 한다.

해설 ⑤ 자녀가 자유롭게 할 수 있는 것과 스스로 책임져야 하는 것을 구별할 수 있도록 한다.
① 자녀가 상담에 저항할 때는 상담방법을 전환할 수 있는 가능성을 열어 두고 진행하는 것이 좋다.
② 정체성의 유예시기이므로 정체성 확립에 도움 될 수 있는 부모-자녀 간 관계 변화에 대해 부모가 인식하게 하도록 한다.
③ 부모 역할은 자녀의 변화에 맞추어 현실적으로 조정되어 가도록 한다.
④ 부모도 중년기의 위기를 맞이하는 시기이므로 이 문제를 잘 다루는 동시에 자녀의 문제를 잘 인식하고 관계를 개선할 수 있도록 한다.

64. 다음에 해당하는 가족상담 윤리원칙은?

- 사생활 보호에 대한 사회적 가치에 기초한 원칙이다.
- 전문적 치료관계를 유지하는 데 기본이 되는 원칙이다.
- 불가피한 이유로 상담내용을 알려야 하는 예외상황이 발생할 수 있다.

① 이중관계 금지 ② 고지된 동의 ③ 비밀보장
④ 다양성 존중 ⑤ 자기결정권 존중

해설 가족상담 윤리원칙 중 비밀보장 원칙이란 동의 없이 상담내용을 외부에 공개하지 않는 것을 의미한다. 상담 초기에 비밀보장의 원칙과 예외상황에 대해 내담자에게 고지되어야 한다.

학습 plus

비밀보장의 한계

가. 청소년상담사는 상담 시 비밀보장의 1차적 의무를 내담자의 보호에 두지만 비밀보장의 한계가 있는 경우 청소년의 부모(보호자) 및 관계기관에 공개할 수 있다.
나. 비밀보장의 한계가 있는 경우는 다음과 같다.
① 청소년상담사는 내담자의 생명이나 사회의 안전을 위협하는 경우 비밀을 공개하여 그러한 위험의 목표가 되는 사람을 보호하기 위한 합당한 조치 등 안전을 확보한다.
② 청소년상담사는 법적으로 정보의 공개가 요구되는 경우 내담자에게 그 사실을 알리고 최소한의 정보만을 제공한다.
③ 청소년상담사는 내담자에게 감염성이 있는 치명적인 질병이 있을 경우 관련 기관에 신고하고, 그 질병에 노출되어 있는 제3자에게 정보를 공개할 수 있다.

정답 63.⑤ 64.③

다. 청소년상담사는 아동학대, 청소년 성범죄, 성매매, 학교폭력, 노동관계 법령 위반 등 관련 법령에 의해 신고의 무자로 규정된 경우 해당 기관에 관련 사실을 신고해야 한다.

65. 가족상담 모델과 주요 기법의 연결로 옳은 것을 모두 고른 것은?

ㄱ. 이야기치료－재진술, 외재화
ㄴ. 구조적 가족상담－모방, 경계선 만들기
ㄷ. 다세대 가족상담－탈삼각화, 정서적 단절
ㄹ. 전략적 가족상담－역설적 개입, 불변 처방

① ㄱ, ㄴ
② ㄷ, ㄹ
③ ㄱ, ㄴ, ㄹ
④ ㄴ, ㄷ, ㄹ
⑤ ㄱ, ㄴ, ㄷ, ㄹ

해설 ㄷ. 보웬(Bowen)의 다세대 가족상담 모델의 주요 기법으로는 탈삼각화, 가계도, 과정질문, 치료적 삼각화, 관계실험, 자기입장 지키기, 코칭 등이 있다. 정서적 단절은 가족의 극심한 정서적 분리 양상을 의미하며 정서체계를 악화시키는 원인이 된다.

66. 후기 가족상담의 이론적 기초에 관한 설명으로 옳지 않은 것은?

① 후기 구조주의는 사람들의 정체성에 대한 상세한 기술을 추구한다.
② 구성주의는 사람이나 현상에 관한 진실을 객관적으로 관찰할 수 없다고 주장한다.
③ 2차 사이버네틱스에서 보는 체계는 자기준거성, 자율성, 부적 피드백 등의 속성을 갖는다.
④ 포스트모더니즘은 인간이 각자의 인식행위를 통해 다르게 구성된 여러 우주에 살고 있다고 가정한다.
⑤ 페미니즘은 '정치적인 것이 곧 개인적인 것이다'라는 신념으로 사회에서 발생하는 부당함의 개선을 주장한다.

해설 ⑤ 페미니즘은 '개인적인 것이 곧 정치적인 것이다'라는 신념으로 사회에서 발생하는 부당함의 개선을 주장한다.

67. **카터(B. Carter)와 맥골드릭(M. McGoldrick)이 제시한 재혼가족 생활주기 상의 발달과제를 순서대로 옳게 나열한 것은?**

ㄱ. 결혼과 가족을 형성하기 위해 재헌신하며 이를 위해서 복잡성, 모호성 등을 다룰 준비를 한다.
ㄴ. 새로운 관계에 대하여 개방적인 태도로 접근하며, 두 개의 가족체계 내에서 겪는 두려움, 충성심에 대한 갈등, 멤버십을 다룬다.
ㄷ. 몇 개의 체계를 서로 혼합하기 위하여 하위체계를 통한 관계와 재정적인 조정을 재편성하고, 가족의 통합을 증진하기 위해 추억과 역사를 공유한다.

① ㄱ－ㄴ－ㄷ
② ㄱ－ㄷ－ㄴ
③ ㄴ－ㄷ－ㄱ
④ ㄷ－ㄱ－ㄴ
⑤ ㄷ－ㄴ－ㄱ

해설 **카터와 맥골드릭의 재혼가족 생활주기 3단계**

1) 새로운 관계 형성: 결혼과 가족 형성을 위해 재헌신하며, 복잡성, 모호성 등을 다룰 준비를 한다.
2) 새로운 결혼과 가족에 대한 개념화와 계획 세우기: 새 관계에 개방적 태도로 접근하며, 두 가족체계 내의 두려움, 충성심에 대한 갈등과 멤버십을 다룬다.
3) 재혼 및 가족의 재구성: 상이한 체계의 혼합을 위해 하위체계를 통한 관계와 재정적인 조정을 재편성하고, 가족통합의 증진을 위해 추억과 역사를 공유한다.

68. **구조적 가족상담자가 관심을 두어야 하는 영역으로 옳은 것을 모두 고른 것은?**

ㄱ. 가족체계 내 동맹과 연합
ㄴ. 구성원의 행동에 대한 가족체계의 감수성
ㄷ. 구성원의 부정적 상호작용 고리와 원인
ㄹ. 가족의 발달단계와 해당 단계의 과업 수행능력

① ㄱ, ㄴ
② ㄷ, ㄹ
③ ㄱ, ㄴ, ㄷ
④ ㄱ, ㄴ, ㄹ
⑤ ㄴ, ㄷ, ㄹ

해설 ㄷ. 구조적 가족상담에서 상담자의 개입목표는 역기능적 가족구조를 수정하여 가족을 재구조화하는 것이다. 가족상담자는 가족에 합류하여 경계선을 명확하게 하고 위계질서를 형성하며 각 하위체계 고유기능을 강화시킴으로써 가족구성원이 스스로 문제를 해결하도록 돕는다.
1950년대 말, 비행청소년 시설에서 근무하던 미누친(S. Minuchin)은 열악한 환경에 놓인 가족을 대상으로 치료법을 모색하였고, 그 결과 변화를 위한 구체적이고 간결하며 행동지향적인 구조적 모델을 개발하였다.

정답 67.① 68.④

69. 수정(여, 중3)이는 온라인게임에 빠져 학교생활도 불성실하고 가족들과도 극심한 갈등상황에 처해 있다는 이유로 상담을 받게 되었다. 수정이와의 첫 회기에서 상담자가 가장 먼저 해야 할 일은?

① 게임에 관한 가족규칙을 탐색한다.

② 수정이와 부모의 상호작용패턴을 탐색한다.

③ 수정이가 게임을 하게 되는 상황을 파악한다.

④ 게임이 학교생활에 미치는 영향력을 분석한다.

⑤ 수정이가 자발적으로 상담에 참여하게 되었는지를 파악한다.

해설 ⑤ 상담 첫 회기에는 우선 상담 참여의 자발성을 먼저 파악하는 것이 중요하다. 비자발적 내담자는 상담에 대한 저항을 보일 수 있고, 치료효과에 부정적 영향을 줄 수 있으므로, 이 경우에는 스스로 문제를 지각할 수 있는 기회를 제공하면서 상담에 대한 동기유발을 해야 한다.

70. 장기간 단기치료(long-term brief therapy)라 불리며, 2개의 남녀 혼성조 중 1조는 상담하고 2조는 관찰하는 방식으로 진행되는 모델에서 주로 활용하는 상담기법은?

① 균형 깨기 ② 정의예식

③ 가족게임 ④ 관계성 질문

⑤ 긍정적 의미부여

해설 ⑤ 긍정적 의미부여: 부정적 증상과 행동을 긍정적 동기로 바꿔 설명하는 것을 의미한다. 전략적 가족치료의 한 분파인 밀란학파의 개입기법이다.

① 균형 깨기: 구조적 가족치료의 기법이다.

② 정의예식: 이야기치료의 기법이다.

③ 가족게임: 밀란학파 모델의 주요 개념 중 하나로써 가족 내 항상성 유지를 위한 복잡한 의사소통 유형을 의미한다.

④ 관계성 질문: 해결중심 단기가족치료의 기법이다.

학습 plus

밀란학파의 체계적모델의 상담과정

- 10회기 단기상담이지만 월 1회 만남으로써 장기상담적인 특징을 가지고 있어서 장기간 단기치료(long-term brief therapy)이라고 불린다.
- 4명의 상담자가 남녀혼성의 2조로 나뉘어 각각 상담 역할과 관찰자 역할을 한다.
- 긍정적 의미부여, 순환질문, 의식처방, 불변처방 등의 기법이 있다.

정답 69.⑤ 70.⑤

71. 해결중심 단기상담의 발달과정에 관한 설명으로 옳은 것을 모두 고른 것은?

ㄱ. MRI 단기가족치료센터를 중심으로 한 전략적 접근에 근원을 두고 있다.
ㄴ. 해결중심 단기상담은 이론이 간단하고, 쉽게 활용할 수 있는 기법들이 제시되어 인기를 얻었다.
ㄷ. 인수 버그(Insoo K. Berg)는 많은 임상경험을 토대로 상담자를 훈련하고 이론을 보급하는 일에 기여하였다.
ㄹ. 드 세이저(S. de Shazer)는 풍부한 임상경험을 바탕으로 해결중심이론의 주요 개념과 개입 기법을 개발하였다.

① ㄱ, ㄴ ② ㄷ, ㄹ ③ ㄱ, ㄴ, ㄷ
④ ㄴ, ㄷ, ㄹ ⑤ ㄱ, ㄴ, ㄷ, ㄹ

해설 ㄹ. 해결중심이론은 MRI 단기치료, 최면의학자 에릭슨, 사회구성주의의 영향을 받아 드 세이저와 인수 버그가 주도적으로 개발한 상담모델이다. 드 세이저는 에릭슨의 철학과 기법을 바탕으로 연구와 이론정립에 주력하였고, 인수 버그는 풍부한 임상경험을 바탕으로 주요 개념과 개입기법을 개발하였다. 인수 버그는 또한 상담자 훈련과 이론 보급에도 기여하였다.

72. 해결중심 단기상담의 치료 원리에 해당하지 않는 것은?

① 건강한 것에 초점을 둔다.
② 간단하고 단순한 방법을 일차적으로 사용한다.
③ 이론적 틀에 맞추어 내담자를 진단하지 않는다.
④ 변화는 삶의 일부이므로 그대로 받아들이도록 한다.
⑤ 내담자의 강점과 자원은 물론 증상까지도 상담에 활용한다.

해설 해결중심이론은 쉽고 간단한 해결방안을 중시하며 변화가 치료의 해결책으로 활용된다. 변화는 불가피하고 항상 일어나며 연쇄적이다. 작은 변화는 연쇄적으로 다른 변화를 불러오며 결국은 큰 변화가 가능해진다.

해결중심 가족치료의 기본원리
- 건강하고 긍정적인 것에 초점 두기
- 강점, 자원, 증상까지 치료에 활용하기
- 탈이론, 비규범, 내담자 견해 존중하기
- 간단하고 단순한 방법 선호하기
- 변화는 불가피하다.
- 현재에 초점을 맞추고 미래지향적이다.
- 내담자와의 협력관계를 중요시한다.

정답 71.③ 72.④

73. 다음 사례에서 적용할 수 있는 가족상담 모델과 개입방법의 연결로 옳지 않은 것은?

힙합에 빠져 있는 은서(여, 중3)는 이 문제로 부모님과 많은 갈등을 겪고 있다. 딸의 행동을 이해하지 못하는 아빠는 딸을 그렇게 키운 게 엄마라며 두 사람을 비난한다. 엄마는 딸이 안쓰럽긴 하지만 자신이 할 수 있는 것이 없다고 생각한다.

① 구조적 모델 – 힙합에 관한 순환질문
② 이야기치료 모델 – 가족 갈등의 외재화
③ 경험적 모델 – 가족구성원의 의사소통 유형 분석
④ 다세대 모델 – 부모와 자녀 간 정서적 삼각관계 파악
⑤ 해결중심 단기 모델 – 문제가 해결된 상황에 대한 기적질문

해설 순환질문(circular questioning)은 전략적 가족치료 중 밀란학파의 체계모델의 기법이다. 다른 가족구성원의 입장에서 바라보게 함으로써 자신의 문제에 대한 좁은 시각에서 벗어나게 하며 관계적 맥락을 통해 문제의 순환성을 인식하게 하는 기법이다.

74. 다음 사례에 대한 가족상담 개입으로 옳지 않은 것은?

가족들과 말도 안 하고 학교에도 가지 않으려는 기철(남, 고1)의 부모님이 상담을 의뢰했다. 부부는 기철을 대하는 서로의 행동에 불만을 표현하면서 부부간의 갈등이 심해졌다고 했다. 기철은 동생 기영(여, 초4)을 포함한 가족 모두가 참여한 첫 회기에서 더 이상 가족상담에 참여하지 않겠다고 말했다.

① 기철에게 개인상담의 의사를 물어본다.
② 부모상담을 통하여 기철에 대한 대응 방안을 모색한다.
③ 기영에게 오빠의 변화가 자신에게 미친 영향에 대해 질문한다.
④ 기철의 학교에 연락하여 담임선생님께 기철의 학교폭력 여부를 확인한다.
⑤ 부부상담을 통하여 미해결된 부부갈등과 그것이 자녀에 미친 영향 등을 파악한다.

해설 ④ 학교에 연락하여 담임선생님께 내담자의 학교폭력 여부를 직접 확인하는 것은 가족상담자의 개입영역으로 보기 어렵다.

75. 다음의 상담목표를 가진 모델에서 활용하는 주요 상담기법이 아닌 것은?

> • 자녀들은 부모에 의해 돌봄과 보호를 받도록 위계질서를 바로잡는다.
> • 가족 내 잘못된 위계질서를 변화시켜 구성원들이 각자의 위치에서 적절한 힘을 행사하도록 한다.

① 증상 처방
② 가장 기법
③ 은유적 과제
④ 지시적 방법
⑤ 고된 체험 기법

해설 ① 증상 처방은 전략적 가족상담의 다른 갈래인 밀란학파의 체계론적 가족치료의 기법이다.
보기의 내용은 위계질서와 통제, 위계, 권력 등을 주요 개념으로 하는 헤일리(Haley)의 전략적 구조주의상담에 해당한다. 헤일리 모델의 주요 기법으로는 역설적 지시, 가장 기법, 은유적 과제, 지시적 방법, 고된 체험 기법 등이 있다.

정답 75.①

◆ 가족상담

제3과목 선택 2019년 기출문제 및 해설

51. 개인상담과 비교한 가족상담의 특성으로 옳은 것을 모두 고른 것은?

ㄱ. 변증법적 논리로 접근한다.
ㄴ. 순환적 인과론에 기반한다.
ㄷ. 문제를 환원적으로 이해한다.
ㄹ. 인간을 결정론적 존재로 본다.

① ㄱ, ㄴ
② ㄱ, ㄷ
③ ㄴ, ㄹ
④ ㄱ, ㄴ, ㄷ
⑤ ㄴ, ㄷ, ㄹ

해설 ㄷ. 문제를 관계적, 맥락적으로 이해한다.
ㄹ. 인간을 선택의 자유를 지닌 능동적 존재로 본다.

가족상담과 개인상담

가족상담의 특징	개인상담의 특징
변증법적 논리로 접근한다.	이분법적 논리로 접근한다.
순환적 인과론에 기반한다.	직선적 인과론에 기반한다.
문제를 관계적, 맥락적으로 이해한다.	문제를 환원적, 개인적으로 이해한다.
인간을 선택의 자유를 지닌 능동적 존재로 본다.	인간을 결정론적 · 반응적 존재로 본다.
유기체적 세계관을 가진다.	기계론적 세계관을 가진다.

52. 체계이론을 적용한 가족에 관한 설명으로 옳은 것을 모두 고른 것은?

ㄱ. 정적 피드백은 가족의 항상성을 유지하는 역할을 한다.
ㄴ. 가족의 역량은 개개인의 역량을 모두 합한 것보다 작다.
ㄷ. 외부 세계와 상호작용하지 않는 가족은 엔트로피 수준이 높아진다.
ㄹ. 가족이 여러 가지 방법을 사용하여 최종 목표에 이르는 것은 동귀결성이다.

① ㄱ, ㄴ
② ㄱ, ㄷ
③ ㄷ, ㄹ
④ ㄱ, ㄷ, ㄹ
⑤ ㄴ, ㄷ, ㄹ

해설 ㄱ. 체계이론에서의 정적 피드백과 부적 피드백은 긍정적 피드백, 부정적 피드백과는 다른 의미이다. 변화를 초래하는 역할을 하는 것은 정적 피드백이고, 항상성 유지 역할을 하는 것은 부적 피드백이다.
ㄴ. 체계이론에는 '전체는 부분의 합보다 크다'라는 전제가 있다. 모든 구성원의 역량이 상호작용하여 만들어 내는 가족 전체의 역량은 개인의 역량을 합한 것보다 크다고 볼 수 있다.

정답 51.① 52.③

53. 가족상담 초기단계에 상담자의 과업으로 옳지 않은 것은?

① 가족의 상호작용 과정을 탐색한다.
② 상담과정을 설명하고 구조화한다.
③ 구체적인 문제와 시도했던 해결책을 점검한다.
④ 궁금한 점에 대해 질문할 수 있도록 격려한다.
⑤ 해석을 통해 내담자가 문제의 원인을 통찰하도록 돕는다.

해설 ⑤ 해석을 통해 문제 원인의 통찰을 돕는 것은 가족상담 중기단계 상담자의 과업이다.

54. 다음 사례에서 상담자가 부부에게 시도하고 있는 구조적 가족상담 기법은?

○ 내담자(아내): 남편이 가정에는 관심도 없고 애들을 등한시해서 매일 집에 늦게 들어오는 거예요. 그러니까 애들도 저한테만 매달리고 아빠한테는 다가가지 않아요. 오늘 상담이 있는 걸 알면서도 늦었잖아요. ○ 내담자(남편): 근무 일정을 제가 조정할 수 없어서 어쩔 수 없어요. ○ 내담자(아내): 회사에 일할 사람이 당신뿐이에요? 오늘도 애들 데리러 학원에 가려면 서둘러야 한다고요. 애들 일정이 얼마나 많은지 알아요? ○ 상담자: 땀을 흘리면서 뛰어 들어오는 남편을 보고 어떻게 느끼셨나요? 아내분은 남편보다는 아이들에게 더 관심이 많으시군요.

① 실연 ② 재정의 ③ 과제부여
④ 경계선 설정 ⑤ 균형 깨뜨리기

해설 ⑤ 보기에서 상담자는 의도적으로 남편의 편을 들고 있는데, 이는 구조적 가족치료 모델의 기법 중 '균형 깨뜨리기(unbalancing)'에 해당한다. 상담사는 역기능적 권력구조에 도전하여 위계상 낮은 위치의 구성원에게 힘을 실어 주는 것으로서 기존의 균형을 무너뜨리고자 한다. 이를 통해 건강한 힘의 재분배와 가족위계의 재편성을 꾀한다.

55. 다음 상담자의 행동에 공통적으로 나타난 가족상담 윤리는?

• 녹음, 녹화, 제3자의 관찰을 허용하기 전에 내담자로부터 문서로 사전 동의를 받는다. • 상담 내용에 대해 비밀을 유지하지만, 법적인 요구가 있을 경우에는 공개할 수 있음을 알린다.

① 고지된 동의 ② 이중관계 금지 ③ 자기결정권 존중
④ 의뢰에 대한 책임 ⑤ 지역사회에 대한 기여

정답 53.⑤ 54.⑤ 55.①

해설 고지된 동의는 치료 시작 전에 내담자에게 상담절차와 제반 내용, 상담자 정보, 비밀보장 원칙과 한계, 내담자의 권리 및 책임 등을 미리 고지하고 치료과정 기록에 대해 문서적으로 동의하게 하는 절차를 의미한다.

56. 보웬(Bowen)의 가족상담에 관한 설명으로 옳지 않은 것은?

① 3대 이상의 가계도를 통해 가족 구조와 관계 패턴을 살펴본다.
② 과정 질문을 통해 내담자의 내면 및 타인과의 관계를 탐색한다.
③ 상담자는 가족의 삼각관계를 이해할 수 있도록 가족과 융합한다.
④ 충동적이거나 감정적으로 반응하는 가족원을 분화수준이 낮은 것으로 본다.
⑤ 내담자가 확대가족의 구성원과 관계를 맺고 연결하는 것은 분화수준을 높이는 과정에 포함된다.

해설 ③ 보웬의 다세대 가족상담 모델은 가족융합 상태를 벗어나게 하고 자아분화를 증가시키는 것을 목표로 한다. 삼각관계를 이해하기 위해 가계도를 활용하며 탈삼각화를 이룰 수 있도록 돕는다.

57. 후기 가족상담의 발달에 영향을 준 요인으로 옳은 것은?

① 역할이론 ② 사회구성주의 ③ 집단 역동 운동
④ 아동상담소 운동 ⑤ 조현병 가족 연구

해설 후기 가족상담의 대표적인 이론으로는 해결중심모델과 이야기치료를 들 수 있다. 후기 가족상담은 체계이론을 비판한 포스트모더니즘과 2차 사이버네틱스의 강력한 영향을 받았으며 사회구성주의는 포스트모더니즘의 중심 사상 중 하나이다. 그 외에도 후기 구조주의, 다문화주의, 페미니즘 등이 후기 가족상담에 영향을 주었다.
※ 초기 가족상담의 기본이론은 체계이론이며, 사이버네틱스, 집단 역동 운동, 역할이론, 아동상담소 운동, 부부상담, 조현병 가족 연구, 사회복지실천 등이 영향을 미쳤다.

58. 듀발(Duvall)이 제시한 가족생활주기에 관한 설명으로 옳은 것을 모두 고른 것은?

ㄱ. 결혼, 출산 등 예측 가능한 변화는 수평적 스트레스 요인이다.
ㄴ. 가족생활주기의 첫 단계는 가족이 형성되는 결혼으로 시작된다.
ㄷ. 아동기 자녀를 둔 가족을 자녀의 초등학교 입학 전과 초등학교 시기로 구분한다.
ㄹ. 이혼 가족은 이혼 과정에서 이혼 전 의사결정, 이혼 협상, 별거, 이혼, 이혼 후의 단계를 거친다.

① ㄱ, ㄹ ② ㄴ, ㄷ ③ ㄱ, ㄴ, ㄷ
④ ㄴ, ㄷ, ㄹ ⑤ ㄱ, ㄴ, ㄷ, ㄹ

정답 56.③ 57.② 58.②

해설 ㄱ. 카터(Carter)와 맥골드릭(McGoldrick)이 제시한 가족체계 내의 스트레스 요인에 대한 설명이다. 수직적 스트레스 요인에는 가족신화, 가족규칙, 가풍, 기대 등 세대에 따라 전수되는 요인들이 있고 수평적 요인에는 발달적 요인과 외적 요인이 있는데 보기의 내용은 시간흐름에 따라 예측 가능한 사건들인 발달적 요인을 설명하고 있다.

ㄹ. 솔츠(Salts, 1985)는 이혼가족이 이혼과정에서 이혼 전 의사결정 단계(predivorce decision making), 이혼 재구조화 단계(divorce restructuring), 이혼 후 회복(postdivorce recovery) 단계를 거친다고 하였다. 한편, 카터와 맥골드릭(Carter & McGoldrick, 1989)은 이혼가족의 생활주기로 이혼 결정, 가족해체 계획, 별거, 이혼, 이혼 후의 과정을 제시하였다.

59. 집단 따돌림 가해자인 청소년과 가족 사정을 위해 사용할 수 있는 도구와 목적의 연결로 옳지 않은 것은?

① KFD – 가족 역동 관계 파악

② MBTI – 청소년 자녀와 부모의 성격 유형 파악

③ MMPI – 청소년 자녀와 부모의 심리적 · 정서적 어려움 평가

④ FACES – 가족 응집성과 적응성 측정

⑤ PREPARE – 부부 관계 건강성 평정

해설 PREPARE – 커플관계의 건강성을 평정하고 갈등요소를 진단하여 커플관계의 성장에 도움을 주기 위한 평가도구이므로 따돌림 가해 청소년의 가족사정 도구로는 적합하지 않다.

④ FACES(Family Adaptability & Cohesion Evaluation Scale): 가족기능검사로 번역되며 가족적응력과 응집성을 평가하기 위해 개발된 자기보고식 척도이다.

60. 다음 두 내담자 사례에 공통적으로 나타난 인지행동적 가족상담의 역기능적 신념은?

- 자녀를 훈육하는 상황에서 배우자가 자신의 편을 들어주지 않자 "당신 지금 누구 편이야? 내 편이야, 애 편이야?"라고 말했다.
- 결혼한 지 20년 된 내담자에게 결혼생활이 어땠느냐고 상담자가 묻자 "행복하지 않으니까 불행했지요. 매일매일 행복할 줄 알았는데……"라고 대답했다.

① 축소 ② 개인화 ③ 독심술

④ 이분법적 사고 ⑤ 선택적 추상화

해설 ④ 보기의 내담자는 "내 편이 아니라면 상대방 편이다" "행복하지 않으면 불행한 것이다"라는 흑백논리, 이분법적 사고를 표현하고 있다. 이는 자신이 경험하는 세계를 소수의 범주로만 이해하고 '이것 아니면 저것'이라는 양극의 구분으로 현실을 재단하는 역기능적 신념이다.

정답 59.⑤ 60.④

61. **다음 사례에서 상담자가 사용한 전략적 가족상담 기법은?**

민아의 어머니는 민아가 아침마다 화장을 하느라 학교에 지각을 하는 일이 반복되자 민아에 대한 상담을 의뢰했다. 상담자는 민아에게 화장을 하고 싶은 만큼 하되, 학교에 지각을 하면 안 되므로 화장을 하고 싶으면 아침 7시에 일어나도록 규칙을 정했다. 그리고 늦게 일어나거나 화장을 하느라 지각을 하는 날에는 좋아하는 동영상을 보지 않고 저녁 설거지를 하는 과제를 제안했다. 민아는 이를 수락했다. 그 후 민아는 아침에 늦게 일어나거나 지각을 할 때마다 과제를 수행해야 했고, 이후 화장을 하는 빈도와 시간이 줄었다.

① 시련 처방
② 의식 기법
③ 증상 처방
④ 협상 기법
⑤ 은유적 과제

해설 보기에서는 늦은 기상과 지각이라는 증상이 나타날 때마다 이에 대한 처방으로 더 고된 체험을 하도록 과제를 주고 있다. 이는 시련 처방(고된 체험) 기법으로써 증상이 나타날 때마다 내담자가 괴로워하는 특정한 일을 하도록 지시하는 기법이다.

62. **사티어(Satir)의 의사소통 유형에 관한 설명으로 옳은 것을 모두 고른 것은?**

ㄱ. 산만형의 내면적 정서는 경직되고 강박적이다. ㄴ. 회유형은 타인과 상황을 중요시하지만 자신을 무시한다. ㄷ. 비난형은 문제의 원인을 다른 사람이나 환경에서 찾는다. ㄹ. 초이성형은 자신과 상황을 중요시하지만 타인을 무시한다.

① ㄱ, ㄷ
② ㄴ, ㄷ
③ ㄷ, ㄹ
④ ㄱ, ㄴ, ㄷ
⑤ ㄴ, ㄷ, ㄹ

해설 ㄱ. 산만형의 내면적 정서는 혼란스러움이 특징이다. 경직되고 강박적인 것은 초이성형의 특징이다.
ㄹ. 초이성형은 상황을 중요시하고 자신과 타인을 무시한다.

사티어-의사소통의 유형

- 회유형: 자신의 감정과 가치를 무시하고 타인에게 자신의 힘을 넘겨 주는 방식의 유형이다.
- 비난형: 자신을 보호하기 위해 자신에게만 가치를 두고 타인과 환경을 비난하거나 괴롭힌다.
- 초이성형: 자신과 타인을 과소평가하고 상황에 초점을 둔다. 내면은 쉽게 상처받고 소외감을 느낀다.
- 산만형: 재미있고 익살스럽지만 내면은 혼란스러워 쉽게 접촉할 수 없다.
- 일치형: 자신이 중심이 되어 타인과 관계 맺고 접촉하며 타인과의 연결을 스스로 선택한다.

정답 61.① 62.②

63. 가족상담 모델에서 상담자의 역할로 옳지 않은 것은?

① MRI 모델: 내담자가 제시한 문제의 해결을 상담 목표로 삼는다.
② 밀란 모델: 중립성을 지키며 가족 스스로 해결책을 찾도록 돕는다.
③ 이야기치료: 내담자가 '나-입장'을 취할 수 있도록 능동적으로 코칭한다.
④ 구조적 가족상담: 가족체계에 합류하면서 상담자 자신을 도구로 활용한다.
⑤ 경험적 가족상담: 내담자와 진솔하게 연결되어 상담자와 가족원들의 감정을 드러나게 한다.

해설 이야기치료에서 상담자는 문제이야기를 경청하고 문제를 외재화시키며 내담자가 독특한 결과를 탐색하여 대안적 이야기를 도출할 수 있도록 돕는다. '나-입장(I-Positioning)'을 취하도록 능동적으로 코칭하는 것은 보웬(Bowen)의 다세대 가족상담의 기법이다.

64. 청소년기 자녀가 있는 가족의 특성 및 가족발달과제에 관한 설명으로 옳지 않은 것은?

① 가족경계의 확대가 요구된다.
② 가족경계의 융통성을 증가시킬 필요가 있다.
③ 부모와 자녀 관계에서 자립과 의존의 갈등이 증가된다.
④ 부모의 부부관계 및 진로문제에 대한 재인식이 필요하다.
⑤ 부모는 배우자, 형제, 동료의 상실에 대응하고, 죽음을 준비해야 한다.

해설 ⑤ 부모가 배우자, 형제, 동료의 상실에 대응하고, 죽음을 준비하는 것은 가족생활주기 중 노년기(가족해체기)의 과제에 해당한다.

65. 가족상담 모델과 상담목표의 연결로 옳지 않은 것은?

① 다세대 가족치료 – 불안수준의 감소
② MRI 모델 – 증상제거 및 행동변화
③ 구조적 가족상담 – 가족의 재구조화
④ 해결중심모델 – 무의식적 상호작용의 의식화
⑤ 경험적 가족치료 – 느낌의 표현 및 자발성 성장

해설 무의식적 상호작용의 의식화는 정신역동적 모델에 해당하는 내용이다. 해결중심모델에서는 내담자의 강점과 성공경험에 초점을 두고 내담자가 원하는 변화와 문제해결을 목표로 한다.

정답 63.③ 64.⑤ 65.④

66. 가족상담의 실제와 관련된 내용으로 옳지 않은 것은?

① 여러 가족원이 동시에 말하는 경우 상담자가 특정 가족원을 지정해서 질문할 수 있다.
② 다른 가족원을 대신해서 이야기해서는 안 된다는 규칙을 만들어 놓는 것이 효과적이다.
③ 다른 가족을 비난하는 경우 평소 상호작용이 드러난 것이므로 비난을 지속하도록 허용한다.
④ 내담자가 두서없이 말하는 경우 상담자는 상담주제로 대화의 초점을 전환시킨다.
⑤ 가족구성원들이 상담을 통해 습득한 대처방법이나 행동방식을 계속 유지하는 것은 종결의 지표이다.

해설 다른 가족을 비난하는 경우 상담자는 비난을 멈추게 할 만한 표정이나 행동을 취한다. 그리고 공격적 의사표현방식의 해로움에 대해 설명한 후 건설적인 방향으로 자신의 생각과 감정을 다시 이야기할 수 있도록 개입한다.

학습 plus

면담 과정에서 의사소통문제

1. 잡담을 하는 경우
잡담은 친숙해지는 수단이 되기도 하지만 지나치게 사용할 경우에는 오히려 상담에 방해를 초래할 수 있으므로 신중히 사용하여야 한다. 따라서 적절한 시점에 잡담의 종료를 알려야 한다.
2. 모든 가족이 동시에 말하는 경우
1) 상담자가 특정 가족을 지정해서 질문한다.
2) 상담자가 가족을 대변해서 이야기한다.
3) 모자나 막대기 같은 소도구를 사용하여 발언할 사람을 정하는 규칙을 설정한다.
4) 모든 시도가 아무런 효력을 발휘하지 못하면 면담을 중단한다.
3. 아무도 발언하지 않는 경우
1) 가족상담자는 서로에게 기대하고 있는 생각이나 감정을 말할 수 있도록 격려해 준다.
2) 상호작용 촉진 절차로, 상담자가 가족의 감정을 대변하거나, 가족 구성원의 생각과 감정을 공개적으로 표현하거나 자신의 감정을 표현하는 법을 배우도록 한다.
4. 두서없이 떠드는 경우
합법적으로 상담자가 끼어들어 가족에 대한 관심과 이해를 전달하거나, 상담자가 선택한 화제로 대화를 재조정한다.
5. 가족이 상담자에게만 말을 하는 경우
가족의 발언에서 언급된 구체적 대상에게 직접 이야기하도록 요구한다.
6. 다른 가족을 비난하는 경우
1) 제지하는 표정이나 손이나 팔을 흔들거나 일어서는 등의 행동을 취하여 상호작용을 멈추게 한다.
2) 어떤 가족을 비난하는 사람에게 건설적인 방법으로 자신의 감정과 생각을 다시 이야기하도록 하고, 공격적인 행동들이 의사소통 과정에서 왜 해로운 것인지 설명해 준다.
7. 문제를 분명하게 정의하지 못할 때
용어나 증상을 명확히 정의하도록 하는 기회를 주며, 가족이 용어나 증상에 대한 정의가 명확하게 내려졌을 때의 이점을 지각할 수 있도록 돕는 것이 필요하다.

정답 66.③

67. 가정 내에서 폭력 문제를 보이는 청소년 가족에 대한 이해 및 개입에 관한 설명으로 옳지 않은 것은?

① 폭력의 대상은 가족 내에서 자신보다 힘이 약한 사람이다.
② 어머니에 대해 의존과 폭력이라는 양면적인 태도를 보인다.
③ 폭력을 청소년 개인의 병리가 아닌 가족체계의 병리로 간주하여 개입한다.
④ 가정 내 폭력행위 외에 가정 밖에서 도벽, 약물남용, 범죄행위 등을 동반한다.
⑤ 가족들이 폭력 문제를 보이는 청소년의 눈치를 보며 맞춰 주면 오히려 공격성을 자극할 수 있음을 주지시킨다.

해설 가정 내 폭력 문제를 보이는 청소년이 가정 밖에서 도벽, 약물남용, 범죄행위 등을 동반하는 경우는 거의 없다. 이들 청소년은 가정 밖과 안에서 각기 다른 이중적인 모습을 보이며, 주체성과 용기가 부족한 특성을 보인다.

가정 내 폭력문제를 보이는 청소년의 특징

1) 어머니에 대해 심한 폭력행동이 나타난다.
2) 분노에 대한 억제가 결여되어 있다.
3) 어머니에 대하여 어리광과 폭력의 양면적인 태도를 보인다.
4) 가정 안과 밖의 이중성을 지적한다.
5) 이들은 지능수준이 높은 것에 비해 언행은 미숙한 경향이 있다.
6) 어린 시절 반항기를 경험하지 못한 경향이 있으며, 이렇게 자란 청소년들은 자아정체감이 확립되지 못하여 고립감, 공허감, 비참함 등의 감정을 가지고 있다.
7) 아버지는 가정 내에서 무력한 존재이다.
8) 13~17세 사이에 가정 안에서 청소년의 폭력이 일어난다.

68. 이혼한 내담자와의 상담에서 부모-자녀 관계에 관한 상담자의 개입으로 옳지 않은 것은?

① 가족경계선을 재구조화하도록 돕는다.
② 부모가 자녀에게 일관된 규칙을 가지고 대하도록 한다.
③ 자녀가 새로운 가족체계에 대한 두려움을 가질 수 있음을 설명한다.
④ 자녀가 부모 중 누구 편을 들어야 할지 갈등할 수 있음을 설명한다.
⑤ 양육부모와의 관계를 강화하기 위하여 비양육부모와의 면접교섭을 자제하도록 조언한다.

해설 면접교섭은 비양육부모의 권리에 해당하며 아동학대 위험이 없다면 반드시 이행되어야 한다. 상담자는 양육부모, 비양육부모 모두가 서로의 역할을 수용하고 공동부모로서 자녀를 함께 양육하고 있다는 인식을 가지도록 조언한다.

정답 67.④ 68.⑤

69. 가족상담 기법 및 개념에 관한 설명으로 옳은 것을 모두 고른 것은?

ㄱ. 역설적 개입: 증상처방을 통해 내담자가 역기능적 행동을 포기하도록 하는 기법
ㄴ. 순환질문: 다른 가족원의 입장에서 새로운 인식을 도모하고 관계적 맥락에서 문제를 바라볼 수 있도록 하는 대화 기법
ㄷ. 긍정적 의미부여: 기존에 존재했던 세대 간의 은밀한 동맹을 깨뜨림으로써 융통성 있는 생활방식을 개발하도록 하는 기법
ㄹ. 부부불균형: 부부가 거의 모든 영역에서 경쟁적이고 각자 자신의 욕구와 기대를 충족시키기 위해 상대방의 지위를 손상시키는 부부관계

① ㄱ, ㄴ ② ㄴ, ㄷ ③ ㄷ, ㄹ
④ ㄱ, ㄴ, ㄹ ⑤ ㄱ, ㄷ, ㄹ

해설 ㄷ. 긍정적 의미부여: 부정적 증상행동을 긍정적인 동기로 설명해 줌으로써 가족게임을 무력화시키는 기법이다. '기존에 존재했던 세대 간의 은밀한 동맹을 깨뜨림으로써 융통성 있는 생활방식을 개발하도록 하는 기법'은 '불변 처방'에 대한 설명이다.
ㄹ. 부부불균형: 부부간 권력의 지나친 불균형으로 인해 강자가 약자를 지배하는 상황을 의미한다. 보기 내용은 '부부균열'에 대한 설명이다.

70. 가족상담 이론가와 주요 개념 및 기법의 연결로 옳은 것은?

① 보웬(Bowen) – 핵가족 정서체계, 치료적 삼각관계
② 사티어(Satir) – 의사소통 유형, 증상처방
③ 마다네스(Madanes) – 가족게임, 가장기법
④ 헤일리(Haley) – 위계질서, 체계적 둔감화
⑤ 미누친(Minuchin) – 정서적 단절, 일치적 의사소통

해설 ① 보웬 – 핵가족 정서체계, 치료적 삼각관계
② 사티어 – 의사소통유형
헤일리 – 증상처방
③ 마다네스 – 가장기법
밀란 학파 – 가족게임
④ 헤일리 – 위계질서
행동주의 가족치료 – 체계적 둔감화
⑤ 보웬 – 정서적 단절
사티어 – 일치적 의사소통

정답 69.① 70.①

71. 부모와 청소년 자녀 간의 갈등으로 가족상담에 참여한 사례에 대한 상담방법으로 적절하지 않은 것은?

① 가족 내 학대나 폭력 문제가 있는지 확인한다.
② 반항하는 자녀의 문제가 가족 전체의 문제를 드러내는 증상인지 확인한다.
③ 상담목표의 선정과 상담진행과정에서 부모의 의견을 자녀의 의견에 우선해서 반영한다.
④ 가족들이 그동안 표현하지 못했던 감정을 솔직하게 표현할 수 있도록 격려한다.
⑤ 초기상담에서는 수용적 자세로 가족원들이 상담에 대해 편안하게 느끼고 마음을 열 수 있도록 한다.

해설 부모-자녀 간 갈등으로 가족상담에 참여하는 사례에서는 상담자의 중립적 태도가 중요하다. 상담목표의 선정과 상담진행과정에서 부모와 자녀의 의견을 함께 반영하는 것이 바람직하다.

72. 다음 사례에 대한 상담자의 개입으로 옳지 않은 것은?

> 고등학교 1학년 학생인 지영이는 최근 공부하기 싫고, 학교에 가기 싫다고 하며 잦은 지각과 조퇴를 하여 담임선생님을 통해 상담에 의뢰되었다. 상담하는 과정에서 손목에 자해 흔적을 발견했다. 부모님과도 갈등이 심하고, 중학교 때까지 도움을 주던 언니가 다른 지역의 대학으로 진학하면서 점점 더 고립되었음을 인지하게 된 상담자는 가족상담을 제안하였다.

① 학교폭력이 있었는지 확인한다.
② 자해의 강도, 빈도, 방법을 확인하고 생명존중서약을 받는다.
③ 지영이가 학교에 가기 싫다고 할 무렵 가족 내에 발생한 문제가 있었는지 확인한다.
④ 가족조각을 활용하여 지영이가 다른 가족구성원에게 느끼는 내적 정서 상태를 탐색한다.
⑤ 지영이가 자해의 위험이 있음을 담임교사를 통해 같은 반 학생들에게 알려 도와주도록 한다.

해설 자해의 위험은 비밀보장의 예외사항에 해당한다. 그러나 이러한 내용의 고지는 보호자와 직접 관련자에게 한정된다. 사례자의 사생활 보호 측면을 고려할 때 또한 청소년 자해의 모방경향을 고려할 때 오히려 같은 반 학생들에게 알려지지 않도록 해야 한다.

정답 71.③ 72.⑤

73. 다음 상담자와 아동의 대화에 나타난 이야기치료 기법은?

○ 상담자: 네 말을 더듬게 하는 게 대체 뭘까? ○ 아동: 말더듬이 도깨비요.

① 모방

② 공명하기

③ 스캐폴딩

④ 외재화하기

⑤ 대안적 이야기

해설 ④ 사례에서 상담자는 내담자가 문제의 원인을 외부에서 찾을 수 있도록 말을 더듬게 하는 '그 무엇'을 질문하고 있다. 질문에 대한 답을 찾기 위해 검토하는 동안, 내담자는 문제와 자신을 분리하여 객관적으로 바라보게 된다. 이러한 기법은 '외재화하기(externalization)'이다.

① 모방(mimesis): 구조적 가족치료의 기법 중 하나로써 합류를 촉진하기 위해 가족의 언어적 · 비언어적 행동을 활용하는 기법이다. 상담자는 대상의 동작, 언어사용, 감정표현, 비유적 표현에 의식적 · 무의식적으로 주목하여 팬터마임처럼 흉내 낸다.

② 공명하기(resonance): 이야기치료의 정의예식 중에 사용할 수 있는 기법으로 내담자 이야기의 특정 부분에 주목하고 이를 반영하여 이야기함으로써 내담자의 대안적 이야기의 의미와 영향력을 확산시키는 것

③ 스캐폴딩(Scaffolding) 지도: 이야기치료에서 대안적 이야기의 구축을 위해 이뤄지는 질문-탐색

⑤ 대안적 이야기(alternative story): 이야기치료에서는 대안적 이야기를 도출하여 문제이야기를 대체한다.

학습 plus

문제의 외재화(externalization)를 위한 질문

1. 문제와 자신을 완전히 동일시하는 내담자로 하여금 자신의 문제를 객관적으로 보고 검토할 수 있도록 질문하는 것이다.
2. 질문에는 3인칭으로 바꾸어서 서술하기, 자신을 괴롭히는 문제로 바꾸어서 서술하기, 관찰자 입장에서 서술하기 등으로 다양하게 질문할 수 있다.
3. 나의 문제가 게으름일 경우 '나무늘보'라고 문제에 이름 붙이기: 이렇게 하면 문제가 외재화되어 '나'의 삶에 '나무늘보'가 들어와 내 삶을 방해하는 것이 된다.

정답 73.④

74. 다음이 설명하는 해결중심모델의 상담자-내담자 관계유형과 그 유형에 부여할 과제의 연결로 옳은 것은?

> • 긍정적이고 협력적인 치료관계를 형성하였다.
> • 내담자는 문제해결을 위해 어떤 일을 하려는 의지를 보인다.
> • 상담자와 내담자는 일치된 해결 목표와 기대를 가지고 있다.

① 방문형 – 상담에 온 것을 칭찬하고 상담에 오도록 격려하며 과제를 주지 않는다.
② 불평형 – 다른 사람의 긍정적인 부분을 관찰하는 과제를 준다.
③ 불평형 – 문제의 원인이라 생각하는 가족원에 대한 비난을 멈추고 감사할 내용을 찾아 표현해 보게 한다.
④ 고객형 – 예외적 상황이 일어날 수 있는 행동을 더 많이 하는 과제를 준다.
⑤ 고객형 – 문제의 원인을 찾기 위해 가족원들을 관찰하는 과제를 준다.

해설 ④ 보기의 사례자는 문제해결에 대한 동기와 적극적 의지를 가지고 있으며 상담자와 일치된 해결목표와 기대를 보이고 있는데 이는 고객형에 해당한다. 고객형 내담자는 원하는 변화가 분명하므로 예외적 상황이 일어날 수 있는 행동적 과제를 주는 것이 좋다.

해결중심모델의 상담자-내담자 관계유형

고객형 내담자	• 문제를 분명히 인식하고, 변화를 위한 자발적인 동기와 적극성을 띤다. • 상담자가 원하는 이상적인 내담자이다. • 과제부여가 가능하고, 상호 간에 목표설정과 원함을 합의할 수 있다.
불평형 내담자	• 자신의 문제를 남의 책임으로 돌리는 유형이다. • 심리적인 위로와 지지가 필요하고, 해결중심적 대화가 요구된다. • 예외상황 발견하기, 관찰형, 심사숙고형 과제 부여하기로 진행한다.
방문형 내담자	• 자신의 문제에 대한 의식이 없고, 변화동기가 매우 약하다. • 문제의 인식을 스스로 알 수 있도록 상담자의 협조가 중요하다. • 상담을 의뢰한 사람과의 관계와 방문 목적을 인식해야 한다.

75. 가족상담 모델과 개입방법 예시의 연결로 옳은 것은?

① 이야기치료 – 엄마의 우울증을 외재화하고 변화를 위한 과제를 제시한다.
② 다세대 모델 – 가계도를 통해 삼각관계 유형이 세대 간에 어떻게 계속되는지 살펴본다.
③ 해결중심모델 – 질문기법을 사용하여 자녀의 야뇨증 원인을 파악한다.
④ 구조적 모델 – 아빠와 아들의 연합을 강화하여 남성 하위체계를 명확하게 한다.
⑤ 경험적 모델 – 청소년 자녀와 갈등을 보이는 가족에게 대안적 이야기를 재구성하도록 돕는다.

정답 74.④ 75.②

해설 ② 다세대 모델은 가계도를 통해 삼각관계 유형이 세대 간에 어떻게 계속되는지 살펴본다.
① 이야기치료 – 엄마와 우울증을 분리하여 문제를 외재화하고 대안적 이야기를 구축할 수 있도록 돕는다.
③ 해결중심모델 – 질문기법을 사용하여 자녀의 야뇨증 문제의 해결을 위한 단서를 찾아낸다.
④ 구조적 모델 – 아빠와 아들의 연합을 약화시켜 부모–자녀 하위체계를 명확하게 한다.
⑤ 경험적 모델 – 청소년 자녀와 갈등을 보이는 가족이 바람직한 의사소통 기술을 습득할 수 있도록 돕는다. 대안적 이야기를 재구성하도록 돕는 것은 이야기치료의 개입방법이다.

제4과목(선택)

학업상담

2023년 기출문제 및 해설

2022년 기출문제 및 해설

2021년 기출문제 및 해설

2020년 기출문제 및 해설

2019년 기출문제 및 해설

2023년 기출문제 및 해설

76. 학습문제의 원인 중 '낮은 이해력'에 관한 설명으로 옳은 것을 모두 고른 것은?

ㄱ. 어휘력이 낮은 경우 발생할 수 있다. ㄴ. 문장 또는 단락의 연결에 어려움을 겪는 경우 발생할 수 있다. ㄷ. 추론 및 원인–결과 인식력이 낮은 경우 발생할 수 있다. ㄹ. 단기기억 능력이 낮은 경우 발생할 수 있다.

① ㄱ, ㄴ, ㄷ

② ㄱ, ㄴ, ㄹ

③ ㄱ, ㄷ, ㄹ

④ ㄴ, ㄷ, ㄹ

⑤ ㄱ, ㄴ, ㄷ, ㄹ

해설 모두 옳은 설명이다.

낮은 이해력의 원인

- 어휘력이 낮은 경우: 학업환경에서의 주된 활동은 교과내용 습득인데, 이건 언어적 설명으로 이루어지기 때문에 교과 수준에 맞는 어휘가 적절히 수반되지 않으면 내용을 파악하기 어렵다.
- 문장 또는 단락 연결에 어려움을 겪는 경우: 단문의 문장은 파악하나 여러 문장을 동시에 연결하는 것에 대해 어려움을 느낄 때 내용 파악이 어려울 수 있다.
- 새로운 것에 대한 수용폭이 낮은 경우: 평소의 학업성취 수준에 비해 새로운 내용을 이해하고 받아들이는 수용폭이 낮으면 새로운 내용을 학습할 때 받아들이는 속도가 느리게 느껴질 수 있다.
- 추론 및 원인–결과 인식력이 낮은 경우: 제시된 문장의 내용을 이해하더라도 궁극적으로 추론을 통해 내용을 유추하지 못하면 이해력이 낮은 것으로 평가된다.
- 단기기억력이 낮은 경우: 단기기억은 저장용량이 제한되어 있어 정보를 20~30초 정도로 유지할 수 있다. 새로운 정보를 효과적으로 유지하고 처리하기 어려워져 이해력과 학습능력이 저하될 수 있다.

정답 76.⑤

77. 학습부진 및 유사개념을 변별적으로 사용할 때 각각의 개념에 관한 설명으로 옳은 것은?

① 학습장애(learning disabilities)는 중재반응모형이나 개인내적 처리과정 결함 접근으로도 판별한다.

② 학습부진(underachievement)을 기대학령공식으로 정의할 때, 잠재적 능력과 학업성취의 불일치로 정의한다.

③ 학습지진(slow learner)은 지적 능력이 점차 낮아져서 개인의 학업성적이 이전에 비해서 뒤떨어지는 경우를 의미한다.

④ 저성취(low achievement)는 잠재능력을 고려한 결과로서 성취수준을 집단별로 구분했을 때 하위 집단에 속하는 경우이다.

⑤ 학업지체(academic retardation)는 학교나 학급에서 지정한 학년, 학기의 학습목표를 달성하지 못하는 경우를 의미한다.

해설 ② 학습부진은 특정영역을 제대로 수행하지 못하거나 기대에 비해 못하는 것에 대한 포괄적인 개념으로 기대학년 수준과 성취학년 수준의 차이 등으로 설명한다.
③ 학습지진은 지적능력 저하로 학습성취가 뒤떨어지는 경우를 뜻한다.
④ 학업 저성취는 잠재능력을 고려하지 않는다.
⑤ 학업지체는 국가적, 지역적으로 지정한 학년의 학습목표를 기준으로 한다.

학습부진 (under-achievement)	• 특정영역을 제대로 수행하지 못 하거나 기대에 비해 못하는 것에 대한 포괄적 개념 • 정상지능이고 최소한의 학습능력을 갖추고 있으나, 신체, 환경, 습관, 정서, 인지적 문제, 학습전략상의 문제 등 외적 · 내적 요인에 의해 학습 잠재력에 비해 성취수준이 현저하게 저하되는 것을 의미하며 환경적 결함을 더 중시함 • 원인: 공부기술 및 학습시간의 부족, 동기결여, 교사의 낮은 기대 등 • 교육부의 구분: 기초학습부진(기초 학습기술과 학습전략의 부족) 교과학습부진(해당학년 교과 교육과정이 요구하는 최소수준에 미달) • 특징: 보편적 교재와 교수방법으로 학습하지 못하며 선수학습의 누적 결손이 흔함 • 기대학년 수준과 성취학년 수준의 차이 등으로 설명 • 학습장애와의 변별: 학습장애는 뇌기능장애나 인지적 결함 등 기질적 문제가 원인
학습장애 (learning disorder)	• 지적 장애, 정서장애, 시각 및 청각 능력의 결손, 환경적 결손 없이 특정 학습 분야에서 학습능력을 발휘하지 못 하는 증상 • 내적 결손, 즉 지각장애, 신경체계의 역기능, 뇌손상으로 인한 기본 정보처리과정의 장애로 인한 학습부적응을 의미함. 읽기장애, 쓰기장애, 산수장애 중 한 가지 이상의 어려움을 겪음
학업지체 (academic retardation)	• 국가적 · 지역적으로 규정된 학년의 학습목표를 달성하지 못하여 뒤처지는 상태 • 학업발달과업을 적절히 성취하지 못하여 지체된 것으로서 누적된 결손을 보임
학습지진 (slow learn)	• 지적 능력 저하로 학습성취가 뒤떨어짐 • 하위 3~25% 지능수준, IQ 70~90으로 경계선지능(IQ 70~85)과 유사함 • 학습, 사회 적응, 또래관계 형성, 기타 생활영역에서도 문제가 나타남

정답 77.①

학업저성취 (low-achievement)	• 학업성취수준의 결과를 집단별로 구분할 때 하위집단에 속하는 경우 • 잠재적 능력이나 지적 능력은 고려하지 않음 • 하위 5~20% 성취수준을 보이는 아동을 학업 저성취아로 지칭함

78. 로크와 라뎀(Locke & Lathem)의 목표설정이론에서 동기향상을 위한 조건을 모두 고른 것은?

> ㄱ. 근접성: 가까운 시일 내에 이룰 수 있는 단기 형태로 설정
> ㄴ. 구체성: 구체적이고 명확한 형태로 설정
> ㄷ. 난이도: 학습자의 능력 범위 안에서 도달 가능한 정도의 형태로 설정
> ㄹ. 보상성: 도달 후 보상이 주어질 수 있는 방식으로 설정

① ㄱ, ㄴ ② ㄷ, ㄹ ③ ㄱ, ㄴ, ㄷ
④ ㄴ, ㄷ, ㄹ ⑤ ㄱ, ㄴ, ㄷ, ㄹ

해설 ㄹ. 보상성은 동기향상을 위한 조건에 포함되지 않는다.
목표설정이론(goal setting theory)은 로크에 의해 시작된 동기이론으로, 인간이 합리적으로 행동한다는 기본적인 가정에 기초하여, 개인이 의식적으로 얻으려고 설정한 목표가 동기와 행동에 영향을 미친다는 이론이다.

동기향상을 위한 세 가지 조건

근접성(proximity)	지나치게 먼 장래에 이루어질 수 있는 목표가 아니라 가까운 시일 내에 이룰 수 있는 단기 목표의 형태를 갖는 것이다.
구체성(specificity)	막연하고 모호한 형태가 아니라 구체적으로 명확한 형태를 갖는 것이다.
난이도(difficulty)	상당히 어렵게 느껴지지만, 학습자의 능력 범위 안에서 도달 가능한 정도의 형태를 갖는 것이다.

79. 학습자 개인에게 영향을 끼치는 환경에 관한 설명으로 옳지 않은 것은?

① 부모의 기대가 적절할 때 성취압력은 커지며, 그에 따라 학업동기나 성취는 낮아지게 된다.
② 가정의 사회경제적 지위는 부모의 교육적 관심을 매개로 하여 자녀의 학업에 영향을 끼칠 수 있다.
③ 학생에 대한 교사의 자기충족적 예언은 학생의 학습노력과 성취 수준에 영향을 줄 수 있다.
④ 학습태도가 유사한 것으로 지각된 또래집단에서는 학습에 긍정적 또는 부정적 영향을 끼칠 가능성이 커진다.
⑤ 교사의 긍정적 기대에 대한 학생의 반응도는 다시 교사의 기대에 영향을 줄 수 있다.

정답 78.③ 79.①

해설 ① 부모의 기대가 적절할 때 성취압력은 커지며 그에 따라 학업동기나 성취는 높아진다.

학습자에게 영향을 주는 환경 변인

1	가정환경	가정의 사회 경제적 지위	사회경제적 지위가 낮은 가정의 자녀들은 학교 중도탈락 가능성이 상대적으로 높음
		부모의 관여	부모의 학업지원이 자기결정성 동기에 긍정적 영향을 미치지만 성취기대와 일상 통제를 높게 할 경우 자녀의 자기결정성 동기에 부정적인 영향을 준다.
2	학교환경	교사와의 관계	교사와 학생의 관계가 긍정적이고 친밀할수록 학생의 인성은 물론 학업성취도 긍정적인 영향을 받는 반면, 교사와 학생 관계가 부정적이면 학습에서도 부정적 결과, 즉 낮은 학업성취와 학습부진 등을 초래할 수 있다.
		또래관계	또래관계가 제대로 형성되지 않았을 때 학교에서 중도탈락할 확률이 높아지고 비행청소년이 될 가능성도 높아질 수 있다.
3	제도적 환경	• 우리나라는 2005년 기초학력 책임제를 시행하였다. • 여러 정책을 통해 지속적인 지원을 마련하고 있다.	

80. 학업성취의 인지적 요인에 관한 설명으로 옳지 않은 것은?

① 지능검사는 학습자의 학습 취약점들을 보강하는 계획을 세우는 데 유용하다.
② 학업성적이 점차적으로 하락하는 경우 선행학습의 결손이 누적되었을 수도 있다.
③ 기초학업능력을 파악하기 위해서는 표준화된 학업성취검사를 활용하는 것이 좋다.
④ 개인형 지능검사 도구로는 K-WAIS, 고대-비네검사, SCR-90 등이 있다.
⑤ 상담자가 학습자의 선행 학습 수준을 파악하기 어려운 경우, 교사와 부모의 협조를 얻어서 간접적으로 파악할 수 있다.

해설 ④ 개인형 지능검사 도구로는 K-WISC, K-ABC가 있다. 고대-비네검사는 지적 장애를 가진 아동과 특정 학습장애를 지닌 아동을 판별하는 검사이다. SCR-90은 간이정신진단검사이다.

- 개인의 지적 능력은 학업성취에 가장 직접적으로 영향을 미치는 인지적 요인이다.
- 지능검사: K-WISC(웩슬러 아동지능검사), K-ABC(카우프만 아동지능검사)
- 교육성취도 검사: KEDI(기초학습기능검사), BASA(기초학습기능 수행평가체제), KISE(기초학력검사)
- 학습전략검사: 학습방법진단검사, ALSA(청소년학습전략검사), LST(학습기술진단검사), MLST(학습전략검사)
- 학습태도검사: 학습흥미검사, 표준화학습흥미검사, 학습습관검사, 학업동기 및 학습전략검사
- 학습환경진단검사: 가정환경진단검사, 교육환경검사, 주의집중력검사, 진로탐색검사

정답 80.④

81. 다음에 해당하는 학습전략 프로그램의 주제는?

• 흥미 일으키기와 주의집중하기	• 자료를 심상화하기
• 정보를 연합하기	

① 공부 계획 만들기
② 정신 집중 능력 향상
③ 기억 능력 향상
④ 자원 관리 능력 향상
⑤ 어휘 학습 능력 향상

해설 ③ 기억 능력을 향상시키기 위한 전략에 해당된다.

학습 plus

기억을 증진하는 학습방법

1) 시연: 지식이나 정보를 반복 사용하는 것으로 정보를 유지시키는 기본적인 방법이다.
2) 의미학습: 장기기억에 저장된 정보와 새로운 정보 간의 유사성이나 관련성을 인식하는 과정. 이전에 학습된 정보와 관련되어 있음을 인식하여 관련성을 연결할 때 정보를 찾을 수 있는 많은 경로를 제공하여 기억을 촉진한다.
3) 조직: 정보를 공통된 특성에 따라 범주화하거나 위계적 관계를 확인하여 정보의 연관성을 발견하는 것이다.
4) 정교화: 이미 알고 있는 기존의 정보나 지식과 연계하여 새로운 지식과 정보를 확장해 나가는 것이다.
5) 심상: 정신적 그림이라고도 부르며 감각경험을 시각적 영상으로 표상하는 방법이며 정보나 지식을 사용할 때 함께 일어난다.
6) 장소법과 쐐기단어: 심상을 사용하여 기억을 증진시키는 방법으로 장소법은 기억해야 할 대상이 독특한 장면에 놓여 있는 것을 심상화하여 장소를 떠올리며 기억하는 방법이고 쐐기단어는 익숙한 단어에 기억해야 할 단어를 연결하여 심상을 형성하고 익숙한 단어를 먼저 제시한 후 연결된 새로운 단어를 기억해 내는 방법이다.

82. 학습시간 관리전략에 관한 설명으로 옳은 것을 모두 고른 것은?

ㄱ. 학습목표의 중요성이나 적절성에 따른 우선순위를 설정한다.
ㄴ. 공부하는 데 필요한 자신의 최적 시간을 찾는다.
ㄷ. 과목의 특성을 파악하여 쉬운 교과목에서 어려운 것으로 진행하며, 복습이 예습보다 효과적이다.
ㄹ. 부족한 학습 시간은 수면시간이나 식사시간을 쪼개어 보충하는 것이 효율적이다.

① ㄱ, ㄴ
② ㄴ, ㄷ
③ ㄷ, ㄹ
④ ㄱ, ㄴ, ㄷ
⑤ ㄱ, ㄷ, ㄹ

해설 ㄷ. 어려운 공부를 먼저 한다. 그러나 학습부진아와 학습동기가 낮은 학생은 쉬운 공부를 먼저 하는 것이 도움이 될 수 있다. 예습과 복습 모두 효과적인 학습방법이다.
ㄹ. 식사시간, 여가활동 등 생활환경이 지나치게 비구조화된다면 주의집중의 문제가 나타날 수 있다.

정답 81.③ 82.①

시간계획 및 시간관리 능력의 향상

1. 시간계획의 시작
   1) 학습 목표 정하기: 단기, 중기, 장기 목표를 설정하여 목표를 달성하기 위한 행동 목록을 작성해 보고 일의 우선순위를 정하여 월별, 주별, 일일 시간계획을 작성한다.
   2) 우선순위 정하기: 행동 목록을 활용하여 학습해야 할 내용 목록 중 우선순위를 정한 후 해야 할 것의 목록을 기록한다.
   3) 학습목표의 중요도와 긴급도에 따른 시간계획과 활용 방향: 주관적인 우선순위 정하기 방법으로 고정적인 학습시간 계획이나 일시적인 계획을 하는 것도 방법이나 판단이 어려울 때는 시간관리 매트릭스를 활용한다.
   4) 소요되는 시간 추정하기: 학습하는 데 소요되는 시간은 학생마다 각자 다르기에 이를 기록하고 점검한다.
   5) 골든타임 확인하기: 제한된 시간을 자신만의 방식으로 잘 계획하고 관리한다.

83. 학업적 미루기 대처전략에 관한 내용으로 옳지 않은 것은?

① 자기조절행동 점검
② 부정적인 자기언어(self-talk) 사용 점검
③ 동기부족, 완벽주의, 빈약한 시간 관리 및 조직 기술 점검
④ 큰 과제를 시간이 더 적게 소요되는 작은 과제들로 나눠서 접근
⑤ 재미있는 일을 먼저 하고 싫어하는 일을 이어서 하는 프리맥(Premack)의 원리 활용

해설 ⑤ 싫어하는 일을 먼저 해서 선호하는 일이 싫어하는 일의 보상이 되도록 하는 것이 프리맥의 원리이다. 그 예로는 '50분 동안 과제를 완성한 다음에 내가 좋아하는 컴퓨터 게임을 30분 해야지' '화학 문제를 10문제 푼 다음에 내가 좋아하는 라면 먹으러 가야지' 등이 있다.

- 학업적 미루기(academic procrastination): 일반적으로 학생들에게 있는 현상으로, 의사결정, 책임감 및 해야 할 필요가 있는 과제 미루기를 포함한다.

84. 주의력결핍 과잉행동장애(ADHD) 아동 상담에서 강화활동 관리 프로그램에 관한 설명으로 옳지 않은 것은?

① 칭찬만으로 교실활동과 학업수행을 일관되게 증가시킨다.
② 강화활동 계약의 사용, 규칙과 짝지어진 정적 강화, 문제행동 전환에 대한 강화활동을 포함한다.
③ 학급중심의 토큰 강화프로그램에서는 하나 이상의 문제가 있는 학급상황이 중재의 목표가 된다.
④ 행동계약서에는 수행이 요구되는 교실 행동이 유용한 강화활동의 결과로서 명시된다.
⑤ 정적강화로부터의 타임아웃은 유용한 강화물의 박탈이 효과적이라는 점을 전제한다.

정답 83.⑤ 84.①

해설 ADHD는 지루하거나 어려운 공부를 해야 하는 상황에 지속적으로 주의집중을 유지하기 위해서는 외부로부터 보상이 주어지지 않더라도 스스로 자기 자신을 북돋우고 동기화시키는 것이 필요하다.

학습 plus

강화활동 관리 프로그램

1) 긍정적인 행동 늘리기
- 비언어적 칭찬(nonverbal praise): 아동이 자기 자리에서 과제를 잘 수행하고 있을 때 말없이 다가가 등을 살짝 두드려 주면 아동은 칭찬받는 느낌과 함께 자신이 잘하고 있다는 것을 인식하여 이러한 행동을 많이 하게 된다. 과제수행을 잘하고 있을 때 엄지손가락을 들어 주는 신호를 보내는 것도 유용하다.
- 사회적 칭찬(social praise): 급우들이 보는 앞에서 칭찬을 하여 아동의 자존감을 높이고 긍정적 행동을 강화시킬 수 있다.
- 토큰경제(토큰강화 프로그램): 바람직한 교실 내 행동, 학습활동을 증가시키기 위해서는 사회적 칭찬과 관심 쏟기가 우선적으로 필요하나 이것만으로는 부족할 때, 보조적인 강화물을 제공하면 더욱 효과적인 강화전략이 된다. '토큰경제'는 보상(점수나 토큰)과 처벌(점수 차감)을 이용하여 목표행동을 강화시키는 방법이다.
- 행동계약: 학생과 교사 사이에 합의된 행동과 그에 대한 보상을 포함하는 기법이다. 계약서에는 학생에게 요구되는 교실행동과 이러한 행동의 결과물인 보상을 명시한다. 토큰경제와 다른 점은 스티커 같은 부수적인 강화물을 사용하지 않고 목표행동과 강화물을 직접 연계하여, 행동완수와 보상 사이에 훨씬 긴 시간 동안의 지연이 이루어진다는 것이다.

2) 부정적인 행동 줄이기
첫째는 아동의 행동에 반응을 하지 않음(무시하기: 행동이론 중 '소거' 개념)으로써 그러한 행동을 줄이는 것이고, 둘째는 부정적인 결과물(처벌)을 주어 행동을 줄이는 것이다. 부정적 강화 중에서는 타임아웃이나 반응대가와 같은 '가벼운 처벌(mild punishment)'만이 효과적이며 이 효과는 긍정적 강화전략과 병행했을 때 유효하다.

타임아웃(time-out)

1) 타임아웃을 적용할 행동을 정한다. 사소한 잘못이나 실수에 적용하는 것이 아니라 위험한 행동이나 심각한 규칙위반에 대해 적용하는 것이다(예 친구를 향해 물건을 던지거나 때릴 때, 괴성을 지를 때, 친구에게 침을 뱉을 때, 나쁜 행동의 중단요구에 불응할 때).
2) 타임아웃 존(time-out zone)을 정한다. 교실 구석이 적당하다. 마음을 가라앉히고 자제력을 회복하는 장소로 인식시킨다.
3) 시간을 정한다. 대개 아동의 '만 나이×1분'을 적용한다.
4) 시간을 잰다. 타이머를 사용하여 정확한 시간을 지킨다.
5) 타임아웃 중에는 아동에게 관심을 주지 않는다. 교사는 아동의 잘못에 대해 설명하는 등의 이야기를 일체 하지 않는다. 아동이 '못한 게 없다, 아프다, 화장실 가고 싶다' 등의 핑계를 대거나 하는 행동을 해도 무시한다. 파괴적인 행동을 하면 토큰점수를 차감하거나, 자신이 어지럽힌 것을 정리하게 한다.
6) 타임아웃을 끝낼 때 잘못을 인식시킨다. "왜 네가 벌을 서게 되었니?"라고 물어 바르게 대답하면 하던 활동으로 돌려보내고, 알지 못하면 가르쳐 준다. 아동이 '원인-결과'를 명확히 알도록 하는 게 중요하다.

85. 학습전략의 범주 중 동기조절에 관한 설명으로 옳은 것을 모두 고른 것은?

> ㄱ. 학습동기는 직접적인 경험, 부모와 교사, 친구 등으로부터의 기대, 지시, 피드백을 통해 발달한다.
> ㄴ. 동기화된 행동은 행동선택, 활동의 수준, 노력 지속 및 관리의 영역을 포함한다.
> ㄷ. 적당히 어렵고 도전할 만한 목표를 선택할 때 최적화된다.
> ㄹ. 성공은 통제 가능한 원인, 실패는 통제 불가능한 원인에 귀인하면 증가한다.

① ㄱ, ㄴ ② ㄴ, ㄷ ③ ㄱ, ㄴ, ㄷ ④ ㄱ, ㄷ ㄹ ⑤ ㄴ, ㄷ, ㄹ

해설 ㄹ. 성공은 통제 불가능한 요인(능력), 실패는 통제 가능한 요인(노력)에 귀인할 때 증가한다.

바람직한 귀인

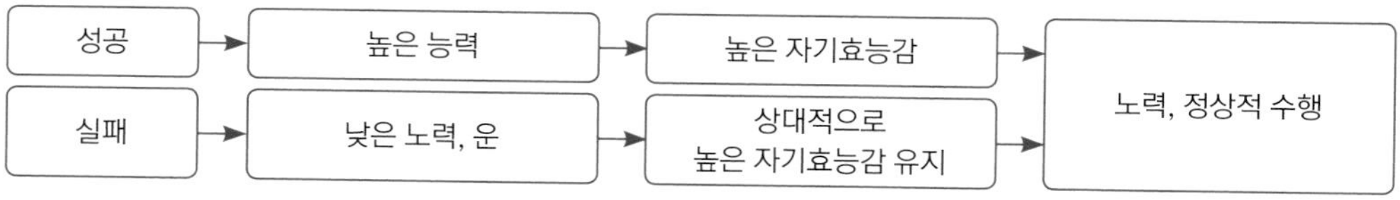

바람직하지 못한 귀인

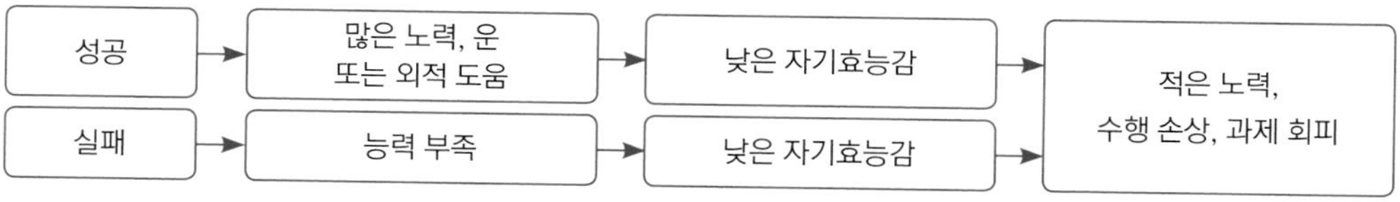

86. 토마스와 로빈슨(Tomas & Robinson)이 제시한 PQ4R 각 단계의 설명이 옳은 것은?

① 훑어보기: 이미 알고 있는 것들을 암기한다.
② 질문하기: 굵은 글씨체의 표제를 질문으로 변형한다.
③ 읽기: 매 단원 끝에 있는 질문 중 흥미로운 것을 적어 본다.
④ 암송하기: 앞으로 읽을 내용을 살펴본다.
⑤ 복습하기: 소리 내어 크게 읽고 주제 등을 적는다.

해설 ② 질문하기는 학습을 위해 질문을 만드는 단계이다.

토마스와 로빈슨의 PQ4R(학습기억력을 높이기 위한 6가지 학습방법)

Preview (예습하기)	• 앞으로 읽을 내용을 살펴본다. • 읽을 분량을 확인한다. • 다루기 쉬운 단원을 확인한다. • 제목, 서론, 굵은 글씨체, 표 제목을 읽는다 • 차트, 그래프, 그림 등 시각적인 자료들을 본다. • 요약된 단락을 읽는다. • 매 단원의 마지막에 있는 질문이나 주제를 읽는다.

정답 85.③ 86.②

Question (질문하기)	• 예습하기를 기반으로 텍스트에 기초하여 해답을 얻고 싶은 질문을 적는다. • 각 장, 각 절의 소제목을 육하원칙에 따라 의문문으로 바꾸어 포함한다. • 굵은 글씨체의 표제를 질문으로 변형한다. • 매 단원 끝에 있는 질문 중 흥미로운 것을 적어 본다.
Read (읽기)	• 주요 아이디어, 보조 자료, 변화의 추이를 읽는다. • 제시된 내용의 특성과 윤곽을 그려 본다. • 책에 표시하면서 이러한 특징들이 의미하는 것을 기록한다. • 읽고 표시하면서 주제, 논지의 전개, 매 단락에서 알아야 할 것을 질문한다.
Reflection (숙고하기)	• 질문에 대한 답을 정리한다. • 읽은 내용들을 머릿속으로 구조화하고 이전에 알고 있는 내용과 관련지어 본다.
Recite (암송하기)	• 소리 내어 크게 읽고 주제 등을 적는다. • 시선을 다른 곳에 두고 책을 덮은 뒤 주제나 세부적인 내용을 자신의 언어로 표현한다. • 이미 만들었던 질문에 답해 본다. • 정확하게 기록했는지 점검한다. • 빠뜨린 정보는 없는지 찾아본다.
Review (복습하기)	• 주어진 자료를 바로 또는 나중에 다시 훑어본다. • 머릿속으로 전체 내용을 그려 본다. • 주제를 소리 내어 말하거나 자신의 질문에 답해 본다. • 비교하고 대조해 보며 내용을 재조직하고 범주화한다. • 이미 알고 있는 것이나 다른 주제들과 관련지어 주제를 연결시킨다.

87. 맥키치(W. McKeachie)가 제시한 학습전략 중 초인지 전략에 해당하는 것은?

① 밑줄 긋기, 암송, 따라 읽기, 복사
② 기억조성법, 다이어그램화, 핵심단어 선택
③ 학습시간표 작성, 동료집단 학습, 공부장소 정리
④ 목표설정하기, 자기점검, 복습하기
⑤ 요약정리 유추, 파지전략, 회상전략

해설 ④ 초인지(상위인지) 전략은 계획, 점검, 조정이 있다.

맥키치의 학습전략

맥키치는 학습전략을 세 가지 범주로 나누고, 그 가운데 초인지 전략의 하위범주를 계획전략, 점검전략, 조정전략으로 제시했다.

인지 전략	초인지(상위인지) 전략	자원관리 전략
시연	계획	시간관리
정교화	점검	공부환경관리
		노력관리
조직화	조정	타인의 도움 추구

제2교시 제4교목 선택

정답 87.④

88. 노트필기 전략에 관한 설명으로 옳은 것을 모두 고른 것은?

ㄱ. 제시된 학습자료에 대한 비판적 평가는 줄이며, 교수자가 한 말을 변형하지 않고 그대로 기술한다.
ㄴ. 강의내용의 의미에 주의를 기울이고, 핵심적인 내용들을 기록한다.
ㄷ. 강의를 잘 이해할 수 있도록 교재로 예습하고 강의노트로 복습한다.
ㄹ. 수업에서 제시되는 용어의 정의, 법칙, 원리 등을 듣고 정확하게 받아 적는다.

① ㄱ, ㄴ ② ㄷ, ㄹ ③ ㄱ, ㄴ, ㄷ
④ ㄴ, ㄷ, ㄹ ⑤ ㄱ, ㄴ, ㄷ, ㄹ

해설 ㄱ. 노트필기 전략에는 코넬노트법, 마인드맵, 어골도법 등이 있으며 수업자료 및 수업내용을 이해하기 쉽도록 변형하여 기록한다.

노트필기 전략

코넬노트법	논리적이며 기억하기 쉽도록 '중요한 것' '수업내용 정리' '요약'으로 구분하여 활용하는 노트필기 방식
마인드맵	• 마음속에 지도를 그리듯이 줄거리를 이해하며 기억하는 방법 • 주제에 맞는 키워드를 적은 다음 방사형 구조로 많은 양의 정보를 한 장에 요약
어골도법	물고기 뼈 같은 모양으로 문제의 근본을 찾아 문제를 해결하고자 할 때 사용

89. 학업 관련 호소문제 유형으로 옳은 것을 모두 고른 것은?

ㄱ. 시험불안 ㄴ. 집중력 부족
ㄷ. 공부에 대한 반감 ㄹ. 공부에 대한 동기부족

① ㄱ, ㄴ ② ㄴ, ㄷ
③ ㄷ, ㄹ ④ ㄴ, ㄷ, ㄹ
⑤ ㄱ, ㄴ, ㄷ, ㄹ

해설 **학습과 관련된 주요 호소문제와 원인**

공부를 못한다(학습능력)와 공부를 하지 않는다(심리 · 정서 차원)로 구분됨

1. 공부를 못한다(학습능력).
2. 공부를 하지 않는다(심리 · 정서 차원): 학업에 대한 회의나 거부적인 태도, 지나친 산만성, 부적정서로 인해 학업에 집중을 못하는 태도, 학습에 대한 무기력한 태도, 학교 부적응, 학습에 대한 냉소적 태도, 낮은 학습의욕이나 동기, 시험불안
   1) 가정 내 요인: 부모, 형제, 가족 내 정서와 관련
   2) 학교요인: 교사, 또래 관계의 문제
   3) 개인 내 요인: 성격, 적성과 흥미의 불일치, 학습에 대한 역기능적 사고, 정신건강과 관련

정답 88.④ 89.⑤

90. DSM-5의 주의력결핍 과잉행동장애(ADHD) 진단의 부주의 증상에 해당하지 않는 것은?

① 종종 과제를 하거나 놀이를 할 때 지속적으로 주의집중을 할 수 없음
② 종종 다른 사람이 직접 말을 할 때 경청하지 않는 것처럼 보임
③ 종종 앉아 있도록 요구되는 교실에서 자리를 이탈함
④ 종종 과제와 활동을 체계화하는 데 어려움이 있음
⑤ 종종 과제나 활동에 꼭 필요한 물건들을 잃어버림

해설 ③ 주의력결핍 과잉행동장애(ADHD)의 과잉행동 – 충동성 유형의 설명이다.

주의력결핍 과잉행동장애(ADHD)

부주의 증상	과잉행동-충동성 증상
• 부주의: 세부적인 면에 주의를 기울이지 못하여 일상생활이나 학습장면에서 사소한 실수를 하는 것과 관련됨 • 무질서하고 산만한 행동 • 할 일을 잊어버림 • 정리정돈을 잘 못해서 자기 물건을 자주 잃어버리거나 망가뜨림 • 숙제나 수업 같은 체계적이고 지속적인 활동에 집중하는 것을 매우 어려워하여 과제를 완수하기 어려움 • 공부나 놀이를 할 때 금세 싫증을 내고 하고 있던 활동과 아무 상관이 없는 다른 자극에 관심을 보이기도 함	• 몸을 뒤틀고 움지락거리거나 의자에서 일어남 • 손, 발, 다리를 자주 움직임 • 교사의 질문이 채 끝나기도 전에 성급하게 대답함 • 다른 사람의 말을 잘 듣지 않는다는 인상을 줌 • 자기 차례를 기다리지 못함 • 다른 사람의 활동을 방해하며 자신과 관련 없는 일에 종종 끼어듦 • 교사에게 자주 지적을 받고 또래관계가 완만하지 못함 • 순서나 규칙을 잘 지키지 못함 • 쉽게 화내거나 흥분함

91. 학업 관련 표준화된 심리검사 선정 시 유의사항으로 옳은 것을 모두 고른 것은?

ㄱ. 실시 목적에 맞는 검사를 선정한다.
ㄴ. 검사의 신뢰도 정보를 점검한다.
ㄷ. 검사의 타당화 과정에 대한 정보를 점검한다.
ㄹ. 검사규준이 있는지 확인한다.

① ㄱ, ㄴ　② ㄴ, ㄹ　③ ㄱ, ㄴ, ㄷ
④ ㄴ, ㄷ, ㄹ　⑤ ㄱ, ㄴ, ㄷ, ㄹ

해설 모두 옳은 내용이다.

표준화된 심리검사 선정 시 유의사항

1. 상담자는 내담자의 환경(사회, 문화, 상황 특성 등)과 개별적 특성을 고려한 후, 내담자를 조력하기 위한 목적에 적합한 심리검사를 선택해야 한다.
2. 심리검사 실시 시 자격이 있는 전문가가 표준화된 절차에 따라 실시해야 하며, 그 과정을 경시해서는 안 된다.
3. 도구의 타당도, 신뢰도, 실용도, 객관도, 심리측정의 한계를 신중히 고려한다.

정답 90.③ 91.⑤

4. 연령, 피부색, 문화, 장애, 성, 언어, 종교, 성적 지향, 사회경제적 지위가 검사 실시와 해석에 영향을 미침을 인식하고, 내담자와 관련된 다른 요인들을 고려하여 검사 결과를 해석한다.
5. 내담자 혹은 심리검사를 수령할 기관에 심리검사 결과가 올바로 통지되도록 해야 한다.

92. 학업상담의 절차 중 다음이 설명하는 것은?

- 내담자와 상담자 간의 역할을 설명하고, 비밀보장과 그 한계에 대해 안내한다.
- 상담의 특성, 절차, 조건 등에 대해 상담자와 내담자가 합의하는 것이다.

① 상담관계 형성 ② 상담구조화 ③ 학업문제 진단
④ 상담목표 설정 ⑤ 개입전략 설정 및 개입

해설 **학업상담의 과정(절차)**

1) 접수면접과 초기면접: 접수면접으로 초기면접 전에 정보 수집을 위한 간단한 질문지를 작성하게 하여 초기면접 시간을 단축, 상담의 효율성을 높이고 초기면접으로 내담자와의 신뢰관계를 형성하고 내담자의 진단 및 평가에 대한 객관적 자료를 수집한다.
2) 상담관계 형성: 유대, 목표에 대한 합의, 과업에 대한 합의를 한다.
3) 상담구조화: 상담에 대한 구조화로 장소, 시간, 빈도 등에 대한 합의를 한다. 상담관계에 대한 구조화는 상담자와 내담자의 역할, 상담관계의 성격 등에 대한 실질적 지침을 설정한다. 또한 비밀보장, 상담의 한계 등을 설명한다.
4) 학습문제 진단: 학습문제의 원인을 체계적으로 진단
5) 목표설정: 상담의 방향을 제시
6) 개입전략 설정 및 개입: 효과적인 학업상담이 되기 위해 어떤 개입을 할 것인지에 따라 중요한 방향을 제시한다.

93. 학습동기이론에 관한 설명으로 옳지 않은 것은?

① 매슬로우(A. Maslow)의 소속과 애정의 욕구는 결핍욕구에 해당된다.
② 행동주의적 관점에서 학습동기는 강화와 소거에 의해 조절될 수 있다.
③ 학업적 자기효능감이 높아지면 학습동기 향상에 도움이 된다.
④ 학습된 무기력(learned helplessness)은 변화가 불가능하다.
⑤ 동기는 내재적 동기와 외재적 동기로 구분할 수 있다.

해설 ④ 학습된 무기력(learned helplessness)은 변화시킬 수 있는 요인이다.

학습된 무기력(learned helplessness)

- 학습행동의 결손을 초래하고 이는 동기, 인지, 정서 결손으로 이어진다.
- '나는 공부를 해도 소용없다.' '열심히 했는데 어떤 결과에 영향을 미치지 못한다.'라는 생각으로 학습을 회피하고 계속된 학습실패 경험이 학습속도를 느리게 하며 무기력, 의욕상실, 낮은 자아개념을 형성하게 한다.

정답 92.② 93.④

- 대처방안은 학습능력을 저하시키는 방해요인이나 장애요인을 파악하고 제거하여 장점을 극대화하는 데 중점을 두는 것이다.
- 긍정적 자아개념을 형성할 수 있는 전략으로 학업에서 성공을 경험하게 한다.

94. **캔달과 브라스웰(Kendall & Braswell)이 제시한 주의집중력 향상을 위한 자기교시 훈련 단계를 순서대로 바르게 나열한 것은?**

ㄱ. 문제 정의	ㄴ. 문제에 대한 접근	ㄷ. 답의 검토
ㄹ. 답의 선택	ㅁ. 자기강화	

① ㄱ－ㄴ－ㄷ－ㄹ－ㅁ
② ㄱ－ㄴ－ㄹ－ㄷ－ㅁ
③ ㄱ－ㄷ－ㅁ－ㄹ－ㄴ
④ ㄴ－ㄱ－ㄷ－ㅁ－ㄹ
⑤ ㄴ－ㄱ－ㅁ－ㄷ－ㄹ

해설 **캔달과 브라스웰의 자기교시 훈련**
과제를 완수해 나가는 단계마다 사고를 쪼개서 각 단계별로 필요한 언어를 내재화하는 과정을 통해 자신의 행동을 조절하도록 하는 것

1	문제정의 단계	• 무엇을 해야 하는가? • 문제는 무엇인가?
2	문제에 대한 접근 단계	• 모든 가능한 답을 살펴보자 • 내가 지금 하는 것만 생각하자 • 집중하자
3	답의 선택 단계	• 답을 하나 고르자
4	답의 검토 단계	• 답을 검토하자
5	자기 강화단계	• 아, 잘됐다 • 아, 실수했다 • 다음엔 천천히 집중하자

95. **학습부진 영재아에 관한 설명으로 옳지 않은 것은?**

① 시험성적에서 학령수준에 못 미치는 수행이 나타날 수 있다.
② 사회정서적으로 적응하는 데 어려움이 있을 수 있다.
③ 학습의 실패경험으로 낮은 자기효능감의 문제가 나타날 수 있다.
④ 빠른 지적 성장에 비해 신체적, 정서적, 사회적 성장이 늦을 수 있다.
⑤ 심리사회적인 문제가 발생했을 경우 혼자 해결하도록 둔다.

해설 ⑤ 심리사회적 문제 발생 시 학습부진 영재아의 특성을 파악하여 개입해야 한다.

정답 94.② 95.⑤

학습부진 영재아의 개인특성

1) 빠른 지적 성장에 비해 신체적 · 정서적 · 사회적 성장이 상대적으로 늦은 비동시성에서 기인된 부담감과 스트레스에 적절히 대처하지 못할 경우 학습부진 영재아가 될 가능성이 높다.
2) 다재능적일 경우 오히려 한 영역에 깊게 집중하지 못하여 미성취 영재가 될 가능성이 있다.
3) 높은 지적 능력을 소유하여 예리한 통찰력을 지니고 있어 종종 타인의 생각이나 행동에 대한 잘잘못을 평가, 판단하게 되어 타인의 감정을 헤아리지 못하게 될 수 있어 대인관계에 어려움을 겪을 수 있다.
4) 주변 자극에 지나치게 과민한 반응을 보이고 자기조절 능력이 부족하며 공격성, 충동성, 과잉행동성 등이 나타나 사회성이 심각히 훼손될 수 있다.
5) 완벽주의 성향이 있어 자신의 능력 이상의 비현실적 목표를 설정하여 시간과 에너지를 과다하게 소모하여 실패를 경험하게 되고 이것이 반복되어 실패에 대한 과한 염려, 우울, 성공 여부에 대한 과한 불안에 빠지게 된다.

96. 와이너(B. Weiner)의 귀인요소와 차원과의 연결이 옳은 것은?

① 능력-내적, 안정, 통제 불가능
② 노력-내적, 불안정, 통제 불가능
③ 운-외적, 안정, 통제 불가능
④ 타인-외적, 안정, 통제 가능
⑤ 과제 난이도-외적, 불안정, 통제 가능

해설 와이너의 귀인이론은 학업성취 성공 · 실패의 원인을 무엇으로 보느냐, 즉 어디에 귀인하는가에 따라 학습동기에 영향을 미친다고 보는 이론이다. 대표적 귀인 요소는 '능력, 노력, 과제난이도, 운, 타인'이다.

귀인의 3차원

1. 귀인의 소재: 자신의 내부 vs 자신의 외부
2. 통제 가능: 자기 의지로 변화시킬 수 있느냐 vs 없느냐
3. 안정성: 시간 또는 상황에 의해 변할 수 있느냐 vs 없느냐

귀인요소와 귀인차원의 관계

능력	내적	안정	통제 불가능
노력	내적	불안정	통제 가능
과제난이도	외적	안정	통제 불가능
운	외적	불안정	통제 불가능
타인	외적	불안정	통제 불가능

97. 발표불안을 증가시키는 원인으로 옳은 것을 모두 고른 것은?

ㄱ. 수줍음과 내향적 성향
ㄴ. 부모의 비일관적 양육태도
ㄷ. 합리적 사고
ㄹ. 사회적 기술부족

① ㄱ, ㄷ
② ㄴ, ㄷ
③ ㄴ, ㄹ
④ ㄱ, ㄴ, ㄹ
⑤ ㄱ, ㄴ, ㄷ, ㄹ

정답 96.① 97.④

해설 비합리적 사고는 발표불안을 증가시키는 원인이다.

발표불안을 증가시키는 원인

- 수줍음이 많고 내향적인 성향
- 부모의 비일관적이거나 무관심하거나 엄격한 양육태도
- 최초 발표에서 부정적인 피드백을 받았을 때
- 비현실적이고 이상적인 기준, 자신에 대한 부정적 지각 등 비합리적인 사고
- 사회적 기술의 부족(발표기회를 충분히 갖지 못하고 발표행동을 연습할 기회가 적어서 불안이 형성)

98. 다음 사례의 시험불안 개입방법으로 옳은 것은?

청소년상담사는 시험불안이 높은 수연이에게 기말고사 상황을 상상해 보게 하였다. 그 상황에서 불안을 낮추거나 자신감을 높이는 유용하고 긍정적인 문장을 찾게 한 후, 집이나 학교 책상에 문장으로 적어 놓고 반복적으로 읽고 내적 언어로 연습하게 하였다. 그리고 실제 시험을 볼 때 이 방법을 활용하게 하였다.

① 이완훈련
② 자기대화하기
③ 기대가치훈련
④ 사전학습강화
⑤ 부모의 지지

해설 시험불안 개입방법 중 자기대화하기에 대한 내용이다.

시험불안의 개입방법

1) 합리적 사고: 시험불안이 있는 사람들의 대부분은 불안을 유발하는 상황에 대해 비합리적이고 왜곡된 생각을 갖고 있다. 따라서 상담 시 시험에 대한 내담자의 비합리적 사고를 합리적 사고로 전환시켜야 한다.
2) 자기대화: 상담장면 시 내담자가 비합리적 사고에 대해 충분히 인식하고 합리적인 사고로 바꾸는 연습을 많이 했더라도 실제 상황에 직면하면 자동적으로 비합리적 사고를 하는 경우가 많다. 그런 경우를 대비하여 자신의 불안한 상황을 상상해 보게 한 후 유용한 자기대화를 찾아 연습하게 한다. 시험 직전에 '잘 볼 수 있을 거야'라고 하는 것이 예이다.
3) 이완훈련: 일상생활에서 상당한 스트레스와 긴장이 지속되어서 상당수의 내담자는 이완을 경험하지 못하는 경우가 많다. 기본 호흡법 등의 이완활동을 통해 혼자서 할 수 있게끔 할 수 있다.
4) 사전학습강화: 시험 보기 전 공부하지 않을수록 시험불안이 높아질 수밖에 없다. 따라서 공부를 많이 하도록 하면 상대적으로 불안이 줄어들기 때문에 사전학습을 준비하게 한다.
5) 부모의 지지: 부모는 시험에 대해 가장 많은 압력을 행사하는 역할을 한다. 따라서 부모는 자녀의 스트레스를 파악하고 긍정적 지지를 하는 것이 좋다.

정답 98.②

99. 학습동기의 개인지향적 원인론에 관한 설명으로 옳지 않은 것은?

① 귀인이론은 인간의 동기가 결과의 원인을 무엇으로 지각하느냐에 따라서 달라진다고 본다.

② 자기결정성은 자신이 선택한 행동에 대해서 동기가 높아지고, 선택하지 않은 행동에 대해서는 동기가 낮아진다는 개념이다.

③ 고전적 조건형성 이론에서는 학습행동을 학생들에게 동기를 일으킬 수 있는 무조건적 자극과 연합시킨다.

④ 기대가치이론은 현재 행동이 가져올 미래의 결과를 평가하는 기준을 기대와 가치로 본다.

⑤ 학습효능감은 직접적 경험, 간접적 경험, 언어적 설득에 의해서 형성, 유지, 변화할 수 있다.

해설 ③ 고전적 조건형성 이론은 '개인지향적 원인론'이 아니라 '환경지향적 접근'에 속하는 이론이다.

학습동기의 소재론

1. 개인지향적 원인론
   1) 인지적 평형화 경향: 피아제(J. Piaget)의 개념으로 인간이 인간을 둘러싼 환경에 적응하기 위해 환경과 환경에 대한 개인의 도식을 지속적으로 비교하여 둘 사이의 불일치를 해결하는 선천적 경향이 있다고 봄. 이를 평형화 경향이라고 하였다.
   2) 학습효능감: 반두라(A. Bandura)의 개념으로 학습자가 학습영역에서 자신의 수행능력에 대해서 믿고 생각하고 느끼는 바를 지칭한다.
   3) 자기결정성: 개인은 자신이 선택한 행동에 대해서는 높은 동기를 가지나 타인이 결정한 행동에 대해서는 낮은 동기를 가진다는 개념이다.
   4) 귀인이론: 결과의 원인을 무엇으로 지각하느냐에 따라 인간의 동기가 달라진다는 것을 정교화한 이론이다.
   5) 기대가치 이론: 인간의 동기는 인간이 '자신의 행동이 미래에 어떤 결과를 갖고 오는가?'를 어떻게 추론하느냐에 따라 영향을 받는다고 간주, 즉 개인의 현재 행동은 그것이 원인이 되어 미래에 어떤 결과를 갖고 온다고 가정, 그것에 따라 동기화된다고 보는 이론이다.
2. 환경지향적 접근
   1) 고전적 조건형성 이론: 무조건적 자극은 무조건적 반응을 일으키는데 중립자극이 무조건적인 자극과 연합하여 점차 중립자극 역시 무조건적 자극이 일으키는 무조건적 반응을 일으킬 수 있다는 이론이다.
   2) 조작적 조건형성 이론: 반응에 후속되는 자극에 의해서 학습동기가 형성되고 유지되며 변화된다고 설명한다.

정답 99.③

100. 다음 개념을 제시한 학자로 옳은 것은?

> • 학습자가 과제수행에 필요한 행위를 조직하고 실행해 나가는 자신의 능력에 대한 판단으로, 개인이 구체적인 영역에서 자신의 수행능력에 대해서 믿고 생각하고 느끼는 바를 의미한다.
> • 언어적 설득, 대리적 경험, 성공경험, 생리 · 정서적 상태 등은 이 개념의 원천이다.

① 켈러(F. Keller)
② 반두라(A. Bandura)
③ 아들러(A. Adler)
④ 피아제(J. Piaget)
⑤ 로렌즈(K. Lorenz)

해설 제시된 내용은 반두라(A. Bandura)의 학습효능감에 대한 내용이다.

학습효능감

- 반두라의 개념으로 학습효능감은 학습자가 학습 영역에서 자신의 수행 능력에 대해 믿고 생각하고 느끼는 바를 의미한다.
- 학습효능감은 직접적 경험, 간접적 경험, 언어적 설득에 의하여 형성, 유지, 변화할 수 있다.
- 학습효능감을 증진시켜 학습동기를 높이기 위해서는 학습영역에서 성공 경험을 제공하고 간접적 성공경험, 언어적 설득을 제공해야 한다.

정답 100.②

◆ 학업상담

제4과목 선택

2022년 기출문제 및 해설

76. 학습과 관련된 주요 호소문제와 원인에 관한 설명으로 옳지 않은 것은?

① 학습능력의 문제는 특정 영역에서의 낮은 학습능력의 문제와 낮은 지능의 문제로 구분할 수 있다.
② 학습태도의 문제는 공부에 대한 반감, 공부 습관 미형성 등이 될 수 있다.
③ 개인 내 요인은 성격, 적성과 흥미의 불일치, 역기능적 사고 등과 관련이 있다.
④ 가정 내 요인은 부모, 형제, 가족 내 정서와 관련이 있다.
⑤ 학습동기의 문제는 암기 위주의 태도, 문제풀이 위주의 태도 등이 있다.

해설 ⑤ 학습동기의 문제는 공부 자체에 대한 회의와 의문, 공부에 대한 동기 부족 등이다. 암기 위주의 태도, 문제풀이 위주의 태도는 '학습전략'에 대한 내용이다.

학습과 관련된 주요 호소문제와 원인(학업상담)

공부를 못한다(학습능력)와 공부를 하지 않는다(심리 · 정서 차원)로 구분됨

1. 공부를 못한다(학습능력)
   1) 인지전략의 문제: 학습계획의 문제, 학습전략의 문제, 학습태도의 문제
      - 학습계획의 문제: 학습과정에서의 계획이나 순서의 비효율성과 관련
      - 학습전략의 문제: 학습 내용에 대한 기본은 파악하나 내용을 조직화, 체계화하는 능력을 잘 발휘하지 못함
      - 학습태도의 문제: 비효율적인 학습태도에서 비롯됨
   2) 교과 계열의 문제
      - 교과 과정의 문제: 학습자와 교과내용의 불일치, 학습자와 학습량의 불일치
      - 선수학습의 결핍: 기초학습능력의 부족, 이전 과정에서 과목별 선수학습의 결손이나 배경지식의 부족으로 인해 해당 학년의 교과 학습에 어려움을 경험
      - 교과과정 미이수의 문제: 유학 등으로 인해 국내의 학업 과정에서 결손이 생기는 경우를 의미
   3) 학습능력의 문제
      - 특정 영역에서의 낮은 학습능력 문제
      - 전반적으로 낮은 지능의 문제
2. 공부를 하지 않는다(심리 · 정서 차원): 학업에 대한 회의나 거부적인 태도, 지나친 산만성, 부적정서로 인해 학업에 집중을 못하는 태도, 학습에 대한 무기력한 태도, 학교 부적응 등
   1) 가정 내 요인: 부모, 형제, 가족 내 정서와 관련
   2) 학교요인: 교사, 또래 관계의 문제
   3) 개인 내 요인: 성격, 적성과 흥미의 불일치, 학습에 대한 역기능적 사고, 정신건강과 관련

정답 76.⑤

학습 plus

학업문제의 분류(홍경자 외, 2002)

대분류	중분류	소분류	
인지적 문제	지적 능력 부족의 문제	• 능력 부족 • 기타	
	학습전략의 문제	• 집중력 부족 • 노력은 했는데 성적이 오르지 않음	• 공부방법의 문제 • 기타
정의적(정서적) 문제	학습동기의 문제	• 공부 자체에 대한 회의와 의문	• 공부에 대한 동기 부족
	공부 태도의 문제	• 공부에 대한 반감 • 기타	• 공부 습관 미형성
	학습 관련 스트레스와 시험불안	• 시험불안 • 성적저하 및 저조로 인한 걱정과 스트레스 • 성적에 대한 집착 • 기타	
관계의 문제	관계 관련 문제	• 성적으로 인한 관계문제 • 기타	• 관계 문제로 인한 학업문제

* 공부에 대한 반감은 '학습동기의 문제'와 '학습태도의 문제'에 모두 포함된다.

77. 학습과 관련된 주요 요인 중 인지적 영역에 해당하는 것을 모두 고른 것은?

ㄱ. 두뇌의 기능
ㄴ. 자아개념
ㄷ. 흥미
ㄹ. 불안
ㅁ. 지능
ㅂ. 선행학습 수준

① ㄱ, ㄷ, ㅁ
② ㄱ, ㄹ, ㅂ
③ ㄱ, ㅁ, ㅂ
④ ㄴ, ㄹ, ㅂ
⑤ ㄷ, ㅁ, ㅂ

해설 ㄴ. 자아개념, ㄷ. 흥미, ㄹ. 불안은 정의적 영역에 속한다.

학습 plus

학습과 관련된 주요 요인

- 인지적 영역: 지능, 기억능력 부족, 낮은 어휘, 기초학습 기능, 선행학습 수준, 학습전략, 학습방법, 두뇌의 기능
- 정의적 영역: 공부 태도, 성취 및 학습동기, 학습흥미, 자아개념, 불안
- 환경적 영역: 학교, 또래관계, 가정

정답 77.③

78. 학습과 수면의 관계에 관한 설명으로 옳지 않은 것은?

① 공부 능률을 향상시키는 뇌파는 세타파(4~7Hz)이다.
② 높은 긴장감과 스트레스로 밤잠을 이루기 힘든 경우에는 30분 정도 가벼운 운동 후 따뜻한 물로 샤워를 한다.
③ 잠자기 전에 암기과목을 공부하는 것이 효율적이다.
④ 단기기억이 장기기억으로 저장되는 과정은 렘(REM)수면 중에 대부분 이루어진다.
⑤ 낮잠은 두뇌피로를 풀고, 학습효과를 상승시키는 데 효과가 있으므로 30분 정도 자는 것이 좋다.

해설 ① 공부능률을 향상시키는 뇌파는 알파파(8~14Hz)이다. 세타파는 졸음, 얕은 수면 상태로 초능력을 발휘할 때의 뇌파를 뜻한다.

뇌파	의식	주파수	수준에 따른 특성
베타파	외적 의식	14~30Hz	• 평상시 뇌파 • 외계와 대응하여 긴장 상태에서 일을 처리하고 있는 상태
알파파	내적 의식	8~14Hz	• 주의집중과 약간의 긴장 • 공부능률 향상, 정신통일 상태 • 명상, 신체이완 상태
세타파	내적 의식	4~7Hz	• 졸음 상태, 얕은 수면 • 초능력을 발휘할 때의 뇌파
델타파	무의식	0.5~4Hz	• 깊은 수면 • 매일밤 30~40분 정도 경험

79. 로젠샤인과 스티븐스(Rosenshine & Stevens)가 제시한 피드백 유형 중 다음에 해당하는 것은?

> • 잘하고 있는지에 대한 정보를 제공하고, 다른 학습자와의 비교나 설득이 포함된 피드백으로 학생에 대한 긍정적인 기대를 전달하는 피드백이다.
> • "네가 잘 해낼 줄 알았단다."

① 수행　② 동기　③ 귀인
④ 전략　⑤ 공감

해설 **교사의 피드백 유형**

유형	정의	예시
수행 피드백	과제를 얼마나 정확하게 했는지 그리고 제대로 하기 위해서는 어떻게 정정해야 하는지에 대한 피드백	"맞았어." "첫 번째 부분은 잘했는데, 그다음까지 계속 써야 한다."

정답 78.① 79.②

동기 피드백	잘하고 있는지에 대한 정보를 제공하고, 다른 학습자와의 설득이나 비교가 포함된 피드백	"네가 잘 해낼 줄 알았다."
귀인 피드백	학생의 수행 결과를 하나 이상의 다른 속성으로 귀인하는 피드백	"열심히 하더니 좋은 성적을 얻었구나."
전략 피드백	학생의 전략이 효과적이었는지에 대해 피드백을 제공하고, 과제를 하기 위해 어떤 전략을 사용해야 할지를 알려 주는 피드백	"이런 순서로 한 것은 아주 잘한 거야."

80. 다음 학습문제 사례에 해당되는 문제 유형은?

중학교 2학년인 영수는 공부를 할 때마다 교과서의 내용과 노트 필기한 내용을 여러 번 써 가면서 무조건 외우려고 한다. 시험에 어떤 내용이 나올지 알 수 없어서 모두 암기하려고 하기 때문에 늘 공부시간이 부족하다. 열심히 공부를 한다고 하지만, 기대만큼 성적이 향상되지는 않는다.

① 시험불안
② 주의산만
③ 관계 문제
④ 비효과적인 학습방법
⑤ 동기 부족

해설 제시된 사례의 내용은 의미, 목적 없이 무조건적인 주입식 암기, 단순암기를 강조한 비효과적인 학습방법이다.
① 시험불안: 정서적 · 인지적 차원에서의 불안이나 긴장을 경험하고 실수하게 된다.
② 주의산만: ADHD, 유전적 · 발달적 · 신경화학적 · 사회심리적 요인이 있다.
③ 관계 문제: 자녀와 부모의 갈등이 원인이 된다.
⑤ 동기 부족: 학습자가 학업에 대한 필요성, 목표, 동기 등이 결여되어 있다.

81. 주의력결핍 과잉행동장애(ADHD)에 관한 설명으로 옳은 것을 모두 고른 것은?

ㄱ. 주의집중의 어려움으로 읽기, 쓰기, 수학 등에서 낮은 학습수행을 나타낸다.
ㄴ. 청소년기 ADHD는 품행장애, 반항장애 등의 문제를 동반할 수 있다.
ㄷ. 주의력 부족으로 종종 지시를 따르지 않거나 과제완성에 어려움을 겪는다.
ㄹ. ADHD를 위한 행동치료는 비합리적 사고를 수정하고 체계적으로 생각하는 습관을 교육한다.

① ㄱ, ㄷ
② ㄴ, ㄹ
③ ㄱ, ㄴ, ㄷ
④ ㄴ, ㄷ, ㄹ
⑤ ㄱ, ㄴ, ㄷ, ㄹ

해설 ㄹ. 비합리적 사고를 수정하고 체계적으로 생각하는 습관을 교육하는 것은 인지 치료이다.

정답 80.④ 81.③

82. 학업 관련 검사에 관한 설명으로 옳지 않은 것은?

① 웩슬러 지능검사 K-WISC-V는 언어이해, 유동추론, 작업기억, 처리속도의 네 가지 지표점수를 제공한다.

② 기초학습기능 수행평가체제 BASA는 학생들이 실제로 배우는 기초학습기능에 근거하여 수행정도를 평가한다.

③ 학습전략검사 MLST는 성격적 차원, 정서적 차원, 동기적 차원, 행동적 차원의 네 가지로 구성된다.

④ 학업동기검사 AMT는 학업적 자기효능감 척도와 학업적 실패내성 척도로 구성된다.

⑤ 학습성격유형검사 U&I는 행동형, 규범형, 탐구형, 이상형의 네 가지 유형을 제시한다.

해설 웩슬러 지능검사 K-WISC-V는 언어이해, 시공간, 유동추론, 작업기억, 처리속도의 다섯 가지 지표점수를 제공한다. 2019년 곽금주, 장승민에 의해 한국 웩슬러 아동지능검사(K-WISC-V)가 개발되었다.

학습 plus

K-WISC-Ⅳ와 K-WISC-Ⅴ의 비교

- K-WISC-Ⅳ: 언어이해, 지각추론, 작업기억, 처리속도의 네 가지 지표점수를 제공
- K-WISC-Ⅴ: 언어이해, 시공간, 유동추론, 작업기억, 처리속도의 다섯 가지 지표점수를 제공

83. DSM-5에 의한 특정학습장애(Specific Learning Disabilities) 진단기준에 관한 설명으로 옳은 것은?

① 정상수준 이하의 지능을 가지고 있어 학습하는 데 어려움을 보인다.

② 특정 학습 영역을 위한 중재를 받았음에도 불구하고 읽기, 쓰기, 수학 영역 중 적어도 한 가지 영역에서 어려움을 보인다.

③ 17세 이상의 개인도 학습의 어려움에 대한 기록들과 표준화된 성취 도구를 통해 공식적으로 확인된다.

④ 학습의 어려움은 지적 장애, 색맹, 다른 정신적 장애 등을 잘 설명한다.

⑤ 성인기에는 나타날 수 없는 것으로 본다.

해설 ② 특정 학습 영역을 위한 중재를 받았음에도 불구하고 읽기, 쓰기, 수학 영역 중 적어도 한 가지 영역에서 어려움을 보이는 것은 특정학습장애의 진단기준 A에 해당하는 내용이다.

① 특정학습장애의 학습의 어려움은 지적 장애, 전반적 발달지연, 청각장애나 시각장애 또는 신경학적 장애나 운동장애에 의한 것이 아니어야 한다.

③ 특정학습장애는 17세 이상인 경우 학습의 어려움에 대한 과거 병력이 표준화된 평가를 대신할 수 있다.

정답 82.① 83.②

④ 특정학습장애의 학습의 어려움은 지적 장애, 교정되지 않은 시력이나 청력문제, 다른 정신적 또는 신경학적 장애, 정신사회적 불행, 학습지도사가 해당 언어에 능숙하지 못한 경우, 불충분한 교육적 지도로 더 잘 설명되지 않는다.
⑤ 특정학습장애의 학습의 어려움은 학령기에 시작되나 해당 학습 기술을 요구하는 정도가 개인의 능력을 넘어서는 시기가 되어야 분명히 드러날 수도 있다(예 주어진 시간 안에 시험 보기, 길고 복잡한 리포트를 촉박한 마감기한 내에 읽고 쓰기, 과중한 학업 부담). 특정학습장애가 있는 청소년과 성인은 읽기나 쓰기 혹은 산수가 요구되는 활동을 회피할 수 있다.

84. 학업 상황에서 중요한 개인의 특성인 그릿(Grit)에 관한 설명으로 옳지 않은 것은?

① 학업에서의 실패를 극복하고 새로운 목표를 이루는 데 필요한 개인의 특성이다.
② 상황적 어려움에도 불구하고 포기하지 않고 끝까지 버티는 힘을 의미한다.
③ 흥미유지와 노력지속의 2개 구인으로 구성된다.
④ 비교적 안정적인 성격적 특성 중 하나로 변하지 않는 개인의 고유한 특성이다.
⑤ 학업성취를 비롯한 성공을 예언하는 개인적 특성이다.

해설 ④ 비교적 안정적인 성격적 특성 중 하나로 변하지 않는 개인의 고유한 특성은 기질에 관한 설명이다.

학습 plus

그릿(grit)

- 미국의 심리학자, 앤젤라 더크워스(Angela Duckworth)가 개념화한 용어로, 성공을 향한 투지와 용기를 뜻하며 재능보다 노력의 힘을 강조하는 개념이다.
- 성공과 성취를 달성하기 위한 열정의 지속성, 근성, 담대함, 낙담하지 않고 매달리는 끈기, 회복력을 포함한다.
- 앤젤라 더크워스는 평범한 지능이나 재능을 가진 사람일지라도 열정과 끈기, 노력을 통해 최고의 성취를 이룰 수 있다고 주장한다.

85. 학습전략에 관한 설명으로 옳은 것은?

① 학습내용을 언어로 익힐 뿐만 아니라 이미지로 떠올려 보는 것을 유의미화라고 한다.
② 읽기 전 전략으로, 새로운 내용을 학습하기 전에 관련된 기존 지식을 떠올리는 것을 구조화라고 한다.
③ 읽기를 본격적으로 하기 전에 배울 내용이 어떤 내용으로 구성되어 있는지 전체적으로 살펴보는 것을 요약이라 한다.
④ 중요한 내용을 기억하기 위해 단순히 반복하여 말하고 쓰는 것을 정교화라고 한다.
⑤ 학습내용들 간의 논리적 관계를 염두에 두고 내용을 정리하는 것을 조직화라고 한다.

정답 84.④ 85.⑤

해설 ⑤ 조직화는 다양한 정보를 관련 있는 내용의 공통 범주나 유형으로 묶는 과정이다. 다양한 정보를 어떤 방법이든 서로 연결하면 정보가 내적으로 조직화되어 새로운 정보를 효과적으로 기억하고 저장할 수 있다.

① 유의미화(유의미 학습)는 새로운 정보를 기존의 장기기억의 정보와 유사한 점을 연결하여 장기기억에 저장하는 작업이다. 이는 저장 및 인출을 촉진하면서 학습된 정보가 빠르게 저장되고 쉽게 기억된다.

② 구조화는 부분적 요소나 내용을 서로 연관시켜 조직화하는 것이다.

③ 요약은 요점이 파악되면 노트나 교재에 자기만의 자료를 만드는 것이다. 주요 부분에 밑줄을 긋거나 강조표시를 하면 필기 및 요약 시 시간도 절약하고 맥락 속의 요지를 쉽게 파악할 수 있다.

④ 정교화는 새로운 정보를 받아들일 때 기존의 지식에 적용하여 새로운 지식 및 정보를 확장해 나가는 것이다. 즉, 정교화는 사전 지식을 새로운 정보에 해석하고 확장하는 데 사용하는 과정이다.

86. 초인지 및 초인지 전략에 관한 설명으로 옳은 것을 모두 고른 것은?

ㄱ. 조절은 학습을 하면서 얼마나 학습 내용과 과정에 집중하고 있는지 확인하는 것이다.
ㄴ. 점검에는 스스로 만든 질문을 통해 평가하기, 문제 푸는 속도를 점검하는 것 등과 같은 방법들이 있다.
ㄷ. 다양한 인지 전략의 가치, 중요성 등에 대한 지식을 포함한다는 점에서 초인지 전략을 상위인지 전략이라고 부르기도 한다.
ㄹ. 초인지는 장기기억에서 어떤 전략을 사용하는 것이 효과적일지를 파악하고 대처할 수 있게 한다.

① ㄱ, ㄴ ② ㄴ, ㄷ ③ ㄷ, ㄹ
④ ㄱ, ㄴ, ㄷ ⑤ ㄴ, ㄷ, ㄹ

해설 ㄱ. 조절이 아닌 점검에 대한 내용이다. 점검은 학습을 하면서 얼마나 학습 내용과 과정에 집중하고 있는지 확인하는 것이다.

ㄹ. 초인지는 자신의 사고와 관련된 지식과 자신의 사고과정을 점검, 관리, 조정하는 것과 관련된 인지양식이다.

87. 앳킨슨과 시프린(Atkinson & Shiffrin)의 이중저장기억 모델에 관한 설명으로 옳지 않은 것은?

① 주의를 기울이지 않으면 감각등록기에서 받아들인 정보는 그대로 사라진다.
② 작업기억의 저장 용량은 7±2 단위 정도의 정보를 한 번에 처리할 수 있는 수준이다.
③ 작업기억에서 한 번에 많은 정보를 처리하기 위한 방법으로 청킹(chunking) 등이 있다.
④ 감각등록기에서 작업기억으로 들어가기 위해서는 시연 등의 인지 전략을 사용해야 한다.
⑤ 장기기억으로 들어가기 위해서는 정보의 심층적인 내용을 이해하고 있어야 한다.

해설 감각등록기에서 작업기억으로 정보가 이동하기 위해서는 단기기억으로의 전이가 필요하다. 이를 위해 '주의력'과 '집중력'을 활용하여 정보를 활성화시키고, 정보의 의미를 파악하여 관련성을 부여하는 것이 중요하다. 시연

정답 86.② 87.④

은 짧은 시간 안에 작업기억 속의 정보를 유지하기 위해서 기계적으로 반복하는 것을 의미한다. 시연은 정보를 장기기억에 저장하는 방법이다.

앳킨슨과 시프린의 이중저장기억 모델

- 인간의 기억은 적어도 세 가지 인지처리 과정, 즉 감각등록기–작업기억–장기기억의 과정을 거친다고 본다.
- 감각기관으로 들어온 정보들은 주의와 지각을 통해 두 번째 기억장소인 단기기억으로 정보를 옮긴다.
- 감각기억에서 들어온 정보가 1분 이하로 유지되고 일시적인 저장 장소로 들어온 정보를 처리하는 것이 작업기억이다.
- 즉, 작업기억은 감각등록기의 정보가 주의와 지각으로 정보를 더 저장하고 처리하기 때문에 정보를 작업기억으로 이동하기 위해 주의를 기울여야 한다.
- 시연은 짧은 시간 안에 작업기억 속의 정보를 유지하기 위해서 기계적으로 반복하는 것을 의미한다. 시연은 정보를 장기기억에 저장하는 방법이다.

학습 plus

정보처리의 일반모형

1) 감각기억(sensory memory)
   - 외부 자극을 받아들이고 아주 짧은 시간 동안 정보를 유지하는 단계이다.
   - 감각기억은 시각적 정보를 위한 영상 기억(iconic memory)과 청각적 정보를 위한 잔향 기억(echonic memory)으로 나뉜다.
   - 정보가 감각기억에 들어오면 그 정보는 대부분 소멸되거나 금방 사라지는 특징이 있다.
2) 단기기억(short-term memory)
   - 정보가 감각기억에서 선택되어 단기기억으로 전달된다.
   - 이곳에서 정보는 일시적으로 유지되며, 주의를 받거나 의미를 부여받으면 잠시 유지될 수 있다.
   - 단기기억의 용량은 제한적이며, 지속시간도 짧다.
3) 장기기억(long-term memory)
   - 단기기억의 정보가 여기로 전달되어 영구적으로 저장된다.
   - 더 오랜 기간 동안 정보를 유지하고, 많은 양의 정보를 보유할 수 있는 용량과 지속시간을 가진다.
   - 정보는 의미 부여, 반복, 관련성 부여 등의 요인에 따라 장기기억으로 옮겨진다.

88. 로빈슨(H. Robinson)의 SQ3R에 관한 설명으로 옳지 않은 것은?

① 질문하기(Question): 읽고 표시하면서 주제, 논지의 전개, 매 단락에서 알아야 할 것을 질문한다.

② 훑어보기(Survey): 요약된 단락을 읽는다.

③ 읽기(Reading): 읽는 동안 중요한 개념 혹은 질문에 대한 답이 되는 부분에 표시를 한다.

④ 복습하기(Review): 전반적으로 다시 읽으며 주요 핵심개념을 이해했는가 확인한다.

⑤ 암송하기(Recite): 중요한 부분을 속으로 혹은 소리내어 암송한다.

해설 ① 질문하기는 학습할 내용의 주제에 관련된 질문을 해 보는 것으로 학습내용에 관한 정교화 질문들을 만든다.

정답 88.①

② 훑어보기(Survey): 책이 어떻게 구성되어 있는지 책의 전체적인 구조, 흐름과 구성을 살펴보는 것이다. 책을 상세하게 읽기 전에 대략적으로 훑어보면서 전체적인 책의 내용을 먼저 살펴본다.
③ 읽기(Reading): 책의 전체적인 흐름을 파악하고 핵심 내용이 무엇인지 읽는 것과 동시에 본문의 내용을 완전히 이해하기 위해서 스스로 만든 질문에 대한 답을 찾으면서 읽는 것이다.
④ 복습하기(Review): 이미 읽고 배웠던 내용을 일정한 간격을 두고 반복적으로 학습하는 것이다.
⑤ 암송하기(Recite): 학습한 내용을 책을 보지 않고 답할 수 있도록 내용을 기억하는 것이다. 암송하기는 단순 암기가 아니라 책을 덮고 질문에 답하면서 이해했던 내용을 자기 말로 표현해 보는 것이다.

89. 주의집중 향상전략 중 내재적 언어를 통한 자기통제력 향상방법에 속하는 것을 모두 고른 것은?

ㄱ. 자기교시 훈련	ㄴ. 생활습관 관리
ㄷ. 공부환경 점검	ㄹ. 공부시간 관리
ㅁ. 소리 내어 생각하기(Think Aloud) 훈련	

① ㄱ, ㄴ ② ㄱ, ㅁ ③ ㄴ, ㄹ ④ ㄷ, ㄹ ⑤ ㄷ, ㅁ

해설 **내재적 언어를 통한 자기통제력 향상방법**

1) 자기교시 훈련: 비합리적인 자기 진술을 합리적인 자기 진술로 이끌어 가는 방법
2) 소리 내어 생각하기(Think Aloud) 훈련: 신념, 문제해결, 기대, 자기대화 등과 같은 인지적 활동과 외현적 행동에 관심을 둔 인지적 문제해결 과정에서 언어를 기초로 한 문제해결 접근법과 인지적 모델링을 기초로 한다.

90. 시간계획 및 시간관리 전략에 관한 설명으로 옳은 것은?

① 학습에서의 시간계획은 고정적인 시간계획이며 여가시간의 확보는 포함하지 않는다.
② 학습목표는 단기목표보다 장기목표를 세우는 것이 좋다.
③ 제한된 시간 내에 원하는 일을 해내는데 있어, 우선순위 정하기는 결정적인 역할을 한다.
④ 시간관리 매트릭스는 중요도와 가치에 따라 정리하는 것이다.
⑤ 빈틈없이 고정적인 시간계획을 세우는 것이 좋다.

해설 ③ 제한된 시간 안에 목표를 이루기 위해서는 무엇을 먼저 하는가가 핵심이다.
① 시간계획에는 고정적인 시간부터 여가시간의 확보까지 포함되며, 시기, 상황과 장소 등에 따라 구체적으로 일일계획, 주간계획, 수년 후까지의 계획을 세울 수 있다.
② 학습목표는 장기목표보다 단기목표를 세우는 것이 좋다.
④ 시간관리 매트릭스는 학습목표와 내용을 중요도와 긴급도에 따라 시간관리를 할 수 있도록 정리한 것이다. 1사분면부터 4사분면까지 있다.
⑤ 시간 계획 전략은 발생 가능성이 있는 변동사항을 고려하여 계획하여야 한다.

정답 89.② 90.③

91. **시험준비 행동에 관한 설명으로 옳지 않은 것은?**

① 자기손상 전략은 시험에 실패할 경우 자신의 능력으로 귀인하기 위해 시험 전에 전략적으로 시험에 방해가 될 만한 행동을 하는 것이다.

② 능동형 준비자는 구체적이고 접근 가능한 과제를 선택하나, 수동적 준비자는 거의 계획을 세우지 않거나 막연한 계획을 세운다.

③ 노트정리도 중요한 시험준비 학습기술이다.

④ 시험의 난이도와 경험에 따라 학습자에게 적합하고 효과적인 시험준비 전략이 필요하다.

⑤ 단순히 기계적으로 암기하기보다 이해를 수반하는 학습이 효과적이다.

해설 ① 자기손상 전략은 실패할 경우 자신의 능력으로 귀인하지 않기 위해 시험 전에 전략적으로 시험에 방해가 될 만한 행동을 하는 것이다.

자기손상 전략

- 자신의 능력을 평가받는 것이 곧 자신의 가치를 평가받는 것이라는 위협과 불안감으로 부적응적인 행동을 유발하는 것을 의미한다.
- 예를 들어, 공부를 회피하거나, 노력하지 않거나, 신체적인 증상을 호소하는 것을 의미한다.

92. **학업상담 과정을 순서대로 바르게 나열한 것은?**

ㄱ. 학업문제 진단	ㄴ. 상담 개입전략 설정
ㄷ. 상담관계 형성	ㄹ. 사례 관리
ㅁ. 상담목표 설정	

① ㄱ－ㄷ－ㄹ－ㅁ－ㄴ
② ㄱ－ㄷ－ㅁ－ㄴ－ㄹ
③ ㄱ－ㄷ－ㅁ－ㄹ－ㄴ
④ ㄷ－ㄱ－ㄴ－ㅁ－ㄹ
⑤ ㄷ－ㄱ－ㅁ－ㄴ－ㄹ

해설 **학업상담의 과정**

1) 접수면접과 초기면접
2) 상담관계 형성
3) 상담의 구조화
4) 학습문제의 진단
5) 상담목표의 설정
6) 개입전략 설정 및 개입
7) 사례 관리

정답 91.① 92.⑤

93. 다음은 로크와 라뎀(Locke & Latham)이 제시한 학습목표 설정에 대한 학습자의 헌신(commitment)에 영향을 주는 요인들이다. 개인적 요인에 해당하는 것을 모두 고른 것은?

> ㄱ. 이전 수행 수준(previous performance level)
> ㄴ. 자기효능감(self-efficacy)
> ㄷ. 귀인(attribution)
> ㄹ. 보상 구조(reward structure)
> ㅁ. 가치(value)
> ㅂ. 역할 모델링(role modeling)

① ㄱ, ㄴ, ㄹ ② ㄱ, ㄴ, ㄷ, ㅁ ③ ㄱ, ㄷ, ㅁ, ㅂ
④ ㄴ, ㄷ, ㄹ, ㅁ ⑤ ㄴ, ㄷ, ㄹ, ㅂ

해설 ㄹ, ㅂ. 보상 구조와 역할 모델링은 사회적 요인이다.

로크와 라뎀의 목표설정이론

- 목표설정이론(goal setting theory)은 로크에 의해 시작된 동기 이론으로, 인간이 합리적으로 행동한다는 기본적인 가정에 기초하여, 개인이 의식적으로 얻으려고 설정한 목표가 동기와 행동에 영향을 미친다는 이론이다.
- 학습자의 헌신(commitment): 로크와 라뎀은 학습자가 목표에 헌신하는 데 영향을 주는 요인을 제시하였다.
- 목표헌신에 영향을 주는 요인들

개인적 요인	사회적 요인
• 이전 수행 수준(previous performance) • 실제 능력이나 기술의 수준(actual ability) • 자기효능감(self－efficacy) • 귀인(causal attributions) • 가치(value) • 기분이나 마음가짐(mood)	• 집단 요인(group factors) • 역할 모델링(role modeling) • 보상 구조(reward structure) • 권위의 특성(nature of authority) • 피드백의 특성(nature of feedback)

94. 셀리그만(M. Seligman)의 학습된 무력감(learned helplessness)에 관한 설명으로 옳지 않은 것은?

① 인지적 왜곡을 유도한다.
② 결과를 통제하려는 동기를 감소시킨다.
③ 치료와 예방이 가능하다.
④ 스스로 어쩔 수 없다는 수반성(contingency) 인지에 의해 형성된다.
⑤ 반복적 실패경험이 상황에 대한 통제성 상실을 초래한 상태이다.

해설 ④ 스스로 어쩔 수 없다는 비수반성(non-contingency) 인지에 의해 형성된다. 학습된 무력감에서 비수반성은 자신의 행동과 결과 사이에 상관관계나 예측 가능성이 부족한 상황을 의미한다. 예를 들어, 실험에서 개인이 무

정답 93.② 94.④

작위로 발생하는 파괴적 자극(큰 소음이나 전기 충격 등)에 노출되어 행동과 상관없이 결국 자신의 행동이 파괴적 자극을 멈추거나 통제하는 데 아무런 영향을 미치지 않는다고 생각하게 될 수 있다. 이러한 무력감을 학습한 사람은 이후 상황에서 통제의 기회가 있을 때도 자신의 노력이 결과에 영향을 미치지 않을 것이라 생각하여 행동을 취하지 못할 수 있다.

- 수반성(contingency): 한 사건이 다른 사건의 발생에 의존하는 두 사건 사이의 관계를 말한다. 간단히 말하면, 한 사건이 먼저 일어나는 것은 다른 사건이 일어나는 것에 의존한다는 개념이다. 예를 들어, 행동주의에서 강화는 특정 행동에 의존한다. 어떤 행동을 하면 그 결과로 다른 일이 일어날 것이다.
- 비수반성(non-contingency): 사건들이 서로 의존하지 않는 상황을 설명한다. 한 사건의 발생은 다른 사건의 발생에 영향을 미치거나 의존하지 않는다.

학습된 무력감(learned helplessness)

- 1960년대 후반 심리학자인 셀리그만과 마이어가 제안한 학습된 무력감은 개인이 실제로 통제력을 발휘할 수 있는 상황에서도 부정적인 사건에 대한 통제력이 없다고 믿게 되는 심리상태를 의미한다. 이러한 믿음은 자신의 행동과 결과 사이에 지각된 관계가 존재하지 않아 상황을 변화시키려는 행동이나 노력이 실패하는 경험에서 비롯된다.
- 거듭된 실패 경험으로 인해 자신의 반응이 혐오자극에 어떠한 영향을 미칠 수 없다는 것을 사전에 학습된 결과에서 기인하는 상태를 말한다.
- 어떤 변화도 생길 수 없다는 믿음을 갖게 되면서 어떤 노력도 하지 않는 무동기 상태이다.
- 실패경험을 인지적으로 해석하는 과정에서 왜곡이 생긴다.
- 비합리적 믿음이 형성될 때 무기력과 우울함에 빠진다.
- 불안정, 내적 요인(노력)보다 안정적, 내적 요인(지능)이나 안정적, 외적 요인(난이도) 또는 불안정, 외적 요인(운) 등에 더 자주 귀인하면 무력감을 더 많이 느껴 무동기에 이르기 쉽다.

95. 데시(E. Deci)와 라이언(R. Ryan)의 자기결정성 이론에 따라 자기결정성의 개입이 낮은 것부터 순서대로 바르게 나열한 것은?

ㄱ. 내가 왜 공부하는지 모르겠어. ㄴ. 부모님을 기쁘게 해 드리려고. ㄷ. 공부 안 하면 선생님한테 혼나. ㄹ. 실생활에서 유용하게 사용할 수 있으니까. ㅁ. 공부하는 자체가 즐거워. ㅂ. 사회에 꼭 필요한 사람이 되고 싶어서.

① ㄱ－ㄴ－ㄷ－ㄹ－ㅁ－ㅂ
② ㄱ－ㄴ－ㄷ－ㄹ－ㅂ－ㅁ
③ ㄱ－ㄷ－ㄴ－ㄹ－ㅂ－ㅁ
④ ㄴ－ㄷ－ㄱ－ㄹ－ㅂ－ㅁ
⑤ ㄷ－ㄴ－ㄱ－ㄹ－ㅁ－ㅂ

해설 무동기(ㄱ)–외적 조절(ㄷ)–부과된 조절(ㄴ)–확인된 조절(ㄹ)–통합된 조절(ㅂ)–내적 조절(ㅁ) 순으로 자기결정성의 개입이 높아진다.

정답 95.③

학습 plus

데시와 라이언은 자기결정이론에서 제시한 자율성과 관련된 여섯 가지 학습동기 유형

1. 무동기: 행동의지가 결핍되어 외부의 보상과 유인에도 동기화되지 못한다.
2. 외적 조절(외적 동기): 외부 보상, 압력에 순응하여 행동하며, 자기결정이 전혀 없는 타율적 상태이다. 예 보상받기 위해서 공부하거나 야단맞지 않으려 특정한 행동을 한다.
3. 부과된 조절(외적 동기): 자신과 타인의 인정을 추구한다. 불안, 죄책감, 자기비난을 피하기 위해 동기화된다. 예 선생님이 나를 좋은 학생으로 생각해 주길 원해서, 내가 안 하면 부끄러우니까 등
4. 확인된 조절(외적 동기): 내적 흥미보다 스스로 설정한 목표추구나 개인적 중요성에 따라 동기화된다.
5. 통합된 조절(외적 동기): 특정 행동의 바람직한 측면을 자신의 가치체계와 통합하여 행동으로 발현된다. 외적 동기 중 가장 자율적이며 외부 관점이 개인내면과 통합되어 자기결정성이 높은 상태이지만 과제 자체에 내재된 즐거움보다 외적 결과를 얻기 위해 행동하므로 외적 동기이다.
6. 내적 조절(내적 동기): 자신의 즐거움이나 흥미로 인해 행동함, 내부세계, 외부세계를 탐구하고자 하는 선천적 동기로서 과제수행을 즐기며 수행결과를 자신의 내부기준으로 판단하는 경향을 보인다. 가장 자율적이고 가장 결정성이 높은 유형이다.

96. 에임스(C. Ames)의 숙달목표지향성에 관한 설명으로 옳지 않은 것은?

① 과제를 숙달하고 배우고 익히는 데 초점을 둔다.
② 최상의 학점을 얻는 것, 일등하는 것 등에 목표가 있다.
③ 자기향상, 과제에 대한 심층적 이해 등을 기준으로 한다.
④ 학습의 내재적 가치를 중요시한다.
⑤ 도전적인 과제를 선호하고, 모험을 추구한다.

해설 ② 최상의 학점을 얻는 것, 일등하는 것 등에 목표를 두는 것은 수행 목표 지향성에 대한 설명이다.

학습자에게 영향을 주는 환경변인 중 학교환경

에임스는 교사가 강조하는 학습목표의 유형을 학생들이 어떻게 지각하는가에 따라 학습자의 학습참여 및 태도가 달라진다고 보았다.

구분	접근초점	회피초점
숙달목표 지향성	• 과제를 숙달하고 배우고 익히고 이해하는 데 초점을 둔다. • 자기향상, 진보, 과제에 대한 심층적 이해 등을 기준으로 한다(학습목표, 과제 목표, 과제 관련 목표).	• 오해를 피하는 데 초점이 있고, 과제를 숙달하려고는 하지 않는다. 잘못되지만 않으면 된다는 기준을 사용한다(예 완벽주의자).
수행목표 지향성	• 우월해지는 것(다른 사람과 비교해 가장 똑똑해지는 것, 가장 우위에 서는 것)에 목표가 있다. • 최상의 학점을 얻는 것, 일등을 하는 것 등과 같은 기준을 사용한다.	• 열등함을 피하려는 데 초점이 있고 다른 사람과 비교하여 열등하게 보이는 것을 피하려는 것은 아니다. • 학급에서 가장 나쁜 점수나 등수 등을 피하려고 한다.

정답 96.②

97. 학습부진 및 학습부진아에 관한 설명으로 옳은 것은?

① 테일러(R. Taylor)는 학습부진아가 학업지향적이라고 보았다.
② 부모 이혼, 전학 등은 만성 학습부진의 원인이다.
③ 교사와의 관계, 친구와의 관계로 인한 학습부진은 외적 환경의 영향이 원인이다.
④ 학습부진 아동 대부분은 정서적응과 사회행동이 정상적이다.
⑤ 가족구조의 변화로 인한 학습부진은 개인 내적 문제이다.

해설 ③ 외적 환경요인으로는 교사와의 관계, 또래관계, 부모와의 관계, 형제와의 경쟁 등이 있다.
① 테일러는 학습부진아를 사회지향적이라고 보았다.
② 부모의 이혼, 이사 또는 전학, 질병 등으로 발생하는 학습부진은 일시적 · 상황적 학습부진으로 분류된다.
④ 학습부진 아동 대부분은 정서적 부적응과 불안정한 사회행동을 보인다.
⑤ 가족구조의 변화로 인한 학습부진은 외부적인 문제이다.

98. 시험불안에 대한 개입방법 중 '합리적으로 생각하기'의 순서로 옳은 것은?

ㄱ. 시험불안을 느꼈던 상황 생각하기
ㄴ. 내담자가 가지고 있는 비합리적 사고 찾기
ㄷ. 내담자가 가지고 있는 비합리적 사고의 인지적 오류 찾기
ㄹ. 비합리적 사고의 근거 찾기
ㅁ. 합리적 사고로 변화시키기

① ㄱ－ㄴ－ㄷ－ㄹ－ㅁ
② ㄱ－ㄴ－ㄹ－ㄷ－ㅁ
③ ㄱ－ㄹ－ㄴ－ㄷ－ㅁ
④ ㄴ－ㄷ－ㄹ－ㄱ－ㅁ
⑤ ㄴ－ㄹ－ㄷ－ㄱ－ㅁ

해설 시험불안에 효과가 있는 개입방법으로는 합리적 사고, 자기대화, 이완훈련, 사전학습강화, 부모의 지지가 있다. 합리적으로 생각하기는 불안을 유발하는 상황에 대해 비합리적이고 왜곡된 생각을 가지고 있는 사람에게 문제에서 제시한 ㄱ-ㄴ-ㄷ-ㄹ-ㅁ의 순서대로 개입하여 시험불안을 낮추는 기법이다.

학습 plus

시험불안에 대한 비합리적 사고 vs 합리적 사고

상황	모르는 문제를 보는 순간 눈앞이 캄캄하고, 심장이 두근거렸다.	시험을 못 볼 것 같아 초조하고 공부가 안된다.
비합리적 사고	절대 한 문제도 틀리면 안 돼.	시험을 못 볼 것 같아.
인지적 오류	흑백논리	지레짐작
근거	지난번 1등이 100점 맞았으니까.	다른 애들은 밤새 공부한다는데 나는 매일 7시간씩 잤다.

정답 97.③ 98.①

합리적 사고	• 이번 시험이 어려워서 몇 개 틀려도 1등 할 수도 있지. • 이번에 1등 못 한다고 내 인생이 달라지지 않아.	• 많이 자면 머리가 맑아져 효과적으로 공부할 수 있어. • 아직 시험을 안 봤는데 결과를 어떻게 알아. 열심히 공부하면 잘 볼 수 있어.

99. 발표불안에 대한 개입전략으로 옳지 않은 것은?

① 내담자의 비합리적이고 왜곡된 사고를 합리적으로 변화시킨다.
② 자기대화하기는 발표 전, 중, 후에 지속적으로 실시한다.
③ 부모나 교사의 칭찬과 격려를 통해 자신감을 향상시킨다.
④ 발표를 반복적으로 연습하게 한다.
⑤ 위계적 발표불안 리스트를 작성하여 불안이 가장 높은 단계부터 체계적 둔감법을 실시한다.

해설 ⑤ 위계적 발표불안 리스트 작성 후 불안이 가장 낮은 단계부터 체계적 둔감법을 실시한다.

발표불안의 개입방법

1) 합리적으로 생각하기: 발표불안이 있는 사람은 발표불안에 대해 비합리적이고 왜곡된 생각을 갖고 있다. 그래서 상담자는 발표에 대한 내담자의 비합리적이고 왜곡된 사고를 합리적인 사고로 변화시켜야 한다.
2) 자기대화하기: 발표불안을 느낄 때 또는 다른 사람이 발표할 때 자기대화를 반복적으로 시도하도록 한다.
3) 체계적 둔감화: 공포, 긴장, 불안 반응에 유쾌한 감정을 넣어 이완시키는 자율훈련법으로 발표불안에 매우 효과적이며, 점진적, 체계적으로 내담자가 불안한 상황에 덜 민감하게 하는 방법이다(이완훈련-발표불안 위계목록 작성-체계적 둔감화 실시).
4) 발표기술 훈련: 발표불안이 높은 내담자는 발표를 많이 경험하지 못했을 가능성이 크기 때문에 발표기술을 습득하고 반복적으로 연습하게 한다.
5) 긍정적 이미지로 전환: 불안감을 주는 장면을 떠올린 후 실제 상황에서 그런 일이 벌어질 경우에 해결할 수 있는 대처방안을 상상하면서 연습하는 것이다.
6) 부모 및 교사의 격려: 발표불안이 높은 내담자는 대체로 소심하고 평가에 예민하기 때문에 타인의 격려로 인해 부담감을 감소시키는 것이 좋다.

100. 미성취 영재의 학습상담 시 문제발견단계에서 활용되는 기법에 해당하지 않는 것은?

① 브레인스토밍 기법
② 마인드맵 기법
③ 범주 만들기
④ 재정의
⑤ 체계적 둔감법

해설 체계적 둔감법은 문제해결단계에 속한다.

정답 99.⑤ 100.⑤

미성취 영재아의 상담모형

단계	목표	상담자의 역할	기법, 도구
사정단계	• 영재아의 특성 확인 • 상담관계 형성	• 심리학적 자료 수집 • 판별의 과정자료 점검 및 검사실시 • 주요 인물과의 면담(부모, 교사)	• 심리검사 • 질문 • 반영, 재진술
문제발견 단계	• 상담의 목표설정 • 문제의 세분화와 구체화	• 영재아의 문제점 파악(영재아, 부모, 교사) • 영재아와의 협의를 통해 목표 설정 • 영재아와 문제점을 재정의하기 • 인지적 · 행동적 학습	• 브레인스토밍 • 마인드맵핑 • 사다리기법 • 범주 만들기 • 이완 • 과장하기 • 재정의 • 외재화
문제해결 단계	• 해결을 위한 계획을 실제로 실행	• 목표달성을 위해 선택한 대안의 실행사항 점검 • 가족과의 의사소통 기회 마련 • 학교 관계자와의 협의	• 역할극 • 유머 • 기록 • 행동적 실험 • 체계적 둔감화
종결단계	• 미해결사항 매듭짓기 • 평가 및 추수상담 협의	• 미해결사항 점검(영재아, 부모, 교사) • 평가 • 추수상담 약속	• 목표달성척도지 • 경험보고서
추수단계	• 해결을 위한 구체적 실천 여부 확인	• 지속적인 상담 분위기 조성	• 경험보고서

◆ 학업상담

제4과목 선택 2021년 기출문제 및 해설

76. 학습부진(underachievement)에 관한 설명으로 옳지 않은 것은?

① 학업성취수준이 잠재적 능력에 미치지 못하고 현격하게 떨어지는 상태를 말한다.
② 지능수준이 하위 3~25%에 해당하고 지능지수는 약 75~90 정도에 속하는 학습자를 말한다.
③ 물리적 환경, 심리적 환경이 원인이 되기도 한다.
④ 비효율적인 학습전략을 가지고 있는 경우가 많다.
⑤ 선수 학습의 누적된 결손을 보이는 경우가 많다.

해설 ② 지능수준이 하위 3~25%에 해당하고 지능지수는 약 75~90 정도에 속하는 학습자는 학습지진(slow learn)에 해당한다.

학습부진 (under-achievement)	• 특정 영역을 제대로 수행하지 못 하거나 기대에 비해 못하는 것에 대한 포괄적 개념 • 정상지능이고 최소한의 학습능력을 갖추고 있으나, 신체, 환경, 습관, 정서, 인지적 문제, 학습전략상의 문제 등 외적 · 내적 요인에 의해 학습잠재력에 비해 성취수준이 현저하게 저하되는 것을 의미하며 환경적 결함을 더 중시함 • 원인: 공부기술 및 학습시간의 부족, 동기결여, 교사의 낮은 기대 등 • 교육부의 구분: 기초학습부진(기초 학습기술과 학습전략의 부족) 교과학습부진(해당학년 교과 교육과정이 요구하는 최소수준에 미달) • 특징: 보편적 교재와 교수방법으로 학습하지 못하며 선수학습의 누적결손이 흔함 • 기대학년 수준과 성취학년 수준의 차이 등으로 설명 • 학습장애와의 변별: 학습장애는 뇌기능장애나 인지적 결함 등 기질적 문제가 원인
학습장애 (learning disorder)	• 지적 장애, 정서장애, 시각 및 청각 능력의 결손, 환경적 결손 없이 특정 학습 분야에서 학습능력을 발휘하지 못 하는 증상 • 내적 결손, 즉 지각장애, 신경체계의 역기능, 뇌손상으로 인한 기본 정보처리과정의 장애로 인한 학습부적응을 의미함. 읽기장애, 쓰기장애, 산수장애 중 한 가지 이상
학업지체 (academic retardation)	• 국가적 · 지역적으로 규정된 학년의 학습목표를 달성하지 못하여 뒤처지는 상태 • 학업발달과업을 적절히 성취하지 못하여 지체된 것으로 누적된 결손을 보임
학습지진 (slow learn)	• 지적 능력 저하로 학습성취가 뒤떨어짐 • 하위 3~25% 지능수준, IQ 70~90으로 경계선지능(IQ 70~85)과 유사함 • 학습, 사회 적응, 또래관계 형성, 기타 생활영역에서도 문제가 나타남
학업저성취 (low-achievement)	• 학업성취수준의 결과를 집단별로 구분할 때 하위집단에 속하는 경우 • 잠재적 능력이나 지적 능력은 고려하지 않음 • 하위 5~20% 성취수준을 보이는 아동을 학업 저성취아로 지칭함

정답 76.②

77. 다음 설명은 길포드(J. Guilford)의 창의적 사고력의 구성 요인 중 무엇에 해당하는가?

특정 문제 상황에서 가능한 많은 양의 아이디어를 생성해 낼 수 있는 능력

① 유창성(fluency) ② 유연성(flexibility) ③ 민감성(sensitivity)
④ 독창성(originality) ⑤ 정교성(elaboration)

해설 ① 특정 문제 상황에서 가능한 많은 양의 아이디어를 생성해 낼 수 있는 능력은 유창성(fluency)에 대한 설명이다.
② 유연성(flexibility): 고정관념이 아닌 다양한 각도에서 다양한 아이디어를 찾아내는 능력, 융통성
③ 민감성(sensitivity): 주변에 대해 민감하게 지각하며 관찰, 탐색, 문제를 제기하는 능력
④ 독창성(originality): 타인들이 생각하지 못하는 독특하고 참신한 아이디어를 산출하는 능력
⑤ 정교성(elaboration): 기존 아이디어를 구체적이고 세밀하게 발전시키는 능력

78. 반두라(A. Bandura)의 자기효능감이론에 관한 설명으로 옳지 않은 것은?

① 자기효능감은 과제수행에 필요한 행위를 조직하고 실행해 나가는 자신의 능력에 대한 판단이다.
② 자기효능감이 높을수록 도전적이고 어려운 목표를 선호한다.
③ 자기효능감은 결과기대와 같은 개념으로 사용된다.
④ 성취경험, 대리경험, 사회적(언어적) 설득, 생리적 지표는 자기효능감의 원천이다.
⑤ 자기효능감은 자기가치에 대한 평가결과로 얻어지는 자존감과 구별된다.

해설 자기효능감과 결과기대는 별개의 개념으로, 결과기대를 가지고 있음에도 자기효능감이 부족하면 결과기대에 맞춰 행동하지 않는다.
- 자기효능감이란 자신이 어떤 일을 해낼 수 있다는 믿음, 즉 자기 역량에 대한 신념 자체를 의미한다.
- 결과기대란 행동의 결과로 자신이 무엇을 얻게 될 것인지에 대한 기대 또는 특정 과업 완수 후 자신과 자기 주변에 일어날 일에 대한 믿음을 의미한다.

79. 몰입(flow)에 관한 설명으로 옳지 않은 것은?

① 개인이 흥미를 느끼는 과제수행에 몰입하여 최적 경험을 하는 심리적 상태다.
② 최적 경험은 자기목적적 경험이라고도 한다.
③ 도전 수준이 너무 높고 기술 수준이 너무 낮은 경우 불안을 느낀다.
④ 도전 수준이 기술 수준보다 너무 낮은 경우는 지루함을 느끼게 된다.
⑤ 몰입 상태에서는 고도의 자기인식 상태에 빠지게 된다.

해설 몰입(flow) 상태에서는 자아와 주변 세계에 대한 의식이 사라진다.

정답 77.① 78.③ 79.⑤

몰입(flow)

- 긍정심리학의 선구자인 칙센트미하이는 창조성을 연구하던 중 창조적인 사람의 깊은 작업 몰두에 흥미를 느껴 몰입을 연구하게 되었다.
- 몰입이란 어떤 행위에 심취하여 고도의 집중으로 무아지경에 이르는 상태를 의미한다.
- 몰입 상태에서는 몰입 대상과 하나가 되는 일체감을 느끼며 자아와 주변 세계에 대한 의식이 사라진다.
- 몰입의 경험을 위해서는 '도전수준(=과제난이도)'과 '기술수준(=해결능력과 기술의 정도)' 사이의 조화가 필요하다. 두 요인이 모두 높고 조화를 이룰 때 몰입 경험의 강도가 강해진다.
- 도전수준 > 기술수준: 과제해결의 즐거움보다는 불안을 느낀다.
- 기술수준 > 도전수준: 흥미보다는 지루함을 느낀다.

80. 교사와 학생이 상호작용하는 과정을 통해 교사의 기대가 자기충족적 예언(self-fulfilling prophecy)으로 작동하는 과정을 설명할 때 적절한 순서대로 나열한 것은?

ㄱ. 교사는 자신의 기대와 일치하는 방식으로 학생을 대한다. ㄴ. 교사는 학생의 배경에 근거하여 기대를 형성한다. ㄷ. 학생은 교사의 기대에 일치하는 방식으로 행동한다.

① ㄱ－ㄴ－ㄷ

② ㄱ－ㄷ－ㄴ

③ ㄴ－ㄱ－ㄷ

④ ㄴ－ㄷ－ㄱ

⑤ ㄷ－ㄱ－ㄴ

해설 교사의 기대가 학생에게 자기충족적 예언으로 작동하게 되는 상호작용의 과정은 다음과 같다.
첫째, 교사는 학생의 배경(제공받은 정보)에 근거하여 기대를 형성한다.
둘째, 교사는 자신의 기대와 일치하는 방식으로 학생을 대한다.
셋째, 학생은 교사의 기대에 일치하는 방식으로 행동한다.

- 자기충족적 예언은 무언가에 대한 사람의 믿음, 예측, 기대가 실제로 일어나는 경향을 말한다.
- 긍정적인 기대나 관심으로 좋은 영향을 미치는 경우에는 피그말리온 효과(pygmalion effect), 반대의 경우에 낙인효과(stigma effect)라고 부르기도 한다.
- 1968년 하버드대학교 교육심리학자 로젠탈(R. Rosenthal)은 피그말리온 효과에 대한 초등학생 대상 실험을 통해 교사의 기대가 학생에게 자기충족적 예언으로 작동됨을 보여 주었다.
  : 전체 학생 대상의 지능검사 실시 후 결과와 상관없이 무작위로 20% 학생 선발 → 무작위 20% 학생명단을 교사에게 전달하며 앞으로 수개월간 성적이 향상될 학생이라고 말한다. → 다시 지능검사를 실시하자 해당 학생의 성적이 실제로 향상되었다.

정답 80.③

81. **기억에 관한 설명으로 옳지 않은 것은?**

① 작업기억은 정보가 장기기억으로 이동되거나 장기기억 내 지식과 통합될 수 있도록 전달자 기능을 한다.

② 작업기억의 수용 용량은 무제한이다.

③ 일반지식에 관한 기억은 의미기억이고 개인적 경험과 관계된 기억은 일화기억이다.

④ 부호화에 영향을 미치는 중요한 요인은 정교화와 조직화이다.

⑤ 명제는 장기기억 속 지식과 의미의 기본단위이다.

해설 ② 수용 용량이 무제한인 것은 장기기억이다. 작업기억은 장기기억으로 저장하기 위해 거쳐 가는 일시 저장소의 역할을 하기 때문에 수용용량과 지속시간이 제한적이다.

기억체계이론(menory system theory)

• 장기기억은 기억용량이 거의 무한대이며 내용의 성격에 따라 단일 체계가 아니라 여러 하부체계로 구성되어 있다는 관점이다.

첫째, 의미기억과 일화기억으로 나눌 수 있다.

−의미기억: 대상 간의 관계 또는 단어의미들 간의 관계에 대한 지식으로 맥락적 정보와는 무관한 기억이다.

−일화기억: 개인의 경험, 특정 사건, 시간, 장소 및 상황 등의 맥락적 정보를 포함, 일어난 사건에 초점이 맞추어진 기억이다.

둘째, 서술기억과 절차기억으로 나눌 수 있다.

−서술기억: 어떤 개념이나 사실에 대한 기억으로 쉽게 이행하고 표현할 수 있는 지식으로 수학공식을 기억하는 것 등 '무엇'에 관한 기억이다.

−절차기억: 어떤 행위를 수행하는 과정 및 지식과 관련된 기억으로 쉽게 이행하고 표현할 수 있는 기억으로 모국어에 대한 문법능력과 상관없이 모국어를 쉽게 구사하는 것 등 '어떻게'에 관한 기억이다.

82. **와이너(B. Weiner)의 귀인이론에 관한 설명으로 옳은 것은?**

① 자신의 실패를 내부귀인 할 때보다 외부귀인 할 때 수치심을 더 강하게 느낀다.

② 다른 사람이 통제하는 요인에 의해 성공을 방해받을 경우 분노를 느낀다.

③ 자신의 성공을 외부귀인 할 때 내부귀인 할 때보다 더 자긍심이 높아진다.

④ 자신의 실패를 통제 가능한 원인으로 탓을 돌릴 때 학습된 무기력에 빠질 가능성이 높다.

⑤ 수행에 대한 기대는 안정성 차원의 영향을 받지 않는다.

해설 ② 다른 사람이 통제하는 요인에 의해 성공을 방해받을 경우 분노를 느낀다.

① 자신의 실패를 내부귀인 할 때 수치심을 더 강하게 느낀다.

③ 자신의 성공을 내부귀인 할 때 더 자긍심이 높아진다.

④ 자신의 실패를 통제 불가능한 원인으로 탓을 돌릴 때 학습된 무기력에 빠질 가능성이 높다.

⑤ 수행에 대한 기대는 안정성 차원의 영향을 받는다. 안정성 차원은 미래에 대한 기대와 관련된다. 즉, 과제난이도나 자신의 능력과 같은 안정적 요소에 귀인하면 유사한 미래의 과제에서 유사한 결과를 기대할 수 있다.

정답 81.② 82.②

와이너의 귀인이론

- 학업성취 성공 · 실패의 원인을 무엇으로 보느냐, 즉 어디에 귀인하는가에 따라 학습동기에 영향을 미친다고 보는 이론이다.
- 대표적 귀인요소는 능력, 노력, 과제난이도, 운, 타인이다.
- 귀인의 3차원은 다음과 같다.
  1) 귀인의 소재: 자신의 내부 vs 자신의 외부
  2) 통제가능: 자기 의지로 변화시킬 수 있느냐 vs 없느냐
  3) 안정성: 시간 또는 상황에 의해 변할 수 있느냐 vs 없느냐
- 귀인요소와 귀인차원의 관계

능력	내적	안정	통제 불가능
노력	내적	불안정	통제 가능
과제난이도	외적	안정	통제 불가능
운	외적	불안정	통제 불가능
타인	외적	불안정	통제 불가능

83. 창의적 사고를 증진시키는 발상기법에 관한 설명에 해당하는 것은?

- 화이팅(C. Whiting)이 개발한 방법
- 관련이 없는 두 개 이상의 물건을 억지로 연결시켜 아이디어 산출의 시발점으로 삼는 방법

① PMI
② 브레인스토밍
③ 강제관련법
④ 체크리스트
⑤ 장소법

해설 ③ 강제관련법에 대한 설명이다. 강제관련법은 관련 없는 대상들을 억지로 연결시켜 검토함으로써 아이디어를 얻는 방법이다.

① PMI: Plus(긍정적 측면), Minus(부정적 측면), Interest(흥미 있는 측면)로 대안의 모든 측면을 고려하게 하는 발상기법이다.
② 브레인스토밍: 여러 사람이 모여 비판을 보류하고 자유로운 분위기에서 구체적 주제에 대해 짧은 시간 동안 많은 아이디어를 산출하는 발상기법이다.
④ 체크리스트: 아이디어와 관련된 항목들을 목록으로 만들어 하나씩 검토하는 아이디어 산출법이다.
⑤ 장소법: 학습내용을 하나씩 물리적 장소나 물건에 연합시키는 기억법이다.

정답 83.③

84. 맥키치(W. Mckeachie)는 학습전략을 인지적, 초인지적, 자원관리의 세 가지 범주로 나누었다. 다음에 나열한 전략 중 초인지적 전략에 해당하는 것을 모두 고른 것은?

ㄱ. 정교화 전략	ㄴ. 계획전략	ㄷ. 점검전략
ㄹ. 조직화 전략	ㅁ. 조정전략	

① ㄱ, ㄴ, ㄷ　② ㄱ, ㄴ, ㄹ　③ ㄴ, ㄷ, ㄹ
④ ㄴ, ㄷ, ㅁ　⑤ ㄷ, ㄹ, ㅁ

해설 맥키치는 학습전략을 세 가지 범주로 나누고, 그 가운데 초인지적 전략의 하위범주로 계획전략, 점검전략, 조정전략을 제시했다.

맥키치의 학습전략

인지 전략	초인지(상위인지) 전략	자원관리 전략
시연	계획	시간
정교화	점검	공부환경
		노력
조직화	조정	타인의 도움

85. 데시와 라이언(E. Deci & R. Ryan)은 자기결정이론에서 자율성과 관련하여 여섯 유형의 학습동기를 제시하였다. 다음이 설명하는 동기유형은?

> 외적 동기 가운데 가장 자율적이며 외부 관점이 개인 내면과 통합되어 비교적 자기결정성이 높은 상태이다.

① 외적 조절(external regulation)　② 부과된 조절(introjected regulation)
③ 확인된 조절(identified regulation)　④ 통합된 조절(integrated regulation)
⑤ 내적 조절(intrinsic regulation)

해설 보기의 설명은 통합된 조절에 관한 설명이다. 데시와 라이언이 자기결정이론에서 자율성과 관련하여 제시한 여섯 유형의 학습동기 중에서 외적 동기에는 4가지가 있는데, 외적 조절, 부과된 조절, 확인된 조절, 통합된 조절 순으로 자율성이 높아진다.

데시와 라이언의 자기결정이론

- 자기결정성이란 스스로 행동을 통제 또는 조절할 수 있다고 느끼는 정도를 말한다.
- 데시와 라이언의 자기결정이론에서는 인간의 자기결정성이 동기에 영향을 미친다고 보았다. 즉, 자신이 가치를 부여한 목표에 대해서 더 적극적으로 수행행동을 취한다는 것이다.
- 자율성과 관련된 학습동기 여섯 유형과 예시는 다음과 같다.
  1) 무동기: 내가 왜 공부하는지 모르겠어.

정답 84.④ 85.④

2) 외적 조절(외적 동기): 공부 안 하면 선생님한테 혼나.
3) 부과된 조절(외적 동기): 부모님을 기쁘게 해 드리려고.
4) 확인된 조절(외적 동기): 실생활에서 유용하게 사용할 수 있으니까.
5) 통합된 조절(외적 동기): 사회에 꼭 필요한 사람이 되고 싶어서.
6) 내적 조절(내적 동기): 공부하는 자체가 즐거워.

86. 드웩(C. Dweck)의 이론에서 수행목표지향성을 가진 학생들의 특징을 모두 고른 것은?

ㄱ. 새로운 능력을 발달시킬 수 있는 도전감 있는 과제를 선호한다.
ㄴ. 자신의 능력을 판단할 때 다른 사람의 비교수행, 외적 피드백을 토대로 한다.
ㄷ. 자기조절과 언어정보의 심층처리 학습전략을 선호한다.
ㄹ. 피상적이고 단기적인 학습전략을 선호한다.
ㅁ. 능력에 대한 실체이론을 수용한다.

① ㄱ, ㄴ, ㄷ ② ㄴ, ㄷ, ㄹ ③ ㄴ, ㄷ, ㅁ ④ ㄴ, ㄹ, ㅁ ⑤ ㄷ, ㄹ, ㅁ

해설 ㄱ, ㄷ. 새로운 능력을 발달시킬 수 있는 도전감 있는 과제를 선호하는 것과, 자기조절과 언어정보의 심층처리 학습전략을 선호하는 것은 숙달목표지향성을 가진 학생들의 특징이다.
- 캐롤 드웩의 목표지향성이론(성취목표이론)은 목표지향성을 수행목표와 숙달목표, 두 가지로 분류하여 제시하였다.
- 수행목표는 타인과의 비교를 통해 자신의 유능성을 정의하는 것이며, 숙달목표(학습목표)는 과제자체에 대한 숙달과 자신의 성장을 기준으로 유능성을 정의하는 것이다.

수행목표(Performance Goal)	숙달목표(학습목표, Mastery Goal)
• 타인과의 경쟁을 통해 더 좋은 수행결과를 획득하여 능력의 우월을 드러내고자 하는 목표 • 자신의 유능함을 보여 주거나 무능함을 감춰 줄 수 있는 과제를 선호한다. • 자신의 능력을 판단할 때 타인과의 비교수행, 외적 피드백을 토대로 한다. • 피상적이고 단기적인 학습전략을 선호한다. • 능력에 대한 실체이론을 수용한다.	• 과제에 대한 이해를 높이고 능력과 기술을 향상시켜 성장하고자 하는 목표 • 새로운 능력을 발달시킬 수 있는 도전감 있는 과제를 선호한다. • 자신의 능력은 변할 수 있으며 발전 가능하고 통제 가능하다는 관점을 가진다. • 자기조절과 언어정보의 심층처리 학습전략을 선호한다. • 능력에 대한 증가이론을 수용한다.

87. 시간관리 매트릭스에서 중요도가 높고 긴급도가 낮은 분면에 해당하는 것을 모두 고른 것은?

ㄱ. 장기적 자기계발
ㄴ. 가치관 확립
ㄷ. 인간관계 구축
ㄹ. 진정한 휴식

① ㄱ, ㄴ ② ㄷ, ㄹ ③ ㄱ, ㄴ, ㄷ ④ ㄴ, ㄷ, ㄹ ⑤ ㄱ, ㄴ, ㄷ, ㄹ

정답 86.④ 87.⑤

해설 ⑤ 시간관리 매트릭스는 4분면으로 나뉘는데 중요도가 높고 긴급도가 낮은 분면은 1사분면에 해당한다. 보기의 내용들은 모두 1사분면의 내용들이다.

시간관리 매트릭스

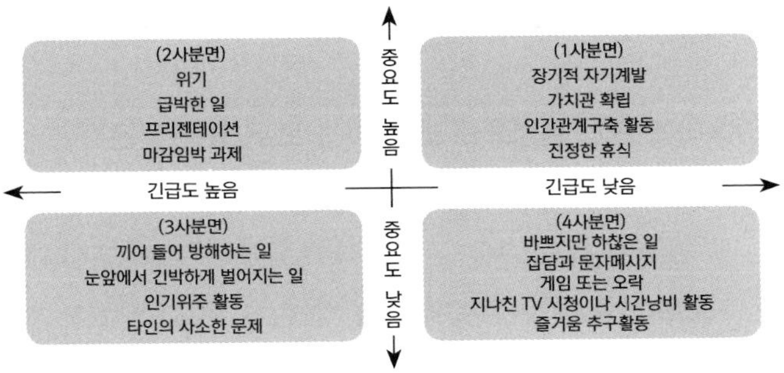

출처: 이재규 외(2022), p. 250의 표를 변형함.

88. 학업상담에서 상담자의 역할과 개입전략으로 옳지 않은 것은?

① 학습장애아 상담 시 장애의 발달양상에 대한 충분한 지식을 가지고 그들이 실현해 나가는 과정의 독특성을 이해해야 한다.

② 상담자가 제공할 수 있는 조력의 내용이 아니거나 정도를 넘어선 높은 수준의 개입전략이 요구되면 최선을 다해 조력해야 한다.

③ 2차적 문제 발생의 예방을 위해 조기진단과 초기 개입이 필요하다.

④ 내담자로 하여금 현재 성취수준을 수용하도록 촉진한다.

⑤ 기초학습능력의 결손이나 선수학습의 결손을 확인하고 이를 보완할 수 있는 대안탐색 과정을 도와야 한다.

해설 ② 상담자가 제공할 수 있는 조력의 내용이 아니거나 정도를 넘어선 높은 수준의 개입전략이 요구되면 자신의 한계를 인식하고 다른 방안을 찾아야 한다.

89. 주의집중력 문제를 가진 내담자를 상담할 때 고려해야 할 사항으로 옳지 않은 것은?

① 생물학적 원인에 의한 주의집중력 문제를 가진 내담자는 어릴 때부터 많은 호기심, 높은 에너지 수준을 가지고 있음을 알아야 한다.

② Think Aloud 훈련은 주의집중력 향상을 위한 개입전략으로 활용할 수 있다.

③ 과도한 조기교육이나 선수학습 등과 같은 흥미나 동기 수준을 뛰어넘는 교육적 · 문화적 자극은 주의집중력에 영향을 미치지 않는다.

④ 학습결손의 누적은 주의집중력에 영향을 미친다.

⑤ 지나치게 비구조화되어 있는 생활환경은 주의집중력 문제의 원인이 되기도 한다.

정답 88.② 89.③

해설 ③ 과도한 조기교육이나 선수학습 등과 같은 흥미나 동기 수준을 뛰어넘는 교육적 · 문화적 자극은 낮은 학습효능감을 형성하게 하고 수동적 학습태도를 취하게 함으로써 학습에 대한 흥미와 동기를 떨어뜨린다. 이러한 학습자는 자기통제력이 부족하게 되어 원래 높은 학습능력을 가졌더라도 힘들고 지루한 학습과제에 주의집중하지 못하고 쉽게 산만해진다.

90. 중재반응 모델(RTI)에 관한 설명으로 옳은 것을 모두 고른 것은?

ㄱ. 학습문제를 가진 학생을 조기에 선별하여 중재를 실시하고 중재에 따라 학습장애 학생을 선별하는 모델이다.
ㄴ. 같은 반 또래보다 낮은 성취수준과 낮은 학습진전도를 보이는 경우를 학습장애로 진단한다.
ㄷ. 학습의 수행수준과 발달속도가 진단기준이 된다.
ㄹ. 1단계에서는 소집단중심 집중교육, 2단계에서는 개별화중심 특수교육을 실시한다.
ㅁ. 사회, 경제, 문화적 요인으로 학업문제를 가진 학생을 학습장애로 판별할 오류를 감소시킨다.

① ㄴ, ㄹ ② ㄷ, ㄹ ③ ㄱ, ㄷ, ㅁ
④ ㄱ, ㄴ, ㄷ, ㅁ ⑤ ㄴ, ㄷ, ㄹ, ㅁ

해설 ㄹ. 1단계에서는 모든 내담자 대상 교육, 2단계에서 소집단중심 집중교육, 3단계에서 개별화중심 특수교육을 실시한다.

중재반응 모델(Response-to-Intervention: RTI)
- 학습문제를 지닌 학생에게 중재를 실시하고 중재에 대한 반응에 따라 학습장애 학생을 선별하는 모델로서 학습문제를 지닌 학생이 실패하기 전에 조기선별하여 조기에 개입할 수 있다.
- 1단계: 모든 학생을 대상으로 질적이고 과학적으로 검증된 일반교육 프로그램 실시
  2단계: 학습장애 고위험군을 선발하고 소집단 중심으로 집중교육 실시
  3단계: 학습장애 학생에게 1회 이상 진전도 점검을 실시하며 하루 30분 이상 개별화된 중재 제공

91. 학습동기에 관한 내용으로 옳은 것은?

① 성인의 경우 만족감, 자아존중감 증진, 삶의 질 향상 같은 외적 요인에 의해 동기화된다.
② 계획 세우기, 시연, 의사결정, 문제해결, 평가 등은 동기의 정신적 활동에 속한다.
③ 레닝거(K. Renninger)는 학습동기를 외재적 동기와 내재적 동기, 무동기로 구분한 학자이다.
④ 동기유발을 위한 활동은 목표를 포함하지 않아도 된다.
⑤ 학업성취는 학습동기의 외적 동기에 해당한다.

정답 90.④ 91.②

해설 ② 계획 세우기, 시연, 의사결정, 문제해결, 평가 등은 동기의 정신적 활동에 속한다.
① 만족감, 자아존중감 증진, 삶의 질 향상 등은 내적 요인에 해당한다.
③ 학습동기를 외재적 동기와 내재적 동기, 무동기로 구분한 학자는 데시(Deci)와 라이언(Ryan)이다.
④ 자발적으로 선택한 목표는 동기유발의 큰 요인이다.
⑤ 학업성취는 경우에 따라 학습동기의 외적 동기가 되거나 내적 동기가 될 수 있다. 학습 자체에 스스로 만족하는 경우는 내적 동기로 작용하고, 외부의 보상과 자극에 의한 경우에는 외적 동기로 작용한다.

92. 학습장애 진단 평가 과정을 순서대로 나열한 것은?

ㄱ. 장애 적격성 여부 결정	ㄴ. 진단 및 평가 의뢰서 작성
ㄷ. 진단, 평가를 실시	ㄹ. 장애 적격성 여부 통보
ㅁ. 장애학생 배치	

① ㄱ－ㄴ－ㄷ－ㅁ－ㄹ
② ㄱ－ㄹ－ㄴ－ㅁ－ㄷ
③ ㄴ－ㄱ－ㄷ－ㄹ－ㅁ
④ ㄴ－ㄷ－ㄱ－ㄹ－ㅁ
⑤ ㄷ－ㄱ－ㄹ－ㅁ－ㄴ

해설 **학습장애 진단 평가의 과정**
1) 학습장애 진단 및 평가를 위한 의뢰서 작성
2) 표준화된 검사로 진단과 평가를 실시
3) 장애 적격성 여부를 결정하고 지원방법 결정
4) 장애 적격성 여부를 보호자에게 통보
5) 보호자 의견을 수렴하여 장애학생 배치

93. 학습부진 영재아 상담의 고려사항으로 옳지 않은 것은?

① 지적 능력과 학업적 수행 간의 불일치가 일어나고 있는 내담자의 특성을 고려해야 한다.
② 부진보다는 영재성에 우선 관심을 두고 조력해야 한다.
③ 부적합한 교수 또는 학습전략으로 인해 성취실패를 반복하는 경우 좌절감을 가질 수 있으므로 정서적 접근의 상담이 동반되어야 한다.
④ 완벽주의 경향을 가진 학습부진 영재아는 성공할 가능성이 있는 학업만 선택하는 경향이 있으므로 자신의 완벽주의 경향을 인식하고 조절하도록 도와주어야 한다.
⑤ 실패에 대한 지각은 낮고 성공에 대한 지각은 높게 가지는 경향성을 고려하여 상담전략을 구상해야 한다.

해설 ⑤ 학습부진 영재아는 실패에 대한 지각이 높고 성공에 대한 지각은 낮게 가지는 경향성을 나타낸다.

정답 92.④ 93.⑤

94. 켈러(J. Keller)의 학습동기유발이론 ARCS 모형의 요소에 해당하는 것을 모두 고른 것은?

ㄱ. 관심	ㄴ. 관련성	ㄷ. 자신감
ㄹ. 유능성	ㅁ. 만족감	

① ㄱ, ㄷ　② ㄷ, ㅁ　③ ㄴ, ㄷ, ㄹ
④ ㄱ, ㄴ, ㄷ, ㅁ　⑤ ㄱ, ㄷ, ㄹ, ㅁ

해설 켈러의 학습동기유발이론 ARCS 모형의 요소는 관심(Attention), 관련성(Relevance), 자신감(Confidence), 만족감(Satisfaction)의 4가지이다.

켈러의 학습동기유발이론
- 동기의 유발과 지속적 유지를 위한 교수－학습 상황의 전개에 관심을 두는 이론이다.
- ARCS 모형은 동기를 유발하고 유지시키는 네 가지 요소를 제시한다.
  1) 관심/주의(Attention): 학습자의 관심과 호기심을 자극, 주의집중을 유지하게 하는 동기를 유발
  2) 관련성(Relevance): 학습과제를 학습자 개인의 경험, 욕구와 연관시켜 동기를 유발
  3) 자신감(Confidence): 자신의 능력에 대한 자각과 성공에 대한 기대감을 높여 동기를 유발
  4) 만족감(Satisfaction): 수행결과에 대한 적절한 외적 보상과 성취감 충족의 기회를 제공하여 만족감을 충족시키는 방법으로 동기를 유발

95. 고등학생 민주가 호소하는 고민의 내용이다. 상담자의 행동으로 옳지 않은 것은?

> 저는 수업시간에는 내용이 이해도 잘 되고 문제풀이도 잘하는데 시험만 치면 내용이 이해가 되지 않고 눈앞이 깜깜해지면서 아무것도 기억나지 않아요. 시간 내에 다 풀지 못하게 될까 초조해지면서 결국 시험을 망치게 되어요. 기말 시험 때가 가까워지니 또 그런 일이 생기게 될까 두렵고 숨이 막혀요.

① 민주의 호소내용은 시험불안에 관한 것임을 알아차리고 시험불안에 대해 다룬다.
② 시험불안의 요인인 걱정과 감정 중 어떤 요인이 현재 민주에게 더 큰 영향을 미치고 있는지를 파악한다.
③ 민주가 경험하고 있는 시험불안의 원인을 탐색한다.
④ 호소문제를 효과적으로 다루기 위해 민주와의 상담관계를 형성하는 데 주력한다.
⑤ 합리적 사고를 가지도록 체계적 둔감법을 훈련한다.

해설 사례에서 내담자는 심한 시험불안 증상을 호소하고 있다. 시험불안에 대한 개입방법에는 체계적 둔감법(이완훈련), 합리적 사고훈련, 자기대화 등이 있다. 체계적 둔감법은 불안자극에 대한 반응을 단계적으로 이완시키는 훈련법이며 합리적 사고의 훈련과는 관계가 없다.

정답 94.④ 95.⑤

96. 학습 관련 문제 진단을 위해 사용하는 검사로 옳게 연결되지 않은 것은?

① K-WISC-V: 시공간, 유동추론, 작업기억, 처리속도 등 4개 지표척도로 구성되어 있다.

② LDSS: 학습장애 위험 가능성이 있는지를 평가하는 검사로 고위험군 선별에 사용하고 있다.

③ BASA: 학생들이 실제로 배우는 기초학습기능에 근거하여 수행정도를 평가하는 검사이다.

④ MLST: 학습의 다양한 요인을 확인한 후 학습 효율성을 높이기 위해 실시하는 검사로 학습문제를 수정, 개입하는 데 활용하는 검사이다.

⑤ ALSA: 학습동기, 자기효능감, 학습기술, 학습시간, 환경관리(자원관리기술) 등이 하위척도에 해당한다.

해설 K-WISC-V는 5가지 척도, 즉 언어이해, 시공간, 유동추론, 작업기억, 처리속도로 구성되어 있다.

97. 학업상담 과정을 순서대로 나열한 것은?

① 사례관리－문제진단－목표설정－상담관계 형성

② 상담구조화－개입전략 설정－목표설정－사례관리

③ 문제진단－목표설정－개입전략 설정－사례관리

④ 문제진단－상담관계 형성－사례관리－개입전략 설정

⑤ 개입전략 설정－문제진단－목표설정－사례관리

해설 일반적인 학업상담의 과정은 '상담관계 형성－상담구조화－문제진단－목표설정－개입전략 설정과 개입－사례관리'로 진행된다.

98. 학습 무동기에 관한 내용으로 옳지 않은 것은?

① 데시(E. Deci)와 라이언(R. Ryan)은 동기의 변화 과정을 무동기, 내재적 동기, 외재적 동기 순으로 발달해 간다고 설명하였다.

② 사회적 보상에 둔감하고 인내력이 낮은 특성은 학습 무동기의 기질적 원인에 해당한다.

③ 학습동기가 내면화되지 않은 상태이다.

④ 학습된 무기력과 관련되어 있으며 자신의 반응이 어떠한 영향도 미칠 수 없다는 것을 학습한 결과에 기인한다.

⑤ 매슬로우(A. Maslow)의 욕구위계이론에 기초하여 무동기의 원인을 설명하는 입장은 인간중심적 관점이다.

해설 데시와 라이언은 학습동기의 유형을 무동기, 외재적 동기, 내재적 동기 순으로 발달해 간다고 설명하였다.

정답 96.① 97.③ 98.①

데시와 라이언(Deci & Ryan, 1985)의 자기결정성 이론

[1단계] 무동기(amotivation): 학습동기가 전혀 내면화되지 않은 상태이다.

[2단계] 외적 조절(extrinsic regulation): 외적 동기 유형 중 가장 극단적인 형태로 자기결정성의 부재 상태에서 수행되는 행동으로 외부 상벌에 의해 행동하는 상태다. 예를 들어 부모가 약속한 보상을 받기 위해 공부하거나 야단맞고 싶지 않아서 특정한 행동을 하는 경우다.

[3단계] 부과된 조절(introjected regulation): 외재적 동기 중에서 가장 낮은 자율성을 갖는 형태이며 자기 자신이나 다른 사람의 인정을 받거나 비판을 회피하기 위해 행동한다. 부모의 명령, 규칙, 사회적 고정관념 등을 무비판적으로 받아들여 이에 따라 학습하는 상태다. 예를 들어, '선생님이 나를 좋은 학생으로 생각해 주길 원하니까……' '내가 하지 않으면 부끄러우니까……' 등의 반응이 여기에 해당한다.

[4단계] 확인된 조절(identified regulation): 가치를 인정하여 수용한 상태로 그 행동이 자신에게 가치가 있고 유용한 것으로 판단하여 행동을 한다. 하지만 그 자체에 대한 기쁨이나 자기만족이나 목표를 달성하기 위한 행동이기 때문에 동기가 완전히 내재화된 것은 아니다.

[5단계] 통합된 조절(integrated regulation): 외재적 동기의 가장 자율적인 형태로 외부 관점이 개인 내면과 통합되어 비교적 자기결정력이 높은 상태다. 통합된 조절은 내적 조절과 유사한 것처럼 보이지만 내적 조절의 행동이 흥미에 기초하고 자신에게 보상을 제공하는 반면에 통합된 조절에서의 행동은 자신에 의해 가치화된 결과를 위해 도구적으로 수행하는 것에서 차이를 나타낸다.

[6단계] 내적 조절(intrinsic regulation): 개인의 즐거움과 흥미로 인해 행동을 하는 경우다. 내적 조절은 과제 자체에 대한 관심과 기쁨으로 행동을 하게 되는 가장 자율적이고 자기결정성이 높은 유형이다. 인간 내적인 욕구와 유능감, 자기결단을 기초로 유발된 동기 유형으로 내적 동기에 속한다.

99. 학습장애에 관한 설명으로 옳은 것은?

① 산술 곤란형은 특정학습장애에 해당한다.

② 정신지체로 인해 학업성취도가 떨어지는 장애도 학습장애에 해당한다.

③ 시각장애, 청각장애로 인해 학력이 지체된 아동은 학습장애 아동으로 분류한다.

④ DSM-5에서 특정학습장애는 장애 상태에 따라 심각도를 명시하지 않으며 유형으로 분류하고 있다.

⑤ 개입전략으로 교사주도적 교수법과 약물치료가 효과적이다.

해설 ① 특정학습장애(specific learning disabilities)는 DSM-5에서 신경발달상 장애로 분류되며 다양한 요인이 복합적으로 작용한다. 읽기, 쓰기, 산수의 3개 영역에서 나타난다.

② 학습장애는 평균적인 지능을 보이지만 특정 기능을 맡은 뇌기능의 결함으로 정상 학업성취를 이루지 못하는 것을 말한다. 정신지체로 인해 학업성취도가 떨어지는 장애는 학습장애에서 제외된다.

③ 시각장애, 청각장애로 인해 학력이 지체된 아동은 학습장애 아동에서 제외된다.

④ DSM-5에서 특정학습장애는 장애 상태에 따라 심각도를 경도, 중등도, 고도로 분류하여 명시하며 읽기 곤란, 쓰기 곤란, 산술 곤란의 세 유형으로 분류하고 있다.

⑤ 개입전략으로 교사주도적 교수법보다는 집중적이고 개인수준에 맞춘 특수교육이 가장 효과적이다. 학습장애에 적응증을 받은 약물은 없지만, ADHD가 동반된 경우 중추신경자극제를 병행할 수 있다.

정답 99.①

100. 학업문제 유형에 포함하는 것을 모두 고른 것은?

ㄱ. 성적 저하로 인한 스트레스	ㄴ. 동기부족
ㄷ. 능력부족	ㄹ. 성적에 대한 집착

① ㄱ, ㄴ
② ㄴ, ㄷ
③ ㄱ, ㄴ, ㄷ
④ ㄴ, ㄷ, ㄹ
⑤ ㄱ, ㄴ, ㄷ, ㄹ

해설 학업문제에서 능력부족은 인지적 측면, 동기부족, 성적 관련 스트레스, 성적에 대한 집착은 정서적 측면에 포함된다.

- 학업문제는 크게 세 측면에서 고려해 볼 수 있다.
  1) 인지적 측면: 지적능력 부족, 학습전략 문제, 학습법 문제, 집중력 문제
  2) 정서적 측면: 동기부족, 공부태도와 습관의 문제, 시험불안, 성적 관련 스트레스, 성적에 대한 집착
  3) 관계적 측면: 관계 문제로 인한 학업문제, 성적에 의해 발생하는 관계 문제

정답 100.⑤

◆ 학업상담

제4과목 선택 2020년 기출문제 및 해설

76. 학습장애 학생들이 가지고 있는 특징과 그 대처방안으로 옳지 않은 것은?

① 과도한 불안으로 인해 과잉행동, 주의산만, 신경과민인 경우 혼자서 문제를 해결하도록 한다.

② 또래관계가 원만하지 못한 경우 잘못된 사회적 기술을 바로잡아 준다.

③ 충동적으로 반응하여 오류가 많은 경우 과제물을 자세히 검토하여 학습속도를 조절하도록 한다.

④ 자아개념이 부적절한 경우 이것을 학급규칙, 일상적인 학교생활 등에 반영하여 개별 지도해야 한다.

⑤ 과제를 자주 실패하는 경우 형성평가와 체계적인 관찰을 통하여 성공경험을 할 수 있도록 한다.

해설 ① 학습장애 학생들은 사회적 · 정서적 측면에서 독특한 경험으로 인해 학교생활의 부적응을 보이는 경우가 많으므로 전문적이고 체계적인 조력이 요구된다. 과도한 불안으로 인해 과잉행동, 주의산만, 신경과민인 경우 정서적으로 공감해 주며 조력자들이 자신의 편이라는 것을 인식하게 하는 것이 중요하다.

77. DSM-5의 주의력결핍 과잉행동장애(ADHD) 중에서 과잉충동행동 증상에 해당하는 것은?

① 종종 다른 사람의 이야기를 경청하지 않는다.

② 종종 지시에 따라서 행동하지 않거나 과제완성에 어려움을 겪는다.

③ 종종 과제나 활동에 필요한 물건을 잃어버린다.

④ 종종 과제와 활동을 체계화하는 데 어려움이 있다.

⑤ 종종 자신의 차례를 기다리지 못한다.

해설 ①~④는 부주의(주의력결핍) 증상에 해당한다.

• DSM－5의 주의력결핍 과잉행동장애의 증상은 부주의행동과 과잉충동행동으로 나누어 볼 수 있다.

정답 76.① 77.⑤

부주의	과잉행동 및 충동성
• 세부적인 면에 주의집중을 못하고, 부주의한 실수 • 과제나 놀이에 지속적으로 주의집중을 못함 • 종종 타인의 이야기를 경청하지 않음 • 종종 지시에 따라 행동하지 않고 과제완성이 어려움 • 종종 과제나 활동에 필요한 물건을 분실함 • 종종 과업과 활동을 체계화하지 못함 • 종종 지속적 · 정신적 과업을 회피하고 저항함 • 종종 외부 자극에 의해 쉽게 산만해짐 • 종종 일상적 활동을 망각함	• 종종 손발을 가만두지 못하거나 앉아서도 꼼지락거림 • 종종 앉아 있어야 하는 상황에서 자리를 이탈함 • 종종 부적절하게 뛰어다니거나 기어오르거나 좌불안석 • 종종 조용히 여가활동에 참여하거나 놀지 못함 • 종종 브레이크 없는 것처럼 끊임없이 활동 • 종종 지나치게 수다스러움 • 종종 질문이 끝나기 전에 성급하게 대답함 • 종종 차례를 기다리지 못함 • 종종 타인의 활동을 방해하고 침범함

78. 학업상담에서 심리검사를 실시할 때 유의사항으로 옳은 것을 모두 고른 것은?

ㄱ. 검사 매뉴얼에 제시된 표준화된 검사 실시와 채점 절차를 따라야 한다.
ㄴ. 검사의 목적과 한계에 대하여 자세하게 설명해 주어야 한다.
ㄷ. 검사를 선택할 때에는 신뢰도, 타당도 및 실용도 등을 충분히 고려해야 한다.
ㄹ. 검사를 통하여 얻은 정보에 대하여 비밀보장을 준수해야 한다.

① ㄱ, ㄴ ② ㄱ, ㄷ ③ ㄱ, ㄴ, ㄷ ④ ㄴ, ㄷ, ㄹ ⑤ ㄱ, ㄴ, ㄷ, ㄹ

해설 모두 옳은 설명이다.

학업상담 심리검사의 유의사항

1) 검사목적에 맞는 검사를 선정한다.
2) 검사 매뉴얼에 제시된 표준화된 검사실시와 채점절차를 준수한다.
3) 검사목적과 한계에 대해 피검사자에게 자세히 설명한다.
4) 신뢰도, 타당도, 실용도를 충분히 고려하여 검사를 선정한다.
5) 검사를 통해 얻은 정보에 대한 비밀보장을 준수한다.
6) 한번에 너무 많이 검사하는 것을 지양한다.

79. 학습지진(slow learn)을 판단하는 기본요소는?

① 학습동기 ② 학습시간 ③ 공부기술
④ 지적 능력 ⑤ 교사 기대

해설 학습지진을 판단하는 기본요소는 지적 능력이다.

학습지진 (slow learn)	• 지적 능력 저하로 학습성취가 뒤떨어짐 • 하위 3~25% 지능수준, IQ 70~90으로 경계선지능(IQ 70~85)과 유사함 • 학습, 사회 적응, 또래관계 형성, 기타 생활영역에서도 문제가 나타남

정답 78.⑤ 79.④

80. 학습과 관련된 호소문제와 그 내용에 관한 설명으로 옳지 않은 것은?

① 성적 하락문제로 심한 좌절감과 열등감을 갖게 된다.
② 시험불안문제로 지나치게 성적에 집착하고 하락을 두려워한다.
③ 학업능률의 저하문제로 학습동기가 매우 낮으며 적은 시간 투여로 성적이 오르지 않거나 부진하다.
④ 학업에 대한 회의나 낮은 동기문제로 다른 놀이에 많은 시간을 투여한다.
⑤ 학업 관련 파생문제로 성적이 부진한 학생에 대한 무시나 놀림 등이 나타날 수 있다.

해설 ③ 학업능률이 저하되면 효과적인 공부방법을 찾지 못하여 공부에 많은 시간을 투자했음에도 성적이 오르지 않는 등의 문제가 발생한다.

81. 주의집중력이 부족한 내담자를 돕기 위한 상담으로 옳지 않은 것은?

① 내담자가 주의집중하는 데 방해가 되는 요소를 찾아서 제거하도록 한다.
② 내담자의 특성 중 주의집중하는 데 도움이 되는 강점을 찾아서 칭찬과 격려를 한다.
③ 어려워하거나 흥미가 낮은 과목을 먼저 공부하는 학습계획을 세우도록 한다.
④ 학습 관련 상황에서 내담자가 자신의 행동을 관찰하거나 평가할 수 있도록 한다.
⑤ 자기조절능력을 향상시키는 내적 언어를 개발하여 사용하도록 한다.

해설 ③ 내담자가 흥미를 가지고 있고 쉽게 느끼는 과목을 먼저 공부하는 학습계획을 세우도록 한다.

82. 자기교시훈련에 사용할 자기진술문(self-statement) 구성 요소가 옳게 나열된 것은?

지금 친구들 앞에서 발표를 하려고 하는데 불안해(ㄱ). 어떻게 하지, 숨을 크게 한번 쉬어볼까, 큰 기침을 해 볼까(ㄴ)? 집중을 해 보자(주의집중). 허리를 펴고 숨을 크게 쉬고 침을 한번 삼켜 보자(ㄷ). 잘 되네(ㄹ). 잘 했어(자기강화). 잘못된 부분은 조금 더 노력해서 다시 해 보자(오류수정).

① ㄱ: 문제접근, ㄴ: 문제정의, ㄷ: 반응지도, ㄹ: 자기평가
② ㄱ: 문제접근, ㄴ: 문제정의, ㄷ: 자기평가, ㄹ: 반응지도
③ ㄱ: 문제정의, ㄴ: 문제접근, ㄷ: 반응지도, ㄹ: 자기평가
④ ㄱ: 문제정의, ㄴ: 반응지도, ㄷ: 문제접근, ㄹ: 자기평가
⑤ ㄱ: 문제정의, ㄴ: 문제접근, ㄷ: 자기평가, ㄹ: 반응지도

해설 지금 친구들 앞에서 발표를 하려고 하는데 불안해 → ㄱ. 문제정의

정답 80.③ 81.③ 82.③

어떻게 하지, 숨을 크게 한번 쉬어 볼까, 큰 기침을 해 볼까 → ㄴ. 문제접근
집중을 해 보자 → 주의집중
허리를 펴고 숨을 크게 쉬고 침을 한번 삼켜 보자 → ㄷ. 반응지도
잘되네 → ㄹ. 자기평가
잘했네 → 자기강화

- 자기교시훈련(self-instruction training)이란 마이켄바움(Meichenbaum)과 굿맨(Goodman)이 제시한 인지행동기법으로서 내적 대화나 혼잣말로 자기진술을 함으로써 문제에 대처하고 자신의 문제행동을 효과적으로 교정할 수 있도록 훈련하는 자기조절기법이다.
- 자기진술문(self-statement)의 구성단계는 다음과 같다.
  문제정의 - 문제접근 - 주의집중 - 반응지도 - 자기평가 - 자기강화 - 오류수정

83. 학습동기가 부족한 내담자 상담에 관한 설명으로 옳은 것을 모두 고른 것은?

ㄱ. 내담자의 행동을 주의 깊게 관찰하여 그들의 흥미와 능력을 파악한다.
ㄴ. 내담자가 학습과 관련된 자신의 태도를 객관적으로 관찰할 수 있는 기회를 제공한다.
ㄷ. 일반적으로 처음에는 즉시강화를 하다가 점차적으로 지연강화를 시도한다.
ㄹ. 과제난이도와 같은 내적 귀인보다는 능력과 같은 외적 귀인을 찾아서 강화를 한다.

① ㄱ, ㄴ, ㄷ ② ㄱ, ㄴ, ㄹ ③ ㄱ, ㄷ, ㄹ ④ ㄴ, ㄷ, ㄹ ⑤ ㄱ, ㄴ, ㄷ, ㄹ

해설 ㄹ. 학습동기가 부족한 내담자는 운이나 과제난이도와 같은 외적 귀인보다는 노력이나 능력과 같은 내적 귀인을 찾아서 강화를 한다.

84. 학습부진 영재아 상담에 관한 설명으로 옳지 않은 것은?

① 학교에서 영재아동에게 맞는 교육기회가 부적절하게 주어져서 나타날 수 있다.
② 완벽주의 성향으로 성공 가능성이 낮은 목표를 설정하는 경향이 있기 때문에 능력보다 낮은 목표를 설정하도록 한다.
③ 객관적인 진단과 평가에 기초하여 체계적으로 접근을 해야 한다.
④ 실패는 높게 지각하고 성공은 낮게 지각하는 경향이 있기 때문에 이것을 객관적으로 지각하는 상담을 해야 한다.
⑤ 영재성으로 인하여 부적절한 친구관계를 가질 수 있기 때문에 이에 대한 상담을 해야 한다.

해설 ② 완벽주의 성향으로 인해 성공 가능성이 높아 보이는 쉬운 목표를 설정하는 경향이 나타날 수 있으며 이로 인해 부정적 자아개념이 형성될 수 있다. 상담과 심리검사 등을 통해 자기 능력을 객관적으로 파악하게 하고 지나치게 높거나 낮은 목표를 현실적으로 적절하게 수정할 수 있도록 개입해야 한다.

정답 83.① 84.②

85. 다음의 내담자를 상담할 때 사용한 행동수정기법은?

> 세 자릿수 나눗셈을 하고 있는 하진이의 모습을 관찰한 상담자는 하진이가 덧셈이나 뺄셈도 제대로 모른다는 것을 알게 되었다. 친구들과 같은 진도로 공부하는 것이 어렵기 때문에 한 자릿수 덧셈부터 여러 가지 작은 단계로 나누고 점진적으로 다시 공부하여 친구들이 하는 세 자릿수 나눗셈을 할 수 있도록 하였다.

① 행동형성법
② 토큰강화
③ 전환강화
④ 프리맥의 원리
⑤ 간헐강화

해설 ① 보기에서는 목표행동에 도달하는 과정을 잘게 나누어 점진적으로 목표에 접근하는 방식으로 목표행동을 습득시키고 있는데, 이는 행동형성법에 해당한다.

- 토큰강화: 적응행동의 발생을 늘리기 위해 수집 가능하고 후속 강화제로 교환될 수 있는 수단적 강화제이다.
- 프리맥의 원리: 좋아하는 일을 강화수단으로 삼아 싫어하는 일을 먼저 하도록 자극하는 기법이다.
- 간헐강화: 목표행동의 지속성을 높이기 위한 강화의 한 방법으로 주기적으로 띄엄띄엄 강화하는 기법이다.

86. 학업상담에 관한 설명으로 옳은 것을 모두 고른 것은?

> ㄱ. 학습의 영역에서 문제가 발생하였지만 통합적으로 진단하고 조력해야 한다.
> ㄴ. 비자발적인 내담자는 내담자의 동기와 부모의 요구를 고려하여 조력해야 한다.
> ㄷ. 초등학생은 형식적 사고 발달단계이므로 학습내용을 자신의 장래희망에 연계할 수 있도록 해야한다.
> ㄹ. 초등학생은 놀이와 학습의 조화를 통하여 긍정적인 경험과 학습습관이 형성되도록 해야 한다.

① ㄱ, ㄴ, ㄷ
② ㄱ, ㄴ, ㄹ
③ ㄱ, ㄷ, ㄹ
④ ㄴ, ㄷ, ㄹ
⑤ ㄱ, ㄴ, ㄷ, ㄹ

해설 ㄷ. 초등학생은 구체적 조작기(7～12세)에 해당된다. 구체적 사물을 조작하여 문제를 해결하는 단계로써, 다양한 조작에 의해 과학적 사고와 문제해결이 가능해진다. 또한 자아중심성에서 벗어나고 가역성 원리를 터득하여 보존개념을 획득하게 된다.

- 형식적 조작기(11～15세)는 가설과 논리적 추론이 가능해지는 청소년기에 해당한다.

정답 85.① 86.②

87. 학습상담과 관련된 심리검사의 구성에 관한 설명으로 옳은 것은?

① 청소년 학습전략검사(ALSA)는 학습동기, 자아효능감, 인지·초인지 전략, 자원관리전략으로 구성되어 있다.
② 학습전략검사(MLST-II)는 인지적 차원, 정서적 차원, 행동적 차원으로 구성되어 있다.
③ KISE 기초학력검사(KISE-BAAT)는 읽기, 수학, 쓰기, 말하기로 구성되어 있다.
④ K-ABC 검사는 순차처리속도, 동시처리속도, 정보처리속도, 습득도로 구성되어 있다.
⑤ 기초학습기능검사(KEDI-IBLST)는 셈하기, 읽기 I, 읽기 II, 쓰기, 듣기로 구성되어 있다.

해설 ① 청소년 학습전략검사(ALSA): 학습동기, 자아효능감, 인지·초인지 전략, 자원관리전략으로 구성되어 있다.
② 학습전략검사(MLST-II): 4개 차원(성격차원, 정서차원, 동기차원, 행동차원)으로 구성되어 있다.
③ KISE 기초학력검사(KISE-BAAT): 3개 소검사(읽기, 수학, 쓰기)로 구성되어 있다.
④ 아동용 카우프만 진단검사(K-ABC): 순차처리, 동시처리, 인지처리과정, 습득도, 비언어성 척도로 구성되어 있다.
⑤ 기초학습기능검사(KEDI-IBLST): 5개 소검사(정보처리, 셈하기, 읽기 I, 읽기 II, 쓰기)로 구성되어 있다.

88. 시험불안에 대한 개입방법으로 옳은 것을 모두 고른 것은?

ㄱ. 시험불안과 관련된 정서적 반응에 대해서는 게슈탈트(Gestalt) 상담을 통하여 개입할 수 있다.
ㄴ. 스필버거(C. Spielberger)는 시험불안이 특성불안에 해당되기 때문에 이에 맞는 개입을 해야 한다고 하였다.
ㄷ. 시험의 중요성을 설명하고 과거의 성공 경험을 강조한다.
ㄹ. 시험불안 아동에 대해서는 체계적 탈감법을 적용할 수 있다.
ㅁ. 교사와 부모가 내담자의 시험에 대한 높은 기대감을 표현하도록 한다.

① ㄱ, ㄴ, ㄷ
② ㄱ, ㄷ, ㄹ
③ ㄱ, ㄹ, ㅁ
④ ㄴ, ㄷ, ㅁ
⑤ ㄴ, ㄹ, ㅁ

해설 ㄴ. 특성불안은 불안을 일으키는 특정 대상이나 사건이 없는데도 지속적으로 불안감을 보이며 자기 행동에 확신을 갖지 못하는 상태를 말한다. 상태불안이란 불안을 유발하는 특정 대상이나 상황, 실패 예견 등으로 인해 긴장과 초조감을 느끼는 상태를 말한다. 시험불안은 대표적인 상태불안이다.
ㅁ. 교사와 부모가 내담자의 시험에 대해 높은 기대감을 표현하는 것은 학생의 중압감과 불안을 높일 수 있으므로 적절한 지지를 표현하는 것이 더 효과적이다.

정답 87.① 88.②

89. 정보처리의 자동화(automaticity)에 관한 설명으로 옳은 것은?

① 의식적 통제를 필요로 한다.
② 시연이 적을수록 빠르게 형성된다.
③ 실행 시 자동화 이전보다 더 많은 주의를 필요로 한다.
④ 제한된 용량을 갖는 작업기억에 많은 부하를 줄 수 있다.
⑤ 큰 노력 없이도 더 빠르게 필요한 지식을 인출할 수 있다.

해설 ⑤ 큰 노력 없이도 더 빠르게 필요한 지식을 인출할 수 있다.
① 정보처리 자동화는 의식적으로 통제되었던 정보의 인출과정이 무의식적으로 자동화된 것을 의미한다.
② 시연이 많을수록 빠르게 형성된다.
③ 자동화 이전보다 실행에 주의를 덜 필요로 한다.
④ 정보처리가 무의식적으로 자동화되기 때문에 인지기능의 부하를 덜어 줄 수 있다.

90. 학습을 위한 생활관리 차원에서 권장되는 음식에 관한 설명으로 옳지 않은 것은?

① 등푸른 생선은 뇌신경계의 반응 속도를 높이는 대표적인 음식이다.
② 레몬에 다량 함유된 요오드는 뇌신경세포 수의 증식을 촉진한다.
③ 미역 등에 들어 있는 칼륨은 머리를 맑게 한다.
④ 볶은 검은콩은 씹으면 뇌를 자극해 두뇌발달에 도움을 주기도 한다.
⑤ 옥수수 눈에 들어 있는 레시틴 성분은 두뇌발달에 좋은 영향을 미친다.

해설 레몬에는 다량의 비타민 C와 구연산이 함유되어 있어서 피로회복과 스트레스 완화에 도움을 준다. 요오드는 두뇌발달과 깊은 관련이 있는 갑상선 호르몬의 주성분으로서 미역, 김, 다시마 등의 해조류에 다량 함유되어 있다. 해조류에는 칼륨 또한 다량 함유되어 있어서 머리를 맑게 하고 피로회복에 효과적이다.

91. 가드너(H. Gardner)의 다중지능 설정준거에 해당하지 않는 것은?

① 두뇌의 고유영역
② 독자적 발달 경로
③ 특출한 인물
④ 심리측정학적 증거
⑤ 고유한 정서

해설
- 가드너의 다중지능 설정준거 8가지: 두뇌의 고유영역, 독자적 발달경로, 비범한 재능을 지닌 특출한 인물들, 심리측정학적 증거, 진화사, 핵심활동의 존재, 실험적 증거, 상징체계에서의 부호화
- 가드너는 지능을 단일요인으로 가정한 점을 비판하며 상호 독립적인 8개 지능영역을 제시하였다.
  : 신체 · 운동, 음악, 언어, 대인관계, 논리 · 수학, 공간, 자기이해, 자연탐구(※ 실존지능 추가 가능)
- 가드너는 문화인류학, 심리측정학, 인지심리학, 발달심리학, 동물생리학, 신경해부학 등 다양한 학문 분야의 광범위한 연구결과에 근거하여 8개의 준거를 설정하였다.

정답 89.⑤ 90.② 91.⑤

92. 짐머만(B. Zimmerman)이 제시한 자기조절 학습전략 범주 중 조직과 변형(organizing and transforming)에 해당하는 것은?

① 사태 혹은 결과를 기록한다.

② 시연에 의해 자료를 기억한다.

③ 학습의 질 혹은 학습진전을 평가한다.

④ 수업자료를 내현적, 외현적으로 재배열한다.

⑤ 숙제를 할 때 앞으로의 과제 정보를 확보한다.

해설 ④ 수업자료를 내현적, 외현적으로 재배열한다. ⇨ '조직화와 변형'에 해당한다.

① 사태 혹은 결과를 기록한다. ⇨ '평가기록 및 점검'에 해당한다.

② 시연에 의해 자료를 기억한다. ⇨ '시연 및 기억'에 해당한다.

③ 학습의 질 혹은 학습진전을 평가한다. ⇨ '자기평가'에 해당한다.

⑤ 숙제를 할 때 앞으로의 과제 정보를 확보한다. ⇨ '정보탐색'에 해당한다.

- 자기조절 학습은 반두라(Bandura)의 사회인지 학습이론에 기반을 두고 있으며 자기주도적 학습에 비해 강화와 환경이 중요한 역할을 한다.
- 자기조절 학습전략의 종류
  - 인지 전략: 정교화, 조직화, 심상화, 반복암기, 복습, 정리 등
  - 메타인지 전략: 자기평가, 자료검토 등
  - 행동전략: 강화, 시간관리, 도움 요청 등
- 짐머만과 마르티네즈-폰즈는 자기조절 학습전략을 14가지 종류로 제시하였다.

짐머만과 마르티네즈-폰즈의 자기조절 학습전략의 종류

1. 목표설정과 계획	학습 목적, 목표를 설정하고 하위목표 구체화, 시간 계획
2. 환경의 구조화	학습을 위한 물리적 환경의 선택과 정리
3. 정보 탐색	목표달성과 과제실행을 위한 정보의 수집
4. 조직화와 변형	학습 관련 자료를 다양한 형태로 재배열하여 자기주도적으로 재구성
5. 시연 및 기억	학습내용을 반복하여 연습하고 기억
6. 자기평가	학습자가 학습의 질, 방향, 진전에 대해 스스로 평가
7. 평가기록 및 점검	학습내용과 결과를 기록하고 점검
8. 자기강화	학습의 성공과 실패에 따라 스스로에게 자기보상 및 처벌을 적용
9-11. 사회적 도움 얻기	9. 동료 / 10. 교사 / 11. 성인으로부터 도움을 얻음
12-14. 자료검토	12. 시험지 / 13. 노트 / 14. 교과서를 반복적으로 검토하여 복습

정답 92.④

93. 라이언과 데시(Ryan & Deci)가 제안한 자기결정성이론에서 가정하는 세 가지 기본심리욕구에 해당하는 것을 모두 고른 것은?

ㄱ. 효능성(efficacy)	ㄴ. 자율성(autonomy)
ㄷ. 관계성(relatedness)	ㄹ. 실현성(realization)
ㅁ. 유능성(competence)	

① ㄱ, ㄴ, ㄹ
② ㄱ, ㄷ, ㅁ
③ ㄴ, ㄷ, ㄹ
④ ㄴ, ㄷ, ㅁ
⑤ ㄷ, ㄹ, ㅁ

해설 라이언과 데시는 인간에게 유능감, 자율성, 관계성의 기본욕구가 충족되면 자기결정성이 향상된다고 가정한다.

라이언과 데시의 자기결정성 이론

- 자기결정성이란 스스로 행동을 통제 또는 조절할 수 있다고 느끼는 정도를 말한다.
- 데시와 라이언의 자기결정성 이론에서는 인간의 자기결정성이 동기에 영향을 미친다고 보았다.
- 자기결정성이론에서는 인간에게 유능감, 자율성, 관계성의 기본욕구가 있으며, 이러한 욕구가 충족되면 자기결정성이 향상되어 내재적 동기가 높아진다고 가정한다.

94. 반두라(A. Bandura)가 제시한 자기효능감에 관한 설명으로 옳은 것을 모두 고른 것은?

ㄱ. 지각된 유능감(competency)에 비해 더 구체적이고 상황적인 특성을 가진다고 할 수 있다.
ㄴ. 학습자가 과제수행에 필요한 행위를 조직하고 실행해 나가는 자신의 능력에 대한 판단이다.
ㄷ. 사고과정에 대한 자기조절, 동기 그리고 정서적, 생리적 상태와도 관련되어 있다.
ㄹ. 특정한 행동 후의 결과에 대한 믿음으로 결과기대라고 할 수 있다.

① ㄱ, ㄴ
② ㄷ, ㄹ
③ ㄱ, ㄴ, ㄷ
④ ㄴ, ㄷ, ㄹ
⑤ ㄱ, ㄴ, ㄷ, ㄹ

해설 ㄹ. 특정한 행동 후의 결과에 대한 믿음인 결과기대는 자기효능감과는 다른 개념이다.
ㄱ. 지각된 유능감이란 '자신에게 어떤 일을 남들보다 잘하는 능력이 있다고 느끼는 것'을 의미한다. 이에 비해 자기효능감은 '특정 상황에서 자신이 문제를 해결하거나 어떤 일을 해낼 수 있다고 믿는 것'을 의미하므로 자기효능감이 보다 더 구체적이고 상황적인 특성을 가진다고 할 수 있다.

정답 93.④ 94.③

95. 주의집중전략에서 주의력과 집중력을 구분할 경우 집중력에 관한 설명은?

① 주어진 시간 내에 과제를 완성하기 위해 의식을 모으는 능력이다.
② 선택적 반응능력 등과 유사한 개념이다.
③ 생물학적 반응 경향성으로 인해 정보가 강하거나 새로운 경우 쉽게 발휘된다.
④ 감각등록기와 단기기억 사이에서 가장 크게 요구된다.
⑤ 주로 정보처리의 초반 단계에서 요구되는 능력이다.

해설 ① 집중력(concentration)은 한 가지 대상에 몰두하는 힘, 즉 주어진 시간 내에 과제를 완성하기 위해 의식을 모으는 능력으로써 정보처리단계에서 요구된다. 집중력이 높으면 동일 시간을 투자해도 효율성, 생산성이 높아진다. 그러나 집중력을 발휘하려면 뇌 에너지를 많이 사용하게 되어 유지시간이 비교적 짧다.

- 주의력은 어딘가에 관심을 두는 능력으로서 선택적 반응능력, 초점적 주의력과 유사한 개념이다. 정보처리의 초기단계인 입력단계에서 요구되며 관심을 두는 범위는 넓힐 수도, 좁힐 수도 있다.
- 주의력과 집중력은 독립적으로 기능하지만, 서로 영향을 주고받으며 공통적인 요소를 내포하고 있다.

96. 맥키치(W. McKeachie) 등에 의해 제안된 학습전략과 그 사례가 바르게 짝지어진 것은?

ㄱ. 인지 전략	ㄴ. 메타인지 전략	ㄷ. 자원관리 전략

a. 노력에 대한 귀인	b. 개인 지도	c. 핵심 아이디어 선택
d. 질문 생성	e. 자기검사	f. 독서속도 조절
g. 밑줄 치기	h. 장소법	

① ㄱ: c, d, e　② ㄱ: f, g, h　③ ㄴ: b, g, h
④ ㄴ: d, e, f　⑤ ㄷ: a, b, c

해설 ㄴ. 메타인지 전략에는 질문생성, 자기검사, 독서속도 조절이 포함된다(아래 표 참고).

맥키치의 학습전략과 사례

인지 전략		초인지(메타인지, 상위인지) 전략		자원관리 전략	
시연	암송, 밑줄치기, 강조표시, 반복쓰기	계획	목차보기, 내용 훑어보기, 질문생성	시간관리	시간표 만들기, 목표설정
정교화	심상형성, 유추하기, 창의적 노트법, 장소법	점검	자기검사, 속도체크	공부환경관리	학습환경확보, 환경정리
				노력관리	노력에 대한 귀인, 자기강화
조직화	도표화, 요점정리	조정	독서속도 조절, 되돌아가서 공부하기	타인도움 추구	교사, 외부, 동료로부터 도움을 얻음, 개인지도 등

97. 학업 호소문제와 학습부진의 원인을 통합한 황매향의 분류모형에서 A에 해당하지 않는 것은?

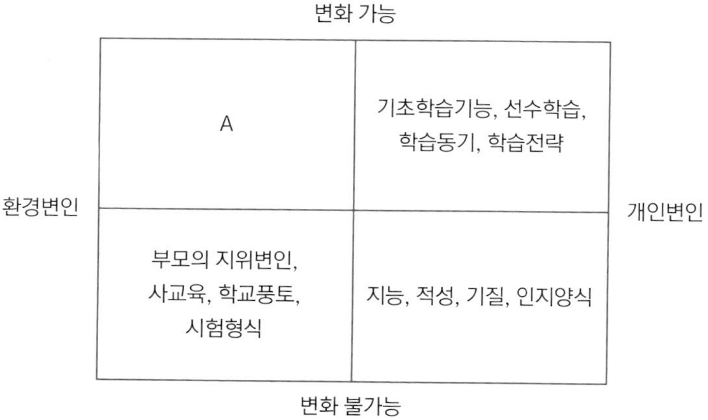

① 또래관계 ② 교사와의 관계 ③ 부모에 대한 지각
④ 형제와의 경쟁 ⑤ 성취압력

해설
- A는 2사분면으로서 변화 가능한 환경변인을 나타낸다.
- 즉, 또래관계, 교사와의 관계, 형제와의 경쟁, 성취압력, 부모와의 관계, 부모의 양육태도 등이 포함된다.
- 부모에 대한 지각은 변화 가능한 개인변인이므로 1사분면에 포함되어야 한다.

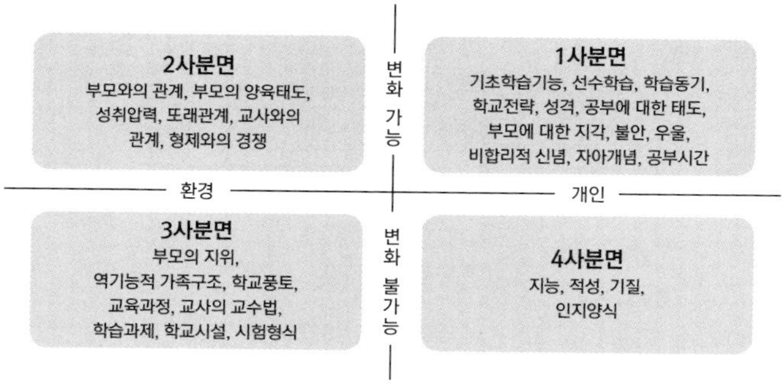

출처: 주은지, 최인선(2021), p.187

98. 과제를 수행하는 동안 자신의 주의집중과 이해 정도를 지속적으로 확인하는 과정은?

① 정교화 ② 조직화 ③ 점검
④ 시연 ⑤ 노력관리

해설 ③ 점검: 과제 수행 중 자신의 주의집중과 이해정도를 지속적으로 확인하는 과정이다.
① 정교화: 새로운 정보를 기존 지식과 연결, 의미를 부여하면 정보의 의미가 정밀해져 장기기억에 오래 저장할 수 있다.
② 조직화: 따로 떨어져 있는 정보들에 질서를 부여하여 공통 범주나 유형으로 묶으면서 연결시키면 더 많은 정

보를 오래 기억할 수 있다.
④ 시연: 학습내용을 외우거나 소리 내어 읽음으로써 단기기억 속에서 정보가 사라지지 않게 하는 전략이다.
⑤ 노력관리: 맥키치 학습전략 중 자원관리 전략의 하나로서 노력에 대한 귀인, 자기강화, 학습분위기 조성 등이 이에 속한다.

99. 학습전략에 관한 설명으로 옳은 것을 모두 고른 것은?

ㄱ. 효율적 학습과 정보기억에 도움이 되는 여러 가지 종류의 기능이나 방법이다.
ㄴ. 학습촉진을 위하여 학습자가 사용하는 여러 가지 정신적 조작으로서 목표지향적인 구체적인 활동이다.
ㄷ. 정보의 획득, 저장, 활용을 촉진시킬 수 있는 일련의 과정이나 단계이다.
ㄹ. 학습자의 학습과정에 영향을 미치는 행동양식과 사고체계로서 학습자가 새로운 정보를 선택, 획득, 조직하여 통합하는 방식에 영향을 미치는 인간의 정보처리 활동이다.
ㅁ. 학습목표를 달성하기 위한 전체적인 계획 과정이다.

① ㄱ, ㄷ ② ㄱ, ㅁ ③ ㄴ, ㄹ, ㅁ
④ ㄷ, ㄹ, ㅁ ⑤ ㄱ, ㄴ, ㄷ, ㄹ, ㅁ

해설 모두 옳은 설명이다.

100. 에프클라이즈(A. Efklides)의 정의에 기반하여 메타인지를 '모니터링'과 '통제'로 구분할 때 모니터링에 해당하는 것은?

① 의식적이고 계획적인 활동 및 전략 사용
② 인지기능에 대한 생각
③ 인지과정에 대한 조절
④ 노력의 분배
⑤ 시간의 분배

해설 에프클라이즈는 메타인지를 '인지에 대한 모델로써 모니터링과 통제 두 영역으로 구성된 메타수준에서의 활동'으로 정의하였다. 다시 말해 메타인지는 모니터링을 통해 인지에 대한 표상을 형성하고 이를 바탕으로 인지를 통제하는 두 가지 역할을 한다.
1) 모니터링 영역: 이론, 자기, 과업, 전략, 목표, 인지기능에 대한 사고, 신념, 인지에 대한 다양한 감정(익숙하고 어려움, 자신감, 만족감 등)
2) 통제 영역: 의식적이고 계획적인 활동과 전략 사용, 인지과정 조절, 노력과 시간의 분배, 인지과정에 대한 확인, 조절, 결과평가

정답 99.⑤ 100.②

◆ 학업상담

제4과목 선택 2019년 기출문제 및 해설

76. 맥키치(W. McKeachie)가 제시한 정교화 전략의 기법은?

① 암송 ② 조직화
③ 심상법 ④ 목표설정
⑤ 복습

해설 맥키치가 제시한 정교화 전략의 기법에는 심상법, 유추하기, 창의적 노트법, 장소법이 있다.

맥키치의 학습전략 중 인지 전략	
시연	암송, 밑줄치기, 강조표시, 반복쓰기
정교화	심상형성, 유추하기, 창의적 노트법, 장소법
조직화	도표화, 요점정리

77. 학습장애 진단에 사용하는 검사를 모두 고른 것은?

ㄱ. K-WISC-Ⅳ ㄴ. MBTI
ㄷ. KISE-BAAT ㄹ. LCSI

① ㄱ, ㄴ ② ㄱ, ㄷ
③ ㄴ, ㄷ ④ ㄱ, ㄷ, ㄹ
⑤ ㄴ, ㄷ, ㄹ

해설 K-WISC-Ⅳ은 인지적 능력을, KISE-BAAT는 기초학력수준을 측정하는 검사도구로써 학습장애 진단에 사용된다.

ㄱ. K-WISC-Ⅳ(한국 웩슬러 아동지능검사 4판): 아동의 인지적 능력을 평가한다. 2019년에 K-WISC-V가 개발되어 사용되고 있다.
ㄴ. MBTI(Myers-Briggs Type Indicator, 마이어스-브릭스 성격유형검사): 성격유형검사
ㄷ. KISE-BAAT(Korea Institute for Special Education - Basic Academic Achievement Tests): 국립특수교육원에서 제작한 만 5~14세 아동 대상 기초학력수준 검사도구. 학습(특히 국어, 수학)에서 어려움을 보이는 학령기 아동 선별 목적
ㄹ. LCSI(Lim's Character Style Inventory): 임승환 박사가 개발한 표준화 검사로서 선천적 성격(캐릭터)은 유형론을, 후천적 성격(페르소나)은 특성론을 통하여 분석, 진로와 직업 선택에 도움을 주는 도구

정답 76.③ 77.②

78. 다음에서 설명하는 학습전략은?

> • 의미를 추출하는 데 도움이 된다.
> • 개념들 간의 연결이나 관계를 이해하기 위한 시각적 전략이다.
> • 학습자가 가지고 있는 인지구조를 정교화하고자 하는 것이 목적이다.

① PMI(Plus−Minus−Interesting)
② 장소법
③ 강제관련법
④ 체크리스트
⑤ 개념도

해설 학습내용을 체계적으로 정리하여 개념을 그림 등으로 시각화한 것으로 학습자의 인지구조를 정교화한 것은 개념도이다.

① PMI(Plus-Minus-Interesting): Plus(긍정적 측면), Minus(부정적 측면), Interest(흥미 있는 측면)로 대안의 모든 측면을 고려하게 하는 발상기법
② 장소법: 학습내용을 하나씩 물리적 장소나 물건에 연합시키는 기억법
③ 강제관련법: 관련 없는 대상들을 억지로 연결시켜 검토함으로써 아이디어를 얻는 방법
④ 체크리스트: 아이디어와 관련된 항목들을 목록으로 만들어 하나씩 검토하는 아이디어 산출법

79. 다음에서 혜진이가 보이는 학습부진 요인은?

> 중학교 2학년인 혜진이는 공부할 때 외우는 것을 중요하게 여긴다. 무슨 과목이든 이해가 되지 않아도 무조건 외우기만 하면 시험을 잘 볼 수 있을 것이라고 생각한다. 하지만 수학시험에 응용문제가 출제되어 외운 공식 중 어떤 것을 적용해야 할지 몰라서 풀 수가 없다.

① 인지적 요인
② 정서적 요인
③ 사회적 요인
④ 환경적 요인
⑤ 관계적 요인

해설 사례의 내담자는 공부방법을 제대로 알지 못하는 상태여서 학습부진이 나타나고 있는데, 이는 인지적 요인에 해당한다.

학습부진 요인의 세 가지 범주

1) 인지적 측면: 지적 능력 부족, 학습전략 문제, 공부방법 문제, 집중력 문제
2) 정서적 측면: 동기부족, 공부태도와 습관의 문제, 시험불안, 성적 관련 스트레스, 성적에 대한 집착
3) 관계적 측면: 관계 문제로 인한 학업문제, 성적에 의해 발생하는 관계 문제

정답 78.⑤ 79.①

80. 학습의 요인 중 흥미에 관한 설명으로 옳지 않은 것은?

① 개인의 기질적 특성의 하나로 보는 관점도 있다.

② 상황적, 환경적 특성의 변화를 통해 학생이 흥미를 느끼도록 하는 공부방법을 개발하는 것이 필요하다.

③ 하이디와 레닝거(Hidi & Renninger)에 따르면 흥미는 상황에 따라 일시적으로 시작되지만 필요한 지원을 얻게 되면 떨어진다.

④ 개인적 성향이 특정한 맥락과의 상호작용을 통해 심리적 상태로 활성화되는 것으로 보는 관점도 있다.

⑤ 레닝거(Renninger) 모델에 따르면 흥미는 정서적인 측면보다 선행지식의 수준이나 가치부여 등의 측면이 더 강한 개념으로 볼 수도 있다.

해설 ③ 하이디와 레닝거가 제시한 흥미발달단계에 의하면, 상황적 흥미가 촉발되어 지속되면 개인적 흥미로 자리 잡게 되며, 시간이 지나도 흥미는 지속된다고 한다.

- 흥미발달단계: 상황적 흥미의 촉발 → 상황적 흥미의 유지 → 개인적 흥미의 등장 → 개인적 흥미로 자리 잡음

81. 맥키치(W. McKeachie)가 제시한 학습전략 중 자원관리 전략이 아닌 것은?

① 따라 읽음, 밑줄 치기, 복사 등의 시연

② 목표설정, 시간표 작성 등의 시간 관리

③ 장소정리, 조용한 장소에서 하는 공부환경 조성

④ 노력에 대한 귀인, 자기강화 등의 노력

⑤ 교사나 동료로부터의 조력을 추구

해설 따라 읽음, 밑줄치기, 복사 등의 시연은 인지전략에 해당한다.

맥키치의 학습전략 중 자원관리 전략	
시간관리	시간표 만들기, 목표설정
공부환경관리	학습환경 확보, 환경정리
노력관리	노력에 대한 귀인, 자기강화, 학습분위기 조성
타인도움 추구	교사 및 외부, 동료로부터의 조력을 추구

※ 2020년 96번 해설 정리표 참조

정답 80.③ 81.①

82. 테일러(R. Taylor)가 제시한 학습과진아(overachiever)와 학습부진아(underachiever)의 비교 특성으로 옳지 않은 것은?

① 학습과진아는 목표설정이 현실적이고 성공적이지만, 학습부진아는 목표에 대해 비현실적이고 실패를 경험한다.

② 학습과진아는 상대적으로 대인관계에 적응적이지만, 학습부진아는 고립감을 느끼기 쉽다.

③ 학습과진아는 성인과 비교적 원만한 관계를 유지하지만, 학습부진아는 회피하거나 적대감을 가진다.

④ 학습과진아는 학업에 대해 긴장감이 있지만, 학습부진아는 불안을 느끼지 않는다.

⑤ 학습과진아는 자신을 수용하고 낙관적이지만, 학습부진아는 자기비판적이고 부적절감을 가진다.

해설 ④ 학습과진아는 학업에 대한 불안이 낮고 목표달성을 위한 내적 통제력과 긴장감을 가진다. 이에 비해 학습부진아는 불안수준이 높다.

83. 댄서로우(D. Dansereau)가 제시한 학습전략의 주 전략이 아닌 것은?

① 이해 전략 ② 파지 전략 ③ 회상 전략
④ 사용 전략 ⑤ 동기화 전략

해설 댄서로우는 정보를 얻고, 저장하고, 활용을 촉진하는 일련의 과정을 학습전략으로 정의하였으며, 정보처리 과정의 주 전략을 다음과 같이 제시하였다.
이해 → 파지 → 회상 → 사용
(※ 파지: 정보를 유지하고 있다는 의미)

84. 시간관리 전략으로 옳은 것을 모두 고른 것은?

ㄱ. 학습할 시간을 어떻게 계획하고 확보하며 실천해 나가는지 확인한다.
ㄴ. 학습시간의 단위를 학습자의 특성에 따라 계획한다.
ㄷ. 중요도와 긴급도를 고려하여 우선순위를 결정한다.
ㄹ. 변동사항을 고려하지 않고 빈틈없이 시간계획을 세운다.

① ㄱ, ㄴ ② ㄱ, ㄴ, ㄷ ③ ㄱ, ㄷ, ㄹ
④ ㄴ, ㄷ, ㄹ ⑤ ㄱ, ㄴ, ㄷ, ㄹ

해설 ㄹ. 시간계획은 발생 가능한 변동사항을 고려하여 세운다.

정답 82.④ 83.⑤ 84.②

85. 노트필기 전략에 관한 설명으로 옳은 것을 모두 고른 것은?

ㄱ. 학습내용의 정교화를 위해 자신의 언어로 바꾸어 정리한다.
ㄴ. 시험이나 과제를 마친 후에는 관련 자료를 보충해 적어 둔다.
ㄷ. 코넬식 노트필기 시스템은 개관, 질문, 읽기, 필기의 단계로 이루어진다.
ㄹ. 노트필기는 수업시간에 주의를 집중시켜 주기 때문에 효과적이지만 때로는 방해가 될 수도 있다.

① ㄱ, ㄴ
② ㄴ, ㄷ
③ ㄷ, ㄹ
④ ㄱ, ㄴ, ㄷ
⑤ ㄱ, ㄴ, ㄹ

해설 ㄷ. 코넬식 노트필기 시스템은 코넬대학교 교수 월터 포크(Walter Pauk)가 고안한 노트 필기법으로써, 제목, 필기, 단서, 요약의 네 영역으로 구분된다. 논리적으로 기억하기 쉬운 5R 시스템으로 이루어져 있는데 다음과 같다.
기록(Record) – 축약(Reduce) – 암송(Recite) – 숙고(Reflect) – 복습(Review)

86. 옥스퍼드와 크루칼(Oxford & Crookall)이 제시한 6가지 외국어 학습전략에 해당하지 않는 것은?

① 기억 전략
② 보상 전략
③ 정의적 전략
④ 언어적 전략
⑤ 사회적 전략

해설 옥스퍼드와 크루칼이 제시한 6가지 외국어 학습전략은 기억하기 전략, 인지적 전략, 보상적 전략, 상위인지적 전략, 정의적 전략, 사회적 전략이다.

옥스퍼드와 크루칼의 외국어 학습전략

직접 전략과 간접 전략 두 가지로 구분하였으며, 직접 전략에는 기억 전략, 인지적 전략, 보상 전략이 있고 간접 전략에는 상위인지적 전략, 정의적 전략, 사회적 전략이 포함되어 있다.

직접 전략(Direct Strategies)
• 기억 전략: 생각의 고리 만들기, 이미지나 소리 연결하기, 복습하기, 행동 이용하기 • 인지적 전략: 연습하기, 의미 주고받기, 분석하기, 구조 만들기 • 보상 전략: 추측하기, 한계 극복하기
간접 전략(Indirect Strategies)
• 상위인지적 전략: 학습을 주관, 계획, 평가하기 • 정의적 전략: 불안 낮추기, 스스로 격려하기, 감정 측정하기 • 사회적 전략: 질문하기, 협력하기, 공감하기

정답 85.⑤ 86.④

87. 학습장애 진단 모형으로서 중재반응(Response-to-Intervention) 모델에 관한 설명으로 옳은 것은?

① 개인의 능력과 성취 간의 불일치만으로 학습장애를 판별하는 모델이다.

② 임상적 진단을 지나치게 강조하고 현장에서의 교육을 소홀히 했다는 비판을 받는다.

③ 학년수준편차 공식을 사용하여 단회에 학습장애를 진단한다.

④ 학습문제를 가진 학생을 조기에 선별하여 중재를 실시하고, 중재에 대한 반응에 따라 학습장애 학생을 선별하는 모델이다.

⑤ 3단계 중 1단계는 강도 높은 개별화 중재를 제공하는 단계이다.

해설 ④ 학습문제를 가진 학생을 조기에 선별하여 중재를 실시하고, 중재에 대한 반응에 따라 학습장애 학생을 선별하는 모델이다.

①, ②, ③은 학습장애를 진단하는 전통적 모델인 불일치 모델에 대한 설명이다.

⑤ 강도 높은 개별화 중재를 제공하는 단계는 최종단계인 3단계이다.

학습장애 진단모형-중재반응(Response-to-Intervention: RTI) 모델

- 학습문제를 지닌 학생에게 중재를 실시하고 중재에 대한 반응에 따라 학습장애 학생을 선별하는 모델로서 학습문제를 지닌 학생이 실패하기 전에 조기선별하여 조기에 개입할 수 있다.
  1단계: 모든 학생을 대상으로 질적이고 과학적으로 검증된 일반교육 프로그램 실시
  2단계: 학습장애 고위험군을 선발하고 소집단 중심으로 집중교육 실시
  3단계: 학습장애 학생에게 1회 이상 진전도 점검을 실시하며 하루 30분 이상 개별화된 중재 제공

88. 토마스와 로빈슨(Tomas & Robinson)의 PQ4R에 해당하지 않는 것을 모두 고른 것은?

ㄱ. 읽기(Read)	ㄴ. 복습하기(Review)	ㄷ. 현실화하기(Realization)
ㄹ. 반응하기(Reaction)	ㅁ. 숙고하기(Reflection)	

① ㄱ, ㅁ　② ㄷ, ㄹ　③ ㄱ, ㄴ, ㅁ

④ ㄴ, ㄷ, ㄹ　⑤ ㄷ, ㄹ, ㅁ

해설 **토마스와 로빈슨의 PQ4R(학습기억력을 높이기 위한 6가지 학습방법)**

1) 훑어보기(Preview): 사전검토를 통해 주요 내용을 파악한다.
2) 의문제기(Question): 내용을 살펴보면서 질문을 만든다.
3) (능동적) 읽기(Read): 숙독을 통해 답을 찾기 위해 노력한다.
4) 숙고하기(Reflection): 심상 만들기 등의 숙고를 통해 질문에 답을 한다.
5) 암송하기(Recite): 알고 있는 내용과 읽은 내용의 관계를 암송을 통해 생각한다.
6) 복습하기(Review): 복습을 한다.

정답 87.④ 88.②

89. 시험불안과 관련된 설명으로 옳은 것을 모두 고른 것은?

ㄱ. 시험불안은 시험에 대해 학습자가 경험하는 신체적, 정서적, 인지적 반응을 포함한다.
ㄴ. 시험불안에 개입하는 방법으로 체계적 둔감법이나 이완훈련 등을 활용할 수 있다.
ㄷ. 시험에 대한 비합리적 신념을 합리적으로 수정함으로써 시험 불안에 개입할 수 있다.
ㄹ. 리버트와 모리스(Libert & Morris)는 시험불안의 인지적 측면을 걱정(worry)으로 보았다.

① ㄱ, ㄴ
② ㄷ, ㄹ
③ ㄱ, ㄴ, ㄷ
④ ㄴ, ㄷ, ㄹ
⑤ ㄱ, ㄴ, ㄷ, ㄹ

해설 모두 시험불안에 대하여 옳은 설명이다.
ㄱ. 시험불안이란 중요하다고 지각된 시험을 인식하는 순간부터 시험종료 시까지 나타나는 걱정, 두려움 등의 신체적 · 정서적 · 인지적 반응을 포함한다.
ㄴ. 시험불안에 대한 개입법에는 합리적 사고, 자기대화, 이완훈련, 체계적 둔감법, 사전학습 강화, 부모의 지지 등이 있다.
ㄷ. 인지적 개입으로 비합리적 신념을 합리적으로 수정하여 시험불안을 감소시킬 수 있다.
ㄹ. 리버트와 모리스는 시험불안이 걱정(인지적 측면)과 감정(정서적 측면)의 두 요인으로 구성된다고 보았다.

90. 학업부진 영재아를 돕기 위한 전략으로 옳지 않은 것은?

① 완벽을 추구하는 내담자에게는 자신의 능력보다 높은 이상적 목표를 설정하도록 한다.
② 과민성을 보이는 내담자에게는 자극에 대해 선택적으로 주의를 집중하게 하고, 이를 관리할 수 있도록 돕는다.
③ 내담자가 대인관계를 통해 관계기술을 적절히 학습하고 있는지 검토한다.
④ 상담과정에서 가족 및 부모의 지지와 참여를 강조한다.
⑤ 학업적 특성에 맞는 교육 경험을 할 수 있도록 돕는다.

해설 ① 학업부진 영재아의 경우, 완벽성 추구로 인해 지나치게 높은 이상적 목표를 설정하거나, 성공 가능성이 높은 과제만을 선택하는 경향이 나타날 수 있다. 심리검사 등의 도구를 통해 자신의 능력을 객관적으로 인식하게 하며 현실적인 목표를 설정할 수 있도록 도와줌으로써 성공경험을 누적시키고 자신감을 향상시키는 방향으로 개입한다.

정답 89.⑤ 90.①

91. 발레란드와 비소네트(Vallerand & Bissonnette)가 제시한 학습동기의 단계 중 다음이 설명하는 단계는?

> 스스로가 자신의 행동을 통제하지만 행동의 직접적인 통제자가 타인에서 자신으로 바뀌었을 뿐, 외적 가치나 보상체계를 그대로 내면화한 단계이다. 학습자는 죄책감이나 긴장, 불안을 피하기 위해서 공부한다.

① 유익 추구(Extrinsic-identified regulation)

② 지적 자극 추구(Intrinsic-to experience stimulation)

③ 내적 강압(Extrinsic-introjected regulation)

④ 지적 성취 추구(Intrinsic-to accomplish to things)

⑤ 외적 강압(Extrinsic-external regulation)

해설 보기에 나타난 수행양식은 스스로 행동을 통제하지만, 외적 가치와 보상체계를 내면화한 단계로서 '내적 강압' 단계에 해당된다.

발레란드와 비소네트의 학습동기 8단계

1) 무기력: 학습동기 내면화가 전혀 되지 않은 단계
2) 외적 강압: 보상을 받고 처벌을 피하기 위한 수행단계
3) 내적 강압: 외적 강압을 내면화한 단계로서 죄책감, 긴장, 불안을 피하기 위한 수행단계
4) 유익추구: 목표를 이루기 이한 유익행동을 스스로 선택하는 수행단계
5) 의미부여: 수행에 스스로 의미를 부여하기 때문에 내적 갈등이나 긴장이 없는 수행단계
6) 지식탐구 추구: 지식탐구 욕구에 의해 학습하는 수행단계
7) 지적 성취 추구: 과제의 완벽한 수행을 추구하며, 만족과 즐거움을 얻기 위해 학습하는 단계
8) 지적 자극 추구: 학습을 통해 강한 지적 흥분과 지적 자극을 얻고자 하는 단계

정답 91.③

92. 마이켄바움과 굿맨(Meichenbaum & Goodman)이 제시한 자기교시 훈련 단계에 따르면, 상담자는 보기의 바로 다음 단계로 무엇을 해야 하는가?

> **<보기>**
> 상담자의 시연과 안내가 없는 상태에서 동환이가 스스로 자기통제 언어를 큰 소리로 말하면서 과제를 수행한다.

① 동환이로 하여금 소리 내지 않고 마음속으로 자기통제 언어를 사용하면서 과제를 수행하도록 한다.
② 상담자의 시연과 지도하에 동환이가 자기통제 언어를 큰소리로 말하면서 과제를 수행하도록 한다.
③ 동환이로 하여금 자기통제 언어를 입 밖으로 소리내되 작은 소리를 내면서 과제를 수행하도록 한다.
④ 동환이가 가지고 있는 비합리적 신념을 합리적 신념으로 수정하여 과제를 수행하도록 한다.
⑤ 상담자가 과제를 수행하면서 입 밖으로 자기통제 언어를 큰 소리로 말하고, 동환이에게 관찰하도록 한다.

해설 보기의 사례자는 혼자 큰 소리로 말하면서 과제를 수행하고 있는데 이는 자기교시 훈련의 3단계인 '외현적 시연'에 해당된다. 다음 단계로는 작게 혼잣말하면서 과제를 수행하는 '혼잣말 시연'이 와야 한다.

자기교시 훈련(self-instruction training)
마이켄바움과 굿맨이 제시한 인지행동기법으로서 내적 대화나 혼잣말로 자기진술을 함으로써 문제에 대처하고 자신의 문제행동을 효과적으로 교정할 수 있도록 훈련하는 자기통제 · 조절기법이다.

자기교시 훈련의 5단계
1) 외현적 모델링: 성인이 큰 소리로 말하면서 과제를 수행하는 것을 아동이 관찰한다.
2) 안내된 외현적 모델링: 성인이 말하고 아동은 큰 소리로 따라 하며 과제를 수행한다.
3) 외현적 시연: 아동 혼자서 큰 소리로 말하면서 과제를 수행한다.
4) 혼잣말 시연: 아동이 작게 혼잣말하면서 과제를 수행한다.
5) 내재적 시연: 아동이 마음속으로 혼잣말하면서 과제를 수행한다.

93. 반두라(A. Bandura)가 제시한 효능감 정보원이 아닌 것은?

① 성공경험
② 생리적 · 정서적 상태
③ 대리적 경험
④ 귀인의 통제소재
⑤ 언어적(사회적) 설득

정답 92.③ 93.④

해설 반두라가 제시한 효능감 정보원은 성공경험, 생리적 · 정서적 상태, 대리적 경험, 언어적(사회적) 설득의 4가지이다.

반두라가 제시한 효능감 정보원

- 어떠한 환경에 노출되었는지에 따라 자기효능감은 달리 형성된다.
- 자기효능감은 다음의 네 가지 정보원에 의거해 형성된다.
  1) 성공경험: 자기효능감은 성공경험에 의거하여 형성되며, 개인적 경험에 기초하므로 가장 신뢰할 수 있고 영향력이 큰 자기효능감의 정보원이다.
  2) 생리적 · 정서적 상태: 생리적 · 정서적인 상태에 따라 자기효능감은 증가되거나 감소된다.
  3) 대리적 경험: 자신과 유사한 타인의 성공적 수행을 관찰함으로써 자기효능감이 형성되는 것으로 성공경험 다음으로 영향을 주는 정보원이다.
  4) 언어적(사회적) 설득: 자신에게 중요하며 신뢰를 가진 사람으로부터 받는 긍정적인 언어적 피드백은 자기효능감과 성과를 향상시킨다.

94. 학업상담에서 검사를 사용할 때 주의사항으로 옳지 않은 것은?

① 검사를 실시하고자 하는 목적을 명확히 한다.
② 검사의 실시와 해석이 내담자 문화에 적절하게 적용될 수 있는지 확인한다.
③ 내담자가 검사 결과를 잘못 이해하지 않도록 정확한 해석을 제공한다.
④ 검사 결과를 절대적으로 신뢰하여 내담자에게 진단명을 전달하는 데 초점을 둔다.
⑤ 검사는 자격이 있는 사람이 표준화된 절차에 따라 실시해야 한다.

해설 ④ 검사 결과는 내담자 이해를 위한 도구의 하나임을 명심해야 한다. 내담자에게는 잠정적 가설로 전달해야 하며 진단명의 전달은 지양한다.

95. K-WISC-Ⅳ를 사용하여 얻을 수 있는 점수로 옳지 않은 것은?

① 전체지능지수(FSIQ) ② 동기선별지표(MSI) ③ 언어이해지표(VCI)
④ 작업기억지표(WMI) ⑤ 처리속도지표(PSI)

해설 K-WISC-Ⅳ를 사용하여 얻을 수 있는 점수는 언어이해지표(VCI), 지각추론지표(PRI), 작업기억지표(WMI), 처리속도지표(PSI)이다. 이를 통하여 전체지능지수(FSIQ)를 산출한다.

한국 웩슬러 아동지능검사 4판(K-WISC-Ⅳ)

- K-WISC-Ⅳ(한국 웩슬러 아동지능검사 4판)은 만 6~16세 미만 대상으로 하는 개인용 인지능력 평가도구이다.
- 15개 소검사(이 중 5개는 보충검사)로 구성되어 있으며 모든 아동에게 동일한 소검사를 실시한다.
- 연령과 능력수준이 다른 아동들의 지능 측정을 위해 일부 소검사에 제한시간을 두거나, 연령에 따라 시작점을 다르게 설정한다.

정답 94.④ 95.②

학습 plus

한국 웩슬러 아동지능검사 5판(K-WISC-V)

- 만 6세에서 16세 미만의 아동을 대상으로, 아동의 인지 기능의 전반적인 평가 및 강점과 약점을 파악하고자 하는 검사이다.
- 총 16개 소검사로 구성되어 있다.
- K-WISC-V: 언어이해, 시공간, 유동추론, 작업기억, 처리속도의 다섯 가지 지표점수를 제공한다.
  ※ 참고
  K-WISC-Ⅳ: 언어이해, 지각추론, 작업기억, 처리속도의 네 가지 지표점수 제공

96. DSM-5에서 제시한 특정학습장애의 진단기준으로 옳은 것은?

① 학습기술을 배우고 사용하는 데 있어서의 어려움이 최소 3개월 이상 지속된다.
② 17세 미만인 경우 학습의 어려움에 대한 과거 병력이 표준화된 평가를 대신할 수 있다.
③ 학습의 어려움은 학령기에 시작되나 해당 학습 기술을 요구하는 정도가 개인의 능력을 넘어서는 시기가 되어야 분명히 드러날 수도 있다.
④ 학습의 어려움이 지적 장애나 적절한 교육 부족으로 더 잘 설명될 때에도 진단내릴 수 있다.
⑤ 학습의 어려움이 최소 3개 이상의 학업기술이나 학업영역에 나타나야 한다.

해설 ① 학습기술을 배우고 사용하는 데 있어서의 어려움이 최소 6개월 이상 지속된다.
② 17세 이상일 경우에 학습의 어려움에 대한 과거 병력이 표준화된 평가를 대신할 수 있다.
④ 학습의 어려움이 지적 장애, 교정되지 않은 시력 또는 청력의 문제, 다른 정신적 또는 신경학적 장애, 정신사회적 불행, 지도사가 해당 언어에 능숙하지 못한 경우, 불충분한 교육으로 더 잘 설명되지 않아야 한다.
⑤ 경도와 중등도일 경우 학습의 어려움이 한 가지 또는 두 가지 영역에서 나타나고 고도일 경우 여러 영역에서 나타난다.

97. A와 B에 들어갈 내용으로 옳게 짝지어진 것은?

> 시험불안을 설명하는 욕구이론적 접근에서 맨들러와 사라슨(Mandler & Sarason)은 시험 상황에서 두 가지의 욕구, 즉 (A)와 (B)가 발생한다고 가정하였다.

① (A) 자기실현 욕구, (B) 인정 욕구
② (A) 내적귀인 욕구, (B) 불안 욕구
③ (A) 사랑과 소속의 욕구, (B) 합리화 욕구
④ (A) 과제수행 욕구, (B) 불안 욕구
⑤ (A) 합리화 욕구, (B) 인정 욕구

해설 맨들러와 사라슨은 시험상황에서 두 가지 종류의 욕구, 즉 과제수행 욕구와 불안 욕구가 발생한다고 가정하였다.

정답 96.③ 97.④

98. 켈러(J. Keller)가 제시한 학습자의 동기를 유발하기 위해 충족되어야 할 조건이 아닌 것은?

① 주의(Attention) ② 준비성(Readiness)
③ 만족감(Satisfaction) ④ 자신감(Confidence)
⑤ 관련성(Relevance)

해설 준비성(Readiness)은 켈러의 ARCS 모형에 포함되지 않는다. 켈러가 제시한 학습자의 동기를 유발조건은 ARCS, 즉 주의(Attention), 관련성(Relevance), 자신감(Confidence), 만족감(Satisfaction)이다.

켈러의 학습동기유발이론 ARCS 모형

켈러는 학습자의 동기를 유발하고 유지시키는 네 가지 조건을 제시하였는데 이를 ARCS 모형이라고 한다.

1) 관심/주의(Attention): 학습자의 관심과 호기심을 자극, 주의집중을 유지하게 하는 동기를 유발
2) 관련성(Relevance): 학습과제를 학습자 개인의 경험, 욕구와 연관시켜 동기를 유발
3) 자신감(Confidence): 자신의 능력에 대한 자각과 성공에 대한 기대감을 높여 동기를 유발
4) 만족감(Satisfaction): 수행결과에 대한 적절한 외적 보상과, 성취감 충족의 기회를 제공하여 만족감을 충족시키는 방법으로 동기를 유발

99. 로젠샤인과 스티븐스(Rosenshine & Stevens)가 제시한 것으로, 학생과 긍정적인 관계를 형성할 수 있는 교사의 피드백을 모두 고른 것은?

ㄱ. 학생의 과제 수행과 관련하여 구체적인 정보를 제공하며 피드백을 한다.
ㄴ. 학생의 동기를 높일 수 있는 피드백을 제공한다.
ㄷ. 학생이 과제를 하기 위해 어떠한 전략을 사용해야 하는지 알려 준다.
ㄹ. 학생의 수행결과를 바람직한 형태로 귀인하며 피드백한다.

① ㄱ, ㄹ ② ㄴ, ㄷ ③ ㄱ, ㄷ, ㄹ
④ ㄴ, ㄷ, ㄹ ⑤ ㄱ, ㄴ, ㄷ, ㄹ

해설 보기의 피드백 모두 긍정적 관계를 형성할 수 있는 교사의 피드백에 해당된다.

로젠샤인과 스티븐스의 피드백 분류

- 교사의 피드백을 긍정적 피드백과 부정적 피드백으로 분류하였고, 긍정적 피드백은 다시 네 가지 하위분류로 나눠 제시하였다.
- 긍정적 피드백: 교사가 긍정적 언어를 사용해서 학생의 반응이 적절했음을 알려 주는 것이다.
  1) 수행피드백: 과제수행의 정확성에 대해 구체적 정보를 제공하여 피드백한다.
  2) 동기피드백: 동기를 높일 수 있는 피드백을 한다.
  3) 전략피드백: 과제를 하기 위해 어떤 전략을 사용해야 하는지 알려 준다.
  4) 귀인피드백: 수행결과를 바람직한 형태로 귀인하여 피드백한다.
- 부정적 피드백: 학생의 수행 또는 행동이 부정확하거나 부적절할 때 부정적 언어로 지적하거나 정정해 주는 피드백으로서 짧게, 가끔 사용할 때 효과적이다.

정답 98.② 99.⑤

100. 다음에서 설명하는 자기조절 학습전략은?

고등학교 2학년인 주은이의 성적은 4등급이다. 주은이는 이번 중간고사에서 3등급으로 성적을 올리기 위해 공부하고 있다. 목표 성적이 나오면 가고 싶었던 방탄소년단 공연을 가기로 결심하였다.

① 자기평형
② 조직화와 변형
③ 환경의 구조화
④ 자기강화
⑤ 자료검토

해설 보기의 사례자는 학습목표 달성 시 스스로에게 보상을 주기로 결심하고 있다. 이것은 자기조절학습전략 중 자기강화에 해당한다. 자기강화란 학습의 성공이나 실패에 따라 스스로에게 자기보상을 주거나 처벌을 적용하는 전략을 의미한다.

정답 100.④

참고자료

제1교시 필수과목

제1과목 청소년 상담의 이론과 실제

강진령(2022). 학생 생활지도와 상담. 서울: 학지사.

권석만(2015). 현대 성격심리학. 서울: 학지사.

권석만(2012). 현대 심리치료와 상담이론. 서울: 학지사.

김계현, 김동일, 김봉환, 김창대, 김혜숙, 남상인, 천성문(2020). 학교상담과 생활지도(3판). 서울: 학지사.

김춘경, 이수연, 이윤주, 정종진, 최웅용(2016). 상담학 사전. 서울: 학지사.

김춘경, 이수연, 최웅용(2006). 청소년 상담. 서울: 학지사.

노성덕(2013). 전문상담교사 길라잡이. 서울: 학지사.

노안영(2018). 상담심리학의 이론과 실제(2판). 서울: 학지사.

이미리, 김춘경, 여종일(2019). 청소년 심리 및 상담. 서울: 학지사.

정순례, 양미진, 손재환(2020). 청소년 상담 이론과 실제(2판). 서울: 학지사.

천성문, 이영순, 박명숙, 이동훈, 함경애(2021). 상담심리학의 이론과 실제(4판). 서울: 학지사.

제2과목 상담연구방법론의 기초

고홍월, 권경인, 김계현, 김성회, 김재철, 김형수, 서영석, 이형국, 탁진국, 황재규(2019). 상담학 총서 12 상담연구방법론(2판). 서울: 학지사.

김동일, 금창민, 김지연, 남지은, 우예영, 이윤희, 이주영, 이혜은, 정여주(2022). 상담학 연구방법론. 서울: 학지사.

김석우, 구경호, 문영주, 유희정, 이승배, 장재혁(2022). 교육 & 사회과학 연구방법론. 서울: 학지사.

김영종(2023). 사회복지조사론 및 통계(3판). 서울: 학지사.

김재철(2019). SPSS와 함께하는 사회과학 통계자료분석. 서울: 학지사.

김춘경, 이수연, 최웅용(2006). 청소년 상담. 서울: 학지사.

박옥희(2020). 사회복지조사론(2판). 서울: 학지사.

성태제, 시기자(2020). 연구방법론(3판). 서울: 학지사.

손병덕, 신연희, 양혜원, 이상무, 장신재, 전미애, 황혜원(2021). 사회복지조사론. 서울: 학지사.

송관재, 김범준, 이재창, 이기학(2020). 직업상담학. 서울: 학지사.

신명희, 강소연, 김은경, 김정민, 노원경, 서은희, 송수지, 원영실, 임호용(2023). 교육심리학(5판). 서울: 학지사.

유진은, 노민정(2023). 초보 연구자를 위한 연구방법의 모든 것. 서울: 학지사.

이윤주, 문명현, 송영희, 김미연, 김예주, 김여흠, 지연정(2014). 알기쉬운 상담연구방법. 서울: 학지사.

임효진, 선혜연, 황매향, 여태철(2023). 교육심리학(개정판). 서울: 학이시습.

천성문, 함경애, 박은아, 김준성, 강문선(2022). 상담심리 연구방법의 실제. 서울: 학지사.

Carl J. Sheperis, J. Scott Young, & M. Harry Daniels (2016). *Counseling research* (2nd ed.). 김은하, 김창대, 김형수, 서영석, 정여주, 최한나 역(2022). 상담연구방법론. 서울: 학지사.

제3과목 심리측정 평가의 활용

권석만(2017). 성격심리학. 서울: 학지사.

김동민, 강태훈, 김명식, 박소연, 배주미, 선혜연, 이기정, 이수현, 최정윤(2019). 상담학 총서 11 심리검사와 상담(2판). 서울: 학지사.

김재환, 오상우, 홍창희, 김지혜, 황순택, 문혜신, 정승아, 이장한, 정은경(2014). 임상심리검사의 이해(2판). 서울: 학지사.

박경, 김혜은(2017). 심리평가의 이해와 활용. 서울: 학지사.

박영숙, 박기환, 오현숙, 하은혜, 최윤경, 이순묵, 김은주(2019). 현대 심리평가의 이해와 활용. 서울: 학지사.

이우경, 이원혜(2019). 심리평가의 최신 흐름(2판). 서울: 학지사.

정종진(2021). BGT의 이해와 활용. 서울: 학지사.

하은혜(2021). 아동 · 청소년 심리평가. 서울: 학지사.

제4과목 이상심리

권석만(2023). 현대 이상심리학(3판). 서울: 학지사.

권석만 외 공저(2017). 이상심리학시리즈(SET).

이우경(2021). DSM-5에 의한 최신 이상심리학. 서울: 학지사.

최정윤, 박경, 서혜희(2015). 이상심리학(3판). 서울: 학지사.

American Psychiatric Association (2013). *Diagnostic and Statistical Manual of Mental Disorders: DSM-5* (5th ed.). 서울: 학지사.

George J. DuPaul, & Gary Stoner (2004). *ADHD in the schools* (2nd ed.). 김동일 역(2007). ADHD 학교상담. 서울: 학지사.

제2교시 선택과목

제1과목 진로상담

김봉환(2019). 진로상담의 이론과 실제. 서울: 학지사.

김봉환, 강은희, 강혜영, 공윤정, 김영빈, 김희수, 선혜연, 손은령, 송재홍, 유현실, 이제경, 임은미, 황매향(2018). 상담학 총서 06 진로상담(2판). 서울: 학지사.

김봉환, 정철영, 김병석(2006). 학교진로상담(2판). 서울: 학지사.

김지연, 고홍월, 김영화, 이혜은, 인효연(2022). 진로상담의 이론과 실제. 서울: 학지사.

김진규(2017). 심리검사의 이해와 활용. 서울교육대학교 교육대학원, 한국청소년상담복지개발원 자료.

송관재, 김범준, 이재창, 이기학(2020). 직업상담학. 서울: 학지사.

정선철(2017). 진로상담의 이해. 서울: 태영출판사.

정철영, 임정훈, 이승엽, 이영광, 임소현, 임한려, 이유우, 박선영, 최로미, 조은혜(2023). 진로교육개론. 서울: 학지사.

Norman C. Gysbers, Mary J. Heppner, & Joseph A. Johnston (2014). *Career counseling* (4th ed.). 김봉환 역(2017). 진로상담의 실제(개정판). 서울: 학지사.

제2과목 집단상담

강진령(2019a). 집단상담의 실제(3판). 서울: 학지사.

강진령(2019b). 집단상담과 치료. 서울: 학지사.

김춘경, 김숙희, 박지현, 배선윤, 손은희, 유지영, 전은주, 조민규, 진이주, 한은수(2021). 청소년 집단상담프로그램(2판). 서울: 학지사.

정성란, 고기홍, 김정희, 권경인, 이윤주, 이지연, 천성문(2019). 상담학 총서 04 집단상담(2판). 서울: 학지사.

정원철, 이명희, 박선희, 전예숙, 고영희, 김하영, 박소현, 이혜영, 곽연희, 하나연, 전미숙(2019). 알기 쉬운 집단상담. 서울: 학지사.

천성문, 박은아, 전은주, 김현진, 장은경, 박미영, 이은영, 박성현, 김현희, 김준성, 박선우(2021). 상담이론에 기초한 집단상담의 실제. 서울: 학지사.

천성문, 박은아, 조양순, 김명희, 손혜선, 김애리, 정희영, 김준성, 양도연, 이은영(2022). 집단상담 프로그램의 실제. 서울: 학지사.

천성문, 함경애, 박명숙, 김동원(2022). 집단상담. 서울: 학지사.

제3과목 가족상담

권수영, 박태영, 신혜종, 안미옥, 오화철, 이인수, 이진희, 이현숙, 이화자, 전명희, 정병호, 조은숙, 최규련 (2020). 부부 가족상담 핸드북. 서울: 학지사.

김용태(2019). 가족치료이론(2판). 서울: 학지사.

김유숙(2022). 가족상담(4판). 서울: 학지사.

김혜숙(2022). 가족치료 이론과 기법(4판). 서울: 학지사.

이영분, 김유순, 신영화, 전혜성, 최선령(2020). 사례로 배우는 가족상담. 서울: 학지사.

전영주(1999). Divorce Therapy: Therapeutic issues in divorcing process. *Korean Journal of Family Therapy, 7*(2), pp.75-95

정문자, 정혜정, 이선혜, 전영주(2018). 가족치료의 이해(3판). 서울: 학지사.

최규련(2012). 가족상담 및 치료(2판). 경기: 공동체.

최정숙, 강향숙, 김경희, 김선민, 김유정, 김주현, 김지혜, 박형원, 백형의, 우재희, 이영선, 이예승, 이인정, 이혜경, 임정원, 장수미, 정선영, 한인영(2020). 가족복지론(2판). 서울: 학지사.

한재희, 김영희, 김용태, 서진숙, 송정아, 신혜종, 양유성, 임윤희, 장진경, 최규련, 최은영(2018). 상담학 총서 05 부부 및 가족 상담(2판). 서울: 학지사.

Diane Gehart (2014). *Mastering competencies in family therapy* (2nd ed.). 이동훈, 김지윤, 강민수, 양모현, 이화정, 김예진, 신지영, 서현정, 양하나, 정보영, 조은정, 최수정, 양순정 역(2021). 가족상담 및 심리치료 사례개념화. 서울: 학지사.

제4과목 학업상담

김계현, 김동일, 김봉환, 김창대, 김혜숙, 남상인, 천성문(2020). 학교상담과 생활지도(3판). 서울: 학지사.

김동일, 신을진, 이명경, 김형수(2011). 학습상담. 서울: 학지사.

김아영, 김성일, 봉미미, 조윤정(2022). 학습동기. 서울: 학지사.

문정화, 하종덕, 박경빈, 김선진(2019). 또 하나의 교육 창의성(3판). 서울: 학지사.

신명희, 강소연, 김은경, 김정민, 노원경, 서은희, 송수지, 원영실, 임호용(2023). 교육심리학(5판). 서울: 학지사.

이재규, 김종운, 김현진, 박혜숙, 백미숙, 송재홍, 신을진, 유형근, 이명경, 이자영, 전명남(2022). 상담학 총서 07 학습상담(2판). 서울: 학지사.

임성택, 이금주, 홍송이(2023). 학교 학습을 위한 교육심리학. 서울: 박영스토리.

정순례, 이병임, 조현주, 오대연(2021). 학습이론의 이해와 적용(2판). 서울: 학지사.

주은지, 최인선(2021). 학습상담. 서울: 학지사.
최지은(2011). Keller의 ARCS 동기모형을 적용한 영자신문 수업방안 연구. 건국대학교 교육대학원 교육학과 석사학위논문.
황매향(2016). 사례에서 배우는 학업상담의 실제. 서울: 사회평론아카데미.
황매향(2008). 상담학 Best Practice 시리즈 학업상담. 서울: 학지사.

〈홈페이지〉

한국산업인력공단(Q-net) https://www.q-net.or.kr/man001.do?gSite=Q

편저자 소개

이우경(Lee Wookyeong)

이화여자대학교 상담심리학과 박사

정신건강임상심리사 1급

임상심리전문가

현 서울사이버대학교 상담심리학과 교수

〈주요 저·역서〉

문장완성검사(SCT)의 이해와 활용(2018, 학지사)

심리평가의 최신흐름 (2판, 공저, 학지사, 2019)

DSM-5에 의한 최신 이상심리학(2판, 학지사, 2021)

청소년을 위한 마음챙김 기술(공저, 학지사, 2021)

마음챙김 기반 인지치료(원서 2판, 공역, 학지사, 2018)

이미옥(Lee Miok)

차의과학대학교 의학과 임상상담심리전공 박사수료

청소년상담사 1급

임상심리사 1급

사회복지사 1급

상담심리사 1급(한국상담심리학회/한국심리학회)

전문상담사 1급(한국상담학회)

현 호시담 아카데미 부소장

〈주요 역서〉

마음챙김 기반 인지치료(원서 2판, 공역, 학지사, 2018)

청소년상담사 2급 필기 기출문제편

2024년 7월 15일 1판 1쇄 인쇄
2024년 7월 25일 1판 1쇄 발행

엮은이 • 이우경 · 이미옥
펴낸이 • 김진환
펴낸곳 • (주) 학지사
04031 서울특별시 마포구 양화로 15길 20 마인드월드빌딩
대 표 전 화 • 02)330-5114 팩스 • 02)324-2345
등 록 번 호 • 제313-2006-000265호

홈 페 이 지 • http://www.hakjisa.co.kr
인스타그램 • https://www.instagram.com/hakjisabook

ISBN 978-89-997-3157-0 93180

정가 32,000원